证券公司集团化管理与创新发展研究文集

兴业证券股份有限公司 ◎编著

中国金融出版社

责任编辑：黄海清
责任校对：刘　明
责任印制：张也男

图书在版编目（CIP）数据

证券公司集团化管理与创新发展研究文集/兴业证券股份有限公司编著．
—北京：中国金融出版社，2021.9
ISBN 978 – 7 – 5220 – 1294 – 0

Ⅰ.①证⋯　Ⅱ.①兴⋯　Ⅲ.①证券公司—企业管理—中国—文集
Ⅳ.①F832.39 – 53

中国版本图书馆 CIP 数据核字（2021）第 171117 号

证券公司集团化管理与创新发展研究文集
ZHENGQUAN GONGSI JITUANHUA GUANLI YU CHUANGXIN FAZHAN YANJIU WENJI

出版	
发行	中国金融出版社
社址	北京市丰台区益泽路 2 号
市场开发部	（010）66024766，63805472，63439533（传真）
网上书店	www.cfph.cn
	（010）66024766，63372837（传真）
读者服务部	（010）66070833，62568380
邮编	100071
经销	新华书店
印刷	保利达印务有限公司
尺寸	185 毫米 × 260 毫米
印张	31.25
字数	624 千
版次	2021 年 9 月第 1 版
印次	2021 年 9 月第 1 次印刷
定价	80.00 元

ISBN 978 – 7 – 5220 – 1294 – 0
如出现印装错误本社负责调换　联系电话（010）63263947

《证券公司集团化管理与创新发展研究文集》编委会

总 主 编：杨华辉

副总主编：刘志辉　王仁渠　胡平生　郑城美
　　　　　夏锦良　黄奕林　孔祥杰　林红珍
　　　　　李予涛　庄园芳

《证券公司集团化管理与创新发展研究文集》编辑部

主　　编：孙国雄　王　斌

副 主 编：王　涵　石　军　边维刚　王静静
　　　　　刘　宇　刘　斌　许清春　苏　北
　　　　　李　勇　李　毅　李宝臣　连敏伟
　　　　　吴鸥祥　余志军　张绪光　陈　丹
　　　　　林　朵　林　兴　郑　弘　栗　蓉
　　　　　徐　锋　徐孟静　董智兴　蒋剑飞
　　　　　曾　旭　蔡军政　蔡晓斌　魏东晞

编辑

编辑人员：唐　序　康　嘉　王明智　赵鼎辰　徐国军

序 言
(一)

兴业证券股份有限公司（以下简称兴业证券）于1991年10月29日从闽江之畔的一家证券营业部的六尺柜台起步，在中国资本市场发展的宏伟画卷下，始终向阳而生，不断淬炼和锻造核心竞争力。历经30年的发展，兴业证券总资产已超2000亿元，净资产达420亿元，境内外员工近万人，管理金融资产逾3万亿元，累计为政府和企业实现境内外直接融资达2.3万亿元。在全国31个省份设立260个分支机构，控股和经营8家子公司，业务覆盖证券、基金、期货、资产管理、国际业务、直接投资、另类投资、产业金融、区域股权交易全业务领域，已经发展成为具有较大影响力的全国性、创新型、综合类大中型证券金融集团。30年来，凭借具有兴业证券特色的企业文化与市场化经营管理体制机制的有机融合，兴业证券在促进资本市场发展、提高上市公司质量、推动直接融资规模上升、提高金融服务科技创新能力、支持产业结构优化升级、做好民生领域金融服务、大力发展普惠金融、推进绿色金融改革创新等方面积极贡献"兴业"力量。

党的十八大以来，习近平总书记对资本市场作出了一系列的重要论述和重要指示批示，强调资本市场在金融运行中具有"牵一发而动全身"的极端重要性，要通过深化改革，打造一个"规范、透明、开放、有活力、有韧性"的资本市场。面向"十四五"，资本市场是构建经济新发展格局的重要利器，也是我国经济实现高质量发展的重要支撑。作为资本市场的重要组成部分，证券公司在我国经济结构转型升级的大背景下，在金融供给侧结构性改革不断推进、资本市场基础制度不断完善、新《证券法》实施、注册制全面施行、对外开放广度和深度不断增强等一系列政策红利的指引下，将迎来迈向高质量发展的重要历史机遇期。

兴业证券在探索我国证券公司集团一体化经营管理、实现可持续高质量发展方面已取得积极成效，2020年全年实现营业收入175.8亿元、利润总额61.6亿元、净利润45.8亿元，营业收入、利润总额和净利润均创历史新高，净资产收益率为11.1%，在行业中名列前茅，对股东的投资回报进一步提升，集团经营规模、质量、效益和综合业务竞争力迈上新台阶，在2021年证券行业监管分类评级中荣获最高AA类评级，在中证协首次行业文化建设实践评估中荣获最高A类评级。这主要得益于：

一是坚持党的领导，不断完善公司治理体系。将党的领导写入公司章程，全面加强党对集团各项工作的领导，充分发挥党的领导核心和现代公司治理双重优势，形成"党委领导核心、董事会战略决策、纪委和监事会依法依规独立监督、高级管理层授权经营"的具有中国特色的现代公司治理格局。

二是坚持服务实体经济，回归金融服务本源。积极把握新时代新背景下证券行业发展规律，明确提出了"建设一流证券金融集团"的战略目标，以为客户提供综合金融服务为导向，积极构建财富管理与大机构业务"双轮驱动"业务体系，为实体经济发展和居民财富管理提供全生命周期的资本市场业务服务。

三是坚持集团协同，提升综合经营管理与服务水平。积极构建以客户为中心的服务模式，在依法合规的前提下，增强跨业务条线、跨经营主体的业务协作和资源整合能力，设计并实施推动各项业务高效协同的体制机制。

四是坚持创新驱动，激发业务发展全新动能。高度重视业务创新，前瞻性布局，重点加强相关业务研究和推动。在财富管理领域，不断加快财富管理业务创新获客模式，创新机构经纪业务服务内容。在机构业务领域，以创新发展为引领，持续加快构建机构业务的差异化竞争优势。

五是坚持绿色发展，做绿色证券金融的倡导者和先行者。将ESG相关原则写入公司章程，把绿色发展纳入集团战略体系。在业内率先成立绿色证券金融部，是行业首家形成集绿色融资、绿色投资、绿色研究、环境权益交易"四位一体"绿色金融服务体系的证券公司。兴证全球基金加入联合国责任投资原则组织（UN PRI），通过借鉴全球同行责任投资经验，进一步审视责任投资理念，升级改造责任投资方法，丰富完善公司责任投资整体框架。

六是坚持人才立司，夯实高质量发展的根基。秉承"提升员工价值，创造客户价值"的核心价值观，建立健全集团一体化、市场化的人才选、育、用、留机制和标准，以德能勤绩廉全面考察干部人才；加强集团各级领导班子建设，围绕大机构业务和财富管理业务建设"双轮驱动"专业人才队伍，夯实集团高质量人才之基。

七是坚持科技强司，全方位赋能经营与管理。将金融科技置于集团战略的高度，不断加大对金融科技的投入力度，以融合、牵引业务为方向，切实推动金融科技对集团业务发展与经营管理的全面赋能。积极构建外部合作生态圈，与互联网龙头企业建立战略合作伙伴关系，加快数字科技内外部创新融合，助力集团一体化发展。

八是坚持稳健经营，筑牢合规风控防线。推进合规长效机制建设，建立与集团业务发展相匹配的全面风险管理体系，在业内率先设立一级部门投融资业务审批部，将质量控制部门独立于投行类业务部门，不断强化合规、风险管理、纪检、审计等内控部门之间的协作，确保内控机制有效运行。

九是坚持党建与文化建设深度融合，不断提升公司软实力。以政治建设为统领，全面推进公司党的建设，巩固深化"不忘初心、牢记使命"主题教育成果，扎实推进党史学习教育，持续夯实基层组织基础，推进党建与业务全面深度融合，以高质量的党建工作成效引领高质量文化建设，将企业文化建设融入公司发展战略和公司治理，构建了新时代企业文化体系理念。

十是坚持金融报国，做务实的社会责任践行者。从1996年捐赠的第一所希望小学落成起，已在扶贫公益实践之路上深耕近26年，累计开展各类扶贫公益项目超过600个，捐赠各类扶贫公益资金超过3.8亿元，公司慈善基金会在2020年福建省社会组织等级评估中获得5A级认证。积极响应协会关于开展"一司一县"结对帮扶的倡议，助力12个国家级贫困县提前高质量完成脱贫攻坚任务。

2021年是我国"十四五"规划开局之年、中国共产党建党一百周年，也是兴业证券成立 30 周年。结合国内外资本市场发展趋势和行业发展实际，共拟定了 30 个研究选题，组织专业人员进行研究并撰写论文，集合成《证券公司集团化管理与创新发展研究文集》。本书系统借鉴国内外资本市场发展所取得的有益经验并结合兴业证券 30 年来的发展实践以及优秀同行的经验。同时，本书紧密结合我国"十四五"规划和 2035 年远景目标，结合一流证券金融集团建设目标，展现了兴业证券对资本市场和证券行业高质量发展前瞻性、建设性的思考和建议。在而立之年，为中国证券行业贡献了一份独一无二的"兴业"样本。

在"十四五"发展的新征程中，兴业证券将坚持以习近平新时代中国特色社会主义思想为指导，始终不忘初心，聚焦于提升服务实体经济和投资者能力，立足新发展阶段，贯彻新发展理念，积极融入与服务新发展格局，加快构建财富管理业务与大机构业务"双轮驱动"的核心业务体系，以业务创新和金融科技为引领，锻造公司核心竞争力，加快一流证券金融集团建设，不断为各方提供优质资本市场服务，助力我国实体经济高质量发展，为中国资本市场发展作出应有的贡献。

杨华辉

兴业证券党委书记、董事长

2021 年 9 月

序 言
（二）

证券公司是资本市场最重要的中介机构。30多年来，中国证券行业在建设中国特色社会主义市场经济的时代大潮中应运而生、乘势而发，在发展中国特色资本市场的伟大实践中一步一步成长壮大。

党的十九届五中全会指出，"十四五"时期经济社会发展要以推动高质量发展为主题。高质量发展是体现新发展理念的发展，是创新成为第一动力、协调成为内生特点、绿色成为普遍形态、开放成为必由之路、共享成为根本目的的发展，对证券行业提出了新的更高要求。证监会主席易会满在中国证券业协会第七次会员大会上，高度凝练地总结了证券行业高质量发展必须坚定贯彻落实新发展理念、必须聚焦实体经济提升服务能力、必须坚持走专业化发展之路、必须持续强化风控和合规意识、必须切实提升公司治理的有效性、必须守正笃实推进证券业文化建设。"六个必须"高屋建瓴地指明了证券业提升国际竞争力和高质量发展的发力方向，是新发展阶段下行业发展的行动指南和根本遵循。

近年来，证券行业规模和资本实力稳步增长，服务能力和水平明显提高，高质量发展取得良好开端，主要体现在"四个坚持"：

一是坚持守正创新发展。服务实体经济是证券行业发展的宗旨本质，行业机构应当始终恪守服务实体经济的发展定位，以贯彻落实新的发展理念为主线，围绕实体经济需要优化业务结构、提升服务质量，推进金融供给侧结构性改革，突出为经济创新驱动发展和科技自立自强，提供更加多样化、更加精准的金融服务，着力畅通资本、科技和实体经济的高水平循环。

二是坚持合规风控底线。合规经营始终是证券公司生存发展不可逾越的底线，风控能力是证券公司健康发展、行稳致远的保障，行业机构不仅要健全与其自身发展战略相适应的全面风险管理架构，建立有效的风控前置程序、完备的风险管理系统、强大的风险文化体系，更要不断完善与注册制相适应的责任体系，切实加强自身技术、资本、流动性、声誉等方面的风险管理。

三是坚持提升专业能力。专业服务能力是行业机构安身立命之本。证券公司应当依靠自身的专业能力、比较优势，走出一条精品化、特长化的发展道路。尤其是在当前应当主动适应注册制改革的需要，提升全业务链投资银行服务能力，加强各业务条线的整合与协同，围绕保荐、定价、承销三大能力，建立起一体化、全能型、全业务链的现代投资银行，满足客户全方位、全生命周期的投融资需求。

四是坚持推进文化建设。行业文化是价值观、风险观、发展观的综合体现，是行业机构的"软实力"和核心竞争力。证券公司应当驰而不息推进文化建设，贯彻落实"合规、诚信、专业、稳健"的文化理念，厚植"忠、专、实"的文化底蕴，坚持四个敬畏，倡导新风气、树立新形象，持续积淀和涵养行业生态，为行业高质量发展注入新动能、提供新支撑。

习近平总书记指出："要深化对金融本质和规律的认识，立足中国实际，走出中国特色金融发展之路。"当前，资本市场正处于以注册制改革为龙头的全面深化改革关键期，在新形势面前，证券行业应以专业态度和专业素养，研究新情况、新问题和新机遇。兴业证券在迎来成立30周年之际，面向"十四五"和2035年远景目标，依托公司专业研究能力，对资本市场和证券行业高质量发展的一系列焦点问题进行了深入研究，形成了《证券公司集团化管理与创新发展研究文集》。这是一线证券从业人员的思考、分析和建议，具有很强的针对性和前瞻性，对行业高质量发展和资本市场建设具有参考价值和指导意义。

今年是全面建设社会主义现代化国家新征程的开局之年，中国证券行业也乘势而为，走上了高质量发展的新征程。在这一重要的历史机遇期，证券行业应以"六个必须"的高质量发展要求为指引，以供给侧结构性改革为主线，加强对资本市场战略性、前瞻性、基础性、针对性问题的研究，努力提升研究分析能力，凝聚行业智慧，锐意进取、砥砺前行，为打造一个规范、透明、开放、有活力、有韧性的资本市场作出应有的贡献。

　　该文集的出版欣逢协会与兴业证券成立 30 周年之际。"三十而立",以这份走向成熟的思考和沉淀作为兴业证券的成年之礼,致敬 30 年共同成长的峥嵘岁月,具有特殊的纪念意义。30 年筚路蓝缕,风雨同舟,愿未来可期,永葆一往无前的锐气和躬行不辍的韧性;愿初心不渝,常怀国之大者的胸襟和奋发有为的斗志。

　　是为序。

中国证券业协会党委书记、会长

安青松

2021 年 9 月

序 言
（三）

回顾过去三十年，三次伟大的变革，三座里程碑，中国资本市场取得了长足发展。一是1990年上海证券交易所和深圳证券交易所的建立和运行，拉开了中国金融结构性改革和金融脱媒时代的序幕。二是2005年开启的股权分置改革，标志着中国资本市场制度规范时代的到来。三是2019年科创板引领的注册制改革，适应了资本市场发展的实质性要求，体现了市场是资源配置的决定性力量这一规律。三十年来，以主板、创业板、科创板、新三板以及区域股权市场为主体的多层次资本市场体系初步建立，资本市场基础制度持续完善。面向"十四五"，资本市场的战略地位被提升到前所未有的高度，其对于优化资源配置、促进经济结构转型升级以及构建新发展格局具有重要意义。

证券公司作为现代资本交易活动重要的组织者和执行者，是资本市场发挥功能和创新的制度基础和逻辑主体，在投资者与融资者之间、投资者与市场之间、监管与市场之间扮演着桥梁角色。从国际经验来看，证券公司在各国经济建设和国际竞争中都发挥了重要作用。一个国家证券公司强大与否很大程度上会影响这个国家资本市场的发展水平、功能及其服务半径。没有高质量的证券公司就没有高度发达的资本市场。

打造高质量的证券公司，既是落实国家战略、深化资本市场改革的重要抓手，也是应对双向开放，提升中国在国际金融市场竞争力、话语权的需要。一方面，伴随新《证券法》实施、注册制未来全面施行以及资本市场基础制度不断完善，我国证券行业迎来前所未有的发展机遇。另一方面，伴随监管持续引导证券行业回归本源、脱虚向实、严控风险以及对外开放程度不断提升，我国证券行业也面临前所未有的挑战。在开启全面建设社会主义现代化国家新征程之际，在构建高水平社会主义市场经济体制过程中，迫切需要建设一支与我国全球经济地位和政治地位相匹配的证券公司队伍，尽快提升资本市场服务实体经济、服务国家战略、参与国际竞争和治理的能力和水平。

我曾在兴业证券担任独立董事及外部董事达 15 年之久，兴业证券始终保持与国家经济发展同呼吸、共命运、同发展的家国情怀，与中国资本市场发展同频共振。在资本市场这三十年几次大的动荡中，兴业证券能够生存下来并发展成为国内具有较大影响力的大中型证券金融集团，是非常不容易的。其中有几点值得整个证券行业借鉴：一是处理好规范经营和创新的关系，核心是处理好风险控制和发展之间的平衡关系，两者之间要做好动态平衡。二是要有一个相对稳定的大股东，而且大股东要有长远的战略眼光。兴业证券是国有资本控股的上市证券公司，国有资本占比相对稳定，并保持了稳定的控制权。三是兴业证券的管理团队相对稳定并富有洞见，他们对整个资本市场和证券行业的发展趋势有着深刻的理解，同时保持开放的心态，不断向国内外优秀的同行学习。兴业证券构建了与时代背景相适应的制度规范以及市场化的激励机制来吸引人才，从而得以在激烈的市场竞争中立于不败之地。

近年来，兴业证券紧扣服务实体经济发展目标任务，以为客户创造价值为宗旨，对于如何实现证券公司高质量发展展开了积极探索与实践。《证券公司集团化管理与创新发展研究文集》一书，系统地总结了近年来兴业证券在集团一体化管理以及创新发展方面的实践经验，展现了兴业证券对行业未来高质量发展前瞻性、建设性的思考和建议，为资本市场贡献了一份独特的证券公司高质量发展样本。在"十四五"新的起点上，衷心祝愿兴业证券能够再接再厉，把握新发展阶段，树立新发展理念，融入新发展格局，更好地回归服务实体经济的本源，为构建我国经济"双循环"新发展格局贡献自己的力量。

吴晓求

中国人民大学原副校长、金融学一级教授

中国资本市场研究院院长

2021 年 9 月

目 录

资本市场与证券行业高质量发展研究 …………………………………………… 1

证券公司集团一体化高质量发展路径探索 ……………………………………… 13

证券公司子公司管理模式研究 …………………………………………………… 29

协同赋能　助力证券公司综合竞争力提升
　　——证券公司高效协同管理体制机制研究 ………………………………… 45

证券公司集团化人力资源管理研究 ……………………………………………… 56

证券公司合规管理体系建设研究 ………………………………………………… 68

证券公司子公司风险管控机制研究 ……………………………………………… 80

股票发行注册制下证券公司投行质量控制与风险管理研究 …………………… 93

证券公司投融资集中统一审批体系建设的探索与实践 ………………………… 108

证券公司内部审计与内控机制建设研究 ………………………………………… 120

证券金融集团运营一体化体系研究与实践 ……………………………………… 136

证券公司数字化转型研究及兴证集团实践 ……………………………………… 146

证券公司财富管理转型研究：理论、实践与路径选择
　　——兼论兴业证券财富管理转型战略 ……………………………………… 161

证券公司大机构业务发展模式研究 ……………………………………………… 179

"碳中和"国家战略下证券公司绿色金融业务发展路径 ………………………… 201

注册制下的投行高光时刻
　　——"注"就底线，"册"骥千里 ………………………………………… 218

基础设施 REITs 研究报告 ………………………………………………………… 246

证券金融集团大机构业务销售体系研究 ………………………………………… 270

证券公司 FICC 业务发展模式研究 ……………………………………………… 292

证券公司开展资产托管业务的国际经验借鉴 …………………………………… 310

证券公司证券研究业务发展模式研究 …………………………………………… 327

证券投资基金公司的责任投资之路 ……………………………… 341

证券公司国际化发展的思考与实践 ……………………………… 360

证券公司资产管理业务创新与发展 ……………………………… 380

新时期证券公司私募股权投资业务创新与发展研究 …………… 394

注册制下我国证券公司另类投资业务的现状及发展方向 ……… 408

风险管理公司服务实体经济研究 ………………………………… 424

特色区域性股权市场的建设与发展
　　——以海峡股权交易中心为例 …………………………… 440

深耕区域经济
　　——证券公司分支机构高质量发展研究 ………………… 451

证券公司跨境业务创新发展研究 ………………………………… 465

资本市场与证券行业高质量发展研究

王 斌 王 涵 王笑笑 闫海涛 蒲泽芸[①]

资本市场作为金融体系的核心,在金融运行中具有"牵一发而动全身"的作用。自1990年启航以来,我国资本市场从无到有、从小到大,体制机制不断健全,层次结构不断丰富,开放发展不断推进,各项功能有效发挥。经过30多年的发展,形成了以主板,创业板、科创板、新三板以及区域股权市场为主体的多层次资本市场体系。我国资本市场坚守服务实体经济发展的初心,在优化资源配置、改善融资结构、加速经济发展等方面,发挥了至关重要的作用。作为资本市场的重要参与者,证券行业在过去30年间,与资本市场一起砥砺前行,共同成长,确立了在金融系统中的重要地位,为助力经济转型升级和高质量发展作出了重要贡献。"十四五"时期,是我国开启全面建设社会主义现代化国家新征程、向第二个百年奋斗目标进军的第一个五年,资本市场和证券行业应把握新发展阶段,贯彻新发展理念,强化服务实体经济发展的宗旨,助力经济社会加快构建新发展格局,实现高质量发展。

一、"十四五"时期资本市场和证券行业开启高质量发展新征程

"十四五"时期,是我国开启全面建设社会主义现代化国家新征程、向第二个百年奋斗目标进军的第一个五年,是我国深入贯彻新发展理念、构建新发展格局的重要历史阶段。"十四五"时期,经济结构优化、产业结构调整为我国资本市场和证券行业高质量发展注入全新内涵。进入新发展阶段,资本市场和证券行业须把握发展机遇、谋定发展思路,把服务实体经济放到更加突出的位置,积极服务、促进形成以国内大循环为主体、国内国际双循环相互促进的新发展格局,坚守不发生系统性金融风险的底线,强化对经济社会经济高质量发展的支持。

《中华人民共和国国民经济和社会发展第十四个五年规划和2035年远景目标纲要》(以下简称"十四五"规划纲要)提出,必须立足新发展阶段、贯彻新发展理

[①] 王斌,博士,经济与金融研究院院长、兴证智库主任;王涵,博士,首席经济学家、经济与金融研究院副院长、兴证智库执行主任;王笑笑,博士,经济与金融研究院高级分析师;闫海涛,硕士,经济与金融研究院高级分析师;蒲泽芸,硕士,经济与金融研究院分析师。

念、构建新发展格局,对经济社会各领域高质量发展作出了系统谋划,并对金融支持各领域高质量发展作出具体部署。金融支持科技创新方面,强调完善金融支持创新体系。金融支持产业现代化方面,强调构建实体经济、科技创新、现代金融、人力资源协同发展的现代产业体系。金融支持城乡发展方面,强调健全农村金融服务体系,引导金融资本和社会资本加大力度投入县域建设。金融支持优化收入分配方面,强调多渠道增加城乡居民财产性收入,提高农民土地增值收益分享比例,创新更多适应家庭财富管理需求的金融产品。金融支持绿色发展方面,强调大力发展绿色金融。金融支持国内国际双循环方面,强调创新直达实体经济的金融产品和服务,引导金融机构加大对重点领域和薄弱环节的支持力度,加快金融服务业国际化发展。

二、"十四五"时期构建新发展格局和实现高质量发展对资本市场提出全新要求

(一)构建新发展格局需要资本市场继续发挥关键作用

1. 畅通国内大循环,需要资本市场在促进要素市场化改革方面发挥关键作用。构建新发展格局的一个重要内涵是畅通国内大循环,促进资源要素顺畅流动是关键领域。党的十九届五中全会提出,要健全要素运行机制,完善要素交易规则和服务体系。资本市场作为直接融资的重要渠道、优化资本要素配置的重要平台,在畅通国内大循环中,需要在促进要素市场化改革方面发挥关键作用。一是提升直接融资比例。我国融资结构长期以间接融资为主,存在结构不均衡问题。发展直接融资可将不同风险偏好、期限的资金更为精准高效地对接实体经济发展的资本需求,也是金融供给侧结构性改革、促进金融更好地服务实体经济的内涵之一。二是增强多层次资本市场融资功能。通过完善多层次资本市场体系,构建顺畅的资本要素配置平台,促进资本要素向最具潜力、最高效的领域协同集聚,有助于提高资本要素的配置质量和效率,推动资本向科技产业、新兴产业和产业转型升级领域配置。三是完善资本市场体制机制。真正实现资本市场的优胜劣汰功能,为资本要素顺畅流动、配置效率提升营造良好的资本市场环境。

2. 加快培育完整内需体系,需要资本市场在居民财富管理方面发挥积极作用。构建新发展格局,畅通国内大循环,一个重要的支撑是完整而有活力的内需体系。加快培育完整的内需体系,关键在于增加居民收入。"十四五"规划纲要提出助力居民财产保值增值,发挥财富效应促进居民增收。过去一段时期,我国居民资产主要为实物资产。近年来,随着中国资本市场深化改革不断推进、体制机制不断健全、市场规模不断扩大、投资机构逐渐多元化、投资产品不断丰富,中国资本市场的稳健性和质量明显提升。新发展阶段,资本市场将在促进居民财富管理方面发挥更加积极的作用。一是随着公募基金、银行理财、券商资管、保险资管等各类专业投资

者积极参与居民财富管理和推进财富管理业务与相关产品创新，居民财富管理渠道将不断丰富，居民财富管理服务的可得性将明显提高。二是随着以养老金为代表的长期资金入市，资本市场参与资金的质量将获得明显改善，资本市场的稳健性也将逐渐提升，为居民财富管理营造良好的资本市场环境。三是机构化的逐渐推进，将有助于各类投资者长期投资理念的形成，有助于居民改善资产配置结构、积极进行财富管理，对于居民财产性收入提升、扩大消费需求、促进消费升级、形成完整的内需体系也会产生明显的助力。

3. 促进国内国际双循环，需要资本市场在畅通国内外资金流动方面发挥渠道作用。"十四五"规划纲要对实行高水平对外开放，开拓合作共赢新局面进行了明确部署，提出要稳妥推进银行、证券、保险、基金、期货等金融领域开放，深化境内外资本市场互联互通，健全合格境外投资者制度，为新发展阶段资本市场深化改革开放指明了方向。资本市场作为资本和金融项下连接国内外资金的主要渠道，也将在"双循环"战略部署下，在促进国内外资金流动方面发挥重要作用。一是资本市场的高质量开放，将吸引更多的国际金融机构参与国内市场，在国内展业，也会吸引更多的国际资金参与中国经济高质量发展进程。二是资本市场互联互通的深化，将为资本市场国内外资金流动提供更加丰富的渠道，打通阻碍跨境资本流动的体制机制型梗阻，促进国内外资金更加高效的流动。三是境外投资者机制的健全和完善，既有助于增加中国资本市场对境外投资者的吸引力，也有助于提升境外投资者的质量，促进中国资本市场国际化水平和质量效率的提升。

（二）推动高质量发展对于资本市场提出更高要求

1. 支持科技创新，对资本市场更好地发挥直接融资功能提出更高要求。"十四五"规划纲要指出，要坚持创新在我国现代化建设全局中的核心地位，把科技自立自强作为国家发展的战略支撑。新发展阶段，要充分顺应新形势和新要求，推动金融为科技创新提供更高水平服务。科技创新有高投入、高风险的特点，部分科创企业轻资产、非抵押的特征明显，间接融资对科技创新的支撑存在一定瓶颈。各国发展经验表明，直接融资尤其是股权融资是满足科技创新金融服务需求的重要途径。我国金融服务体系股权融资占比偏低，金融服务科技创新需通过提升直接融资比例实现融资结构优化。金融服务科技创新需要参与主体更加多元，对资本市场更好地促进各类直接融资主体匹配提出更高要求。科技创新风险较大，同时产业链条长，不同发展阶段风险程度各异。基于风险匹配视角，将不同风险承受能力的资金来源主体与不同发展阶段的科技创新企业融资需求相匹配，对于提升金融支撑科技创新的水平有重要意义。

2. 数字经济发展，对资本市场完善服务数字经济的体制机制提出更高要求。"十四五"规划纲要提出，要加快建设数字经济，打造数字经济新优势。数字经济作为一种新型经济形态，在发展过程中，数据生产更关键、产业融合更深入、风险传播更复杂，所需的金融服务也需要顺应数字经济特点提质增效。数字经济需要新的资产定价方式。数字经济以数据等要素为关键生产资料，数字经济相关企业通常具有"轻实物资产""重知识产权"的特征，现行资产评估和定价机制需要结合数字经济特点进行创新。数字经济需要更加多样的金融服务产品。作为一种全新的经济形态，数字经济是传统经济在数字化、信息化、智能化技术支撑下的一次全方位转型升级，涉及不同行业、不同生命周期的企业，相应的金融服务需求更加多元。数字经济金融服务需要更完善的风险管理体系。作为数字经济发展的重要基础，新型基础设施建设和创新技术应用等投入大、产业链长、专业性强、风险高，风险形态与传统经济也有所不同。数字经济相关的金融服务需通过完善信息披露、健全风险共担机制等强化风险分散与管理机制。

3. 实现绿色发展，对于资本市场服务"碳达峰、碳中和"提出全新要求。2020年9月，习近平主席在第七十五届联合国大会一般性辩论上提出，中国力争在2030年前实现"碳达峰"，2060年前实现"碳中和"。当前，"碳达峰、碳中和"已经成为国际共识，中央经济工作会议进一步把做好"碳达峰、碳中和"工作作为2021年要抓好的重点任务之一。进入新发展阶段，实现"碳达峰、碳中和"目标，对资本市场践行服务实体经济的宗旨提出了全新要求，同时也为资本市场拓展发展空间带来重要机遇。随着绿色发展的持续推进、绿色债券市场的快速发展、ESG投资的逐渐普及、碳交易相关金融产品不断创新，资本市场需要通过拓宽绿色融资渠道、提高绿色金融综合服务水平、建立绿色金融风险评估体系、加大碳交易金融服务创新等为绿色发展夯实金融服务基础。

三、我国资本市场发展取得的成效

（一）我国资本市场发展现状

1. 市场体系层级丰富。30年来，我国加快多层次资本市场体系建设，目前已形成以主板、创业板、科创板、新三板以及区域股权市场为主的多层次资本市场。资本市场服务覆盖面不断提高，各层次市场定位明确，错位发展、互为补充，为不同规模、不同行业的企业提供差异化融资服务。债券市场蓬勃发展，债券结构更趋合理，债券种类更加多元，除传统债券国债、金融债外，企业债、公司债、中短期票据等类型债券发展齐头并进，满足不同投资主体需求，成为企业直接融资的重要方式之一。人民银行发布的统计数据显示，截至2020年末，我国债券市场主要债券存量规模达到113.12万亿元，成为全球第二大债券市场。期货市场法规体系日益完善，品种数量不断增加，市场主体逐步多元化，价格发现、风险管理、套期保值等功能不断增强，有能力成为全球重要定价中心。以商品期货为例，我国商品期货交易总量连续11年位居全球第一，成为全球最大的农产品、有色金属、焦炭、黑色建材等产品的期货市场。

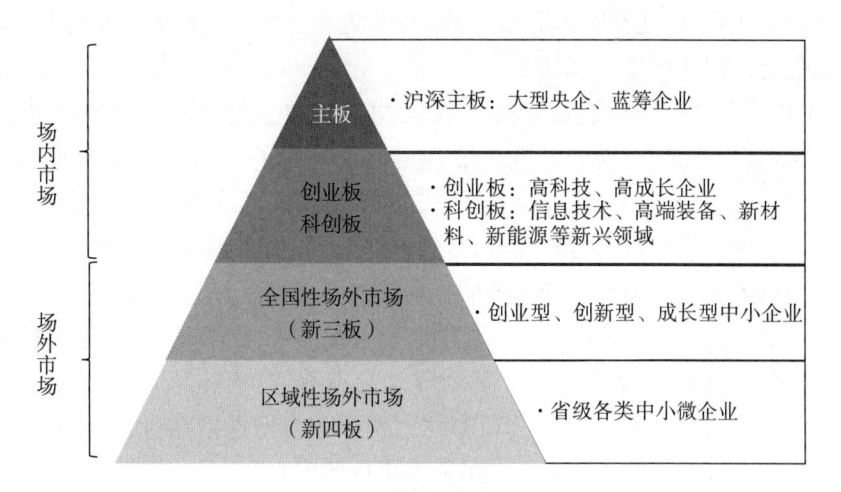

图 1 多层次资本市场概述

2. 监管制度创新成效显著。30 年来，我国资本市场监管制度实现跨越式发展，监管制度日臻成熟，监管框架日益完善，逐步发展形成在"一委一行两会"金融监管大框架下，以《证券法》等法律为核心，以资本市场相关行政法规、司法解释、部门规章、政策性文件为主要内容，以行业协会、证券交易所、期货交易所等自律组织为补充，具有中国特色的资本市场监管法律法规体系。近年来，资本市场监管领域，持续深化"放管服"改革，规范行政审批行为，提高监管透明度和公开性，不断加强对重要金融基础设施监管，切实做好金融风险防范，保障实体经济平稳运行。

3. 有力支撑实体经济发展。30 年来，我国资本市场始终坚守服务实体经济宗旨，立足经济发展实际需求，充分发挥优化资源配置和引导要素流动作用，有力支撑了实体经济平稳发展。截至 2020 年末，A 股上市公司共计 4128 家。2020 年，沪深交易所 A 股累计筹资 15417 亿元，与上一年相比增加了 1883 亿元，其中首次公开

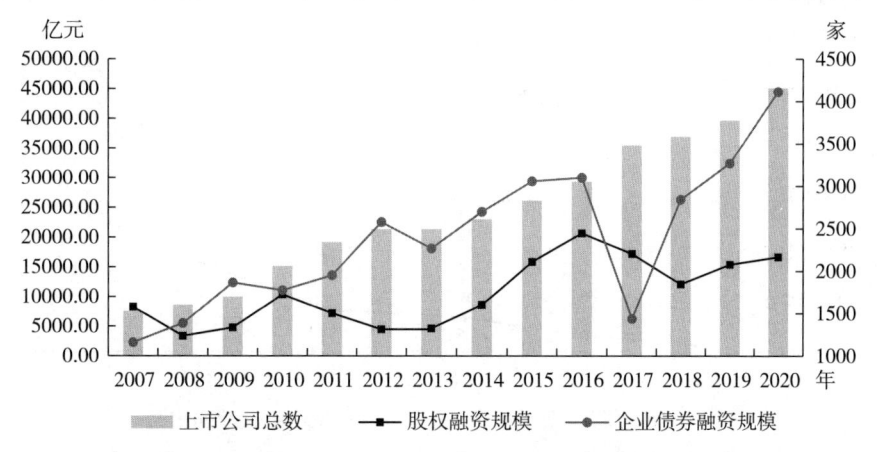

图 2 2007—2020 年我国沪深两市上市公司数量和股权债权融资规模

（数据来源：Wind）

发行上市筹资 4742 亿元,同比增加九成。全年各类主体通过沪深交易所发行债券筹资 84777 亿元,同比增长 17.8%。

4. 资本市场对外开放进展明显。我国加入世界贸易组织(WTO)之后,将"引进来""走出去"相结合,持续推进资本市场对外开放。2011 年起我国通过 QFII、QDII、RQFII、沪港通、深港通等"通道式"机制安排,全面实现与国际资本市场互联互通。债券市场对外开放程度持续提升,熊猫债发行规模不断扩大,允许外资机构进入银行间债券市场开展债券承销和评级等业务。截至 2020 年 12 月末,境外机构持有银行间市场债券 3.25 万亿元,约占银行间债券市场总托管量的 3.2%。全球三大债券指数彭博巴克莱全球综合指数(BBGA)、摩根大通全球新兴市场政府债券指数(GBI-EM)和富时罗素世界政府债券指数(WGBI)均已纳入中国政府债券,充分反映了国际对中国资本市场的信心。

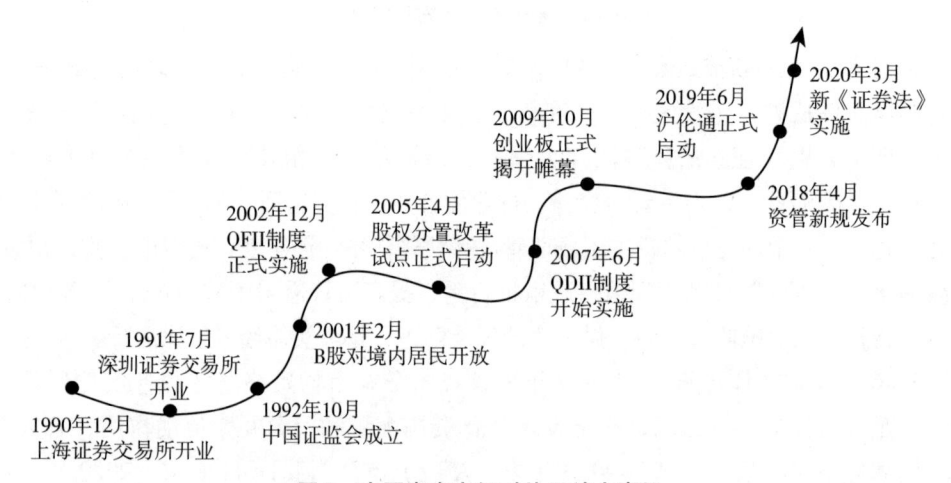

图 3　中国资本市场对外开放大事记

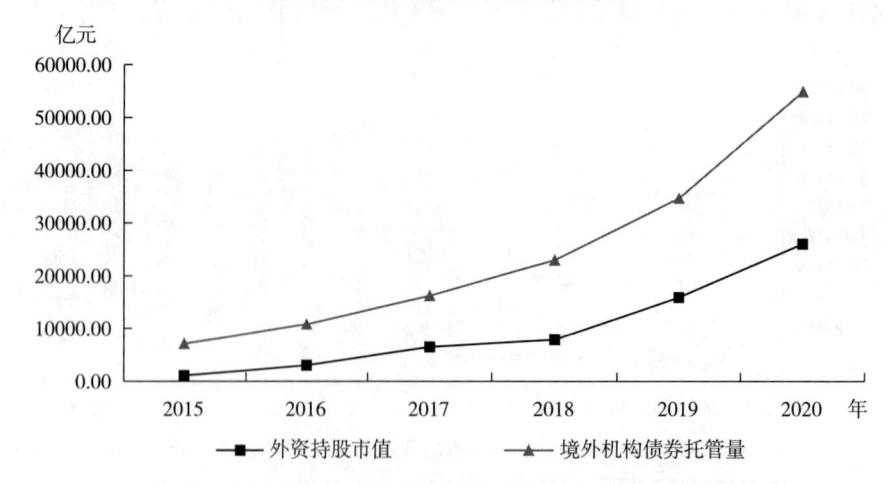

图 4　2015—2020 年外资持股市值和境外机构债券托管数量

(数据来源:Wind,中央结算公司)

（二）当前我国资本市场存在的不足

1. 资本市场短板需进一步补齐，服务实体经济高质量发展水平仍需提升。经过几十年的发展，我国股票市场和债券市场市值均达到世界第二，金融衍生品市场日益壮大，我国资本市场已在全球形成较大影响力，但由于起步晚、发展时间短，我国资本市场在投融资结构、体制机制、对外开放等方面短板尚未补齐，呈现出大而不强的局面。从社会融资规模口径来看，企业直接融资占比逐年上升，但以银行信贷等间接融资为主的融资结构还未完全改变。经济合作与发展组织（OECD）《中小企业融资2020》调查显示，我国拥有全球最大的线上融资市场，但中小企业贷款抵押率高于OECD国家。债券市场仍以政府和金融企业为主体，对创新型企业、科技企业及中小企业的服务能力仍有待提升，资本市场鼓励创新创业作用未充分体现。股票市场发展不充分，个人投资者过多，市场难以准确反映实体经济运行情况。

2. 资本市场效率需进一步提高，金融资源配置能力仍需加强。目前我国多层次资本市场主要包括主板、创业板、新三板、科创板、区域股权市场，资本市场结构基本完善，但各板块体制机制仍不够健全，板块内部要加快退出机制建设，板块之间转板机制仍需完善，更好地发挥资源配置功能，通过竞争进一步提升资源配置效率。区域性股权交易市场成立以来，发展环境和基础设施建设水平日益提升，相关体制机制不断完善，在推进地方中小企业直接融资和转型发展方面发挥了重要作用，但由于区域性股权交易市场还未实现跨地区互联互通，中小企业融资局限于本地区，融资渠道、规模和市场活力受到一定限制。资本市场法制化、市场化、规范化程度仍有待提高。

3. 资本市场对外开放需进一步加大，多元参与主体有待拓展。我国资本市场双向开放稳步推进，逐步取消了证券业金融机构外资持股比例限制，资本项目可兑换有序推进，境外市场参与主体不断增加，跨境资本流动更加活跃。但外资持有我国股票和债券的比重相对较低，外资金融机构在我国展业范围仍存在一定限制，外资金融机构进入我国资本市场动力不足。同时资本市场参与主体相对单一，长期机构投资者和海外私募投资者引进相对不足。基金业协会数据显示，从2016年外资私募开始备案登记至2020年末，外资私募合计备案数量共计32家。此外，我国资本项目暂未完全放开，外资投资A股还存在一定限制。

四、证券行业高质量发展现状与重点环节

（一）证券行业高质量发展的重要意义

资本市场在促进要素市场化配置中起到了重要枢纽作用，而证券行业的高质量发展是充分发挥资本市场优化资源配置功能的重要保障，是建设有活力、有韧性资本市场的关键环节。证券行业高质量发展有助于改善资本市场结构。我国资本市场

仍存在一定结构发展不平衡的问题，间接融资占比较大，直接融资相对不足。习近平总书记自党的十八大以来就提高直接融资比例、优化融资结构、增强金融服务实体经济能力多次作出重要指示。我国已进入创新驱动高质量发展的全新阶段，需要积极推动债券和股权融资发展，建立结构更加健全、层次更加丰富的资本市场，支撑实体经济发展。作为资本市场直接融资的重要中介，证券行业的高质量发展对于提升资本市场直接融资比例有着重大意义。证券行业高质量发展有利于资本市场效率优化。伴随科创板的成功推出运行和注册制顺利实施等资本市场改革创新落地，证券行业产品和服务创新将在推动资本市场效率提升中迎来重要机遇，也将在进一步推动改善资本市场投资者结构，促进提高价格信号的引导作用和提升资源优化配置效率中发挥更加重要的作用。

（二）证券行业高质量发展现状

我国证券行业伴随资本市场发展，从无到有已走过30多年的发展历程，取得了显著成效。中国证券业协会数据显示，截至2020年底，证券行业共有137家证券公司，总资产和净资产分别达到8.9万亿元和2.31万亿元，分别是2008年底证券行业综合治理结束之后的4.2倍和5.6倍。近年来，我国证券行业在监管制度完善、扩大对外开放、推动金融科技发展等重点领域不断发力，为资本市场高质量发展贡献了重要力量。

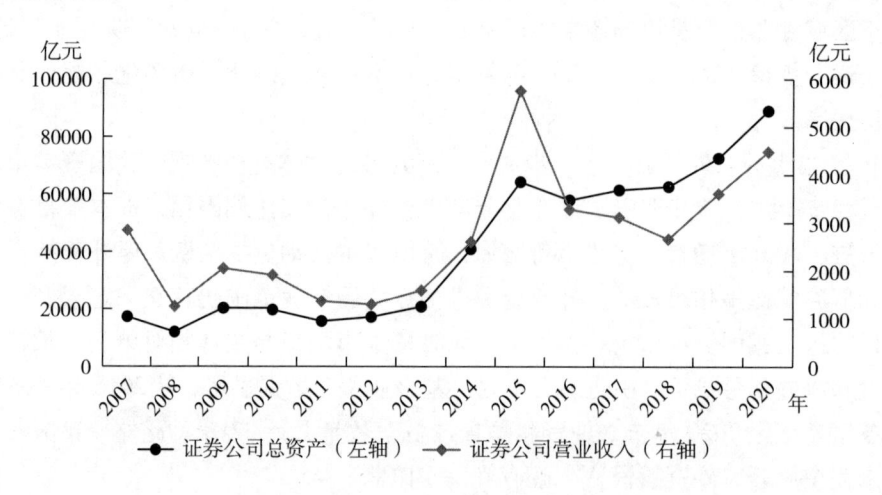

图5　2007—2020年证券公司总资产和营业收入

（数据来源：Wind）

1. 证券市场注册制改革稳步推进。党的十八届三中全会提出推进股票发行注册制改革。2018年11月，习近平主席在首届中国国际进口博览会开幕式上宣布设立科创板并试点注册制。注册制对股票发行提出了更加全面和准确的信息披露要求，形成了交易所审核和证监会注册有效衔接的审核注册机制，让市场进行选择，股票定价更加合理，市场博弈更加充分。近年来股票发行注册制稳步推进，确立了科创板、创业板、全市场的"三步走"改革布局,目前科创板和创业板注册制改革已落地实施。

2. 证券行业对外开放步伐不断加快。自 2002 年中国证监会和中国人民银行联合下发《合格境外机构投资者境内证券投资管理暂行办法》以来,围绕推动跨境证券投资,我国陆续出台了合格境内机构投资者(QDII)制度和人民币合格境外投资者(RQFII)试点。目前我国已取消了 QFII 投资额度限制、RQFII 投资额度及试点国家和地区限制。"沪港通"和"深港通"分别于 2014 年和 2016 年开通,2018 年"沪伦通"的开通进一步加快了我国证券市场向国际化市场转型的步伐。2019 年,国务院金融稳定发展委员会将原定于 2021 年实施的取消证券公司、基金管理公司和期货公司外资持股比例限制的时间提前至 2020 年,加速推进我国证券业对外开放。

3. 证券与金融科技深入融合发展。随着创新技术加速变革,证券行业与金融科技融合发展程度日益深化,人工智能、区块链、大数据等技术在推动证券传统业务转型和业务模式创新中逐步发挥作用,国内证券机构加速推进证券行业金融科技发展。2019 年底,中国证券业协会围绕金融科技在证券行业中应用情况对 114 家证券公司开展调查。其中,有 81 家公司开展人工智能应用,占比超过 70%,应用领域涵盖证券经纪、系统运维、运营决策、合规风险和投资银行等。

(三)证券行业高质量发展更好地服务实体经济的重点环节

1. **支持科技创新。**"十四五"规划纲要指出,要坚持创新在我国现代化建设全局中的核心地位,把科技自立自强作为国家发展的战略支撑。但科技创新研发等所需资金投入较高、风险也较大,多数科技创新企业具有显著的轻资产特征,通过间接融资获取信贷支持存在一定困难。国外发展经验表明,以股权融资等为主的直接融资是满足科技创新金融服务的重要途径。证券行业作为直接融资服务的重要中介机构,能够充分发挥资本市场中介作用,助力科创企业通过股权、债券等直接融资方式获得支持,将在推动科技创新深入实施和创新企业发展过程中发挥重要作用。

2. **支持数字经济发展。**"十四五"规划纲要提出,要加快建设数字经济,打造数字经济新优势。数字经济已成为重要的经济增长点。作为经济发展和金融资源配置的重要支撑,证券行业积极服务数字经济发展义不容辞。证券行业应贯彻落实深化金融供给侧结构性改革,积极推动金融资源向支持数字产业发展领域配置,促进数字经济发展和产业数字化转型升级。为推动数字化转型,应大力推进金融科技发展,完善数字经济新业态金融服务,鼓励内外资金融机构合理运用金融科技手段丰富服务渠道、完善产品供给、降低运营成本。

3. **支持绿色发展。**2020 年 9 月 22 日,习近平主席在第七十五届联合国大会一般性辩论上宣布,中国力争在 2030 年前实现"碳达峰",2060 年前实现"碳中和"。随后召开的中央经济工作会议指出,加大对绿色发展的金融支持。"十四五"规划纲要提出,要大力发展绿色金融。证券业作为资本市场和绿色金融的重要参与者,在支持"碳达峰、碳中和"目标实现过程中,需要积极践行关注环境、社会和治理绩效的 ESG 投资理念,引导社会领域将更多的资金投向环境保护、清洁能源、节能减排、资源循环利用等可持续发展的企业和项目。

五、促进资本市场与证券行业高质量发展的建议

(一)积极推动资本市场高质量发展的建议

1. 深化资本市场改革,支持实体经济高质量发展。紧紧围绕让市场在资源配置中起决定性作用的要求,充分发挥金融服务实体经济本源功能,通过资本市场架起实体经济与资本之间的桥梁。以科创板、创业板注册制试点为契机,稳步推进全面注册制改革,改善投融资环境,着力优化融资结构,提高直接融资占比,更好地为科技企业、创新企业、小微企业等服务。进一步深化并购重组制度改革,通过并购重组优化资源配置、调整经济结构,引导资源流向最有效率的行业和产业,推动经济高质量发展。提高上市公司质量,推动资本市场向法制化、市场化转变,实现上市公司优胜劣汰,给予满足高质量发展条件的优质公司更大支持。

2. 完善多层次资本市场体系,提升资源配置效率。坚持以主板为主体,强化创业板服务成长型、创新型企业的功能,明确科创板服务高科技创新企业的定位,完善新三板服务中小微企业创新发展功能,加强区域性股权市场对地方中小企业发展的融资支持,补齐法律法规和监管体系短板,完善全方位服务实体经济的多层次资本市场体系。进一步改革资本市场交易制度,降低交易税费负担,提供多种交易方式,提高资本流动性,促进市场发挥价格发现功能。完善多层次资本市场转板制度和退出制度,让优质企业能够在资本市场竞争中实现升板,建立多渠道股权投资退出机制,加速淘汰落后产能。

3. 扩大资本市场对外开放,助力构建双循环新发展格局。以构建国内国际双循环新发展格局为导向,稳步推进资本市场对外开放,完善市场开放的相关配套制度和机制,统筹对外开放和金融风险防范,发挥资本市场在促进产业升级和国内外要素流通方面的枢纽作用。支持企业在保持原本优势地位的同时,通过自主改革和生产结构优化参与到全球产业链中,积极发挥资本市场作用,助力实现产业结构升级和国际业务拓展。充分发挥资本市场引进外资的桥梁作用,适当放开外资投资额度限制,吸引更多的外资和企业进入中国市场。在国外企业和资本进入中国过程中,充分发挥资本市场的枢纽作用,做好国内外资本的对接工作,支持国内国际双循环的构建,增强双循环的相互促进。

(二)加快证券行业高质量发展的建议

1. 提升专业服务水平,全面提升证券综合服务能力。坚守服务实体经济的宗旨,推动证券公司综合服务能力全方位提升。一是统筹推进各业务协同发展,全面

推动证券公司业务布局多元化。统筹推进投行、研究、资产管理、经纪业务、另类投资、私募股权投资等业务的协同发展，强化全业务链服务体系建设，提升综合性金融服务能力。二是立足服务实体经济宗旨，强化对国家重大发展战略的支持。支持科技创新方面，积极储备和推荐优质科创企业至科创板上市融资，引导并购基金、创投基金投资科创企业，拓展科创企业融资渠道。支持数字经济方面，围绕数字经济相关企业实物资产占比较低等特点，创新资产评估和定价机制，建立完善相关风险管理体系，为数字经济发展提供更加创新和丰富的投融资服务。支持绿色发展方面，加大对绿色企业的上市培育力度，积极助力绿色企业上市融资、再融资，积极参与构建和完善绿色金融产品和碳排放权交易的区域性资本市场。

2. 推动证券行业和金融科技融合发展，形成创新发展新格局。积极把握金融与科技融合发展重要机遇，充分推动金融科技创新技术在证券行业的应用拓展。一是加快证券行业相关业务与金融科技融合应用。探索运用大数据、云计算、人工智能等新技术，在客户服务、市场分析、风险定价方面开展创新尝试，进一步提升证券公司业务运行和管理的智能化水平。二是积极探索金融科技应用前瞻布局。充分借鉴国内外金融科技与证券行业融合发展先进经验，明确主要发力方向和未来工作重点，前瞻规划布局，推动证券行业在金融科技的引领带动下实现不断升级和高质量发展。三是强化证券行业信息安全保障。在推动金融科技与证券业深入融合发展的同时，强化信息安全底线意识，建立健全金融科技发展体系，全力做好信息安全运维技术储备，确保相关系统和应用安全运行。

3. 加强合规与风险管理能力建设，推动证券行业高质量平稳发展。贯彻落实防范化解金融风险的工作要求，积极适应风险管理的新形势，建立与新发展阶段证券行业高质量发展要求相适应的风险防控与合规管理体系，推动证券行业更好地服务实体经济发展。一是进一步加强证券公司内部管控、合规与风险管理制度体系建设。统筹建立全局性和系统性的合规管理制度体系，并加强统一协调和监督实施。持续提升合规审查监测的敏锐程度，切实加强合规风险发现和处置水平，健全对风险的预警、防范和化解机制。二是提高全员风险意识，形成良好的内部风险控制文化。建立健全合规与风险防控激励及约束机制，积极推动风险管理成效与行业内业绩考核体系深度结合，提高从业人员的风险管理意识与责任感。三是建立健全合规和风险管理长效机制。围绕相关业务开展全生命周期管理，对相关产品和业务过程进行全程风险监控和深度跟踪分析，不断提高风险管理能力和水平，积极做到前瞻准确洞悉风险、及时精准处置风险，牢牢守住各业务条线不发生风险的底线。

参考文献

[1] 国家发展和改革委员会.《中华人民共和国国民经济和社会发展第十四个

五年规划和 2035 年远景目标纲要》辅导读本 [M]. 北京：人民出版社，2021：50 - 51.

[2] 易会满. 提高直接融资比重 [J]. 中国金融家，2020 (12)：22 - 24.

[3] 马梅若. 绿色金融"三大功能""五大支柱"助力实现"30·60 目标"——访全国政协委员、经济委员会副主任、人民银行副行长陈雨露 [J]. 中国金融家，2021 (3)：31 - 33.

[4] 杨华辉. 把握新发展阶段　树立新发展理念　推动证券行业高质量发展 [J]. 中国证券，2021 (1)：66 - 70.

[5] 杨华辉. 加快推进区域金融体系建设　全方位推动高质量发展超越 [J]. 福建金融，2021 (1)：42 - 48.

[6] 张望军. 资本市场助力科技资本高水平循环 [J]. 中国金融，2021 (1)：20 - 21.

[7] 安青松. 我国证券业高质量发展路径探讨 [J]. 清华金融评论，2021 (8)：73 - 77.

证券公司集团一体化高质量发展路径探索

孙国雄　唐　序　徐国军[①]

一、证券行业面临的机遇和变化

(一) 资本市场迎来改革发展重大机遇

党的十九届五中全会精神指出要科学把握新发展阶段，深入贯彻新发展理念，加快构建新发展格局。《中华人民共和国国民经济和社会发展第十四个五年规划和2035年远景目标纲要》（以下简称《纲要》）明确要求，坚定不移贯彻"创新、协调、绿色、开放、共享"的新发展理念，加快构建以国内大循环为主体、国内国际双循环相互促进的新发展格局。在资本市场方面，《纲要》提出"要构建金融有效支持实体经济的体制机制，完善资本市场基础制度，健全多层次资本市场体系，大力发展机构投资者，提高直接融资特别是股权融资比重，全面实行股票发行注册制，建立常态化退市机制，提高上市公司质量，深化新三板改革，以及推进金融双向开放"等诸多内容。在我国经济结构转型升级的大背景下，资本市场具有"牵一发而动全身"的作用，是构建我国经济"双循环"新发展格局的重要利器，也是我国经济实现高质量发展的重要支撑。监管部门积极围绕打造一个"规范、透明、开放、有活力、有韧性的资本市场"总目标，在金融供给侧结构性改革不断推进、资本市场基础制度不断完善、新《证券法》实施、注册制未来全面实行、对外开放广度和深度不断增强等一系列政策红利的指引下，资本市场迎来重大发展机遇。

(二) 证券行业发展呈现新格局

1. 客户需求综合化。从居民客户角度来看，随着我国金融市场的不断发展，尤其是多层次资本市场体系建设的持续推进，高净值客户群体的财富管理意识不断觉醒，居民的理财方式正在从存款、房地产逐步向金融市场资产配置转变。在更有广度和深度、更有效率和更加复杂的资本市场中，个人投资者愈加相信并依赖具有专

[①] 孙国雄，硕士，高级经济师，集团办公室主任；唐序，硕士，集团办公室副主任；徐国军，博士，博士后科研工作站博士后。

业投资能力的管理人。由于普通富裕阶层和高净值人群内部在资金规模、风险偏好、预期收益等诸多方面存在差异，从而衍生出多元、复杂且个性定制化的财富管理需求。

从企业客户角度来看，一方面，企业客户在生命周期的不同阶段对资本市场的需求存在差异。在种子期，更多的是对天使投资的需求；在初创期，更多的是对风险投资的需求；在成长期，更多的是对股权融资和债权融资的需求；在成熟期，更多的是对转型升级及并购服务的需求。因此，企业客户的需求已经演变为包括天使投资、风险投资、IPO、再融资、债权融资、产业研究、并购重组、资产证券化乃至海外服务等在内的全生命周期全价值链服务。另一方面，伴随经济结构转型升级，越来越多的企业客户属于新经济和科技创新型企业，普遍具有轻资产、高成长、商业模式迭代快等特点，需要证券公司切实加强定价能力、保荐能力、承销能力等核心能力建设。

从机构客户角度来看，机构投资者占比上升将进一步提高其市场话语权（见图1），并引导市场投资风格向长期价值投资转换，从而对市场变化和运行规律产生更加深刻的影响。伴随着机构投资者多元化发展，对证券公司所提供的机构业务服务提出了更高的要求。以往券商所提供的机构经纪、托管、研究与机构销售服务等已难以满足机构客户日益增长的服务需求，机构客户的需求逐步演变为对于包括主经纪商业务、研究、销售、交易服务、风控等在内的一揽子综合金融服务。

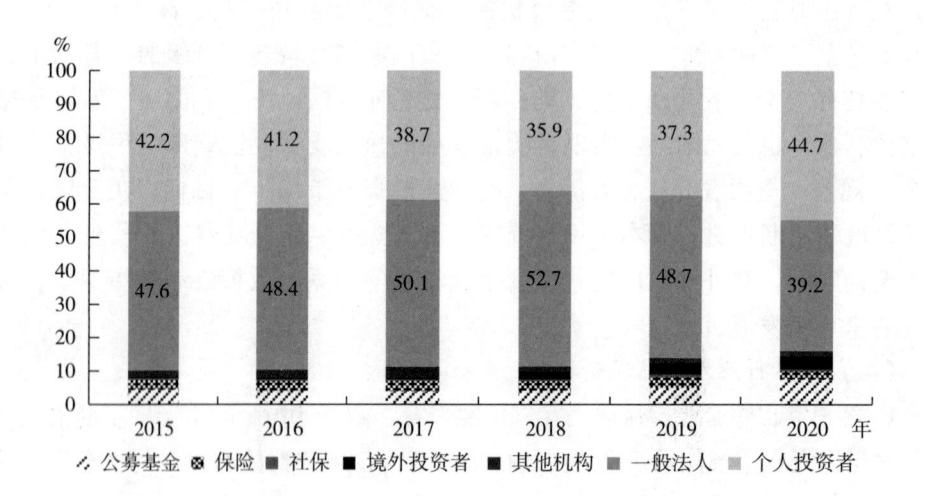

图1　机构投资者占比稳步上升

（数据来源：Wind）

（注：数据采用自由流通市值口径）

2. 经营管理集团化。随着我国资本市场改革向纵深推进，各类创新业务蓬勃发展，为满足监管要求及风险隔离需要，我国证券行业由原先以证券公司母公司发展为主，向证券公司协同下属子公司的集团化发展方向转变。不少证券公司在传统证券业务、期货、公募基金、私募基金、另类投资及国际业务等领域纷纷设立子公司，以实现多元金融服务的综合经营。子公司已成为证券公司集团化经营的重要组成部分，对证券公司集团整体的收入贡献占比稳步提高（见图2）。与此同时，监管也高度关注证券公司子公司的发展与管理，陆续出台《证券公司设立子公司试行规定》《证券公司私募投资基金子公司管理规范》《证券公司另类投资子公司管理规范》等子公司管理相关的管理规范和条例，要求各证券公司"强化母子公司一体化管控，形成功能定位清晰、组织架构合理、主业突出、母公司管控到位、约束机制健全的子公司管理体系"。

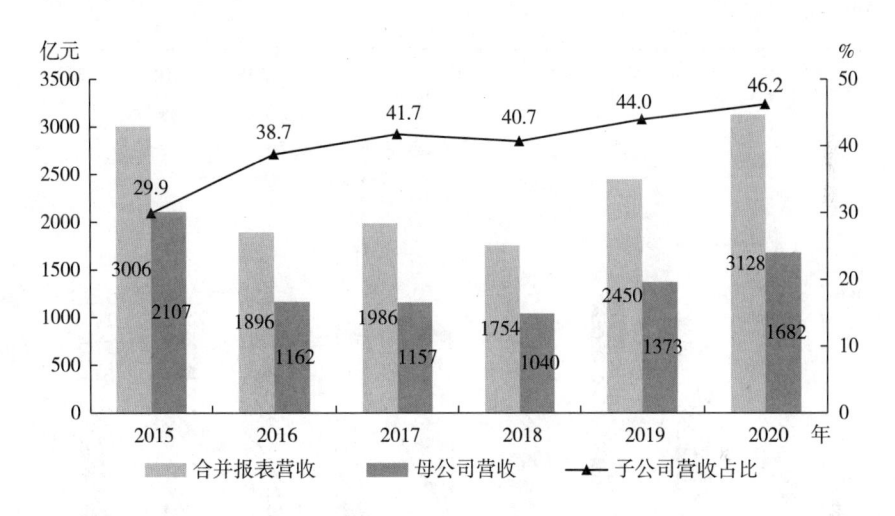

注：子公司营收占比=（合并报表营业收入−母公司营业收入）/合并报表营业收入（为数据处理方便，非会计算法）。

图2 子公司对证券公司集团整体收入贡献稳步提高
（数据来源：各证券公司年报）

3. 业务模式多元化。伴随行业竞争的不断加剧，证券公司基于牌照和监管的传统盈利模式进一步弱化，纯通道业务财务回报不断萎缩。以传统经纪业务为例，在互联网开户和一人多户政策冲击下，行业整体佣金率呈现下滑趋势（见图3），已从2012年的0.078%下滑至2020年的0.026%，交易通道价值持续降低，行业代理买卖证券业务净收入占总收入比重已从2012年的39%下降至2020 H1的25%。随着个人客户更多地通过产品间接参与市场，投资者逐渐向机构化转变，机构交易服务和风险中介需求增加，这大大促进了证券行业资产配置和风险管理业务的发展。证券行业业务模式将更加多元化，从传统经纪、投行、资管等通道业务模式，向基于资本优势、客户基础、专业服务能力以及金融科技实力的资本型中介模式转型（见图4）。依赖于资产负债表扩张的机构销售交易、自营、做市及投资等重资本业务将会成为证券公司未来发展的重要推动力。

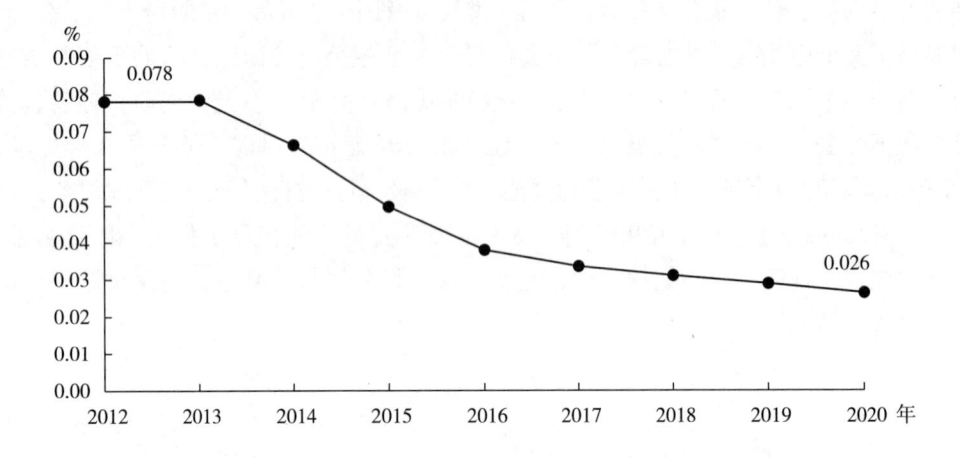

图3　证券行业佣金率呈现下滑趋势

（数据来源：Wind，中国证券业协会）

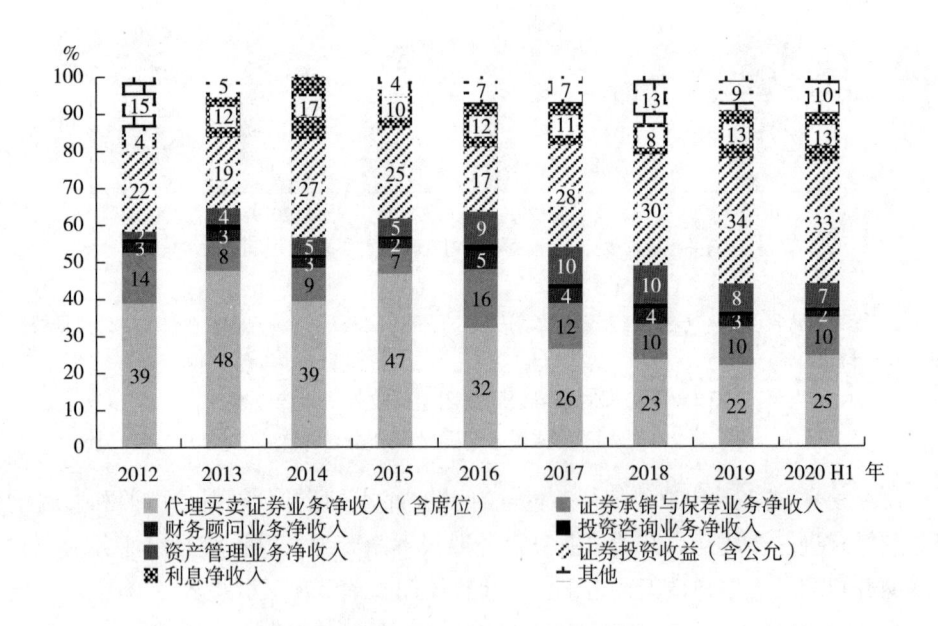

图4　证券行业业务模式呈现重资本化

（数据来源：中国证券业协会）

（注：数据采用专项合并口径）

4. 业务布局国际化。资本市场双向开放，新外资投行的加入促进了行业竞争和推动行业的发展，市场和客户的国际化发展将进一步推动证券公司国际化进程，跨境联动也将日益深入。一方面，我国证券市场对外开放持续深化。明晟（MSCI）扩容A股权重、MSCI新兴市场指数中国大盘A股纳入因子提升至10%、沪伦通正式启动、富时罗素宣布将A股纳入其全球股票指数体系、QFII与RQFII全面取消额度限制、中国国债正式纳入摩根大通全球新兴市场政府债券指数、取消证券公司外资持股比例、QFII制度全面升级。另一方面，在"请进来"的同时，随着人民币国际化进程以及"一带一路"倡议的推进，证券公司积极践行"走出去"（见图5）。已有包括海通证券、中金公司等在内的多家证券公司，通过境外新设机构、业务合作及并购等方式在海外市场布局，国际化业务经营水平得以不断提升。

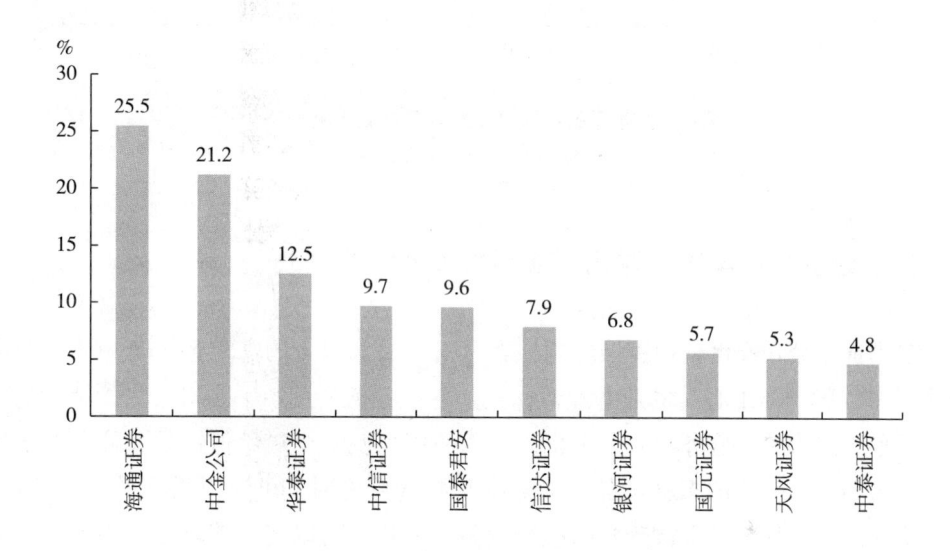

证券公司	占比(%)
海通证券	25.5
中金公司	21.2
华泰证券	12.5
中信证券	9.7
国泰君安	9.6
信达证券	7.9
银河证券	6.8
国元证券	5.7
天风证券	5.3
中泰证券	4.8

图5 部分证券公司境外子公司营收占比已初具规模

（数据来源：中国证券业协会）

（注：数据是2020年证券公司境外子公司证券业务收入占营业收入排名前十券商）

5. 金融科技融合化。科学技术是第一生产力，金融科技与证券业的深度融合是实现高质量发展的必由之路。近年来，证券业通过运用大数据、云计算、人工智能、区块链等新技术，推动传统业务转型，创新业务模式，提高管理效率，促进合规风控、运营管理智能化。不少券商已从战略的高度布局金融科技，或斥巨资收购境外金融科技企业，或与国内互联网巨头在金融科技领域进行深度合作，或从国内外招聘大批科技人才进行自主研发（见图6）。未来利用金融科技进行数字化转型，对于证券公司而言已不再是"做不做"，而是"怎么做"的问题，科技与证券业的结合将从简单的应用转变为更加深度的融合。

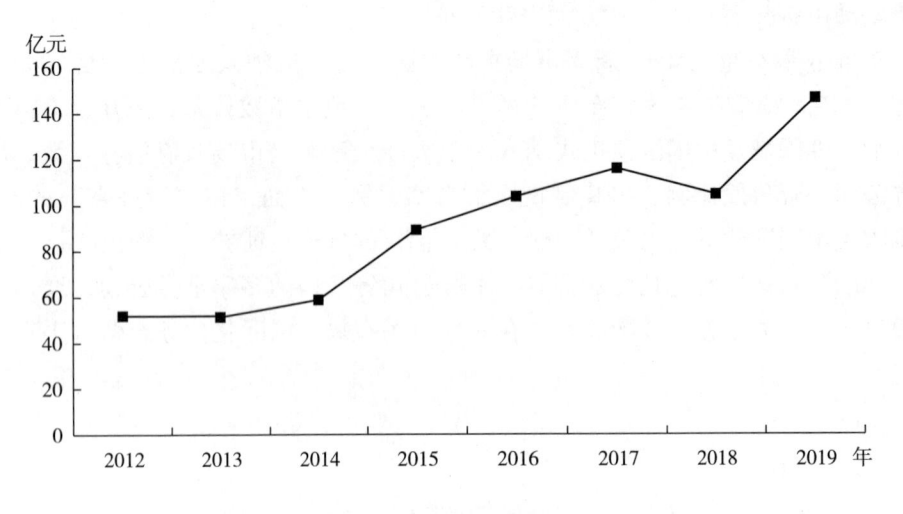

图 6　证券行业金融科技投入整体处于上升态势

（数据来源：中国证券业协会）

二、证券公司集团一体化高质量发展面临的挑战

过去证券公司高度依赖牌照红利，客户对产品和服务的需求也较为单一，长期形成了"以牌照为中心"的业务经营模式。各业务条线及各子公司聚焦于独立的产品和服务，追求单一服务收入最大化，缺乏协同以及对全局价值链的关注。经济理论研究表明，当企业的多种产品或业务共享投入要素时，可获得潜在的范围经济，产生协同效应。伴随着日益激烈的市场竞争，证券公司以客户需求为着力点，不断拓展新的业务领域，并对产品、业务、渠道及服务体系等方面进行全面系统整合，以向客户提供全方位的综合金融服务。在这一过程中，证券公司集团一体化高质量发展面临以下七大挑战。

（一）如何构建集团一体化的顶层设计

如果缺乏整体战略规划及对各经营主体功能的清晰定位，总部任由子公司、分公司各行其道，不利于从顶层对有限的资源进行合理的统筹协调与配置，从而难以实现整体价值的最大化。证券公司要实现集团一体化发展，需要集团总部制定总体战略、设计保证战略执行的相关制度与机制，并对集团和成员企业的战略实施情况进行监督与控制，从而保证集团战略目标和发展规划的实现。由于证券金融集团是一种多法人联合体，母公司居于核心主导地位，需要对子公司的战略给予必要的监督指导。通过建立"集团一盘棋"的顶层机制，可以明确集团发展方向与思路、提高集团应变能力、协调成员企业利益、整合系统资源、发挥协同效用，从而实现集团整体价值的最大化。

(二) 如何加强对境内外子公司的管控

当前证券公司已普遍设立公募基金、期货、资管、私募基金及境外等各类子公司，但整体而言对子公司定位不明晰、管控力不足，子公司经营风险隐患较大。以境外子公司为例，部分证券公司境外子公司股权架构和组织架构较为复杂，与母公司间的联系也相对不足。母公司缺乏有效管控境外子公司的手段，容易导致境外子公司稽核审计、合规管理、风险管理等内部控制体系产生问题，并诱使风险事件发生。为此，证券公司需要设计合理的集团管控机制，完善公司治理结构和内外部治理机制，建立并利用好文化、人事、组织、资本、技术、长期契约和社会关系等联结纽带，妥善解决多重委托下的代理问题，保证母公司对子公司的有效管控，防止子公司的行为背离母公司的意志以及各类风险事件的发生。

(三) 如何重塑分公司的功能与定位

传统证券公司由于高度依赖经纪业务线下拓客，业务结构单一、经营规模较小，一般只设置"总部—营业部"两级管理架构。近年来，伴随证券业务的规模化与多元化，两级模式已难以支持证券公司的长足发展和有效管控，证券公司纷纷设立分公司，采取"总部—分公司—营业部"的三级管理模式。但不同于商业银行多年以来已经形成的定位清晰、功能完善、管控到位的总分架构，多数证券公司对分公司的功能定位尚不明确，已经开设的分公司或职能架空，或类营业部，大多数未能真正发挥区域综合管理和业务推动作用，分公司在证券公司中的功能和定位亟须重塑。

(四) 如何构建业务单位之间的协同

证券行业长期以来主要依靠牌照开展业务，资源和能力分割在不同的业务条线，难以发挥整体合力。金融服务的广度和深度与国际投行有较大差距，难以满足实体经济对资本市场多元化、多层次的综合金融服务需求。证券公司要真正"以客户为中心"提供综合金融服务，实现集团整体利益的最大化，必须重新设计证券业务的价值链条、重新定义各业务单元在集团发展中的定位，同时设计并实施推动各业务单位高效协同的体制机制。特别是在科创板推出以后，科创板在企业上市、发行、交易、退市等多项制度上都有较大突破，新的市场规则和制度对券商业务模式带来根本性的变革。为此，在客户综合金融需求及监管隔离墙政策的共同推动下，证券公司各业务条线需要改变"各自为政"的传统经营模式，积极围绕客户需求提供一体化的综合金融服务，并在合规的前提下制定有效的业务协同机制。

(五) 如何推动业务创新与金融科技的有效投入

证券行业传统通道业务利润率不断下滑，迫切需要通过业务创新来提升获客能力与服务水平。在全面推行注册制及监管鼓励创新的大背景下，证券公司需要积极把握机遇，同时结合自身优势开展业务创新，从而构筑核心竞争力。此外，科技与金融加速融合，行业开启数字化转型浪潮，金融科技投入呈现上升趋势，由2012年的52亿元增长到2019年的146.6亿元，但相对国外大型投行而言，仍存在着较大差距。以 2019 年为例，证券行业金融科技投入占总营收的 4.1%，占净利润的 11.9%，远低于国际领先投行金融科技投入占净利润近 20% 的水平[①]。从行业内部结构来看，金融科技的投入仍主要集中在头部券商，中小券商对金融科技的投入力度相对较小。未来需要进一步提升金融科技的有效投入，实现金融与科技超融合，助力证券公司集团一体化高质量发展。

（六）如何平衡发展与合规风控的关系

近年来，证券行业陆续爆发的股权质押风险、债券信用违约风险以及海外并购与投资风险提醒我们，一旦合规风控出现问题，不但会影响短期的经营和业绩，甚至会危及企业生存之根基。发展与合规风控这两者是相辅相成的关系。一方面，风险控制是为业务发展服务的，之所以控制风险是为了更好地实现业务发展；另一方面，业务发展也需要匹配证券公司现有的风险控制水平及能力，否则容易导致企业掉入"只顾埋头拉车"盲目发展的陷阱中。只有把握好两者之间的平衡，才能真正推动证券公司建成基业长青的百年老店。

（七）如何平衡经济效益和社会责任的关系

在服务实体经济高质量发展之际，证券公司需要将履行社会责任与自身发展相结合，形成责任理念与责任文化，积极践行服务实体经济、防范系统性金融风险、推进多层次资本市场建设、加强从业人员廉洁自律、加强投资者教育、发展绿色金融、精准扶贫、慈善公益等诸多社会责任事项。尤其是国有企业，其作为政治和经济功能的混合体，具有一定程度的公共属性，在追逐利润的同时，更需要承担相应的社会责任。为此，证券公司需要切实平衡好经济效益和社会责任之间的关系，持续强化社会责任建设，自觉服务国家经济社会发展大局，提升核心竞争力和服务经济转型能力，实现资本市场与经济社会发展的良性互动，担负起服务实体经济高质量发展的光荣使命和职责。

三、证券公司集团一体化高质量发展路径的思考与实践

证券行业面临的机遇与挑战并存，无论是客户需求与业务模式的变化，还是头部化与国际化带来的日益激烈的市场竞争环境，都对证券公司集团一体化高质量发展提出了更高要求与更大挑战。为更好地提升综合实力、践行历史使命，证券公司需要切实以党的十九届五中全会精神为指引，把握新发展阶段，树立新发展理念，回归服务实体经济的本源，探索集团一体化高质量发展路径，为构建我国经济"双循环"新发展格局贡献应有之力。近年来，兴业证券深入探索证券公司集团一体化高质量发展路径并已取得积极成效，2020 年实现营业收入 175.8 亿元、利润总额

---

① 数据来源于上市公司年报。

61.6亿元、净利润45.8亿元,同比分别增长23%、134%和139%,营业收入、利润总额和净利润均创历史新高,净资产收益率为11.1%,在行业中名列前茅,对股东的投资回报进一步提升,集团经营规模、质量、效益及各项业务竞争力迈上新台阶。

(一)坚持党的领导,不断完善公司治理体系

国有企业的发展与坚持党的领导密不可分,加强党组织对国企的全面领导,是进一步深化国有企业改革和发展的根本保证。同时,要不断完善公司治理体系,一方面可以充分调动各相关利益主体的积极性,形成正向激励机制,另一方面还可以帮助企业有效应对内外部风险,实现可持续发展。兴业证券把坚持党的领导写入公司章程,将党的领导贯穿到公司经营管理的始终,全面加强党对集团的全面领导,充实班子力量,切实发挥公司党委"把方向、管大局、作决策、保落实"的领导核心作用。坚持民主集中制,建立健全"三重一大"集体决策机制,将党委会研究讨论作为董事会、经营层决策重大问题的前置程序。强化党的领导与公司治理的有机结合,党委班子成员通过双向进入、交叉任职,充分发挥党的领导和现代公司治理双重优势,形成"党委领导核心、董事会战略决策、纪委和监事会依法依规独立监督、高级管理层授权经营"的公司治理格局。促使党委、纪委、董事会、监事会、公司管理层在各自的职责、权限范围内,各司其职,各尽其责,决策科学、执行有力、监督到位、运转高效,从而形成专业化、规范化、透明化的公司治理机制。同时,作为上市证券公司,兴业证券高度重视信息披露与投资者关系管理,不断优化信息披露管理流程,通过多种渠道与投资者展开交流,真实、准确、完整、及时地履行信息披露业务,确保公司股东能够平等地获取公司重大信息,公司连续三年获得上海证券交易所信息披露工作A类评价。

(二)明确战略目标,推动经营主体归位尽责

战略决定企业集团整体的发展方向与目标,为保证集团总体战略目标的实现,需要将各单位划分为功能各异的责任中心,以明确各自在整个集团战略实施过程中应承担的责任和作用。同时,需要通过组织架构的持续优化和组织功能建设来提升集团运转效率。兴业证券积极把握新时代新背景下证券行业发展规律,明确提出了建设一流证券金融集团的战略目标,为集团各项改革措施落地和公司未来持续健康发展提供前瞻性、科学性的战略指导。公司明确以为客户提供综合金融服务为导向,积极构建财富管理与大机构业务"双轮驱动"业务体系。在行业内率先推进分公司转型,落实分公司经营主体地位,要求分公司对所在区域的集团综合竞争力负全责,为总部业务提供属地化支持,强化分公司作为集团在当地业务发展的战略支点和战斗堡垒地位。各子公司和总部业务部门归位尽责,聚焦主业,提升专业,成为集团优质产品的提供者。设立总部业务推动部门作为财富管理和大机构业务"双轮驱动"的组织者与推动者,落实客户顶层机制设计,优化客户服务营销体系。总部管

理职能部门发挥管理支持作用,全面贯彻集团一体化管理,强化对各子公司和分公司的人力、财务、合规、风控等领域的垂直穿透管理,同时加大各区域的资源投入,提供包括金融科技、运营管理及品牌宣传等在内的综合服务支持,把总部能力建设作为公司重要竞争力加以培育和打造。

伴随资本市场改革的不断深化与注册制改革的稳步推进,公司秉承"集团化办投行、专业化做投行、精细化管投行、精英化建投行"的发展思路,对投行业务条线的组织架构、业务模式以及管理模式进行了全方位的优化调整。前瞻性地构建了大销售体系组织架构,实现承做和承销分离,以培育定价销售核心竞争力。在战略重点和优势行业中,通过设立行业组和产业研究中心,打通投行、私募股权投资、资产管理等业务资源,打造涵盖研究、估值与定价、股权和债权融资、并购以及与此相适应的一级、二级市场投资等完整的业务价值链。此外,根据客户需求和市场变化,适时推行支持新业务发展的组织架构,包括设立金融衍生产品部、资管子公司公募业务部等。

(三)强化集团协同,提升综合经营管理水平

随着客户对多元化、多层次综合金融服务需求的不断提升,证券公司需要不断完善集团协同机制,通过整合不同领域金融业务的优势,实现竞争优势互补,进而提升企业整体价值和效益。兴业证券积极构建以客户为中心的服务模式,在合规的前提下,增强跨业务条线、跨经营主体的业务协作和资源整合能力,设计并实施推动各业务单位高效协同的体制机制。首先,公司不断建立健全集团协同顶层设计保障,自上而下,系统性、制度化地在总部层面出台了集团协同的相关指标体系、考评办法、资源配置等文件,明确了协同目标、考评制度和定价政策,通过大力推行协同多计、双算等考核激励及利润补偿机制,激发协同动力。其次,公司切实采取设立业务协同推动部门,在合规前提下,优化"投资+投行""投行+研究"联动机制设计,深度融合,做实一级股权投资与股权融资、ABS融资与销售的协同互动,以"投"带"承"激发业务活力,锻造承销业务核心竞争力。在集团销售体系建设上,销售交易业务总部牵头做好客户画像梳理,推动分公司和子公司各渠道销售触角的协同联动,优化客户服务工具,充分借助股权、债权和研究等各类业务的协同合作,实现机构客户的全价值挖掘。

此外,公司积极探索其他多领域协同,在做深产业链协同方面,充分利用各单位牌照之间自然形成的客户产业链上下游特性,相互给予业务支持,推动原有的合作内涵得以丰富,合作层次不断提升。在做广客户和渠道协同方面,合规前提下共享各单位的客户和渠道,推出特色产品和服务,实现"客户+渠道+公司"良性循环互动。在做实区域和专题协同方面,通过成立核心区域集团业务协同发展委员会等多种举措,保障集团协同的运行效率。在做宽综合金融服务协同方面,各牌照单位协同开发创新产品,共享渠道资源实现业务协同。最终公司通过协同将多元化的

业务和多层级的单位有机地联系起来，向客户提供了具有市场竞争力的综合金融解决方案。

(四) 实施创新驱动，激发业务发展全新动能

创新是引领发展的第一动力，证券公司要紧抓资本市场和证券行业创新发展的新机遇，加快提升创新能力，积极探索并开展业务创新，为经济创新转型提供更加多样化的金融服务。在财富管理领域，要加快财富管理业务创新获客模式，创新机构经纪业务服务内容，创造和激发业务增长新动能。在机构业务领域，要以创新发展为引领，加快构建机构业务的差异化竞争优势。不仅如此，证券公司还应该结合政策要求与客户需求，站在服务发展大局的角度，积极主动探索各类有益的业务创新，有效发挥证券金融机构专业优势，为实体经济的高质量发展提供有力支持。

兴业证券高度重视创新业务的发展，前瞻性布局，重点加强相关业务研究和推动。一是抢抓资本市场改革新机遇，助力多家企业成为全国首批科创板上市企业、首批新三板精选层挂牌企业和创业板注册制改革后首批创业板上市企业，融资规模连创新高。二是创新开展债券融资及机构融资业务，先后发行"全国首单专利许可知识产权ABS""全国首单券商疫情防控债"等。三是提升期货业务服务实体经济能力，期货风险管理子公司通过加大期现业务、对冲套利、场外期权、场外衍生品及大宗交易业务发展。四是成立家族财富管理办公室，通过发挥专业价值和集团协同力量，为超高净值个人、家族和家族企业提供一站式综合金融服务。五是抢先布局，率先设立并推进上海自贸区分公司创新发展，围绕跨境债券、跨境资管、跨境证券投资、境外企业境内股权融资等业务形成突破，打造成为集团在境内开展国际资本市场业务的窗口。

(五) 发挥绿色优势，持续推动绿色金融发展

《纲要》强调要深入实施可持续发展战略，完善生态文明领域统筹协调机制，构建生态文明体系，促进经济社会发展全面绿色转型，建设人与自然和谐共生的现代化。证券行业需要紧紧围绕生态文明这一核心主旨，按照"绿水青山就是金山银山"的重要思想，持续提升绿色金融服务能力。

兴业证券致力于做绿色证券金融的倡导者和先行者，把绿色发展纳入集团战略体系，将ESG相关原则写入公司章程。在业内率先成立绿色证券金融部，积极参与和推动证券行业绿色金融业务发展，发布证券行业首个绿色金融业务评价标准、设立证券行业首个投行"碳中和行业部"。在绿色融资方面，公司支持绿色企业股债融资规模达200亿元，形成了一批推动企业绿色发展的典型案例。在绿色投资方面，与中证指数公司联合编制并发布"中证兴业证券ESG盈利100指数"，坚持责任及绿色投资十余载，子公司兴证全球基金责任及绿色投资规模近170亿元，是国内ESG领域最大规模的公募基金。在绿色研究方面，依托行业一流研究优势完成"碳中和"主题系列研究报告，同时为政府及企业提供绿色研究智库服务。在绿色环境

权益交易方面，兴业证券经营管理的海峡股权交易中心早在 2014 年就启动了碳排放权、排污权、用能权以及林业碳汇等环境权益交易，近年来累计成交 25 亿元。兴业证券是行业首家已形成集绿色融资、绿色投资、绿色研究、环境权益交易"四位一体"绿色金融服务体系的证券公司。

（六）依托金融科技，全方位赋能业务与管理

科学技术是第一生产力，金融科技与证券业的深度融合是实现高质量发展的必由之路。以大数据、云计算、人工智能、区块链以及移动互联网为引领的工业革命与科技革命，促使金融学科的边界、研究范式不断被打破和重构，金融科技正以前所未有的速度深刻改变着金融业的生产方式、产业组织形式和竞争格局。

兴业证券将金融科技置于集团战略的高度，不断加大对金融科技的投入力度，以融合、牵引业务为方向，切实推动金融科技对集团业务发展与经营管理的全面赋能，助力集团一体化发展。一是完善顶层设计、加强集团化管理。持续深化对集团金融科技工作的集中统一与垂直穿透管理，实现集约高效的科技运作体系。聚焦"集团协同、科技赋能、安全运行"的目标，完善金融科技规划，打造数字兴证、智慧兴证。严守信息安全的底线，不断夯实集团信息安全基础设施和运维管理体系。二是发挥金融科技优势，实现科技引领业务发展。在财富管理领域，紧密围绕"客户、产品、服务"促进财富管理数字化转型，助力实现客群规模、客群质量以及客户 AUM 目标。在大机构业务领域，紧密围绕托管外包、交易、研究、销售、增值服务"五位一体"服务方案，为机构客户提供全业务价值链平台化服务。此外，公司大力推动集团 CRM 系统建设，完善集团客户统一管理，强化内部商机协作，推动财富管理和大机构条线的交叉协同。三是加强对集团的信息管理与决策支持。持续推进集团数据整合，深化数据治理，提升数据质量，将大数据分析和挖掘技术进一步应用到精准营销与服务、集团协同、全面内控管理、一体化运营、经营管理决策等领域。四是积极构建外部合作生态圈，与互联网龙头企业建立战略合作伙伴关系，加快数字科技内外部创新融合、赋能集团一体化发展。

（七）筑牢风控防线，深化集团内控机制建设

合规风控是证券公司经营的生命线，只有不断适应市场与业务模式的变化，加强对业务本质的理解，持续提升驾驭风险的能力，才能更好地为企业发展护航。兴业证券高度重视合规管理与风险控制，持续强化合规风控体系建设，不断提高合规风控管理水平。在合规管理方面，不断推进"全面合规、主动合规、持续合规"的长效机制建设，完善合规制度、开展合规培训、组织合规检查，切实贯彻落实反洗钱、员工执业管理、适当性管理等重大合规工作要求，把"源头严预防、过程严监控、事后严追责"的合规工作理念嵌入重点合规工作的各个方面和全部过程，为深化转型、双轮驱动、加快推进一流证券金融集团建设提供强有力的合规保障。

在风险管理方面，公司不断夯实风险管理文化建设、风险管理治理架构、风险

管理工具方法及风险管理基础设施四大支柱，构建了全面风险管理体系。在风险文化建设方面，多年来一直坚持中性偏稳健的风险偏好，致力于形成与发展战略相适应的风险管理理念。在风险管理治理架构方面，构建了完善的风险管理三道防线，对子公司、孙公司及分公司实行垂直穿透管理，并形成了一整套风险管理政策制度体系。在风险管理工具方面，对主要面临的市场风险、信用风险、操作风险、流动性风险、声誉风险及洗钱风险等各类风险进行科学的识别、评估、监控和应对。在风险管理基础设施方面，不断完善全面风险管理信息技术系统，覆盖各个风险类别、业务条线、部门及子分公司，可以对风险进行计量、汇总、预警和监控，实现同一业务、同一客户相关风险信息的集中管理，从而支持公司风险管理和风险决策的需要。

为有效管控投融资业务风险，兴业证券建立健全集团集中统一审批架构，在业内率先设立一级部门投融资业务审批部和投融资业务评审委员会，并在各子公司设立投融资业务审批部（岗），建立自上而下穿透覆盖集团各单位的投融资业务审批体系。为有效管控投行业务风险，公司积极构建投行业务质量管控的长效机制。在认真落实证券公司投行内控指引，新设风险管理二部，专司投行内核，并由首席风险官分管的基础上，将质量控制部从投资银行业务部门独立，与业务部门一道，共同建立起分工合理、权责明确、相互制衡、有效监督的内部控制防线，为投行业务的长远健康发展打下坚实基础。为确保业务经营活动受到制衡和监督，公司建立起权责利统一的集团授权管理体系，确保公司所有部门、分支机构及子公司在被授予的权限范围内开展工作，并通过制度、流程、系统等方式进行有效管理和控制。此外，公司不断强化纪检、审计、合规、风险管理等内控部门之间的协同，实施薪酬递延机制并强化对员工违规失职行为的问责，确保内控机制有效运行。

（八）加强队伍建设，夯实高质量发展的根基

人才是推动发展的第一资源和核心要素，证券公司集团一体化高质量发展需要与之相匹配的人才队伍，以人才引领高质量发展，实现新的跨越。兴业证券将人才队伍建设视为一项长期战略任务，树立集团一盘棋理念，建立健全集团一体化的人才选、育、用、留机制，全力做好集团人才队伍建设，夯实集团高质量人才之基。在人才引进方面，通过采取搭建信息平台、丰富招聘渠道、提供招聘工具、开展集团招聘项目等多种手段，全面推行招聘体系集团化建设，建立科学有效、灵活多样、系统完善的招聘体系，持续完善人才选拔机制。在人才培养方面，统一规划集团人才培养机制，创新人才培养方式，构建多元化的人才培养体系。一方面，通过集团管理干部培训、集团新员工入职培训、"T计划"投研新人培训等一系列的跨单位、跨业务条线的培训项目，搭建了一体化的 E-learning 在线学习平台，推动集团核心干部和专业人才队伍的培养。另一方面，在集团层面开展跨单位的人才交流项目，选派各单位优秀人才进行跨单位挂职锻炼，为进一步落实集团战略储备复合型人才。

在人才使用方面，从集团层面统筹规划，在坚持党管干部、党管人才的基础上，建立市场化、专业化的用人机制，通过采取统一职务和职级体系、完善绩效考评机制、加强外派人员管理等手段，有效开发集团人力资源价值。在人才保留方面，建立集团统一、形式灵活的激励机制，坚持激励与约束相结合，稳定和保留核心骨干队伍，以为建设一流证券金融集团汇聚强大人才队伍。

（九）抓好党建工作，塑造新发展理念与文化

党的建设是抓好各项工作的根本，要把党组织政治优势作为企业最重要的资源加以整合配置。理念是发展的先导，文化是发展的根基。只有深刻把握行业发展大势，塑造并统一新发展理念，将文化建设与经营管理有机融合，才能推动企业实现高质量发展。兴业证券深入贯彻新时代党的建设总要求，全面推进公司党的政治建设、思想建设、组织建设、作风建设、纪律建设和制度建设，不断增强各级党组织的凝聚力、战斗力。积极把握新时代新背景下证券行业发展规律，坚持以党的十八届五中全会提出的"创新、协调、绿色、开放、共享"的新发展理念为引领，深入践行"坚持以党建为引领，以建设一流证券金融集团为目标，以坚持深化经营管理体制机制改革为支撑，以集团一体化、制度化、协同发展为原则，以班子建设、人才发展和科技创新为推动力，构建'双轮驱动'业务体系，形成强总部、大分公司、专子公司的集团新发展格局，实现可持续高质量"的集团新发展理念。公司始终坚持践行证券行业"合规、诚信、专业、稳健"文化，构建了新时代企业文化体系理念，提出"追求卓越、共同兴业"的兴业证券使命，秉承"提升员工价值，创造客户价值"的核心价值观，打造"开拓进取、担当奉献、创新协同"的兴业证券精神，坚持"专业化、集团化、国际化"的战略指导思想，践行"稳健规范、持续发展"的经营原则，将企业文化建设融入公司发展战略和公司治理，实现企业文化建设与业务发展及战略实施协调统一，为公司高质量发展提供价值引领和精神支撑。

（十）秉初心溯本源，践行金融机构社会责任

证券公司作为连接资本市场和实体经济的重要枢纽，更要突出社会责任导向，服务国家战略、履行使命担当。兴业证券始终坚持承担社会责任与企业成长相统一，与利益相关方互利共赢，积极响应"金融支持抗疫"号召，助力贫困地区发展，专业践行慈善公益活动，加强投资者教育，真正落实好证券公司肩负的社会责任。在疫情防控方面，扎实做好"六稳"工作，全面落实"六保"任务，以专业金融服务助力疫情防控大局。率先发行全国首单券商疫情防控债，共募集资金30亿元专项用于支持疫情防控；子公司兴证全球基金在业内率先运用自有资金购买旗下偏股型公募基金，提振市场信心；子公司兴证期货、兴证风险管理公司率先设计落地行业和多地的首单防疫期权产品，帮助防疫企业降成本、稳生产；负责经营的海峡股权交易中心及时出台12项举措支持中小微企业发展，与企业共克时艰、共渡难关。此外，兴证集团合计捐款超过1350万元，第一时间驰援疫情防控一线。在扶贫方面，

打造了"以结对帮扶为基础,以体制机制为保障,以教育扶贫为重点,以全方位扶贫体系为支撑"的大扶贫格局,累计开展各类扶贫公益项目超过 600 个,遍及全国 28 个省份,捐赠各类扶贫公益资金超过 3.8 亿元,捐赠金额位居行业前列,公司慈善基金会在 2020 年福建省社会组织等级评估中获得 5A 级认证。在投教方面,积极践行投资者教育责任,用心打造总部国家级实体投教基地、古田省级实体投教基地、兴证期货省级互联网投教基地的品牌特色,全面推进集团化、专业化投教工作的有效部署与开展,在投资者教育道路上稳步前行。

四、结语

在开启"十四五"我国经济迈向高质量发展新征程之际,资本市场在优化资源配置、推动产业结构转型升级、提高直接融资比重等方面将持续发挥重要作用。证券公司要把握新发展阶段,树立新发展理念,融入新发展格局,积极采取行动,不断提升专业能力,打破业务壁垒,切实践行"以客户为中心",回归服务实体经济的本源,推动集团一体化高质量发展,从而更好地发挥资本市场的"看门人"、直接融资的"服务商"、社会财富的"管理者"、资本市场的"稳定器"以及市场创新的"领头羊"作用。兴业证券将立足国有金融企业服务实体经济发展的本源和天职,积极融入和落实国家"双循环"发展格局,坚持稳中求进工作总基调,保持战略发展定力,全面加快一流证券金融集团的建设,在推动自身高质量发展的过程中,不断提升服务经济社会高质量发展的能力。

参考文献

[1] 达夫特. 组织理论与设计 [M]. 北京:清华大学出版社,2017:97-112.

[2] 王凤彬,江鸿,王璁. 央企集团管控架构的演进:战略决定、制度引致还是路径依赖?——一项定性比较分析(QCA)尝试 [J]. 管理世界,2014(12):92-114,187-188.

[3] 钱德勒. 战略与结构 [M]. 昆明:云南人民出版社,2002:235-280.

[4] 杨华辉. 提升集团一体化经营管理能力,推动证券行业高质量发展 [J]. 中国证券,2019(6):2-8.

[5] 孙国雄,唐序,徐国军. "以客户为中心"打造核心竞争力——投资者结构变化对券商业务发展影响研究 [J]. 中国证券,2020(9):44-49.

[6] 杨华辉. 强化集团管控,打造一流证券金融集团 [J]. 当代金融家,2020(11):23-26.

[7] 杨华辉. 把握新发展阶段,树立新发展理念,推动证券行业高质量发展

[J]. 中国证券, 2021（1）: 66 - 70.

［8］李彬, 潘爱玲. 母子公司协同效应的三维结构解析及其价值相关性检验［J］. 南开管理评论, 2014, 17（1）: 76 - 84.

［9］马永波. 我国金融控股集团的协同效应研究［J］. 农村金融研究, 2016（11）: 7 - 12.

［10］雷光华. 价值导向的集团管控研究［D］. 北京: 财政部财政科学研究所, 2013.

证券公司子公司管理模式研究

张绪光　王江南　田书塬　董鲲鹏[①]

一、证券公司子公司管理体系建设背景

(一) 证券公司设立、收购子公司目的

1. 加速推进多元化金融业务布局。随着我国资本市场不断发展、金融市场对外开放逐步扩大以及证券公司自身把握机遇快速发展，证券行业整体资本实力和盈利能力大幅提升。根据中国证券业协会（以下简称中证协）发布的证券公司年度经营数据，截至 2020 年 12 月 31 日，我国证券行业总资产、净资产、净资本分别达到 8.90 万亿元、2.31 万亿元和 1.82 万亿元，总资产、净资产规模近四年均实现增长（见图 1）。2016 年至 2020 年，我国证券行业营业收入总额由 3279.94 亿元增长至 4484.79 亿元，年复合增长率达 8.14%；净利润总额由 1234.45 亿元增长至 1575.34 亿元，年复合增长率达 6.29%（见图 2）。部分大中型证券公司已具备充足的资本实力和经营管理能力拓宽集团业务领域及业务覆盖区域，设立、收购境内外金融业

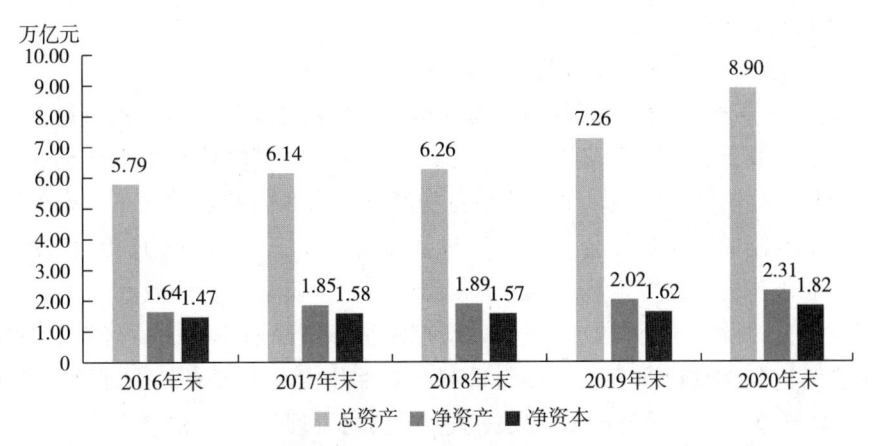

图1　我国证券行业总资产、净资产及净资本规模（2016—2020）

（数据来源：中国证券业协会，经营数据未经审计）

[①] 张绪光，学士，高级经济师，董监事会办公室主任；王江南，硕士，董监事会办公室资本投融资处总监；田书塬，硕士，董监事会办公室高级经理；董鲲鹏，学士，董监事会办公室经理。

务子公司获取金融业务牌照及业务资质已成为证券公司加速推进业务和区域布局、实现集团业务外延式、多元化发展的必要措施。

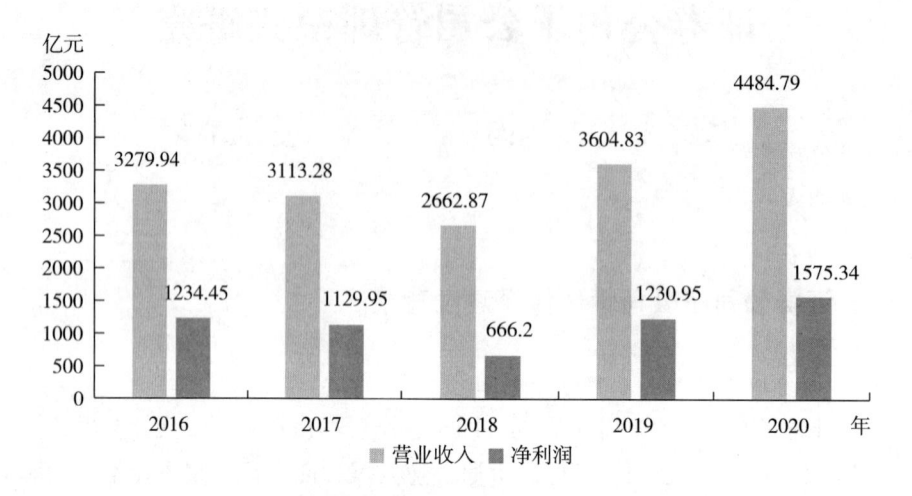

图 2　我国证券行业营业收入、净利润（2016—2020）

（数据来源：中国证券业协会，经营数据未经审计）

2. 探索传统证券业务专业化、特色化发展模式。为实现传统证券业务规模效应，同时有效隔离业务风险，证券公司根据市场环境结合自身战略规划，将母公司传统证券业务剥离并成立证券资产管理、证券承销与保荐、证券投资咨询等证券类专业子公司，以子公司作为独立法人载体充分发挥经营自主性和积极性，探索专业化、特色化发展模式。截至 2020 年末，行业共有 19 家已开业的证券资产管理子公司、11 家投行业务子公司。

（二）证券公司子公司管理监管政策趋势

1. 规范证券公司股权投资行为。为推动证券行业高质量发展，规范证券公司设立、收购、参股子公司行为，监管部门已通过颁布一系列法律法规引导证券公司充分论证设立子公司的必要性，全面评估自身经营能力和内控管理水平，合理审慎决策。中国证券监督管理委员会（以下简称证监会）于 2007 年 12 月 28 日发布《证券公司设立子公司试行规定》，规范证券公司设立子公司的行为及其与子公司的关系，对证券公司设立子公司应匹配的风险控制指标及净资本实力、经营管理能力、公司治理结构及风险管理、内部控制机制有效性作出具体要求。中证协于 2016 年 12 月 30 日发布的《证券公司私募投资基金子公司管理规范》和《证券公司另类投资子公司管理规范》对证券公司设立私募投资基金子公司、另类投资子公司应当符合的基本要求作出明确规定。证监会于 2018 年 9 月 25 日发布《证券公司和证券投资基金管理公司境外设立、收购、参股经营机构管理办法》，维持适当门槛，整合证券公司和证券投资基金管理公司两类机构"走出去"条件。

此外，《中华人民共和国证券投资基金法》《期货交易管理条例》《期货公司监督管理办法》等基金、期货行业法律法规也分别对申请设立基金管理公司、期货公司及基金、期货公司股东应具备的条件作出明确要求。

2. 强化关于证券公司对子公司实施有效管控的要求。2016年以来，证监会大力推进依法全面从严监管，监管部门和自律性组织通过制定发布各类制度、通知等法律法规文件清理整顿非持牌、非金融业务，规范资产管理业务，督促证券公司切实履行对子公司的管控责任，加强对境内外子公司的垂直穿透管理，并将相关评价指标与标准纳入《证券公司分类监管规定》（见表1）。

表1 近年监管部门、自律性组织关于证券公司强化子公司管理有关规定

发布时间	监管部门/自律性组织	监管规定/文件名称/公开信息	原则性要求
2016年12月30日	中证协	关于发布《证券公司私募投资基金子公司管理规范》及《证券公司另类投资子公司管理规范》的通知	要求各证券公司认真梳理业务体系，简化组织构架，回归主业，强化母子公司一体化管控，形成功能定位清晰、组织架构合理、主业突出、母公司管控到位、约束机制健全的子公司管理体系
2016年12月30日	中证协	《证券公司全面风险管理规范》（2016年修订）	证券公司应将所有子公司以及比照子公司管理的各类孙公司纳入全面风险管理体系
2017年6月6日	证监会	《证券公司和证券投资基金管理公司合规管理办法》①	证券基金经营机构应当将各层级子公司的合规管理纳入统一体系
2018年9月25日	证监会	《证券公司和证券投资基金管理公司境外设立、收购、参股经营机构管理办法》②	督促证券基金经营机构加强对境外子公司的管控，完善境外机构管理；要求证券基金经营机构依法参与境外子公司法人治理，强化对境外子公司重大事项管理，健全覆盖境外机构的合规管理、风险管理和内部控制体系
2020年7月10日	证监会	《证券公司分类监管规定》（2020年修订）	进一步明确对证券公司投资银行子公司、资产管理子公司相关行政处罚和行政监管措施的扣分标准；补充完善境外子公司风险管控评价指标与标准

资料来源：根据证监会、中证协网站通知公告等公开信息整理。

---

① 为做好修订后的《中华人民共和国证券法》（以下简称新《证券法》）贯彻落实工作，证监会于2020年3月20日发布《关于修改部分证券期货规章的决定》（证监会令〔第166号〕），对《证券公司和证券投资基金管理公司合规管理办法》部分条款予以修改。

② 为贯彻落实新《证券法》及国务院"放管服"有关要求等，证监会于2021年1月15日发布《关于修改、废止部分证券期货规章的决定》（证监会令〔第179号〕），对《证券公司和证券投资基金管理公司境外设立、收购、参股经营机构管理办法》部分条款予以修改。

同时，监管部门也通过推动并表监管试点、建立"白名单"制度等机制引导证券公司持续加大投入，建立健全能够有效覆盖各类风险、各业务条线、各子孙公司的全面风险管理体系，提升风险管理能力。2020年3月，证监会批准6家集团化经营成效显著、风险管理能力强的头部券商（中金公司、招商证券、中信证券、华泰证券、中信建投、国泰君安）实施并表监管试点，进一步鼓励头部券商在满足全面风险管理要求下做大做强做优。

（三）证券公司子公司发展趋势

1. 行业子公司数量持续提升，大中型券商已实现多元化业务布局。随着我国经济进入高质量发展的新阶段，资本市场改革开放全面深化，证券行业、资产管理行业迎来空前的发展空间。同时，监管政策的规范引导为证券公司集团化经营发展提供了良好的外部环境，证券公司把握政策红利、市场机遇结合自身战略规划推进多元化业务布局。2008年至2021年6月，随着《证券公司设立子公司试行规定》等一系列监管规定、政策文件的出台，证券行业子公司数量持续提升。根据不完全统计数据，多数大中型证券公司已通过发起设立、收购境内外金融机构等形式实现证券资产管理、公募基金管理、期货业务、私募股权投资、境外业务、另类投资等业务领域布局（见图3）。

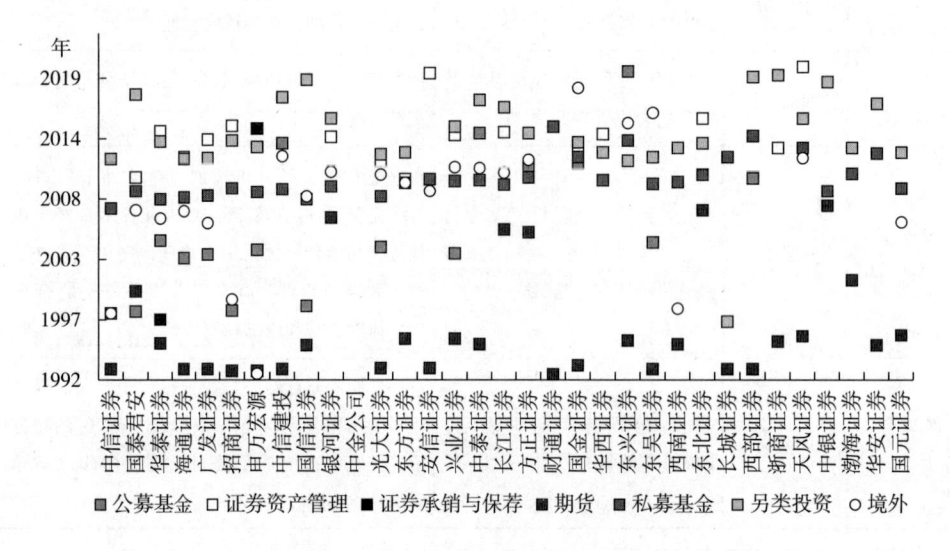

图3　部分证券公司子公司成立时间

（数据来源：上市券商2019年及2020年年度报告、国家企业信用信息公示系统，统计口径为证券公司从事金融业务的参股公司、控股子公司注册成立时间）

2. 子公司资本实力持续增强，头部券商长期股权投资规模位于行业前列。为增强子公司资本实力，优化集团业务布局，提升集团综合竞争力，证券公司近年加大对子公司资金投入。2015年至2020年,证券公司长期股权投资(对子公司和联营企业投资金额)由2639亿元增长至5090亿元,年复合增长率超过14%,长期股权投资占证券公司母公司净资产比例由17.8%提升至22.1%(见图4)。

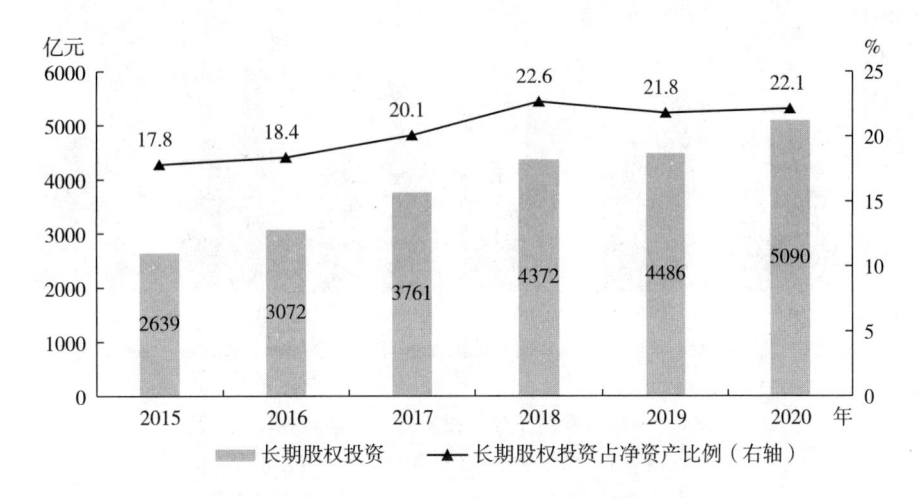

图4 证券公司长期股权投资规模(2015—2020)

(数据来源:Wind,数据口径为证券公司母公司长期股权投资,
数据计算口径为证券公司母公司长期股权投资/证券公司母公司净资产)

2015年至2020年,头部券商[①]对子公司投资账面余额平均值由154.99亿元增长至272.98亿元,年复合增长率近12%。其中,中信证券2020年末对子公司投资账面余额450.91亿元,对子公司投资总规模在券商中位列第一[②];华泰证券近六年对子公司投资账面余额由69.49亿元增长至193.75亿元,年复合增长率达22.76%,增速在头部券商中位列第一,2016年当年投资金额增长103.53亿元,系其对境外、私募基金、证券资产管理及期货子公司增资所致(见图5)。

3. 子公司对集团营收贡献度呈上升趋势,头部券商子公司创收能力较强。随着证券行业子公司数量的增加及子公司资本实力的提升,子公司对集团营业收入贡献度同步提升。2015年至2020年,证券行业子公司营业收入总额由1567亿元增长至2537亿元,占证券行业合并报表营业收入的比例由22%大幅提升至37%(见图6)。

---

① 课题组选取2020年合并报表营业收入排名前5名的证券公司(中信证券、海通证券、国泰君安、华泰证券、广发证券)作为头部券商研究样本,2020年合并口径营业收入第5名申万宏源集团股份有限公司(以下简称申万宏源集团)为投资控股集团,下设子公司数量大幅超过其他样本,故不纳入头部券商数据样本。

② 申万宏源集团2020年末对子公司投资账面余额为561.46亿元,考虑到其上市主体为投资控股集团,下设子公司数量大幅超过其他头部券商,不纳入头部券商排名。

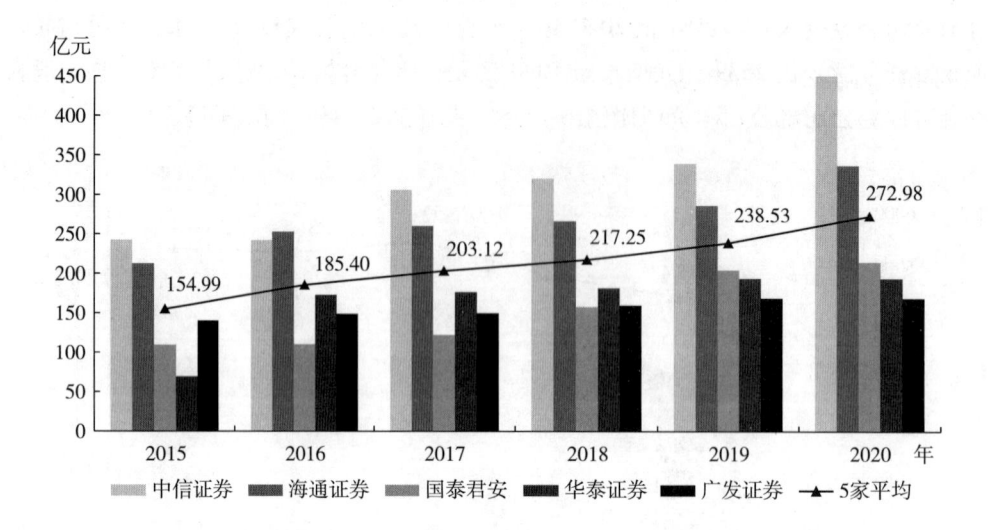

图5 头部券商对子公司投资规模(2015—2020)

(数据来源:5家证券公司2015年至2020年年度报告,
数据口径为证券公司母公司对子公司投资年末账面余额)

图6 证券行业子公司营业收入及占比(2015—2020)①

(数据来源:Wind,含证券类子公司,数据计算口径为证券行业子公司营业收入 =
证券公司合并报表营业收入 – 母公司营业收入)

2015年至2020年,头部券商子公司营业收入平均值由108.94亿元增长至183.99亿元,年复合增长率达11.05%,子公司营业收入占证券公司合并口径营业收入比例平均值由26.50%大幅提升至48.68%。其中,中信证券子公司2020年度

---

① 由于数据计算口径包含了证券类子公司,且无法获取全部证券公司成本法核算的长期股权投资收益,该计算口径所得出的数据仅用于推导趋势。

实现营业收入 261.44 亿元，近六年实现营业收入总额 1307.82 亿元，在头部券商中位列第一，子公司创收能力已超过大部分证券公司集团整体创收能力；华泰证券近六年子公司营业收入由 46.51 亿元增长至 154.79 亿元，年复合增长率达 27.19%，增速在头部券商中位列第一；海通证券近年集团化发展成效凸显，子公司 2016 年首次实现营业收入超过母公司营业收入，对集团营业收入贡献度近 57%，2017 年至 2020 年子公司营业收入对集团营收贡献度均超过 57%（见图 7 及图 8）。

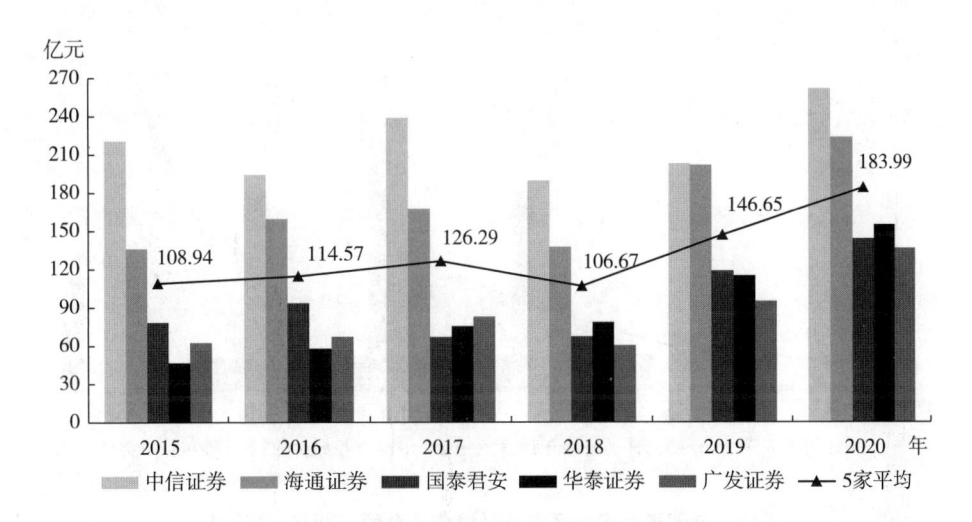

图 7　头部券商子公司营业收入（2015—2020）

（数据来源：5 家证券公司 2015 年至 2020 年年度报告，
数据计算口径为证券公司合并口径营业收入 + 成本法核算的长期股权投资收益 − 母公司营业收入）

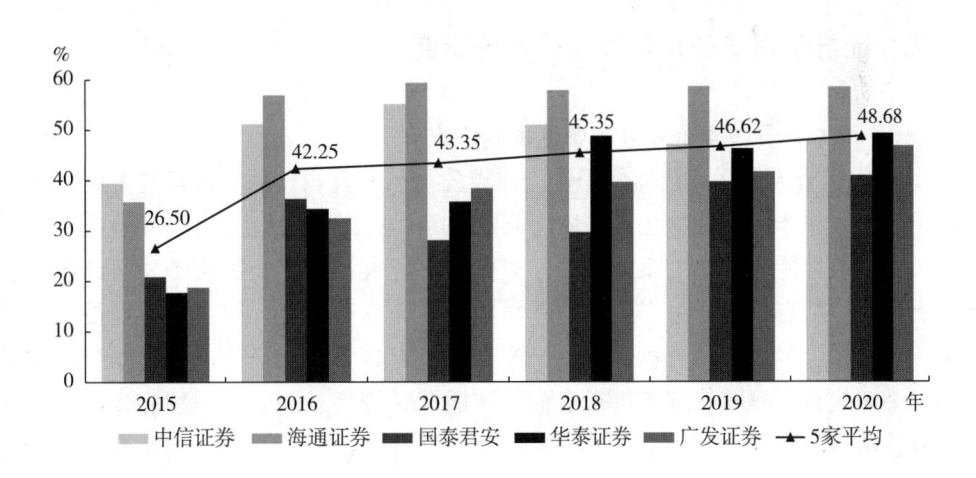

图 8　头部券商子公司营业收入占比（2015—2020）

（数据来源：5 家证券公司 2015 年至 2020 年年度报告，
数据计算口径为证券公司子公司营业收入/证券公司合并口径营业收入）

随着头部券商加大对子公司资本金投入，子公司实现业务规模扩张，盈利能力也有所提升，为母公司带来较为可观的分红回报。2015年至2020年，头部券商子公司合计向母公司分红金额达263.45亿元。其中，中信证券近六年收到子公司分红金额合计92.91亿元，2020年子公司分红金额高达33.56亿元，在头部券商中位列第一（见图9）。

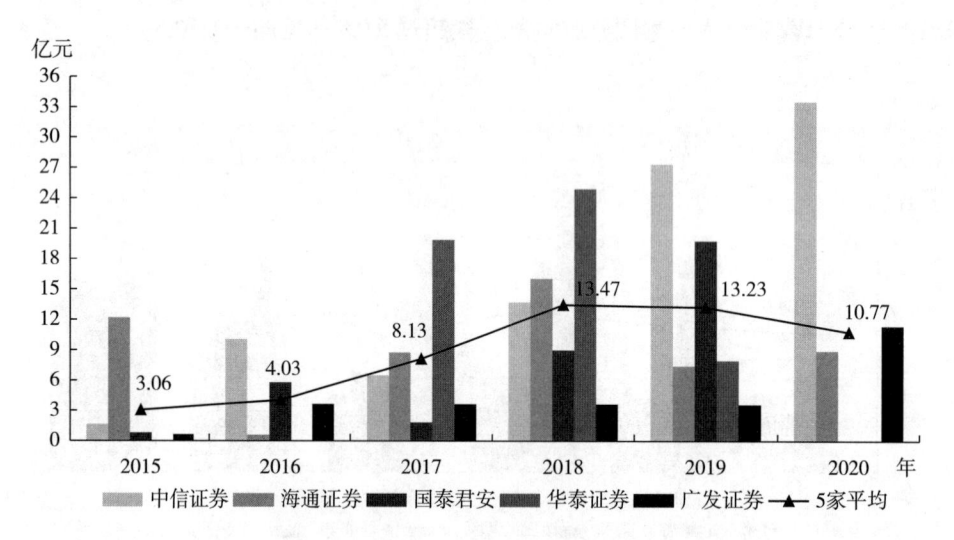

图9 头部券商子公司向母公司分红金额（2015—2020）

（数据来源：5家证券公司2015年至2020年年度报告，
数据口径为证券公司母公司财务报告项目注释所列成本法核算的长期股权投资收益）

二、证券公司子公司管理模式理论研究

（一）证券公司建立子公司管理体系的意义

1. 作为出资人依法履行监督职责。证券公司与子公司、证券公司与参股公司之间的关系，皆属于两个独立法人主体之间的关系，并以股份权益为纽带形成出资人与被投资企业之间的产权关系。证券公司作为出资人将资产委托给子公司经营，依法享有出资人权利并履行对子公司的监督职责。为维护出资人权益，实现长期股权投资保值增值，创造价值、提升效益，证券公司有必要建立子公司管理体系，对子公司的公司治理、经营管理等进行全面持续的监督管理，并有效识别、计量、监测和控制总体风险状况。

2. 遵照外部监管规定切实履行对子公司的管控责任。证券行业从严监管已成为趋势，证券公司须主动顺应外部监管环境，切实履行对子公司的管控责任。为促进母子公司健康发展，证券公司应通过建立子公司管理体系全面规范和加强对子公司的管理，遵循风险管理实质性原则，以控制为基础，严格遵照监管规定对子公司及比照子公司管理的各层级公司实施垂直穿透管理。

3. 提升集团综合竞争力、实现集团整体效益最大化。为积极适应行业发展趋势，多数大中型证券公司已将建设一流的综合金融服务商作为战略目标。子公司在集团发展中具有重要的地位和作用，母子公司协同发展是实现战略目标的必要路径。证券公司建立科学有效的子公司管理体系有助于集团资源的统筹与配置，发挥集团协同的规模化效应，提高集团经营效率，实现集团整体效益最大化，打造集团综合金融服务品牌。

（二）证券公司子公司管理模式理论

1. 法人治理与财务并表管理。我国现代化企业依据《公司法》《企业会计准则》等法律法规对子公司实施通行的法人治理与财务并表管理。证券公司监督指导子公司遵照属地法律法规完善法人治理结构，建立以股东（大）会、董事会、监事会、经理管理层为主体的治理架构，明确各层级决策机构的权利、责任、义务，实现各负其责、规范运作、有效制衡、科学决策。证券公司作为股东依法享有资产收益、参与重大决策和选择管理者等权利，通过基于控股地位而形成的对子公司股东（大）会、董事会、监事会表决权的控制落实决策意见、通过向子公司提名、推荐或委派董事、监事及高级管理人员实施对子公司治理层面重大事项和日常经营活动的监督管理。

证券公司根据企业会计准则及相关监管规定，结合对被投资企业实施控制的具体情况确定集团会计并表范围，建立健全集团会计并表制度体系。为规范子公司的财务会计管理，提升集团整体财务工作规范性，证券公司对子公司的会计核算、财务管理进行指导、监督和检查，在不违反法律法规和监管政策的前提下，母公司对境内全资子公司实行财务集中核算，将子公司作为预算主体纳入集团全面预算管理。为维护股东权益、有效监督子公司经营情况，证券公司要求子公司及时、准确、完整地报告业务经营情况和财务状况等信息。

2. 垂直穿透管理。根据外部监管环境变化，证券公司对子公司实施垂直穿透管理可分为两个阶段。第一阶段是2016年末之前，监管部门尚未明确要求证券公司将子公司合规管理、风险管理纳入集团统一体系，也未明确规定子公司组织架构设置，大部分证券公司子公司管理尚未形成较为成熟的体系。证券类、创新业务类全资子公司（如私募投资基金子公司、另类投资子公司）成立初期，证券公司基于精简子公司组织架构、强化集团中后台集约化管理、降低集团整体成本的考虑，多采用对全资子公司实施职能条线的类部门化垂直穿透管理，在不违反法律法规和监管政策的前提下，子公司组织架构设置、制度体系建设借鉴母公司业务部门做法，母公司部分或完全承担全资子公司人力、财务、合规、风控、信息技术支持等中后台职能。在此管理模式下，母公司通过职能条线直接对接子公司的日常经营管理，深入学习理解子公司业务模式和有关监管规定，为后续子公司设置独立职能管理部门并在日常工作中接受母公司的监督指导打下基础。

第二阶段是 2016 年末自律性组织、监管部门颁布一系列关于规范和加强证券公司子公司管理的监管规定和政策文件后（见前文表1），证券公司主动顺应监管趋势结合内部管理需要全面梳理、建立子公司管理体系，基于垂直穿透管理原则，加大对合规风控体系建设投入，建立健全子公司风险管理、合规管理框架，在明确各子公司定位的基础上，将各层级子公司纳入集团统一管理体系。同时，证券公司根据集团一体化经营发展需要，逐步建立对子公司人力资源、财务管理、信息技术、运营管理、品牌宣传等方面的集中统一管理，整合集团资源为子公司发展提供全方位的支持和服务。

3. 集团化管控。连平等经济学家[①]将金融控股公司定义为：在银行、证券、保险、基金、信托、期货、金融租赁等两个或两个以上金融领域拥有牌照、实际经营或者实际控制该金融机构的金融集团。从母公司是否经营金融业务来划分，国内主要存在纯粹型和事业型两种金融控股公司运行模式。母公司除了控股子公司外，本身还经营特定业务的控股公司为事业型控股公司；母公司本身不从事具体业务的为纯粹型金融控股公司。根据田晓林关于金融控股集团经营管理模式的研究理论[②]，金融集团的战略目标主要有三个：管理资本、管理风险和创造价值。金融集团的经营管理者应当紧紧围绕这三个目标，全面设计和部署金融集团的管理体制、机制、架构和体系。

随着我国证券行业的发展，母子公司为主体的集团架构已成为大中型证券公司普遍采用的组织形式，证券公司主营证券类业务并控股基金公司、期货公司等持有金融业务牌照的境内外子公司，符合前文关于事业型金融控股公司的定义。为促进母子公司健康发展，实现集团战略目标，证券公司需兼顾自身主业的经营发展和对子公司的有效管控，通过采用集团化管控模式可将法人治理与财务并表管理、垂直穿透管理有机结合，建立科学有效的子公司管理体系。

三、证券公司子公司管理实践分析

（一）证券公司子公司管理模式与实践情况梳理

1. 证券公司子公司管理模式选择。在符合外部监管规定的前提下，证券公司在实践中对子公司管理模式的选择取决于市场环境、集团战略规划、子公司在集团发展中的定位、内部管理需要等多方面因素。鉴于证券公司披露信息中涉及子公司管理体系建设、组织架构设置及体制机制运行有关内容较少，课题组除检索公开信息

[①] 连平，等. 新时代中国金融控股公司 [M]. 北京：中国金融出版社，2018：25, 151-152.

[②] 田晓林. 金融控股集团的经营管理之道 [M]. 北京：经济管理出版社，2017：45.

外，也通过走访调研了解证券行业子公司管理基本情况，目前多数证券公司已建立统一集中的子公司管理体系并选择集团化管控模式，设置"一个归口管理部门＋N个垂直穿透管理部门"的组织架构，通过归口部门负责牵头协调、相关职能管理部门负责垂直穿透管理的实施路径规范和加强子公司管理（见表2）。

表2　　　　　　　　部分证券公司子公司管理组织架构设置[①]

证券公司	子公司管理组织架构
海通证券 国泰君安 东方证券	战略发展部（战略发展总部）是母公司对子公司进行归口管理的职能部门，母公司各职能部门在战略发展部统一协调下，履行对子公司监督、管理、指导和服务职能，并根据需要制定子公司专项管理细则
兴业证券	董监事会办公室是母公司对子公司进行归口管理的职能部门，母公司各职能部门在董监事会办公室的统一协调下，履行对子公司监督、管理、指导和服务职能，并根据需要制定子公司专项管理细则
方正证券	母公司董事会办公室为控股子公司的归口管理部门，负责统筹协调相关职能部门对纳入统一管理体系以外的事项进行管理、监督、指导和支持。相关职能管理部门在各自的职责范围内，对子公司进行管理、监督、指导和服务
国元证券	机构管理部[②]按照国元证券授权对子公司的经营进行监督管理，协调相关职能部门对子公司进行管理、监督、指导和支持
国海证券	母公司战略管理部是具体负责子公司股权管理事务的部门，母公司各职能部门在各自的职责范围内，对子公司进行管理、监督、指导
西部证券	母公司计划财务部为处理涉及子公司事务的牵头部门，负责组织协调相关部门对子公司董事会、监事会、股东（大）会议案进行审核，并汇总相关部门的审核意见报总经理
东海证券	母公司董事会办公室是子公司事务的归口管理部门，相关职能管理部门在各自的业务范围内履行对子公司的监督、指导和支持职能

资料来源：证券公司披露的子公司管理制度、公开文献资料及行业调研情况。

2. 头部券商子公司管理实践情况。头部券商多数以对子公司的控制权为核心，秉承"战略统筹、业务协同、专业化发展"基本原则，构建以战略管控、人事管控、合规风险管控、财务管控为主体的集团化管控体系。子公司管理组织架构方面，头部券商多数由母公司战略管理部门负责子公司归口管理，对子公司战略规划的制订与实施提供指导，监督子公司战略规划的落实并评估其执行效果，同时协调各职能管理部门履行对子公司监督、管理、指导和服务职能。该归口管理部门人员编制

[①] 证券公司子公司管理组织架构信息来源为上市券商披露的子公司管理制度有关内容、公开文献资料和行业调研情况，由于证券公司子公司管理实践与证券公司组织架构存在一定关联，可能存在披露的子公司管理制度有关内容与实践不一致的情况。

[②] 根据国元证券2020年3月13日披露的第九届董事会第四次会议决议公告，机构管理部更名为股权管理部。

多为12~16人，负责子公司管理相关事务的团队人员编制为6~10人。大中型证券公司已通过建立健全子公司管理配套制度、制定子公司绩效考核机制等举措对子公司实施长效管控，部分证券公司正探索搭建包括子公司管理功能在内的集团战略管控平台，逐步形成"一项子公司管理纲领性制度＋N个职能管理部门＋一个管理平台"的全链条闭环式管理机制。

（二）证券公司子公司管理面临的挑战

1. 证券公司需平衡子公司管理的"统"与"放"。在法律关系层面，母子公司是彼此独立的，子公司具有法人资格，依法自主经营、独立承担民事责任。相较《公司法》和子公司《公司章程》赋予证券公司作为股东的权利和义务，监管部门近年以"压实证券公司对子公司管控责任、加强合规管理与风险管控、明确母子公司风险隔离、防范利益冲突"为基本监管原则对证券公司应履行的股东职责作出更严格的要求。

证券公司遵照监管要求加强集团内控体系建设，以集中穿透管理原则不断强化子公司管理，规范各层级决策程序，监督子公司的重大事项和日常经营活动。但过于集权的管理体制可能导致：子公司过分依赖母公司决策意见，部分或全部丧失作为独立法人的自主经营权，不利于子公司发挥经营自主性和积极性；母公司职能管理部门根据内部管理程序要求投入较多人力、时间成本处理涉及子公司日常经营管理的事务性工作，分散对子公司重大事项、专项工作及前瞻性规划研究投入的精力，在人力有限的情况下难以实现管理创造价值。

为实现"管理资本、管控风险、创造价值"的集团化管控目标，证券公司应根据自身集团战略及经营目标，通过建立健全授权管理体系平衡对子公司管理的"统"与"放"：实施集中管理、权责一致的授权旨在加强对子公司重大事项的"统一垂直穿透管理"；实施分级、差异化授权旨在规范子公司重大事项和日常经营管理事项决策程序，对风险可控的日常经营管理事项适度"放权"，两者是辩证的、配套的。证券公司应根据子公司实际经营情况及发展阶段权衡统放尺度，通过不断完善授权管理体系做到统放有度，权责对应。

2. 证券公司需不断提升子公司管理能力、优化协同管理效率。我国多数证券公司已通过控股子公司拥有多个金融领域业务牌照和业务资质，部分证券公司也通过设立、收购境外子公司推进国际化战略布局，初步建成证券金融控股集团。由于子公司所属细分金融行业法律法规与证券行业存在一定区别，境外市场与境内市场监管环境、法律法规存在差异，为有效监督子公司合规经营、防范风险，母公司需深入理解境内外金融行业监管规定、研究监管政策趋势。同时，子公司为把握行业发展机遇积极探索新业务模式，为实现对子公司的长效管控和服务支持，合理配置集团资源，母公司需加强对子公司所处金融领域新业务模式的学习研究。证券公司需通过引进培育优秀人才、加强母子公司业务交流、鼓励母子公司人才双向交流等方式不断提升子公司管理能力。

大中型证券公司一级子公司及比照一级子公司管理的各级孙公司数量较多，业务领域跨度大，根据经营发展须提交子公司治理层面及母公司决策的重大事项类别繁多。母公司层面涉及的会商环节、决策层级多，流程嵌套复杂，部分事项还涉及向主管部门、监管部门请示报告等外部程序。因此，子公司重大事项推进落地对子公司归口管理部门与相关职能管理部门的协同管理效率提出更高要求。归口管理部门作为母子公司之间联系的纽带，需高效组织协调事前沟通工作，做好信息上传下达，推进内部决策程序。

（三）兴业证券子公司管理实践

1. 全面贯彻落实集团一体化管理理念。兴业证券股份有限公司（以下简称兴业证券或公司）集团上下坚持党的全面领导，公司要求子公司将党的领导与建设纳入章程，充分发挥党的领导和现代公司治理双重优势，推进公司治理体系和治理能力现代化。近年来，在集团党委的带领下，集团上下紧紧围绕建设一流证券金融集团的战略目标，深入践行集团一体化经营与管理理念，举集团之力支持子公司做大做强做优。公司要求各子公司在符合集团整体战略规划的前提下明确发展目标，归位尽责，聚焦主业，提升专业，强化协同，深化转型，确保合规经营、严控风险。公司总部职能管理部门积极发挥监督管理与服务支持作用，强化对各子公司人事、财务、合规、风控等领域的垂直穿透管理，同时加大资源投入，提供包括金融科技、运营管理、品牌宣传、工程管理等方面的支持和服务。

2. 科学设计子公司管理体系。公司高度重视子公司管理体系建设，严格遵照外部监管规定，充分履行股东责任。公司依据集中化、垂直化、穿透化管理原则，将直接控股子公司、比照直接控股子公司管理的间接控股子公司及按照法律规定或监管要求应纳入集团并表管理范围的其他机构纳入垂直穿透管理范围。公司建立了权责明确的子公司管理体系，由公司总部归口管理部门负责集团子公司管理的统筹与协调，各相关职能管理部门根据外部监管规定和集团内部管理需要对子公司实施垂直穿透管理。

3. 建立健全子公司管理制度。根据外部监管要求及集团内部管理需要，公司于2018年全面系统化修订了《兴业证券股份有限公司子公司管理办法》（以下简称《子公司管理办法》），进一步加强对子公司的监督和管理。该制度作为公司对子公司实施管控的纲领性制度，对子公司的党建工作、公司治理、重大事项管理、战略与业务协同、人力资源管理、财务管理、合规管理、风险管理、审计管理等各个重要领域做出规范要求。总部相关职能管理部门相应制定完善子公司管理实施细则，有效夯实子公司管理各项基础制度，从制度层面强化对子公司的管控。公司要求子公司参照公司总部顶层设计，完善公司治理、党建工作、重大事项、组织人事、财务资金、合规风控等方面制度建设，组织对子公司重大管理制度和执行情况进行检查，确保各项制度执行落到实处，通过制度运行有效规范子公司经营管理。

4. 规范子公司重大事项决策程序。公司依法参与子公司法人治理，监督子公司建立以股东（大）会、董事会、监事会、经营管理层为主体的公司治理架构，通过推荐或委派股东代表、董事、监事、高级管理人员参与子公司治理程序和经营决策，对重大事项及日常经营活动进行监督管理。《子公司管理办法》规定子公司的重大资本管理、重大组织机构建设、重大制度建设、重大经营管理等重大事项须在履行内部治理程序前请示公司，公司向子公司派出的董事、监事及股东授权代表按照公司治理层有关决策机构意见行使表决权。子公司按规定及时向公司报送三会决议、会议纪要及重大事项报告，公司及时跟踪评估决策效果和专项工作落实情况，确保对子公司的长效管控。公司归口管理部门会同各相关职能管理部门通过加强与子公司就重大事项及日常经营管理事项的事前交流、事中沟通和事后跟踪进度，提升子公司管理工作效率。

5. 推进集团授权管理体系建设。为进一步强化集团内部控制和统一管理，增强防范和控制风险的能力，提高公司运营效率，公司在集团范围内推进授权管理体制机制的建设，目前已形成覆盖集团各子公司、总部各单位及各分支机构的分层分级业务授权管理体系。公司建立业务授权管理的治理架构，厘清管控职责，通过制度形式明确业务授权管理的组织架构与职责，业务授权执行程序，业务授权的执行、变更和终止，业务授权的管理与监督等内容，以指导业务授权管理机制规范开展。各层级子公司在公司的指导下建立健全业务授权管理体系，严格执行授权管理制度并规范经营。集团业务授权管理体系通过"业务授权表"及《业务资金使用授权书》的形式予以落地实施。

四、优化子公司管理模式的思考与建议

近年来，我国证券公司呈集团化、专业化发展趋势，多数大中型证券公司通过设立、收购境内外金融业务子公司已基本建成涵盖资产管理、期货业务、境外业务、私募股权基金、另类投资等多个业务领域的证券金融控股集团，不断扩充金融产品服务范围，拓宽金融服务边界，逐步形成集团化、专业化、国际化战略优势，向成为一流的综合金融服务商的战略目标迈进。

证券公司作为股东依法参与子公司法人治理，遵照外部监管规定及集团化经营管理需要对子公司实施垂直穿透化管理。随着子公司数量不断增长、资本实力提升、业务规模迅速发展，证券公司实现集团客户群体增长，优化集团收入结构，增厚集团整体效益，从而更好地服务实体经济发展。但金融业务规模的发展也伴随着经营风险累积，各子公司所处展业地区、金融业务领域营商环境存在区别，给证券公司对子公司实施长效管控机制带来了一定程度的挑战，也对证券公司子公司管理能力

和管理效率提出更高要求。

本次课题研究从证券公司子公司管理体系建设背景、子公司管理模式理论、子公司管理实践三个维度出发，根据当前外部监管环境和证券公司集团化经营发展需要，探讨证券公司子公司管理模式，得出优化子公司管理模式的建议。

（一）完善的子公司管理体系有助于实现集团战略目标

我国证券公司集团化经营呈加速发展态势，子公司的可持续健康发展对集团实现战略目标具有重要意义。理论结合实践证明，证券公司应将子公司管理体系建设提升至集团战略层面，以实现集团战略为目标完善体系建设，保持集团上下战略定力。证券公司应以管理资本、管控风险、创造价值为目标，科学制订经营计划与考核指标、合理配置集团资源，自上而下推动子公司管理体制机制落地，支持子公司做大做强做优，实现集团整体效益最大化。

（二）合理设置子公司管理组织架构、明确各部门职责分工

在完善集团顶层设计的前提下，证券公司组织架构的合理设置、部门职责的清晰划分有助于加强子公司管理机制的有效性，从而实现各类协同管理事项、专项工作在集团层面的高效执行落地。证券公司应明确归口管理部门和各垂直穿透管理部门在子公司管理机制运行中的定位、厘清权责，通过集团化管控和协同服务支持并重，推动子公司管理机制有效运作，实现管理创造价值。

（三）以人才团队建设提升集团子公司管理能力

子公司所处金融行业竞争日益激烈，规范子公司管理、促进子公司健康发展是证券公司面临的重大挑战。证券公司应提升集团一体化管理能力，切实加强对子公司的有效监督。管理能力的构建应实现全面覆盖、以人为本，从提升各相关岗位、相关单位专业素质出发，配备合理人员编制、加强人才选育引进留用、完善在职培训、增进跨部门及母子公司业务交流，为有效落实集团化管控、支持子公司健康发展提供保障。

（四）以金融科技赋能集团子公司管理体系建设

根据子公司管理实践经验，事前事中沟通协调、信息上传下达、集团内部数据整合和外部报送占常规管理工作比重较大，近年监管部门也对证券公司各类信息报送质量提出更高要求。证券公司应将金融科技作为整合集团资源、强化子公司管理的重要手段，通过构建完善集团子公司管控信息平台增进公司各职能管理部门与子公司间的沟通效率，有效解决母子公司之间信息不对称、信息传递不及时、子公司各项信息数据统计等难点，提升子公司管理工作效率。

五、结语

2021年是我国"十四五"规划开局之年，是全面深化资本市场改革开放继续扎

实推进之年。在推动我国经济高质量发展的关键时期,证券公司作为资本市场的重要参与者、服务者,应规范和加强对子公司的管理,支持子公司实现自身高质量发展,不断提升集团整体核心竞争力,为实体经济提供优质金融服务。证券公司需与时俱进,根据外部环境变化结合集团化经营发展需要,从集团战略层面构建科学的子公司管理体系,完善顶层设计、优化组织架构,不断健全制度、流程、系统等管理体制机制有效性,为实现集团化、专业化、国际化发展夯实基础,加速全面建成一流证券金融集团。

参考文献

[1] 朱长春. 集团公司治理攻略 [M]. 北京:清华大学出版社,2015:10-18.

[2] 朱少华. 境内券商子公司管理探讨 [J]. 时代经贸,2011 (18):91.

[3] 连平,等. 新时代中国金融控股公司研究 [M]. 北京:中国金融出版社,2018:25,151-152.

[4] 田晓林. 金融控股集团的经营管理之道 [M]. 北京:经济管理出版社,2017:45.

[5] 李赵力. 证券公司子公司合规管理模式研究 [J]. 中国证券,2013 (4):50-55.

[6] 廖歆欣,刘运国,蓝海林. 中国证券公司的集团化管控模式选择研究——以海通证券和广发证券为例 [J]. 管理会计研究,2019 (4):25-37.

[7] 海通证券股份有限公司课题组. 中国投资银行集团管控与一体化发展模式研究 [C] //中国证券业协会. 创新与发展:中国证券业2018年论文集. 北京:中国财政经济出版社,2019:818-841.

[8] 杨华辉. 党建引领一流证券金融集团高质量发展 [J]. 当代金融家,2021 (4):77-79.

[9] 杨华辉. 强化集团管控,打造一流证券金融集团 [J]. 当代金融家,2020 (11):23-26.

[10] 杨华辉. 提升集团一体化经营管理能力,推动证券行业高质量发展 [J]. 中国证券,2019 (6):2-8.

协同赋能
助力证券公司综合竞争力提升
——证券公司高效协同管理体制机制研究

林红珍　郑　弘　包　鑫　梅小林　刘　畅[①]

一、引言

理论学界已有多位学者提出了协同的概念及其重要性。早在1965年，战略管理鼻祖伊戈尔·安索夫在其所著的《战略管理》一书中指出，协同是指公司通过各业务单位相互协作，实现企业的整体价值大于各个独立组成部分的简单加总。德国物理学家赫尔曼·哈肯（1983）在《协同学导论》中系统地阐述了协同效应的理论，即实现"1+1>2"的效应（见表1）。著名管理学家、组织管理理论研究奠基者巴纳德提出，"组织是两人或两人以上，用人类意识加以协调而成的活动或力量系统"，它是一个协同或合作系统。在确定组织定义时，巴纳德就关注到协同的重要性。

表1　　　　　　　　　分工体系与协同体系典型特征对比

分类	分工体系	协同体系
核心内容和理论	分工理论，分工与专业化提升效率	协同理论，"1+1>2"，协同提升效率
责任	独立分散的责任体系	合作协同的责任体系
角色认知	基于分工、独立的角色，完成自己的任务和目标	基于合作、协同的角色，除了完成自己的任务和目标，还要协同完成其他人的任务和目标
价值贡献	贡献局部价值	贡献整体价值

随着社会和经济的发展，尤其是在数字化共生的时代，协同管理逐渐成为企业战略管理的重要理论基础和依据，同时也在各类企业展开广泛的实践。青岛海尔海外并购通用电气家电业务（GEA），通过用户资源获取"协同效应"。海尔并购GEA

[①] 林红珍，硕士，首席财务官；郑弘，学士，计划财务部副总经理（主持工作）；包鑫，博士，计划财务部副总经理；梅小林，硕士，计划财务部集团协同处副总监；刘畅，硕士，计划财务部高级经理。

产生了覆盖全球的网络，填补其在渠道和产品上的空缺；同时依托 GEA 的美国销售网络，实现"海尔""GE"和"FPA"三品牌的系统整合，提升海尔整体海外市场形象。新希望六和借助互联网构建了超过 40 万养殖户的"猪福达"平台，通过构建消费者、养殖户和公司之间的价值网络，保证精准运行、便捷互动、过程可控，实现行业、市场和消费者的高效联动，提升了养殖户的价值创造和价值回报。小米通过"消费者参与"的概念构建顾客社区，其围绕顾客数字生活方式的中心，将原手机产品延伸至顾客的终端设备和解决方案，跨界协同，实现围绕顾客生活的全面布局。滴滴也运用协同理念和周围环境中的节点达成价值共生，构建起柔性的价值网，进而创新商业模式。金融业方面，中信集团借助于金融+实业架构的搭建和多元化的布局，通过客户将各个相关性不强的业务板块关联起来，覆盖客户全生命周期需求，发挥出整体优势，提升中信集团各家公司的市场竞争力，降低市场拓展风险和成本。平安集团不同于中信集团多元化产业布局，专注于搭建一体化架构的综合金融平台，坚持科技引领金融，通过统一的互联网平台战略，将产品、服务、客户、技术融通，衔接"任意门""一账通"等方式实现客户交叉销售、业务协作，强化协同效应。目前学术界针对协同理论的研究已经取得成果，对于不同企业及其内外部协同有许多结合实务案例的研究分析，但具体涉及证券公司的协同研究，特别是证券公司组织内部协同的研究却是少之又少。

本文充分结合证券公司的行业特点，经过同业调研和借鉴学习，在实践中不断验证理论体系，以兴证集团目前已形成的一套高效协同管理机制体制为出发点，对在集团"双轮驱动"的战略中如何更好地发挥协同赋能，助力证券公司提升综合服务能力展开了具体论述。

二、证券公司协同管理的背景与意义

（一）证券公司协同管理的背景

以前，证券公司业务结构以中介服务业务为主，业务开展高度依赖业务牌照资源和业务团队的关系网络。同时，由于处在资本市场发展初期，客户在服务模式上的需求较为单一。对牌照红利的高度依赖以及客户较为单一的产品和服务需求，导致证券公司的经营模式长期以来形成了"以牌照为中心"的业务模式。证券公司内部的不同业务条线缺乏协同思想及理念，各业务线独立聚焦于各自的产品和服务，追求单一产品收入最大化，造成的结果往往是各业务单位关注单一客户单一环节的服务，缺乏客户全生命周期及全价值链的服务提供，从而造成持续服务客户的动力不足。

近年来，随着中国资本市场制度建设持续推进，通道型业务红利正逐渐削弱，证券公司积极拓宽业务范畴，探索业务创新边界。同时直接融资比重将日益大幅提升。随着多层次资本市场的不断完善，会有越来越多的企业登陆不同层次的资本市场，企业需要全生命周期的融资服务、并购整合以及产业研究等方面的综合服务，同时证券金融业务各方参与者的认知能力正日益提高成熟，客户、股东及监管对金融机构提供综合金融服务的要求越来越高，尤其是客户的结构和需求正发生深刻变化，正逐渐从单一的经纪业务需求向多元化综合金融服务需求转变。

在此情形下，证券公司传统的各业务条线相互独立，各自展业的客户服务模式已经难以满足多方位、多层次的客户服务需求；以销售业务为例，股权业务、债权业务、研究业务以及分公司都有各自的销售，各个单位以各自利益为出发点，不仅无形间形成了"部门墙"，阻碍了集团内部信息的共享，同时单一业务条线的服务最终导致部门间的零和博弈，难以实现集团利益最大化。

因此，打破"以牌照为中心"的单一业务闭环，加强部门间的协同联动，逐步向"以客户为中心"的管理模式转型，实现集团内外资源互换，共同做大业务规模，共享发展红利，是证券业发展的长期方向。

（二）证券公司协同管理的内涵和外延

本文所要研究的证券公司的协同，主要系围绕"以客户为中心"的经营理念，在合规前提下，客户部门与产品部门各司其职的同时又相互合作，共同服务客户，为客户提供全方位、全牌照的综合金融服务。其中客户部门专注于客户需求的挖掘与发现，承担客户的引入和营销、协助承揽职责；产品部门专注于项目承做、产品设计、投资管理、风险控制等环节，旨在提供专业化金融产品和全牌照的服务体系。

证券公司的协同，是证券公司集团内部各组成要素之间的和谐状态，它既是一种内部管理的协同，同时也是以服务客户为目的的内外部业务协同。它是以客户需求为出发点，以服务客户全生命周期为宗旨，打破了原来各业务条线相互独立、各自服务客户的局面，在合规前提下各业务部门在完成自己职能的同时，更加注重部门间甚至与外部机构的合作，更加注重集团整体价值最大化而非单体局部利益。

（三）证券公司协同管理的意义

1. 转变客户服务方式，提升客户服务能力。通过集团协同，转变客户服务手段，从而提升客户服务能力。逐步从原来单一服务/产品的提供、单一客户的服务，转向为客户提供全面综合金融服务，由原来的单一业务单位既是客户服务单位也是产品提供单位，各业务条线相互独立的局面，转变为客户单位作为牵头营销单位主要对接、挖掘客户各类金融服务需求；相应的专业产品提供单位相互配合，根据客户需求为其提供专业、高质量的各类金融服务，满足客户全方位的投融资需求。通过上述变化，切实转变客户服务手段，提升客户综合金融服务能力，从而形成一套覆盖客户初创期、孵化期、成长期、成熟期等全生命周期的综合金融服务价值链。

2. 集团层面的渠道资源共享，挖掘客户价值最大化。通过集团协作并取得客户授权前提下，将原来分散在各个业务单位、各分公司、各子公司的客户资源整合起来，在合规的前提下实现客户资源在集团层面的充分融合、有机统一，进而在各业务条线间进行客户资源的共享，再通过多元化综合金融服务提供，挖掘客户价值的最大化。

3. 各业务条线优势互补，全面提升公司全业务综合竞争力。集团机构研究、投资和公募基金业务等品牌优势业务，为集团带来丰厚的利润回报，也为集团晋升第一梯队提供主要动力。依托集团协同理念，通过优势业务为集团其他业务积累优质客户资源、协助引流与输入业务机会，从而带动相对短板业务的发展，促进集团全业务的综合竞争力的提升。集团以"滚雪球"方式将各业务进行共同利益捆绑，进而二次点燃集团发展壮大的内生动力，力争使集团资本实力、客户资产体量、盈利能力质量等步入新台阶。

4. 促进品牌效应积累，打造"兴证"品牌理念。集团业务协同的终极目标是打造"兴业证券"一体化品牌效应，将分散的"兴证研究""兴证投资""兴证投行""兴证资管""兴证基金"等品牌融为"兴业证券"这个通用品牌，力争在业务领域、行业领域、经济领域等形成强烈的辨识度。

三、证券公司协同管理实践

（一）组织体系层面

1. 构建"以客户为中心"的组织架构体系。

（1）客户、产品、业务推动部门各司其职，协同合作共同服务客户。集团根据对内外部形势的研判，提出了加快构建财富管理和大机构业务两大核心业务体系，双轮驱动加速推进一流证券金融集团的建设目标。为充分贯彻集团的战略目标，集团组织架构也逐渐从"以牌照为中心"转变为"以客户为中心"：从客户细分出发，明确各部门职责定位，统一客户、营销和产品管理模式，区分客户部门、产品部门和推动部门，加强"以客户为中心"的发展方向，强化发展各部门的核心能力，实现对业务链的整合，形成三位一体的发展架构。

客户部门，着眼于客户服务需求，承担客户的引入和营销、协助承揽职责。真正落实区域经营主体责任，作为辖区内集团各项业务的客户平台、经纪业务的经营主体，负责辖区内集团业务协同，对辖区内业务的收入、利润和市场竞争力负责。

产品部门，指提供各类专业金融服务的部门，包括大投行业务部门、投资业务部门、各类专业型子公司，专注于项目承做、产品设计、投资管理、风险控制环节，充分利用公司的市场研究、营运管理和客户服务平台，聚焦于专业化金融产品和服务体系的构建。协同客户部门为客户提供专业的大投行承做发行、资产管理、财富管理服务等综合金融服务，增强客户黏性，承担落实重点产品突破、综合效益带动等经营责任。

推动部门，是产品部门和客户部门连接的桥梁，承担集团"双轮驱动"业务体系的机制顶层设计、客户管理、业务推动、协调支持、科技赋能等职责，维护集团矩阵式管理方式的顺利运行。负责推动集团客户分类分层服务体系建设，健全集团客户分类分级服务体系；牵头协调相关客户服务及客户管理系统统筹建设，制定集团层面的客户相关发展战略规划。同时推动部门负责组织、推动及管理集团大机构、大财富业务线协同开展情况；负责制定相关业务协同领域的流程、标准和业务模式，统筹协调协同事项，并在合规的前提下，牵头组织协调集团跨部门、跨子公司、跨分公司等的业务协同与推动。

（2）层层构建矩阵式组织体系，夯实协同组织建设基础。集团层面，在纵向上组织架构明确产品部门、客户部门、推动部门的职责外，横向上建立了区域协同平台——地区业务协同联席会议机制，构建了矩阵式、网络状的协同组织体系。集团已经在北京、上海、江苏、浙江、广州等核心区域推动建立起地区联席会议，每季度召开联席会议，各联席单位共享信息与资源，根据当地政府、当地市场、当地客户的需求，开展联合营销提供综合服务。

分支机构层面，其作为集团在区域展业平台，可依托集团全牌照业务，对所辖区域提供全套的综合金融服务。同时在分支机构内部，设立财富管理部和业务发展部，作为分支机构大财富业务和大机构业务内部的统筹协调单位，推动当地区域业务的开展。同时根据实际情况因地制宜，灵活化地设置团队，对于经济发达或者业务较好的分支机构，分设财富管理部、业务发展部及相应业务团队，前中台承揽和推动合理分工，实行精细化管理，有利于提高业务效率和质量；而对于区域经济不发达的分公司，业务总量有限，设置业务管理部统管大财富和大机构业务，并可采取前中台合一的灵活设置方式，更有利于业务效率和分公司成本控制。

2. 强化综合金融服务人员队伍及质量建设。优秀的业务管理机制，离不开优秀的人才团队建设。为保障"以客户为中心"的协同理念实现成效落地，搭建综合金融服务人才队伍已刻不容缓。主要可以通过以下三方面进行队伍建设。

一是人才入口。为全面贯彻"双轮驱动"战略，集团需要多样的人才，既要有资源型，又要有专业型。产品部门需要精通相应业务、领域的专家型人才；客户部门需要客户资源较广的营销人才；推动部门需要对多项业务均有一定了解的多面手，能够合理有效地整合集团的各项资源。分支机构作为集团重要的客户引流口，急需优化现行人员梯队建设，为此，集团严格按照对综合金融服务人员的标准和具体要求，建立科学、动态的人力资源规划流程，组建综合业务团队。

二是人才培养。除了识别有潜力的关键人才，集团持续强化培训体系建设，通过线上、线下、集中培训、Elearning 等多种方式开展培训，做好集团人员队伍培养，提升专业人员的综合金融服务能力。同时集团建立轮岗机制，其是解决总部机关化、协同不足以及实现人才能力全面化的重要手段，通过"鲲鹏计划"有意识地进行跨单位、跨专业、跨区域的挂职锻炼，助力形成人才和干部梯队，构建人才培养协同机制。

三是人才考核、激励和出口。集团制定了科学的、市场化的人才激励机制和考核机制，实现各单位"能进能出""能上能下"的人才机制。

（二）制度体系层面

1. 建立健全客户管理与服务体系。

（1）搭建客户分类分级体系，统一客户管理。集团协同出发点是以客户为中心，关注客户生命周期管理。核心关键在于以客户为中心，搭建客户分类分级体系，对客户需求进行深度细分和需求的智能挖掘，匹配相应的服务机制，同时不断深化服务手段和工具，提高客户黏性和客户满意度，提升集团综合化经营水平。

集团已逐步搭建客户分类分级体系，将客户分为个人、企业、机构投资者、政府等类别，每类客户划分战略客户及其培育池、普通客户等层级。根据客户分类、分级实现差异化资源配置和服务，把集团有限的资源合理有效地配置给重要客户。

同时，集团逐步实现对客户的统一管理，更精准地把握客户需求、挖掘不同需求，并协调各业务条线满足客户多方位需求。比如已建立集团层面的战略客户评定标准及其评定流程，又根据战略客户的重要程度不同，进一步将战略客户划分为白金级战略客户和黄金级战略客户。

（2）明确客户营销、服务机制，实施专业化服务指导。在客户分类分级基础上，集团明确具体客户营销、服务机制，规范客户营销服务开展。包括明确了客户归属关系认定原则，明确客户综合营销主体，以及相应服务对接单位；同时对客户相关营销、服务单位的职责进行规范，以及规范客户营销单位和产品提供单位的协同合作机制等。

针对各类客户的属性不同，集团业务推动部门编写各类客户营销手册，指导、培育相关单位有针对性地开展客户营销。同时结合集团业务发展和经营计划需要，采取"过程管理"和"结果导向"相结合的思路，分阶段组织营销竞赛、主题辩论、案例评选、推广培训等专项营销活动，有针对性地指导分支机构进行业务开展。

2. 理顺业务协同开展的标准、流程。在业务协同开展初期，在合规前提下，集团建立起一套业务协同标准，把各项业务、服务、产品最核心的要素提炼出来，做到集团内部统一产品质量、风控标准，明晰引入客户资质、投融资立项标准等，达成集团内部共识，以便更标准、更快速、更高效地在集团内部应用，提高协同质量和效率，形成集团范围内的展业蓝皮书，为各客户单位、产品单位协作开发客户需求提供基本依据。

为保障协同机制的顺畅开展，集团持续根据协同工作内容对客户管理、联合营销、异地展业、信息沟通、人员管理等方面分别安排不同的细则，建立并完善协同工作流程，包括协同申请流程、协同跟进流程、定期联席会议流程等。

3. 搭建相适应的财务资源配套保障政策。

（1）建立与阶段相适应的业务协同指标体系与计划。根据集团客户分类，结合各单位牌照定位、战略规划、业务路径、协同模式等，集团梳理出业务协同内容备选清单，按客户及服务匹配出业务主体和协同服务单位，遴选建立相应的协同指标库。在此基础上，集团在年度经营计划编制中，选取与主业契合度高、涉及面广、贡献度大、有重大战略性意义的协同内容，作为当年协同指标。

业务协同指标根据各业务单位定位及公司战略导向进行差异化实施，客户单位主要对客户覆盖率、合作成效等指标负责，产品部门主要对共同服务客户情况、对集团内部目标客户的服务成效等指标负责，推动部门主要对集团内整体客户及服务成效等指标负责。同时结合战略规划导向、重点业务发展方向，设计与之相适用的协同计划指标，并纳入业务单位和负责人的考核评价体系，从而突出强调对重点客户、重点业务、重点行业、重点区域的鼓励支持。

（2）设计科学合理的考核评价体系。通过考核评价机制，建立集团层面的责任共同体。集团的主要业务目标双向下达给客户部门、产品部门和推动部门，以期对协作双方形成约束力，继而形成主办、协办单位合力，以改变单兵作战、服务形式单一的现状。如推动部门与客户部门共背客户拓展、业务竞争力及客户创收创利目标，推动部门与各产品部门共背核心业务竞争力目标；产品部门与客户部门共背区域目标。

建立各单位间的双向互评机制。一方面，推动部门跟踪评价产品单位服务成效、客户营销服务单位客户落地成效、客户财务贡献成效；另一方面由被服务部门参与跟踪评价服务部门的服务效果，共同促进协同成效达成。

建立专门的加分奖励机制。根据各单位业务协同开展情况给予不同程度的加分奖励，集团鼓励各单位积极探索具有推广意义的创新协同模式，对推动集团重点客户、重点业务、重点行业、重点区域的协同有突出贡献的单位给予加分奖励。

（3）明确集团各类业务协同定价机制。为鼓励集团业务协同开展，集团明确了各类业务协同定价机制，即业务主办、协办双方开展集团各类业务协同时的收入分成机制，涵盖资管业务、经纪业务、大投行业务等。业务协作单位的收入确认比例与其履行的职责贡献挂钩，且在同一标准下，高于外部市场价格。在集团层面明确统一指导性定价，不仅减少了集团各单位开展业务协同的利益纠纷，同时也促进、激励各业务单位积极开展协同合作。集团业务协同定价，将随着业务条线的变化，以及集团相关单位组织机构及职责调整，而不断优化调整，以期适应最新的业务发展动向。

业务协作单位在协作财务资源上具有统筹权和二次调配权。在集团授权范围内，依照集团整体资源配置政策框架，业务协作单位制定协同财务资源的二次分配机制，做到市场化、透明化、清晰化。业务协作单位可对业务协同财务资源进行考核分配，统筹管理，分级授权。

（4）结合重点方向给予倾斜性财务资源支持。围绕集团战略发展方向，对重点客户、重点业务、重点行业、重点区域匹配倾斜性的财务资源支持，推动做大集团收入利润。在业务维度方面，为支持集团重点业务方向，对于重点业务给予多计或双计的协同定价机制，而对于其他业务则更多侧重于业务收入分成机制。在区域和客户维度方面，为促进重点区域与重点客户的业务发展，在业务协同定价的基础上进一步倾斜。

同时结合业务费用配置、资金额度配置、业务及资金定价、成本递延等多种财务资源手段，匹配与业务协同重点相适用的财务资源配套方案，从而支持深耕集团业务协同战略，做实做强，打造综合金融服务能力，助力区域话语权构建，实现突破性增长和可持续发展。

（三）信息系统层面

1. 客户管理系统，保障集团客户管理落到实处。集团在客户层面实现统一管理，目标是在合规的前提下实现集团对客户的全面风险管理、综合营销、综合服务、综合定价。通过科技赋能，以信息技术为手段，全力打造集团 CRM 系统，搭建起集客户信息收集、营销流程管理、客户价值挖掘、多维度经营分析和利用为一体的数据平台。

通过 CRM 系统实现了客户服务与管理的双向融合。在客户服务上，需要在各个客户触点形成由"兴证集团"整体提供的服务体验，因此需通过集团 CRM 系统建设，确保客户方便准确识别和一站式获取兴业证券集团的各项金融服务。在客户管理上，在合规前提下要能够通过有效的数据统一梳理，对内清晰地呈现集团客户总体情况，明确同一客户相关风险信息集中管理，解决客户重叠问题。

CRM 系统的具体目标包括：在合规前提下，一是资源集中、信息统一管理。利用信息技术手段，在集团层面实现客户需求、产品信息、服务资源等集中管理。二是支持全面风险管理，整合集团数据资源，实现同一业务、同一客户相关业务信息的集中管理，为全面风险管理奠定数据基础。三是构建以客户为中心的服务体系。建立统一客户标识，形成客户基本信息、服务需求以及集团内总资产的全景图，并以此为基础构建以客户为中心的一站式综合金融服务体系。

2. 业务协同系统，为业务协同开展提供系统支持。通过业务协同系统，实现集团内部的协同流程化和线上化，一方面可以实现对于业务协同流程开展的留痕与追踪，不断解决、完善及优化业务协同开展过程中的诸多问题，提升业务协同开展效率。另一方面可实现对集团业务协同的线上追踪、存储、登记业务协同关系、协同成果及其各自的业务贡献等情况，为后续系统化开展业务协同相关统计、分析提供支持，并及时发现优秀业务协同案例，进行复制及推广。

通过业务协同系统，在合规前提下实现集团的各类业务系统与客户系统的有效联通，同时嵌入集团内部各业务条线的协同贡献情况，为集团内部的客户管理与服务提供系统支持。

3. 智能化财务管理系统，实现智能、高效的财务管理支持。集团将协同指标计划考评整合至管理会计系统，通过建立计划下达、跟踪分析、考评的系统化管理闭环，通过计划考评联动机制，积极发挥计划考评的指挥棒作用。将协同财务配套政策的具体内容嵌入管理会计系统，不仅有效提高了管理会计的账务处理工作效率，同时从系统层面保障了协同配套财务资源的政策落地，深化推进协同政策的有效落实。

四、证券公司协同管理成效

（一）协同理念深入人心

自2018年提出协同发展以来，集团业务协同理念已经深入人心，全集团上下统一思想认识，认识到业务协同的极端重要性，只有协同才是未来发展提升竞争力的根本，只有协同才能使集团整体利益最大化。集团各级领导干部与员工，已牢固树立坚持业务协同理念，认识到只有协同才能在大是大非面前立场坚定、旗帜鲜明；心中有协同，才能自觉服从大局，坚决维护大局，才能克服本位主义，实现集团整体利益最大化。全集团上下已经在思想上、政治上、行动上保持高度统一，让协同理念在思想深处扎根。

（二）协同机制体制相对健全

经过近几年的顶层机制建设，兴业证券集团已初步建立了相对健全合规的集团业务协同体系。

在客户管理层面制定了相对统一的客户管理及服务办法，初步完成了客户分类分级体系、差异化营销服务体系，规范了客户营销服务流程，提升客户服务质量，发布了分类客户服务手册，集团相继出台《机构客户管理办法》《有效机构客户标准》《战略客户评定标准》和《战略客户营销服务操作规程》等。

在财务机制层面，建立健全了以集团业务协同为核心的综合经营计划与考核评价体系，以及相应具体的综合经营计划编制、选取、下发及实施的全套流程，在集团战略指挥棒层面确立了集团业务协同的基石地位。同时出台了集团业务协同全套的财务资源配置，范围涵盖大财富、大机构等各个业务条线的协同定价政策，以及包含各类重点客户维度的相关财务资源配置政策，为业务协同开展保驾护航。

（三）协同对业务支持成效显著

2018年以来，集团先后出台了多项顶层设计的制度和相应的流程，涵盖集团经营管理的方方面面，集团协同发展的整体框架已经建成，协同成效持续显现，集团综合经营实力持续增强。集团上下积极围绕客户需求，完善协同制度、优化协同指标、深挖协同价值,支持集团各项业务协同发展,同时还以业务协同工作委员会和核心区域为抓手,做好区域协同工作,推动协同成效不断提升。

近年集团通过协同业务总收入实现较大增长,占同口径集团收入比为20%。其中,机构业务协同效果突出,机构业务协同收入2008—2020年逐年增长,协同收入占比和业务贡献度都持续提升,充分体现了集团协同成效。业务协同量方面,对各类业务贡献度逐年提升,部分业务贡献度达60%以上。

五、研究结论与启示

本文以兴业证券的协同管理为研究案例,详细介绍了集团开展业务协同的理论、背景与具体实践。研究发现:通过运用集团协同理念,实现"以客户为中心"的业务管理模式,依托建立"以客户为中心"的组织架构体系,辅之以客户管理、计划与财务政策、流程管理的制度体系,并借助科技与信息技术手段保障相关政策制度落到实处,最终建立起"以客户为中心"的业务协同管理体系,实现客户价值与公司价值的双向增长,提升公司整体效益,全力打造差异化的核心竞争力,增强对客户服务的黏性和竞争力,与客户形成良性互动。

本文的研究可以解释和描述业务协同在证券公司的管理实践。兴业证券集团通过不断的实践探索已经建立起一套高效的协同管理体制机制,协同体制对集团的业务有极大的促进作用,为证券行业的其他公司实现协同赋能,助力证券公司综合竞争力提升提供了良好的范本和借鉴,对促进行业健康积极发展有研究意义。同时通过本文的研究,并综合现有的研究成果,能够协助企业管理者理解当前组织效率的改变,并应用到自己的企业实践中;能够拓展一个新的研究领域,让更多的人关注到共生时代背景下,系统整合效率的价值贡献,并有更多意义的研究延伸出来。

参考文献

[1] 伊戈尔·安索夫. 战略管理 [M]. 北京:机械工业出版社,2014:235 - 280.

[2] 赫尔曼·哈肯. 协同学导论 [M]. 西安:西北大学出版社,2014:25 - 28.

[3] 赫尔曼·哈肯. 协同学:大自然构成的奥秘 [M]. 上海:上海译文出版社,2001:30 - 80.

[4] 切斯特·巴纳德. 经理人员的职能 [M]. 北京:中国社会科学出版社,1997:36 - 72.

[5] 刘海涛. 集团型企业协同效应实现路径 [J]. 企业管理,2020 (12):113 - 115.

[6] 陈春花, 钟皓. 数字化转型的关键: 构建智能协同工作方式 [J]. 清华管理评论, 2020 (10): 44-49.

[7] 陈春花. 数字化生存之道——共生协同 [J]. 中国企业家, 2020 (1): 80.

[8] 陈春花, 朱丽. 协同: 组织效率新来源 [J]. 清华管理评论, 2019 (10): 14-21.

[9] 李家涛. 海尔集团并购的协同效应研究 [J]. 中外企业家, 2018 (30): 217.

[10] 唐清泉, 巫岑. 基于协同效应的企业内外部 R&D 与创新绩效研究 [J]. 管理科学, 2014, 27 (5): 12-23.

[11] 邹璐. 财务视角下企业并购协同效应分析 [J]. 会计师, 2014 (12): 31-33.

[12] 解学梅, 左蕾蕾, 刘丝雨. 中小企业协同创新模式对协同创新效应的影响——协同机制和协同环境的双调节效应模型 [J]. 科学与科学技术管理, 2014, 35 (5): 72-81.

[13] 李明刚. 金融控股集团内部市场及其协同效应 [J]. 财经科学, 2013 (6): 37-44.

[14] 张宝强. 企业集团财务协同效应的绩效评价 [J]. 会计之友, 2013 (1): 29-30.

[15] 杜栋. 协同、协同管理与协同管理系统 [J]. 现代管理科学, 2008 (2): 92-94.

[16] 陈劲, 谢芳, 贾丽娜. 企业集团内部协同创新机理研究 [J]. 管理学报, 2006 (6): 733-740.

[17] 余力, 左美云. 协同管理模式理论框架研究 [J]. 中国人民大学学报, 2006 (3): 68-73.

[18] 韵江, 刘立, 高杰. 企业集团的价值创造与协同效应的实现机制 [J]. 财经问题研究, 2006 (4): 79-86.

[19] 潘开灵, 白列湖. 管理协同机制研究 [J]. 系统科学学报, 2006 (1): 45-48.

[20] 应可福, 薛恒新. 企业集团管理中的协同效应研究 [J]. 华东经济管理, 2004 (5): 135-138.

证券公司集团化人力资源管理研究

林 朵　陈德强　戴 涛　李小瑞　朱忱倩[①]

一、引言

我国证券行业于 20 世纪 80 年代起源于银行、信托下属的证券营业网点,经历了 30 余年的发展,从初创、起步到规范,逐渐成熟壮大。2021 年,国务院发布《中华人民共和国国民经济和社会发展第十四个五年规划和 2035 年远景目标纲要》,立足新发展阶段,贯彻新发展理念,构建新发展格局,资本市场改革不断推进,金融体系强化支持实体经济,证券行业基本面持续向好。随着多层次资本市场体系的建立和完善,资本市场改革向纵深发展,国际化趋势加快,各类创新业务突破,财富管理转型提速,作为证券公司总部与营业部间的枢纽,分公司的战略地位越发受重视,证券公司纷纷加快区域分公司布局,延长业务触角,将分公司从单一经纪业务向全业务链条发展,尤其是作为机构业务拓展的抓手,力求将分公司建成区域性综合金融服务平台。与此同时,随着市场规模不断扩大,市场品种趋向多样化,金融多元化经营趋势加快,为了拓宽业务范围,增加新的业务增长点,给客户提供全方位的综合金融服务,同时有效实现风险隔离,越来越多的证券公司通过设立、参股或收购子公司的方式,实现多元金融服务的综合经营,母子公司联动效应不断增强,子公司的业绩贡献度呈上升趋势。分公司与子公司的快速发展,使证券公司集团化经营趋势日益明显。在此背景下,为了做实分公司经营主体责任、发挥子公司多牌照资源优势,作为集团化管理的重要一环,需要探究如何进一步强化集团化人力资源管理,从而更好地适应集团化发展趋势,达到价值创造最大化的企业目标,实现证券公司做大、做强、做优,促使行业整体更好地服务实体经济发展。

---

① 林朵,硕士,人力资源部总经理;陈德强,硕士,高级经济师,纪检监察室主任、人力资源部副总经理;戴涛,硕士,人力资源部副总经理;李小瑞,硕士,人力资源部干部管理处副总监;朱忱倩,硕士,人力资源部高级经理。

二、加强证券公司集团化人力资源管理的必要性

加强集团化人力资源管理,建立集中统一、灵活高效、垂直穿透的集团化人力资源管理体系,对于发挥集团人力资源效能、适应资本市场变革、强化金融风险防范,具有重要意义。

(一)加强集团化人力资源管理是发挥集团人力资源效能的关键路径

人才始终是证券公司的核心竞争力,企业的一切行为与结果都要通过人来实现,作为集团化企业管理体系的核心,人力资源管理通过对人力资源价值链的管理,实现人力资本价值增值,通过对人才选育用留的全流程闭环管理,在公司顶层设计及经营发展方面发挥重要作用。加强集团化人力资源管理,集中统一做好顶层设计,制定完善集团人力资源战略,规范统一集团人力资源政策,梳理优化集团人力资源流程,在统一的规范标准下有效开发与利用集团人力资源,有助于集团人力资源效能的最大发挥。

(二)加强集团化人力资源管理是适应资本市场变革的必然选择

随着资本市场改革不断深入,在政策面着力促进创新发展和客户需求不断变化的双重推动下,证券行业已经迈入新一轮创新发展周期,资管公募化改造、转融通、基金投顾试点、外汇牌照试点、FICC、衍生品等创新业务拓展步伐明显加快;与此同时,客户需求也在不断进行演变,机构客户对包含研究、销售、融资、投资等在内的一揽子综合金融服务需求不断提升[1],证券业务呈现专业化、综合化、多元化的发展趋势。面对新机遇新挑战,证券公司需要有足够的灵活性和适应性才能更好地应对瞬息万变的市场环境。只有将规范化与差异性相结合,建立灵活高效的集团化人力资源管理机制,在集中统一的基础上,兼顾分子公司所处行业及区域、所开展业务的特性,充分了解分子公司的需求,使人力资源政策的制定,人才的招揽、培养、使用、激励更有针对性,才能使集团公司更好地适应行业快速发展的趋势,从容应对资本市场变革的全面深化,推动集团战略的有效落地以及集团整体经营水平的稳步提升。

(三)加强集团化人力资源管理是强化金融风险防范的重要手段

集团层面对分子公司进行全局性的管控对防范金融风险有重要作用,人力因素是影响管理成效的重要因素,一旦对人的管理失控,可能对整个金融市场秩序产生巨大影响。如果过于强调分子公司的差异性或对下属过于放权,缺乏集团层面规范

---

[1] 参见《兴业证券董事长杨华辉:建设一流证券金融集团,推行集团化战略协同发展,财富管理是稳定经营压舱石》,网址:https://baijiahao.baidu.com/s? id = 1686114026172654071&wfr = spider&for = pc,最后访问日期:2021 年 4 月 29 日。

统一的人力资源政策，分子公司制定各自的人力资源制度，导致集团人力管理理念无法传递到各成员企业，好的做法和正确的做法无法得到推广，不好的做法甚至错误的做法无法及时纠偏，集团化人力资源管理能力逐步削弱，甚至可能导致风险事件的发生。因此，需要进行垂直穿透的集团化人力资源管理，加强对可能产生风险的把控，从而有效防范金融风险，促进证券公司高质量发展。

三、证券公司集团化人力资源管理现状及面临的挑战

（一）证券公司集团化人力资源管理现状

近年来，随着证券公司集团化发展，证券公司逐步探索集团化人力资源管理模式。根据中国证券业协会 2020 年 4 月开展的证券行业人力资源管理调研，约 22% 的证券公司已经形成了集团化人力资源管理的指导思想或政策体系，约 45% 的证券公司初步形成了集团化人力资源管理的指导思想或政策体系，约 20% 的证券公司尚未形成集团化人力资源管理的指导思想或政策体系，但已有计划。

在集团化人力资源管理事项中，干部管理、绩效管理、人力资源编制及预算三类事项占比最高，其次涉及集团化人力资源政策制定、推行和监督、薪酬福利、组织架构管理，对核心人才战略、人事管理、外派人员的集团化管理则相对较少，具体见图1。

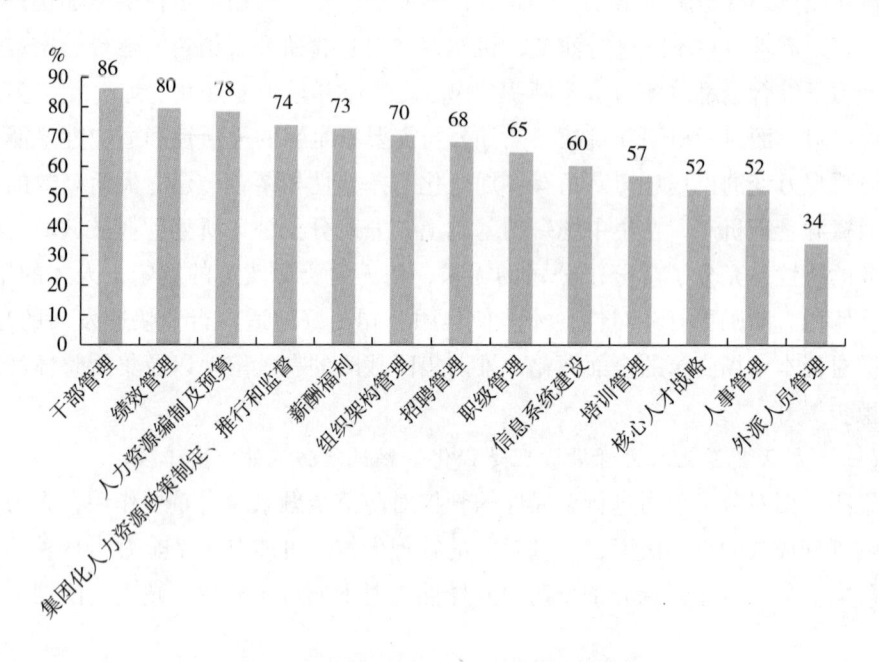

事项	占比(%)
干部管理	86
绩效管理	80
人力资源编制及预算	78
集团化人力资源政策制定、推行和监督	74
薪酬福利	73
组织架构管理	70
招聘管理	68
职级管理	65
信息系统建设	60
培训管理	57
核心人才战略	52
人事管理	52
外派人员管理	34

图 1　证券公司集团化人力资源管理事项

（数据来源：中国证券业协会《2019 年证券行业人力资源管理研究报告》）

(二) 证券公司集团化人力资源管理面临的挑战

在证券公司集团化发展趋势下，需要加强集团化人力资源管理，建立集中统一、灵活高效、垂直穿透的集团化人力资源管理体系。但是受集团企业复杂性、人力资源专业能力、管控与授权间的平衡、子公司治理、系统建设等因素影响，证券公司集团化人力资源管理充满挑战。

1. 证券公司集团的复杂性特点增加管理难度。单体企业地理区域范围相对集中、业务种类相对单一、业务规模相对较小、管理层次相对较少、组织结构相对简单，人力资源管理难度也相对较小。但对证券公司集团来说，由于行业特点，一方面分支机构网点分布全国各地，基本涵盖全国各省份，给日常的沟通交流带来不便，各地人力资源政策也存在区域性差异；另一方面子公司业务种类多样，涵盖基金、期货、资产管理、私募投资管理、另类投资、境外业务等，部分证券公司还设有三级子公司，在管理流程、架构设置、人员配置、激励机制、用工方式等方面也会存在差异。种类多、变化快、分布广，原本传统的对单体企业横向的人力资源管理已经无法满足管理需求，随着管理范围、管理难度的增大，需要向纵向为主的多层次的集团化人力资源管理转变，明确各层级人力资源管理定位、理顺集团化人力资源管理体系，对总部人力资源管理的功能发挥、集团人力资源协同机制的搭建都提出了更高要求。

2. 人力资源专业能力影响集团化人力资源管理成效。根据行业调研，分子公司人力资源专业能力不足是证券公司集团化人力资源管理存在的主要问题[①]。集团化人力资源管理的效果与人力资源管理人员整体的专业性紧密相关。一方面，总部人力资源管理人员需要在人力资源管理领域以及集团涉及的各项业务领域均有足够的专业性，给予分子公司专业性指导，但是由于业务多元化，总部人力资源管理人员通常对子公司的业务模块不甚了解，由于业务的不熟悉，在制定人力资源政策和制度时也可能缺乏适用性，容易使子公司产生抵触情绪，导致集团化人力资源政策难以得到有效推广和执行。另一方面，集团化人力资源政策的有效落地离不开各企业成员的推动执行，分子公司人力资源管理人员的专业能力是否充分、对集团人力资源政策的认识理解是否到位，也会影响集团化人力资源管理成效，决定是否能够有效推动集团化人力资源政策落地。对证券公司来说，分子公司大多是由经纪业务为主的营业部发展而来，虽然在向区域性的综合金融平台发展，逐步规范化，但整体的经营管理能力、人员的综合素质仍有很大提升空间，另外，部分区域市场人才供给不足也加大了外部引进专业人力资源管理人员的难度。而证券公司的子公司，部分是由控股或收购而来，可能先天就与集团总部在人力资源管理理念方面有所区别，另外行业差异、人才引进的标准不同，也会导致人才结构不

---

① 中国证券业协会《2019 年证券行业人力资源管理研究报告》。

一,人力资源管理人员专业能力参差不齐。专业能力不足,将给集团化人力资源管理带来挑战。

3. 管控与授权之间的平衡问题较难把握。集团化人力资源管理不可避免会涉及集权和分权的关系,即管控和授权之间的关系,如何有效把握二者的平衡,对集团企业的高质量发展尤为重要。但是在证券公司的实际管理过程中,很容易出现顾此失彼的情况。比如为了加强统一性,出台各种统一的政策制度,对分子公司的人力资源事项的管理事无巨细,导致管控过度,影响分子公司积极性的发挥,也使其失去对快速发展的市场环境的灵活适应性。或者希望分子公司能有一定的自主管理权,允许分子公司各自制定政策制度,甚至将一些重大的人力资源管理事项也交由分子公司全权处理,授权过多,导致走向另一个极端,影响证券公司的健康稳健发展。如何把握好管控和授权的平衡,是集团化人力资源管理不可忽视的问题。

4. 母子公司博弈贯穿集团化人力资源管理始终。企业集团是一个多法人的经济联合体,下属子公司由于在法律上是独立的法人,在长期的运营过程中基本形成了相对独立的意识、政策和制度,在生产经营活动中具有相应的独立性,一些子公司由于贡献大、业务发展前景好、核心人才具有不可替代性,在集团内部的话语权也相对较大,往往希望得到更多的自主决策权和管理权。在人力资源管理方面也同样,不能完全执行集团的政策,还可能将一些基本的人力资源信息视为机密,不愿意提供。另外,部分子公司有时还存在人才培养的本位主义、封闭意识、山头思维等,固守自己的一亩三分地,缺乏全局意识和集团化思维,只关注自身人才培养,忽视集团之间的人才交流,不能站在集团一盘棋的角度对集团人力资源的统筹使用优化配置予以支持,也增加了集团化人力资源管理的难度。

5. 集团化人力资源系统建设尚未成熟。随着金融科技发展,信息技术不仅对证券公司业务发展起到积极作用,也是帮助提升人力资源管理水平的重要手段。集团化人力资源系统的建设,能够实现集团内各业务板块、各分子公司人力资源相关数据的汇聚,同时辅助决策功能又能实现对经营数据的整合,有效提升系统的使用效率与服务能力,对于加强集团化人力资源管理有重要意义。但是由于目前国内券商集团化发展刚刚起步,在系统建设方面大多仍停留在初期建设阶段,尚无成熟经验可循;同时,由于集团化人力资源系统的技术架构较为复杂,现有能适应集团化和国际化的成熟系统较少,经验和产品的缺乏,给系统建设带来难度,需要跨行业获取经验并形成符合自身发展的建设思路。另外,多业态、跨区域、国际化经营也导致证券集团化系统建设的复杂度较高,各区域对人力资源数据的监管要求、各业态子公司的管理流程、总部统一管理标准等,都会影响系统数据维护的有效性、时效性、完善性,给集团化人力资源管理系统建设带来难度。真正实现系统对集团化人力资源管理的有效支持任重道远。

四、兴业证券集团化人力资源管理实践

兴业证券股份有限公司（以下简称兴业证券）是中国证监会核准的全国性、综合类、创新型证券公司，成立于1991年10月29日，从无到有，从小到大，历经起步、初创、发展、磨砺、转型和上市等各个阶段，已经从一家证券业务部发展到今天成为涵盖证券、基金、期货、资产管理、私募投资管理、另类投资、风险管理、境外业务等专业领域的大型金融控股集团公司，境内外员工9000余人[①]。2018年，兴业证券明确提出建设一流证券金融集团的战略目标，要把公司建设成为具有一流的资本实力，一流的风险管理能力，一流的竞争能力和盈利能力，一流的人才和优秀企业文化、科学的机制体制以及较强国际竞争力的一流证券金融集团。兴业证券人力资源管理紧跟战略转型，积极探索集团化人力资源管理之路，对分公司及子公司人力资源体系建设进行政策性和专业性指导，对选育用留等模块的核心职能进行战略性管理和监督，传递集团化管理理念，完善集团化管理机制，优化集团化管理服务，在实践中构建集中统一、灵活高效、垂直穿透的集团化人力资源管理体系，不断提升集团组织效能，建立高素质人才队伍，为建设一流证券金融集团提供坚实的人力资源保障。

（一）搭建完善集团人力资源管理体系，建立分类分级授权机制

兴业证券总部设人力资源部，负责制定标准、优化流程，子公司和分公司均配备人力资源管理人员，负责具体落实，同时建立人力资源分类分级授权机制。

在制度制定方面，总部人力资源部负责制定统一的人力资源政策、制度和流程，并做好监督指导，各单位人力资源管理人员负责集团人力资源政策在本单位的执行落实。2018年以来，总部人力资源部制定并修订了三十余项集团化人力资源相关制度，涵盖人力资源选育用留全模块，搭建集团统一的人力资源管理体系，同时在集团制度框架下充分尊重不同分子公司行业及地域特点，给予分子公司一定的灵活自主管理空间，可在集团统一的制度框架下制定适合自身发展的实施细则或方案，总部人力资源部进行相应指导，做好过程监督和把控，致力于将人力资源部建设为政策制定中心、专业指导中心、资源调配中心、信息集合中心、运行监督中心。

在日常管理方面，总部人力资源部重点关注核心人员及人力资源重大事项的管理，控总量、优结构、立标准，分子公司人力资源管理人员负责员工的管理及人力资源具体事项的落实。具体职责划分见表1。

---

① 数据口径截至2021年4月底。

表 1　总部人力资源部及分子公司人力资源管理人员日常工作的职责划分

模块	总部人力资源部	分子公司人力资源管理人员
组织管理	根据集团战略要求及业务发展需要，管理各单位一级部门层面的组织架构设置与调整	根据业务需要提出架构设置方案，管理内设团队的架构设置与调整
人员规划	结合内外部环境情况，制定公司各单位年度人员编制规划及人力成本预算，重点关注人员总量及结构	根据业务需要提报单位年度人员编制规划，并具体落实执行集团核定的人员规划
干部管理	建立和完善集团干部管理体系，落实党管干部、党管人才原则，管理集团各级干部，做好干部选拔、任免、培养、考核、奖惩、转非等工作	根据集团干部管理相关规定，协助做好干部管理相关工作
职级管理	建立和完善集团职级管理体系，为员工提供清晰的职业发展通道，优化人才梯队结构	根据集团职级管理相关规定，提出员工职级调整方案，并配合集团年度职级调整工作
考核管理	负责管理部门、管理干部及员工年度绩效考核方案，组织开展年度考核评优等工作	根据集团年度绩效考核方案，组织本单位员工的年度绩效计划制订、跟踪、绩效考评、绩效反馈等工作
招聘管理	建立和完善公司招聘体系，规范人员录用标准，组织集团人才招聘项目，加强雇主品牌建设，重点负责分子公司核心人才的招聘	根据集团招聘管理相关规定，具体负责员工招聘工作，做好沟通招聘需求、筛选简历、组织或参与面试等工作
薪酬管理	建立和完善集团薪酬福利体系，制定固薪标准、薪酬绩效分配政策及方案，管理公司薪酬、福利及绩效发放，总额管控和单项标准相结合	在集团标准下编制薪资表、制定福利方案或负责薪资福利的具体发放，根据公司年度绩效奖励分配方案，提报单位内部具体绩效分配方案
培训管理	建立和完善集团培训体系，制定集团培训规划，组织集团层面培训项目	根据业务需要提报单位年度培训计划，具体落实内部培训项目
人事管理	制定集团员工入转调离、外事、从业资格等相关规范	在集团规范下具体落实相关工作

（二）科学设计集团组织架构，充分激发集团组织效能

组织架构设置对于企业战略的有效落实起到重要支撑作用。为适应集团化管理需要，兴业证券搭建了一套纵向加强管理、横向促进协同的集团组织架构，进一步贯彻集团化管理理念，充分发挥组织效能。

纵向加强管理方面，除人力资源管理以外，通过统一设立合规、风控、审计、投融资审批、财务等部门或配置相关专职人员，加强对合规、风控、审计、投融资审批、财务等核心管理职能的集中、垂直、穿透管理。2019年进一步规范分公司组织架构设置，明确分公司设立合规风控部或合规风控岗、分公司综合管理部设财务科，同时建立健全投融资业务审批体系，各子公司均设立投融资业务审批相关部门或岗位；2020年建立健全集团审计组织体系，各子公司均设立审计相关部门或

岗位。

横向促进协同方面,建立健全集团协同顶层架构设计,强化业务协同,一是在总部层面设立了专门的业务协同推动部门,推动及保障集团协同运行效率,增强跨业务条线、跨经营主体、母子公司以及子公司间的业务协作和资源整合能力;二是充分落实分公司经营主体责任,2017年底启动分公司经营体制改革,能下沉分公司的业务均下沉分公司,使分公司成为各项业务在各区域的承载、运作和落地平台,分公司开展综合业务,机构、企业与零售经纪业务同步发展,通过属地化经营和管理激发活力,同时在总部设立机构业务和财富管理业务的业务推动部门,分别负责相关业务的推动,进一步贯彻财富管理与大机构业务双轮驱动战略;三是在各单位的考评指标设计中也充分考虑集团协同的执行情况,使协同力量发挥到最大,进一步贯彻集团化战略,为各业务发展增效赋能。

(三)积极探索人才选育用留路径,打造集团一流人才队伍

兴业证券积极探索集团一体化的人才选育用留路径,树立集团一盘棋理念,全力做好集团人力资源建设,夯实集团高质量人才之基。

在人才引进方面,全面推行招聘体系集团化建设,建立科学有效、灵活多样、系统完善的招聘体系,着力完善人才选拔机制。一是搭建信息平台,建立集团人才库和人才地图,在集团范围内进行人岗匹配和推荐;二是丰富招聘渠道,由集团统一管理各招聘渠道,利用集团化优势对供应商进行管理和议价,渠道资源共享到全集团各单位;三是提供招聘工具,集团统一引进科学的人才测评工具和专业的第三方背景调查公司,为人员甄选环节提供有效的招聘辅助工具,提高选人的科学性和准确性,降低用工风险;四是开展集团招聘项目,由总部统一组织并实施集团高层管理干部招聘计划、校园招聘计划等集团层面的项目,统筹集团各单位人才配置,推动集团雇主品牌建设。

在人才培养方面,建立集团人才培养的统一规划和机制,创新人才培养方式,构建多元化的人才培养体系。一方面加强培训赋能,践行人才立司的发展理念,助力提高集团员工的专业能力和打造学习型组织,2018年成立企业党校——兴证党校,是集团党委的宣传窗口、是集团的政治思想教育基地和领导干部培育中心,通过加强集团人才培养的规划与顶层设计,形成了集团管理干部培训、集团新员工入职培训、"T计划"投研新人培训等一系列的跨单位、跨业务条线的培训项目,搭建了一体化的E-learning在线学习平台,充分挖掘员工潜力,进一步推动集团核心干部和专业人才队伍的培养。另一方面促进人才交流,积极推动集团间跨单位的干部轮岗,集团层面开展跨单位的人才交流项目,选派各单位优秀人才进行跨单位、跨专业、跨地域的挂职锻炼,另外,各单位日常也会开展挂职交流活动,如总部业务骨干到分子公司挂职、分子公司到总部部门交流等。通过人才交流、轮岗等机制,将成熟的经验传导到各单位,同时也在实践中帮助员工提升综合素质,让年轻干部

在实践中增长才干，提升解决问题的能力和领导力，加强人才培养，推动集团协同，为进一步落实集团战略储备复合型人才。

在人才使用方面，从集团层面统筹规划，在坚持党管干部、党管人才的基础上，建立市场化、专业化的用人机制，有效开发集团人力资源价值。一是制定人力资源规划，每年根据集团战略，制订人员编制计划、人力成本预算、招聘计划、培训计划等规划，由各单位报送，集团人力资源部审核，从集团层面进行系统性的统筹考虑，在保障人力资源有效供给的同时，使之与集团战略目标与内外部环境相匹配。二是统一职务及职级体系，通过构建集团统一的管理职务与专业职级双轨职业发展通道，将集团员工放在统一的干部体系及职级体系下进行管理，对于干部选拔任用和职级调整明确标准、规范流程，便于集团内部员工的合理流动，建立并盘活集团人才库。三是完善绩效考评机制，集团统一开展年度考评工作，考评指标紧紧围绕集团战略与年度重点工作，同时考虑各单位实际，提高考评的针对性和有效性，强化考评结果的应用，奖优罚劣，建立能上能下、能进能出的市场化用人机制。四是加强外派人员管理，对于分子公司的一些核心岗位，比如子公司管理层、分公司财务经理等，采取总部委派、推荐的方式，推动集团管理理念和思路的有效推广和落地。

在人才保留方面，建立集团统一、形式灵活的激励机制，坚持激励与约束相结合，稳定和保留核心骨干队伍。一方面，统一集团薪酬福利体系，完善多层次薪酬福利保障，通过总额管控与单项指导相结合的模式，在合法合规的前提下实施为绩效和贡献付薪的全面薪酬管理体系，同时关注各区域、各行业薪酬福利政策的差异性，结合市场调研情况，着眼分子公司实际管理需要，提升薪酬福利的内部公平性及外部竞争力，充分发挥薪酬福利的激励作用。另一方面，坚持文化引领，进一步扩大激励内涵，拓宽职业发展路径，统一、规范、有序地开展集团年度调级调薪，稳定员工发展预期；适时表彰对集团作出积极贡献的员工，鼓励先进、树立典型；通过集团跨单位的项目制工作，给员工提供展现自己的机会，使优秀人才得以脱颖而出，通过多种形式调动和激发员工积极性。

（四）切实提高自身能力素质，提升集团人力资源管理水平

兴业证券持续关注并提升集团人力资源团队专业性，努力打造一支懂业务、会管理的人力资源专业队伍。一方面，加强总部人力资源部对集团战略、行业趋势、分子公司业务的了解，在集团年度工作会议之后，认真学习领会集团战略规划及年度重点工作，了解集团战略、改革发展思路，保证与集团管理思路一致；日常工作中加强与集团各单位的沟通交流，实地走访调研，深入了解业务，使相关制度和政策的制定更有针对性；参与外部培训、行业交流等活动，了解行业趋势，拓宽管理思路，不断提升人力资源专业能力。另一方面，加强分子公司人力资源管理人员对集团人力资源战略的理解，提高实操能力，集团总部对新制定的制度政策进行及时

宣导，使分子公司对基本思路理解到位，确保整个集团的人力资源管理行为保持一致。集团统一制定日常工作的模板、操作手册等，针对关键节点进行培训赋能，持续举办"培训案例交流分享暨培训运营赋能会"，帮助集团各单位的人力资源管理人员学习贯彻落实集团人力资源发展战略，学懂、吃透、联系实际并具备持续改进工作的能力，对优秀实践进行总结、提炼、复制和推广，提高分子公司人力资源管理人员的专业性，促进分子公司人力资源管理水平持续提升。

（五）持续推进信息系统建设，加大系统对集团管理的支持力度

兴业证券持续推进人力资源系统建设，通过建立集团统一的人力资源系统，助力集团化人力资源管理。

由于原使用的人力资源系统无法适应集团化发展需要，2019年，在充分调研平安集团、浦发银行、兴业银行等金融企业集团化经验的基础上，兴业证券引入了业内领先的 PeopleSoft 人力资源管理系统，初步构建了集团化人力资源管理平台，并已于2020年完成了一期项目建设，初步实现了全集团统一的组织框架、流程平台、信息管理，实现集团化人力资源管理的分级授权。

通过集团化人力资源管理系统设计，将集团人力资源各项管理纳入母公司统一框架，建立统一的组织架构、职务职级体系、薪酬福利体系，连接"信息孤岛"、实现集团内人力资源数据汇聚。同时，进行分级管理，强化流程驱动，利用分级授权功能，实现向下对分子公司的垂直授权；利用流程引擎功能，实现集团内人力资源全流程的统筹管理，减少内部管理与沟通成本。

在规范统一的基础上，为子公司预留个性化空间，支持集团内不同用户的差异化需求。比如，针对香港地区监管要求，允许在总部框架内，对信息字段有不同维护标准；针对流程审批节点、薪酬福利标准等，也允许子公司在框架内设定各自标准；系统提供界面统一的集团人力资源门户入口，同时为各级管理者、人力专业用户、普通员工、不同子公司用户，提供差异化的系统服务或功能。

五、优化证券公司集团化人力资源管理的思路及建议

集中统一、灵活高效、垂直穿透的集团化人力资源管理体系有助于证券公司积极适应市场变化，有效防范金融风险，促进高质量发展，因此从这一角度提升证券公司集团化人力资源管理，为集团战略目标的达成提供支持，有以下五点建议。

（一）进一步做好顶层设计，强化制度指引

集团总部人力资源部进一步发挥"大脑"和"中枢"的作用，实现从管理具体事务到管理流程标准转变，集团总部人力资源管理者应不断提升能力和站位，加强对专业和业务的学习，站在集团发展战略的高度，统一制定集团人力资源政策、制度和流程，主动分析、诊断人力资源问题，面向资本市场的快速发展和竞争激烈的

市场环境，立足于如何通过集团化人力资源管理支持集团战略目标的形成、如何全面提升各分子公司的人力资源管理水平、如何充分发挥集团企业人力资源效能的角度来行使集团总部人力资源管理部的职能。分子公司应加强对集团政策的理解认识，在集团化人力资源政策指导下，根据自身业务需要制定细则并具体落实。

（二）将战略性人力资源工作上移，事务性工作下放

集团战略是集团人力资源工作的指导方针，分子公司的人力资源工作也是在集团总体思路的指导下进行的，集团人力资源部应当结合集团战略，重点思考包括人力资源规划、职务职级体系设置、员工职业生涯发展、薪酬福利体系、激励机制、人才培养等重点工作，并重点关注对集团化人力资源的深入开发。从选拔任用、考核激励、培养发展等方面加强对分子公司经营班子及核心人才的管理。对组织架构设置、干部任免、职级调整、人员编制、薪酬福利标准、绩效考评等关键职能由分子公司提出方案，集团审核把关。将日常的事务性工作下放到分子公司，同时持续做好培训赋能，加强日常监督指导。

（三）提升公司治理能力，加强外派人员管理

公司治理是现代企业的典型特征，在集团化体系下，子公司治理是不可忽视的要素，因此加强证券公司集团化人力资源管理，也需要以公司治理结构为基础进行深化，包括子公司高管的选聘、考核与激励等内容，其核心就是外派人员的管理。人员外派能将企业集团的触角伸长，并通过外派人员对分子公司的影响，引导其朝着企业集团希望的方向发展，外派人员的选拔任用极为重要，需要明确任职资格、优化选拔方式、完善人员结构，选择合适的人员外派，同时明确外派人员的职责与权利，制定有效的激励和约束机制，通过定期轮换、加强沟通、培训辅导等方式，保证外派人员在派驻期间能真正从集团利益出发，推动集团整体发展。

（四）推进党建工作及文化建设，发挥党建和文化的引领作用

党建及文化建设是集团企业高质量发展的基础，与人力资源管理工作有重要联系，对集团人力资源战略方向的确定有引领作用，只有将三者有机融合，将党的建设、企业文化建设贯穿到集团化人力资源管理全过程，才能保证人力资源管理的方向不偏、节奏不乱、队伍不散。一是发挥党建及文化对员工思想观念的影响作用，通过日常工作中党建及集团化管理文化的宣导，提升集团企业凝聚力、战斗力，进一步促进集团人力资源管理目标的实现。二是发挥党建及文化对员工行为的激励作用，通过党建和文化调动人的积极性、释放人的潜能，激发干部干事创业的热情，激励更多干部担当作为，发挥榜样的力量，树立典型和标杆，让集团各级管理干部发挥示范带头作用，成为推动集团化人力资源管理的执行者和推动者，更好地推动集团化人力资源管理思路落地。

（五）探索数智化转型，提升集团人力资源管理效能

充分利用先进的信息技术手段，进一步完善系统功能开发、优化系统流程设计，

建立集团统一的集团化人力资源管理系统，积极探索数智化转型。一是做好顶层设计，根据集团在业务发展上的实际需要，持续推进包括编制预算、人才发展、绩效管理、干部管理、统一入职平台、统一算薪平台等功能的设计开发应用，并通过持续优化，在技术上保障分子公司的差异化需求能够通过系统实现。二是完善数据治理，构建常态化系统运行监管模式，明确总部人力资源部和分子公司的数据维护职责，切实维持与提高信息数据质量，使分子公司提供的各项数据符合系统数据标准。三是提高使用体验，一方面加强系统功能推广，持续做好系统使用培训，进一步降低事务性工作量，提高管理效率，另一方面针对不同用户提升系统的智能化管理能力，针对管理者，利用领导驾驶舱、干部人才地图等智能化功能，发挥辅助决策功能，进一步提升集团化管理效果；针对集团员工，引入员工服务机器人等智能服务工具，进一步提高员工服务满意度。通过金融科技赋能，进一步提升集团人力资源管理效能。

参考文献

［1］孙国雄．证券行业组织发展演进与趋势分析［J］．福建金融，2017（4）：43-47．

［2］中信建投证券股份有限公司课题组．证券公司集团化经营发展趋势，特征及展望［C］//中国证券业协会．创新与发展：中国证券业2018年论文集．北京：中国财政经济出版社，2019．

［3］李小勇．集团化人力资源管理实践［M］．北京：企业管理出版社，2013．

［4］何金．集团化管控体系下的人力资源管控模式研究［J］．管理观察，2020（3）：34-35．

［5］鹿珊珊．集团公司人力资源管控模式研究［J］．现代商业，2013（17）：105-106．

［6］李郁青．C公司集团化人力资源管控模式研究［D］．昆明：昆明理工大学．

［7］窦琳琳．金融人力资源管理与防范化解金融风险问题分析［J］．知识经济，2019（25）：20,22．

［8］秦杨勇．集团管控：中国最佳实践经典案例解析［M］．北京：中国经济出版社，2011．

证券公司合规管理体系建设研究

林　兴　颜建锭　杨　飚　王　俊　刘　欢[①]

一、研究目的与意义

当前，新冠肺炎疫情加剧了全球经济金融不稳定，国家加快构建以国内大循环为主体、国内国际双循环相互促进的新发展格局，金融供给侧结构性改革不断深入；以注册制为代表的资本市场改革向纵深发展，双向开放的广度深度日益提升；监管深化简政放权，强化监管执法，新《证券法》《刑法修正案（十一）》等基础制度修订出台，资本市场发展的法治根基不断夯实，正在形成"行政处罚＋民事赔偿＋刑事惩戒"的法治供给闭环，证券违法违规成本显著提升[②]。证券公司作为重要的金融中介机构，面临的市场形势、监管环境、业务模式、风险属性日益复杂。

经济、市场与监管的变革，既蕴藏着新的发展机遇，又潜藏着新的困难挑战。一方面，为证券公司集团化、国际化经营及创新发展提供了新的空间；另一方面，集团化经营带来业务复杂度高、多头监管、关联交易、风险传导等问题；国际化经营面临全球金融监管环境、复杂国际商事规则的极大挑战；发展更多依靠创新、创造、创意的大趋势对合规风控能力提出了更高要求。

在此背景下，合规经营作为证券公司稳健发展的奠基石，分析合规管理体系建设现状，厘清面临挑战，梳理过往经验，提出未来发展建议，对证券公司在新时代下加强自我规范，严守合规底线，护航公司实现高质量发展具有重要的现实意义和长远价值。

本文将围绕三个方面展开分析：一是从证券行业的角度，总结分析目前证券公司合规管理体系的整体建设情况，并结合当前形势，提出普遍面临的挑战；二是以兴业证券股份有限公司（以下简称兴业证券）合规管理体系建设实践为例，分析其合规管理体制机制、垂直穿透合规一体化管理、合规管理协同工作机制、重点领域

[①] 林兴，硕士，合规管理部总经理；颜建锭，硕士，合规管理部副总经理；杨飚，学士，合规管理部内控合规处总监；王俊，硕士，合规管理部资深经理；刘欢，硕士，合规管理部资深经理。

[②] 参见《阎庆民副主席在2020年第三届中小投资者服务论坛上的致辞》，网址：http://www.csrc.gov.cn/pub/newsite/zjhxwfb/xwdd/202009/t20200904_382700.html，最后访问日期：2021年4月21日。

合规管理的做法；三是提出进一步健全兴业证券合规管理体系的思路与建议，为证券行业的合规管理体系建设提供参考。

二、证券公司合规管理体系建设现状及面临的创新环境与挑战

（一）证券公司合规管理体系建设现状

自 2017 年《证券公司和证券投资基金管理公司合规管理办法》《证券公司合规管理实施指引》发布以来，证券公司积极落实监管制度，进一步健全合规管理体系，普遍较好地履行了合规咨询、合规审查、合规监测、合规检查、信息隔离、反洗钱、合规文化建设、合规考核与问责等多项合规管理职能，并加强了对子公司合规一体化管理[①]。

（二）证券公司合规管理面临的创新环境与挑战

1. 监管改革，合规管理的重点与方式需要转变。近年来，监管持续推进以"放管服"为核心的改革，一是减少事前审批，证券公司自身需要投入更多资源对拟开展业务的合规性进行评价与把关；二是加大各类"口袋政策"和隐性门槛清理力度，合规性问题的判断难度提高，合规管理人员需要具备更高的专业素养，依据法理和监管规则背后的精神和原则进行合规分析；三是加强事中事后监管，证券公司需要加强业务过程中的持续合规管理，"过程合规"的重要性日益突出；四是监管处罚力度加大，实施一案双查、资金罚和资格罚并重，违法违规责任后果显著增加，证券公司需要切实建立起自我约束和自查自纠机制；五是推动关键监管制度创新，新规解读与外规内化的要求日益增强。合规管理面临如何转变管控重点与方式，服务公司真正具备与监管改革相匹配的理念、组织与能力的一系列挑战。

2. 集团化经营，合规管理的覆盖面与穿透力度需要加大。证券公司集团化经营，需要将子公司纳入统一管理，对产品、业务、渠道、服务体系等进行全面系统的整合，对各项业务的价值链进行重新设计与改造，对各业务单元在集团发展的定位进行重新界定。面对不同业务领域子公司的监管要求、集团一体化综合金融服务的业务协同要求，合规管理面临如何优化管控模式，切实落实全覆盖、深穿透的要求，融入公司战略并支持业务发展，前瞻性、有效且高效地实施合规风险监测和管理，为公司战略和运营决策持续创造价值的挑战。

3. 国际化经营，合规管理的专业能力需要提升。资本市场在加速向制度型、系统性开放转变，支持"引进来 + 走出去"的发展战略，证券公司积极通过境外设立机构、增资境外子公司、收购境外公司股权、开展跨境业务等方式布局海外市场。

[①] 中国证券业协会. 中国证券业发展报告（2020）［M］. 北京：中国财政经济出版社，2020：151 - 165.

实施国际化战略，必须面对国际市场复杂的法律和规则，跨境合规风险也应运而生。合规管理面临熟悉境外法律法规的跨境人才短缺、跨境管理子公司手段不足且低效、跨境合规风险事件处置经验缺乏等挑战。

4. 数字化转型，合规管理的技术需要革新。新一轮科技革命与产业变革快速发展，以大数据、区块链、云计算、人工智能等为代表的数字技术在证券行业的应用场景不断拓展，在投顾、投研、客服等方面催生了一系列新型智能服务或产品。全面数字化转型是证券公司拓宽获客渠道、提升客户体验、提高决策效率、降低运营成本的重要前提，也是打造核心竞争力的重要战略。但数字化转型在重塑服务流程、创新服务模式的同时，也在一定程度上模糊了业务边界，衍生了新的风险特征。合规管理面临如何厘清科技创新合规边界，并利用机器学习等科技手段实现合规数字化转型的挑战。

5. 竞争加剧，合规文化建设需要持续推进。证券公司虽然已经普遍建立起较为完善的制度体系，但"制度归制度，执行归执行"的情况时有发生，合规管理的内生机制需要进一步健全。随着业务竞争压力的加大，创新业务的加快发展，"合规让步于业务发展""别人也是这样做"等思想需要警惕，合规理念的树立、合规意识的培养、合规氛围的营造需要持续发力。合规管理面临如何看长远、真投入，久久为功推进合规文化建设这项基础性、持续性、系统性工作的挑战。

三、兴业证券合规管理体系建设实践

（一）合规管理体制机制建设

1. 合规管理组织架构科学化。合规管理组织架构是证券公司实施合规管理的载体。兴业证券建立科学的公司治理架构，明确各方定位与合规职责，确保董事会有效行使重大决策和监督功能、监事会有效行使监督职能。公司董事会、监事会、高级管理人员高度重视公司经营的合规性，承担有效管理公司合规风险的责任，积极践行并推广合规文化，促进公司合规经营。各总部部门、各分支机构和各层级子公司负责人负责落实本单位的合规管理目标，对本单位合规运营承担责任。全体工作人员遵守与其执业行为有关的法律、法规和准则，主动识别、控制其执业行为的合规风险（合规管理组织架构及各方职责见图1）。

2. 合规队伍建设专业化。兴业证券高度重视合规队伍建设，制定《合规管理人员管理细则》，明确各单位合规管理人员配备要求、岗位要求与任职条件、岗位职责、行为规范、监督管理与考核问责等。建立了"合规总监—合规管理部及其管理人员—下属单位合规管理人员"三层级合规管理队伍体系，为合规管理部门和各业务单位配备了符合要求的专兼职合规管理人员（合规管理人员配备要求见图2）。

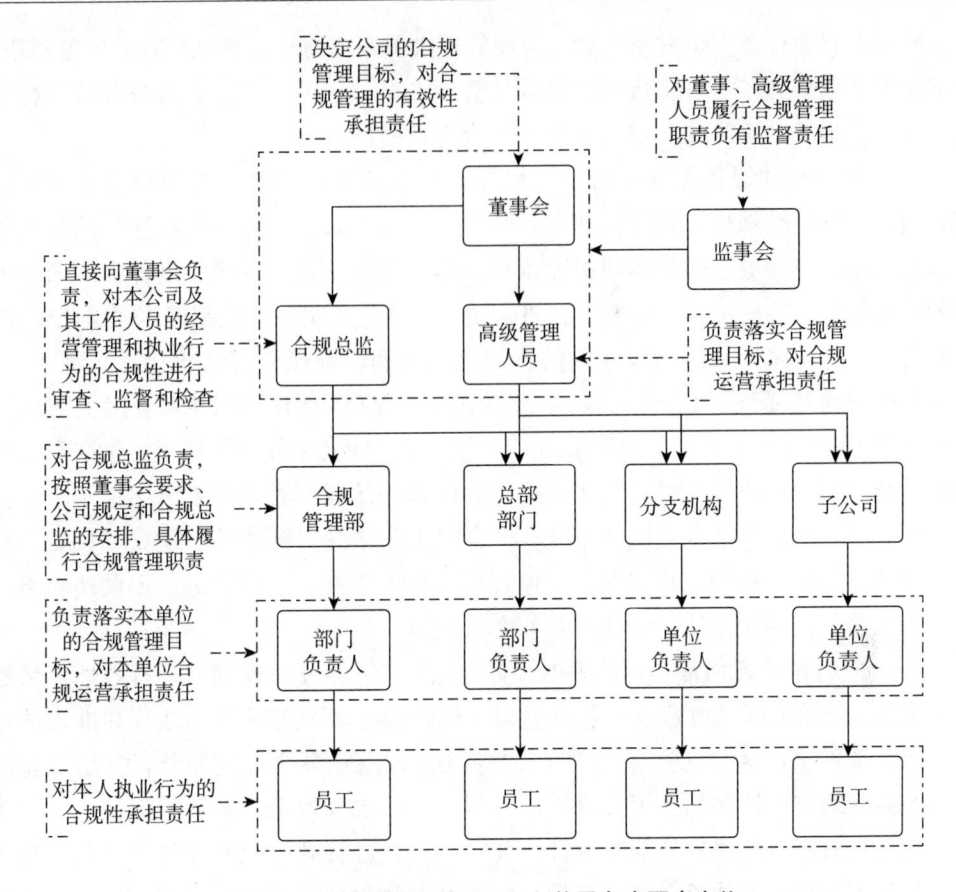

图1 兴业证券合规管理组织架构及各方职责定位

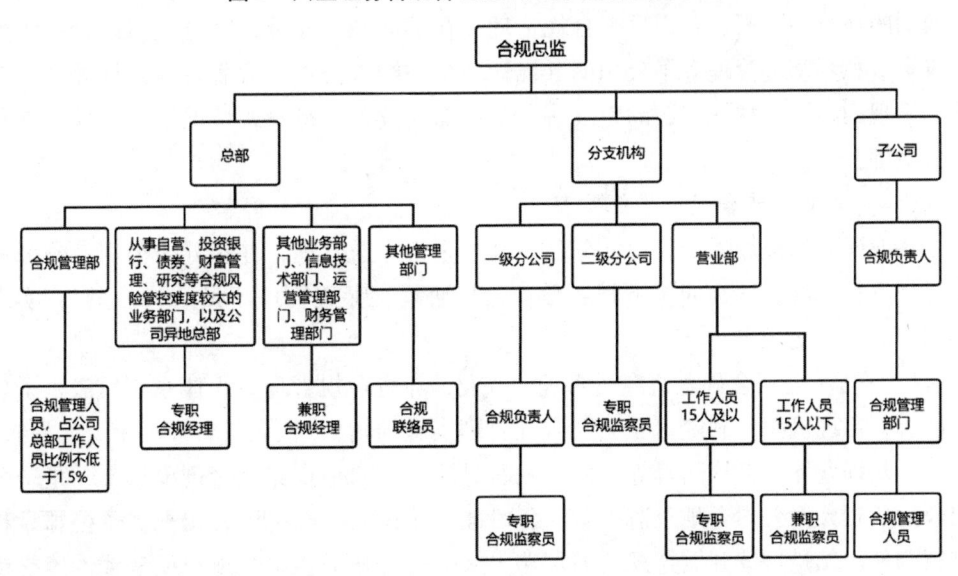

图2 兴业证券合规管理人员配备要求

同时，兴业证券多措并举，建立合规管理人员准入退出、培训教育、年度述职、互动交流、监督考核等管理机制，对合规管理人员聘任前、中、后台各环节进行全过程管理，形成"面试+笔试+述职"综合考核机制。

3. 合规文化建设体系化。自成立以来，兴业证券始终坚持合规稳健经营的原则，内外并举持续强化合规文化建设，厚植"合规、诚信、专业、稳健"的行业文化理念。一是建立健全合规管理制度体系，为合规文化建设提供制度保障。通过把抽象的文化理念转变成具体的制度，将合规文化固化于制度，使制度体现文化要求，彰显合规价值主张。二是构建完善的合规培训机制，确保合规文化建设入脑入心。定期编撰《合规周报》《合规月报》《反洗钱工作简报》《证券行业监管案例汇编》；通过公司 E-learning 系统、现场培训交流会议等"线上+线下"模式，组织员工合规培训与考试，促使员工增进对文化理念的认知、认同，将合规要求铭记于心、付诸于行。三是加强合规检查监督力度，将合规文化建设落到实处。建立"检查—整改—考核"三位一体的工作机制，对违规行为严肃问责，全面营造"不敢违、不能违、不想违"的遵纪守法、合规经营的文化氛围。

4. 合规有效性评估常态化。根据《证券法》《证券公司合规管理有效性评估指引》《证券公司和证券投资基金管理公司合规管理办法》等法律、法规和准则的要求，兴业证券制定《合规管理有效性评估办法》，由董事会授权经营管理层成立跨部门合规管理有效性评估小组，每年开展不少于一次合规管理有效性评估，每三年至少委托具有专业资质的外部专业机构开展一次合规管理有效性评估。兴业证券开展合规管理有效性评估以合规风险为导向，重点关注可能存在合规管理缺失、遗漏或薄弱的环节，全面、客观反映合规管理存在的问题，充分揭示合规风险，并将另类投资、私募基金管理等子公司的合规管理统一纳入公司合规管理有效性评估。对评估发现的问题，加强问题的整改落实与跟踪问效，并将整改情况纳入合规考核与问责范围。

（二）垂直穿透合规一体化管理

兴业证券积极加强子公司、分公司合规垂直穿透管理，并指导子公司、分公司将合规垂直穿透管理延伸至下辖各单位，打通垂直穿透管理"最后一公里"，实现集团合规"一盘棋"。

1. 深化子公司合规垂直穿透管理。兴业证券将合规管理组织体系有机嵌入子公司的公司治理机制，制定《子公司合规管理实施细则》，从人员管理、审查、检查、报告、培训宣导、考核问责等方面，明确对子公司的垂直穿透管理要求。一是子公司合规负责人由公司合规总监提名，公司推荐或选派，再由子公司根据子公司章程进行聘任。二是持续开展合规培训宣导，每季度召开子公司合规与反洗钱沟通交流会。三是组织或联合开展子公司专项检查，及时发现并跟进子公司化解风险隐患。四是督促子公司做好合规报告，及时掌握合规管理及风险情况。五是公司合规总监组织对子公司开展合规专项考核，考核权重不低于15%；发生重大合规风险的，实行一票否决制。六是加大境外子公司合规风险管控。选派合规骨干人员到境外子公司担任合规管理关键岗位；加强对境外法律法规及监管政策的深入学习，提高对境外子公司日常业务运作的掌握程度，提升对境外子公司业务合规风险的分析与管控水平。

2. 加强分公司合规精细化管理。兴业证券积极开展分公司经营体制改革，一是按照省级分公司及直辖市分公司、地市级分公司、营业部设置三个层级的分支机构，并根据各分支机构的市场体量、业务规模、管理难度对各层级分支机构实施分级分类管理。合规管理在此基础上，进一步通过分类合规考核的方式对分支机构进行有效管理。二是在一类一级分公司设立合规负责人，负责牵头建立健全分公司及下辖分支机构的合规管理体系，对合规管理工作进行细化分解、统筹安排、协调管理。同时，明确分公司负责人为本单位合规管理第一责任人，负责落实本单位的合规管理目标，对本单位合规运营承担责任。三是按照前、中、后台进行专业化分工和部门设置，在一级分公司设置独立的合规风控部，具体负责分公司本部及下辖营业部的合规风控工作；下辖营业部的合规监察员接受分公司合规风控部的垂直管理，确保合规监察员履职的独立性。

同时，兴业证券持续加强分公司管理，由合规管理部牵头各主要业务和管理部门出台《加强分公司精细化管理 提升依法合规经营能力方案》，从基础管理、内控管理和业务管理三大方面，明确分公司精细化管理要求与具体措施，并由合规总监组织相关单位进行宣贯与部署。一是要求分公司健全合规风控管理机制体制，切实加强合规人员履职"全生命周期"管理，客户交易行为"事前充分了解—事中监控识别—事后核查报告"管理，以及防范配资管理、反洗钱管理、隔离墙管理、投诉纠纷处理等。二是要求合规管理人员"依规履职""大胆履职"，做好本单位合规管理工作的同时，指导下辖分支机构开展好合规管理工作，将精细化管理提升到新台阶，助力分公司长远发展。

3. 探索建立集团合规管理信息系统。兴业证券把科技赋能合规管理提高到战略高度，通过整合现有合规管理系统，打通不同系统之间的壁垒，搭建集团统一的合规管理信息系统，推动各子公司、分支机构在系统中进行日常合规信息的处理、数据录入、留档；对从业人员执业行为、业务反洗钱等进行监测预警，指导督促分支机构开展风险排查处置；对子公司、分支机构合规履职情况开展日常监测；收集汇总各类合规数据信息等，实现合规管理全流程监控，提升合规管理的智能化水平。

(三) 合规管理协同工作机制

1. 实行工作方式前置化转变。为更加前瞻性地防范合规风险，兴业证券积极转变合规管理思路，变"事后救火"为"事前防范"。一是主动参与业务研究讨论，进行合规分析论证，提供合规咨询建议。在产品及项目引入环节、产品设计环节及客户引入环节，对标监管规则预先评估产品、项目潜在的合规风险，指导督促相关单位切实做好客户身份识别、风险揭示、合格投资者评估、适当性匹配等工作，在业务开展的初始阶段把好第一道关，有效防范各类合规风险。二是对一线业务岗位人员的引入实行合规管理前置。要求合规管理人员提前介入本单位一线业务岗位人员（投资顾问、理财顾问、经纪人、业务团队负责人等）的招聘工作，重点协助做好拟录用人员是否存在犯罪、违法违规等事项的背景调查，审慎聘用工作经历存疑或高风险行业的人员，通过签署承诺函、合规谈话、集中合规培训考试等方式，对本单位所有新入职人员开展合规执业教育及警示工作，打好"预防针"，提升"免疫力"。

2. 紧密协同新业务新产品开发。在创新业务的研究中，兴业证券高度重视合规风险的防范。一是按照所涉的业务条线组织对口合规管理人员组成专项小组，全程同步，紧密配合相关单位推进新业务研发，对业务开展的合规性反复研究论证。二是针对不同产品的复杂结构，业务模式非标准化等，在合规管理部内部建立研究小组，组织员工深入学习讨论，熟悉产品结构，掌握业务各环节的合规风险点。三是在获取全息信息、充分沟通的基础上，对业务具体实施方案的合法合规性进行分析和审核，配合推进业务规范开展；对业务涉及的相关制度、流程进行合规审核，识别潜在的合规风险并及时与相关单位进行探讨，督促指导相关单位完善防范措施，严格落实各项合规管理和反洗钱工作要求，规范业务开展；将各单位的业务开展合规性情况纳入合规考核。四是根据实际情况，增设相关业务合规管理岗位，全市场筛选引进成熟人才，加强新业务、新产品合规风险管控。

3. 打造合规管理部门内外协同工作模式。兴业证券合规管理部门紧随业务发展新格局，分析研究业务协同中潜在的合规风险及管控盲区，对内创新工作机制，打破条线分割，建立矩阵式管理模式，针对重点、难点合规问题，灵活组建研究小组，实现信息共享，分工协作，共同把关业务协同全流程合规风险，打造全链条合规审查闭环，不留合规真空地带；对外加强与审计、风控等内控部门的协同，对监管部门、董事会、管理层高度关注的事项等重大工作，形成联动机制，共同开展专项检查并督促整改落实，实现内控监督成果和信息及时共享，共同编织违规"防护网"，完成内控"三维拼图"，有效防范和管控风险。

（四）重点领域合规管理举措

1. 强化从业人员执业行为管理。兴业证券高度重视从业人员执业行为的合规性，全面加强从业人员执业行为管理。一是筑牢制度根基。制定《员工执业行为监测管理办法》《工作人员合规手册》等制度，发布《从业人员执业行为问答》，出台《从业人员执业行为十大禁令》，组织全员签订《员工合规与廉洁从业承诺书》。二是加强分支机构人员管理。针对分支机构从业人员是违规行为"高发地带"的痛点，合规总监牵头开展专项调研，全面梳理分支机构从业人员主要违规风险点，深入了解执业行为管理痛点难点,对从业人员的入职审查、合规宣导、事中监测、考核问责等环节提出强化管控措施,落实长效机制。三是突出重点岗位人员管理。根据《证券公司分类监管规定》的新要求,组织各单位强化重点岗位尤其是董事、监事、高级管理人员及管理人员(一级部门负责人、分支机构负责人)、主要业务人员(保荐代表人、财务顾问主办人、证券投资顾问、证券分析师以及从事证券自营和资产管理业务的投资经理等)的执业行为管理,开展从业人员执业行为管理自查。

2. 扎实推进反洗钱工作有效开展。兴业证券秉持"风险为本"的工作理念,遵循以体制机制设立为基础、以履行反洗钱三项核心义务为中心、以系统流程控制为手段、以反洗钱培训为保障的工作思路,构建洗钱风险监测、评估、预警、处置一体化的长效防控体系,有效防范洗钱、恐怖融资和扩散融资风险。一是健全洗钱风险体制机制。成立反洗钱领导小组及工作小组;建立反洗钱管理制度体系,持续做好制度维护;配备充足的反洗钱管理专兼职人员,引进具有国际视野和境外反洗钱工作经验的优秀人才;培育覆盖公司董监事会、高级管理人员、全体员工的洗钱风险管理文化。二是落实反洗钱三项核心义务。开展"反洗钱攻坚年"活动;贯彻"风险为本"理念,加强客户身份识别;强化可疑交易监测,提升可疑交易报告工作质量;注重数据治理,贯彻"以客户为单位"的信息收集、尽职调查及记录保存。三是加强反洗钱系统建设。采购高性能服务器等硬件设备,升级改造反洗钱管理系统,提升大额可疑交易排查、监控名单管理和监测、洗钱风险等级划分等系统功能。四是加强反洗钱宣传培训。制作反洗钱微电影;在公司投教基地公众号积极转发人行推文、制作反洗钱主题海报及反洗钱知识普及类文章;设立新员工入职及拟提拔干部的反洗钱必修培训课程,开展覆盖全体员工及高管人员的反洗钱培训课程,强化反洗钱意识传导。

3. 加强信息隔离墙建设。兴业证券通过建立健全制度体系、搭建优化信息系统、强化敏感岗位人员管控等措施,全面完善公司信息隔离墙机制,控制内幕信息及未公开信息在公司内部的不当流动和使用,防止内幕交易和利益输送行为。一是持续修订完善信息隔离墙制度。建立物理隔离、人员管理、跨墙管理、观察及限制名单等方面的管控措施,构建识别、评估和处理利益冲突的机制。二是实现信息隔离墙系统化管理。建立并维护敏感信息监测系统,保障敏感信息安全;更新迭代信息隔离墙系统,实现业务单位信息报送、冲突业务信息预检、敏感岗位管理等多项功能。三是加强敏感岗位人员管理。对投资银行、证券投资自营等重点业务领域和参与信息隔离墙管理的知悉敏感信息人员进行管控,有效执行敏感岗位人员名单维护及报送的常态化管理机制;对上述人员使用公司信息系统或配发设备形成的电子邮件、即时通信信息和其他通信信息进行监测。

4. 防范场外配资。兴业证券建立健全场外配资防范处置长效机制,加强对客户交易的全过程监管，严格落实疑似配资账户核查处置工作，积极配合监管部门、公安机关开展打击非法配资活动。一是在日常账户业务管理工作中严格落实账户实名制工作要求，加强对客户账户开立、账户使用环节实名监控及账户异常情况的核查处置，有效防范和处置账户拆分、出借、盗用等违法违规行为。二是加强网上交易系统安全保护，防范非法交易接入。对利用协议破解、外挂依附等非法方式接入交易系统的，实现有效监测、识别和阻断，并及时修补系统漏洞或升级系统版本。三是建立并持续优化场外配资监控系统。采购并上线了恒生场外配资监控系统，该系统通过机器学习模型，利用大数据分析对场外配资风险进行监测识别。同时，兴业证券内部还通过人工总结、归纳配资特征，并对相关特征赋予对应权重，额外建设了一套量化模型，作为恒生场外配资监控模型的补充。四是通过收集整理客户投诉举报、舆情分析、异常交易监控等方式，全面摸排涉及场外配资违法活动线索，对于频繁触发非法接入公司交易系统预警的客户，及时进行技术分析，并组织开展非法接入的核查处理工作。

5. 强化客户交易行为管理。兴业证券积极构建有效识别、发现、劝阻、制止、报告客户异常交易行为的管理机制。一是在营销客户特别是交易型客户时，做好尽职调查，避免引入潜在异常交易客户以及被交易所采取警示、限制交易、被列入重点监控账户或涉嫌违法违规等客户。二是持续优化公司客户异常交易监控系统，提升客户异常交易行为预警的精准度，强化重点指标、账户、分支机构的监控管理。三是定期分析客户交易行为的核查记录、认定结果及处理情况等资料。客户异常情形轻微的，及时提醒、警示客户或要求客户提交合规交易书面承诺；客户多次涉嫌异常交易且情节严重的，拒绝其交易委托或终止交易委托关系；涉嫌关联、存在一致行动关系或涉嫌违法违规的，及时向交易所报告。同时，做好客户沟通交流，加强交易参考标准、交易规则等宣导工作，规范客户交易行为。

6. 有效落实适当性管理要求。兴业证券根据新《证券法》《证券期货投资者适当性管理办法》等监管要求，持续健全适当性管理机制，切实落实"了解客户、了解产品，将适当的产品销售给适当的投资者"的主体责任。一是结合投资者适当性管理政策法规动向、交易所配套规则及公司实际运作情况，对制度流程及信息系统进行完善。二是根据适当性管理半年度自查工作发现的问题或薄弱环节，督促规范整改。三是组织开展适当性管理专项培训，强化其对适当性管理工作的理解，提高其履职所需的知识和技能。

7. 积极开展防非打非活动。兴业证券以"打防并举，预防为主"为原则，认真落实监管部门防范非法证券期货活动的工作部署，做好打击非法证券期货活动的各项工作，切实维护市场秩序和投资者合法权益。一是建立健全防非打非工作机制。成立工作小组，制定工作实施细则，明确各单位职责分工，切实把防非工作纳入经营管理范围，融入业务流程之中，形成长效工作机制。二是落实防非宣传教育工作要求。重点围绕场外配资、非法证券投资咨询等领域，多形式、多渠道、多举措开展防非宣传活动，推动防非宣传教育常态化与规范化；充分发挥网点优势，持续扩大防非宣传教育的覆盖面与影响力。

四、进一步健全兴业证券合规管理体系的思路与建议

（一）深化证券金融集团合规一体化建设

1. 推动子公司合规内生机制建设。

（1）健全合规管理组织架构，提升合规管理水平。为持续推进子公司"三道防线"的落地实施，兴业证券将进一步明确子公司各道"防线"的合规管理责任，有效健全职责明晰、要求符合规范、范围全覆盖的子公司合规管理组织架构。同时，不断提升子公司合规管理团队专业化水平，推动子公司各部门能切实履行合规职责，保障业务合规发展。

（2）加强合规技术防控力度，防范合规风险。根据子公司地域多元化、监管区域化的特点，兴业证券将不断加强子公司合规技术防控力度，完善监测模型，将合规管理思想与信息技术相结合，将合规隐患从事后报告升级为事前的预警、预判，提前防范和化解合规风险。

（3）强化合规监督检查，提高合规管理能力。为培育子公司形成主动合规及自我纠偏机制，有效防范各类合规风险，除每年开展子公司检查外，兴业证券还将通过持续完善制度建设等推动子公司自身合规检查工作的标准化、常态化。注重和利用外部检查的成果，把内部检查与外部检查指导结合起来，认真对待检查中发现的问题，主动整改。

2. 加强分支机构合规精细化管理。

（1）不断完善分支机构的精细化管理体系。现阶段，员工对于合规精细化管理的理解还停留在自上而下的文件及各种会议中，大部分工作人员没有成为新理念推行的执行者，因此，合规精细化管理存在较大的提升空间。兴业证券将通过系统性的培训，不断提高员工主观能动性，并进行周期性评估，及时发现并解决问题，实现精细化管理体系的可持续性改进，提升公司依法合规经营能力。

（2）落实分支机构合规精细化管理方案。为对分公司管理能力提出更高的要求，兴业证券已制定《加强分公司精细化管理 提升依法合规经营能力实施意见》，从基础管理、内控管理和业务管理三大方面，明确分公司精细化管理要求与具体措施。后续将持续通过落实相关实施意见，切实提升分公司依法合规经营能力，有效防范风险，助力公司决战决胜"十四五"规划目标，实现建设一流证券金融集团的战略目标。

(二) 强化合规护航业务高质量发展

1. 以贯彻落实行业文化建设为契机，进一步塑造"主动合规，全员合规"的合规文化理念。为推动形成"合规、诚信、专业、稳健"的证券行业文化，推动证券行业高质量发展，中国证券业协会发布《证券行业文化建设十要素》，指导证券公司文化建设工作。合规文化建设是证券行业建设的重要组成部分，是推动公司业务稳健发展的保证。兴业证券将以此为契机，持续深植行业文化理念，深入推进合规文化建设。

(1) 培养良好合规习惯，提高制度执行力度。一是提高制度执行力，引导员工利用制度增强自我保护意识，把习惯性的合规操作流程嵌入各项业务活动，养成按章操作、依规行事的习惯。二是持续优化管理制度及操作流程，实践证明行之有效的管理措施要及时上升为制度。对不满足外部规范要求的管理规定，必须及时进行梳理更新，使之能有效指导员工正确执行法律、规则和准则。

(2) 抓好典型案例教育，促使合规文化入脑入心。正面典型是旗帜，反面典型是警钟，将两者有机结合起来，不断推进合规教育落实落细，为思想系上"安全带"。一是合规从管理层做起。公司管理层以身作则，积极践行并推广合规文化，促进公司合规经营。二是全体员工应当积极参与合规管理工作，切实做到把合规管理理念与自身职业发展相结合。保证每一位员工都能在合规管理过程中发挥应有的作用。通过学习剖析监管发布的违规案例，透视发生的各类处罚案例本质，对相同缺陷主动进行整改，在合规管理工作中发挥主动性，而不仅仅是被动地配合合规管理部门的工作，只有这样才能有效地保证公司合规管理工作的高效开展。

2. 强化合规协同，贯彻"集团一盘棋"的发展理念，进一步优化各单位合规管理机制。合规协同，不仅仅是合规与业务单位的协同，合规管理与其他内控管理协同也同样重要。兴业证券已经建立风险管理、审计管理、合规管理三大体系，各体系管理内容各有侧重，管理平台独立设置，只有不断加强三大体系的协同，完善其他内控部门和合规管理部门的良好协作机制，使合规管理平台与公司当前其他业务系统实现信息互通，方便合规管理平台从其他业务平台获取关键数据用于分析，发挥合规管理作用最大化。同时，合规与业务协同发展需要更紧密的结合，合规管理部门通过主动增强服务意识，为各类业务提供合规支持，并在合规基础上着力加强业务条线之间的协同，通过协同提高整体合规服务能力。

(三) 科技赋能合规管理提质增效

1. 依托金融科技，打造高效合规管理系统。证券行业正在迈入"金融科技"的新时代，合规科技作为金融科技创新的重要组成部分，是推动合规管理有效开展的"助推器"。随着金融科技在证券行业应用的不断深入，合规科技的作用和价值也将不断显现。目前，兴业证券合规科技的应用成果已在反洗钱、交易事中风控、隔离墙管理、员工投资监控等多个方面有所体现，建立了一体化合规管理信息系统。未来，合规管理工作将进一步通过科技赋能，理顺不同种类信息之间的关联关系，提高合规管理效率。

2. 通过信息技术手段，进行合规流程管控。通过信息技术，对公司内部流程中的各个环节进行合规风险管控，将合规要求融入公司管控体系和流程中，把合规作为公司规范管理的工具，是合规管理的有效手段。兴业证券已搭建起覆盖全公司的合规管理信息平台，该系统集成合规报告、合规咨询、合规审查、合规档案管理等多流程功能管理系统，初步实现了合规流程管控，显著提升合规工作的执行效率。后续将进一步利用信息化手段，优化合规管理流程，保障合规人员能够对公司内部业务流程的执行情况进行及时的监管。

参考文献

[1] 阎庆民. 阎庆民副主席在2020年第三届中小投资者服务论坛上的致辞[EB/OL]. [2021-04-21]. http://www.csrc.gov.cn/pub/newsite/zjhxwfb/xwdd/202009/t20200904_382700.html.

[2] 中国证券业协会. 中国证券业发展报告（2020）[M]. 北京：中国财政经济出版社，2020：151-165.

[3] 中国证券业协会. 创新与发展：中国证券业2016年论文集[C]. 北京：中国财政经济出版社，2017：147-152.

[4] 中国证券业协会. 关于推进证券行业数字化转型发展的研究报告[EB/OL]. [2021-04-21]. https://www.sac.net.cn/ljxh/xhgzdt/202008/t20200821_143668.html.

[5] 安青松. 推动证券业高质量发展的共识与实践——在2020证券业高质量发展论坛上的致辞[EB/OL]. [2021-04-21]. https://www.sac.net.cn/hyfw/hydt/202012/t20201203_144899.html.

[6] 张云东. 证券公司合规管理[M]. 北京：中国金融出版社，2009.

[7] 王建业. 革故鼎新 行稳致远——证券行业合规管理发展30年[EB/OL]. [2021-04-21]. https://www.sac.net.cn/wzgn/zt/zbsc30zn/202012/t20201218_145053.html.

[8] 林芳. A证券公司合规风险管理研究[D]. 福州：福州大学，2016.

[9] 李绮峰，黄哲. 合规文化建设的实践与探索[J]. 农业发展与金融，2015(8)：55-57.

证券公司子公司风险管控机制研究

蔡晓斌　包　鑫　黎沐松　宋　芳
陈　超　曾　熙　蔡启宏[①]

一、绪论

在资本市场改革的大背景下，中国证券行业由证券公司单一发展的模式逐步转变为证券公司及其子公司集团化发展的模式，由传统证券业务占比较高的业务发展模式逐步转变为证券、期货、资产管理、跨境业务、私募股权基金、公募基金以及另类投资等多元化业务发展模式。在资本市场快速发展的背景下，建立健全证券公司子公司垂直穿透化风险管理机制，是每一家证券公司的重要课题，也是证券行业乃至我国资本市场健康发展的基础。

（一）研究背景

我国"十四五"规划和2035年远景目标对金融行业风险管理提出要求，深化金融供给侧结构性改革中明确了健全风险全覆盖监管框架的目标，金融安全是国家经济安全保障的重要内容，应加强系统重要性金融机构和金融控股公司监管，守住不发生系统性风险的底线。

近年来，证券公司子公司业务风险的暴露逐步引起社会广泛关注，如部分证券公司境外子公司衍生品业务巨额亏损、海外投资项目爆雷计提大额减值等，促使证券公司逐步重视子公司风险管控机制的设计与实施，避免子公司野蛮发展给集团乃至社会公众利益造成重大损失或负面影响。

（二）研究思路

1. 国内外金融集团并表管理实践。金融业的经营活动具有外部性强、影响面广、风险性高等特点，其发展稳定性和经营效率将会对国民经济运行，甚至是社会稳定带来直接、重大的影响，金融集团实现覆盖子公司的集团化并表管理对金融市

[①] 蔡晓斌，博士，风险管理部总经理；包鑫，博士，计划财务部副总经理；黎沐松，硕士，风险管理部综合风险管理处总监；宋芳，硕士，风险管理部市场风险管理处副总监；陈超，硕士，风险管理部信用风险管理处副总监；曾熙，硕士，风险管理部高级经理；蔡启宏，本科，计划财务部资深经理。

场长期健康稳定发展有着至关重要的意义。经过数十年的发展，国内外对于金融机构的集团化并表监管均形成了完整的框架及翔实的内容。

巴塞尔银行监管委员会发布《金融集团监管原则》，提出金融集团监管的基本框架并不断演进，明确监管应关注资本的重复计算、集团风险、监管套利等问题，完善集团资本充足性、风险集中度、风险传染和内部交易等内容，以弥补金融危机暴露出的监管不足。美国发布《大型复杂金融机构并表监管框架》《银行控股公司法案》《银行控股公司监管手册》，英国发布《审慎监管局监管手册》《金融行为局系列监管文件》，欧盟发布《对金融集团中的信贷机构、保险公司和投资公司的补充监管指令》等对金融控股公司进行集团化并表监管，子公司的管理是核心和重点。

国际金融集团并表监管的相关实践，为中国金融集团并表监管提供了有益的借鉴，从2002年央行初次成立课题组考察国外金控公司监管情况时起，中国在并表监管方面已经历了近二十年的探索和积累，国内银行业、金融资产管理公司、保险集团和金融控股公司依次启动，逐步形成框架较为完整、管理措施较为完善的集团化并表监管框架。银行业作为中国金融体系的核心，其监管通常更加严格，同时由于银行业一般借鉴巴塞尔银行监管委员会等较为成熟的监管框架，监管部门的举措也往往成为其他金融细分行业监管发展的风向标。2014年中国银保监会先后发布《商业银行并表管理与监管指引》以及《保险集团并表监管指引》，明确对于银行金融集团以及保险集团的并表监管要求，对并表管理范围、集团业务协同、公司治理、全面风险管理、资本管理、集中度管理、内部交易管理和风险隔离进行规范。2020年央行针对金融控股公司发布《金融控股公司监督管理试行办法》，其并表监管要求与银行保险行业基本一致。

金融集团对于子公司的风险管理体现于并表管理要求之中，也是金融集团全面风险管理体系的拓展与延伸。

2. 研究思路。本文结合金融行业并表管理实践，从行业现状出发，梳理证券公司子公司风险管理的监管沿革，介绍境内外较为普遍的证券公司子公司风险管理机制，分析目前行业中存在的子公司风险管理共性问题与难点，并对子公司风险垂直穿透风险管控机制进行剖析。在管控机制明确的基础上，结合兴业证券风险管理实践，进一步探讨在子公司层面行之有效的风险管控措施。最后，结合兴业证券集团战略目标提出子公司风险管理的展望。

二、证券公司子公司风险管理现状

（一）子公司风险管理监管沿革

1. 全面风险管理要求。2016年中国证券业协会修订《证券公司全面风险管理规范》，明确子公司风险管理的要求，即证券公司应将所有子公司以及比照子公司管理的各类孙公司纳入全面风险管理体系，实现风险管理全覆盖，对其风险管理工作实行垂直穿透管理，确保子公司在集团整体风险偏好和风险管理制度框架下，建立自身的风险管理组织架构、制度流程、信息技术系统和风控指标体系，保障全面风险管理的一致性和有效性。此外，中国证券业协会发布《证券公司流动性风险管理指引》《证券公司压力测试指引》《证券公司信用风险管理指引》以及《证券公司风险控制指标管理办法》，均明确了证券公司应将其子公司及各类孙公司纳入风险管理范畴。

2. 子公司监管要求。2012 年证监会修订《证券公司设立子公司试行规定》，证券公司在申请设立子公司时，需对其可行性进行充分论证，包括风险管理、内部控制和合规管理制度的说明，以及防范证券公司与其子公司之间出现风险传递和利益冲突的安排。2016 年中国证券业协会发布《证券公司私募投资基金子公司管理规范》及《证券公司另类投资子公司管理规范》。2021 年，证监会修订《证券公司和证券投资基金管理公司境外设立、收购、参股经营机构管理办法》。证券业监管机构对于证券公司子公司的监管已进入实质阶段，业务上鼓励做大做强子公司，但明确子公司风险管理监管底线要求，强调子公司的业务发展应与其自身的风险承受能力相匹配。

3. 证券公司并表监管试点。2017 年 4 月，证监会正式启动证券行业并表监管试点工作，前期试点工作中组织 11 家证券公司开展并表监管试点评审，其后陆续经行业互评和外部专家评审，将中金公司、招商证券、中信证券、华泰证券、中信建投、国泰君安 6 家公司纳入首批并表监管试点范围。在并表试点评估中，监管重点关注证券公司对子公司风险管理的垂直穿透与全覆盖管理，将子公司风险管理纳入集团统一体系。

从证券公司发展角度来说，领先的风险管理体系与集团并表管理模式能够提升证券公司的行业竞争力，在稳健经营的前提下释放资本，获取创新业务资格并拓展集团业务范围，增加业务规模。各家证券公司已将满足并表监管试点要求作为其风险管理体系不断完善的目标，而子公司的风险管控水平对并表管理有效实施至关重要。

（二）子公司风险管理现状

证券公司子公司的建立往往依附于母公司，传承集团公司的管理模式与企业文化，其发展纳入集团整体战略规划。目前大多数证券公司采用风险垂直穿透管理机制实现子公司风险管理的目标，在垂直穿透管理模式下，集团能够实现子公司各类风险及业务的直接对接管理，在集团层面做到风险总量管控。然而在子公司风险管理机制实施过程中普遍存在以下难点：

第一，子公司风险管理信息系统有待完善。由于部分子公司风险管理信息化水平较低、数据质量较差等原因，集团尚未完全实现各子公司系统的自动对接，子公司数据获取、数据集市建设及数据质量提升有待完善；市场风险计量系统不能完全满足集团化统一市场风险敞口计量及监控的要求；难以通过风险管理系统实现对集团融资类业务同一客户风险信息的集中管控等。

第二，子公司体系化风险并表管理机制尚待建立。虽然近年来证券行业针对子公司垂直穿透风险管理多项措施并举，从授权、偏好、限额、制度、报告及新业务等多维度管控，但垂直穿透力度仍有待深化，子公司体系化风险并表管理机制尚待建立，需逐步实现子公司各项业务数据逐日系统化采集、各类风险控制指标 T+1 日计量与报告，提升子公司风险管理的效率及有效性。

第三，境外子公司风险管理难度较大。境外子公司由于其监管环境不同、金融市场环境不同、文化背景多元化、业务模式多样化，使得将境外子公司纳入集团统一全面风险管理体系有较大难度。在境外业务规模扩张的同时，各项风险管理机制的推进都需要集团投入更多的资源，为证券公司国际化战略保驾护航。

三、证券公司子公司风险管控机制

通过对境内外金融集团监管脉络演进，以及对领先金融机构集团化风险管理实践的研究分析，子公司垂直穿透管理的最终形式是在合法合规的前提下将子公司类似集团总部单位直接予以管控，市场风险纳入子公司投资交易持仓统一计量，信用风险纳入子公司客户或交易对手统一授信及管控，流动性风险纳入子公司资金预算及流动性储备实施资金统筹管理，操作风险建立覆盖子公司的内外部事件库及损失数据，声誉风险落地覆盖子公司的舆情监测及化解机制，从而从实质层面落地集团化总量风险管控，做到全覆盖、垂直穿透。以平安集团全面风险管理体系为例，其强化集团风险传染、集中度风险的管理，在集团风险传染防范方面，重点关注品牌集中管理、公开信息披露等方面；在集中度风险管理方面，着重对集团客户、交易对手、投资资产进行统筹管理。

在此逻辑基础上，下文将结合证券行业特点及领先金融机构的实践调研结果，进一步研究探讨各类风险纳入子公司后的风险管控措施。

（一）市场风险管理

市场风险最能体现集团风险敞口集中统一计量与管控优越性。一方面，高盛、JP 摩根、德意志银行等风险管控水平和能力较为领先的金融机构，通过集团层面投资交易性市场风险敞口的集中统一计量，汇总呈现集团层面的风险对冲效果及总量市场风险，同时金融集团的风险分散效应、规模协同效应等多样化优势也通过此方式体现。这些集团在不同程度上实现了交易账户下市场风险的整合管理，而非由各类子公司在法人层面各自的分散管理。另一方面，巴塞尔新资本协议第二支柱项下市场集中度风险和不当内部交易所引致市场风险传染效应，也只有通过市场风险敞口在集团层面的统一计量与管理才能较好地识别及管控，降低多元业务单位各自决策的盲目性带给集团整体层面的不利影响。巴塞尔银行监管委员会颁布《有效风险数据加总和风险报告原则》，要求系统重要性银行集团必须能够识别和采集整个集团所有重大风险数据，覆盖所有重大的业务条线、法人、资产类型、行业、区域和其他投资组合分类，用于识别和报告风险敞口、集中度和新型风险。

在实现市场风险敞口统一计量的同时，模型风险管理也越发凸显其重要性。最为著名的案例为2012年摩根大通"伦敦鲸"事件，由于其VaR模型并未通过有效验证及缺陷修复，导致摩根大通据此测算结果执行投资策略时承担了超出预期的巨额损失。因此，针对模型风险管理，应在集团层面制定统一的模型风险管理机制，并将子公司模型纳入统一管理体系，模型风险管理机制应涵盖模型需求、开发、验证、入库、上线、应用、版本管理与档案管理等所有环节，并根据模型的重要性和复杂性程度对模型进行分级及差异化管理，对于VaR模型、场外衍生品估值模型和敏感度模型，应定期验证及完善。

（二）信用风险管理

同一客户管理是集团化信用风险管控较为重要且普适的管控措施，从证券公司角度而言，同一客户一般可在证券公司集团范围内开展融资融券、股票质押、约定购回及孖展业务等在内的证券融资类业务及场外衍生品业务。领先的金融集团通过在集团范围内制定同一客户的管理制度，明确同一客户的认定标准，做到集团内实行基本一致的信用风险管理措施，按照此措施开展集团内同一客户从授信、审批至贷后的全生命周期统筹管理，并对客户信用风险敞口等进行汇总、计量，呈现同一客户集团层面统一的信用风险暴露。

此外，随着近年来场外衍生品业务的迅猛发展，加之证券公司诸多子公司均涉足衍生品业务，特别是境外衍生品业务，集团交易对手信用风险敞口统一计量和管理越发引起重视。由于交易对手信用风险具有双向性、敞口不确定性、影响因素多样性等特征，使其信用风险敞口计量变得更为复杂；同时交易对手信用风险普遍存在于多种产品或业务中，涉及交易对手范围广泛，也为证券公司在集团层面实施垂直穿透统一管理带来了更大难度。针对交易对手管理，国内证券行业仍处于起步阶段，结合国内外经验，其风险管控可从以下方面探索：建立集团范围内统一的交易对手信用评级体系及准入标准；将交易对手纳入集团统一授信管理体系；重视对抵押品和保证金的管理等。

要做好同一客户及交易对手信用风险管理，内部评级是一项核心工具。在集团范围内施行同一信用主体的统一评价，并结合各子公司不同业务的风险容忍度、风险收益覆盖情况、业务定位等个性化因素，根据内评结果拓展在差异化客户准入、授信管理、限额制定、风险监测与预警等领域的应用。

(三) 流动性风险管理

领先金融集团通常通过集团化流动性风险指标计量和监测、流动性储备管理以及流动性风险压力测试，开展集团范围内流动性风险的统筹管理。

针对流动性风险监测，通常建立集团范围内涵盖子公司的流动性风险监测指标体系，包括融资负债期限结构、融资负债集中度、同业负债依存度、现金缺口（包括静态、动态现金流各期限缺口）等流动性风险监测指标，并建立动态现金流预测模型，通过系统实现母子公司流动性风险的计量与监测。

针对流动性储备管理，通常建立集团范围内流动性储备管理与监控机制，规定可以作为流动性储备的资产标准并通过系统实现监控。通过建立统一的资金管理系统，实时掌握子公司流动性储备情况，通过上收流动性储备投资决策权，实现对流动性资金的统一规划，提高资金整体使用效益。但在集团流动性储备集中统一管理实践中通常存在合规障碍，如子公司主体独立性、子公司流动性储备资金使用限制以及境外子公司资金跨境调拨限制等。

针对流动性风险压力测试，通常根据业务资金配置计划以及市场波动设定集团统一情形假设，结合母子公司数据在集团范畴内对最短生存期、流动性缺口等指标进行压力测试。此外，各子公司根据自身的业务情景或参照集团统一情景，进行定期、不定期的压力测试，并将压力测试结果上报集团，供集团公司在进行整体流动性决策安排时参考。

(四) 操作风险管理

巴塞尔协议及我国银行业为证券公司提供了操作风险管理实操的借鉴，操作风险管理重点为运用操作风险三大管理工具，操作风险事件及损失数据收集、风险与控制自我评估及关键风险指标，对集团操作风险进行管控，提高集团公司在制度流程执行、员工行为规范、信息系统安全等方面的管理能力。

针对操作风险与控制自我评估，证券公司及其子公司通过持续收集信息并对操作风险进行识别，定期和不定期对职责范围内业务和管理流程的操作风险状况与控制措施进行评估，识别集团公司高频高损的剩余风险并进行有针对性的管控。

针对关键风险指标，通常通过制定公司层级的关键操作风险指标，并指导各子公司制定子公司层级的关键操作风险指标，将公司层级的指标进行传导分解。子公司在监测过程中发现指标异常情况，及时按规定向集团报送并说明具体情况。关键风险指标实际运行后，对指标进行定期或不定期的检视，评估其实际执行效果，并及时调整。

针对操作风险事件及损失数据收集，通常建立集团范围内一致应用的操作风险损失事件标准及管理流程，各子公司对已发生的操作风险事件按要求及时报送集团，确保报送的真实完整性。在实践中通常出现操作风险事件及损失数据漏报、瞒报的情况，这需要集团发挥内控部门的协同作用，共享合规、审计、财务、诉讼案件等信息，多种渠道进行信息的验证，保障数据收集的完整性与准确性。

四、兴业证券子公司风险管控措施探索

为加速建成一流证券金融集团，具备一流的风险管理能力，兴业证券根据监管要求及集团化管理需要，依据垂直、穿透管理原则，构建并不断完善针对子公司的全面风险管理框架。在明确子公司定位的基础上，以子公司聚焦主业、提升专业为原则，将子公司纳入集团全面风险管理统一体系，落实垂直穿透风险管理各类核心管理机制，做到子公司风险管理各业务类别全覆盖，各风险类型全覆盖。本部分将结合兴业证券实践，探索近年来针对子公司所实施的各项风险管控措施。

（一）完善子公司风险管理制度体系建设

兴业证券制定《子公司管理办法》作为管理各子公司的基本制度依据，在《子公司管理办法》总体框架下，发布《子公司风险管理实施细则》，进一步细化母公司对子公司的风险管理要求，切实加强管理措施的可操作性和可执行性。

此外，集团公司风险管理相关制度均将子公司纳入管理范畴，包括全面风险管理制度、各类型风险管理办法等，明确对子公司的适用方式及管理要求，在制度体系层面实现对子公司的全面覆盖。在此基础上，集团公司对子公司风险管理基本制度、管理办法的修订、制定进行审核，并审核其重要业务制度。通过上述举措，完善与加强子公司全面风险管理和重要业务的制度体系建设，为风险管理工作和具体业务的开展提供了基础保障，为内控长效机制的建设奠定了坚实的基础。

（二）建立健全集团分层分级授权管理机制

兴业证券建立健全自上而下覆盖集团各子公司的分层分级授权管理体系，拟定并发布"子公司业务授权表"，从重大事项管理、财务资金管理、合规管理、风险管理、审计管理、运营事项管理、信息技术管理等各个维度，明确了百余项授权管理事项，涵盖经营管理的方方面面，清晰界定并明确各事项授权审批节点与流程。在此基础上指导子公司完成内部转授权机制的建立，督促子公司严格执行集团授权管理工作要求。

同时，为进一步加强和规范子公司重要业务的风险管理，集团拟定并下发"子公司证券投资类/融资类/股权投资类业务资金使用授权书"，覆盖各业务类型，对业务开展范围、准入标准、风险敞口、最大损失限额、授权决策节点等事项进行明确，实现实质层面的事前风险管控，真正从准入端把好风险关。

（三）建立集团集中统一审批机制

为加强集团投融资业务集中统一审批，切实履行风险事前防范，兴业证券在业内践行创新，设立一级部门投融资业务审批部，负责对集团各项投融资业务集中统一审批，子公司比照设立投融资业务审批部门，作为集团公司投融资业务审批组织

架构的一部分，接受集团投融资业务审批部的统一领导，并按照集团统一立项、准入、审核审批标准、授权管理要求执行集中统一审批工作。

目前子公司所有投融资类业务，包括证券投资类业务、融资类业务及股权投资类业务等，由子公司投融资业务审批部及决策机构在集团授权范围内审批；同时按照分层分级授权管理原则，超授权业务在子公司完成本级投资决策的基础上申报集团公司投融资业务审批部进行集中统一审批；超集团公司投融资业务审批部权限的，在完成上述两级投资决策的基础上申报集团公司投融资业务评审委员会及有权人审批，从实质上提升集团风险管理垂直穿透力度，强化事前风险管控。

(四) 集团内施行统一风险偏好

兴业证券将子公司纳入集团统一风险偏好管理体系，根据各家子公司所开展业务的风险特征、资本利用属性等，在集团层面制定风险偏好与风险限额，基于外部监管要求及内部管控需求，设定包括重大、一级、二级三个层级的风险限额指标体系，涵盖市场、信用、流动性及操作等主要风险类型，以及证券投资类、融资类及股权投资类等主要业务类别。从指标类型方面，包括集中度风险限额、敏感性限额、敞口限额等各类指标，从投资标的、交易对手方、抵押品集中度等方面加强管控，进一步完善了针对子公司的风险限额指标体系。此外，要求子公司在集团多层级多维度风险指标体系的基础上，构建子公司自身的风险指标体系，将集团公司的风险偏好、风险容忍度、重大风险限额及风险限额指标分解、传导至子公司，真正实现在集团范围内施行统一的风险偏好，确保集团中性偏稳健的风险偏好在子公司经营管理过程中得到有效传导与贯彻落实。

(五) 建立健全集团证券池管理机制

兴业证券建立健全统一的集团证券池管理机制，涵盖证券池管理模式、出池入池以及池维护等业务流程设计，并明确职责分工。同时，集团指导子公司按照"集中统一、分级授权"的管理原则，结合自身所处的市场和业务情况，在组织架构、制度、汇报和审批流程等方面全方位建立健全池管理机制。

集团要求子公司全面执行证券池管理机制要求，将其纳入集团管理范畴。子公司根据约定的准入标准、内评模型、操作流程等建立本公司的债券池及股票池名单，并将名单及附属资料报送集团审批备案，子公司在债券池及股票池名单范围内进行投资，若拟投资证券标的未在集团债券池及股票池范畴内，须执行入池申请流程后方能进行投资。此外，子公司对债券池及股票池予以跟踪和维护，并及时汇报集团公司，实现子公司与集团公司债券池及股票池更新的及时性、一致性和完整性。

(六) 落实子公司风险绩效考核机制

兴业证券对子公司风险管理工作的有效性进行考核，遵循"结果与过程考核结合，定量与定性考核结合"的原则，从风险管理治理架构、风险管理政策制度、风险管理文化建设、风险管理工具方法、信息系统与数据管理、内外部检查及风险事件等维度,对子公司风险管理的有效性进行考核评价,考核结果与子公司整体绩效挂钩,促进风险管控与业务发展的有效平衡。

此外,兴业证券有针对性地设置"化解存量违约风险、防范新增风险"的专项风险量化考核项,针对子公司设立诸如"违约敞口规模净变化""风险资产规模压缩"等专项量化考核指标,同时明确上述指标对应的具体加减分标准,以此督促子公司有效化解存量风险,并严防新增风险。

(七) 完善集团化新业务风险评估机制

兴业证券提出以客户需求为中心,整合集团资源,加快构建财富管理和大机构综合服务两大核心业务体系,双轮驱动加速推进一流证券金融集团的建设。发挥协同的优势、建立集团生态圈,重点在打通资金端、产品端及资产端,全方位满足客户投融资等综合金融需求,这需要建立集团各单位既分工又合作、有序协同的体系。在此体系中,产品和服务的种类更加丰富、复杂程度逐渐提高,对实质风险管理能力的要求不断增强,集团需要在整体层面提升驾驭风险的能力,通过有效的风险管理推动业务创新发展。

公司新业务风险评估制度对新业务的认定、报审、决策和实施四个环节进行了重塑,以便集团各单位更清晰地了解什么是新业务和新业务的申请流程,并在业务开展前充分了解新业务模式,明确业务定位,评估是否有相应的人员、系统及资本开展该项业务。制度进一步完善了集团新业务风险审批与管控机制,以风险识别、评估和有效管理为出发点、以授权和限额管控等手段为主要抓手、以制度和流程建设为先决条件,保障各项业务在开展前做好充分论证,在入口处切实把好风险关。

子公司被纳入集团新业务风险管控机制范围,按照新业务风险评估制度履行新业务报审程序。此外,集团公司指导和协助各子公司完善自身新业务风险评估机制建设。新业务和协同业务需要厘清协同各方权责利关系,压实各子公司主体责任,协同中要避免风险管控缺位、推诿管控责任等问题。各子公司履行牵头拟定业务相关制度,制定业务准入标准,确定业务风险限额及关键风险指标,进行风险信息报告等职责。

(八) 健全集团应急与业务连续性管理机制

为保障集团平稳有序运营,兴业证券建立突发事件应急管理机制,在集团层面明确应急管理组织架构与职责职能、突发事件分级分类管理原则以及应急报告节点时间路径等细化要求,并要求子公司严格按照集团统一应急管理要求执行,确保应急事件发生及时报送、所报送应急事件能够在公司有权人决策指导下及时妥善处置。在此基础上公司指导子公司建立健全自身应急管理机制建设,形成子公司层面应急管理的各项制度,以及覆盖各项重要业务、管理事项、信息系统及风险类别的应急预案。各子公司建立应急管理联系人名单,定期执行各项应急演练工作,确保应急事件发生后能够快速响应与处置,保障子公司稳健运营。

在集团应急管理基础上，兴业证券持续推进集团业务连续性管理体系建设，梳理集团重要业务，明确重要业务运营中断情况下业务连续性恢复目标与策略，制订业务连续性恢复计划，保障信息系统与相关业务恢复目标和恢复策略制订的合理性，确保与公司整体风险管理策略保持一致，保障业务连续运营。

（九）集团金融科技赋能与前沿应用

金融科技与证券业深度融合是实现高质量发展的必由之路已成为行业共识，兴业证券在集团化垂直穿透管理机制深化实施的背景下，通过信息技术为风险管理赋能加速发展，通过对接子公司系统与数据，在完善各类风险管理子系统的基础上，整合集团风险数据源，提升各个子系统使用效率，升级全面风险管理平台，汇总集团风险信息。通过建成囊括基础数据层、风险计量层及综合管理层三个层级的全面风险管理信息系统体系与框架，覆盖各个风险类别、业务条线、子公司、分支机构及各个部门，并对风险进行计量、汇总、预警和监控，实现同一业务、同一客户相关风险信息的集中管理，支持风险管理和风险决策的需要。

五、总结与展望

（一）总结

长远来看，证券公司集团化发展能力将成为未来证券公司的核心竞争力，加强子公司风险的垂直穿透管理，是集团战略目标实现的基础与保障。本文对证券行业子公司风险管理体系框架进行研究，从子公司风险管理现状、管控机制及管控措施等维度进行分析，探索证券公司子公司风险垂直穿透管理从机制建设到落地实施的领先实践。

兴业证券通过丰富的抓手实现对子公司风险的有效管理。针对集团统一风险偏好管理，将风险容忍度分解传导至子公司风险限额中，并对子公司风险限额进行监测。针对分层分级授权管理，加强对子公司各类业务的授权管理，尤其是对资本占用型、高风险业务，通过业务资金使用授权在事前把控子公司风险。针对集中统一审批管理，集团总部与子公司层面设立审批部门，各子公司审批部接受集团审批部的统一领导，并按照集团统一立项、准入、审核审批标准、授权管理要求执行审批工作，从实质上实现风险管控前置。针对集团化证券池管理，集团统一的证券池管理机制保障子公司在证券准入、评级、审批、调整等方面风险管理的垂直穿透和全覆盖。针对集团业务连续性管理与应急管理，子公司在集团统一框架下结合自身业务特点与管理需求，完善其各类业务应急预案并明确业务连续性管理目标。针对集团化新业务风险评估，子公司严格从准入端执行集团新业务管理要求，完善自身的新业务风险管理机制，在抓创新发展的同时需做好源头风险管控。针对金融科技赋能，通过对接子公司系统与数据，在完善各类风险管理子系统的基础上，整合集团风险数据资源，提升集团垂直穿透管理效率。

（二）展望

值得注意的是，在现有证券公司集团化经营的背景下，除跨境、公募基金、私募基金、另类、期货、资产管理等较为普遍的子公司金融业态，还逐步出现了融资租赁、金融科技子公司等拓展性业态，意味着证券公司集团化风险管理将始终走在不断创新与完善的道路上，同时也将朝着精细化、专业化、科技化的方向发展。为了把握资本市场发展机遇，实现一流证券金融集团建设目标，兴业证券基于垂直穿透风险管控现状，对子公司风险管理工作提出如下展望：

第一，根据子公司业务属性及风险特征，探索差异化管理模式。近年来集团实施多项措施优化风险管理顶层架构设计，集中、统一的集团风险管理框架体系已初步成型。另外，集团各子公司分别聚焦不同业务领域，其业务属性、风险状况及管控能力存在差异，需要提供更有针对性的管理模式及支持手段，部分子公司也提出希望集团在框架性机制之外提供更细化的风险管理支持的诉求。兴业证券将参照头部券商相关经验，在实施统一顶层管理框架的基础上，根据不同子公司的业务属性、风险特征及子公司自身风险管理水平，探索精细化、差异化管理模式，更为充分地利用母、子公司风险管理资源，提升人员专业能力，为子公司提供精细化支持，协助子公司建立健全适应其自身发展战略的风险管理体系。

第二，健全市场风险管理体系。兴业证券将不断健全集团一体化的市场风险管理机制的建设，逐步将集团整体持仓纳入集中统一的市场风险计量、分析、评估及管控，强化在组合层面如集团层面、子公司层面和业务线层面的风险计量；推进市场风险管理系统的升级优化，提升市场风险指标计量的维度及频度，以及市场风险指标监控的效率及效果。

第三，健全信用风险管理体系。兴业证券将持续完善集团同一客户同一业务风险信息的集中管理，优化集团交易对手统一授信管理机制，在建立集团统一内部评级及应用机制的基础上，推进集团统一授信管理，在相关业务客户准入时，参考内部评级、信用主体资产负债、对外担保情况以及集团整体资产配置计划给予综合评估，授予客户集团统一授信额度。

第四，健全操作风险管理体系。兴业证券将健全集团公司操作风险三大管理工具，强化操作风险管理系统建设，完善三大工具协同运用机制，提升操作风险管理效率与效果。在业务连续性管理与应急管理方面，结合不同子公司业务属性，重点关注子公司业务连续性管理体系建设与后续资源配置工作，加强信息系统建设、人员、场地、物资的投入，尤其针对交易类、运营类等高度依赖信息系统的流程，完善子公司应急演练与应急保障工作，保障子公司各类业务平稳运营。

第五，健全流动性风险管理体系。兴业证券将在集团化资产配置的基础上，进一步完善集团流动性动态缺口、流动性压力测试、金融资产变现模拟、流动性应急及危机救助机制等措施的设计与应用；并通过集团资金管理系统的建设，实现对集团公司流动性资金的统一规划与系统化管理，保障资金使用的安全性，提高资金使用的整体效益。

第六，加快科技赋能，落实对集团业务全方位系统化风险管控。兴业证券风险管控的科技赋能还将进一步深化，将加速推动集团并表系统的建设，完善子公司风险管理信息系统，全面获取子公司风险数据，健全集团风险数据集市，提升风险数据质量；推进市场风险管理系统的升级优化，将集团整体持仓纳入集中统一的市场风险计量、分析、评估及管控体系，重点实现在组合层面针对 VaR 的计量；推进针对集团同一客户的系统化管理，在系统中完善融资类业务同一客户风险信息的集中管理，将信用业务纳入同一客户管理范畴，持续优化集团交易对手统一授信管理机制；加快实施全面风险管理平台升级、持续完善风险管理领导驾驶舱、推广敏捷 BI 的应用、拓展风险分析维度、丰富风险管理报表功能，并逐步尝试利用前沿的金融科技技术如大数据、云计算、人工智能等提升风险管控的效率与效果，落实对集团业务的全方位系统化风险管控，充分利用信息技术为风险管控赋能。

各子公司在保障兴业证券集团双轮驱动战略实施落地的过程中扮演了重要的角色，因此更加凸显各子公司稳健经营的重要性，以及持续深化对子公司垂直穿透风险管控与支持的必要性。在集团风险管理垂直穿透一体化机制初步建成的基础上，将进一步为子公司提供精细化、系统化支持，提升垂直穿透管理的效率和效果，推动子公司制度化、规范化、信息化经营，在风险可控的前提下全力支持子公司发展，推动集团各项业务全面进入健康、可持续、高质量发展的新阶段。

参考文献

［1］徐振东．巴塞尔协议持续改进引领全面风险管理变革［J］．国际金融，2019（5）：29-42.

［2］中信建投证券股份有限公司课题组．证券公司集团化经营发展趋势、特征及展望［C］//中国证券业协会．创新与发展：中国证券业2018年论文集．北京：中国财政经济出版社，2019：793-817.

［3］廖歆欣，刘运国，蓝海林．中国证券公司的集团化管控模式选择研究——以海通证券和广发证券为例［J］．管理会计研究，2019（4）：25-37.

［4］杨华辉．强化集团管控，打造一流证券金融集团［J］．当代金融家，2020（11）：23-26.

［5］杨华辉．把握新发展阶段，树立新发展理念，推动证券行业高质量发展［J］．中国证券，2021（1）：66-70.

［6］中国平安保险（集团）股份有限公司2020年年度报告［R］．深圳：中国

平安保险（集团）股份有限公司，2021.

［7］巴曙松，曾智，朱元倩. 交易对手信用风险的度量及其防范［J］. 金融与经济，2014（5）：8-14.

［8］李志强. 关于交易对手风险及其敞口测度的综述［J］. 征信，2016（1）：71-75.

［9］罗猛. 交易对手信用风险管理［J］. 中国金融，2012（4）：30-32.

［10］张晨，李晖，吴爽，黄朔. 交易对手信用风险新标准法（SA-CCR）：方法、比较和影响［J］. 银行家论坛，2019（1）：16-29.

［11］王胜邦. 交易对手信用风险资本计量：原理、演进和影响［J］. 债券，2014（7）：6-17.

［12］巴曙松，尚航飞. 商业银行信用估值调整风险的监管及启示［J］. 江淮论坛，2018（4）：5-11.

［13］常玖，崔舟航，刘双红，杨鸿运. 证券公司操作风险管理体系研究与实践［C］//中国证券业协会. 创新与发展：中国证券业2018年论文集. 北京：中国财政经济出版社，2019：276-284.

［14］BSBC. Basel Framework［R］. https：//www.bis.org/basel_framework.

股票发行注册制下证券公司投行质量控制与风险管理研究

栗 蓉 石 军 王光清
贾凤梅 苏 莉 张海新[①]

　　股票发行实施注册制是证券发行机制的重大变革。核准制下，中国证监会主要承担发行人全套申请材料的审核职责，对发行人是否符合发行条件以及是否核准其发行申请作出最终决定。在这种审核机制下，"带病闯关"式申报项目并不少见，滋生 IPO 业务风险。股票发行注册制实施后，监管机构对保荐机构"看门人"的要求更高了，不仅要求提高申报材料的"可批性"，还要求保荐机构能为投资者提供更有价值的标的，确保申报项目的"可投性"，进一步防范证券市场风险。股票发行注册制对证券公司投行业务组织架构和机制建设提出了新的更高要求。券商投行业务部门不再是"独立王国"，个别"包干制"甚至"个体户"色彩的投行已经没有生存空间。投行业务正在不断演变为头部券商的一项具备核心竞争力的业务，高质量发展投资银行业务成为证券公司的必然选择。而要做到高质量发展投资银行业务，必须扭转投行质量控制与风险管理缺位的情形，强化投行业务内控。

一、注册制下投行质量控制与风险管理必须作出重大变革

　　自 2018 年宣布设立科创板开始，我国股票发行注册制改革拉开序幕。经过近几年的注册制改革实践，投资银行业务的业务流程及业务要求均发生了重大变革，为应对上述变化，投行质量控制与风险管理也需作出相应变革。

　　（一）组织架构和业务流程的重大变革

　　试点股票发行注册制，要求投资银行业务在内控制度、组织架构和业务流程等方面先行作出实质性变革。为此，2018 年 3 月中国证监会先行颁布了《证券公司投资银行类业务内部控制指引》（以下简称《内控指引》），并于 2018 年 7 月 1 日起施

[①] 栗蓉，硕士，投行质量控制部总经理；石军，学士，风险管理二部总经理；王光清，博士，投行质量控制部总经理助理；贾凤梅，硕士，投行质量控制部持续督导管理处总监；苏莉，硕士，投行质量控制部高级经理；张海新，学士，风险管理二部高级经理。

行。《内控指引》在内控制度、组织架构和业务流程等方面的变革要求为注册制试点铺平了道路。2020 年 3 月 1 日实施的新《证券法》为全面推行股票注册制实施奠定了法制基础。

1. 组织架构重大变革。核准制下,中国证监会及其发行审核委员会主要履行对发行人全套申请材料的审核,对发行人是否符合发行条件以及是否核准其发行申请作出最终决定。在这种审核机制下,投行业务"带病闯关"式申报项目并不少见,滋生 IPO 业务风险。在这种审核制度下,个别证券公司投行业务部门成为"独立王国",出现了"包干制"甚至类似"个体户"的业务收入分配模式,投行业务质量控制和风险管理缺位情况严重,也没有设立相关职能部门实施监督,导致 IPO 欺诈上市事件时有发生。

为防范投行业务风险,中国证监会及时出台了《内控指引》,提出了构建清晰、合理的投资银行类业务内部控制组织架构以及建立分工合理、权责明确、相互制衡、有效监督的三道内部控制防线的要求,项目组和业务部门、质量控制、风险管理(内核、合规)等部门或机构分别作为三道防线明确职责分工。也首次从制度上规定证券公司要在公司层面对投行业务实施质量和风险管控。就职责而言,投行质量控制和风险管理部门有些共同点,均要求项目组提升项目申报质量,防范业务风险,但两大职能部门各有侧重:质量控制部门主要侧重检查项目组是否已经按照相关制度要求以及尽职调查要求勤勉履职,并对项目对外申报是否符合要求实施正向把关;而风险管理则是检查项目组是否存在未勤勉尽责的情形,对项目对外申报是否符合要求实施反向把关,并要求项目组对未勤勉尽职和对外申报存在缺陷的情形实施整改并做好风险应对。

此外,《内控指引》第十六条规定:证券公司应当设置一名内核负责人,全面负责内核工作。内核负责人不得兼任与其职责相冲突的职务,不得分管与其职责相冲突的部门。从制度上彻底否定了投行业务成为"独立王国"的业务模式。

2. 投行业务流程的重大变革。从内部业务流程来看,核准制下个别证券公司的投行项目对外报批流于形式,让投行业务部门"说了算",对外申报材料只注重"可批性"。注册制下要求投行项目对外申报需实现由提高项目"可批性"向确保发行人"可投性"的转变。《内控指引》要求保荐机构投行业务申报材料必须先由质控部门履行工作底稿验收和问核等程序,再由内核部门组织内核会议程序,整个内部流程基本上是外部审核的预演。注册制下要求证券公司不仅要关注项目是否能够通过监管机构和交易所的审核,同时也要关注发行人的投资价值,因此相较以往销售部门和研究部门需要更加深入的业务协同。

注册制的外部审核流程也作出了重大变革。核准制的外部业务流程为:各地证监局(辅导验收)—证监会(发行材料审核)—交易所(上市材料审核与上市服务),发行审核主要由证监会发行部完成,各地证监局和证券交易所虽然会分别进行辅导验收和提供上市服务，但其审核职能相对有限。而在注册制下，外部业务流程变为：各地证监局（辅导验收）—交易所（发行和上市材料审核）—证监会（发行材料审核），各地证监局和交易所对发行材料的审核较以往更为实质。

（二）投行业务履职要求的重大变革

注册制下投资银行业务的履职要求发生了重大变革。具体体现为要求保荐机构承担全面保荐责任，更高层次上承担起证券市场"看门人"的角色，并履行后续持续督导责任，中介机构的责任被进一步压严压实，因此对证券公司投行业务质量控制与风险管理也提出了更高的要求。

1. 上市通畅导致内控压力陡增。试点注册制后，企业上市速度明显加快，未盈利企业也首次获得了境内上市融资机会。从上市数量来看，截至2021年3月31日，科创板已有251家公司完成首发并上市，帮助科创企业募资3388.65亿元；创业板试点注册制后共96家公司完成首发并上市，帮助创新企业募资850.80亿元。注册制的实施不仅实现了股权融资市场化，还实现了首次为业务前景向好的亏损企业完成融资的重大突破，进一步完善了证券市场融资的市场化机制。

上市通畅势必导致投行业务质量控制和风险管理压力陡增。公司注册上市越多，难免鱼目混珠，风险项目和风险事项就越多。2021年前4个月，证监会和交易所已发出41个投行业务处罚文件，其中27个处罚涉及IPO业务，成为投行业务处罚的重灾区。在27个涉及IPO业务的处罚中，其中17个处罚追责保荐代表人，5个处罚追责证券公司，还有5个处罚同时追责保荐机构和保荐代表人。

2. 保荐机构责任边界扩大。与美国、中国香港证券市场相比，A股市场要求保荐机构承担的责任边界更大。境内市场要求保荐机构承担"严格的保荐人牵头责任"，主要表现为：一是保荐机构与其他中介机构的职责分工、各中介机构注意义务标准不明确。即使对于会计师事务所、律师事务所、评估机构等作出的专业意见，保荐机构也需要再进行调查、复核，从事重复的工作，因此保荐机构实质上承担了会计师事务所、律师事务所等其他中介机构的职责，存在职责泛化的问题。二是保荐机构义务边界存有疑义。中介机构是否需要履行"审慎核查""一般注意义务""特别注意义务"等各项义务，存在着中介机构与证券监督管理部门各执一词的问题。相关研究也认为境内IPO业务的保荐机构责任过大。[①]

3. 信息披露核查要求不断提高。核准制下保荐机构防范的主要风险是发行人的舞弊，而注册制下则要求保荐机构全面实质性把控发行人信息披露。注册制下发行条件在盈利能力方面有所弱化，加上监管机构采取"建制度、不干预、零容忍"的政策，相较以往会有更多的盈利能力较弱和规范性较差的公司前来闯关上市。如此一来，虽然严格的中介机构核查导致系统性财务舞弊动机弱化，但发行人仍有可能

---

① 任泽宇. 券商分类制度下的保荐人IPO声誉效应与责任［J］. 河北法学，2020（6）：167.

通过隐瞒负面信息和作出财务粉饰等方式来提高股票发行价格，从而给保荐机构带来执业风险。因此保荐机构一方面需要培训业务人员熟悉影响财务报表数据相关的核查，就低于重要性水平的有关事项对发行人作出充分的信息披露督促和提示，另一方面培训业务人员对一些不影响财务报表真实性的重要负面信息具有核查能力，避免信息披露遗漏。一旦发现发行材料存在错漏，被发现及处罚的概率较以往更大，法律责任相对更重。这就要求证券公司要有能力在项目申报前进行充分的质量控制和风险管理，尤其是在质量控制部门的现场检查与风险管理部门的项目内核阶段。

4. 申报项目确保"可投性"。从发行价格来看，新股发行价格形成机制正在发生积极变化，价值发现效率提升，市场自我约束力量增强，改革效果符合预期，注册制运行已初显成效。截至 2021 年 3 月 31 日，除最近一年亏损的公司外，科创板 IPO 新股发行价格平均市盈率为 64.46 倍；创业板 IPO 新股发行价格平均市盈率为 30.03 倍。

核准制下投行业务申报材料主要注重"可批性"，然而注册制下则要求满足投资人和审核机构的双重需求，保荐机构有义务确保发行人的"可投性"。科创板相关规则明确了保荐机构"保荐＋跟投"机制，进一步要求保荐机构在保荐上市环节重视发行人的投资价值。易会满主席在中国发展高层论坛圆桌会上的主旨演讲中特别指出："现在应该是要（保荐机构）保证发行人的'可投性'，也就是能为投资者提供更有价值的标的，这对'看门人'的要求实际上更高了。"要求保荐机构逐步从项目"可批性"扩展到发行人"可投性"，在做好前端把关的同时重视后续持续督导工作，这与中国股市有 1.8 亿个人投资者这个最大的国情市情是分不开的。

5. 内控部门履职要求更严。为了防范投行业务质量控制和风险管理等内控部门履职被形式化、表面化，《内控指引》要求质量控制与风险管理不仅仅限于质量控制与风险管理部门的职责，而应当是从证券公司整体的角度出发，对公司投行业务进行质量控制与风险管理，包括投资银行业务部门自身的质量控制与风险管理。《内控指引》对质量控制与风险管理人员配备、人员薪酬等方面提出了具体要求，监管检查工作常态化，进一步防范证券公司的质量控制和风险管理部门被虚化、弱化的现象发生。

6. 持续督导要求更加细致。核准制下投行业务的最重要目标是申报项目获批，"重承做、轻督导"的现象较为普遍。注册制要求保荐机构更加严格履行持续督导责任，督促上市公司履行信息披露义务：比如，科创板和创业板均明确和细化了保荐机构对于上市公司重大异常情况的督导责任，要求保荐机构关注上市公司日常经营、研发风险和股票交易等事项，督促公司披露重大风险，并就重大风险发表督导意见；对于公司出现重大异常或者风险迹象的，要求保荐机构进行现场核查并出具现场核查报告。

二、兴业证券为应对变革在投行质量控制与风险管理方面开展积极实践

自注册制改革实施以来，兴业证券为应对变革，在投行质量控制与风险管理方面开展了积极实践，包括对内控制度和组织架构进行改进、不断充实内控专业人才队伍、提高质量控制和风险管理管控标准、对业务部门进行业务培训和宣导警示等。

（一）改进组织架构并完善内控制度

兴业证券根据《内控指引》要求，对原核准制下由投行业务部门内部质控团队组织立项、内核的现象进行了改进，及时整合原有投行业务质量控制与风险管理资源，新设组建投行质量控制部和风险管理二部。投行质量控制部负责投行业务的立项及质量控制工作，风险管理二部负责组织项目内核及风险管理工作。

在建立投行业务质量控制与风险管理制度方面，兴业证券通过建立立项制度、质量控制制度、内核制度、风险管理制度、持续督导工作规程等，对同类的投资银行项目建立了统一的立项、内核标准，并根据外部监管和公司内部要求，不断进行质控体系的建设和优化，对全流程质量控制、风险管理、风险事项报告与跟踪监测等建立了标准和流程。在持续督导工作方面，为进一步集中和强化质量控制职能，投行质量控制部增设持续督导管理处，统一负责大投行业务部门持续督导工作的动态跟踪和统一管理，并协助、督促投行项目组认真履行后续管理义务，参与相关风险化解和风险处置工作。

（二）不断充实内控专业人才队伍

投资银行业务具有典型的服务业特征，而服务质量取决于人员素质，内控方面也不例外。试点注册制以来，为提高项目申报质量，督促发行人做好充分信息披露，兴业证券越发重视质量控制和风险管理两大职能部门建设，向质量控制和风险管理两大部门充实了具有保荐代表人、注册会计师、法律职业资格等专业资格的专业人才，且复合专业背景人才比例逐渐提高，逐渐改善了质控工作隔靴搔痒、风险管理流于形式的情况。

在职能部门保障上，人力资源部门也通过保证内控人员数量、改革薪酬激励机制等方式，切实保障内控人员工作条件，稳定了一支专业能力强的质量控制风险管理的人才队伍。

（三）质量控制与风险管理高标准管控

《内控指引》实施后，兴业证券投行质量控制部从投资银行项目立项前就介入投行项目，严把入口关，在内核前实施工作底稿验收、出具质量控制报告以及履行问核等程序；风险管理二部则对质控验收通过的项目组织内核程序，委派拥有丰富经验的内外部专家委员参加项目内核，实质把控项目风险。

为实质性把控项目风险，实际工作中兴业证券将质量控制和风险管理工作不断前置，通过项目讨论会、审核经验分享会、质控骨干复核以及IPO项目预现场检查常态化等工作，强化对项目实质风险把控，在项目承做过程中随时发现风险并随时进行提示。依托风险报告和风险项目关注池制度，业务人员在发现项目风险时有责任在第一时间报告，对于风险较大且有持续性的项目，还要纳入风险项目关注池，并定期组织风险排查。持续督导阶段建立了归口管理机制，通过日常督导提示、定期排查等方式督促项目组勤勉尽责履行督导义务，针对重点事项和风险事件及时进行专项提示，强化督导项目跟踪及督导风险化解。

（四）及时进行宣导警示和业务培训

试点注册制以来，沪深交易所开始定期发布《注册制发行上市审核动态》，公告发审总体情况、发审政策动态、发行上市监管动态、常见问题解答和典型案例分享等信息，中国证监会不定期公告处罚信息。兴业证券内部控制部门协同投行部门项目组通过监管机构公告情况及时自查项目问题，根据政策导向做好保荐业务事前风险防控。

此外，内控部门还通过跟踪监管处罚有关信息，对业务人员不定期做出工作提示，并对业务人员及时进行业务培训和宣导警示，有效提高项目质量和防范业务风险。

（五）完善注册制改革相关内控建设

针对注册制改革，内控部门及时对相关法规进行深入研读，有针对性地进行内控设置，提前完成科创板项目立项标准、立项工作规程及持续督导管理工作规程等项制度的制定，及时修订和完善底稿目录、立项核查备忘录、申报文件模板等文件并进行重点事项提示，持续研究、宣导科创板相关监管制度和审核动态，为注册制业务开展提供支持及业务指导。

内控部门已开展十余次培训宣导；进行制度汇编，增进业务团队对科创板各项规则的认识理解；制作问询函问题汇编，为业务团队提供实务案例的参考；持续发布审核案例解析、注册制审核双周报和科创板上市公司持续监管及督导工作动态双周报。

（六）牵头完善电子底稿系统，探索金融科技应用

内控部门全面根据监管要求推进电子底稿系统建设，已牵头协同业务部门、金融科技部、信息技术部根据监管规定要求筛选符合要求的底稿系统，并完成电子底稿系统的上线、全面使用。内控部门已及时制定公司相关投资银行类业务工作底稿电子化管理规范，完成新旧系统数据库迁移，组织完成底稿系统专项培训，对底稿系统功能优化进行收集、反馈和持续优化。目前内控部门正在推进电子底稿系统的二期建设，并持续在电子底稿系统化管理等方面进行探索。

此外，内控部门不断探索金融科技应用，尝试智能审核，协同推动智能尽调、

项目智能管理等金融科技建设，建设智能投行体系。

（七）深耕党建工作，推进全面从严治党

兴业证券内部控制部门坚持党建工作和业务工作目标同向、部署同步、谋划同力，实现党建和业务有机结合、良性互促。一是以信念教育为基础，增强队伍内生动力。深入开展党史国史、形势政策、职业精神、主题党课、专题学习等教育，做到知信行合一。二是夯实组织基础，提高党员覆盖率。进一步提高内控部门党员占比，同时强化典型引领，充分利用谈心谈话等制度，健全队伍常态化摸排分析机制。三是加强调研交流，提高与各业务部门、分支机构开展联合党务活动的频率，以党建工作为纽带，传达内控部门工作理念、增进相互理解。

三、我国投行业务追责模式及证券行业投行业务质量控制与风险管理的实证分析

虽然证券公司为应对变革在投行质量控制与风险管理方面开展了积极实践，但与此同时我们仍需清醒地认识到，由于不同于境外，我国境内采取了"严格的保荐人牵头责任"的投行业务追责模式，这决定了监管风格和监管方式对保荐机构有"扶上马，送一程"之意，监管机构正在通过多种方式传导执业要求。从精细明确且角度全面的监管处罚来看，投行业务的质量控制和风险管理，尚不能满足应对境内投行业务责任追究模式下的监管要求，仍存在一定不足。

（一）不同于境外，我国境内采取了"严格的保荐人牵头责任"的投行业务追责模式

1. 香港地区"保荐人牵头责任"模式。我国香港地区借鉴英国另类投资市场的保荐人制度，香港证券及期货事务监察委员会（以下简称香港证监会）于1999年和2003年先后在创业板和主板引入保荐制度，并于之后进行了数次修订，对保荐机构的准入标准、持续要求、尽职审查责任、合规要求等进行了规定。洪良国际案爆发后，香港证监会又于2012年修订了保荐制度，在《有关监管首次公开招股保荐人的咨询总结》（以下简称《咨询总结》）中对保荐机构信息披露、尽职调查、资源准备和投入、妥善保存记录、保荐机构责任、保荐机构权利等方面进行了全新的规定。香港联合交易所有限公司也相应于2013年公告修订后的主板和创业板《上市规则》。

香港证监会数次对保荐制度的修订，既保障了保荐机构的权利，又强调了保荐机构的义务，使其权利、义务、责任三个方面达到了更好的平衡。香港地区《公司条例》规定，发起人、申请人董事、批准发出章程的人及专家需对招股书的虚假陈述承担民事赔偿责任；批准发出章程的人如果情节严重可能面临刑事监禁及罚款。但关于保荐机构是否需要承担民事及刑事责任，根据上述法律条文尚不能确定，故

香港证监会在修订工作中明确了保荐机构的刑事及民事责任。《咨询总结》表明，香港证监会将建议修订《公司条例》，借此清楚订明招股章程民事及刑事法律责任条文均适用于保荐人。关于保荐机构承担责任的免责事由，香港证监会认为，对于招股书中的不实部分，保荐机构如果有合理理由信赖专家报告的相关内容，则可以免责。合理理由信赖的标准为同行业认为客观适当的标准。

2. 美国"区分责任"模式。与中国香港地区不同，美国没有规定"保荐制度"，而是采用"区分责任"模式，证券公司只扮演承销商的角色。对于中介机构责任的相关规定，主要体现在基本法律 1933 年《证券法》、1934 年《证券交易法》及相关解释中。1933 年《证券法》第 11 条规定了"因虚假注册登记表引起的民事责任"，确立了"区分责任"模式。第 11（a）条规定了承担虚假注册登记民事责任的相关主体："如果注册登记表的任何部分在其生效时含有对重大事实的不实陈述或遗漏了重大事实，则除了在购买证券时就已经知道不实或漏报情况的人，任何购买该证券的人均可以在任何有管辖权的法院向下列人起诉：（1）签署该注册登记表的每一个人；（2）在发行人申报注册登记表时担任发行人董事（或履行类似职能的人）或合伙人；（3）在注册登记表中列名或将成为董事、履行类似职能的人或合伙人；（4）会计师、工程师、评估师或依职业有权编制报表的任何人或被列名曾准备或验证注册登记表所使用的任何报告或估值的人；（5）与该证券有关的每一承销商"。根据第 11（a）条，证券持有人的可诉对象比较广泛，包括对虚假注册登记表负有法律责任的组织机构及自然人，既包括发行人，也包括会计师事务所、承销商等中介机构，还包括会计师、评估师等签字人。[1]

3. 境内"严格的保荐人牵头责任"模式。上述研究表明美国与我国香港地区对公司上市过程中中介机构行为的规范采取了截然不同的模式，但无论是我国香港地区还是美国，都对"合理信赖专家或非专家意见"规定了免责事由，且美国还对不同中介机构之间的责任进行划分，规定根据责任大小按份承担。借鉴我国香港地区的"保荐人牵头责任"模式相关经验，我国境内引入保荐制度，但对于香港地区"分解保荐职责、明确相关标准、强化保荐机构独立"的上述改革，却未明显呼应。除此之外，我国境内证券市场借鉴美国《证券法》《证券交易法》的规定，赋予了证监会广泛的职权，对上市公司虚假陈述的相关主体规定了严格的连带责任，但对于"信赖专家抗辩"等免责事由、各中介机构职责的界限、赔偿责任的分担却未有清晰的规定。

针对中国股市有 1.8 亿个人投资者这个最大的国情市情，为实现核准制到注册制的平稳过渡，我国《证券法》对证券公司在发行人欺诈上市、虚假陈述连带民事

---

[1] 夏东霞，范晓. 科创板注册制背景下对中介机构"看门人"角色的再思考 [J]. 财经法学，2019 (3): 131.

责任的举证制度采取了过错推定原则,即由证券公司举证证明自己没有过错,否则就应当与发行人、上市公司承担连带赔偿责任。从这个角度来看,显然境内证券市场选择了"严格的保荐人牵头责任"模式。

在实践中,审核监管机构通过审核问询、现场督导、现场检查以及实施处罚等方式,督导保荐机构切实履行保荐人牵头责任。在注册制试行期间,采用这些手段督导保荐机构,对保荐机构有"扶上马,送一程"之意。

(二)在"严格的保荐人牵头责任"模式下,监管机构通过多种方式传导执业要求

在"严格的保荐人牵头责任"模式下,注册制实施后,审核监管机构不仅通过审核问询(非现场方式)传导执业标准,还增加了日益常态化的现场督导或检查(现场方式)不断向证券公司传导投行业务质量控制标准,互动沟通更加顺畅。

1. 愈加频繁的非现场沟通传递质控要求。审核监管部门的非现场沟通主要是通过反馈问询实现的。针对投行业务执业质量缺陷,审核监管机构首先出具反馈意见,向证券公司和发行人传递信息披露以及核查要求,成效显著。

在审核阶段,以股票IPO审核为例,截至2021年3月31日,科创板共受理550家发行人的首发上市申请,审核通过320家,在交易所审核阶段终止的共计96家,其中6家审核不通过、90家主动撤回。创业板试点注册制后共受理557家发行人的首发上市申请,在交易所审核阶段终止的共计72家,其中6家审核不通过,66家主动撤回。科创板交易所环节的审核通过率为76.92%,创业板试点注册制后交易所环节的审核通过率为71.65%,具体情况详见表1。实施非现场的多轮次问询和限定回复期限的审核机制,有效地淘汰了信息披露和执业质量低下的上市申请,同时将投行业务执业质量标准通过反馈意见及时得到传递。

表1　　　　　　　注册制下交易所审核概况(截至2021年3月)

板块	受理家数	审核通过家数	注册生效家数	审核不通过家数	主动撤回家数	交易所审核通过率[①]
科创板	550	320	275	6	90	76.92%
创业板	557	182	123	6	66	71.65%

数据来源:Wind、上交所科创板和深交所创业板审核网站,经作者整理。

在注册阶段,截至2021年3月31日,科创板通过交易所审核向证监会提交申请的共计320家在证监会注册环节,其中38家仍在等待注册结果,282家走完注册流程,其中275家取得注册生效批复、1家取得不予注册批复、6家终止注册。创业板通过交易所审核向证监会提交申请的共计182家,其中58家仍在等待注册结果,

---

① 交易所审核通过率=审核通过家数/(审核通过家数+审核不通过家数+主动撤回家数)。

124 家走完注册流程，其中 123 家取得注册生效批复、1 家终止注册，具体情况详见表 2。通过证监会注册环节的淘汰，也对交易所审核起到很好的监督作用，同时对投行业务执业质量要求作出补充传递。

表 2　　　　　　　注册制下证监会审核概况（截至 2021 年 3 月）

板块	提交注册申请家数	等待注册结果家数	注册生效家数	不予注册家数	终止注册家数	证监会审核通过率①
科创板	320	38	275	1	6	97.52%
创业板	182	58	123	0	1	99.19%

数据来源：Wind、上交所科创板和深交所创业板审核网站，经作者整理。

2. 以问题和风险为导向的督导检查"碰撞"执业标准。科创板试点注册制和创业板实施注册制改革以来，交易所和监管机构在提高保荐机构"看门人"职责方面做了大量探索、创新和实践。上海证券交易所于 2019 年 6 月首创科创板首发项目的现场督导，此后深交所对创业板审核过程中发现的问题项目实施现场督导。2021 年 1 月，证监会和上海证券交易所分别颁布《首发企业现场检查规定》和《上海证券交易所科创板发行上市审核规则适用指引第 1 号——保荐业务现场督导》，标志着交易所和监管机构将现场督导、现场检查制度化、常态化。

核准制下监管机构的现场检查采用稽查手段取证来证实发行人舞弊。稽查手段超越保荐机构的权限，没法用于保荐机构尽职调查。注册制下的现场督导与传统的监管现场检查不同，主要以问题和风险为导向，复核保荐机构的工作底稿，聚焦收入真实性、成本完整性、信息披露完整性等，不提出超越保荐机构职责范围的核查要求，不采用保荐机构能力范围之外的核查手段，更侧重于对证券公司执业质量的查看、监督和纠正，从现实出发切实引导、督促保荐机构提高执业质量。具体比较详见表 3。

表 3　　　　　　传统现场检查和现场督导的差异比较

比较对象	现场督导	现场检查
对象	中介机构为主	发行人为主，同步关注中介机构执业质量
场所	保荐机构现场	发行人现场
关注	问题导向	问题导向、随机抽取
时限	一般不超过两周	一个月左右
方式	现场问询、底稿验证	清仓查库、内查外调

资料来源：相关法律法规和监管问答，经作者整理。

---

① 证监会审核通过率 = 注册生效家数／（注册生效家数 + 不予注册家数 + 终止注册家数）。

2019年6月以来，科创板和创业板现场督导暴露了保荐机构执业质量有待提高，主要是项目被确定或进行现场督导后主动撤回比例较高；现场督导发现了发行人财务信息不准确、规范性不足、信息披露质量和保荐机构执业质量、内部控制等问题。具体主要问题详见表4。

表4　　　　　　　　　　现场督导及现场检查发现的主要问题

保荐机构执业质量问题	尽调方案制定问题	没有保持执业谨慎，未从整体角度识别重大核查风险
		仍套用传统尽调程序，未针对具体企业制定相对方案
		应付审核导向问题
	尽调程序执行问题	未充分关注关键要素和异常事项
		部分关键核查程序缺失，程序执行不到位
		重大事项核查不充分，比如银行资金流水的核查不够完整
		未通过穿行测试对企业全业务流程进行细节测试
	尽调证据分析问题	形式上收集底稿但缺乏实质分析
		将与结论冲突的证据归集于底稿
	尽调信息披露问题	招股说明书未真实或完整披露核查结果
		未根据实地走访的信息审慎分析发行人的经营模式
保荐机构内部控制问题		三道防线形式化，质控和内核未起到实质性作用
		质量控制和风险管理部门未能针对重大事项提出客观、有效的核查意见
		虽已提出明确意见，但未督促项目组有效落实
发行人财务真实性问题	收入真实性	客户为潜在关联方，业务真实性存疑
		虚增现有客户的销量
		通过无商业关系的公司虚增销售收入
		不现实或不真实的框架协议
		业务交易存在特殊利益安排等
		企业有明显利用截止期间的动机
	采购真实性	采购价格的公允性，是否存在关联方或其他利益关系
	会计处理合规性问题	收入确认的依据有效性和合规性（如国际贸易条款中关于收入确认时点、运费确认等）
		新收入准则的应用：任何收入的判断不得凌驾于控制之上
		研发费用确认及处理，附条件的政府补贴，卖方信贷，股份支付
	其他问题	大额成本费用支出的商业实质存疑
发行人业务规范性问题	实际控制人的认定	实际控制人认定不清晰
	同业竞争	以实质重于形式的理念，判定是否存在同业竞争，不应拘泥于持股比例的数字和发行人的解释
	内部控制	资金流水内控不完善：挪用资金；个人卡支付

续表

发行人信息披露准确性问题	未清晰、准确、客观地披露业务与技术相关情况
	未准确披露所属行业及确定所属行业的依据
	未准确披露主要经营模式,特别是创新性业务及模式等
	未充分揭示对公司未来持续经营能力或财务状况产生重大影响的风险事项
	未充分披露重大经营风险,客户资信状况恶化及应收款项回收风险、重大债务风险等

资料来源:作者根据公开资料整理。

投行内控指引实施以来,保荐机构已在建立完善内控体系、提高执业质量、建立质控标准等方面进行了很多尝试,现场督导情况要求保荐机构进一步扛起"看门人"职责,切实把尽职调查主体责任和牵头核查把关责任扛起来,把好"入口关"。

(三)监管处罚精细明确且角度全面,质量控制与风险管理未能全面应对监管要求

整体来看,投行业务处罚呈现以下特点:一是从追责对象来看,交易所自律监管措施数量较多,且对保荐代表人的处罚多于保荐机构,而证监会行政监管措施多为对保荐机构和保荐代表人同时追责;二是在证监会注册阶段,对信息披露问题的监管更加严格,如国金证券及其保荐代表人就因对翼捷股份招股说明书披露发明专利数量不准确、注册申请文件披露发行人取得发明专利数量存在矛盾未予充分关注而被出具警示函[①];三是行政监管措施不仅针对单一项目,有时也针对内部控制有效性问题责令证券公司改正;四是相对自律监管措施或纪律处分而言行政监管措施数量较少,但对于证券公司整体的影响较大[②]。

2021年前4个月,证监会和交易所发出41个投行业务处罚文件,从证券行业整体层面来看,就结果而言,风险事项仍时有发生,质量控制与风险管理未能全面达到监管要求。

(四)注册制试行期间投行质量控制和风险管理存在的主要不足

1. 保荐机构第一道防线理念没有跟上。《内控指引》实施后,绝大多数证券公司均成立了独立的质量控制和风险管理团队,导致投行业务部门和业务人员出现"质量控制和风险管理是内控部门的事情"的错误理念,出现"重承揽、轻质控"的现象。这种错误理念源于:一方面,我国的注册制实践时间较短,证券公司投行

---

① 《关于对国金证券股份有限公司及李维嘉、李超采取出具警示函监管措施的决定》,网址:http://www.csrc.gov.cn/pub/newsite/fxjgb/fxbxzjgcs/202103/t20210329_394892.html,最后访问日期:2021年4月21日。

② 根据证监会《证券公司分类监管规定》(2020年7月修订),评价期内证券公司因违法违规行为被中国证监会及其派出机构采取行政处罚措施、监管措施或者被司法机关刑事处罚的,将根据不同情形扣0.5~10分;证券公司被证券期货行业自律组织采取书面自律管理措施的,每次扣0.25分,被采取纪律处分的,每次扣0.5分。网址:http://www.csrc.gov.cn/pub/zjhpublic/zjh/202007/t20200710_379932.htm?keywords=%E8%AF%81%E5%88%B8%E5%85%AC%E5%8F%B8%E5%88%86%E7%B1%BB%E7%9B%91%E7%AE%A1%E8%A7%84%E5%AE%9A,最后访问日期:2021年4月21日。

业务同质化比较严重,保荐机构尚未适应公司层面的投行业务质量控制和风险管理,保荐机构尚未真正重视自身的投行业务声誉,IPO市场声誉的维护还停留在依赖证券监督管理机构的理念上;另一方面,投行业务人员为了自身的短期利益还在延续项目"带病闯关"的心态,尽职调查阶段置质量控制和风险管理于不顾,盲目追求项目申报,个别业务人员直到项目现场检查和验收阶段才按内控部门的要求去履职,似乎质量控制和风险管理就是内控部门的事,事不关己。

2. 质控风控的长期效益没有得到足够重视。质控风控工作尚未得到应有的重视。由于早年间投行该业务的粗放式发展,大多数投行形成了"包工头"式的团队模式。"包工头"模式的问题在于,项目组只关注自身的项目能否申报并通过审核,而不会在意证券公司因一个项目的违规导致投行业务资格被暂停甚至取消的风险,因为在"包工头"模式下,项目团队完全可以在证券公司投行业务许可被暂停的时候更换雇主,和其他证券公司"合作"。在上述情形下,投行业务人员对于公司声誉和业务牌照的珍惜程度很难有动机去提高,毕竟承揽、承做项目都要靠项目组自身的资源和能力。由于质量控制和风险管理本身并不直接创造效益,因此不少短视的保荐机构尚未真正重视投行质量控制和风险管理工作,甚至个别证券公司质量控制和风险管理部门成为主要用来应对监管检查和"一查就撤"的现象。实际上这些短视的保荐机构的长期业务声誉损失风险、业务内控面临处罚风险、保荐机构评级下调导致投保基金费用缴纳增加等负效益正在隐现。

四、投行质量控制与风险管理机制建设和完善措施

(一)证券公司应推动行业协会建立明确具体的行业质量标准

目前虽然证监会和证券业协会对于尽职调查有一定的指导文件,但审慎勤勉的要求比较原则性,缺乏具体和量化的可执行标准。证券公司在执行过程中更多地依靠自身的质量控制部门指定的"企业标准",这也导致了市场上证券公司服务质量参差不齐的结果。同时,不够具体的标准也给了交易所和证券监管机构过于弹性的执法空间,不利于证券公司摸索适应实际标准。

建立行业标准一方面能够明确最低的服务质量,避免保荐业务质量差异过大,以系统性地降低行业层面整体风险,发行人和投资者也可以有明确的预期,内部控制部门也可以据此要求业务部门必须达标;而一旦服务质量不满足要求,客户也可以据此索赔,行政机关可以据此处罚。另一方面明确的行业标准也意味着允许一定小概率、不重大的容错,就如同食品饮料等国家标准中允许合格产品存在少量、危害不大的细菌,发行材料中也应容许一定数量、不重大的矛盾和差异。

(二)证券公司层面要强调风险责任意识

证券公司应当将风险责任意识作为公司战略的重要组成部分,公司治理层和管

理层要在全公司范围内强调风险意识和责任担当,不可为了业务发展而忽视风险,这样才能促进具有风险意识的企业文化。

为实现投行业务的健康、可持续发展,证券公司必须强化合规风控意识,"全员质控、全员风控"的行业文化必须深入人心,建立合规风控宣导机制,不断加强对业务人员的培训、宣导,形成勤勉尽责的合规文化,进而提升投行业务的核心竞争力。在投行业务开展过程中,证券公司投行业务人员应当充分树立风险责任意识,督促发行人信息披露意识转变,切不可成为发行人的"帮凶",放任甚至帮助发行人进行不充分的信息披露。

(三)证券公司应建立合理薪酬体系确保人才队伍稳定

证券行业是服务业,虽然证券公司会为协助发行人撰写发行文件,出具发行保荐书和尽职调查报告,但本质上其并非是生产某种有形产品,而是提供一种服务,因此服务质量更依赖为客户提供服务的具体业务人员的素质,服务的标准化程度取决于业务人员的知识和素质的标准化程度,因此,尽量保证承做人员的稳定性非常重要。如熟练的承做人员经常离职,新进员工又无法及时达到标准,则会给服务质量造成不良影响。

建立稳定的业务人员队伍需要减少业务人员尤其是承做人员的流动性,这就要求合理设计薪酬体系。在证券公司投行业务中,承揽人员的属性更偏重于销售,应比照销售人员,采取低底薪、高提成的薪酬方案。而承做人员本质上是生产人员,更适宜采取高底薪、低提成的薪酬方案。同时,为规避业务团队只看重自己的项目能否通过审核并获得收益的道德风险,应当将承揽和承做薪酬和具体项目脱钩,承做业务人员的薪酬应取决于其工作量以及和标准成本的差异(产量和成本效益)而非项目是否成功发行(销量效益)。这在短期内可能会造成人力成本的升高,但长期而言有利于人力成本的降低,同时能够提高承做人员整体素质和项目整体质量。

此外,从人力资源职能来说,建立与质量控制和风险事件挂钩的保荐业务绩效考核机制也非常重要。激励制度必须与约束制度相结合,既不能激励不足,也不能约束不足,更不能只有激励没有约束。[1] 如在劳动合同中约定发生重大风险事件时,可以向业务人员追索已经发放的奖金等情形,以避免业务人员的道德风险。兴业证券在上述方面尚有较大改进空间。

(四)证券公司应以确保"可投性"为目标提升业务水平

核准制下,投行业务人员以项目"可批性"作为其奋斗目标。注册制下,监管机构的要求进一步提高,保荐机构需要在项目"可批性"基础上进一步确保项目"可投性",投行业务的质量控制和风险管理需要更上一层楼。

---

[1] 信达证券股份有限公司投资银行事业部课题组. IPO 企业财务造假手法及保荐业务风险防控措施研究 [M] //中国证券业协会. 创新与发展:中国证券业 2018 年论文集. 北京:中国财政经济出版社,2019:334.

就业务发展而言，业务人员越熟悉某个行业的业务逻辑和发展趋势，就越可能更早发现发行人的融资需求和投资价值，进而发现业务机会。就质量控制和风险管理而言，业务人员越熟悉某个行业的监管规范和财务习惯，就越有助于尽职调查甚至发现舞弊。业务发展和质控风控两者需要有机结合。

因此，不论是投行业务人员还是质量控制和风险管理等内部控制人员，都需要熟知法律、财务和行业情况，即便无法判断某个具体问题的结论，但至少应当能够识别出问题，并及时和团队内部的专业人员沟通。因此，每一个业务人员和内部控制人员都应当在专业化的同时成为多面手，至少能够识别问题，这就要求更加全面的人才培训。业务人员和内部控制人员也应当积极参加培训，扩展自己的知识面，这样才能不断提高专业能力，降低投行业务风险。兴业证券在上述方面尚有一定改进空间。

（五）证券公司内控建设与业务发展应当相辅相成

证券公司目前基本上已经建立了投行业务和质控风控制度体系，制定了相应的工作规程和细则，未来仍需根据监管要求变化及市场环境及时更新各项制度，并确保科学合理、具有实操性。

保荐机构的质控风控应当与其业务发展相辅相成。针对业务部门根本不愁项目来源的保荐机构，由于其项目数量多且融资数额大，对证券市场的影响较大，其投行业务质量控制和风险管理应当在公司层面保持高度独立，严格执行各项标准，唯有如此才能做好大量项目的质控风控。对于投行业务规模较小的保荐机构来说，要更加强调业务部门的质量控制和风险管理，后台质量控制部门和风险管理部门加强个别项目风险识别，有针对性、个性化地逐个服务于前台项目。对于第二梯队的保荐机构，在强调业务部门加强质量控制和风险管理、保持质量控制部门和风险管理部门独立履职的同时，将质量控制部门和风险管理部门的工作尽可能前置，更好地实现业务发展和质控风控相辅相成。

参考文献

[1] 任泽宇. 券商分类制度下的保荐人 IPO 声誉效应与责任 [J]. 河北法学，2020，38（6）：167-178.

[2] 夏东霞，范晓. 科创板注册制背景下对中介机构"看门人"角色的再思考 [J]. 财经法学，2019（3）：131-147.

[3] 信达证券股份有限公司投资银行事业部课题组. IPO 企业财务造假手法及保荐业务风险防控措施研究 [C] //中国证券业协会. 创新与发展：中国证券业2018年论文集. 北京：中国财政经济出版社，2019：334-355.

证券公司投融资集中统一审批体系建设的探索与实践

蔡军政　邵永炜　徐海波　胡秋珍　郭宏玮[①]

一、资本市场全面深化改革背景下证券行业面临一定机遇

2020年，随着新冠肺炎疫情在世界范围内持续扩散，全球经济受到不同程度的冲击，在深度调整中曲折向前。面对严峻复杂的国际形势和艰巨繁重的国内改革发展稳定任务，我国统筹推进疫情防控和经济社会发展工作，在本轮疫情中展现出强劲韧性，率先实现复工复产，经济发展进入新常态。

同时，监管层强化贯彻中央对资本市场枢纽地位的定位，持续深化资本市场改革，优化市场投融资生态。2020年3月实施的新《证券法》为资本市场行稳致远夯实了法制基石，为我国资本市场全面深化改革护航。新《证券法》全面推行注册制，强化投资者保护水平，提高违法成本，重塑资本市场监管体系，保障资本市场长期健康平稳发展。与此同时，监管机构多次在会议上强调制度创新是未来资本市场深化改革的要素，在以注册制为主的融资端制度创新基础上，资本市场将迎来投资端制度的全面革新。

在资本市场全面深化改革背景下，证券行业进入新一轮稳健发展周期，证券公司作为资本市场融资、交易的中介，以及投资主体、资金证券和市场流动性的提供者，受益于资本市场政策红利，业务空间得以拓展，业务类型与开展模式都将出现一系列创新。科创板及创业板注册制改革带来投行业务的爆发，同时带来可观增量两融标的，两融业务步入黄金发展期；自营业务方面，随着自营资产规模的扩大以及权益占比的下滑，自营业务未来存在向做市交易业务转型的趋势；财富管理业务方面，公募基金投顾业务试点的开启将为证券公司的买方投顾与代客理财新模式提供一定的示范效应，证券公司财富管理转型已成为行业共识。

---

① 蔡军政，学士，投融资业务审批部总经理；邵永炜，学士，投融资业务审批部副总经理；徐海波，硕士，投融资业务审批部融资类业务审批处总监；胡秋珍，硕士，投融资业务审批部高级经理；郭宏玮，硕士，投融资业务审批部高级经理。

证券公司在享受政策红利、获取收益的同时不可避免地承担了一定的风险。资本市场良好的发展局面与证券公司的稳健经营息息相关。监管机构在多次会议上强调，要"守牢不发生系统性风险底线，着力健全市场风险的预防、预警和防范处置机制，持续做好资本市场各类风险防控工作，坚决维护国家经济金融安全"，要"完善资本市场监管执法体系，加快推动健全证券执法体制机制，推动构建以科技手段为支撑的监管执法新模式，深化'放管服'改革，着力提升监管效能"。因此，在证券行业业务空间拓展、业务模式创新的同时，证券公司出于守住风险底线、平衡收益与风险的考虑，应进一步提升风险管控意识，积极主动对风险管理架构和特定风险管控等方面进行相应变革与优化。

二、证券行业监管环境与证券公司风险管理历程

证券公司风险管理作为证券公司的核心竞争力，经历了从无到有、不断完善与成熟的过程，持续不断地为证券公司创造无形的价值。随着我国资本市场不断开放，证券公司开展的业务广度和深度不断扩展，风险管理的重要性也将越发突出。

回望资本市场三十年，市场的波动促使证券公司对风险管理的理解愈加全面，对风险管理的重视程度逐渐加深；同时，监管机构出台的监管框架和各类监管条文促使证券公司的风险管理架构不断完善。总的来说，证券公司的风险管理历程大致可分为三个阶段。

（一）第一阶段：20世纪90年代初期至2004年

在这一阶段，证券公司初步开展了分业务条线的简单风控工作，风险管理工作以散落在各业务条线的内部控制为主，一般没有设置专门的风险管理部门，事后风险控制的职责部分由内部审计部门承担。

这段时期，证券公司的业务刚刚起步，监管机构出台的规范促使证券公司风险管理初具雏形。在这一阶段，证券公司的业务以经纪业务为主，二级市场的股票投资和投资银行的IPO承销业务规模逐步扩大。证券经纪业务方面，2002年《客户交易结算资金管理办法》正式施行，明确了客户交易结算资金必须由第三方存管，为证券公司控制客户交易结算资金被挪用的风险提供了解决机制。投行业务方面，1999年12月证监会发布了《关于成立证券发行内核小组的通知》，要求证券公司成立内核组织，对投行项目进行内部核查并决策，自此证券公司开始实行独立于项目组人员的质量控制。股票自营业务方面，在经历1992—1995年的三次大跌后，证监会于1996年出台了《证券公司自营业务管理办法》，对该项业务的风险管理从组织架构、控制措施、监测指标等多个方面进行了规范，自此证券公司才有了"风险指标"的概念。

2001年1月，证监会发布了《证券公司内部控制指引》，2003年发布了《证

公司治理准则》，两项制度对各类主要业务的内控措施进行了详细列举，从公司内控、治理角度提出了基本要求。

（二）第二阶段：2005年至2012年

这一阶段，证券公司风险管理从分业务条线简单风控向公司层面的风险管理体系建设过渡，证券公司成立了独立的风险管理部，按照风险类型有针对性地开展风险管理工作。在特定重要风险类型的管控方面，部分证券公司从交易对手的评级、授信、监测、处置等方面建立了一套信用风险管理流程；部分证券公司运用了更加高级的计量模型和监测指标，建立了以止损、敞口、VaR为主的市场风险限额管控体系；行业信用风险和市场风险的监测、计量和评估水平不断提高。

从2004年8月开始，按照国务院的部署，证监会开始采取一系列措施对证券公司实施综合治理，大幅释放了行业风险。2005年7月正式发布的《关于证券公司综合治理工作方案》，确立了风险处置、日常监管和推进行业发展三管齐下的综合治理总目标，并明确2007年底前完成此项工作。

风险管理体系建设方面，2006年7月《证券公司风险控制指标管理办法》明确了以净资本为核心的风控指标体系。2008年7月发布的《证券公司监督管理条例》对各主要业务的风险控制作了规范。2009年5月发布的《证券公司分类监管规定》将证券公司流动性风险、合规风险、市场风险、信用风险、技术风险及操作风险等的管理能力纳入评价范围，通过风险管理能力的评价，引导证券公司提高风险管理能力。

特定重要风险类型的管控方面，2006年"以试点方式推出"的融资融券业务给证券公司的信用风险管理提出挑战，2006年8月证监会发布了《证券公司融资融券业务内部控制指引》，从融资人准入和授信、担保物评估和盯市、违约处置等多个方面对该类业务进行了规范；相应地，试点券商从交易对手的评级、授信、监测、处置等方面建立了一套信用风险管理流程。场外衍生品业务方面，2013年3月发布的《证券公司金融衍生品柜台交易风险管理指引》对该类业务风险管理架构、各类风险的具体管控措施都进行了原则性规范，推动行业建立衍生品对应的风险指标、估值模型、监测系统的发展。

此外，2011年3月中国证券业协会发布了《证券公司压力测试指引》，根据指引要求，所有证券公司需开展一年一度的综合压力测试，对证券公司年度业务规划、财务预算等方面具有一定的指导意义。目前，压力测试已作为风险评估的有效补充在证券公司得到了多场景的应用。

（三）第三阶段：2013年至2020年

这一阶段，行业自律组织证券业协会从风险管理体系与风险管理组织架构，到特定重要风险类型的管控，均出台相关指引对证券公司予以要求，自此证券公司风险管理从公司层面的风险管理体系建设过渡到全面风险管理体系建设。

风险管理体系建设方面，2014年2月发布的《证券公司全面风险管理规范》对证券公司的风险管理体系提出了六方面的原则性要求，分别为风险管理制度、组织架构、人才队伍、风险指标、风险管理系统、突发应对等，其中，首次提出要求证券公司必须设立首席风险官，总部要对子公司以及比照子公司管理的孙公司进行垂直管理。目前，证券公司均已建立了多层级的风险管理组织架构并明确了职责分工，指定或设立专门部门履行风险管理职责，在首席风险官的领导下开展全面风险管理工作，各证券公司不同程度地建立了风险管理制度体系、风险偏好和指标体系，不同程度地建立了与自身业务复杂程度和风险指标体系相适应的风险管理信息系统。子公司管理方面，大多数证券公司对子公司开展了风险限额管理、子公司纳入集团统一监测、实施风控垂直管理等工作。此外，2020年修订的《证券公司分类监管规定》将并表监管作为加分项，进一步将风险管理嵌入业务全流程，体现了证券公司对全面风险管理更加重视，对子公司的风险管理实施垂直管理或一体化管理将成为普遍现象。

特定重要风险类型管控方面，针对流动性风险管理，2014年2月中国证券业协会发布了《证券公司流动性风险管理指引》，2019年7月发布了《证券公司信用风险管理指引》，对融资类业务、债券投资、衍生品交易等业务的信用风险管理进行了规范，提出信用风险管理应遵循"全面性、内部制衡、全流程风控"的原则组织，实现信用风险管理全覆盖。2020年修订的《证券公司分类监管规定》提到信用风险管理将扩展到所有表内外信用风险业务，注重个体和组合、投前和投后全流程管理，切实管控风险，守住风险底线。这一阶段，证券公司建立内部评级制度与信用风险限额体系，信用风险管理在风险政策、内部评级应用、压力测试等方面得到提高。

此外，监管部门和自律组织针对风险管理薄弱业务出台了相应制度，使得行业进一步夯实风险管理能力。例如，2015年3月中国证券业协会发布《证券公司股票质押式回购交易业务风险管理指引》，对股票质押业务的风险管理提出了更高的要求。2017年，证监会发布《关于进一步加强证券基金经营机构债券交易监管的通知》（证监办发〔2017〕89号），对证券公司自营、资管所涉及的债券买卖、回购等业务的市场风险、信用风险、操作风险等进行了详细规范。2018年3月证监会发布《证券公司投资银行类业务内部控制指引》，对所有投行业务的质量控制、内部核查、后续管理等提出了详细的要求。2018年4月，央行、银保监会、证监会、外汇局联合发布《关于规范金融机构资产管理业务的指导意见》（资管新规），之后多部门陆续发布补充文件或相关细则。

（四）小结

回顾证券行业监管环境与证券公司风险管理历程，监管机构与行业自律组织始终紧扣证券行业的发展状况，为证券公司风险管理架构与体系建设提出原则性要求，从顶层设计角度助力证券行业与证券公司长远稳健发展。与此同时，监管机构与行业自律组织就证券公司薄弱业务与创新业务，针对性地提出各类风险类型对应的管控措施，从实操角度进一步助力证券公司健康良性发展。在国内经济新常态和资本市场全面深化改革的大背景下，证券公司的业务类型、业务种类必将进一步多样化，不可避免地产生新的风险类型与风险表现形式，这就要求证券公司提高风险管理意识，不断完善风险管理体系建设，以更加精细化的手段管理各类风险。

三、证券公司集中统一审批体系构建的必要性

（一）当前环境下证券公司风险管理面临一定挑战

我国证券行业发展三十年来，证券公司的风险管理不断完善、成熟，风险管理架构从散落在各业务条线的内控岗位为主，演变为当前全公司范围的全面风险管理体系，针对特定风险类型的管理也逐步趋向精细化、全面化。然而，当前外部环境复杂多变，证券公司风险管理仍然面临较大的挑战。

1. 外部信用形势严峻，信用风险管理基础较为薄弱。债券市场方面，自2018年以来，债券违约规模屡创新高，违约主体遍及国企、民企、上市公司、AAA级发行人等各种类型，债券市场违约趋于常态化。2020年，在辽宁国企华晨、盛京能源债券接连出现违约后，河南省国企河南能源化工集团有限公司下属永城煤电控股集团有限公司超短期融资券到期不能足额偿付本息，构成实质性违约。违约事件发生后，国企境内信用债发生恐慌抛售；一级信用债市场频繁取消发行，市场融资功能受到直接冲击；流动性风险显现，市场机构进入被动去杠杆的恶性循环，即"抛售资产—打压资产价格—资产下跌—进一步压低质押率—继续抛售资产"的负循环中；最后，国际投资者对地方政府选择资质较弱的国有企业直接逃废债的担忧上升，对中国信用体系的根基受到冲击担忧急剧上升，离岸市场上多只国企美元债持续遭到抛售。

股票市场方面，2018年上市公司股东股票质押风险事件大面积爆发，虽然2019年以来证券公司在监管机构引导下审慎开展增量业务、化解质押风险，股票质押业务规模出现了大幅下降，但当前上市公司股权质押的比例依然较高，且在疫情冲击下部分上市公司经营能力持续恶化，潜在风险仍不容小觑。

由此可见，证券公司面临的外部信用形势较为严峻。然而，部分证券公司信用风险管理基础较为薄弱，对信用风险管理投入不足。在风险识别环节，较多依赖专家经验，缺少科学、量化、可解释的信用风险评估工具。在风险计量方面，计量模型简单粗放，且计量结果缺乏有效的应用。在压力测试方面，信用风险压力测试情景单一，压力传导模型与逻辑不合理，压力测试结果不可信和缺乏有效应用。

2. 部分证券公司未搭建全面风险管理体系，缺乏业务集中统一管控。目前部分

证券公司尚未实现全面风险管理，风险管理体系存在多头建设的问题，未有集中统一管控，无法对全公司范围内的风险数据进行覆盖，无法对全公司范围内的业务进行全面风险管控。

风险管理架构方面，部分证券公司的风险管理岗位设置较为分散，业务单元的决策层级仍分散在业务单元内部，未上升至集团统一归口管理，造成集团范围内风险管控覆盖范围有限，无法实现全局性管控。例如，在证券公司信用风险内部评级体系建设方面，内评体系普遍存在着多头与重复建设的问题。一方面，证券公司无法对单一客户的信用风险状况进行准确刻画，导致授信与限额使用情况管理混乱；另一方面，证券公司无法有效全面覆盖所有风险事件，导致风险管理流于形式。再如，当前证券公司对同一客户业务开展尚缺乏统一风险控制，在跨业务综合管控上还缺乏有效手段，出现同一交易对手多头授信导致交叉风险的情况。

3. 风险管理体系尚未全面完成金融科技转型升级。目前，大数据、人工智能等新兴技术在证券行业不同领域已经有不同程度的深入应用和融合发展。在外部压力以及内部管理需求的双重推动下，证券公司需借助当前大数据和金融科技手段，以建立智能化信用风险评估预警体系为抓手，加强信用风险数据仓库建设，夯实信用风险量化模型基础，建立贯穿前中后台的信用风险识别、计量、预警、监控与处置的全流程管理机制，全面提升证券公司信用风险管理能力。目前，证券公司正逐步将金融科技产品应用于内控和风险管理领域，但尚未全面完成金融科技转型升级。

（二）证券公司集中统一审批体系建设的必要性

1. 证券行业已从轻资本向重资本业务转型，亟须搭建集团统一审批体系。目前，证券行业已从轻资本业务转向重资本业务经营，重资本业务能力逐渐成为证券公司的核心竞争力，也对证券公司的信用风险管理能力提出了更高的要求。当前外部信用形势严峻，内部风险管控多头建设，导致无法有效全面覆盖，风险管理流于形式，因此证券公司亟须搭建集中统一审批体系。

通过搭建集中统一的审批体系，风险管理职能部门可对总部业务部门、分公司、子公司的全部业务开展全貌有全方位的认识和把握，有效管控跨业务情形下的单一客户信用风险，实现精准、全面风险管控。另外，风险管理部门可前瞻性介入业务，建立和前台业务部门及子公司的前置审批以及项目预沟通机制，在项目拓展阶段及时介入，确保项目处理从合作伊始就实现产品策略合规、信用风险可控，进而提升运营效率。

2. 并表监管引领证券行业集中统一审批。2017年4月，证监会启动证券行业并表监管试点前期工作。2020年修订的《证券公司分类监管规定》将并表监管作为加分项。在监管引领下，证券行业搭建集中统一审批体系将成为普遍现象，具体体现为：一是证券公司对全面风险管理将更加重视；二是对子公司的风险管理实施垂直管理或一体化管理；三是进一步将风险管理嵌入业务全流程，尤其是信用风险管理将扩展到所有表内外信用风险业务,注重个体和组合、投前和投后全流程管理,切实管控风险,守住风险底线。

四、兴业证券集中统一审批体系的实践

(一) 兴业证券搭建投融资集中统一审批体系的背景

展望"十四五",资本市场的战略地位被提升到前所未有的高度,作为资本市场重要参与主体的证券行业要深入学习贯彻新发展理念,有效提升综合业务能力和风险管理能力,更加主动地服务实体经济高质量发展。证券公司若想谋得长远健康稳定发展,必须紧跟时代步伐,不断提升集团化管理水平。2017年以来,兴业证券党委提出了"建设一流证券金融集团"的战略目标,明确提出要把兴业证券建设成为具有一流的资本实力、一流的风险管理能力、一流的竞争能力和盈利能力、一流的人才和优秀企业文化、科学的机制体制以及较强国际竞争力的证券金融集团,为集团公司中长期发展确定方向。

为实现建设一流证券金融集团的战略目标,兴业证券采取"发展"与"管控"两手齐抓的策略,即一手促发展,以分公司转型和集团协同为突破口,全面推进金融科技赋能下的财富管理与大机构业务"双轮驱动"的两大核心业务体系建设;一手严防风险、强化内控,全面推行集团一体化管控,实施垂直穿透管理,推动集团各项业务全面进入健康、可持续的高质量发展新阶段。

兴业证券董事长杨华辉在《当代金融家》刊发的《强化集团管控,打造一流证券金融集团》中提到,风险管理是证券公司经营的生命线,只有不断适应市场与业务模式的变化,加强对业务本质的理解,持续提升驾驭风险的能力,才能更好地为企业发展保驾护航。兴业证券不断夯实风险管理文化建设、风险管理治理架构、风险管理工具方法及风险管理基础设施四大支柱,构建了全面风险管理体系。在风险文化建设方面,公司多年来一直坚持中性偏稳健的风险偏好。通过实施授权管理机制,明确职责边界和职责权限,以完备的制度规范形成风险管理文化氛围。在风险管理治理架构方面,公司构建了完善的"董事会—管理层—业务部门"三道风险防线,对子公司、孙公司及分公司实行垂直穿透管理,并形成了一整套风险管理政策制度体系。

作为集团一体化管控的举措之一,兴业证券在设立风险管理部、合规管理部、投行质量控制部、风险管理二部、审计部等内控部门之外,于2019年8月末设立一级部门投融资业务审批部。投融资业务审批部的设立系兴业证券搭建投融资集中统一审批体系的开端,也是集团一体化经营与管理理念的体现。投融资业务审批部担负集中统一审批管理职责,作为兴业证券风险管理的重要防线之一,通过优化集团内投融资业务审核审批体系,履行分级分类授权与垂直穿透管理职责,健全审查审批信用风险管理体系,规范新业务和新产品审批,提升风险管理穿透力度,实现业务处理全覆盖，推动落实集团"中性偏稳健"的风险偏好，协同助力财富管理与大机构双轮驱动战略，促进投资业务的稳健可持续发展。

现以兴业证券投融资业务审批部集中统一审批管理为例，阐述证券公司投融资集中统一审批的实践举措，为证券行业投融资集中统一审批体系的搭建提供一定参考。

(二) 兴业证券投融资集中统一审批体系的实践举措

1. 分类分层分级授权管理机制。作为投融资集中统一审批体系的举措之一，兴业证券采取了分类分层分级授权审核审批模式，明确了投融资各项业务的审批层级、审核流程以及各级审批人员的权限范围，实现业务审贷、审投分离，明晰权责。该授权管理机制兼顾了业务发展与风险管控的需要，授权管理范围覆盖了集团所有单位与所有业务。同时，各单位可在权限范围内开展转授权，作为集团授权管理体系的有效补充。

在分类分层分级授权管理机制下，投融资业务审批部将融资融券业务、股票质押业务、子公司投融资业务等从风险管理角度归口集中统一审批，通过定型体系化风险管理机制确保投融资业务决策的科学化和专业化，通过甄别不同产品、不同经营主体的分类分层分级授权和流程优化，规范形成更为精细化的"集团—子公司""集团—分公司"分级授权格局。

此外，为保障集团投融资业务决策过程的集体化、民主化、科学化和制度化，切实有效防范集团投融资业务风险，兴业证券成立了集团投融资业务评审委员会，根据分级授权管理机制对投融资项目进行集中统一审批。

2. 垂直穿透管理机制。为强化集团风险的一体化管控，兴业证券提出了垂直穿透管理的理念，将支持子公司发展与规范子公司管理并进，以投融资业务审批部为抓手，执行和完善对子公司的授权机制，规范对子公司的管理和监督，健全制度、流程、系统以及执行层面的有效性，使得子公司与集团的风险标准、风险文化、风险偏好、风险管理体制机制保持一致。通过垂直穿透管理，将全集团投融资审批业务纳入集中统一审批体系。

在制度建设层面，兴业证券投融资业务审批部制定或修订了涉及证券投资类业务、股权投资业务的数十项制度，为集团整体投融资业务的开展提供了统一、标准的工作流程及规范要求，为践行垂直穿透管理的理念提供了明确的制度依据。

在岗位设置层面，兴业证券七家一级子公司均设立了投融资业务审批部或审批岗，履行子公司内部的投融资业务审批职责，同时也作为集团向子公司进行垂直穿透管理的重要抓手。

在培训交流层面，兴业证券投融资业务审批部与子公司建立了常态化沟通渠道。通过设置对接专员、设立审批条线企业微信工作群、制定并实行子公司周报机制，建立投融资业务审批条线多渠道、常态化的对接机制。例如，就"如何进一步提升集团一体化经营""如何落实垂直穿透管理"等议题，以专题会议的形式与业务单位进行研究探讨，形成常规化的业务单位审批条线联席互动机制。通过组织不定期的相关培训，及时向业务单位宣导贯彻集团的经营审批理念，进一步提升了垂直穿透管理的效率。

3. 证券池与授信管理体系建设。为实现集团信用风险与市场风险的一体化管控，兴业证券建立了证券池管理体系。兴业证券的证券池管理包含债券池管理与股票池管理，集团债券池管理采用基础池管理模式，建立统一的集团债券基础池，集团各相关业务单位在基础池范围内开展债券投资，根据基础池建立本单位债券池及管理制度，落实执行债券池管理工作；股票池管理采用股票黑名单池管理模式，由集团统一建立股票黑名单池，集团各相关业务单位原则上均不许投资黑名单池以内的股票，集团各相关业务单位在集团黑名单池基础上建立本单位股票池管理制度并进行股票池管理。

在制度建设层面，兴业证券出台了《债券池管理办法》和《股票池管理办法》及其一系列配套制度文件，同时从集团层面建立债券内部评级模型、股票池黑名单模型，同时配合分类分层分级授权，对入池标的、限额等诸多方面予以管理，在一定程度上保障了集团各业务单位在证券准入、评级、审批、调整等方面风险管理的垂直穿透和全覆盖。在后期跟踪方面，投融资业务审批部负责对证券池进行定期与不定期跟踪。

为进一步管控集团层面的信用风险，兴业证券对交易对手实行了整体统一授信管理。一方面，有助于防范企业过度融资，控制企业综合负债水平，通过以客户为中心将股票质押、融资融券、债券、或有负债等信用风险敞口全口径纳入统一授信管理，做好客户风险总量控制。另一方面，通过对客户综合授信，对其信用状况、经营情况、偿债能力等进行审查，确立其在集团的最高授信额度及可开展业务类型，有助于及时了解客户情况和潜在需求，简化工作流程，提升审核工作效率。

4. 金融科技助力集团一体化管控。近年来，兴业证券精心谋划和推进集团数智化转型，以金融科技赋能财富管理与大机构业务"双轮驱动"取得发展新成效。目前兴业证券金融科技五年战略规划正式落地，携手多家科技龙头企业开启全面战略合作，金融科技融合发展的能力持续提升。

集团一体化管控方面，兴业证券借助金融科技手段，建立了智能化信用风险评级管理系统，系统实现了集团证券池管理的信息化集中统一管理。通过将信用评级模型植入系统，实现了定性、定量与调整因素的有机结合，形成了信用评级标准与操作流程的统一规范。此外，系统涵盖舆情监控与预警功能，有助于用户及时获取异常信息、察觉信用风险并及时采取应对措施。信用风险评级管理系统的建立贯穿了前中后台的信用风险识别、计量、预警、监控与处置，全面提升证券公司信用风险管理能力。

五、证券公司集中统一审批体系展望

（一）建立健全集中统一的存续管理机制及统一授信管理机制

证券公司应建立健全业务全链条的风险管理模式，以科学化存续管理机制推动审批体系的完善，建立健全同一客户维度业务投融资统一授信管理模式。目前证券公司在开展客户续期、重新审批等工作时，缺乏对客户过往履约等情况的数据反馈，不利于形成客观综合的审批结论。建议建立健全集中统一的存续管理，对于审批后投资的资金的使用情况、信息披露是否符合监管规定进行及时的跟踪及反馈，存续管理期间对于合规披露、及时偿还、募集资金的使用准备及时完整地更新进度，便于客户续期、重新审批等工作的开展。

（二）继续强化垂直穿透管理

为了在各细分金融领域提升专业能力，最大化发挥每一块金融牌照的功能与价值，提升市场竞争力，证券公司应明确子公司发展定位，要求子公司归位尽责，聚焦主业、提升专业。不断加强对子公司的垂直穿透管理，全面梳理子公司的相关管理制度，要求子公司参照集团顶层设计，完善公司治理、党建工作、重大事项、组织人事、财务资金、合规风控等方面制度建设，同时确保各项制度执行落到实处，通过制度运行来规范子公司经营管理。

（三）加强新业务、新产品的管理

新业务、新产品往往伴随着新风险。证券公司在搭建集中统一审批体系时，应不断积极摸索新业务、新产品和新业务模式，进行方案可行性论证，组织公司各相关单位设计并完善相关管理方案。内控部门应对新业务进行严格论证，从源头上把控风险；同时将从新业务个案入手，以点带面，审慎论证，形成新业务审批方案，逐步形成新业务新产品审批的标准模式。在把控风险的前提下，积极推进公司层面创新业务的实施，不断提升业务单位对机构客户的专业服务水平，提升客户价值和客户黏性。

（四）继续将金融科技融合于集中统一审批体系建设

随着当前大数据、人工智能等技术的发展和成熟，探索金融科技赋能、推进信用风险管理智能化转型是证券公司在日益严峻的信用环境和行业竞争态势下的必然选择。证券公司应全面检视自身已有的基础和不足，对标学习国际投行、国内银行业在智能化风险管理领域的先进经验，加大金融科技研究与投入，建立与自身业务发展及风险管理实际需求相适应的信用风险管理智能化体系，实现高质量发展。包括加强大数据、人工智能等先进技术的研究，探索并丰富金融科技在信用风险管理领域的应用场景。加强业务部门与科技部门的沟通交流，借鉴互联网公司经验，运用科技的思维和手段对风险管理模式进行改造，实现业务和技术的有效融合。

(五）打造具备复合能力的专业化审批团队

为适应未来证券行业的发展，证券公司应打造一支具备复合能力的专业化审批团队。证券公司可持续多形式全面提升团队专业能力，包括：通过参加内外部行业研究报告会、估值、信用评级等专项培训，积极为员工创造各类培训机会；加强与各业务单位交流，深入了解业务，持续提升团队专业能力；注重借鉴金融同业经验，积极向银行、信托等同业机构学习，通过调研交流等方式博采众长，把同业机构在审批上的成功经验和做法学深悟透，结合实际不断改进审批工作；通过跨业务条线的方式培养复合型审批人才，提高审批人员面对复杂业务的多维度审批能力。

六、结语

近年来，监管层强化贯彻中央对资本市场枢纽地位的定位，持续深化资本市场改革，优化市场投融资生态。在资本市场全面深化改革背景下，证券行业进入新一轮稳健发展期，证券公司受益于资本市场政策红利，新业务新产品创新驱动增速，投融资业务广度、深度和复杂程度不断提升，前置性审批风险管控重要性越发显著，构建系统性风控体系已成基石之需。

兴业证券积极应对资本市场与证券行业变革发展的机遇与挑战，紧紧围绕"建设一流证券金融集团"的战略目标，一手促进发展、开创新篇，以分公司转型和集团协同为突破口，全面推进金融科技赋能下的财富管理与大机构业务"双轮驱动"的两大核心业务体系建设；一手严防风险、强化内控，全面推行集团一体化管控，实施垂直穿透管理，推动集团各项业务全面进入健康、可持续的高质量发展新阶段。兴业证券董事长杨华辉在《当代金融家》刊发的《强化集团管控，打造一流证券金融集团》中提到，风险管理是证券公司经营的生命线，只有不断适应市场与业务模式的变化，加强对业务本质的理解，持续提升驾驭风险的能力，才能更好地为企业发展保驾护航。兴业证券不断夯实风险管理文化建设、风险管理治理架构、风险管理理工具方法及风险管理基础设施四大支柱，构建了全面风险管理体系。

本文回顾了证券行业三十年来的监管环境变化，以及证券公司风险管理体系建设和特定风险类型管控的历程，提出当前环境下证券公司风险管理仍面临一定挑战，证券公司亟须建立集团一体化管控思路下的集中统一审批体系。本文对兴业证券股份有限公司建设集中统一审批体系的实践进行有序梳理，探索证券公司集中统一审批的路径与方法，为行业内其他券商搭建集中统一审批体系提供借鉴参考。

参考文献

［1］陆亚. 风险管理是证券公司的核心竞争力［J］. 中国证券，2020（12）：

75-81.

［2］关益众，程天笑. 证券公司信用风险管理智能化［J］. 上财风险管理论坛，2020（3）：9-13.

［3］杨华辉. 强化集团管控，打造一流证券金融集团［J］. 当代金融家，2020（11）：23-26.

［4］杨华辉. 提升集团一体化经营管理能力，推动证券行业高质量发展［J］. 中国证券，2019（6）：2-8.

［5］孔维成，周郑屹，沈翀，翟玮. 监管转型下证券公司新业务审批体系研究［C］∥中国证券业协会. 创新与发展：中国证券业2015年论文集. 北京：中国财政经济出版社，2016：187-193.

证券公司内部审计与内控机制建设研究

余志军　鄢园园　谢育体　董凤钗　戴　媛[①]

引言

"十四五"规划对内部审计和内部控制发展提出了新要求和新使命。在新发展阶段，证券公司作为我国资本市场的主要参与者之一，肩负着为新发展格局提供高效金融服务的重要使命。目前，证券公司发展环境面临深刻复杂变化，资本市场对证券违法违规行为零容忍。这就要求证券公司要树立新发展理念，充分做好业务发展与风险控制的平衡，加强内控机制建设，防范化解金融风险，促进证券公司高质量发展，更好地服务经济社会发展大局。证券公司内部审计和内部控制的发展演变相互交织、相互协同促进，最终目标一致。如何让证券公司内部审计更好地促进内控机制建设是值得内审人员思考研究的重要课题。本文以兴业证券在推进内控机制建设、优化内部审计管理体系、运用信息化手段实施增值型内部审计方面的具体实践为例，探讨证券公司内部审计与内控机制建设的新思路。

一、证券公司内部审计和内部控制发展历程、面临的挑战

（一）内部审计、内部控制发展历程

内部审计和内部控制相伴而生，彼此间的发展演变是密切交织的。

1. 内部审计发展历程。纵观国际内部审计师协会（IIA）对内部审计定义的演变，内部审计发展阶段大致分为如下四个阶段（见图1）。

2013年以来，中国内部审计协会对2003—2011年发布的内部审计准则体系进行修订。2018年，《审计署关于内部审计工作的规定》（审计署令第11号）修订出台。修订后的内部审计定义已与IIA的内部审计最新定义接轨。

[①] 余志军，本科，审计部副总经理（主持工作）；鄢园园，本科，审计部总经理助理；谢育体，学士，审计部现场审计一处总监；董凤钗，硕士，审计部资深经理；戴媛，硕士，审计部经理。

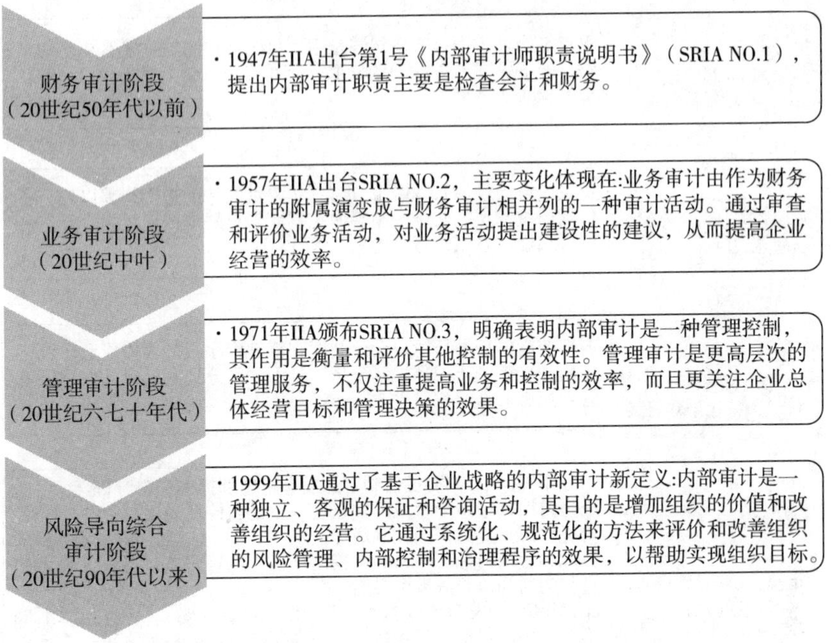

财务审计阶段（20世纪50年代以前）	· 1947年IIA出台第1号《内部审计师职责说明书》（SRIA NO.1），提出内审计职责主要是检查会计和财务。
业务审计阶段（20世纪中叶）	· 1957年IIA出台SRIA NO.2，主要变化体现在：业务审计由作为财务审计的附属演变成与财务审计相并列的一种审计活动。通过审查和评价业务活动，对业务活动提出建设性的建议，从而提高企业经营的效率。
管理审计阶段（20世纪六七十年代）	· 1971年IIA颁布SRIA NO.3，明确表明内部审计是一种管理控制，其作用是衡量和评价其他控制的有效性。管理审计是更高层次的管理服务，不仅注重提高业务和控制的效率，而且更关注企业总体经营目标和管理决策的效果。
风险导向综合审计阶段（20世纪90年代以来）	· 1999年IIA通过了基于企业战略的内部审计新定义：内部审计是一种独立、客观的保证和咨询活动，其目的是增加组织的价值和改善组织的经营。它通过系统化、规范化的方法来评价和改善组织的风险管理、内部控制和治理程序的效果，以帮助实现组织目标。

图1　内部审计发展历程

（资料来源：根据《企业内部审计绩效研究》整理）

2. 内部控制发展历程。回顾内部控制理论发展，内部控制大体上经历了如下五个阶段（见图2）。

在借鉴COSO《内部控制—整合框架》《企业风险管理—整合框架》的基础上，结合我国实际，财政部等五部委于2008年出台《企业内部控制基本规范》，2010年出台《企业内部控制配套指引》。

3. 证券公司内部审计和内部控制纲领演化历程。纵观国内证券公司内审及内控相关纲领性文件的设计历程（见图3），目前证券公司内部审计指引尚未出台，证券公司现行有效内部控制指引为2003年修订版。此外，证监会自2019年以来将《证券基金经营机构内部控制管理办法》列入立法计划，《中国证券业协会专业委员会2021年工作重点》将研究制定证券公司内部审计相关制度列入财务会计委员会工作重点。

（二）证券公司内部审计与内部控制发展面临的挑战

1. 内控机制不完善，难以有效促进经营目标实现。

（1）内部环境失调。内部环境是企业建立与实施内部控制的基础，影响着企业内部控制的方方面面，在内部控制建设与实施中发挥着基础性作用。没有有效的内部环境，就无法形成有效的内部控制。调研和实践发现，不少证券公司存在内部环境失调的情况。

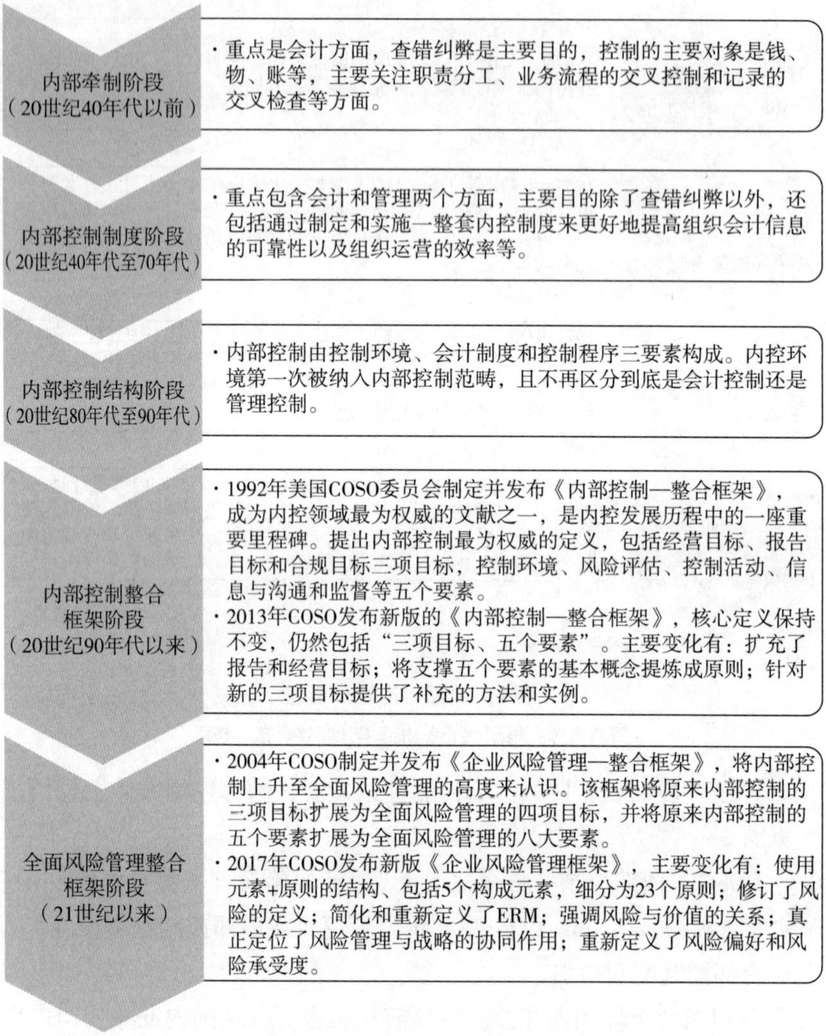

内部牵制阶段（20世纪40年代以前）	• 重点是会计方面，查错纠弊是主要目的，控制的主要对象是钱、物、账等，主要关注职责分工、业务流程的交叉控制和记录的交叉检查等方面。
内部控制制度阶段（20世纪40年代至70年代）	• 重点包含会计和管理两个方面，主要目的除了查错纠弊以外，还包括通过制定和实施一整套内控制度来更好地提高组织会计信息的可靠性以及组织运营的效率等。
内部控制结构阶段（20世纪80年代至90年代）	• 内部控制由控制环境、会计制度和控制程序三要素构成。内控环境第一次被纳入内部控制范畴，且不再区分到底是会计控制还是管理控制。
内部控制整合框架阶段（20世纪90年代以来）	• 1992年美国COSO委员会制定并发布《内部控制—整合框架》，成为内控领域最为权威的文献之一，是内控发展历程中的一座重要里程碑。提出内部控制最为权威的定义，包括经营目标、报告目标和合规目标三项目标，控制环境、风险评估、控制活动、信息与沟通和监督等五个要素。 • 2013年COSO发布新版的《内部控制—整合框架》，核心定义保持不变，仍然包括"三项目标、五个要素"。主要变化有：扩充了报告和经营目标；将支撑五个要素的基本概念提炼成原则；针对新的三项目标提供了补充的方法和实例。
全面风险管理整合框架阶段（21世纪以来）	• 2004年COSO制定并发布《企业风险管理—整合框架》，将内部控制上升至全面风险管理的高度来认识。该框架将原来内部控制的三项目标扩展为全面风险管理的四项目标，并将原来内部控制的五个要素扩展为全面风险管理的八大要素。 • 2017年COSO发布新版《企业风险管理框架》，主要变化有：使用元素+原则的结构、包括5个构成元素，细分为23个原则；修订了风险的定义；简化和重新定义了ERM；强调风险与价值的关系；真正定位了风险管理与战略的协同作用；重新定义了风险偏好和风险承受度。

图 2　内部控制发展历程

（资料来源：根据《CEO 内部控制：基业长青的奠基石》整理）

①内部控制管理职能部门不明确。根据证券行业调研情况，部分券商由合规或风控部门作为内控管理职能部门，但更有不少券商并未指定专门的内控管理职能部门。内部控制管理职能部门不明确，从侧面印证了企业并未真正意识到内部控制的不可或缺性，削弱了内部控制的定位，影响了内部控制的实施。

②内控战略驱动力缺位。在中国现行经济体制下，政府的政策导向指引了证券公司内部控制建设的发展方向。证券公司更多从满足披露要求、外部监管要求开展内控建设，较少将内部控制与企业战略、企业变革有机结合，内控尚未成为促进战略实现的核心手段和方法。

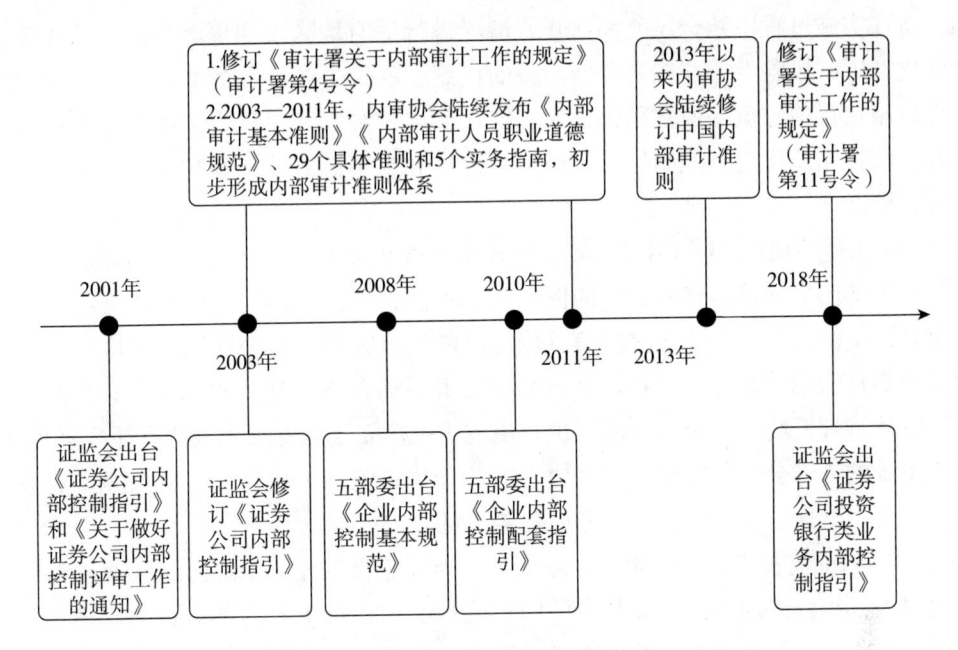

图3　我国证券公司内部审计和内部控制纲领演化历程

（资料来源：根据公开资料整理）

③忽视文化建设。企业文化在企业建立和完善内部控制的过程中发挥着基础性作用，优秀的企业文化能有效带动内部控制有效性的提升。但实际中，不少证券公司对文化建设重视不够，缺乏内在主动性，存在重发展、轻质量、重业务、轻风险的问题。内控要求被逾越，甚至串通舞弊，让内控机制形同虚设，管理问题层出不穷，都与企业文化建设缺失紧密相关。

（2）风险评估机制不健全。风险评估是内部控制不可或缺的重要一环。虽然近年来证券公司的三道防线都在开展风险评估工作，但对每条业务线的风险情况和控制成效认识水平尚待提升，这就可能导致：一是部分重要风险未被识别、存在重大遗漏。二是对识别风险的重要程度判断不一。三是三道防线掌握的重要风险信息不一、沟通不够充分。四是对重要风险控制成效的认识不一。

（3）控制活动脱离业务。

①内部控制手册应用不足。证券公司在开展内部控制体系建设工作中，总结归纳形成了一系列内控手册，一度成为内控体系建立的重要体现。但随着证券公司业务的快速发展，新业务层出不穷，原有业务也不断推陈出新，内控手册的修订远远跟不上业务的发展速度，已不能适应业务发展的需要，失去了对内部控制操作的指导意义。内控手册是否需要以及如何更新，为什么要更新，是目前证券公司的普遍困惑。

②加流程环节控制容易，减流程环节控制不易。控制措施不是固化的、永久性

的，需在实施过程中结合风险评估开展情况进行适时增减或变更。当内外部环境发生变化，原有风险点不存在之后，相关的控制也就失去了存在的必要性。但在实际内部控制执行中，流程通常固化，人们往往形成思维定式，认为多审批总比没有审批好，多控制总比没有控制好，宁可多一道控制也不愿意减一道控制，造成内控措施冗长繁杂。

（4）信息沟通不畅。调研与实践发现，证券公司运营中有效信息的流转不畅。一是同级部门之间没有建立有效的信息共享机制，导致各部门之间可能会出现工作的重复或缺漏；二是上下级之间信息传递链断裂或冗长，对公司决策速度或执行效率造成不良影响。此外，内控信息化的建设水平仍有待提升。如不少证券公司已建立了审计管理系统，对审计全流程进行规范，但建立更为复杂先进的审计分析系统、内控系统的证券公司仍然较少；已建立审计分析系统的，也以分支机构经纪业务为主，对公司其他业务或子公司业务的覆盖不足。

（5）内部监督机制不健全。一是未建立内部监督制度。未通过制度对各部门特别是对内部审计部门在内部监督中的职权进行明确，也未对内部监督的程序、方法等内容作出要求。二是日常监督不足。不少证券公司主要强调专项监督，对日常监督重视不够，在企业的日常经营管理过程中未能体现监督的常态化。三是未能充分运用风险评估结果。由于不少证券公司缺乏健全有效的风险评估机制，风险评估技术不足，对监督的意义得不到充分体现。

2. 内部审计机制不完善，影响价值增值作用的充分发挥。

（1）未与公司治理有机结合，独立性和权威性不高。很多证券公司都在公司治理中设计了内部审计机构向董事会负责并报告工作的机制，但实际工作中未能为内部审计独立、客观开展工作提供必要保障。

①内部审计机构地位缺少保障。董事会、公司负责人未直接领导内部审计机构，内部审计地位不高，双方信息沟通不畅。一方面，内部审计缺少强有力的领导支持，公司章程、内部审计基本制度所赋予的内部审计应有的权限在实际工作中受到很大程度限制，内部审计部门不能参加有关的经营管理会议，有关会议材料也很少发送给内部审计机构，无法真正了解和掌握公司的热点、焦点和难点，不能涉及实质性的领域，难以发现公司经营管理中的切实问题并提出有价值的管理建议。另一方面，董事会、主要负责人无法及时、准确获知内部审计信息，听到内部审计的第二种声音，导致审计发现问题和提出的建议不被重视，问题涉及的责任部门之间推诿扯皮，不能从制度机制层面推动问题解决，整改工作难以及时到位，内部审计价值得不到充分认可、作用难以发挥。信息不畅带来的恶性循环，使内部审计越来越边缘化，难以作为公司治理的重要基石发挥应有作用。

②内部审计职能错位。现代内部审计职能一般包括确认和咨询，即监督和服务，但现实中往往要求内部审计参与或负责内部控制设计，甚至是经营管理的决策与执

行。人们往往听到这样的声音，"内控工作归审计管，内控是审计的事"，"这是审计提的，你们去问审计要怎么做，这样做行不行"。在这种职能部门缺位、内部审计越位的情况下，一方面内部审计部门为避免越俎代庖而在某些问题方面选择失声，管理建议的输出也受到抑制；另一方面对自我参与设计的内部控制开展监督，置身其中，严重影响了审计的独立性。

③内部审计绩效评估机制不健全。在考评方式上，证券公司内部审计机构需接受平级部门的满意度评价，在考评内容上，以项目数量为主，未能客观反映内审质效。审计人员的薪酬绩效缺少独立保障，导致内部审计人员在审计实施过程中需要考虑质效以外的其他因素，抑制了内部审计的效果。

（2）未真正实施风险导向审计，审计增值效果薄弱。目前很多证券公司的风险评估机制还不健全，缺少企业层面的整体风险清单，未能从整体上了解自身风险概况，将很大程度上影响风险导向审计的效果。

①年度审计计划难以真正与企业风险融合。在强监管的背景下，证券公司年度审计计划监管导向特征显著，分支机构常规离任、离岗审计通常占用了大部分审计资源，内审部门围绕公司经营管理活动的经济性、效率性和效果性开展的审计较少，未能在审计立项时从源头上考虑审计项目是否符合企业风险管理目标，能否为企业提供更相关和更有价值的监督和服务。

②风险评估机制不健全，审计项目实施难以做到风险导向。如图4所示，风险评估对内部审计的影响是持续的、全流程的。只有建立健全有效的风险评估机制，审计项目实施才有风险导向的可能。

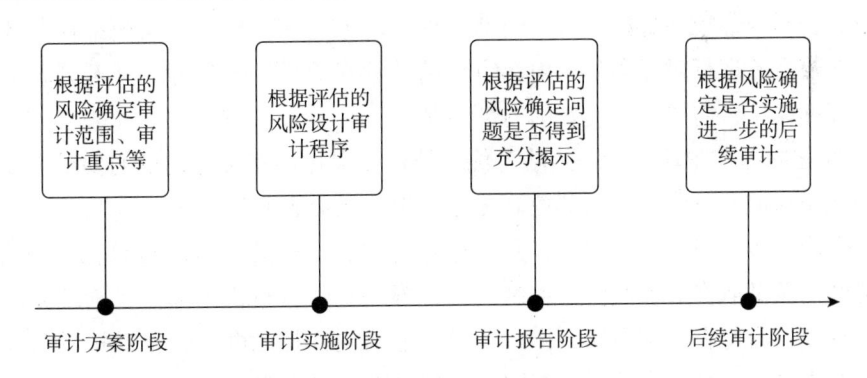

图 4　风险评估对内部审计全流程的影响

（资料来源：兴业证券审计部工作经验总结）

二、证券公司内部审计与内部控制新发展的路径研究

"十四五"规划开启新征程，证券公司内部审计和内部控制应根据"十四五"

规划提出的新要求，赋予的新使命，着眼于公司发展战略，积极探索新发展的有效应对思路和应对措施，推动证券公司顺利实施"十四五"时期战略目标，实现高质量发展。

（一）深刻理解内部审计和内部控制相互促进关系

内部审计与内部控制最终目的一致，都是对风险进行管理、促进公司治理提升，并最终实现公司目标，在实现最终目的的过程中，两者相互促进。一方面，内部控制水平的提升离不开持续有效的内部审计监督，内部审计作为内部控制体系的监督要素，以监督、评价和改善内部控制为自身的基本职责，它是对内部控制的再控制，能够通过发现、解决问题来促进内部控制的发展完善。另一方面，内部控制从内部审计实施的全过程深刻影响着内部审计质效的提升，有效的内部控制能够对被审计单位存在的问题起到预防、发现和纠正作用，为确定内部审计的范围、方法提供重要依据。

（二）充分发挥内部审计和内部控制的协同效应

内部控制与内部审计相互包含，你中有我，我中有你。从内部控制和内部审计的相互促进关系可以看出，一方的变化发展会同时引起另一方的改变，二者之间存在协同效应。将二者独立开来，或仅简单相加，将难以充分发挥二者作用，甚至会使二者作用大打折扣。将二者重新进行整合，将会产生"1+1＞2"的效果。因此，应充分重视内部审计与内部控制的管理协同效应，促进二者良性循环，实现二者作用最大化，形成公司持续的核心竞争力。

（三）健全完善证券公司内部控制体系建设

证券公司内部控制是证券公司内部审计的对象之一。证券公司内部控制体系的建立健全与有效运行对证券公司内部审计的其他对象提供了保障。证券公司内部审计真正发挥作用，需要一个良好的内部控制体系。

1. 优化内部控制环境。一是培育优良的企业文化。将文化建设的要求以制度的形式嵌入公司的业务流程、内部控制之中，形成具有自身特色的企业文化，促进文化建设在内部各层级的有效沟通，并通过宣传加强全体员工的认同感。二是明确内控职能部门及其职责。证监会已将制订《证券基金经营机构内部控制管理办法》列入立法计划，有望在近期内修订出台证券行业的内部控制办法，推动证券公司明确二道防线中内控管理牵头部门及其职责，避免内控职能交叉或缺失。

2. 健全风险评估机制。通过制度将公司各相关部门在风险评估过程中的责任以及风险评估的全流程明确下来，运用风险矩阵、风险清单等工具开展风险评估，从整体上了解公司自身风险概况。同时，将上述风险管理工具及时传递给相关部门，确保各责任主体准确理解相关的风险信息，及时对风险进行控制。

3. 推动控制措施完善。一是充分发挥内控手册的作用。当风险和经营管理活动发生变化时，内控手册应随之及时更新，快速识别可能新出现的控制缺陷。二是对流程的合理性进行深层次分析，促进业务流程的规范化。内部控制通过组织跨部门的讨论，深入分析公司面临的新情况，识别问题流程环节存在的问题，挖掘产生问题的深层次原因，从整体的角度推动流程整合和优化。

4. 推进信息沟通畅通。顺应大数据时代的潮流，加强业务信息化和内控信息化建设，减少信息在传递环节的损耗。打通部门"墙"，实现非敏感信息的有效共享，避免出现工作的重复或缺漏；优化上下级之间的沟通机制，使管理层能够及时作出有效的管理决策。

5. 完善内部监督机制。建立内部控制监督制度，构建全方位、多层次的大监督体系，涵盖一道防线（业务部门）自我监督、二道防线（合规风险等部门）管理监督、三道防线（审计、监察等部门）独立再监督。各部门需明确自身在监督体系中的定位，发挥自身的专业性，共同推进监督作用的有效发挥。

（四）持续提升证券公司内部审计水平

证券公司内部审计是内部控制体系的重要组成部分，同时也是内部控制体系建立健全与不断完善的重要途径。内部审计能够评价内部控制的有效性，并为内控改进提供建设性的意见。证券公司有效的内部控制离不开内部审计水平的不断提升。

1. 完善公司治理。中国证券业协会专业委员会已将研究制定证券公司内部审计相关制度列入工作重点。证券业有望在不久的将来，出台类似《商业银行内部审计指引》和《保险机构内部审计工作规范》的证券行业内部审计指引，以更好地推进证券公司发展，完善公司治理，建立独立垂直的内部审计领导体系以确保沟通畅通，明确内部审计职能定位和职责权限，完善内部审计人员履职保障机制，保障内部审计机构和人员独立性，促进内部审计有效履职。

2. 实施风险导向内部审计。实施风险导向内部审计，一是要运用科学的风险评估方法，更好地识别、评估整个公司的各类风险。二是要在制订年度审计计划时，全盘考虑公司各类风险，使审计计划契合公司经营管理需要。三是要在制订单项审计计划时，根据识别评估的固有风险、控制风险、剩余风险、检查风险、审计风险等，设计审计程序、分配审计资源。四是要在审计实施过程中，采取"目标—风险—控制"的路线，将内控手册作为审计实施的依据和标准。五是重视深层原因分析，采取"五问法"等来对问题进行深度分析，挖掘问题背后深层次的原因，提出有价值管理建议。六是要在审计报告阶段，以风险评估为基础提出审计发现和审计建议，以过程为导向出具审计报告。

3. 实施信息化审计策略。内部审计要积极拓展信息技术在内部审计工作中的运用，大力推广信息化审计模式：一是紧跟业务发展与系统建设，多渠道实现对信息的全面获取；二是搭建具备"大数据"处理能力审计平台，实现对审计活动全流程、全方位覆盖；三是强化数据驱动，逐步建立从数据信息出发的审计分析技术，促进内部审计由事后查处与事中控制并重，逐渐向事前预防、事中控制为主转变。

4. 打造新型内部审计专业队伍。内部审计应强力推进审计信息化队伍建设，建设信息技术知识水平和应用能力强、适应信息化审计发展新要求的新型审计队伍。内部审计机构要为内部审计人员提供必要的技能和方法的培训，内部审计人员要有"本领恐慌"的危机感，加强学习，善于研究，既能发现问题，又善于解决问题，发好"第二种声音"。只有做到客观、专业，内部审计才有可能真正做到坚持风险导向，聚焦重点领域，抓住重要问题，防范重大风险，促进公司内控体系不断完善，成为公司高质量发展的重要参与者和守护者。

三、兴业证券内部审计和内部控制建设实践

兴业证券一直以来高度重视内部审计和内部控制工作，深入分析、深刻理解内部审计和内部控制之间的相互促进关系，坚持系统观念，持续优化升级内部控制规范体系，不断提升内部审计发展质量和效益，大力发挥内部审计和内部控制的管理协同效应。"十四五"规划开局以来，兴业证券内部审计和内部控制更加积极着眼于公司发展战略，努力推动公司顺利实施"十四五"时期战略目标，奋力实现公司高质量发展。

（一）持续完善内控规范体系

1. 围绕集团发展战略，升级内部控制体系。2011年兴业证券参加证监会组织的上市公司内控规范试点建设，建立了涵盖公司各项业务与管理事项的全面、系统的风险控制矩阵，在业内率先完成内部控制规范体系建设。在新的经济金融形势背景下，2018年以来，兴业证券提出了"建设一流证券金融集团"的战略目标和"双轮驱动"发展战略，开展了一系列的改革，包括强化集团协同，推进分公司转型，推动各子公司和总部业务部门归位尽责、聚焦主业、提升专业等，并同步重新梳理升级了从投资银行、财富管理、投资研究、资产管理等各项业务及运营管理、财务管理、金融科技管理等管理事项的集团集中统一穿透管理的内控体系。

一是在集团范围内开展规章制度全面梳理工作，进一步健全和完善集团规章制度建设体系，并形成了制度长效优化机制。二是统一集团风险偏好，实施分级限额管理，每年发布覆盖集团各单位、各业务条线的集团风险偏好与限额，为业务的发展奠定风险基调。三是完善集团授权管理机制，建立业务、财务及资金使用授权管理体系，每年发布授权书、授权表，并尽可能通过系统固化流程确保授权落地；同时，在业内率先成立投融资业务审批部，加强集团客户授信管理、证券池管理，规范新业务和新产品审批，提升了投融资业务风险管理的穿透力度和覆盖面。四是建设集团业务连续性管理体系，全面提升集团应对突发事件和运营中断事件的效率效果和实战能力，护航公司平稳有序运营。五是深化子公司垂直穿透管理机制建设，在子公司层面设置投融资业务审批、合规风控、审计的部门或岗位，接受集团总部

上级部门的指导,同时,将兴业证券风险从二级子公司升格为一级子公司,以确保子公司业务发展与其内控管理能力相匹配。六是强化分公司垂直穿透风险管控,在各分支机构设立合规风控人员,由总部统一管理。七是重构投行组织架构,成立一级内核部门,组建投行质量控制部,推动投行业务风控协同机制建设,形成了质控、内核与承揽、承做完全独立、分属不同的高管相互制衡管理、国内领先的、独立制衡最彻底的投行内控体系。

2. 重视文化引领作用,提升制度执行力度。在新常态、新发展背景下,兴业证券构建了如图5所示的新时代企业文化理念体系,让员工在具有兴证特色的企业文化引领下,在执行规章制度、流程、系统时,知其然并知其所以然,通过统一思想来凝心聚力,最终转化为强有力的执行力。

> 兴证愿景:建设一流证券金融集团
>
> 兴证使命:追求卓越、共同兴业
>
> 核心价值观:提升员工价值,创造客户价值
>
> 兴证精神:开拓进取、担当奉献、创新协同
>
> 战略指导思想:专业化、集团化、国际化
>
> 经营原则:稳健规范、持续发展

图5 兴业证券新时代企业文化理念体系
(资料来源:兴业证券公司官网)

3. 内审牵头内控评价,推动内控体系完善。兴业证券审计部每年组织实施内部控制评价,通过"定期评价、发现缺陷、整改完善",促进内部控制体系的持续升级与优化。

(1) 推动到岗位的自我监督评价,实施全方位的体检。兴业证券审计部每年组织各单位根据业务发展变化更新维护风险控制矩阵,重新识别和评估关键风险点与关键控制活动,进行设计有效性和运行有效性测试,发现控制缺陷,落实整改。同时,利用风险控制矩阵发动全员参与其自身为控制对象的自评,促进三道防线各司其职;通过"自下而上"与"自上而下"相结合的方式实施全方位的体检。

(2) 建立集团协同内控评价工作机制,从集团整体角度提出流程优化建议。内控评价工作倡导"业审融合"理念,审计部充分利用内部审计相对独立和自身资源整合的优势,以跨部门评价为切入点,通过组织协同,穿透部门"墙",从集团整体经营效率、部门协同、流程优化等角度开展评价，获取公司全方位、各业务、各环节的资源，通过研究比对分析，形成独立的结论，提出有价值的管理建议，推动缺陷整改，优化公司经营管理。

（二）着力健全内审管理体系

1. 加强党对内部审计工作领导，提高内部审计独立性和权威性。2020年兴业证券成立党委审计委员会，研究协调审计的主要事项包括：研究制定内部审计规章制度，审议年度审计计划，听取重大项目审计结果报告，研究讨论审计发现的重大问题及处理意见，检查落实审计报告反映问题的整改和推动审计结果运用，研究审计队伍建设及审计人员履职保障等。党委审计委员会主任委员由集团党委书记担任，委员会下设办公室在审计部，承担党委审计委员会的日常工作。通过董事会审计委员会的指导和党委审计委员会的领导，既强化了领导责任，又畅通了沟通交流机制，实现良性互动，大大提高了兴业证券内部审计的独立性和权威性。

2. 完善集团内部审计架构，推动集团审计垂直穿透管理。为了推进对集团重大政策措施贯彻落实情况的跟踪，聚焦重点项目审计，兴业证券对内部审计组织架构进行了一系列的优化和调整。一是在集团审计部增设二级机构非现场审计处，强化非现场审计工作，增强审计工作的时效性和覆盖面。二是明确集团审计部处室分工，改变原有根据项目临时组建审计小组的做法，各处室按照总部单位、分支机构和子公司的专业条线进行分工，以提升各团队的专业化水平，力求做深做透重点审计项目。三是强化集团审计对子公司的督导，根据下属子公司具体规模及业务情况，在兴证全球基金、兴证期货和兴证香港三家子公司设立审计部一级部门，其他子公司配备审计岗，向集团审计部报告工作，接受集团审计部指导与监督，强化集团审计对子公司的监督。

（三）实施内审有重点全覆盖

1. 统筹安排审计计划，精准确定审计重点。

（1）科学确立审计项目，合理分配审计资源。围绕"建设一流证券金融集团"战略目标，兴业证券审计部编制了内部审计战略规划，每年制订年度审计计划。在编制年度审计计划时，从公司经营管理需要、公司负责人和被审计对象期望、监管要求等多方面确定审计项目。在评估具体审计项目风险时，综合考虑了公司的战略目标、年度经营目标及经营管理活动重点，对行业、业务有重大影响的政策法规，内部控制和风险管理水平，业务的复杂程度及变化，人员能力及岗位变动等因素。

为缓解内审工作量持续上升与内审资源紧张有限的矛盾，一方面审计部在评估项目重要性、复杂性的基础上，对审计项目进行分类管理，探索将部分重要性、复杂程度不高但数量多的常规性审计项目外包，将内部审计资源向重要、复杂审计项目倾斜；另一方面制定了《分支机构业务部负责人离任审查指引（试行）》，授权一级分公司成立审查小组，在审计部指导监督下组织开展本分公司下辖业务部负责人的离任审查工作。

（2）分类编制审计方案，指导项目有序开展。兴业证券审计部对审计方案的编制工作高度重视。一是根据审计项目类型，分类编制审计方案，重点项目不仅需要编制总体审计方案，还要提供详细审计方案，并在审计实施过程中根据需要及时调整。二是认真做好审前调查，确定总体审计目标，根据收集的被审计单位的业务、内控、财务等资料，结合集团审计平台的"体检指标"，对具体审计事项开展风险评估，明确其重大差异或缺陷风险的高、中、低程度，确定审计重点，明细具体审计目标，细化审计程序，明确审计分工，合理安排审计资源。

2. 打造精品审计项目，狠抓内控痛点难点。

（1）推进战略导向审计，推动公司高质量发展。近年来，审计部认真践行"财富管理业务＋大机构业务双轮驱动、分公司转型改革、集团协同、聚焦主业、金融科技赋能业务发展、全面风险管理"等集团公司战略导向，在各项审计项目中均将战略执行作为审计重点，突出经营计划执行、各项改革举措落地、授权执行、监管底线执行、信息技术采购、创新业务风险等事关集团重大战略导向执行方面的审计，认真总结推广战略执行先进经验，及时挖掘发现战略落实方面存在的缺陷和偏差，促进问题整改，为公司实现一流金融集团目标保驾护航。

（2）深化经济责任审计，规范权力运行和责任落实。新形势下，集团对进一步做大做强提出了一系列新的战略要求，各级领导干部如何履职尽责、担当作为也面临新的挑战。近年来，公司审计部扎实开展各项经济责任审计工作，对领导干部落实战略、完成经营目标、三重一大决策、廉洁从业等方面予以重点关注，对审计发现一查到底，对屡查屡犯的从严问责，与此同时，更加注重从体制机制建设方面对被审计单位存在的问题进行分析研究，提出对策建议，治已病防未病，助力从严治司，促进权力规范运行，通过不断完善制度建设、加大问责与考核机制促进领导干部合规高效履职。

（3）扎实推进安全审计，推动防控重大风险。突出金融衍生产品、风险子公司、呆账核销、金融产品、境外资产管理等高风险领域专项审计，紧盯市场、信用、流动性、操作风险等，关注海外子公司、新产品新业务等领域带来的风险，及时把握风险累计过程及成因，关注集团防范化解重大风险政策措施落实情况，进一步促进集团内部控制完善，将内控施于源头，让风险止于苗头，确保公司各项业务持续、稳定、健康发展。此外，实施公司信息安全审计，关注移动互联网、云计算、大数据、区块链、智能化等数字技术应用对公司信息安全的威胁，确保公司信息可靠、安全。

（四）全力夯实内部审计保障

为全面履行内部审计职责提供强有力的保障，不断提高内部审计质量、效率和效果，更好地服务新发展格局，兴业证券推动实现内部审计质量控制、信息化审计技术、内部审计成果运用等方面的变革。

1. 加强内部审计质量控制。兴业证券审计部着力从标准化建设、过程控制、考核评价等方面，构建具有兴业特色的内部审计质量控制体系，实现对内部审计全业务、全流程的科学管理。内部审计标准化建设方面，构建不同层次的内审制度、工作流程和评价标准，建设完善制度库、问题库、信息库。同时，构建由审计新线索提供、系统新需求总结、审计经验推广等方面组成的信息流，为审计人员提供了重要资源共享和信息支持。审计项目质量控制方面，将建立完善的质量控制体系作为防范审计风险的最有效方法之一，形成项目主审、内设处总监、总经理为核心的审计质量控制团队，以审计方案制定为先导、以审计重要底稿为抓手、以审计报告为重点，强化审计全过程的质量控制。审计质量考核评价方面，遵循过程与结果并重、定性与定量结合的原则，围绕审计方案、审计重要底稿、审计报告和综合评价等方面设计考核指标，在对审计项目进行评分的基础上对审计人员进行考核评分，并将考核结果与绩效、晋升、评优相挂钩，充分调动审计人员积极性。

2. 实施信息化审计策略。

（1）建设数据审计平台，以科技手段引领审计效能提升。兴业证券 2009 年就自主开发了非现场稽核分析系统，并在多年的非现场审计应用中不断改进，成为非现场审计中的重要手段。为落实集团审计工作专题会议提出的"加强信息系统建设，强化非现场审计"的要求，在新形势下进一步推进大数据审计工作，兴业证券 2018 年完成集团审计平台上线，并持续推进对集团本部各业务条线的覆盖和优化，稳步推进集团所属子公司非现场监测要点的建设。集团审计平台包含 40 多个数据源，包括集中交易系统、恒生内控平台、合规管理、OA 系统等多个集团总部系统，兴证期货和兴证资管反洗钱管理等子公司系统数据，并引入 Wind、聚源等外部资讯数据。集团审计平台包括合规管理、风险管理、财务管理、人力资源管理、办公 OA 管理、业务管理（包括经纪业务、信用业务、大投行业务）六大模块，实现了非现场审计监测、审计管理和审计分析三大功能。

（2）构建大数据审计工作模式，推进数智化审计转型。审计部设立非现场审计处，由审计经验丰富和 IT 审计背景的审计人员组建成立"业务＋数据"融合的数据分析团队，将大数据思维嵌入审计理念与方法之中，从传统的"抽样审计"向"全量审计"转变；依托集团审计平台进行数据化审计，在大数据分析的"广撒网"基础上，开展持续审计，进行"精准打击"，力求对风险早判先知，既"查病"，更"治已病""防未病"。通过全面掌握信息，合理运用技术，在满足监管要求的基础上，有针对性地识别和评估创新业务的风险，加强对子公司和各分支机构的管控监督，实现审计关口前移、审计范围全覆盖。同时，以持续审计中的审计发现作为审计项目立项参考，促进审计项目更具针对性、时效性。

3. 强化内部审计成果运用。兴业证券坚持协同观念，多措并举，强化内部审计成果运用。一是加强整改跟踪。建立多层次的审计发现问题整改跟踪机制，通过发文的形式要求被审计单位限时提交整改报告及整改材料，并由主审负责首次整改跟踪工作，非现场审计处负责后续整改跟踪工作。二是推动普遍性及典型问题整改。充分运用标准化问题库构建成果，梳理审计发现中各单位存在的普遍性及典型性问题，协同相关部门优化解决，促进公司管理水平提升。三是采取联席专题会议形式厘清管理边界问题。针对审计发现中存在职责不清、推诿扯皮的问题，审计部组织相关单位召开联席专题会议，通过敞开式的问题解决机制，推进问题解决。四是加强汇报管理。编制季度审计简报，及时将集团审计工作情况以及审计发现情况向公司领导汇报，有效掌握公司内部控制现状全貌。五是加大审计发现在考评工作中的应用程度。出台《审计发现问题及整改考核办法》，明确了将依据审计发现的重要程度以及整改及时性对被审计单位进行适当的考核扣分。六是强化审计问责。根据《兴业证券集团员工违规失职问责管理办法》，对于审计发现的重要缺陷、重大缺陷，以及整改不力或屡查屡犯的问题，开展权限范围内的集团员工违规失职问责工作，并指导、监督集团各单位开展员工违规失职问责工作。

四、证券公司内部审计与内部控制建设发展趋势与展望

新的时代对证券公司内部审计与内部控制提出了新的要求，赋予新的使命。证券公司内部审计和内部控制不仅要把握现实的迫切需要，也要做到着眼于未来。

（一）内审、内控数智化与业务超融合发展

进入数字经济时代，证券行业数字化转型不断加速。近年来，证券公司在各业务和管理领域提出了数智化转型，打造证券公司数智化内控体系，实施内部审计数智化转型，推动内审、内控与业务超融合发展，已势在必行。

1. 深化数智化内控体系建设。证券公司应充分运用信息科技手段提升内部控制的能力，要以运维大数据、智能自动操作、统一监控等为抓手升级内控体系，推动内控数智化转型，与业务超融合，更好地提升公司价值。一是强化事前风险管控，系统自动识别业务风险。二是加强事中内控能力，流程与业务系统关联，实现流程可视化，实时预警风险，系统实现风险评估，自动出具风险评估报告。三是强化事后监督，根据业务开展情况，系统实现内部控制评价，自动开展内控测试、识别缺陷、出具内部控制评价报告。

2. 推动内部审计数智化转型。数字经济时代，审计技术正从审计数字化向审计数智化推进，与此并行的是风险导向审计。证券公司内部审计应充分利用智能审计系统，将公司的数据与重大风险领域的审计经验相结合，实施风险导向数智化审计转型，推进业审融合，更好地服务公司战略。一是风险评估自动化。业务、内控数智化将推动内部审计从计划、实施、报告等全过程自动识别风险信号。二是审计计

划实时化。自动和实时的风险评估、预测分析和人工智能将推动年度审计计划演变为实时计划，内部审计更侧重于战略风险，常规遵循性审计可交由审计机器人完成。三是审计过程持续化。内部审计能够实时访问系统，获取所需信息，持续监测重要风险，有效抓住工作重点领域，深入了解问题产生的根本原因，提供更有效、持续的审计服务。四是审计结果共享化。内部审计与管理层全程合作，密切沟通，共享数据、信息和经验教训，通过知识共享平台的持续沟通将取代正式的审计报告。

（二）合规、内控、风控融合一体化

2001 年证监会出台《证券公司内部控制指引》并于 2003 年修订；2008 年证监会出台《证券公司合规管理试行规定》，2017 年证监会修订颁布《证券公司和证券投资基金管理公司合规管理办法》，相应配套的《证券公司合规管理实施指引》也随后出台；2014 年证券业协会发布《证券公司全面风险管理规范》并于 2016 年修订。在过去的 20 年，先后出台的内控、合规、风险三套体系在证券公司应用推广，对证券公司防控化解重大风险，维护合法合规经营提供了监管依据，夯实了证券公司的基础管理。但在具体实践中也出现一系列亟须关注和研究解决的问题，包括内控、合规、风险概念、内涵、边界不清；三套体系各行其道、壁垒森严；体系成果浮于表面等。

2019 年，国务院国资委先后印发了《关于加强中央企业内部控制体系建设与监督工作的实施意见》和《关于做好 2020 年中央企业内部控制体系建设与监督工作有关事项的通知》，明确提出内控、合规、风险管理体系的整合要求，要求各中央企业要以"强内控、防风险、促合规"为融合的目标，建立健全以风险管理为导向、合规管理监督为重点，严格、规范、全面、有效的内控体系，即以"内控"作为统一的体系，将全面风险管理及合规管理的内容融入其中。证券公司也迫切需要监管机构对内控、合规、风险管理体系的关系作出厘清和调整，促进管理手段和工具升级。

结语

相信在党和政府的高度重视下，在监管机构支持引导下，各证券公司将会更加重视内部审计和内部控制在企业经营管理中的作用，内部审计和内部控制创造价值将会由愿景变成现实，让证券公司内部审计在金融风险防控、公司治理和风险管理、内部控制等方面发挥其应有的作用，让内部控制能够真正为公司创造价值。

参考文献

[1] 秦荣生．"十四五"时期内部审计的新要求和新使命［EB/OL］．（2021-

03 – 17）［2021 – 04 – 30］. http：//www. ciia. com. cn/cndetail. html? id = 78565.

［2］秦荣生. 我国内部审计的新使命与发展新路径［J］. 会计之友，2019（8）：2 – 5.

［3］D. Bailey A，A. Gramling A，Ramamoorti S，王光远等译. 内部审计思想［M］. 北京：中国时代经济出版社，2006：45 – 49，189 – 199.

［4］王光远. 现代内部审计十大理念［J］. 审计研究，2007（2）：24 – 30.

［5］韩晓梅. 企业内部审计绩效研究［M］. 大连：东北财经大学出版社，2009：1 – 6.

［6］中华人民共和国审计署.《审计署关于内部审计工作的规定》［R/OL］.（2018 – 01 – 26）［2020 – 04 – 30］. http：//www. audit. gov. cn/n11/n536/n538/c141774/content. html.

［7］陈汉文，池国华. CEO 内部控制：基业长青的奠基石［M］. 北京：北京大学出版社，2015：4 – 12.

［8］王光远，瞿曲. 公司治理中的内部审计——受托责任视角的内部治理机制观［J］. 审计研究，2006（2）：29 – 37.

［9］李明辉. 内部审计的独立性——基于内审机构报告关系的探讨［J］. 审计研究，2009（1）：69 – 75.

［10］曹伟，桂友泉. 内部审计与内部控制［J］. 审计研究，2002（1）：27 – 30.

［11］韩洪灵，郭燕敏，陈汉文. 内部控制监督要素之应用性发展——基于风险导向的理论模型及其借鉴［J］. 会计研究，2009（8）：73 – 79.

［12］樊行健，宋仕杰. 企业内部监督模式研究——基于风险导向和成本效益原则［J］. 会计研究，2011（3）：49 – 53.

［13］德勤企业风险管理服务部. 内控 1.0 到内控 2.0——时代变迁赋予新内涵［M］. 上海：上海交通大学出版社，2014：1 – 9.

［14］习近平. 中央审计委员会第一次会议上的讲话［N］. 中国审计报，2018 – 05 – 24.

［15］秦荣生. 大数据、云计算技术对审计的影响研究［J］. 审计研究，2014（6）：23 – 28.

［16］刘星，牛艳芳，唐志豪. 关于推进大数据审计工作的几点思考［J］. 审计研究，2016（5）：3 – 7.

证券金融集团运营一体化体系研究与实践

李予涛　苏　北　黄建晖　庄竣渊　蓝晓燕[①]

一、引言

随着资本市场改革向纵深推进、金融业综合经营发展趋势的升级以及国际化进程步伐的加快，我国证券行业集团化经营模式正呈现明显加速发展的态势。在证券金融集团一体化发展体制机制中，运营业务条线与人力资源、合规风控、财务管理等条线一样，是集团管控的核心职能条线。构建证券金融集团运营一体化体系，是实现大型集团品牌优势、业务协同、资源共享、风险管控、规模经济、成本节约的关键一环，也是构筑难以逾越的差异化优势的重要手段。证券金融集团要抓住新一轮数字革命和集团协同变革的历史机遇，大力发展数字运营，深化母子公司互联互通伙伴关系建设，构建优秀经验共享机制，畅通运营管理工作的血脉和经络，推动母子公司运营工作体系化、数字化，巩固数字链、专业链、业务链、人才链，在运营管理、风险管控、系统建设等领域形成集团运营合力，更好地保障证券金融集团发展。

二、证券金融集团运营一体化的发展背景

根据"十四五"规划和 2035 年远景目标，资本市场发展改革的方向更加清晰。完善资本市场基础制度，健全多层次资本市场体系；稳妥推进金融领域开放，深化境内外资本市场互联互通；完善现代金融监管体系，补齐监管制度短板，在审慎监管前提下有序推进金融创新，健全风险全覆盖监管框架；稳妥发展金融科技，加快金融机构数字化转型等都成为新时代资本市场的改革重点。在此背景下，证券公司作为资本市场的重要参与主体，要在业务发展模式、经营管理理念、金融科技融合等方面进行改革，推进资本市场高质量发展，服务新时代国家发展大局。宏观政策

[①] 李予涛，硕士，首席信息官；苏北，本科，运营管理部总经理；黄建晖，硕士，运营管理部副总经理；庄竣渊，学士，运营管理部业务规划处总监；蓝晓燕，硕士，运营管理部高级经理。

引导和资本市场内生成长推动着国内证券公司纷纷踏上转型之路,趋势之一便是由以证券母公司和子公司独自发展转变为证券母公司协同子公司集团一体化发展,提供跨区域、跨市场、跨业务品种的综合金融服务。

因此,原先基于独立法人机构和股权投资的松散管理不再适用证券公司集团化的发展模式,需要在集团战略、人事、风险、财务、运营等方面实施垂直穿透的集团一体化。国内证券公司对此已经进行了许多有益尝试,如在集团战略层面,整合加强集团总部与分公司、子公司之间的协同合作和激励,形成业务协同体系;人员管理方面,以向子公司委派高级管理人员为抓手,加强人事管控,贯彻集团发展战略;风险管理方面,设立集团风险管理机构,统筹管理集团风险;财务管理方面,通过制度约束和财务监控,加强集团的流动性管理。但在运营业务的集团一体化管理方面,仍未有系统化的成熟方案。我国证券业正在经历深刻的变革,市场环境、客户行为、监管政策和技术环境上的变化,驱使证券金融集团需要实施范围更广泛的集团运营一体化管理,运营业务的集团一体化管理开始进入证券金融集团探索实践的范畴。

(一)市场变化呈现多元化金融需求

金融市场瞬息万变,新业务品种层出不穷,且呈现出跨行业及跨境经营的特点,对证券公司综合金融服务提出了极高要求。证券金融集团可以带来规模经济、范围经济、业务多元化、风险分散和金融创新等一系列优势,然而以上优势建立在集团资源优化整合的基础上,需要通过集团统一的运营管理,让客户在一个集团、一个文化、一个品牌和一个系统下,享受到全方位的服务。

(二)客户行为对券商快速响应提出更高要求

互联网金融的快速发展,使得客户的消费理念和消费方式发生改变,相比此前通过传统的物理渠道获取金融服务的方式,"数字一代"的金融客户更倾向于依靠金融移动电子渠道,这对证券公司快速交付、即时响应以及安全性等方面提出了更高要求。集团运营一体化模式下,"端到端""1至N"的中后台运营支撑体系成为主流。面对客户多元化的服务需求,一方面,集团化运营可以打破传统以分支机构为界限的物理服务单元限制,不断创新客户业务办理途径,满足客户多渠道服务体验,加速前台业务的网状拓展。另一方面,集团化运营可以更好地整合内部资源,打通系统内部的交互,集中整合优化运营流程、集中设计运营操作步骤,从而快速响应客户需求,更好地应对传统与新兴业务的迭代周期。

(三)监管政策要求集团层面穿透式运营管理

稳健运营、合规经营是证券公司的立业之本。随着证券金融集团模式的快速发展,证券公司治理薄弱、重业务轻风控、经营偏离主业等一系列问题和风险也逐步暴露出来。加强金融控股集团的建设,对有序和规范金融业发展至关重要,也在维护国家金融安全、推进金融供给侧结构性改革等方面具有举足轻重的作用。金融监管层面，为保证金融集团公司持续健康发展，有效防控金融风险，更好地服务实体经济，2020年国务院印发《关于实施金融控股公司准入管理的决定》，从注册资本，股东、实际控制人、董事、监事和高级管理人员，补充资本能力，以及组织机构和风险管理、内控制度等方面对金融控股公司提出明确的准入要求，并授权中国人民银行对金融控股公司开展市场准入管理，实施监管。中国人民银行也同步发布了《金融控股公司监督管理试行办法》，要求遵循宏观审慎监管理念，按照全面、持续、穿透的原则，规范金融控股公司的经营行为。从监管制度层面进一步明确要求证券金融集团要加强整体公司治理和风险管控，规范经营行为，更好地隔离风险，夯实高质量发展基础。相应的证券金融集团经营管理体制机制上，需要在战略、人力资源、合规风控、资金财务、运营管理等核心职能条线上全面拓展到集团整体管控层面，由上至下穿透至集团各级单位。

（四）技术进步为运营一体化提供可能

技术的快速发展加速了证券金融集团运营一体化的速度，特别是以区块链、5G、大数据、人工智能、物联网为代表的新兴技术的飞速发展，为运营管理模式集团化、数字化提供可能。一方面，互联网、大数据的发展使得客户需求与偏好显性化，促使集团共享客户资源成本大大降低，并且可以依托客户偏好导向，实现分层分类管理和一站式金融服务营销，提升集团运营的规模效应。另一方面，新兴技术的不断涌现丰富了业务办理的渠道和流程处理的手段，使运营资源的共享和调配可以借助发达的科技手段以"逻辑集中"的方式实现。通过搭建共享的运营管理平台，实现运营资源组合方式的优化和运营资源投入的统筹安排，提高集团运营管理体系的整体效能，使不同地域、不同经营主体的运营资源可以相互提供支持，提高资源调度弹性。

三、运营模式变革演变

新时代发展背景，我国证券公司在国内资本市场发展、金融监管政策引导、市场需求变化及技术应用等诸多因素的共同驱动下，已进入以集团一体化经营为主要特征的新发展阶段，需要建立相适应的集团运营管理体系以推动集团运营一体化发展，传统的运营理念受到挑战，运营转型发展势在必行。

然而，运营转型并非一蹴而就，海外一流投行运营模式变革从起步开始，经历了三个阶段："集中化"驱动的1.0到"精益化"驱动的2.0，目前正在迈向3.0"数字化、智慧化"阶段。相对海外运营变革历程，中国证券业随着技术发展的突飞猛进、非传统金融机构的加入、监管政策的要求以及客户金融自主行为和意识的深刻变化，运营工作的价值逐渐发生改变。以花旗银行、美国银行、汇丰银行、德意志银行为代表的国际大型银行对运营管理进行了工业化改革，"客户体验导向"

"流程银行""运营工厂化"等理念,也不断冲击着国内证券公司现有的管理模式。国内券商运营管理变革由于起步较晚,具备较好的后发优势,短短30年时间经历了从集中化到精益化的快速迭代,并在金融科技深度融合基础上向数智化方向大步迈进,且在证券金融集团综合化经营趋势的共同驱动下,面临新一轮的转型升级,是运营管理不断从"集中化"向"集团化"迭代、从传统运营作业模式向"智慧化"运作模式的深刻转型。

(一)第一阶段:"集中化"驱动的运营1.0

海内外金融集团运营转型的起步是从分散作业到集中作业。集中化的过程体现在运营边界的拓展,从小规模的在岸集中,到大规模的离岸集中,达到成本套利。以汇丰银行为例,汇丰银行从20世纪90年代初期的在岸中心建设到中期的离岸中心建设,经历了简单、量大、非实时业务上收分行到复杂业务的逐步离岸过程,集中化运营转型的背后,是运营成本的规模递减。

(二)第二阶段:"精益化"驱动的运营2.0

运营2.0在拓展运营边界的基础上,更注重前后台的分工与流程的精益化管理。以德意志银行为例,德意志银行建立了专门的"中央流程化管理部门",从端到端的流程精益化入手,统一行内流程设计原理,实施流程简化再造、标准化、集中化、自动化等流程优化,缩短面向客户的流程时间和业务处理的流转时间,整体端到端处理时间节约40%~60%。

国内证券行业运营管理转型起步较晚,相比商业银行从20世纪90年代末开始探索并逐步推广集中运营处理模式,按照扁平化、专业化和前后台分离的原则,逐步建立起符合现代银行经营管理的中后台运营管理模式,证券行业的运营变革从新世纪才正式拉开序幕。2015年华泰证券在业内率先推出了集中运营平台,之后包括兴业证券、国泰君安、中信、光大、长江等主流券商均着手集中运营模式建设,逐步实现前后台分离,实现运营流程标准化与资源动态调配,端到端的运营模式形成规模优势,以更高的效率、更低的人力成本支持业务的增长。

(三)第三阶段:"集团化、智慧化"驱动的新一轮运营3.0

随着近年来新兴技术向证券行业的加速渗透,以及集团经营管理模式逐渐成为主流,集中化、精益化的运营管理模式已不能满足新形势下的证券金融集团管理的需要。客户需求全球化、规模效益匮乏以及不同区域性、不同业务条线运营服务标准呈现出的差异性,都迫使证券金融集团不得不向"以客户为中心"的集团化、智慧化方向转型。运营3.0首先是运营边界的进一步延伸,由母公司集中拓展至全集团范围。目前,国内证券行业在集团化运营层面尚处于探索阶段。运营3.0同时体现智慧化升级。大数据分析、机器人流程自动化(RPA)、人工智能(AI)开始在运营中应用。智慧化手段将运营管理能力延伸至业务发展全链条,贯穿客户服务全生命周期,实现运营的直通化、数字化和智能化,对于颠覆传统的运营模式,提高客户服务体验、提升运营效率、降低运营风险、减少运营成本都有巨大助力。

四、关于构建证券金融集团运营一体化体系的思考

综上所述，集团化运营管理是顺应市场发展以及监管要求的必然趋势，是实现大型集团风险管控、品牌优势、业务协同、资源共享、规模经济、成本节约的关键战略，也同国际运营管理趋势相一致。

（一）证券金融集团运营一体化具备的现实意义

1. 集团运营一体化是集团内部控制机制的重要组成部分。近年来，以母子公司为主体的集团架构逐渐成为国内证券公司尤其是大型综合类证券公司的重要组织形式。但在证券公司集团化脚步快速迈进的过程中，子公司发生重大风险事件对所属集团产生不利影响的现象时有发生，暴露出证券行业相关集团公司对子公司业务运作管控不力，内部控制存在缺陷等问题。对于证券金融集团而言，除了筑牢合规风控机制外，可以通过集团运营一体化建设，构建双道内部控制屏障。从集团层面对各业务部门、分公司和子公司运营业务进行统一的条线管理，同时依托电子化、标准化、流程化、数字化业务运作，发挥运营对前台业务的过程管控作用，最大限度地保证运营业务规则与作业标准的严格执行，进一步加强集团运营风险的管控力度。

2. 集团运营一体化可以加强集团运营体系的整体规划建设。业内证券金融集团运营模式大多以分散的运营作业模式为主导，集团母公司缺乏对集团运营业务整体建设的有效把控，无法最大化集团管理效益。通过集团运营一体化建设，可以进一步明确母公司、子公司、分公司的角色和职能定位，由母公司从集团层面出发，对整个集团运营管理机制进行顶层设计，对母子公司运营业务发展进行统一规划、统一管理和统一建设，有利于促进集团运营业务从整体上形成体系化发展合力，有力支撑集团业务发展。

3. 集团运营一体化可以提升集团运营资源的整体利用效能。集团运营一体化建设一方面通过实现不同业务条线、不同子公司、不同分公司的运营资源弹性共享，打破传统业务线以牌照为界限的服务单元限制，加强了既有资源和能力的有效利用，可以产生规模效应，而且有助于避免因集团业务高速扩张所引发的人力不足、资源匮乏等问题，从而以最优的运营资源组合实现最高的价值收益。另一方面集团一体化运营还可为运营流程改造和资源整合提供更多观察和实施机会，有利于站在集团层面重塑运行模式和业务流程，提高作业集中度和专业化程度，降低人力成本和运营费用。同时，集团运营一体化还可以为集团快速响应客户需求、提供一站式产品和优质高效的服务创造有利条件，便于使客户在一个集团、一个文化、一个品牌和一个系统下，享受到全方位的服务，切实有效提升客户体验。

4. 集团运营一体化能力建设是构建集团核心竞争力的有效路径。随着客户对一

体化金融服务需求的增加，卓越的集团运营一体化能力已经成为未来金融业的核心竞争力来源，也是构筑金融集团差异化优势的重要手段。通过集团运营一体化的建设，集中集团范围内的优质运营资源，逐步按照经纪、资产管理、自营、投行等业务大类，构建涵盖证券、基金、期货、场内场外、境内境外一体化运营服务能力，夯实集团全面赶超与提质增效的基础设施，进而对外输出集团化专业运营能力，打造集团核心竞争力，为集团开拓金融同业业务创造更多合作机会。

（二）构建证券金融集团运营一体化体系的总体思路

构建证券金融集团运营一体化体系，要借助智慧化手段，以"垂直、穿透"为主线，搭建基本覆盖全产品全业务的"大运营、大中台"格局，并成为全集团运营业务的控制中心、运行中心和服务中心，为各项业务的快速发展保驾护航，为集团金融创新、市场拓展、客户服务提供强大的支持。

1. 控制中心。适应监管要求，由集团层面对运营资源进行统筹调度、最优配置及闭环管理，实现高频次、易标准化的流程的高度标准化，降低运营风险，并通过持续性追踪量化的运营管理指标，全面掌握集团运营管理工作情况，增强集团运营管理宏观统筹和分析预判优势，及时发现各业务板块潜在运营风险隐患，进一步把控集团整体运营风险。

2. 运行中心。通过数字化布局，重塑运行模式和业务流程，提高流程标准化和专业化程度，实现资源的弹性调度，提升组织效率和反应速度，确保能够及时、快速地满足前台业务多样化和综合化需求，为各类产品、各业务条线提供丰富、安全的作业服务和支持，降低人力成本和运营费用，释放全集团的市场开拓能力，提升集团核心竞争力。

3. 服务中心。集团运营一体化本质上是搭建一个共享服务平台。以提高客户服务体验为目的，建立高效的管理团队，强化运营责任，落实责任主体，加强内部协作，最大限度提高集团各项业务的客户资源共享，为全集团客户提供一致性、标准化的服务，并且为交叉销售提供了契机，提高服务品质和效率，实现客户的精细化管理。

五、兴业证券集团运营一体化的具体实践

集团运营一体化体系构建需要在满足法人治理架构与监管合规要求的基础上，明确集团运营职能条线在母公司总部业务部门、分支机构和子公司的角色定位，构建涵盖总部业务部门、分支机构、子公司在内的垂直穿透管理架构。同时，通过推动集团运营数字化建设，采用适当的管理工具和技术手段，推进集团运营服务与管控体系的数字化运转，实现运营一体化管控目标的最终落地执行。

三年多以来，兴业证券从企业发展规律出发结合行业和公司实际情况，明确提

出"集团一盘棋"的发展理念,推行"集团化"战略,全力推进一流证券金融集团建设。运营业务的一体化发展作为集团化战略的应有之义也相应开始了实践探索,并取得了阶段性成效。

(一) 集团运营一体化体系的建设目标

1. 加强集团运营垂直穿透管控。发挥运营业务的过程管控作用,确保运营业务流程依规按章严格执行,在实务操作层面的"最后一公里"对前台业务起到有效的制衡。同时,建立集团级运营风险管控系统,依托标准化、流程化、数字化的日常监督,对各业务部门、分公司和子公司运营业务风险进行统一管控,并建立运营风控模型,进一步加强集团运营风险的管控力度。

2. 提高集团客户一站式运营服务体验。建立以客户为中心的集团一体化运营模式,为集团快速响应客户需求、提供一站式产品和优质高效的服务创造了更大的可能性。在集团一体化运营模式下,客户服务标准一致,有利于客户在一个集团、一个文化、一个品牌和一个系统下,享受到全方位的服务。

3. 提高集团运营效率和灵活性。通过集团运营的统一管理,运营资源、业务流程、操作步骤得以集中管控、集中整合、集中设计,可以快速适应瞬息万变的市场,更好地应对传统与新兴业务的迭代周期,以及监管变化对业务响应和支持需求。

4. 发挥集团运营共享资源规模优势。集团一体化运营模式通过实现不同业务条线、不同子公司、不同分公司的运营资源弹性共享,打破传统业务线为界限的服务单元限制,加强了既有资源和能力的有效利用,提高作业集中度和专业化程度,产生规模效应,降低人力成本和运营费用,以最优的运营资源组合实现最高的价值收益。

(二) 集团运营一体化探索实践

1. 总分层面:建成以标准化集中运营为核心的总分运营体系。2005—2008年,随着证监会综合治理及合规风控的全面加强,兴业证券进行了分支柜面人员和业务由总部统一垂直管理的尝试,这是早期运营集中管理的初步实践。2015年,集团开展以"集中运营"为核心的大运营改革探索,布局集中运营,至2018年,集团在总分层面基本建成在业内较为领先的"分支受理、总部办理"标准化集中运营体系,建立起前后台界限清晰、操作简便、业务处理高效、风险控制有效、客户服务满意的运营体系,有效为分支机构减负,为业务发展赋能。

2. 集团层面:启动以运营一体化管理为中心的集团运营体系。自2018年起,兴业证券前后台职责进一步分离,运营范畴逐步纳入客户服务、投资者教育及银行间债券市场发行承销交易等一级、二级市场业务的结算职责,涵盖证券公司"账户、登记、存管、清算、交收、交易结算系统权限参数设置管理、客服、投教"等职责,大运营体系框架基本建立。

2019—2020年,依托大运营管理架构,集团延伸运营管控触角至子公司层面,提出集团运营一体化战略，重点突出集团母公司在运营条线中全面掌握、重大决策与有效把控的角色地位，按照"垂直、穿透"原则，全面启动集团运营一体化体系建设。

（三）集团运营一体化体系的实施路径

1. 第一阶段：实现对子公司的运营管控。明确集团运营一体化的定位、范围与内容，通过运营风险监督机制和一体化管理机制的建设，将集团各单位的运营业务纳入集团统筹管理。一是以运营风险指标体系为抓手，建立集团运营风险管控体系，通过监控重要运营业务的运作状态，管控核心运营风险，及时了解和掌握子公司运营业务运作情况；二是推动集团运营一体化相关工作机制落地，包括运营风险管理、业务规范、报告管理、统一客服和投教以及考核等方面，以常态化的运营管理机制实现运营条线一体化管理。其中，首轮运营风险指标体系已于2020年底建成，覆盖集团总部及四家子公司包括清算、交收、估值核算、注册登记、账户规范管理、客服业务等在内的重要核心运营业务，集团运营一体化管控的框架初步建成。

2. 第二阶段：推动集团数字化运营赋能。重构全集团运营系统架构，集团层面统一规划、统一设计，全面提升子公司运营数字化水平。

母公司层面：持续推动集中运营平台、资金结算平台、网上开户系统等运营业务系统的功能完善；广泛应用流程机器人（RPA）、智能质检、智能外呼等智能手段，提升运营能力；通过搭建集团层面营运事务综合管理平台，将集团总部管控相关的交互、审批、报备、流程监控等管理手段嵌入系统，加强对集团运营业务的一体化管理。

子公司层面：发挥好母公司技术外溢优势，由集团层面系统规划子公司数字化建设顶层设计，推进子公司全面运营数字化改造，将子公司业务运营主要环节、关键要素信息固化于系统，提升子公司数字化运营能力。同时搭建子公司运营监控平台，通过与集团管控平台对接，实现集团对子公司关键运营业务垂直穿透管控。

3. 第三阶段：培育输出智能化运营能力。在运营数字化基础上，充分利用新兴的科技手段，突破传统的物理限制，实现云端共享、数据共用、流程共通、协同优化，在追求系统化、集约化和数据化的基础上，向智慧化阶段发展。

同时，在符合外规的前提下，穿透大类业务本质，建立标准化的运营分类规则，逐步按经纪、资管、自营、投行等业务大类进行一体化运营，从而使运营服务不仅局限于集团内部，未来还可以对外输出与托管服务相类似的"运营外包"服务能力，成为集团拓展同业合作发展的"新引擎"。

六、总结与展望

随着资本市场改革向纵深推进、金融业综合经营发展趋势的升级以及国际化进程步伐的加快，我国证券行业集团化经营模式正呈现明显加速发展的态势。卓越的集团运营一体化能力将成为未来金融业的核心竞争力来源，是证券公司不仅要做"大"，还要做"强"的战略选择，更是构筑差异化优势基础的重要手段。在现阶段探索并推动集团运营一体化建设具有极强的现实必要性和战略前瞻性。本文立足新时代国内资本市场发展背景以及运营改革发展趋势，思考构建证券金融集团运营一体化体系的总体思路，探索建设证券金融集团运营一体化体系的实施路径。

从长远来看，构建证券金融集团运营一体化管理体系，需要借助数字化手段，从运营理念、组织保障、平台搭建、基础能力建设等多个角度全面布局。

一是建立"以客户为中心"的集团运营一体化理念。证券金融集团运营一体化本质是向"以客户为中心"理念的转型。围绕"以客户为中心"，以"端对端"的方式设计运营流程，建立一站式、全景式共享运营服务平台，客户最终接触到的只是优质产品和服务。

二是充分发挥集团协同的优势。证券金融集团运营一体化体系的构建是一项系统性工程。运营转型从"集中化"向"集团化"的方向进阶，需要充分发挥集团协同，集中整合运营资源，集中设计、集中管理运营业务流程，形成覆盖子公司、分公司的集团运营管理闭环。

三是建立统一的集团运营风险管控体系。证券金融集团运营一体化体系对集团整体的风险防范和控制能力有着更严格的要求，涉及多条业务线、多套系统、多个部门，风险隐患和爆发点越来越多，运营业务风险的大小更大程度上受到前端业务风险向后端传导的影响。需要不断加强和完善运营风险防控工作，建立有效的风险管理组织体系，不断完善风险防范和内部控制制度体系，加强运营风险监控系统建设，特别是要建立覆盖全集团的运营风险管控指标体系。基于运营风险指标视窗，实现母公司对集团运营管理工作情况的全面掌握和关键流程把控，强化证券金融集团的宏观统筹能力和分析预判能力，及时发现运营业务潜在的风险点和运营活动的负载能力，降低可能造成损失事件的各项风险，进而为集团防控风险、优化流程、调整部署、战略升级提供决策支持。

四是搭建数字化运营管理平台。技术的进步为证券金融集团运营一体化体系提供了前所未有的可能性。证券公司可以充分利用新兴的科技手段，突破传统的物理限制，建立基于柔性管理和流程整合的最佳业务与新兴技术的融合，在追求系统化、集约化和数据化的基础上，更向数字化、智能化、自动化发展，最大化整体运营资源利用率，降低跨条线运营管理风险，提升集团运营管控效能。

五是建立完备的运营团队及考核体系。证券金融集团运营一体化体系的建立对运营团队提出更高的要求和挑战，尤其是运营一体化带来的运营条线人员结构变化以及团队综合能力更高的需求，需要加大对高端复合型运营人才的储备。同时，建立完备的绩效考核维度，最大化证券金融集团运营一体化效能。

参考文献

[1] 何大勇,陈本强,程轶,谭彦,张文琦. 智慧运营,银行业竞争的下一个决胜之地[R]. 波士顿咨询公司,2017.

[2] 海通证券股份有限公司课题组. 中国投资银行集团管控与一体化发展模式研究[C]//中国证券业协会. 创新与发展:中国证券2018年论文集. 北京:中国财政经济出版社,2019:818-841.

证券公司数字化转型研究及兴证集团实践

李予涛 刘 斌 蒋剑飞
王佳豪 杜晓萌 杨 柳[①]

一、国内外资本市场发展和数字化转型趋势

(一)海外资本市场数字化转型趋势

海外成熟资本市场数字化转型起步较早,近年来积极运用金融科技手段提升资本市场发展水平,促进资本市场改革升级和健康运行,尤其是国际领先投行、资管机构将数字化转型作为企业创新发展的发力点与核心战略。海外资本市场数字化转型主要呈现出以下趋势。

数字化转型模式向着生态参与者之间共享数字化能力转变。国际领先的信息技术研究分析机构 Gartner 于 2020 年提出以能力共享、价值交换、生态参与为核心的数字化生态框架(见图 1)和发展趋势,反映了海外成熟资本市场的数字化转型模式正在逐步从以自身数字化能力构建数字化业务模式,转变为充分利用开放互联的生态参与者的数字化能力实现数字化生态的模式。新模式下,数字化能力在生态参

图 1 Gartner 数字化生态框架

(资料来源:Gartner 整理:兴业证券)

[①] 李予涛,硕士,首席信息官;刘斌,博士,信息技术部总经理;蒋剑飞,硕士,金融科技部总经理;王佳豪,硕士,金融科技部业务董事;杜晓萌,硕士,金融科技部高级经理;杨柳,硕士,金融科技部资深经理。

与者之间共享使用，实现商业协同、优势互补、价值交换下的生态整体共赢。国外领先投行一方面通过投资、并购、战略合作等多种方式快速获得金融科技各个细分领域前沿技术和优势能力，另一方面开放自身能力和平台，并与第三方数字化能力提供者对接。

紧密结合企业核心能力推进数字化转型成为共识。国际投行和资管机构结合自身资源禀赋和重点发展方向构建数字化平台，赋能核心业务高质量发展。例如瑞银专注于提供涵盖全球资产配置的卓越财富管理服务，通过数字化产品和客户旅程构建，提高公司财富管理运营效率和业务成效；嘉信理财把投资顾问视为与投资者联系互动的关键渠道，打造了开放式投顾服务平台 OneSource 开展共同基金业务，促成独立投资顾问与客户合作，实现客户数量和质量的快速发展。高盛、贝莱德均基于自身风控优势能力的长期积累，推出对外开放的金融服务与风险管理平台，凭借技术输出形成新的业绩增长点。

自主研发核心技术是头部机构数字化转型主流模式。为了在激烈的竞争中占据先导地位，国际领先的金融机构坚持核心技术自主研发，以建立自身差异化竞争优势。根据国际知名研究咨询机构 TABB Group 以往统计数据，在 10 家欧美第一梯队的投行和资管机构中，自建与第三方 IT（包括硬件、软件、数据等服务）的平均比例为 3.14:1，这一比例远高于全球资本市场自建与第三方 IT 比例的平均水平。高盛、贝莱德基本完全自建 IT 系统，摩根大通、摩根士丹利、量化巨头 Two Sigma 等均自建了核心 IT 系统。同时，头部金融机构在自建 IT 方面的人力资源投入远超平均投入水平，高盛技术工程师背景员工数量已经超过 9000 人。

从组织架构和前瞻技术两个方面增强数字化转型驱动力。组织架构方面，摩根士丹利采用了全球化矩阵式的伞形 IT 组织架构，并设置了"面向业务的应用开发"与"企业级开发和工程"两大数字化转型 IT 团队；高盛专门成立了 DSG（Digital Strategies Group）部门负责组织、协调、推动不同部门的数字化转型。前瞻技术方面，国际投行积极应用大数据、人工智能、云计算等前沿金融科技和开源技术，为业务和管理全方位数字化转型提供敏捷高效的支持。例如，为了迅速获得高算力加快创新发展，高盛机构交易和风险管理平台 Marquee 等重要系统利用亚马逊公有云部署；国际投行广泛应用智能投研工具 kensho，将大数据和机器学习相结合分析预测现实事件对金融市场和资产价格的影响。

（二）国内资本市场数字化转型趋势

随着中国开启"十四五"新征程和"国内国外双循环"经济增长模式，国家社会经济建设、产业结构调整和实体经济发展，以及人们对财富保值增值的需求不断增强，对资本市场数字化水平提出了更新更高要求。同时，以大数据、人工智能、区块链、云计算、5G 与移动互联等为代表的新一轮金融科技革命与证券行业改革发展相交叠，新冠肺炎疫情常态化防控对证券行业数字化水平带来持续性挑战和发展机遇。新形势下国内资本市场和证券行业数字化转型将进一步提速,主要呈现出以下趋势。

将数字化转型和金融科技上升到证券公司战略层面。证监会采取分类评价加分、定增过程对技术投入提出要求等措施鼓励券商加大信息技术投入,提高金融科技开发和应用水平。2020 年 8 月证券业协会发布《关于推进证券行业数字化转型发展的研究报告》,要求证券经营机构把深化证券科技运用作为第一生产力,推进证券业数字化转型和高质量创新发展。国内头部证券公司普遍将数字化转型和金融科技上升到公司战略高度,加大信息技术资源投入。例如,华泰证券 2020 年信息技术投入达到 17.65 亿元,相较 2019 年增长 23.86%,国泰君安 2020 年信息技术投入达到 12.67 亿元,招商证券信息技术投入从 2019 年的 6.53 亿元快速增长到 2020 年的 9.94 亿元,同比增长 52.22%(见图 2),预计未来加入 10 亿元 IT 投入阵营的头部券商将持续增多。

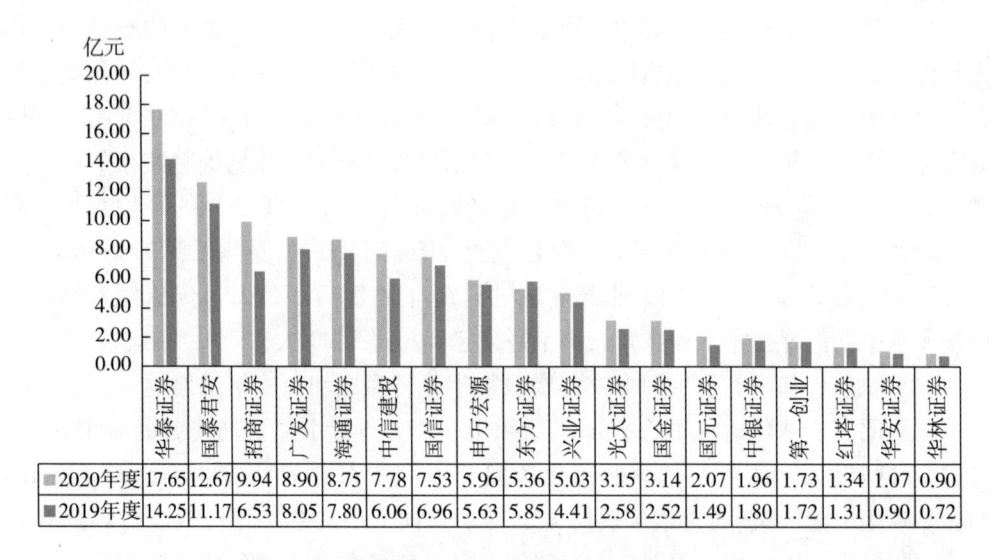

证券公司	2020年度	2019年度
华泰证券	17.65	14.25
国泰君安	12.67	11.17
招商证券	9.94	6.53
广发证券	8.90	8.05
海通证券	8.75	7.80
中信建投	7.78	6.06
国信证券	7.53	6.96
申万宏源	5.96	5.63
东方证券	5.36	5.85
兴业证券	5.03	4.41
光大证券	3.15	2.58
国金证券	3.14	2.52
国元证券	2.07	1.49
中银证券	1.96	1.80
第一创业	1.73	1.72
红塔证券	1.34	1.31
华安证券	1.07	0.90
华林证券	0.90	0.72

图 2 部分证券公司 IT 投入增长情况

(数据来源:各证券公司年报)

资本市场改革与业务创新推进证券公司数字化转型持续深化。近年来,资本市场改革向纵深推进,注册制全面推行、基金投顾试点、银行理财子公司成立和快速发展、券商结算模式转常规等重大改革政策落地。同时,证券公司业务创新发展提速,买方投顾模式成为财富管理转型突破口,投行向"投资+投行"业务模式升级,自营逐步向非方向性投资、全资产发展,资产管理向主动管理转型等。客群结构日趋机构化、国际化,居民资产配置需求日益多元化,全球化资产配置是大势所趋。市场、业务、客群的显著变化推动证券公司将数字化转型重点由传统面向零售客群的数字化服务,全面拓展至面向机构和政企客群的数字化服务,例如华泰证券行知 App、融券通、信用分析管理系统、赢客通云平台等正串联起机构服务的各个环节，国泰君安打造以道合 App 为核心的机构客户服务平台。同时，监管强调证券公司母公司对子公司约束机制健全、风险垂直穿透管理，证券公司数字化转型价值链由前端应用和面客服务向中后台经营管控进一步延伸。

数字化不断驱动产品和生态完善以及服务模式创新。行业金融科技产品以品牌化方式推向市场，成为拓展业务规模、创新业务模式的重要手段。例如，中泰证券 XTP 成为服务私募客户的标杆产品，助力构建金融服务生态圈；华泰证券推出线上证券借贷交易平台融券通，建立融券业务生态；国泰君安打造"开放证券"平台生态，提升金融科技赋能和引领能力。同时，国内券商与互联网公司携手合作，共同打造场景化的金融科技生态，开拓新的服务模式，例如，中金和腾讯成立行业首家合资金融科技子公司，兴业证券与阿里、腾讯建立战略合作创新互联网服务模式。部分头部券商尝试开展金融科技创新企业投资，布局前沿技术领域，例如，华泰证券完成对多家金融科技企业战略投资，以"资本参与+业务合作+战略协同"的产业投资新模式构建科技生态圈并助力自身数字化转型。

行业数字新基建为证券公司数字化转型注入新活力。以行业云、行业链、新一代行业数据中心等为代表的数字新基建不断完善，加速证券行业数字化转型并激发证券公司创新活力、发展潜力和转型动力。例如，上交所金桥数据中心提供可靠高效的基础设施资源和高标准的安全运行保障能力，深证通新一代金融云服务提供包括 IaaS、PaaS、SaaS 全栈云服务，监管链、上证链、深交所区块链将实现更多电子存证和监管合规应用场景落地，有效缓解证券公司数字基建压力、降低数字化转型门槛，越来越多的证券公司将从行业数字新基建中受益。

技术安全可控成为数字化转型重点。根据自主可控国家战略和证券公司对于技术安全可控要求的提升，证券公司将更趋向采用自主可控的技术架构，并选择在部分核心领域自主研发。重点加强数据安全、网络安全和安全运营体系建设，综合运用技术手段保护好客户信息和保障投资者权益。

二、证券公司数字化转型策略和路径

（一）证券公司数字化转型面临的问题与挑战

根据海内外资本市场数字化转型经验、趋势与现状，目前国内证券公司数字化转型面临以下问题与挑战。

1. 信息技术投入与国际投行尚有差距。虽然近年来我国证券行业信息技术投入整体稳步增长，但相较海外机构仍有较大提升空间。根据中证协统计数据以及摩根大通、花旗集团等年报披露，2019 年我国证券行业的信息技术投入达 205.01 亿元，而摩根大通、花旗集团 2019 年信息技术投入分别折合人民币达 685.13 亿元、

493.71亿元，远超我国证券业信息技术的整体投入（见图3）。信息技术投入的体量差距一定程度上制约了国内证券公司技术领域的全面自主研发与前瞻性创新。

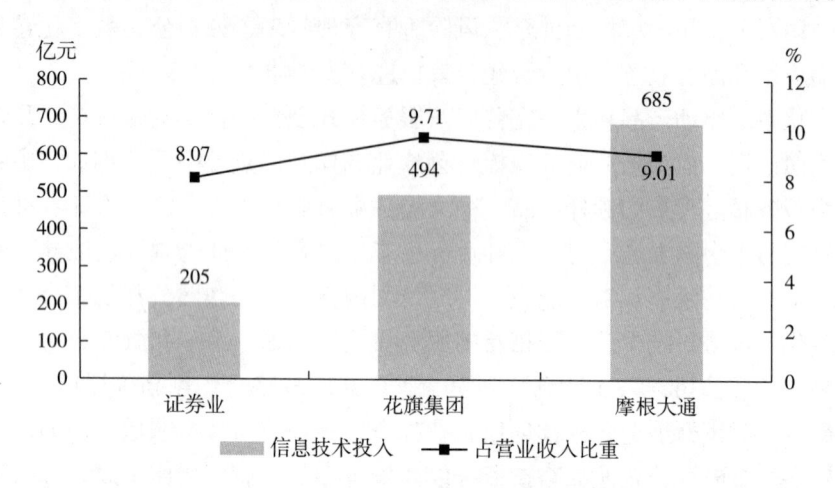

图3 2019年我国证券行业与国际投行同业信息技术投入对比情况

（数据来源：中国证券业协会统计、摩根大通及花旗集团年报）

2. 数字化应用缺乏体系化规划。数据的沉淀、融合、分析、应用是数字化转型的基础。我国证券行业前期大多以业务条线为维度、外购模式为主流开展信息化建设，缺乏顶层设计与统一规划。普遍存在系统供应商繁杂、数据与接口标准不统一、系统重复建设等问题。系统的分散和割裂进一步导致数据难以整合互通。因此，打破应用与数据的壁垒，在合法合规的前提下推进数据资源的开放共享与综合利用，成为数字化转型的关键。

3. 数字化人才相对不足。一方面，行业信息技术人员配备处于较低水平。根据中证协统计数据显示，截至2019年末，证券行业信息技术人才共13241人，占行业注册人员数量的3.75%。而高盛信息技术人员占比超过25%。另一方面，数字化转型需要与公司业务发展与经营管理紧密结合，要求相关人员在深刻理解业务与管理思路的基础上，提出相应的技术解决方案。行业兼备业务知识与IT技能的复合型人才严重紧缺，同时面临互联网等科技公司的激烈竞争。

4. 数字化转型带来合规风险、信息安全方面的挑战。行业数字化转型的过程中，传统券商与互联网公司的竞争与合作加剧，业务、管理、技术模式快速创新，对合规与风险管理带来挑战。同时云计算、大数据等技术的广泛运用增加了网络安全与数据安全的风险。合规与安全是数字化转型的基础与底线。需要行业各证券公司兼顾安全和效率，严防数字化转型过程中的合规、风险和信息安全问题。

（二）证券公司数字化转型策略研究

为应对以上数字化转型的问题与难点，证券公司可以结合自身实际情况，酌情采用以下数字化转型策略。

1. 统一规划布局。证券公司应从总体视角出发，进行数字化转型的统一规划，系统布局。推进统一系统架构、统一开发工具、统一接口标准、统一数据规范，全面整合公司核心数据与外部数据，实现信息系统统筹规划、集中管理、互联互通和数据共享，提升数据综合应用广度、深度，实现数据资产价值变现。

2. 重点领域突破。IT资源有限的前提下，证券公司应聚焦自身业务和资源禀赋优势，紧跟业务发展规划，融合金融科技打造核心竞争力。找准技术牵引业务的突破口，在部分可能为业务发展创造差异化竞争优势的领域重点投入，实现技术对业务的牵引。

3. 自研外购结合。证券公司距离全面IT自建还有较长的周期，当前阶段，应将自主研发与集成应用外部资源相结合，打造灵活可扩展的技术架构，将外部技术能力整合到自身技术体系，提升技术的自主可控能力。对于需要打造独特竞争优势、实现个性化管理、业务快速迭代的领域采用自主研发模式；对于标准化产品且能开放接口的，采用外购模式，实现外部能力的快速整合应用。

4. IT业务融合。通过技术人员前置、跨领域工作小组、联合客户服务等方式完善技术部门与业务部门互动合作模式，营造数字化转型文化氛围。加强内部人员向产品人员的转型和培养以及海外人才等外部成熟人才引进，外引内荐科技与金融复合型人才。

5. 敏稳双态并行。高度重视基础设施、运维管理、信息安全等工作，确保信息系统安全平稳运行。优化敏稳双态管理模式，优化敏捷开发机制，在保证核心交易系统、传统业务和管理系统安全稳定的同时，适应互联网证券、新兴业务的持续快速迭代需要。

（三）证券公司数字化转型实施路径

证券公司数字化转型通常包含两大目标，一是实现业务数字化转型，即利用金融科技落地业务经营数据，通过数据的整合、加工、应用提升业务效率、创新商业模式、拓展业务收入。二是管理数字化转型，即利用金融科技落地管理过程数据，通过数据分析、发现与关联使用提升管理精细化程度和自动化程度，大幅提升管理效率。

根据以上目标与策略，具体实施路径一般分为以下三个层次：

1. 数字化支持。第一个层次是数字化支持，以业务和管理线上化为特征。即以系统为承载，将客户服务、业务运营、风险管理、经营管理全领域、全流程电子化、线上化。这个阶段实现客户、业务、产品、服务、运营等各类数据在系统的沉淀。

客户服务领域实现零售客户、机构客户的全流程线上化服务。为零售客户开户、行情、资讯、交易、业务办理等全周期，机构客户产品创设、产品募集、投资研究、投资交易、产品运营等全链条提供系统化支持。

业务运营领域实现投顾作业、投行作业、自营资管业务的电子化支撑。包括为投顾客户分析、产品推介、客户回访、客户挽回等全服务，投行承揽、承做、发行、持续督导等全阶段，自营资管投资决策、执行、风控、投后分析等全流程提供系统化支持。

风险管理领域实现业务风险管理、技术风险管理的电子化。包括为业务事前风险控制、事中风险监控、事后风控评价提供平台支持，从基础设施、运维管理、网络安全、数据安全等多维度落实技术风险系统化防控。

经营管理领域实现公司财务、人力、办公的无纸化。包括流程审批、薪酬管理、财务报销、通知公告等全面电子化。

此阶段可以将线上化程度作为数字化转型的主要评价标准，通过设置例如零售业务线上开户比例、机构客户线上渠道服务覆盖率、投融资业务管理线上线下占比、运营流程线上化占比等量化指标，评估这一阶段的数字化转型情况。

2. 数字化赋能。第二个层次是数字化赋能，以数据驱动业务发展和管理提升为特征。流程、数据、场景进一步整合打通，员工端与客户端、资金端与资产端、前台与中后台建立全网络数字化连接。数据的量和质得到有效积累和完善，复杂数据分析模型构建、数据洞察已具备条件，数字化技术全面应用于客户服务、运营管理、风险管理、经营决策等各领域，对内提升协同、运营与管理效率，对外提高服务质效与客户体验。

客户服务领域，以客户为中心打造综合金融服务平台。围绕零售客户，线上线下互通联动，人脸识别、智能客服、智能投资辅助等各类智能工具无感知场景化嵌入，叠加大数据标签体系和智能推荐引擎，实现个性化、精准化的产品服务。围绕机构客户，投研、交易、托管外包、融资融券、场外衍生品等服务资源整合汇聚，服务链条交叉协同，智能交易、智慧托管、智能投研等科技加持有效提升客户服务体验。

业务运营领域，投顾作业、投行作业、自营资管业务向自动化、智能化迈进。智能投顾辅助客户特征识别与资产配置建议。智能文档审核、智能搜索、企业知识图谱等贯穿投行作业关键流程。智能投研、量化交易等提升自营资管研究、风控与交易能力。数据分析驱动各业务运营流程进一步打通优化，运营管理全面集中化、数字化。

风险管理领域，前、中、后台数字化打通，各条线、各部门、各区域的客户数据、业务数据等有机整合，同一客户、同一业务、全面风险、各专项风险的评估度量更加及时、有效、准确。智能运维实现系统风险的关联分析与动态监控，智能舆情监测、智能风控分析等应用有效提升风险识别、分析、预测能力。

经营管理领域，流程机器人、智能质检等广泛应用于客服管理、财务核算等场景，降低人力成本和操作风险。数据分析洞察解决企业运营问题，服务企业经营管理和战略决策。

此阶段可以将对业务和管理的提升度作为数字化转型主要的定量标准，除了沿用线上化程度相关指标，可以纳入更多和业务拓展、运营提升相关的指标，包括线上渠道新增客户和资产数量和比例、基于机器学习和基于人为经验的分析在某些重点领域的占比、采用数字技术降低运营时间和人力投入量等。

3. 数字化引领。第三个层次是数字化引领，以数据作为证券公司战略资产、数智技术引领商业模式创新和生态构建为特征。以移动互联、大数据、人工智能、云计算、区块链等为代表的数字技术与证券行业走向超融合，借助数字化技术实现对传统经营方式、经营范围、经营模式的突破，颠覆传统商业模式的同时建立新生态。

创新模式方面，以创新技术、创新应用两个维度切入挖掘数字技术潜力，一方面积极开展前沿创新技术在业务场景的应用与验证研究，另一方面以超前业务视角发现问题，并应用金融科技手段解决问题。通过数字技术创新获客与服务模式，并通过产品化设计与商业化运作推向市场，打造新的业绩增长点。

建立生态方面，与金融同业、金融科技公司、互联网企业共建生态联盟与生态圈，实现各方市场、客户、技术、运营等优势和资源互补。通过开放的企业技术架构与理念，提升自身科技运营服务体系。同时，以更加开放的心态将自身的产品、服务、资源导入第三方合作伙伴，形成多方客户互通，生态互补的互利共赢局面。此外，可与直投、投行业务联动，开展金融科技投资布局。加大包括初创企业在内的金融科技公司价值挖掘，助力金融科技一体化生态化发展。

此阶段可以将对商业模式创新和生态建设的贡献度作为数字化转型主要的评价标准，以商业模式创新和生态建设为导向引入相应量化指标，例如，数字技术和金融业务场景融合产生创新业务数量和收入增量、生态合作伙伴引流量和收益贡献量、数字化渠道客户转化率等。

结合公司规模体量、业务模式、运营与技术架构等，不同证券公司在路径选择上会有所不同。大型证券公司信息技术投入大，自主研发能力强，一般可由全体系出发，按照以上三个层次逐步实现数字化驱动与生态构建。而中小型券商研发能力与投入相对受限，应结合自身特点，选择某些领域打造数字化专长，实现数字化突围，寻求差异化、特色化的数字化转型路径。

三、兴证集团数字化转型实践

（一）兴证集团数字化转型战略

兴业证券始终坚持开拓进取、担当奉献、创新协同的发展理念，伴随中国资本市场发展不断变革创新驱动模式，金融科技发展历经数字化支持阶段，已迈入数字化赋能和数字化引领的新时期。随着国家"十四五"规划发布，数字中国、数字经济加速推进，行业迎来数字化转型浪潮，兴业证券将数字技术作为赋能双轮驱动业务体系、提升集团核心竞争力、达成"建设一流证券金融集团"战略目标的重要突破口,明确了数字化转型的愿景目标与实施路径。

1. 数字化转型愿景。兴证集团数字化转型的战略愿景是建设"数智兴证"(见图4),以金融科技成就一流证券金融集团,建立业务安全与信息安全的全面技术保障体系,实现金融科技与业务、管理全领域的超融合,通过金融科技赋能客户、员工和管理层,推动管理手段、业务模式、发展理念创新,助力兴业证券集团成为"金融+科技"型的一流证券金融集团。

图4 兴证集团数字化转型愿景

2. 数字化转型路径。结合行业发展趋势与自身资源禀赋,兴业证券数字化转型的路径是以强保障、超融合、促发展为目标,重点打造三大生态、三项能力。

强保障包含两层含义。一是助力实现业务安全。打造全面穿透的集团内控管理技术体系,实现信息化、智能化、集团化内控管理。二是严守信息安全底线。夯实集团信息安全基础设施和运维管理体系,为集团业务开展提供重要保障。

超融合包含三层含义。一是集团协同,支持集团业务和管理协同机制,实现集团内部超融合。二是科技与业务融合,共同挖掘市场机遇,实现科技与业务的深度共创。三是生态融合,打造开放技术架构,推动与合作伙伴资源整合、优势互补、生态共建。

促发展包含三层含义。一是金融科技对外赋能客户,落实集团以客户为中心的服务理念,提供面向客户的商业化整体技术解决方案,提升综合金融服务能力。二是金融科技对内赋能员工,通过数智化平台加强服务质效,拓展服务半径,提升服务的专业化程度。三是以金融科技促进业务模式创新,充分利用金融科技促进业务发展,积极应对未来市场和业务快速变化,实现技术价值向商业价值转化。

三个生态,第一个是"内联外合"的集团财富管理生态,以科技手段联结整合集团各单位产品、服务和资源,同时与垂直、非垂直领域商业伙伴深度合作,力争通过金融科技创新财富管理业务模式,提升普惠金融服务水平。第二个是"五位一体"的集团机构服务生态,以机构客户为中心,以金融科技赋能研究服务、交易服务、托管外包、销售服务、增值服务"五位一体"的机构服务生态，紧抓全面推行注册制的机遇建设智能投行，服务实体经济高质量发展。第三个是"开放共享"的集团金融科技生态，基于开放科技策略和架构，积极参与行业科技探索、共建共用行业云链数，提炼吸收转化合作伙伴优势技术和资源，聚焦"用、助、投、保"并以投资、参股、并购等资本运作方式孵化培育金融科技公司。

三项能力，第一项是数智化基础支撑能力，采用行业先进技术架构和前沿技术建设基础设施、运维管理、信息安全为核心的集团运行支撑与安全防护体系，保障集团安全平稳运行的同时，提供灵活拓展的技术资源弹性供给能力，满足业务快速发展的需要。第二项是数智化风险管理能力，进一步夯实集团全面内控技术体系，做到子公司风险管控垂直穿透，确保集团各类风险可测、可控、可承受。第三项是数智化运营能力，推动金融科技与企业运营融合，提升集团人力、财务、办公、运营一体化效率，降低运营操作风险。

（二）兴证集团数字化转型成果

1. 财富管理生态。财富管理生态贯彻"以客户为中心""以服务为导向""线上线下联动发展"。线上以优理宝综合金融服务平台为核心提供广谱式综合金融服务，线下以财富管理工作平台为抓手提升员工服务标准化与专业化水平，实现线上线下场景无缝衔接，线上客户体验与线下员工服务双向赋能。优理宝 7×24 小时业务办理、7×23 小时委托交易、期权组合保证金推荐算法、Level-2 增强版行情服务等多个领域取得业内领先，集成产品精选、投顾组合、资产配置等数智化财富管理服务，辅以"机智猫"智能助手提供智能资讯、投资、理财等财富管家式服务。2020 年优理宝用户活跃度年增长突破 49%，长尾及以上存量客户服务覆盖率提升 25%，荣获券商中国证券业十大品牌 App、新浪风云榜年度十佳 App、金鼎奖最受用户喜爱 App 等众多行业奖项。

通过"内联外合"组合拳实现价值连接与优势互补。"内联"方面，兴业证券在前端实现证券、基金、资管、期货、海峡股交等服务触点的互联互通，支持集团范围内的客户迁徙与转化，构建中端整合的产品服务目录、后端统一的用户、客户、账户和运营管理体系。在此基础上，构建精准服务体系，基于大数据和人工智能对客群和产品进行建模和精准匹配，实现集团客户全渠道触达和差异化服务，并挖掘洞察客户潜在的金融产品和服务需求。"外合"方面，兴业证券与腾讯云、字节跳动等开展客户联合运营的创新尝试。借助新媒体崛起风口，设立官方抖音号、官方快手号，打造优质财经和投教内容阵地，成为抖音、快手等新媒体平台最受关注的券商账号之一。推出"兴证通"统一账户体系并与多家合作伙伴深度打通账号服务，挖掘更多创新联动业务场景。携手腾讯跨界首发集投教、公益、娱乐于一体的"兴家大亨"财商培养型游戏，逐步实现培育蓄客、开户转化、活动创收到口碑传播。

2. 机构服务生态。机构服务生态方面，兴业证券利用数智技术建设涵盖机构交易、投研服务、托管外包、销售服务以及机构增值服务"五位一体"的全业务链机构客户生态圈。

机构交易领域，构建了集合专业交易终端、快速柜台、高速行情、量化交易云四大服务的 SMT 高端交易服务体系，推出微秒级快速内存交易、场景化策略交易、基于 FPGA 的低延时行情服务等特色服务，满足不同机构客群的差异化交易服务需求。

投研服务领域，积极探索智能投研场景，通过海量异构数据的智能筛选、指标模型快速计算和模板化应用，实现部分研究报告内容的自动生成，并以数字工作平台、微信小程序等为承载输出路演、会议、研报等线上化投研服务。

托管外包领域，打造"自动数据监控、自动估值、自动风控、自动信披"的智慧托管运营体系，大幅提升估值核算效率、风控水平和人均效能，支持绝大部分产品 T+0 自动估值，管理人估值表接收时间、资金划付时间提速约 1.5 小时，托管外包智能化程度和业务增速行业领先。

销售服务方面，结合标签体系、智能算法和推荐引擎，助力潜在客群筛选与产品精准推介，提升服务转化率近 3 倍，进一步巩固产品代销业务优势。

机构增值服务方面，重点推动融券管理、场外衍生品相关平台建设，全面提升机构客户证券借贷、投融资等需求自动关联撮合能力和场外非标业务服务能力。

3. 金融科技生态。金融科技生态方面，秉承开放共享的互联网理念，兴业证券与领先互联网企业、金融科技公司等开展深度合作，与阿里云、腾讯云以及恒生电子签署战略合作协议，业内首家与阿里云联合挂牌成立金融科技创新实验室，积极开拓证券行业金融科技发展新空间。同时积极投身行业云数链的建设和应用，借助外部企业、工商、信用、资讯等权威数据优化集团数据生态。与深交所、上交所合作搭建行业链并推动在区域股权市场、存证、资管 ABS 等应用场景落地试点。于 2020 年 10 月成功对接深交所区块链，完成"优理宝 APP 非现场开户存证""海交所交易记录存证"两大应用场景的开发测试，成功将非现场开户的合同 ID、合同 Hash 值、用户 ID、存证时间，以及区域股权市场交易记录的关键要素上链。同时与上交所区块链对接，兴业证券受邀成为上证链治理委员会成员。

4. 数智化基础支撑能力。数智化基础支撑能力方面，兴业证券构建新一代集团两地三中心灾备格局，率先探索尝试多地多中心交替运行。以容器化、DevOps、微服务为核心技术，分域分层建设以"生产云、开发测试云、托管云、数据库云、生态云"为核心的云原生体系，支持应用全生命周期的快速构建与敏捷交付。以运维大数据、智能自动操作、统一监控和智能运维管理为抓手升级智能运维体系，领先同业建立集团信息安全一体化管控机制，以专业化、智能化、实战化的方式建设信息安全防线，安全态势感知水平位于行业前列，信息安全管理体系通过 ISO27001 国际认证，最大化保护投资者利益和数字资产安全，为公司建设一流证券金融集团保驾护航。

5. 数智化风险管理能力。数智化风险管理能力方面，兴业证券建设事前、事中、事后全覆盖的集团内控技术体系，支持集团信用风险、市场风险、操作风险等各专项风险的系统化、可视化管理。自主研发智能反洗钱可疑监测及等级划分机制，以动态调整的可疑交易监测指标有效提升反洗钱风险识别能力。基于大数据分析、复杂事件智能处理和知识图谱技术开展智能舆情监测，为公司各条线提供及时、精准、个性化的互联网信息监测服务。

6. 数智化运营能力。数智化运营能力方面，兴业证券聚焦管理协同、流程优化和减负提效，持续升级集成智能外呼、智能质检、智能客服的新时代智能呼叫中心，实现精细化管理与高质量服务。RPA流程机器人已广泛应用于资产托管、运营管理、财务核算等场景，作业效率提升超过40%。行业率先推出集团营运事务综合管理平台作为集团一体化运营中枢，实现总部和子公司关键运营指标的实时监控与风险感知。

（三）兴证集团数字化转型未来展望

兴证集团将基于敏稳双态、集中统一的集团信息技术管理体系，继续深化"财富管理生态、机构服务生态、金融科技生态"三大生态和"数智化基础支撑能力、数智化风险管理能力、数智化运营能力"三项能力的建设，实现客户服务、经营管理、数字基建全领域的数智化转型，达成"数智兴证"的战略愿景。

1. 客户服务领域数智化。兴证集团将面向集团个人客户、机构客户、企业和政府客户提供数字化、智能化、一站式技术解决方案，实现金融科技与前端市场、客户服务的超融合。在财富管理、机构服务、专业交易等领域形成金融科技品牌与标杆产品，金融科技由赋能业务发展向牵引业务转型。

面向个人客户，进一步整合集团资源禀赋，紧密围绕"客户、产品、服务"三个维度做优科技，构建成熟的财富管理生态体系。客户方面，重点聚焦零售客户个性化资产配置和投顾服务，应用大数据手段实现千人千面精准服务；产品方面，构建全方位产品视图，通过AI技术强化产品特征识别和精准匹配能力；服务方面，深化互联网跨界合作模式，通过数字化技术全面提升专业化、差异化服务能力，打造一站式全渠道的立体智能客户服务网络。

面向机构客户，聚焦专业投资机构投资交易和综合服务需求，建立行业一流的机构交易与综合服务技术体系，构建开放机构服务新生态。精益求精强化SMT高端交易品牌，建设低延迟、高算力、强策略、全资产的机构交易体系；完成投资研究、投资管理、FOF/MOM管理、交易执行、清结算、T+0估值等全流程业务链焕能升级；构建面向未来的智能投行，打造"智能审核、智能查询、智能作业、智能管理、智能销售"五大投行智能应用。

面向企业和政府客户,依托数字科技提升服务效能,完善多层次融资与绿色金融服务支持,为客户提供全价值链金融服务。

2. 经营管理领域数智化。兴证集团将贯彻"业务协同与管理穿透",在合规前提下全面实现跨单位、跨部门、跨条线的业务与管理协同,为集团客户提供综合化服务。通过集团化人力、财务、办公和运营一体化管控平台落实子公司垂直穿透管理。利用集团全面内控管理、合规、审计平台强化集团全面内控管理安全,实现金融科技与集团内部经营管理超融合。

业务与管理协同方面,将信息技术作为整合集团资源、优化协同流程、提升协同效率的重要手段,实现集团平台、数据整合互通,支持跨单位、跨部门、跨条线的业务与管理高效协同,落实以客户为中心的集团化经营管理策略。

全面内控管理方面,围绕"数据支持、事前风控、事中风控和事后风控"四个维度开展信息系统建设,打造集团级风控数据集市,强化风控数据模型和量化分析能力,将全面内控、合规、审计、人力、财务、办公和运营一体化平台垂直穿透至子公司,实现全集团集中、统一、规范化管理。

运营一体化方面,在集团运营一体化发展思路下,落实金融科技与集团内部经营管理超融合,通过集团运营指标、财务指标、人力指标、风控指标的精细化和可视化,叠加智能分析辅助战略决策,构建集团经营管理全景视图,构建一体化、协同化及集约化的集团运营体系。

3. 数字基建领域数智化。兴证集团将从企业中台、大数据与人工智能、基础设施、运行管理、信息安全五个领域落实"数字化全方位赋能",全面加强技术平台和IT内生能力建设,为"数智兴证"的战略目标打下坚实基础。

企业中台方面,构建包含"业务中台、技术中台、数据中台、企业IT架构管控及中台API开放生态"的企业级能力复用平台,全面支持前端应用快速构建,响应市场、业务、客户的快速变化。同时通过企业中台形成完善的企业IT架构管控体系及中台开放体系,打造平台化、服务化、开放化、可管理、可扩展的中台生态。

大数据与人工智能方面,将大数据定位于"数字兴证"的推动引擎,基于行业领先的大数据技术建设可靠的、易扩展的、支持海量数据的大数据平台,并加快推进集团全域数据资产归集,通过数据共享融合、数据建模分析、数据价值挖掘,推动数据应用的智能化升级,更加高效快捷地将数据价值向应用前端传递。

基础设施方面,全面实现金融科技应用在数据中心和云计算平台上敏捷落地。持续建设符合行业标准的"两地三中心",持续推动数据中心虚拟化、智能化的改造,构建可灵活扩展的集团级生产云、开发测试云、数据库云、托管云服务体系。

运行管理方面,以"监、管、控"为主线,IT智能运营为创新与转型方向,实现运维操作的标准化、规范化、自动化和运维管理的全面数字化、可视化,并积极应用运维大数据及人工智能技术,形成总体运行保障能力的可持续优化闭环。

信息安全方面，构建集团化信息安全管理机制，完善信息安全组织架构，健全集团信息安全技术体系，形成全局纵深信息安全防御体系。通过信息安全集团化管控和能力工具共享，提升集团信息安全整体水平。

展望未来，兴证集团数字化转型将全面步入"数智"生态阶段，积极探索前沿科技与数字基建，技术应用、技术安全、技术创新等IT内生能力的飞跃提升将为建设"数智兴证"注入核心力量。同时，兴证集团的数字化建设方向将逐步由内生发展转向外延增长，致力于构建开放化、平台化、生态化的全新数字化商业模式，通过与各合作伙伴的资源融合、生态共建与能力共享，助力行业构建数字经济生态圈，为社会经济、资本市场的高质量发展贡献新动能。

参考文献

［1］Fabio Chesini，Richard Hunter，Hung LeHong. The Gartner Digital Ecosystem Framework：How to Describe Ecosystems in the Digital Age［R］. USA：Gartner，2020.

［2］华锐金融科技研究所. 证券经营机构金融科技战略剖析［EB/OL］.［2021 – 03 – 05］. https：//mp. weixin. qq. com/s?＿ biz = MzUzMjg0ODE2Mw = = &mid = 2247488944&idx = 1&sn = 8f6ebad227c12ac80db0212de561a58a&chksm = faac5efccddbd7eaad004fe8c0fc03b9ba839ec8ee815355de9c3b4df320e0e63b09741d725e.

［3］金融界网站. 中金公司：全球领先的投行与资管如何自建科技生态？［EB/OL］.［2020 – 10 – 13］. https：//mbd. baidu. com/newspage/data/landingsuper? context = % 7B% 22nid% 22% 3A% 22news ＿ 10066595875101833604% 22% 7D&n ＿ type = – 1&p ＿ from = – 1.

［4］金融科技微洞察. 大象转身，地表最强投行高盛开启转型之路［EB/OL］.［2018 – 10 – 25］. https：//mp. weixin. qq. com/s/UIWfsdeJoPNu – 0AlhOZ7 ＿ A.

［5］金融科技之道. 深度剖析金融巨头科技战略——正在"成为亚马逊"的摩根大通篇［EB/OL］.［2018 – 11 – 25］. https：//mp. weixin. qq. com/s/aSLhtdF2MLoHd9dBu8l2hg.

［6］财联社. 券业IT投入全面加码，华泰18亿居首，国君13亿曾连续三年第一，年报曝光各家金融科技战略战术［EB/OL］.［2021 – 04 – 07］. https：//baijiahao. baidu. com/s? id = 1696340830515837589&wfr = spider&for = pc.

［7］行研君. 2020年证券行业研究报告［EB/OL］.［2021 – 01 – 23］. https：//mp. weixin. qq. com/s?＿ biz = MzU0OTM0MDkxMg = &mid = 2247556011&idx = 7&sn = d6cc7dc961624e98ec1493ffc896f128&chksm = fbb30834ccc4812296970da97ba94b6d833ee3d40c0dd10fb27a598ef6fe32c223ffbee915c3.

［8］金融小强. 华泰证券净利润108亿创历史新高，数字化转型释放价值［EB/

OL］．［2021 – 03 – 23］． https：//mp. weixin. qq. com/s？__ biz = MzIONTU zNDAxNg == &mid = 2247505399&idx = 1&sn = 8697acd77dfcebea3f8527128bec4810&chksm = e94f89d8de3800ce2697c2ed55c02e5e953442b2ef8bb966edc6f2dd243f2b0ba0034e3d24e2.

［9］中国证券业协会. 关于推进证券行业数字化转型发展的研究报告［R］. 北京：中国证券业协会，2020.

［10］金融科技研究. 证券科技｜数字化转型成为证券业变革的必由之路［EB/OL］．［2020 – 08 – 31］． https：//mp. weixin. qq. com/s？__ biz = MzUzOT E1MjcxMA == &mid = 2247511870&idx = 1&sn = 7ce37d5d4b1df67b3ca6c4f00eea b28a&chksm = face3717cdb9be01343c4b0df06dd6d1f1fd555daeca2db37b02901d53f6e0c9a7a2c5a0064a.

［11］刘汉西，何志强. 证券公司数字化转型模式和路径初探［EB/OL］. ［2020 – 07 – 17］． https：//mp. weixin. qq. com/s？__ biz = MzU2OTUxNTgxNw == &mid = 2247503383&idx = 4&sn = 436de60f9a075dacc4340a807489042e&chksm = fcff0451cb888d470e9ee95f1ee3611bc30f5147579d3a9e55bfca2db69059f8d2bae8a25f71.

证券公司财富管理转型研究：
理论、实践与路径选择
——兼论兴业证券财富管理转型战略

边维刚　郑可栋　胡　正　朱楠楠
王佳庆　陈蔚薇　张骏驰[①]

近年来，证券公司财富管理业务转型一直是业界关注的热点问题之一。有数据显示：2019 年证券行业全年平均佣金率由 2015 年的 0.054% 降至 0.027%，降幅近 50%，经纪业务收入占比由 2015 年的 49% 降至 29%，降幅近 41%；同期中国个人可投资资产总规模达 190 万亿元，机构财富管理份额约为 58%，其中银行类的私人银行及银行普通理财管理部分达到了 54% 左右，仅有约 4% 的财富管理资产由证券公司、保险、信托等其他机构进行管理，证券公司实际管理资产规模不足 2%。两组数据表明：一方面，传统交易佣金为主的模式难以为继，财富管理转型成为国内证券公司的必然选择；另一方面，随着中国国民财富的积累，中国财富管理市场广阔版图已经打开，在资管新规的出台及房住不炒的政策基调下，国内券商财富管理转型的机遇与挑战并存。本文尝试梳理证券公司财富管理转型的理论、国内外的实践、转型中的典型问题、普适性路径选择及对行业财富管理转型的建议。

一、证券公司财富管理转型的理论研究

（一）财富管理的定义

财富管理是一个相对宽泛概念，学者站在不同视角对其有不同定义。刘鸿儒（2004）从宏观经济管理视角，认为财富管理是一种综合性金融服务，是针对客户整个人生而不是某个阶段的规划，包括个人生命周期每个阶段的资产负债分析、现金流量预算管理、风险管理与保险规划、退休计划、个人税务筹划及遗产规划等各

[①] 边维刚，博士，财富管理部总经理；郑可栋，硕士，财富管理部副总经理；胡正，博士，财富管理部客户拓展处总监；朱楠楠，硕士，财富管理部家族财富办公室副总监；王佳庆，硕士，财富管理部高级经理；陈蔚薇，硕士，财富管理部高级经理；张骏驰，硕士，财富管理部高级经理。

个方面。连平（2009）则从商业银行视角观察，认为财富管理是金融机构利用所掌握的客户信息、产品、专业知识及渠道基础上，深入挖掘客户需求，平衡客户在收入和支出之间的关系，并最终实现财富增长的目标。王增武等（2014）从财富保值、增值、传承的研究视角，认为财富管理是结构化的资产管理，提供财富保全、财富增值、财富保值和财富传承为目标的全方位、个性化综合解决方案。宋艳锴、经纬（2016）从生命周期角度，认为财富管理业务是通过分析客户财务状况发掘客户需求，帮助客户制定财富管理目标和规划、平衡资产和负债计划，以实现财富的积累、保护、增值及转移，具体包括消费、收入与财产分析、保险、投资、退休计划、子女教育、税务策划及遗产管理等。

（二）证券公司财富管理转型的理论研究

关于财富管理在实践中的运用，国外学者的研究较为成熟。夸克·霍和克里斯·罗宾逊（2003）系统分析了财富管理的基本理论框架，详细论述了财富管理规划方法和运作模式。David P. Stowell（2013）在对2007—2009年次贷危机研究过程中发现，投资银行的发展历程上，每次产业重新焕发生机都是直接来自新产品和服务催生了新的利润增长点，为投行的财富管理业务转型提供了理论支撑。

国内学者研究主要关注构建金融机构与客户之间互动的理财框架以及财富管理转型的步骤和流程。王聪和于蓉（2006）运用资产组合理论和金融中介理论，阐述金融机构开展理财业务的理论基础及其内在运行机理，提出基于投资者选择的投资者与理财中介互动的分析框架。梅建平（2013）认为，我国财富管理业务发展模式需从组织架构设计、产品线优化设计、研发实力提升等方面进行全面的改进。王增武等（2014）以均值—方差理论为基础，对基于生命周期假定的财富管理目标进行实证检验，指出财富管理是结构化的资产管理，可分为打包、构造、破产隔离、权益重构四步流程。杨华辉（2015）对财富管理需求的多样化特征进行分析，探讨财富管理业务一站式服务、品牌式服务等新模式。

二、国内外财富管理业务的主要模式

（一）国际上主要的财富管理模式

财富管理业务起源于欧洲，发展壮大于北美。对国内券商财富管理转型模式的分类有多种范式，有按服务特色将其分为折扣经纪商、特色经纪商，也有以机构规模来分类，如张同胜等（2020）从机构的规模角度，将国外财富管理模式分为三种。鉴于国内大型金融机构已经开始大力推动财富管理转型，本文详细介绍后者的分类方法。

1. 大型金融机构综合财富管理模式。这类模式也可以称为全面服务投资顾问型,以美银美林、摩根士丹利、摩根大通、高盛等大型综合性金融机构为代表,其服务的对象主要是拥有大量资产的家族、企业主和高收入阶层客户,这些客户对价格不敏感、要求产品多样化及优质的服务。服务的内容既包括各种金融产品和服务,也包括家族财富传承、慈善和避税计划等。管理费或服务费一般都在资产的千分之几,有些公司甚至更高。以美银美林为例,美林证券是全球最早开展财富管理业务的公司之一,次贷危机爆发后,美林证券被美国银行收购。美林证券的全球财富及投资管理业务成为美银美林集团两大支柱之一。年报显示,2019年底美银美林集团的财富管理业务管理的客户资产超过2.6万亿美元,财富管理业务净收入为193.38亿美元,约占公司全部收入的21.2%,财富管理业务已成为美银美林净收入最大的板块。美银美林集团财富管理服务具有以下特点:

(1) 产品线丰富,不仅提供投资和证券经纪服务、存贷款业务、不动产和财务规划、信托组合管理、现金和负债管理、特色资产管理、退休与养老计划、慈善管理等服务,而且还通过对宏观经济、交易策略(包括股票、共同基金、债券、固定收益和外汇等)、长期投资战略的研究为分布在全球的分支机构和财富顾问提供支持。

(2) 服务客户定位高端。美林全球财富管理主要面向可投资资产在25万~1000万美元的客户,除了提供"美里尔在线"所包含的所有账户及管理服务外,还通过一对一的财务顾问服务量身打造符合客户财务目标和财务结构的财富管理策略。

(3) 已实现佣金向管理费模式的转型。财富管理与私人银行业务板块年度管理费的收取取决于多种因素,一般依照客户资产和市场参与的广度按管理总资产的0.05%~1.5%收取管理费。

2. 中等金融机构模式。中等金融机构财富管理模式也可以称为社区经纪商模式,主要以富达投资(Fidelity)、嘉信理财(Charles Schwab)、爱德华·琼斯(Edward Jones)、德美利(TD Ameritrade)等为代表,其面对的主要是中高收入的中产客户、退休客户和中小企业主,以及对价格敏感的频繁交易者。这类金融服务机构通常以全面的投顾服务、良好的投资者体验、较低的费用来获取客户。

以嘉信理财集团为例,其成立之初主要从事零售经纪业务。20世纪70年代美国开启佣金自由化改革,嘉信依靠较低的折扣佣金来吸引客户,低佣金竞争策略在美国证券市场打响了品牌,吸引并逐步培养了一批黏性客户。20世纪80年代至90年代初,嘉信理财集团不断向金融产品的交易平台扩张,包括推出共同基金销售平台,并成立了大众化的理财平台。

3. 小型金融机构的财富管理模式。这类模式也可以称为折扣网上经纪商模式,以亿创理财(E-TRADE)、盟友投资(Ally Financial)为代表,服务于资产水平较低的中小投资者。

以盟友投资为例，盟友金融于 2016 年 6 月收购了在线证券交易与财富管理服务提供商 TradeKing，整合为盟友投资，为客户提供在线交易和财富管理服务。盟友投资主要为客户提供两类服务：一是自主交易，即为移动端客户提供网上开户和交易服务，客户可通过平台进行多类资产的自主交易；二是财富管理，根据客户的风险偏好和投资目标推荐并代为管理投资组合。由于面向零售客户，其产品主要是费率低、门槛低的多元化 ETF 产品，并对此类服务收取每年 0.3% 的咨询费。

（二）国内证券公司主要财富管理模式

国内券商财富管理模式取法于国外，由于国内持牌金融机构"分业经营，分业监管"的模式，无法形成国外大机构混业经营、全产品服务模式，因此国内券商财富管理模式主要还是按机构或服务特色分类，如李爽（2019）对比研究了华泰、中信、广发、中原、山西等开展财富管理转型的不同模式。华泰证券课题组（2020）从互联网赋能角度将国内券商财富管理模式分为五类：流量型、垂直型、传统型、综合型、创新型。本文借鉴张凯（2015）从服务特色角度将国内券商财富管理模式大致归纳为两类：管家服务模式和投行驱动模式。

1. 管家服务模式。管家服务模式以广发和华泰为代表。广发证券 2010 年在国内率先成立财富管理中心，目标客户定位为可投资产在 1000 万元人民币以上的高净值客户。鉴于单一部门无法满足高净值客户的个性化需求，广发证券在设立财富管理中心之初就将其功能和业务提升到基本的经纪、投行等各项业务之上。在运作模式上，首先由一线的投资理财顾问汇总需求，并将符合条件的需求提交至财富管理中心，再由财富管理中心整合系统内投行、资管及研究等各业务链条的资源，向高净值客户提供精准服务。

华泰证券则通过打造高性能的 CRM 系统等信息科技平台，将各项服务措施整合起来打造成一个包含丰富手段和内容的全业务财富管理服务体系，逐步从面向各个层次提供理财服务，转变为聚焦高净值客户和机构客户作为财富管理部门的重点服务对象。

2. 投行驱动模式。投行驱动模式以中信证券和招商证券为代表。自 2018 年开始，中信证券将"经纪业务发展与管理委员会"更名为"财富管理委员会"，从以业务为中心向以客户为中心转变，启动向财富管理转型。财富管理委员会下设零售客户部、财富客户部、金融产品部、投资顾问部、金融科技部、运营管理部等部门及各地分公司。除了为客户提供交易执行及服务、资产配置方案、投资咨询等传统财富管理服务外，还为超高净值客户、机构客户提供企业财务咨询、并购咨询及执行、股票及债务资本市场融资、托管、清算等综合金融服务等投行托管服务，利用强大的投行服务能力，驱动财富管理的转型升级。

（三）国内外证券公司财富管理模式比较

对比国外国内主要投行、证券财富管理模式，我们认为主要区别在三个方面：

1. 双方所处的经营环境不同。在欧美为主流的国外资本市场，很少有单一的证券公司模式，只有提供全方位服务的金融集团才能满足客户财富管理的需求，金融集团共享客户资源，实现交叉销售，为客户配置银行、证券、基金、信托等投资组合，创造更多的客户价值。我国目前尽管对金融创新和金融企业混业经营有了初步探索，已经出现了中信、光大、招商、平安等金融集团，但集团内银行、证券仍然是分业经营的模式。

2. 双方所处的发展阶段及监管思路不同。财富管理业务的转型升级需要一定监管环境的支持，在混业经营的大背景下，欧美证券监管仅以保证证券市场信息的公开性、保护投资者的合法权益为己任，通过细化监管原则，为券商创造较为宽松、自由的经营环境。我国证券市场起步较晚，证券公司创新业务的开展首先依赖监管层面的放开，从目前来看，证券公司尚无法自主为客户提供全面的跨市场、跨品种的一揽子理财解决方案，不能满足客户的全方位理财需求，"以客户为中心"专业化、定制化的服务的实现还需要时间。

3. 双方所面对的投资者不同。欧美市场投资者已经过渡到以机构投资者为主的阶段，机构投资者以证券投资基金、养老基金、保险基金为主体，个人投资者习惯通过持有各类共同基金产品、间接投资于证券市场。反观我国市场一个鲜明的特点就是个人投资者居多，有数据显示，截至2020年末，在我国超过1.7亿户的投资者队伍中，个人投资者开户数占比超过99%，机构投资者持有市值约11万亿元，占比约16%。个人投资者往往对于券商的理财服务和理财产品的认可度也较低，习惯于被动支付低廉的交易通道费，而不愿主动支付专业性的资讯信息费和投顾服务费，使得证券公司收费服务项目的投顾业务发展困难。

三、国内证券公司财富管理转型实践研究

（一）财富管理转型的演进历程

1. 财富管理萌芽阶段（2000—2009年）。2000—2009年是我国证券公司财富管理的萌芽阶段，2000年下半年，随着监管层面对券商佣金自由化改革的推进，行业的平均佣金率水平开始下滑，2002年证监会宣布采取浮动佣金制度，佣金率由3.5‰降至1.5‰，催生了券商的财富管理转型探索，行业佣金率变动情况见图1。但在2009年之前，大部分券商的财富管理转型探索仍处于早期的萌芽状态，转型的业务也主要围绕基金、理财等产品的代销展开，财富管理的转型之路并未取得实质性进展。

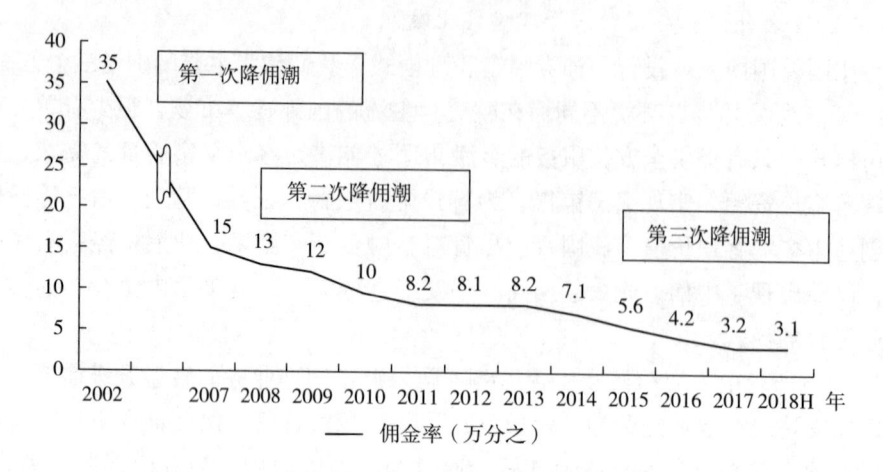

图1　我国历史上的三次降佣潮

（数据来源：安信证券研究报告）

转型初期，券商业务围绕基金、理财产品代销展开，同时期公募基金的管理规模逐步提升（见图2）。

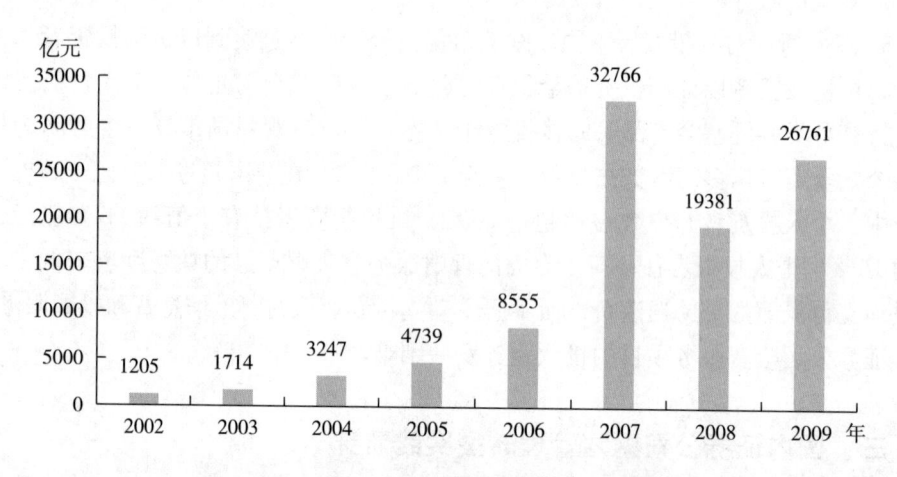

图2　基金管理公司管理资产规模——公募基金

（数据来源：Wind）

2. 财富管理初步转型阶段（2009—2013年）。第二阶段大致为2009—2013年。2009年之后，随着佣金率水平的进一步下滑，券商又开始第二阶段的财富管理业务转型的探索，先后推出了资讯服务套餐、投顾签约服务等财富管理模式。由于政策及法律法规等层面先天的差异，国内的财富管理模式与国外以客户为中心，进行个性化资产配置，以收取资产管理费用为主要收入来源还存在较大的差距。

在此阶段，代表传统通道业务的代理买卖收入对证券公司营业收入的贡献开始下滑，但仍然是证券公司的主要收入，占比40%以上（见图3）。

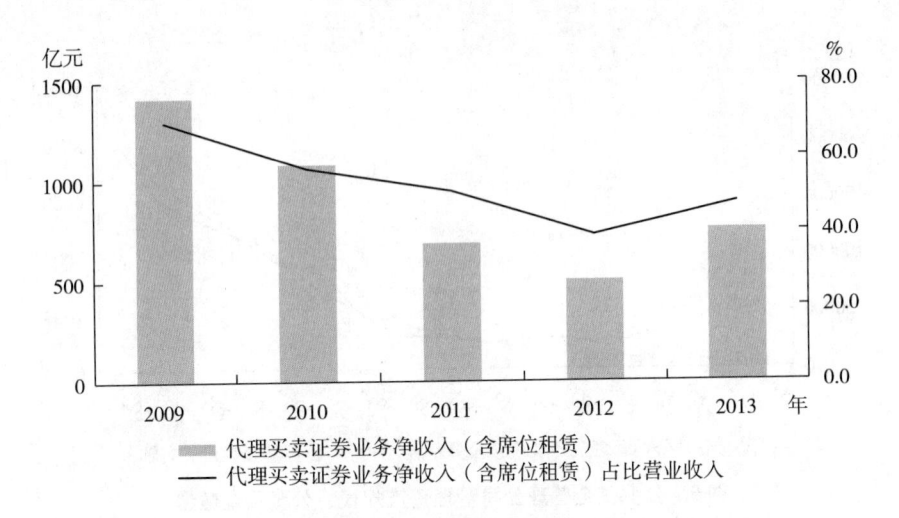

图3 2009—2013年证券行业代理买卖业务净收入及占比营业收入

(数据来源：中国证券业协会)

3. 财富管理快速发展阶段（2013—2020年）。第三阶段大致为2013—2020年。第三方财富管理机构的崛起以及信托非标等产品的快速发展，使得很多券商又回到以产品销售业务为核心的财富管理模式。同时中国高净值人群数量的快速增长（见图4），催生巨大的财富管理需求，该时期以公募基金为代表的资产管理规模、产品数量均呈现爆发式增长（见图5）。

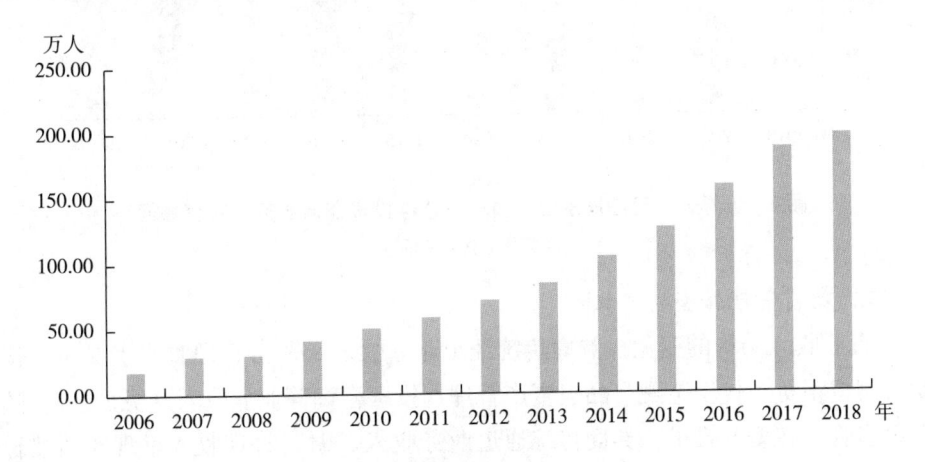

图4 中国高净值人群数量快速增长

(数据来源：Wind)

2011年以来，证券公司积极布局财富管理业务，投资顾问人数快速增加（见图6）。人员结构上，以传统股票交易业务为落脚点的证券经纪人，在从业人员中的比例逐步下降，投资顾问人数占比逐渐增高（见图7）。

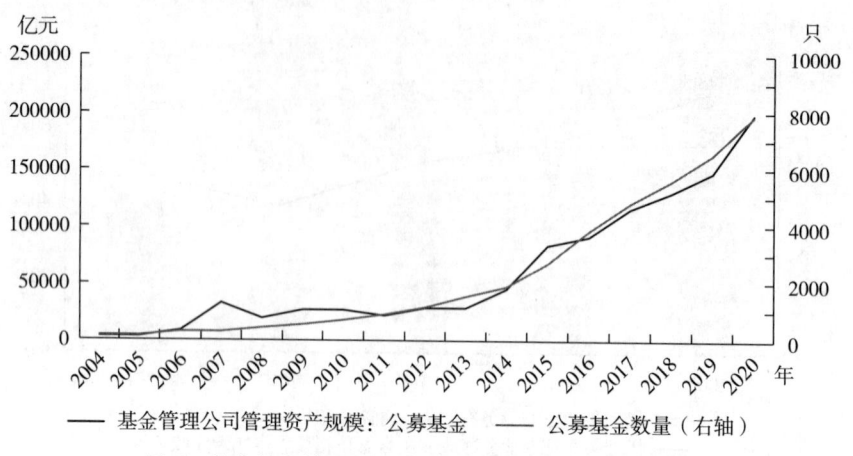

图 5 公募基金管理公司管理资产规模、公募基金数量

（数据来源：Wind）

图 6 证券公司已注册从业人员——证券投资咨询业务（投资顾问）

（数据来源：Wind）

（二）财富管理转型的现状

1. 行业收入结构的变化。券商传统经纪业务收入及财富管理收入主要包括代理买卖、席位租赁、代销金融产品、资产管理、投资咨询等业务收入（见图8）。随着行业财富管理转型的推进，券商传统通道业务收入、财富管理收入呈现此消彼长的态势，并逐渐呈现出三大典型特征。

（1）财富管理业务收入大幅增长。根据证券业协会发布的数据，2020年证券行业收入中，代理买卖证券业务净收入（不含交易单元席位租赁）达993.2亿元，同比增长44.26%；席位租赁业务收入167.9亿元，同比增长69.42%；代理销售金融产品净收入134.4亿元，同比增长208.25%；投资咨询业务净收入48.0亿元，同比增长26.98%；资产管理业务净收入299.6亿元，同比增长8.87%（见表1）。

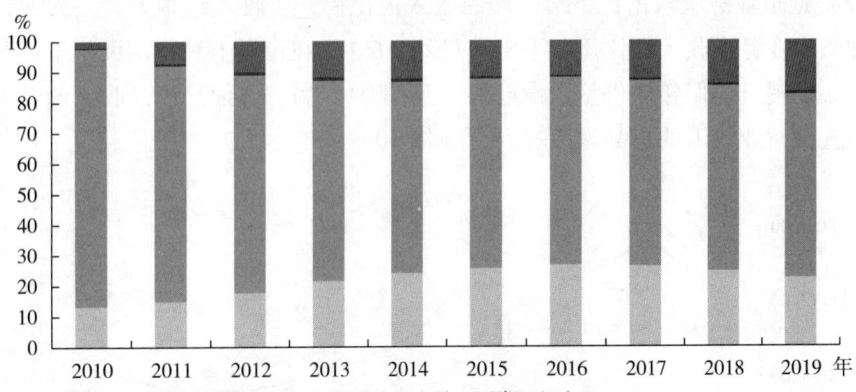

图 7 证券业从业人员结构占比变化

（数据来源：Wind）

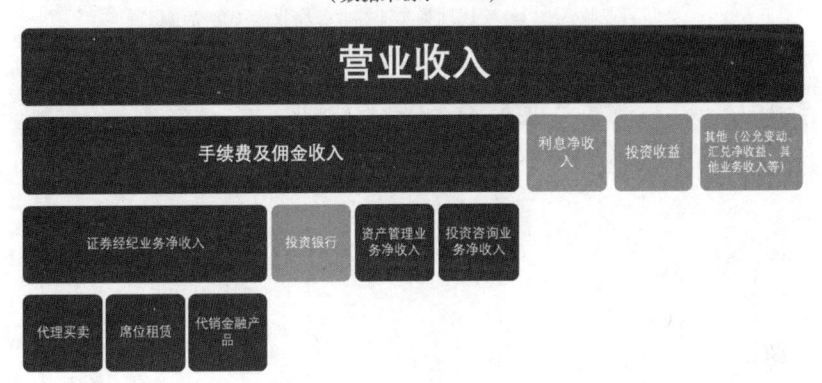

图 8 券商主要收入结构

（数据来源：兴业证券财富管理部整理）

表 1 　　　　　　　　　券商财富管理相关收入　　　　　　　　单位：亿元

年份	代理买卖证券业务净收入（不含席位租赁）	交易单元席位租赁收入	代理销售金融产品	投资咨询业务净收入	资产管理业务净收入
2014	978.4	71.1	20.7	22.3	124.4
2015	2525.0	165.9	58.1	44.8	274.9
2016	941.7	111.3	37.6	50.5	296.5
2017	719.8	101.2	32.6	34.0	310.2
2018	525.9	97.5	38.5	31.5	275.0
2019	688.5	99.1	43.6	37.8	275.2
2020	993.2	167.9	134.4	48.0	299.6

数据来源：中国证券业协会。

（2）通道业务收入占比下滑、产品收入占比提升。收入结构上，一方面证券公司代理买卖业务净收入占比逐年下滑，虽然2020年在市场上涨行情助推下代买收入占比有一定提升，但整体仍呈下滑趋势（见图9）。另一方面是产品收入的快速增长以及对券商营业收入的贡献逐步提升（见图10）。

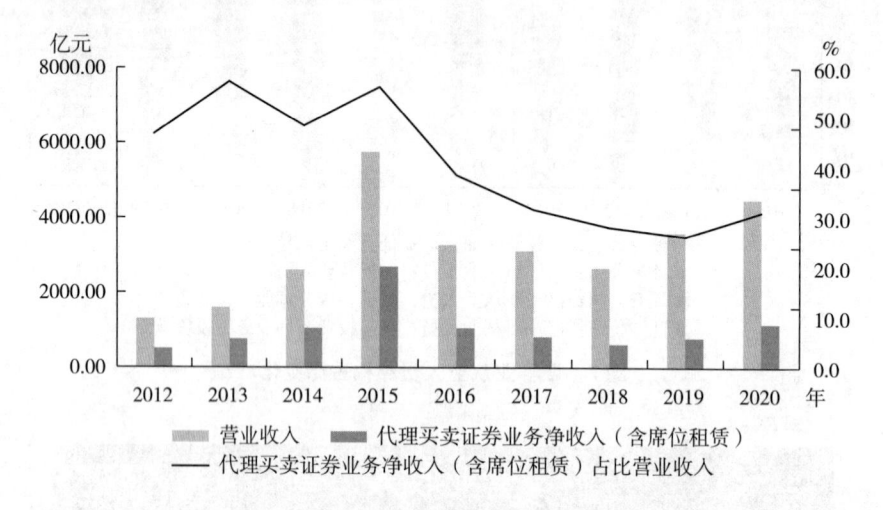

图9　证券公司收入变化

（数据来源：中国证券业协会）

图10　代理销售金融产品净收入

（数据来源：中国证券业协会）

（3）财富管理竞争加剧。一方面，行业总体产品收入快速上升，另一方面，财富管理行业竞争加剧，产品收入集中度呈下降趋势，2019年产品净收入前五位券商合计占比40.8%，环比下滑1.0个百分点（见图11）。

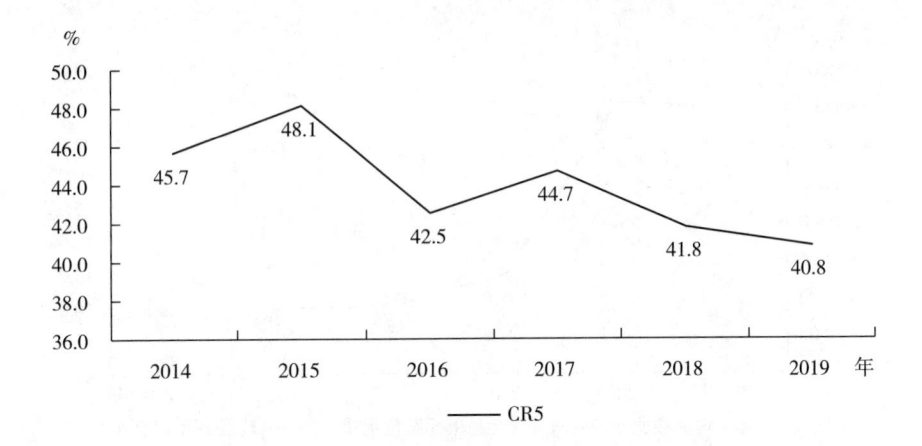

图11 证券行业代销金融产品业务净收入集中度

（数据来源：中国证券业协会）

2. 主要上市券商代销金融产品规模及收入变化。从头部券商情况来看，以中信证券为例，产品业务净收入、投资咨询业务净收入占比逐年升高，而代理买卖业务收入占比出现下滑（见图12、图13）。2020年，中信证券代销金融产品规模达到9447亿元（见图14），创近年来新高。根据中信证券年报显示，截至2020年末，中信财富客户数量12.6万户，资产规模人民币1.5万亿元；人民币600万元以上资产高净值客户数量2.7万户，资产规模人民币1.3万亿元；财富管理账户签约客户1.3万户，签约客户资产超人民币1700亿元。公募及私募基金保有规模超人民币3000亿元，财富配置投资业务规模步入百亿元级别，注册投资顾问队伍人数保持行业第一。

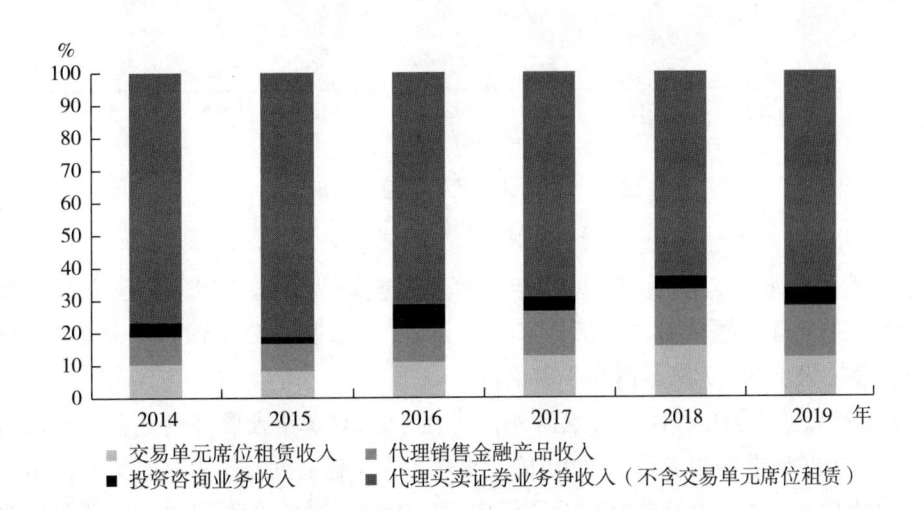

图12 中信证券财富管理相关业务收入构成变化

（数据来源：中国证券业协会）

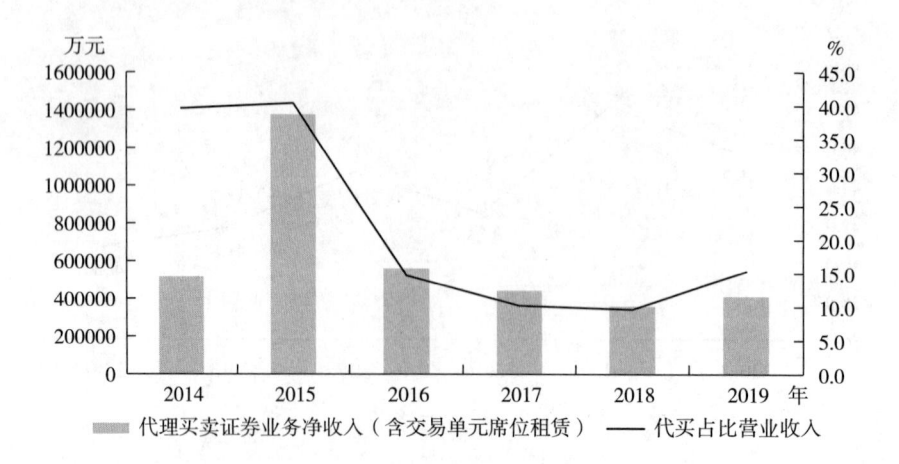

图 13 中信证券代买占比营业收入情况

（数据来源：中国证券业协会）

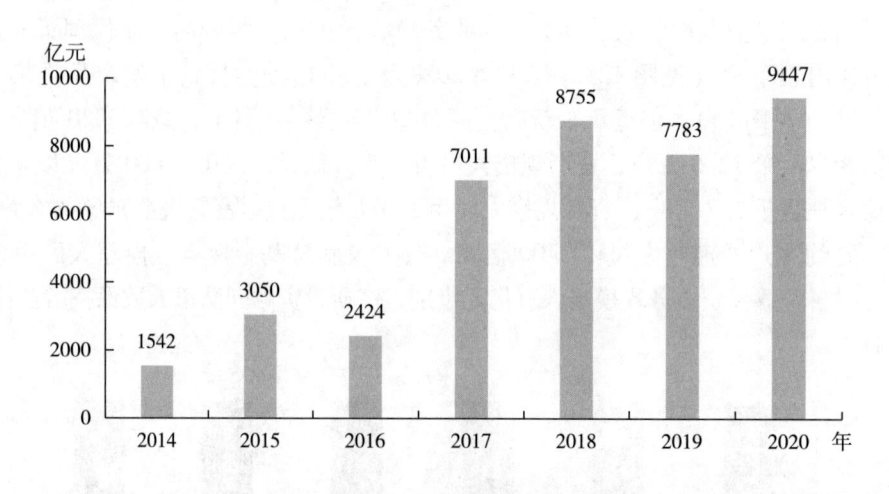

图 14 中信证券代销金融产品规模

（数据来源：中信证券年报）

3. 基金投顾试点情况。自 2019 年公募基金投顾业务试点以来，已有 3 批共计 18 家机构获得了投顾资格。包括 2 家基金公司、3 家基金公司销售子公司、3 家第三方基金销售机构、7 家券商和 3 家银行。

7 家试点券商当中，除申万宏源外，其余券商 2020 年投资咨询业务收入均出现了增长，国联证券增幅更是超过 16 倍（见图 15），基金投顾作为基于买方视角下的财富管理业务实践，也符合财富管理机构回归本源，对券商实现财富管理业务的转型突围具有重要意义。

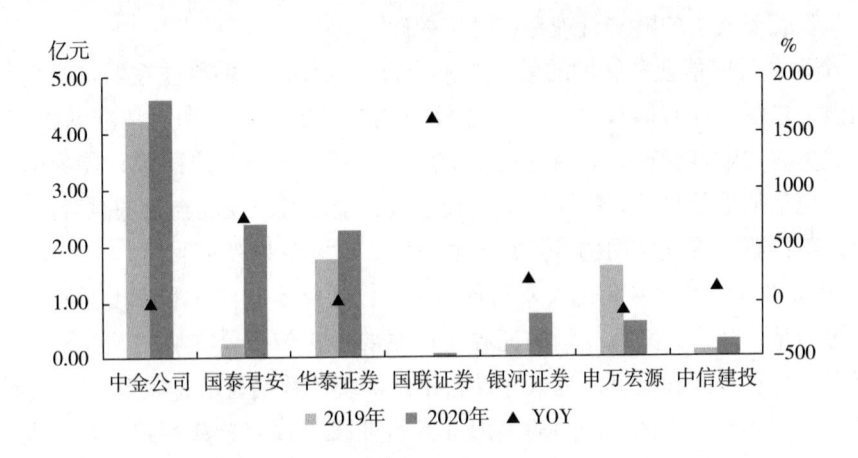

图 15　基金投顾试点券商投资咨询业务收入

（数据来源：公司年报）

（三）国内证券公司财富管理转型存在的主要问题

1. 财富管理转型仍存在制度性障碍。目前，国内证券公司财富管理业务牌照仅限于经纪牌照，限于股票交易、产品代销等，客户在证券公司开立的证券、基金等账户并未联通，支付、转账等功能则只能通过银行账户关联来实现，无法达到以客户为中心提供财富管理服务的目的。一方面基础金融功能的缺失导致券商构筑服务场景能力受限，另一方面账户复杂性高导致客户操作体验满意度较低，不利于从全局出发对客户资产进行分析。因此有研究者指出，分业监管导致监管的规则和尺度的不统一，使得银行、证券等不同机构、不同市场之间存在制度性壁垒，证券公司难以给客户提供综合性、一揽子"金融超市"服务。同时，相互分割的财富管理账户，使金融机构普遍存在信息不对称，无法形成统一、正确的财富管理视角，长期将导致整个财富管理市场效率低下、投机盛行。

2. "以客户为中心"的财富管理的理念仍未真正贯彻落实。尽管目前大多数国内证券公司已提出要坚持"以客户为中心"的经营理念发展财富管理业务，但其服务模式及收费模式仍处于以业务驱动和销售驱动为主的初步转型期，证券公司投资咨询服务的收费模式根本上仍属于佣金模式，未真正建立将投资顾问的利益与客户利益高度绑定的管理费用模式。同时，多数证券公司内部考核机制是通道交易类和理财服务类并行的混合考核模式，无法引导员工深入关注客户需求及满意度等情况，无法推动财富管理业务向"以客户为中心"的业务模式转型。

3. 产品与服务的同质化严重，定制化产品不够丰富。目前，国内证券公司营业部基本上都是以通道业务为主，辅助以产品代销、"两融"业务、咨讯产品的销售及少部分签约投顾服务等，从提供的产品线来看，集中在股票型基金、债券型基金、混合型基金、货币市场基金、另类投资基金和QDII基金等资管产品，另类投资、家族信托等高端产品相对欠缺，缺乏针对高净值和超高净值客户的个性化需求的定制产品，与真正意义上的财富管理存在一定差距。

4. 金融科技赋能业务转型的效果尚不明显。当前，金融科技在财富管理领域中的应用愈加广泛，如智能投顾相对人工投顾能够提供更加合理、精准的投资工具，更好地服务客户财富管理，大数据技术应用于场景分析与客户画像，能为财富管理机构提供更加精准的投资策略。但从实践上看，金融科技发展与业务融合度并不高，金融科技赋能财富管理应用仍然处在探索阶段，赋能效果尚不明显。

5. 财富管理转型的专业化人才储备不足。人才储备的深度和广度是财富管理转型的关键力量。从实践来看，国内证券公司主要依赖传统分支机构与投资者建立联系，高素质投资顾问和投资研究人才储备不足。统计数据显示，截至2020年末，国内投资者数量达到1.8亿人，同期国内证券行业投资顾问总数不到6.6万人，这意味着证券行业平均每名投资顾问需要服务的投资者数量多达2727人。相较于国外，国内投资顾问人员多数仍以卖方思维为主，在细分客户种类和收集客户资料、深入了解客户需求方面尚待提高。专业投顾人才储备不足成为制约财富管理转型的重要因素。

（四）国内证券公司财富管理转型的路径

针对财富管理转型的现状、存在的问题，下一阶段，国内证券公司财富管理转型的方向从服务内容上，证券公司要从单一提供通道服务转为提供通道、产品、投顾等综合服务；从服务模式上，要从无差别"大众化"服务转为市场细分下的"个性化"服务；从盈利模式上，要从单一收取通道佣金转为高附加值产品服务下的佣金和收费并举。当然，证券公司财富管理业务转型不应只是一般金融产品销售业务的简单升级，或仅指投资顾问业务，或局限于照搬境外所谓的理财规划服务，而应是一种"以客户为中心"的综合性服务，通过协同整合投行、资产管理、投资与交易等业务条线资源及外部金融机构资源，凭借投资顾问、账户管理、理财产品、业务支持等渠道和工具满足客户多元化的金融需求。为此，我们提出如下实现路径：

首先，要深刻理解、认同、践行"以客户为中心"的理念，摒弃短期利益思维，坚持以客户战略为财富管理转型的基石，谋求公司长期利益最大化、与客户共赢良好局面，同时做好客户的分级管理与服务，除传统零售客户外，要大力发展机构客户。对于机构客户的开发目前可从三个方面着手：一是加强与投行的合作，主动发掘企业客户在投融资方面的理财需求，实现投行业务与财富管理业务的联动；二是主动跟踪联系拟上市公司中的股东，包括机构投资者，为其提供减持服务、股权激励、股权质押融资等综合性金融服务；三是挖掘有资金管理需求的中小银行、银行理财子、信托、公募、私募基金等，为其提供定制化资管产品和综合性金融服务。

其次，抓住基金投顾试点契机，加大专业人才储备力度，逐步形成财富管理发展的新模式。目前，第一批获得基金投顾试点资质的国内证券公司有银河证券、中金公司、中信建投、国泰君安、申万宏源、华泰证券、国联证券7家，第二批预计新增30家试点券商。基金投顾业务的推出，突破了国内不能代客理财、全权委托管理客户资产的瓶颈，财富管理行业将迎来巨大的转折。从业务模式来看，代销机构主要赚取的是销售佣金收入，存在过度销售或故意销售高佣金产品以获取自身短期利益的情况。基金投顾的"买方模式"下，商业链条将转变为"客户—投顾—基金"，代销机构收费模式也从赚取差异化佣金向收取基于保有量的服务费转型，投顾机构与客户的利益更加一致，谁能够抓住这一契机，打造出真正意义上的买方投顾，谁就能在财富管理转型市场中抢得先机。

最后，以科技引领，打造数字化财富管理平台。在数字化时代，敏捷、灵活的系统和平台架构是金融科技赋能的基础，数字化财富管理平台应尽可能整合公司各类资源，打通与公司产品销售、CRM、集中交易、两融、客户、服务资源。重点工作在于几个方面：（1）在前台销售环节，借助大数据、人工智能等，对投资者进行360度精准画像，从多个场景、多个维度了解投资者的基本情况、投资潜在需求、财务实力、风险偏好等，从而实现精准营销、智能营销。（2）在中台投研环节，运用大数据、机器学习、知识图谱等技术，将数据、信息进行智能整合，实现数据之间的智能化关联，自动生成研究报告，提升投研效率。（3）在后台管理环节，通过金融科技赋能帮助客户提供线上的从全产品线信息获取，到产品买入，到产品管理分析的全流程，提升客户体验。

四、兴业证券财富管理业务转型的战略选择及对行业发展的对策建议

（一）兴业证券财富管理转型的"一体两翼""1234"战略及"四大攻坚战"

兴业证券财富管理转型起步于2010年，经过多年的努力，形成了清晰战略和策略打法，提出"一体两翼，乘势腾飞"战略，即以客户为体，以产品和服务为两翼，抓住中国财富管理市场厚积薄发的契机，乘势腾飞。在此基础上，2020年进一步提出了"1234"系统性战略部署。具体是指，打造"1"张名片，集聚兴证财富品牌新动能；谋求"2"条曲线的跨越式发展新高度；推进"一体两翼，乘势腾飞""3"大战略模块进阶升级新体系；实施"平台生态化、内容精品化、服务综合化、运营数智化""4"化策略全链路新融合（见图16）。

四大攻坚战。2021年是决战决胜"十四五"的关键之年，兴业证券财富管理条线明确提出"四大攻坚战"，即"有效客户、有效销售产品、机构经纪交易量、两融业务规模再上新台阶"。

（二）行业财富管理转型的对策建议

"他山之石，可以攻玉"，借鉴国内外同业经验及兴业证券财富管理转型实践，我们建议国内证券行业财富管理转型应围绕客户体系、产品体系、服务体系、账户

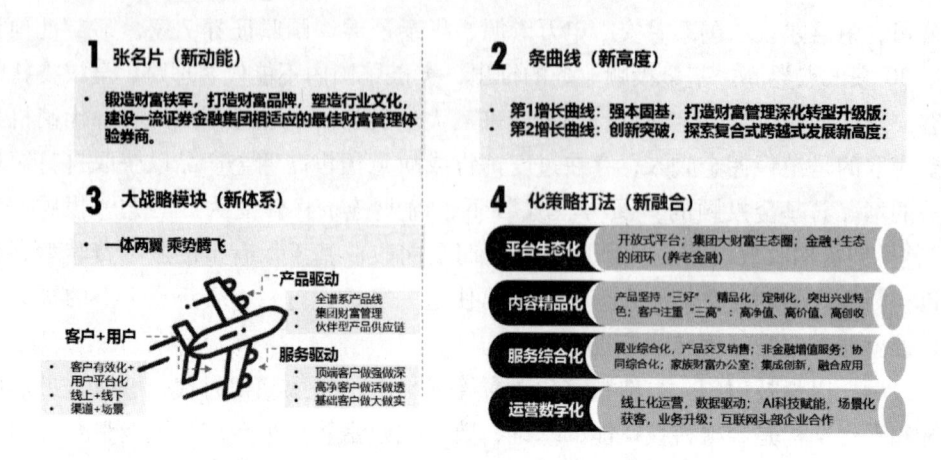

图 16　兴业证券财富管理"1234"战略

体系、金融科技五个方面精心打磨、锻造券商财富管理的综合化实力,向国际一流水平看齐,以满足新的发展阶段人民群众财富管理需求,增进投资者的获得感。

1. 客户体系:线上线下齐头并进,做大做强客群根基,夯实财富管理压舱石功能。客户是生存之本,发展之基。客户资源是企业最重要的实力保障,也是企业获得可持续发展的动力源泉。近年来,行业客户规模持续增长,根据中证登公布数据,截至 2021 年 5 月底市场投资者数量已达到 1.87 亿人。应该说,经过行业多年的财富管理转型探索,行业客户基础得到了夯实,我们建议持续重视、加大客户渠道拓展力度,线上线下齐头并进,全面加强与三方银行渠道建立战略合作关系,在合法合规前提下,打通互联网渠道入口,开拓场景化批量获客模式,实现行业基础客群的快速增长。同时,要注重优化客户结构,积极挖掘客户价值,重点推出符合客群的产品及服务,承接客户差异化需求。进一步做实营业网点的功能向多元化演变,优化网点布局,发挥协同优势打造综合化经营的护城河。

2. 产品体系:打通资金端、产品端及资产端,提供综合化的产品平台。产品的质量是财富管理的生命线,完善金融产品供给关乎到券商能否真正实现财富管理业务转型。2020 年全行业实现代理销售金融产品净收入 134.4 亿元,同比增长 208.25%,但同时应该清醒地认识到产品销售不等于财富管理,只是财富管理的初级阶段。行业应当为客户提供开放的产品平台,完善金融产品供给,以客户为中心,满足客户不同层次需求。未来,在合规前提下,积极探索通过发展 FOF、MOM 等以资产配置为目的的产品及服务,建立行业财富管理的生态圈,打通资金端、产品端及资产端,将行业内可挖掘组织的稀缺资产产品化,全方位满足客户投融资等综合金融需求。

3. 服务体系:以客户为中心,更好地满足广大人民群众财富管理需求,不断增强投资者获得感。目前,国内券商缺乏服务高端客户的能力,尚未建立起对高净值客户的个性化的服务体系。因此必须坚持"以客户为中心"的理念，注重将客户的需求场景化，打造全能型和共享型跨资本市场综合服务平台，为客户提供一站式综合金融服务，更好地满足广大人民群众财富管理需求，不断增强投资者获得感。通过升级投顾队伍服务能力、探索及搭建家族财富业务模式及高净值客户服务体系，家族办公室目标以整合行业内外专家协作的方式为家族的多样化需求提供高度定制化的一揽子服务，积极探索专属定制的综合服务解决方案，"集成创新、融合应用"，发挥对高净值客户的集聚和辐射效应；扩大证券金融服务外延，探索金融同业融合式发展。

4. 账户体系：积极探索账户体系创新，逐步消融财富管理转型的制度性壁垒。近年来，证券公司一直在持续加大财富管理的转型力度，但随着行业的快速发展，相较于银行及第三方财富机构，券商在底层账户上的劣势也逐步显现。受限于传统账户体系的清算架构，客户体验很难与其他财富机构看齐。同时，伴随着两融、期权及基金投顾等业务的先后推出，不同账户之间资金与信息的打通问题也越来越突出。目前协会已启动账户创新体系的探索，但目前仅限于分类评级 AA 级以上的券商，考虑到需求的普遍性与迫切性，建议考虑降低试点的门槛或尽快实现业务的试点放开。

5. 金融科技：提高财富管理服务的智能化、数字化水平，践行科技赋能理念，共启财富管理新征程。将金融科技置于证券行业财富管理转型战略的新高度，不断加大对金融科技的投入力度，推动金融科技对行业发展的全面赋能，以科技的手段全面提升客户财富管理体验感。以财富管理业务为核心、以客户服务为基础、以赋能员工为核心抓手，全力推动行业财富管理转型，为一线从业人员提供更数智化、专业化、场景化的金融科技支持。建立账户体系，扩大用户＋客户规模，发挥行业综合化、专业化、国际化资源整合能力，做好产品及服务的融合落地。加强各类特色服务与金融科技的融合，突出客户重点关心、影响客户核心体验的功能建设与完善。持续完善客户服务体系及权益，提升精准服务客户的能力。"知者行之始，行者知之成。"在财富管理的大时代背景下，紧密围绕坚决做大做实行业客群规模，专注做强做优"产品"和"服务"的双轮驱动能力，践行金融科技赋能理念，共启财富管理新征程！

参考文献

[1] 刘鸿儒. 中国金融理财业的发展与前景 [J]. 杭州金融研修学院学报，2004 (12)：12 – 13.

[2] 连平. 创新经营管理模式推动财富业务发展 [R]. 北京：21 世纪亚洲金融年会委员会，2009.

[3] 王增武，黄国平，陈松威. 财富管理的内涵、理论与实证 [J]. 金融评论，2014 (6)：113 – 124.

[4] 宋艳锴，经纬. 证券公司财富管理业务的概况、定位与方向 [J]. 金融纵横，2016 (9)：29 – 39.

[5] 夸克·霍，克里斯·罗宾逊. 个人理财规划 [M]. 陈晓燕，徐克恩，译. 北京：中国金融出版社，2003：81 – 85.

[6] 王聪，于蓉. 关于金融委托理财业演变的理论研究 [J]. 金融研究，2006 (2)：126 – 136.

[7] 梅建平. 商业银行财富管理业务发展模式研究 [J]. 上海管理科学，2013 (5)：57 – 60.

[8] 杨华辉. 多元化需求下财富管理创新模式研究 [J]. 福建金融，2015 (8)：19 – 22.

[9] 张同胜，边绪宝. 国外证券公司财富管理的启示 [J]. 金融发展研究，2020 (3)：90 – 92.

[10] 李爽. 浅析证券公司财富管理转型 [J]. 时代金融，2019 (8)：41 – 43.

[11] 华泰证券课题组. 证券公司数字化财富管理发展模式与路径研究 [J]. 证券市场导刊，2020 (4)：2 – 12.

[12] 张凯. 境内券商财富管理业务的现状、模式及趋势 [J]. 银行家，2015 (7)：128 – 131.

[13] 方强，孟醒，明朗. "基金投顾"试点背景下的券商财富管理转型 [J]. 银行家，2020 (3)：84 – 87.

[14] 于蓉. 金融机构财富管理业务发展面临的矛盾与对策 [J]. 南方金融，2016 (7)：52 – 56.

[15] 吴树畅，邢晓芳. 关于我国券商财富管理业务转型的问题探讨 [J]. 西部金融，2019 (11)：42 – 60.

[16] 赵阳，江雅文. 金融科技赋能证券经营机构财富管理转型研究 [J]. 金融纵横，2019 (10)：36 – 45.

[17] 张岳. 我国证券经纪业务转型与财富管理模式创新 [J]. 产权导刊，2014 (3)：55 – 58.

[18] 罗钢青，姚泽宇. 基金投顾与财富管理转型 [J]. 银行家，2020 (17)：54 – 56.

证券公司大机构业务发展模式研究

陈　丹　史路晟　张文君
田　菲　蒲红刚　魏　婧[①]

引言

我国资本市场起步较晚，但发展迅速，从无到有，从小到大，成长为全球第二大证券市场，在引领资源配置、服务实体经济发展方面作出了重大贡献。进入"十四五"时期，新形势、新阶段、新格局对证券公司服务实体经济提出了更高的要求。

随着国内资本市场双向开放的进程不断加快，专业机构投资者队伍不断壮大，投资者结构更加丰富，机构投资者参与度越来越高，证券公司机构业务迎来重大发展机遇。专业化、体系化和差异化的机构客户综合服务能力将成为证券公司高质量发展的核心竞争力。

本文深入分析国内外证券公司大机构业务的典型发展模式，剖析了不同类型证券公司机构服务的差异化布局方向，通过聚焦证券公司大机构业务发展的核心驱动力，为证券公司打造大机构业务发展核心竞争力和提升机构客户综合金融服务能力提供发展思路。

兴业证券（以下简称兴证或公司或集团）于2018年，首次提出"建设一流证券金融集团"的战略目标，并于2020年，明确提出"财富管理+大机构业务"双轮驱动战略，进一步明晰大机构业务体制机制的内涵与外延。本文立足公司近年来在大机构业务方面的实践探索和取得的阶段性改革成果，结合"十四五"规划和2035年远景目标，为证券行业大机构业务发展提供前瞻性、建设性的思考和建议。

[①] 陈丹，硕士，机构业务发展部总经理；史路晟，硕士，机构业务发展部副总经理；张文君，博士，机构业务发展部高级经理；田菲，硕士，机构业务发展部客户管理与服务处副总监；蒲红刚，硕士，机构业务发展部高级经理；魏婧，硕士，机构业务发展部经理。

一、他山之石，解析海外券商大机构业务发展模式

主经纪商业务、投行业务、研究与销售交易业务、资产管理业务是海外券商大机构业务的主要范畴。其中，投行业务以企业客户为主，政府和机构投资者为辅；主经纪商、研究与销售交易、资产管理服务以机构投资者为主，企业客户为辅（见图1）。

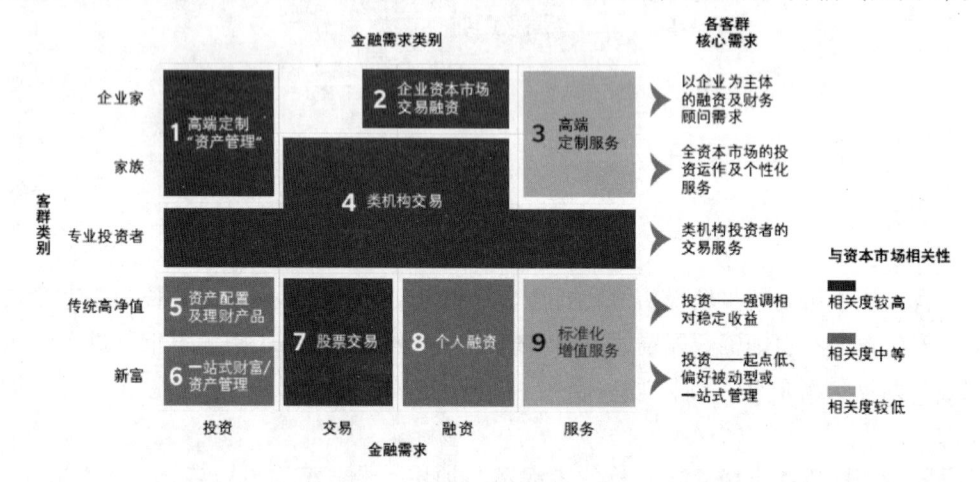

图1　客群类别和金融需求

（资料来源：《中国"券商版"私人银行》，兴业证券 & 奥玮咨询）

从海外券商机构业务发展来看，1975年后，机构业务逐步发展，主要提供交易、研究、结算、托管、股票拆借和杠杆融资业务。1990年后，美国资本市场迎来大发展，交易标的不断丰富，产品和服务形式不断创新，交易需求不断深化，机构业务走向综合化和复杂化。

（一）海外机构业务发展历史沿革

1975年后美国券商机构业务发展历程分为三个阶段：

1. 机构业务模式探索时代（1975—1989年）。美国国会对《证券交易法》进行修改之后，证券经纪机构固定佣金的时代结束，对其经纪业务收入影响较为明显。为了寻找新的利润增长点，大型券商的转型重点聚焦在机构客户的投行业务，利用资产负债表大力发展交易做市业务，并购重组业务也成为新的增长点，券商机构业务发展的探索时代全面开启。

2. 机构业务多样化发展时代（1990—2008年）。1990年后，美国影子银行体系处于萌芽状态，券商为机构客户提供杠杆融资，通过将抵押物再抵押等方式，实现杠杆率的提升和信用创造。券商机构业务进入多样化发展时代。在这个阶段，大型券商将重资产业务作为主要发展方向，而以嘉信理财为代表的财富管理机构则将财富管理作为另一条发展主线。1999年，美国《金融服务现代化法案》通过，金融混

业经营全面放开，金融机构实行全能银行模式。在此背景下，美国券商通过并购实现混业经营，并逐步形成了大型全能券商、精品投行、财富管理机构和交易做市商等差异化发展路径。

3. 后金融危机时期，金融科技引领机构业务创新时代（2008—2020年）。金融危机之后，受《多德—弗兰克法案》和《沃克尔规则》等法律的约束，美国券商压缩自营和做市规模，并增加场外金融业务的透明度。美国券商的机构业务虽然受到了不同程度的影响，但作为传统核心业务，机构业务仍是券商业务的重要部分。为应对监管环境的变化，并保持同业的竞争优势，美国券商也在不断探索机构业务新的创新方向。从高盛、摩根士丹利等公司资本与人力资源的投入方向来看，大型券商主要从金融科技应用以及商业模式变革方面进行机构业务创新。

（二）四大类典型发展模式

美国券商根据市场业务发展和监管要求，不断优化公司业务架构和战略布局，通过同业兼并整合，形成了四大类典型发展模式，即大型全能券商、精品投行、财富管理机构和交易做市商（见图2）。

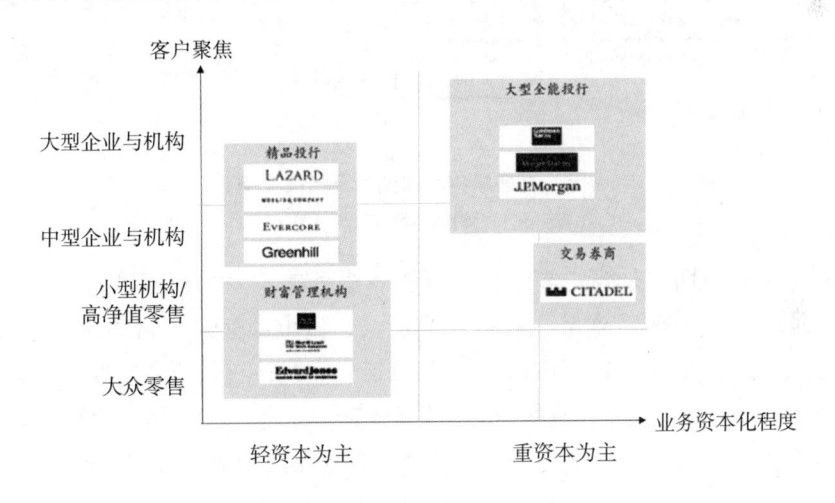

图 2　国外券商大机构业务发展四大模式

（资料来源：《展望2020中国证券业》，麦肯锡）

四大模式代表性券商的客户聚焦、业务结构和资本化程度均有所不同。其中，全能型券商业务结构较为均衡，为客户提供复杂产品以及全生命周期服务。其他类型券商则是在细分领域通过专业化、特色化的发展路径，探索适合自身发展的业务模式，提升对机构客户的服务能力。如嘉信理财聚焦线上专业财富管理业务，Lazard专注并购重组财务顾问业务和主动型资产管理业务。

1. 模式一：以高盛、摩根士丹利为代表的全能型券商。美国大型全能券商专注于各类机构客户，机构业务范围多元布局，为客户提供全生命周期一站式综合金融服务。以高盛、摩根士丹利为代表，其具备明显的行业竞争壁垒和品牌优势，业务模式呈现机构化、国际化、资本化等特征。

（1）高盛（Goldman Sachs）。高盛对机构业务条线进行了多次调整，2009年新设立投资与借贷部和机构客户服务部，组织架构根据客户需求和类型进行划分（组织架构见图3）。

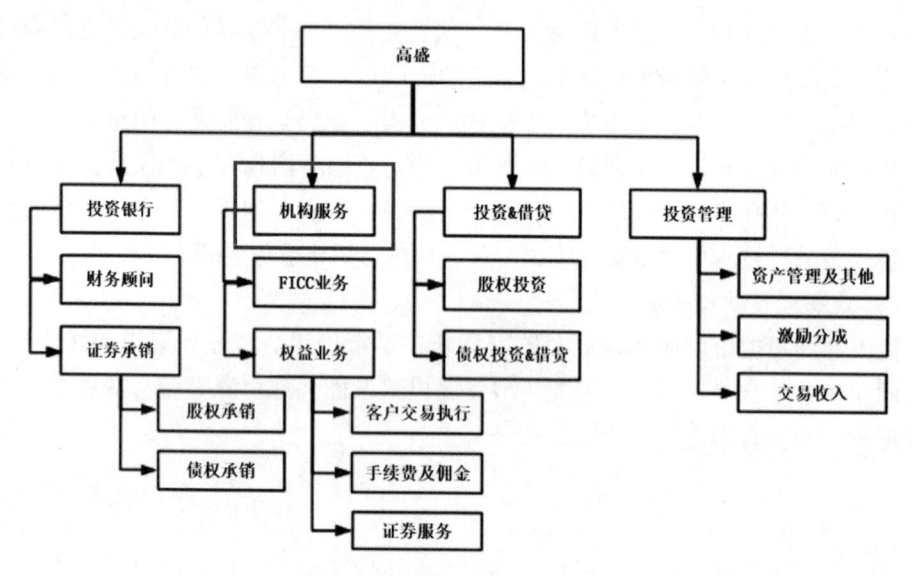

图3 高盛机构组织架构及相关业务

（资料来源：根据高盛集团年报整理）

高盛机构业务四大条线中涉及机构投资者服务的主要为权益业务与FICC业务（业务范围见表1）。FICC业务主要以产品创设、做市和交易执行为主，下设利率、证券化、货币/外汇、信用及商品五条产品及衍生品线；权益业务主要包括股票及其衍生品的做市、交易佣金以及融资借贷等其他证券服务。"经纪+信用+做市+衍生品+主经纪商"业务已经成为高盛机构业务四大条线中盈利最多的业务。

表1　　　　　　　　　　　　高盛机构业务范围

分类	业务范围
FICC	FICC（固收、货币和大宗）创设，做市和执行
Equities	股票业务
－ Equities client execution	——对股票及其衍生品的创设和做市
－ Commissions and fees	——经纪业务（包含OTC市场和高度个性化的交易方案）
－ Securities services	——证券服务
－ Financing services	——融资和股票质押类业务
－ Securities lending	——融券业务
other prime brokerage service	主经纪商业务（清算、结算、托管、技术交易平台）

资料来源：根据高盛集团年报整理。

(2) 摩根士丹利（Morgan Stanley）。摩根士丹利以客户为中心，将其卖方业务按照机构客户、零售客户分类，业务条线设置为"机构证券+财富管理"，而买方业务则设置在"投资管理"条线下（组织架构见图4）。机构服务主要集中在股权融资与交易、FICC、借贷、研究等，业务模式包括：股权产品和固收产品的销售、融资和做市，也包括外汇和大宗商品等（业务范围见表2）。

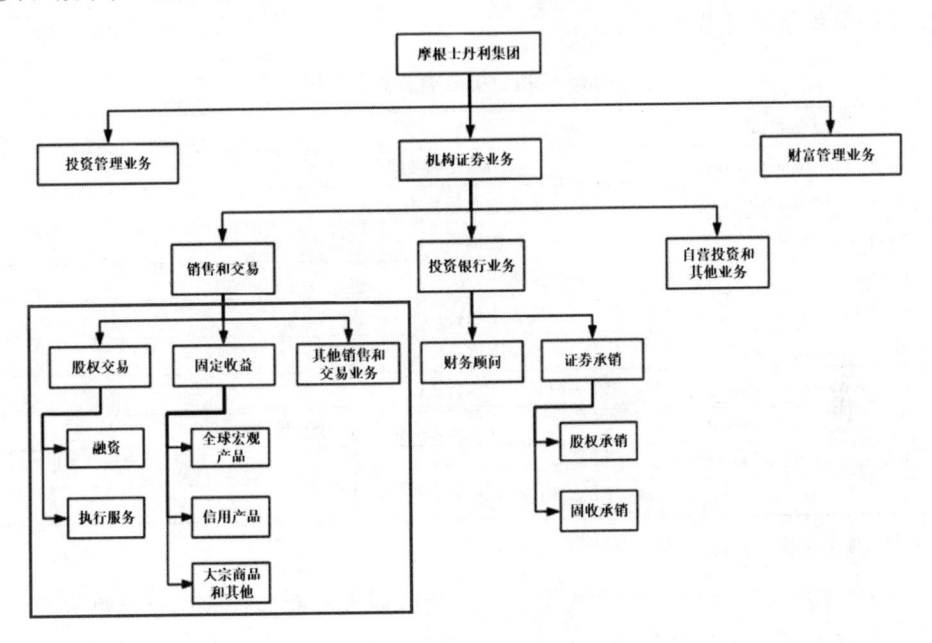

图4 摩根士丹利机构组织架构及相关业务

（资料来源：根据摩根士丹利年报整理）

表2　　　　　　　　　　　摩根士丹利机构业务范围

分类			业务范围
机构证券	投资银行	融资	主要是证券兼并重组、收购、不动产、融资及各类证券承销业务
		财务顾问	
	销售与交易	股权业务	包括销售、融资、主经纪商、做市等
		FICC业务	
	借贷		包括企业贷款、商业地产贷款、销售交易客户的融资服务等
	研究等其他服务		包括亚洲财富管理服务、投资与研究
财富管理	全面的财务顾问和解决方案服务		主要针对个人投资者和中小型商业机构，涵盖经纪、投资顾问、财务规划、持股计划、年金及保险产品、证券抵押贷款、居民房产贷款、银行业务、退休规划服务等
投资管理	全球投资策略和产品服务		面向各类机构客户和个人客户提供投资管理服务，个人客户通常通过中介机构（包括附属和非附属分销商）获得服务

资料来源：根据摩根士丹利年报整理。

2. 模式二：以 Lazard 为代表的精品投行。精品投行业务主要包括 IPO 上市、并购重组、财务咨询、投融资计划以及公司治理等财务顾问业务，其整体业务规模较小，主要以 Lazard、Evercore 为典型代表。1960—2000 年，Lazard 通过不断兼并重组，逐渐发展壮大，跻身行业领先地位。Lazard 专注并购重组财务顾问业务和主动型资产管理业务，逐步打造"财务咨询＋资产管理"双轮驱动的业务架构。Lazard 机构业务分类及业务范围见表 3。

表 3　　　　　　　　　　　　Lazard 机构业务分类及业务范围

Financial Advisory	财务咨询
- M&A and strategic advisory	——并购与战略咨询
- Middle market advisory	——小企业市场咨询
- Sovereign advisory	——主权咨询
- Restructuring	——重组
- Capital advisory	——资本市场咨询
- Shareholder advisory	——股东咨询
- Private capital advisory	——私人资本咨询
Asset Management	资产管理
- Lazard asset management	——Lazard 资产管理
- Private equity	——私募股权

资料来源：根据 Lazard 官网整理。

美国并购业务市场主要有两大主体，一是以四大券商为代表的全能型券商，二是以财务咨询顾问业务著称的精品投行。以 Lazard、Evercore 为代表的精品投行收入结构中超过 50% 由财务咨询业务构成，其中主要为并购重组业务下的财务咨询及法律咨询服务收入。近年来，部分精品投行发展迅速，绝对收入已经赶上传统大型券商，跻身并购业务市场前 20%。

3. 模式三：以嘉信理财为代表的财富管理机构。美国券商经纪业务受到佣金自由化和互联网理财机构迅猛发展的冲击，线上专业理财机构一方面提供丰富的理财产品，服务更多的客户群体，另一方面通过提供专业化的咨询服务增加客户黏性。例如，美林证券通过多渠道布局实现了对各类零售客户的覆盖，嘉信理财加大了机构服务平台的建设力度。

嘉信理财（Charles Schwab）成立于 1971 年，目前已经成长为全球领先的专业财富管理机构。嘉信理财三大支柱业务开展主要基于两种业务模式（见图 5），即投资者服务模式和咨询服务模式，其中投资者服务模式依托于 OneSource 平台及嘉信银行开展零售业务。

嘉信理财通过数字化创新，丰富线上产品、完善交易与服务平台，打造现代财富管理服务体系，为多层次客户提供定制化服务。其客户不仅包含个人，也有专业的投资机构，服务内容和服务对象非常广泛。

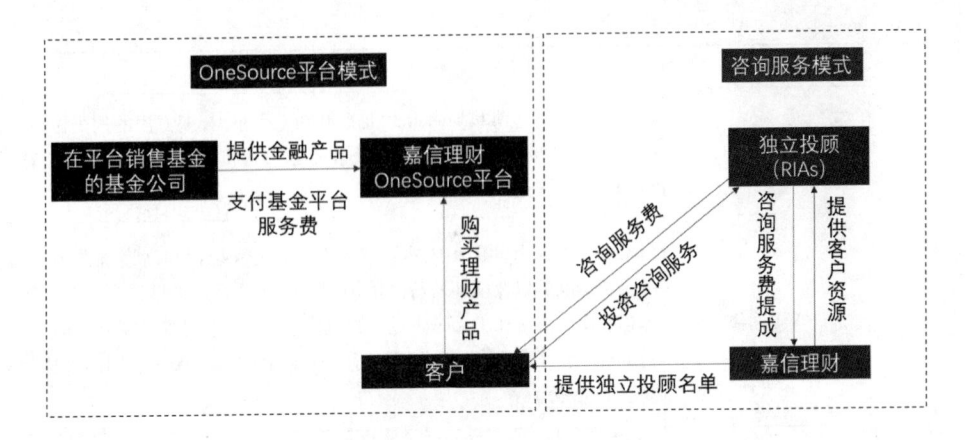

图 5 嘉信理财财富管理商业模式

（资料来源：根据嘉信理财年报整理）

4. 模式四：以 Citadel 证券为代表的交易做市商。交易券商以机构销售交易为核心业务，深度参与场内及场外做市业务。Citadel 证券参与全球资本市场做市交易，为客户实现"效率和流动性最大化"。机构业务范围涵盖股票、固定收益、大宗商品、外汇以及金融衍生产品做市，并提供了智能化的电子交易平台 Smart Order Routing 和 Citadel Connect，为机构客户提供专业、高效、智能化的交易系统，在做市交易方面领先行业水平。

Citadel 证券的自动股票交易平台交易 8900 多只在美国上市的证券，约占美国股票交易量的 26%，同时还交易超过 16000 只场外交易证券，完成了大约 47% 的全美上市的证券零售交易量，成为行业最大的批发做市商。Citadel 证券担任 3000 多个美国上市期权合约的做市商，占总交易量的 99%，是美国主要期权交易所排名第一的流动性提供商。Citadel 证券交易做市业务分类和服务内容见表 4。

表 4　　　　Citadel 证券交易做市业务分类和服务内容

业务分类		服务内容
股票和期权	指定做市商（DMM）	Citadel 证券是纽约证券交易所场内最大的指定做市商
	交易所买卖基金交易	作为全球最大的交易所买卖基金交易商之一，Citadel 证券提供大额流动性，帮助客户将大宗交易的价格影响降到最低，并为他们的买卖盘获得最优价格
	Citadel Connect	随着通过场外交易管理风险变得越来越重要，机构投资者必须与其他流动性来源联系起来。Citadel Connect 是其立即成交否则取消买卖盘（IOC）创新平台，它是美国股票市场增长最快的场外流动性来源之一，为 8000 只交易所上市的证券提供主要流动资金
	Smart Order Routing	Citadel 证券通过各种演算法和智能买卖盘传递（Smart Order Routing）工具提供了进入现金股票市场的电子途径

续表

业务分类		服务内容
固定收益、外汇及大宗商品	利率掉期	Citadel 证券是彭博和 Tradeweb 上美元和欧元利率掉期方面的领先做市商，是首家在直接面向客户平台上做市的非银行机构，并成为伦敦结算所（LCH）的自行结算会员
	美国国债	Citadel 证券利用量化和风险管理能力，通过系统性和高接触性的产品，在买卖活跃的以及前期发行的美国国债方面为客户提供深度服务。通过电话、IB、彭博和 Tradeweb 为客户提供准入机会。是唯一在彭博和 Tradeweb 上为买卖活跃的以及前期发行的美国国债提供 100% 稳固的可执行交易流的交易商
	外汇交易	Citadel 证券是现货外汇领域的领先做市商，覆盖十国集团（G10）和新兴市场货币。专注于风险管理，旨在为全球客户（包括银行、经纪商和系统交易公司）提供市场影响力较低和定价一致的可定制流动性方案
	信用指标	Citadel 证券于 2016 年 4 月在彭博互换交易平台（SEF）推出信贷违约掉期指数（CDX）做市业务。Citadel 证券目前是主要买方信贷违约掉期指数（CDX）交易平台彭博 SEF 上一贯的顶级流动性提供商，去年将 CDX 做市业务扩大至了 Tradeweb SEF

资料来源：根据 Citadel 证券官网整理。

二、各显神通，解读国内券商大机构业务发展模式

随着金融全球化以及我国资本市场对外开放进程的加快，市场参与主体机构化和机构业务头部化趋势显著，对证券公司机构服务能力提出更高要求。我国证券市场起步较晚，发展水平相对较低，但随着市场参与主体的不断丰富，机构业务呈现多样化发展，并开始在金融科技领域进行尝试与探索。

（一）同业模式：国内券商差异化布局方向

1. 模式一：以"三中一华"为代表的综合型券商。头部券商在机构客户综合金融服务方面优势显著，资本实力、销售能力、定价能力和风控能力等方面均处于行业领先水平。根据上市券商年报数据，2020 年上半年，前十名券商总资产占比为 48.5%，净资产占比为 43.5%，营业收入占比为 42.3%，净利润占比为 49.9%，证券行业集中度在不断提升。以中信证券、中金公司、中信建投、华泰证券为代表的综合券商在主经纪商、大投行、资管和投资等业务领域均处于行业前列。四家综合券商业务收入占比情况见图 6。

中信证券是我国首家总资产突破万亿元的证券公司，在所有业务条线上都位于行业前列，营业收入、总资产和净资产规模也大幅领先同业水平；中金公司营业收

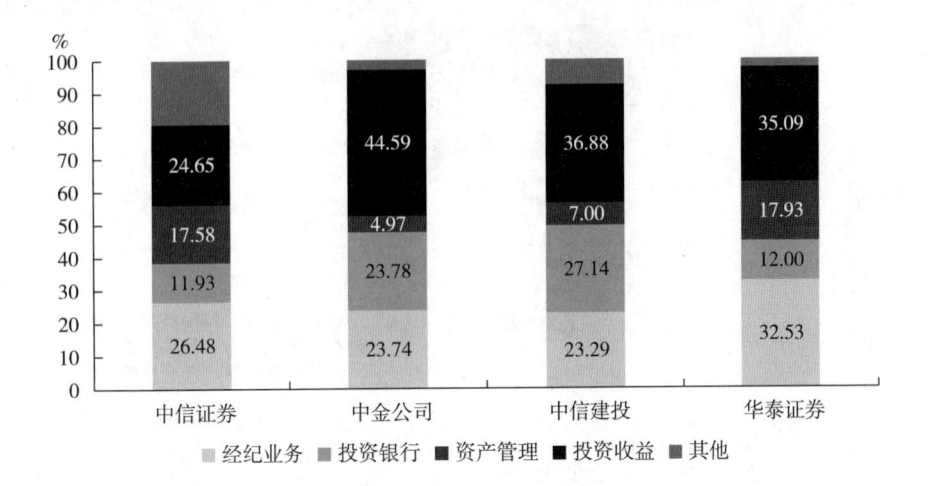

```
  %
100 ┐
 90 ┤         ┌────┐                              ┌────┐
 80 ┤ ┌────┐  │44.59│  ┌────┐   ┌────┐
 70 ┤ │24.65│  │    │  │36.88│  │35.09│
 60 ┤ │    │  │    │  │    │  │    │
 50 ┤ │17.58│  │ 4.97│  │ 7.00│  │17.93│
 40 ┤ │11.93│  │23.78│  │27.14│  │12.00│
 30 ┤ │    │  │    │  │    │  │    │
 20 ┤ │26.48│  │23.74│  │23.29│  │32.53│
 10 ┤ │    │  │    │  │    │  │    │
  0 ┴─┴────┴──┴────┴──┴────┴──┴────┴──
    中信证券  中金公司  中信建投  华泰证券
     ■ 经纪业务 ■ 投资银行 ■ 资产管理 ■ 投资收益 ■ 其他
```

图 6　四家综合券商业务收入占比情况

（数据来源：2020 年上市公司年报）

入和利润增速均显著超越行业平均水平，重点服务机构客户以及高净值个人的复杂业务需求，具有较高的知名度和强大的品牌影响力，客户主要集中在大型国企、专业机构和境外知名企业；中信建投营业收入和净利润增速在头部券商中位居首位，盈利能力和成长性在传统券商中独占鳌头。2020 年，IPO 发行项目数和主承销金额均位居行业第一；华泰证券是传统头部券商中最早成功采用低佣金吸引客户的，2020 年代理股票基金交易量继续保持市场第一。利用自身证券经纪业务零售客户基础好的优势，重点发力融资融券业务并持续提升市场份额。

2. 模式二：以华兴资本为代表的精品投行特色券商。华兴资本是精品投行的典型代表，是我国专注服务新经济的金融机构，致力于满足客户全生命周期对投资银行及投资管理业务的需求，主要通过 IPO、私募融资以及并购重组等服务成功帮助客户募集资金超过 900 亿美元，而私募股权投资规模已超过 200 亿元人民币。华兴资本始终专注于为高速成长的创业型企业家提供顶级财务顾问服务，将早期业务作为建立长期客户关系的重要起点与契机，通过"漏斗形"业务模式（见图 7），早发现、早介入，与企业共成长。

华兴资本在私募融资顾问领域一直保持市场第一的位置，2019 年协助京东健康、知乎等完成了私募股权融资。通过聚焦 TMT 和医疗健康领域，在大众点评与美团等多家科技型企业合并中担任财务顾问角色，也为多家内地新经济企业赴港上市担任保荐机构。华兴资本拥有中国、中国香港、美国三地证券牌照，为企业在境内外资本市场服务提供了更多的可能性。通过"投行+投资"模式，在挖掘企业投行业务的同时以"投资"作为增长新动能，使一级、二级市场形成优势互补。华兴资本收入结构见图 8。

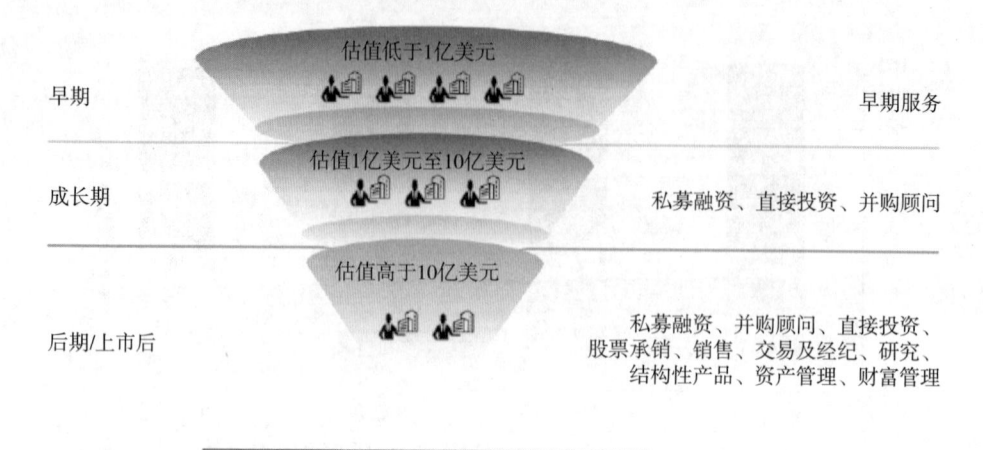

图 7 覆盖企业全生命周期的"漏斗形"业务模式

（资料来源：华兴资本招股说明书）

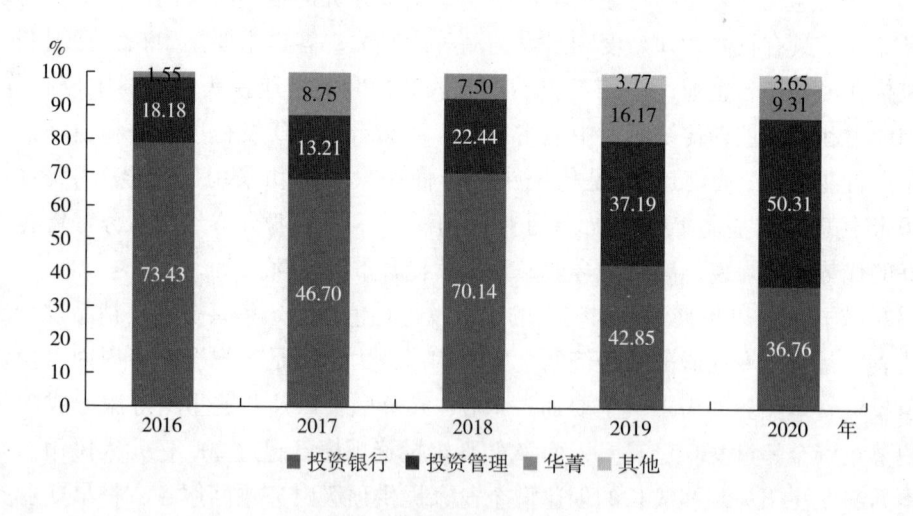

图 8 华兴资本收入结构

（数据来源：2020 年上市公司年报）

3. **模式三**：以东方财富为代表的财富管理特色券商。东方财富证券作为国内互联网券商的龙头，通过以"东方财富网"为核心的互联网流量生态圈积累庞大的用户基础，为客户提供证券/基金一站式金融服务。依靠互联网流量优势和用户黏性，长期通过低佣金拓展经纪客户，股基成交额大幅攀升，市占率由行业第 70 名跃升至第 14 名。经纪业务的增长也为融资融券业务带来了良好的客户基础，同样采用基于流量的低价策略，协同引流效果显著，市占率由行业第 75 名攀升至第 19 名。自开展基金代销业务以来，依托独特的互联网属性和庞大的流量优势，基金代销规模发展迅猛。根据东方财富年报数据，截至 2020 年末，旗下基金销售平台天天基金上线 142 家公募基金管理人的 9535 只基金产品，基金代销超过 1.2 万亿元。

在目前金融牌照强监管的背景下，东方财富"互联网引流 + 多元金融变现"的商业模式对传统券商未必具有适用性，但传统券商拥有资本、人才和业务链的相对优势，可积极与第三方高流量平台合作，拓宽获客渠道。

4. 模式四：以中泰证券为代表的交易服务特色券商。以中泰证券为代表，研发了面向私募客户的极速交易系统 XTP，为超过 200 家私募机构提供极速交易服务，年股基交易量超过 5 万亿元，已成为现阶段业内最大的量化交易平台。根据幻方量化统计数据，目前国内私募基金规模中量化交易规模超过 5000 亿元，私募机构超过 300 家，而管理资产规模超过 100 亿元的量化私募机构只有 11 家，管理规模占比在二级市场中仅为 11.7%（见图 9）。

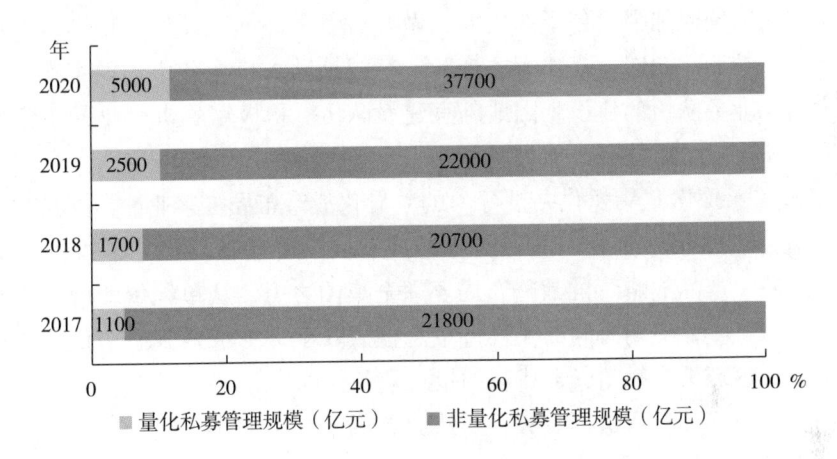

年	量化私募管理规模（亿元）	非量化私募管理规模（亿元）
2020	5000	37700
2019	2500	22000
2018	1700	20700
2017	1100	21800

图 9　国内量化私募管理规模

（数据来源：幻方量化）

量化交易是以数学模型代替人为判断，利用计算机算法实现超额收益，不受投资者情绪的影响，其投资业绩稳定，市场容量空间巨大，受到越来越多的投资者的认可。相对于国外成熟市场而言，我国量化交易仍处于初级阶段。2000 年之后，国内开始系统地应用量化交易，2010 年以后逐渐发展和壮大起来，越来越多的专业机构投资者涉足量化交易领域。

（二）兴证模式：兴业证券大机构业务发展实践

兴业证券于 2018 年首次提出"建设一流证券金融集团"的战略目标。并于 2020 年，明确提出"财富管理 + 大机构业务"双轮驱动战略，进一步明晰大机构业务体制机制的内涵与外延。经过三年来的实践和探索，逐步打造具备兴证特色的大机构业务模式，并初步形成阶段性的改革成果。

1. 实践一：探索大机构业务体制机制建设。明确"双轮驱动"发展战略，通过调整财务配置重点，优化财务配套政策，完善考评指标体系，促进业务发展。持续聚焦客户、聚焦业务、聚焦区域给予强有力支持，不断补充完善计划考核评价、协同定价政策、资产配置及资金定价、财务授权管理、成本费用机制等手段，推动大机构业务核心竞争力全面提升。

坚持"以客户为中心"的经营理念，建立机构客户管理体系，分支机构布局覆盖全国，分公司主体经营地位进一步明确，组织架构持续完善，人才队伍全面增强，业务能力不断提升。通过陆续出台《机构客户管理办法》《有效机构客户标准》《战略客户评定标准》《战略客户营销操作规程》，细化明确职责标准等内容，规范机构客户管理与服务，为集团各单位有序服务机构客户保驾护航。

夯实大机构队伍"专业梯队"建设要求，通过优化"顶层设计"组织架构，持续加快大投行、投研、大销售、大机构业务、投资顾问、金融科技等核心人才引进，充实队伍力量，同时加强后备干部培养，做好后备干部挂职锻炼和培训，积极推动总分公司之间挂职、轮岗，搭建人才梯队。持续推动大机构队伍建设工作，尤其是分公司大机构业务队伍的建设。因地制宜建设队伍。积极培养机构业务"多面手"，全面提升大机构业务队伍综合能力。

2. 实践二：探索"集团化办投行"的差异化战略布局。兴业证券立足福建、深耕全国，坚持以"服务企业、助力实体经济发展"为己任，确立了投行"区域战略＋行业战略＋产品战略"的战略布局。举全集团之力，从单纯依赖牌照优势向打造全产业链、全生命周期协同的大投行生态模式转变，形成两到三个优势行业并充分利用分公司区域平台触角，形成新的投行业务格局。

组织架构方面，投资银行业务总部从原有的十几个人小团队分散作业模式改为投行区域大部管理模式；风险管理方面，筑牢投行三道风控线，将原有投行质量控制部和风险管理二部从投资银行业务总部划分出来，成为独立的一级部门；销售资源整合方面，通过单独成立一级部门销售交易业务总部，全面提升注册制背景下的券商销售定价能力。

以投行业务为核心，通过集团协同体系，以分支机构为触角，配合集团各业务条线，形成对客户矩阵式的服务，从而满足机构客户全方位的金融服务需求。深化"研究＋投行"业务协同，深度融合产业研究中心和优势行业组，不断提高保荐、定价能力，实现从通道作用向行业专家作用、价值发现作用转化；建设"1＋N"矩阵式大销售体系，整合集团资源，提升精准营销和综合销售能力，充分发挥分、子公司在承揽、销售端的市场触角功能，以研究定价促销售、以销售促承揽、以销售交易能力促投行业务创新。

3. 实践三：探索具备行业优势的"兴证绿金"品牌。绿色金融作为集团大机构业务体系下推出的特色化业务，"兴证绿金"品牌影响力持续提升。

一方面，搭建领先同业的集团绿色金融业务机制，进一步落实集团绿色金融业务管理机制体系建设工作,真正使集团绿色证券金融工作"有人可抓、有机制可依、有考核指引"。一是成立绿色证券金融领导小组及工作小组;二是发布证券行业首个绿色金融业务评价标准;三是绿色金融业务发展纳入各单位的综合考核;四是印发《关于推动2021年绿色债券业务发展的工作方案》,推动集团做大绿色债券业务规模。

另一方面,持续深化"兴证绿金"品牌影响力。多措并举,下好"先手棋"。一是牵头发布业内首个ESG指数,助力绿色投资基金持续营销实现24.8亿元;二是搭建并完善"绿色企业库"和"绿色基金库",截至2020年12月末,已通过认定纳入绿色企业库家数达403家,已通过认定纳入绿色基金库产品数95只;三是助力福建生态文明建设,为南平市、三明市出具绿色产业综合服务方案;四是协同集团办公室共同推广集团绿色金融理念,进一步打造市场品牌形象;五是加强外部合作,取得多项硕果。2020年,兴业证券获聘中国金融学会绿色金融专业委员会理事单位,配合中国证券业协会完成绿色金融蓝皮书编写工作,并连续两年蝉联《财经》"长青奖"。

4. 阶段性改革成果。兴业证券紧抓注册制改革机遇,同时在持续深化"财富管理+大机构业务"双轮驱动战略中,不断明确大机构业务的重要地位。

投行业务实现突破性增长。2020年,股权融资业务方面,根据Wind统计数据,2020全年完成主承销13单IPO项目和14单再融资项目,主承销金额195亿元,融资家数和融资金额行业排名分别跃升至第12位和第16位。债券融资业务方面,根据Wind统计数据,公司2020年完成主承销7单企业债、136单公司债,主承销金额754亿元,融资家数和融资金额行业排名第14位和第17位;完成主承销39只ABS产品,承销规模合计289亿元,行业排名提升至第17位;绿色债券业务方面,通过集团绿色金融业务体系化的管理与推动,公司绿色债市场排名从第37位提升至第14位,并实现绿色债品种全覆盖。

机构经纪业务实现稳步发展。2020年,母公司实现代理金融产品销售净收入5.39亿元,同比增长170%,排名持续稳定在行业前十。通过构建多层次券源体系,多渠道扩充融券券源,两融业务市场份额持续提升。截至2020年12月末,公司融资融券业务期末余额307.57亿元,较上年末增长84%,超出行业增幅近24个百分点,市场份额1.90%,创历史新高。

托管外包业务持续提升核心竞争力。截至2020年末,公司存量备案私募证券投资基金产品4016只,较上年末增长69%,增幅在托管千只以上产品的券商中排名第一,托管外包业务总规模较年初翻番。2020年,公司新增私募证券投资基金备案数1626只,行业排名第四位;新增公募基金托管产品5只,新增发行规模24.48亿元。

研究实力和机构服务能力持续稳定在行业第一梯队。根据中国证券业协会的统计,2020年公司席位佣金收入的市场份额继续保持较高水平,品牌影响力进一步提升。积极践行证券公司绿色发展理念,作为行业首家券商联合中证指数公司成功开发中证兴业证券ESG盈利100指数。

此外,金融科技作为公司大机构业务中的重要一环,2020年公司IT建设投入同比提升近40%,先后与恒生电子、腾讯云、阿里云签署战略合作协议,大力构建金融科技生态圈。

三、化繁为简,聚焦大机构业务发展模式的核心驱动力

"十四五"新发展阶段,市场主体机构化、机构业务头部化、金融科技数字化等新发展趋势,对证券公司机构客户服务能力提出了更高的要求。证券公司必须明确大机构业务发展方向,找准突破口和着力点,走出一条具有自身特色的发展道路。

(一)以"机构经纪"为着力点,打造机构投资者交易生态圈

机构投资者[①]综合服务涵盖主经纪商、研究与销售交易、资产管理和投资银行业务。从国外券商的发展经验来看,机构投资者服务主要包括证券交易、研究服务、资金募集、杠杆融资、资产托管以及证券拆借等业务。从国内各券商的发展动态来看,机构投资者服务主要是指以主经纪商交易为突破的托管、研究、销售一站式服务,并逐步实现资管、投行等多元化金融服务。其中,主经纪商交易服务成为服务机构投资者的关键环节。

1. 构建机构投资者多元化交易需求服务能力。机构投资者主经纪商交易类型大致包括代理买卖交易(传统机构经纪模式、QFII模式、券商结算模式、PB模式、第三方接入模式)、信用交易、大宗交易、场外衍生品交易和基金做市交易,对于券商多元化交易服务能力提出了更高的要求(见表5)。

表5　　　　　　　机构投资者交易类型及券商服务能力要求

交易类型		能力要求	适用客群
代理买卖交易	传统机构经纪模式	机构经纪业务涉及的客户引入、投资交易、运营管理等环节均需要券商具备金融科技的能力。其中,投资交易是机构经纪业务的核心	银行理财子/一般私募/量化私募
	QFII模式	随着对外开放的加速,QFII客户可参与的交易品种和交易工具不断增加,券商需具备顺应外资需求的多元交易服务能力	QFII

---

① 机构投资者主要包括经有关金融监管部门批准设立的金融机构;经行业协会备案或者登记的证券子公司、期货公司、私募基金管理人;上述机构面向投资者发行的金融产品;社会保障基金、企业年金等养老基金,慈善基金等社会公益基金,合格境外机构投资者(QFII)、人民币合格境外机构投资者(RQFII)。

续表

交易类型		能力要求	适用客群
代理买卖交易	券商结算模式	证券公司不仅为机构投资者提供交易通道，还提供结算和托管服务	公募/银行理财子/QFII
	PB模式	需为客户提供从高速行情到投资分析、资本中介、交易执行、投资管理、运营支持、风控支持等一站式综合交易服务	银行理财子/一般私募/量化私募
	第三方接入模式	量化私募管理人对于系统性能有着极高的要求。需要券商具备提供交易工具、交易策略、交易执行等能力	量化私募
信用交易		需要券商具有券源及交易撮合能力，同时对券商融券平台提出了较高的要求	公募/保险/社保/一般私募/券商资管/QFII
大宗交易		需要券商具备交易撮合和资产定价能力	公募/保险/社保/银行理财子/一般私募/券商资管/QFII
场外衍生品交易		场外衍生品业务的发展需要证券公司具备雄厚的资金实力和专业人才，同时也要具备较高的风险管理水平；银行间市场交易需要具备战略资金支持和分销能力等	证券资管/基金子公司/银行理财子公司/私募机构/生产型与贸易商等实体企业/信托公司等
基金做市交易		做市商需有效提高基金的流动性，从而将标的产品做活，该业务对交易人员、系统、业务风控等方面需具备相应能力	公募基金

资料来源：根据公司内部资料整理。

基于监管政策和业务性质的总结，证券公司大类牌照主要包括证券经纪、证券投资、投资银行、资产管理、场外业务、信用业务以及大销售业务七大类别。机构投资者主经纪商交易服务涉及的"信用业务、场外业务、大销售"这三类大牌照属于创新类相关牌照，监管部门对此类牌照进行审核时会更加严格，更加注重券商的综合经营能力和风险控制能力。其中，涉及机构投资者交易服务的核心牌照梳理如图10所示。

2. 构建机构投资者的生态服务能力。金融科技赋能的技术平台建设是核心驱动力，一方面有利于券商拓展机构客户，推动经纪业务机构化、产品化发展；另一方面可以促进券商整合资源，建立以客户需求为导向的综合服务体系。从已披露的2020年证券公司年报数据来看，华泰证券、国泰君安等头部券商综合实力雄厚，在信息技术投入上均超过10亿元，广发证券、招商证券、兴业证券等8家信息技术投入超过5亿元。此外，多家券商着手设立金融科技子公司。

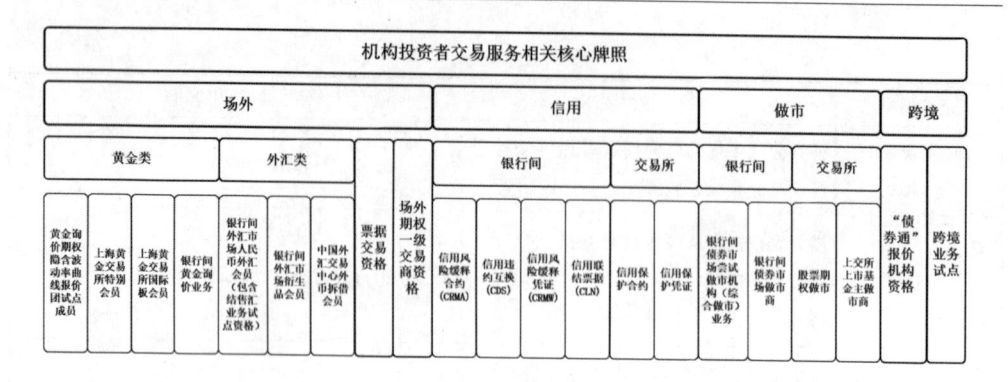

图 10　机构投资者交易服务相关核心牌照

（资料来源：根据公司内部资料整理）

聚焦重点模式，通过跨业务、跨客群、跨牌照的合作模式，各家机构主要着力在主经纪商业务的交易、融资融券、衍生品、托管等领域。比如，通过联合公募基金、社保基金、私募基金、信托机构、保险机构、上市公司大股东等方式扩充融券券池，结合金融科技建立便捷高效的融券撮合平台；通过搭建快速高效的交易平台，提高专业机构的交易执行能力和交易体验；通过场外衍生品平台的建设，提升综合服务能力，包括多销售渠道管理、产品设计创新、风险管理、运营效率等（见图11）。

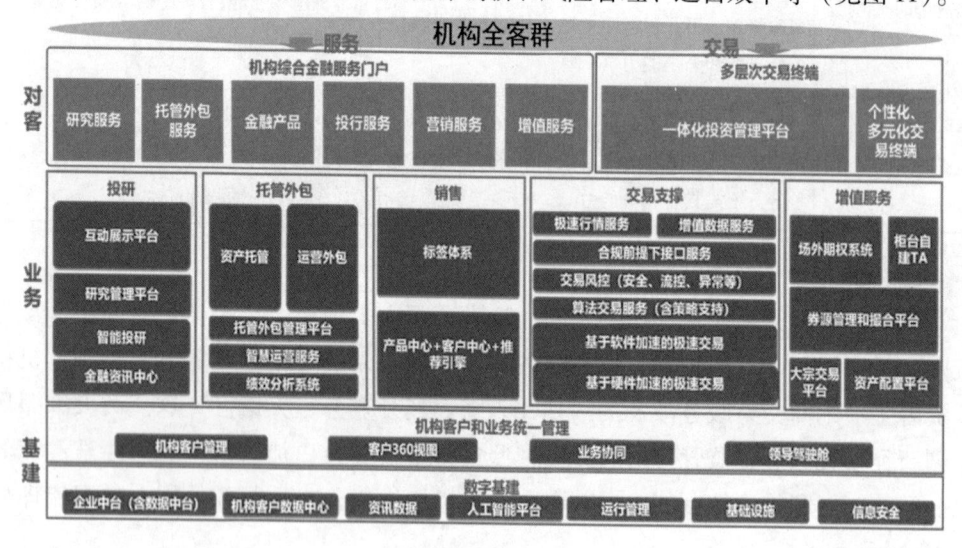

图 11　机构客户服务全景图

（资料来源：根据公司内部资料整理）

（二）以"特色投行"为着力点，打造多层次企业融资生态圈

随着科创板和创业板注册制改革的深化实施，基于"服务企业、助力实体经济发展"的战略方向，证券公司投行业务进入了加速竞争阶段。

1. 打造"投资+投行"大投行市场竞争力。从国外投行发展经验来看，投行资本化已经成为趋势。证券公司在遵循信息隔离等合规要求的前提下，通过投资业务提早介入，同时提供财务顾问解决方案，有利于挖掘客户更深层次的业务需求，带动并购和融资业务，"投资+投行"模式使保荐和投资业务协同发展，既能增加客户黏性，提供全方位金融服务，也能创造更多利润，提升公司抵御风险的能力（企业不同发展阶段融资方式见图12）。

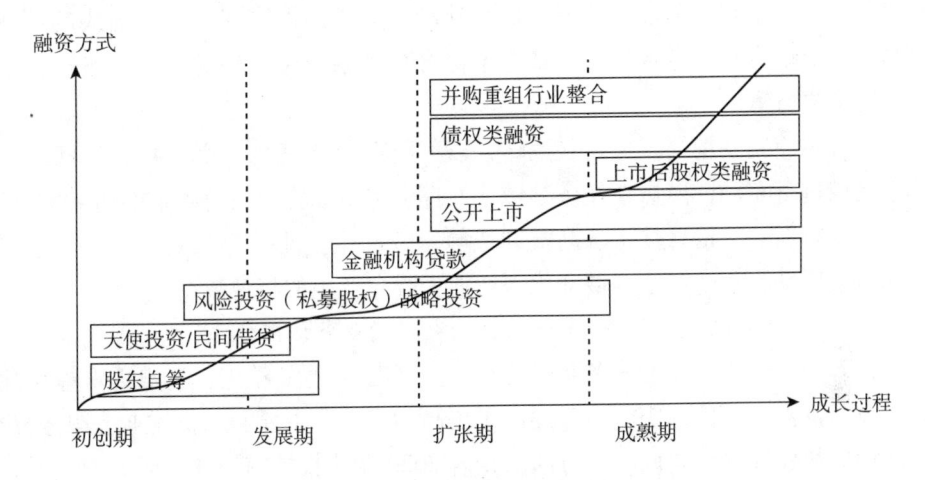

图12 企业全生命周期融资服务
（资料来源：根据公司内部资料整理）

注册制的实施是将企业的定价权交给市场，由市场来选择，让更多优质的公司有上市的机会。通过"投资+投行"模式，证券公司提早介入企业发展，为企业提供一揽子金融服务，与企业共同成长，培育更多的优质上市企业。以中金公司为例，2007年成为首批取得直接投资牌照从事私募股权业务的两家券商之一。依托良好的国际视野、广泛的市场资源、出色的研究以及投行业务支持，中金公司私募股权管理业务发展迅速。中金公司先后设立中金资本公司和中金私募股权投资管理公司，将其作为境内外私募股权投资的主要平台，孵化优质企业，服务实体经济发展。截至2020年末，中金资本管理资产规模达3021.8亿元。

近年来，证券公司在经营模式上发生了较为深刻的变化，逐渐"重资本化"，"投资+投行"成为证券公司业绩的最大助推器。在投行资本化背景下，证券公司应以资本市场为依托，以证券业务为核心，打通投行、投资、研究等业务资源，加强投行业务和投资业务的协同联动和深度融合，做大做强私募股权市场，打造"投资+投行"大投行市场竞争力。

2. 发挥区域和行业优势，提升差异化竞争力。相较于头部券商雄厚的综合实力，中小型券商更适合深耕特定区域和行业，发挥自身比较优势，形成差异化的市场竞争力。以浙商证券、国金证券和第一创业证券为例。国金证券深耕细分领域，通过设置设备制造、医药和汽车等行业组，增加专业人才，提升研究与业务协同，实现了差异化的竞争优势;浙商证券则主要聚焦浙江地区,借助区域民营企业发达、潜在客户资源丰富的优势,在浙江省内公司债和企业债数量和承销金额均排名第一;第一创业证券以债券交易著名,其发展目标为"成为中国一流的债券交易服务提供商"。拥有强大的研发和交易销售团队和完善的固定收益业务链团队。通过为银行、专业投资机构、保险资产公司、基金公司等机构客户提供定制化的固定收益研究与交易服务,增强了客户黏性,实现了良性互动。除了在机构客户服务模式的创新以外,第一创业证券利用金融科技,打造了综合债务融资服务模式,为客户提供了一站式金融解决方案。

证券公司应紧密围绕国家发展战略,以大湾区、长三角、京津冀、长江经济带等核心区域进行布局,聚焦新经济领域,发挥资本市场优势支持实体经济转型升级,集中力量支持新一代信息技术、高端制造等行业优质企业上市融资。通过不断强化区域和行业联动,打造特定区域和优势行业差异化竞争的特色投行。

(三)以"机构服务"为着力点,打造大机构业务协同体系

机构客户综合服务具备业务条线综合化、销售渠道多样化、客户需求差异化等特征,对于证券公司内部协同体系提出了更高的要求,主要涵盖机构业务服务分类、跨业务协同机制和系统建设三个方面。结合2020年年报披露情况,各券商基本建立了以机构客户服务为中心的业务条线,主要涵盖投资银行、股票经纪、金融市场/固定收益、投资管理、托管和研究等(见表6)。

表6　　　　　　　　　　证券公司业务分类、内容和组织架构

中信证券						
业务分类	投资银行	机构股票经纪	金融市场	投资业务	托管和研究	财富管理
业务内容	——股权融资 ——债务融资 ——资产证券化 ——财务顾问	——研究销售 ——交易执行 ——股票融资 ——交易项目推介等	——权益产品、固定收益产品及衍生品的交易及做市 ——外汇交易业务 ——融资融券业务 ——另类投资和大宗商品业务	——资产管理 ——基金管理 ——私募股权投资基金业务	——托管 ——研究	——证券及期货经纪业务 ——代销金融产品
组织架构	投资银行管理委员会、新三板业务部	股票销售交易部	股权衍生品业务线、证券金融业务线、另类投资业务线、大宗商品业务线、权益投资部	资产管理部、华夏基金、中信国际、中信证券投资、金石投资	托管部、研究部	财富管理委员会、中信期货
备注	另设战略客户部与战略规划部					

续表

						\多
中金公司						
业务分类	投资银行	股票业务	固定收益	投资管理	托管和研究	财富管理
业务内容	——财务顾问 ——股权融资 ——债券融资 ——财务顾问	——机构交易 ——资本业务	——固定收益类、大宗商品类、外汇类证券及衍生品的销售、交易、研究、咨询和产品开发等	——资产管理 ——基金管理 ——私募股权投资基金业务	——托管业务 ——研究业务	——财富管理产品及服务，包括交易服务、资本服务及产品配置服务
组织架构	投资银行部、投行业务内核部、资本市场部	股票业务部、证券投资部	固定收益部	中金资本/基金、资产管理部	托管部、研究部/研究院	中金期货、财富管理部/财富服务中心
备注	另设战略发展部和业务支持协调部					
中信建投						
业务分类	投资银行		交易与机构客户		投资管理		财富管理
业务内容	——股权融资 ——债务融资 ——财务顾问 ——结构化融资		——固定收益、销售与交易、股票业务 ——主经纪商 ——研究服务 ——QFII 和 RQFII ——另类投资		——资产管理 ——基金管理 ——私募股权投资基金		——财富管理业务 ——回购业务 ——融资融券业务
组织架构	并购部、股权资本市场部、债券承销部、债务资本市场部、投资银行业务管理委员会、结构化融资部		机构业务委员会、证券金融部、托管部、国际业务部、机构业务部、固定收益部、交易部、衍生品交易部、研究发展部		资产管理部、中信建投基金、中信建投投资、中信建投资本		金融产品及创新业务、财富管理部、经纪业务管理委员会、个人金融部、财富管理部、中信建投期货
备注	投资银行业务管理委员会下设战略客户开发协同部					
华泰证券						
业务分类	机构服务				投资管理		财富管理
\	投资银行	主经纪商	研究与机构销售	投资交易	投资管理 || 财富管理
业务内容	——股权承销 ——债券承销 ——财务顾问 ——场外业务	——资产托管 ——基金服务 ——融资融券 ——金融产品销售	——研究业务 ——机构销售	——权益交易 ——FICC 交易 ——场外衍生品交易	——资产管理 ——基金管理 ——私募股权基金业务 || ——资本中介业务 ——金融产品销售 ——证券期货与期权
组织架构	投行部、债务融资部	资产托管部、融资融券部	研究所、销售交易部	证券投资部、金融创新部	华泰资管、华泰紫金投资、华泰创新投资 || 财富管理部、金融产品部、网络金融部、华泰期货
备注	另设战略发展部，并单设国际业务条线					

续表

	国泰君安					
业务分类	投资银行	研究与机构业务	交易投资业务	投资管理	信用业务	财富管理
业务内容	——股权融资 ——债务融资 ——财务顾问 ——结构化融资	——资本业务 ——机构业务 ——托管业务	——固定收益、大宗商品、研究与交易、外汇类证券及衍生品的销售等	——资产管理 ——基金管理 ——私募股权投资基金	——股票质押 ——融资融券	——财富管理产品及服务，包括交易服务、资本服务及产品配置服务
组织架构	投资银行部、债务融资部、资本市场部、投行质控部	研究所、销售交易部、资产托管部	证券衍生品投资部、固定收益外汇商品部	国君资管、国君证裕投资、国君创新投资	融资融券部、质押融资部	数字金融部、零售客户部、私人客户部、金融产品部
备注	另设专项业务委员会、战略客户部与战略发展部					

资料来源：2020 年上市公司年报。

从业务分类来看，各有侧重。如华泰证券将机构客户服务进行整合，下设投资银行、主经纪商、研究与机构销售、投资交易业务，客户涵盖企业、政府和机构投资者；中信建投则单设交易与机构客户条线，聚焦机构投资者服务；中金公司由于以机构客户服务起家，组织架构依然按照业务类型设置。

从协同机制来看，基本包括两种模式，一是设置专项业务委员会，包括机构业务委员会、投资银行管理委员会，如中信证券、中信建投、国泰君安；二是单设一级部门，比如中金公司单设业务支持协调部。此外，中信证券和国泰君安设置战略客户部；中金公司、中信证券、华泰证券和国泰君安设置战略发展部/战略规划部。

从系统建设来说，由于业务条线多、客群庞大，通常要构建集团层面的客户关系管理系统（CRM）和业务管理系统，以支持业务协同及核心账户管理。明确重点客户和产品的供给，同时梳理现有客户 360 数据，发现核心业务难点、痛点和堵点。从客户管理来说，需要构建机构业务服务体系，梳理业务分类、客户服务关系、协同机制，以实现单一对接单位的多业务有效协同服务。

结语

证券行业大机构业务进入全面布局 2.0 时代，积极把握全面注册制改革等基础性制度变革带来的市场机遇，继续推进创新转型步伐，加快补齐核心业务能力短板。国内券商"以客户需求为导向"的服务体系已初步搭建，而针对分类机构客户的综合服务模式尚在进一步探索和完善中。如何加强业务模式和服务体系创新，如何有效结合自身资源禀赋、区位优势、业务特色等因素进行差异化的业务布局成为关键环节。头部券商综合实力雄厚，在竞争中具备先发优势，通过挖掘客户全生命周期需求，打造专业化的机构客户综合服务模式，提升品牌效应。中小券商应基于自身资源禀赋，聚焦特定区域、行业或客群，探索机构服务差异化发展路径。

过往皆序章，未来皆可盼！2021年是兴业证券"十四五"规划的开局之年，也是集团成立的三十周年，意义重大、任务艰巨、前景光明。兴业证券将深入贯彻新发展理念，坚定不移走开放路、打创新牌，从大机构业务拓展的全过程、全链条、全生命周期布局，通过以机构客户数据为切入点，以机构客户综合营销为突破口，积极推动机构客户分类分层服务体系建设、战略客户综合服务体系建设，着力打造兴证集团大机构业务差异化服务竞争力，持续提升兴证集团大机构业务品牌影响力，助力集团大机构业务蓬勃发展！

参考文献

[1] 盛海诺．中国"券商版"私人银行［R］．福州：兴业证券 & 奥玮咨询，2017.

[2] 陈福．激荡四十年，美国证券业研究［R］．广州：广发证券，2018.

[3] 麦肯锡．展望2020中国证券业：拐点已至，券商三大制胜要素与六大核心能力［R］．北京：麦肯锡，2020.

[4] 麦肯锡．展望2019中国证券业：把握五大趋势六大主题［R］．北京：麦肯锡，2019.

[5] 华鑫证券私募基金研究中心．美国嘉信理财互联网券商解析，零佣金互联网生态战略发展券商［R］．上海：华鑫证券，2021.

[6] 袁喆奇，王维逸．从嘉信理财看大众财富管理突围之路［R］．深圳：平安证券，2021.

[7] 魏涛，吕秀华．广拓流量多元变现——解密嘉信理财的生意经［R］．北京：华西证券，2020.

[8] 华鑫证券私募基金研究中心．美国互联网券商盈透证券解析，低成本、最佳交易执行经纪商［R］．上海：华鑫证券，2021.

[9] 中国证券报．美国证券市场机构化的过程及启示［EB/OL］．［2017-09-02］. http://finance.eastmoney.com/news/1371，20170902773095159.html.

[10] 华泰证券课题组．证券公司数字化财富管理发展模式与路径研究［R］．南京：华泰证券，2019.

[11] 艾瑞咨询研究院．曙光——中国金融科技行业发展研究报告2020年［R］．上海：艾瑞咨询，2020.

[12] 罗钻辉．证券公司的竞争力比较研究——四大板块的业务视角［R］．武

汉：天风证券，2020.

［13］解析 2019 年证券行业政策对业务开展影响［R］．福州：兴业证券，2020.

［14］证券公司国际化发展战略和路径选择研究［R］．上海：海通证券，2018.

［15］陈福，商田．投行资本化：头部券商新盛宴［R］．广州：广发证券，2018.

［16］借鉴东财，探寻国内"互联网+券商"发展路径［R］．福州：兴业证券，2020.

［17］黄黎明．互联网证券业务模式的创新研究——以东方财富为例［D］．杭州：浙江大学，2020.

［18］王维逸．中美证券公司并购回顾与展望——券商整合是巨头诞生、化解风险、扩展版图的有效途径［R］．深圳：平安证券，2020.

［19］张洋．多项业务增势强劲，大幅计提减值夯实资产质量——中信证券 2020 年年报点评［R］．郑州：中原证券，2021.

［20］胡翔，朱洁羽．中金公司 2020 年年报点评：投资收益驱动业绩增长，财富管理成效显著［R］．苏州：东吴证券，2021.

［21］倪莹雅．中小券商互联网业务发展研究［D］．杭州：浙江大学，2020.

［22］王春明．国泰君安证券互联网金融业务竞争战略研究［D］．沈阳：东北大学，2017.

［23］姚泽宇，蒲寒，王瑶平．证券公司分类监管规定落地，引导行业做优做强与差异化发展［R］．北京：中金公司，2020.

"碳中和"国家战略下证券公司绿色金融业务发展路径

陈 丹 谢 璇 陈 超 蒋非凡[①]

一、碳中和：全球视域下的大国责任与战略雄心

（一）各国"碳中和"承诺的缘起：大国博弈下的气候政治问题

自1988年世界气象组织（WMO）和联合国环境规划署（UNEP）建立政府间气候变化专门委员会（IPCC）之后[②]，气候治理已逐步从一个相对单纯的环境保护议题演化成为涉及大国博弈的气候政治问题。尤其是20世纪90年代以后，气候治理（以"排碳限制"为核心议题）越来越多地成为各国政治谈判的重要议题之一（见表1）。1992年《联合国气候变化框架公约》通过，首次提出控制温室气体排放的要求，并且确定"共同但有区别的责任"，即发达国家应率先减排，并给予发展中国家在减排上的资金和技术支持。1997年《京都协议书》签署，成为首个以法规形式设立具体减排种类、时间和额度的协议，并提出两个发达国家之间可以进行排放额度的"排放权交易"；但是，美国和加拿大以"发展中国家也应承担相同的减排责任"为由，于2001年和2011年先后退出了《京都协议书》。2015年《巴黎协定》通过，明确长期目标是把全球平均气温较工业化前水平升高控制在2摄氏度之内，并努力将温度上升幅度控制在1.5摄氏度以内（根据IPCC的测算，若要实现《巴黎协定》1.5℃控温目标，全球必须在2050年达到"碳中和"）。2016年中国正式加入《巴黎协定》。特朗普任内，2020年美国正式退出《巴黎协定》；拜登上台，2021年美国重新加入《巴黎协定》。

[①] 陈丹，硕士，绿色证券金融部总经理；谢璇，学士，绿色证券金融部绿色证券金融处总监；陈超，硕士，绿色证券金融部高级经理；蒋非凡，博士，博士后科研工作站博士后。

[②] 政府间气候变化专门委员会（IPCC）是评估与气候变化相关科学的国际机构，旨在为决策者定期提供针对气候变化的科学基础、其影响和未来风险的评估，以及适应和缓和的可选方案，是联合国气候大会—联合国气候变化框架公约（UNFCCC）谈判的基础。

表1 气候治理已逐步演化成为涉及大国博弈的气候政治问题

时间	会议文件	内容
1992年	《联合国气候变化框架公约》	首个控制温室气体排放，遏制全球变暖的国际公约，确定"共同但有区别的责任"
1995年	《柏林授权书》	就2000年后应该采取何种适当的行动来保护气候进行磋商，明确规定在一定期限内发达国家所应限制和减少的温室气体排放量
1997年	《京都协议书》	首个以法规形式设定减排目标国际协议。确定减排气体种类、时间、额度
2005年	《蒙特利尔路线图》	达成了40多项重要决定。其中包括启动《京都协议书》第二阶段温室气体减排谈判
2007年	《巴厘岛路线图》	建立以《联合国气候变化框架公约》和《京都协议书》为主的双轨谈判机制
2009年	《哥本哈根协议》	提出建立帮助发展中国家应对气候变化的绿色气候基金
2015年	《巴黎协定》	把全球平均气温较工业化前水平升高控制在2摄氏度之内，并为把升温控制在1.5摄氏度之内而努力
2019年	联合国气候变化大会	《巴黎协定》全面实施前的一次重要会议，主要解决协定实施细则遗留问题

资料来源：联合国官网，兴业证券。

"后巴黎时代"[①]，经历全球各主要经济体围绕《巴黎协定》中减缓、适应、资金、技术和能力建设等核心目标的激烈博弈之后，国际气候秩序话语权实现重新分配，各主要经济体先后承诺21世纪中叶前后实现"碳中和"（见表2）。英国早在《巴黎协定》通过之前，20世纪实现碳达峰后，2008年即颁布《气候变化法案》，承诺力争2050年实现零碳排放。欧盟27国作为整体也早在1990年就实现了碳排放达峰，2020年欧盟27国领导人在布鲁塞尔峰会上就更高的减排目标达成一致，决定到2050年实现"碳中和"。美国已于2007年实现碳达峰，2021年重返《巴黎协定》后，承诺2050年实现"碳中和"。日本、韩国也在2020年先后承诺在2050年实现"碳中和"目标。据英国能源与气候智库（Energy & Climate Intelligence Unit）统计，截至2021年1月，已有欧盟及27个国家实现或者承诺"碳中和"目标，另外还有100多个国家和地区正在讨论"碳中和"目标。

---

① "后巴黎时代"即《巴黎协定》签署生效所开启的全球气候治理新阶段。

表2 各主要经济体先后承诺21世纪中叶前后实现"碳中和"

实施阶段	案例代表	承诺时间
政策文件承诺	芬兰	2035年
	奥地利、冰岛	2040年
	德国、瑞士、挪威、爱尔兰、葡萄牙、哥斯达黎加、斯洛文尼亚、马绍尔群岛、南非	2050年
法律提案	欧盟、西班牙、智利、斐济	2050年
已立法	瑞典	2045年
	英国、法国、丹麦、新西兰、匈牙利	2050年
已完成"碳中和"	苏里南、不丹	—

资料来源：英国能源与气候智库，兴业证券。

（二）中国"碳中和"战略的演进：化危为机，构建人类命运共同体

在国际气候秩序话语权加速变革与重构的背景下，中国作为新兴大国及当今世界上最大的碳排放国，加快由全球气候治理的积极参与者向主动引领者的角色转变。党的十八大之后，气候变化议题上升到国家战略的高度，中国积极参与国际社会碳减排，于2019年已提前完成国际减排承诺（到2020年单位GDP二氧化碳排放比2005年下降40%~45%，非化石能源占一次能源消费比重达到15%左右），具体见图1。党的十九大报告更是明确提出，中国要"引导应对气候变化国际合作，成为全球生态文明建设的重要参与者、贡献者、引领者"。

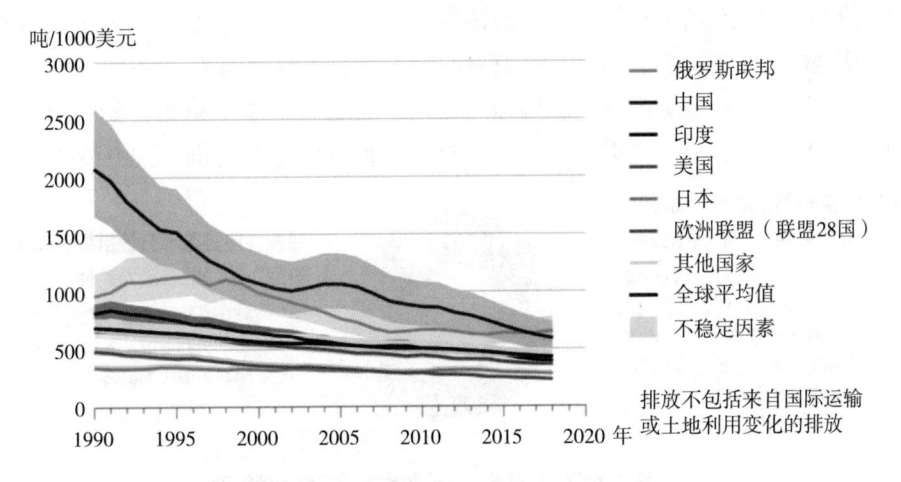

图1 中国积极参与国际社会碳减排，2019年已提前完成之前的减排承诺
（资料来源：世界银行，国际货币基金组织，兴业证券）

新冠肺炎疫情后，中国"碳中和"战略的持续加速，是我国善于化危为机的重要体现，是具有高度战略意义的顶层设计，更是我国主动摒弃意识形态争论，探索引领再全球化进程，积极推动人类命运共同体构建的重要抓手。早在2015年6月，

我国就向联合国提交《强化应对气候变化行动——中国国家自主贡献》，确定了自主贡献目标：二氧化碳排放 2030 年左右达到峰值并争取尽早达峰；单位国内生产总值二氧化碳排放比 2005 年下降 60%~65%，非化石能源占一次能源消费比重达到 20% 左右。2020 年 9 月，中国首次正式公开承诺 2060 年实现"碳中和"，习近平主席在第 75 届联合国气候大会、气候雄心峰会和中央工作会议上先后多次提及"中国二氧化碳排放力争于 2030 年前达到峰值，于 2060 年前实现碳中和"（见表 3）。

表 3　　　　　　　新冠肺炎疫情后，中国多次
在国内外重要会议上承诺 2060 年实现"碳中和"

中国承诺及部署"碳中和"的国内外会议	
时间	会议
2020 年 9 月 2 日	联合国气候大会
2020 年 9 月 30 日	生物多样性峰会
2020 年 11 月 12 日	巴黎和平论坛
2020 年 11 月 17 日	金砖领导人会晤
2020 年 11 月 22 日	G20 峰会
2020 年 12 月 12 日	气候雄心峰会
2020 年 12 月 18 日	中央经济工作会议
2021 年 1 月 25 日	达沃斯论坛

资料来源：政府官网，兴业证券。

后疫情时代，立足全球视野，我们认为中国"碳中和"战略的加速主要基于以下三个因素（见图 2）的推动：一是把握"后特朗普时代"国际关系步入竞合新格局的战略契机，强化国际话语权，国际气候治理话语权的争取只是开始，全球产业链重构、人民币国际化、未来全球"游戏规则"的制定才是方向。二是探索"改革

把握"后特朗普时代"国际博弈步入竞合新格局的战略契机
✓ 强化国际话语权，国际气候治理话语权的争取只是开始，全球产业链重构、人民币国际化、未来全球"游戏规则"的制定才是方向

探索"我国改革开放后经济二次转型"的产业升级新动能
✓ 依托低碳产业在"微笑曲线"中的有利地位，谋划全球供应链、价值链地位的进一步上移

保障"逆全球化思潮"下的国家能源安全与外汇安全
✓ 大幅降低油气对外依存度与外汇消耗，重构中国能源与外汇体系

图 2　后疫情时代，中国"碳中和"战略加速的三因素模型
（资料来源：根据公开资料整理，兴业证券）

开放后经济二次转型"的产业升级新动能,依托低碳产业在"微笑曲线"中的有利地位,谋划中国在全球供应链、价值链地位的进一步上移。三是保障"逆全球化思潮"下的国家能源安全与外汇安全,大幅降低油气对外依存度与外汇消耗,重构中国能源与外汇体系。

(三)约等于"美国 2020 年 GDP"体量的"中国碳中和投资"

根据当前不同研究机构的测算,中国"碳中和"投资规模可能高达 70 万亿~140 万亿元,对 GDP 年均贡献在 0.5%~2%(见表 4)。根据清华大学气候变化与可持续发展研究院最新研究报告结果显示,至 2050 年为止,实现 1.5 摄氏度温控目标导向转型路径需要的累计新增投资额大概是 138 万亿元,实现 2 摄氏度温控目标导向转型路径需要的累计新增投资额大概是 100 万亿元;根据国家发改委价格监测中心研究结果显示,2030 年实现"碳达峰",每年资金需求为 3.1 万亿~3.6 万亿元,2060 年前实现"碳中和",需要在可再生能源发电、先进储能、绿色零碳建筑等领域的新增投资将超过 139 万亿元,资金需求量巨大;根据中国投资协会发布的《零碳中国·绿色投资蓝皮书》报告的测算,实现"碳中和"目标,中国 2020—2050 年大约需要 70 万亿元的投资。

表 4　不同碳减排目标情景假设下中国未来 40 年"碳中和"投资规模

研究机构	情景假设	时间区间	估算总投资规模	年均对 GDP 贡献
国家发改委价格监测中心	2020 年实现"碳中和"	2020—2060 年	139 万亿元	约 1.5%
清华大学气候变化与可持续发展研究院	1.5℃控温目标情景	2020—2050 年	138 万亿元	1.5%~2%
	2℃控温目标情景	2020—2050 年	100 万亿元	1%~1.5%
中国投资协会	"碳中和"	2020—2050 年	70 万亿元	0.5%~1%

资料来源:清华大学气候变化与可持续发展研究院,中国投资协会。

中国"碳中和"投资或将主要聚焦于光伏风电、输电设施领域。根据中国投资协会 2020 年 11 月发布的《零碳中国·绿色投资蓝皮书》数据显示,在 2020—2050 年"碳中和"投资规模约为 70 万亿元情景下,主要投资领域包括发电侧的光伏与风电(规模约为 25 万亿元)、输电通道(规模约为 20 万亿元)、5G 和物联网(规模约为 11 万亿元)、高铁和城际轨道(规模约为 10 万亿元)、加氢站及电动车充电桩(规模约为 1.5 万亿元),其中发电侧新能源发电基建、输电基建是主要"碳中和"投资领域。

中国"碳中和"40 年长期战略下的巨量新增投资规模,必将对中国经济总量与经济结构产生巨大影响,进而为服务于实体经济绿色转型的绿色金融带来爆发性增长空间。从对存量的影响来看,钢铁、石化、化工、有色、建材、纺织、造纸、皮革、建筑、农业等传统高碳周期行业或将启动下一轮"供给侧结构性改革"。从对增量的影响来看,新能源汽车、电力新能源、环保、绿色农业、绿色交通、绿色消费、绿色贸易等新型低碳行业或将再造一个"地产级别的支柱产业"。从对总量的影响来看，40年长期战略下的138万亿元新增投资，约等于"美国2020年GDP总额20.95万亿美元"，既是挑战也是机遇。一方面，为了实现"碳中和"目标，部分高碳行业相关的经济活动可能会受到政策限制，进而对部分行业产生就业下滑、成本抬升等负面影响，甚至不排除最终传导至对整体经济增速产生负面影响；另一方面，如果能灵活借力，利用产业结构升级对冲宏观经济减速，有望成为十年级别的新一轮朱格拉周期的新起点，或将成为第三次能源革命，乃至是第四次工业革命的催化剂。

二、绿色证券金融如何助力"碳中和"？

低碳经济转型涉及大规模的经济结构调整，这种系统性的经济转型将给金融体系带来巨大影响，金融机构面临着巨大机遇与挑战。2021年2月，国务院《关于加快建立健全绿色低碳循环发展经济体系的指导意见》指出，"要大力发展绿色金融，发展绿色信贷和绿色直接融资，支持符合条件的绿色产业企业上市融资"，进一步明确了绿色金融助力"碳中和"目标的实现方向，证券公司在引导社会资本支持实体经济绿色低碳发展方面也将发挥重要作用。

因此，证券公司作为中介机构可积极发挥资本市场直接融资支持、价格发现机制、资源优化配置等方面的优势，引导和促进更多资金投向应对气候变化领域，协调各方资源共同助力国家"碳中和"战略。

（一）证券行业已在绿色金融领域持续发挥作用

党的十八大以来，推动生态文明改革创新，实现绿色发展已成为新时代中国特色社会主义思想的核心组成部分。绿色金融实现了由中央到地方政策体系的全面发展。其中，证券行业发展绿色金融是这一阶段的重点表现之一。在绿色金融政策的推动下，证券行业从绿色债券、绿色股权融资、绿色投资等多层次、多方向推动发展绿色金融。

在绿色债券方面，证券公司作为债券承销商和绿色ABS的管理人，积极参与并助力实体经济绿色发展。据万得数据显示，自从中国境内绿色债券市场开启（2016年），截至2020年末，共有81家境内证券公司作为绿色债券的主承销商参与其中。如图3所示，2020年，证券公司作为主承销商的绿色债券共计发行规模1662.24亿元[1]，占全市场发行总额的74.40%。2016—2020年中国境内发行的712只绿色债券中，由证券公司主承销的债券（含绿色ABS）共计530只[2]，占比高达74.44%。

---

[1] 若一个项目由N家公司联合主承销，则每家公司的主承销金额按1/N计算。
[2] 若一个项目由N家公司联合主承销，则每家公司的主承销数量按1/N计算。

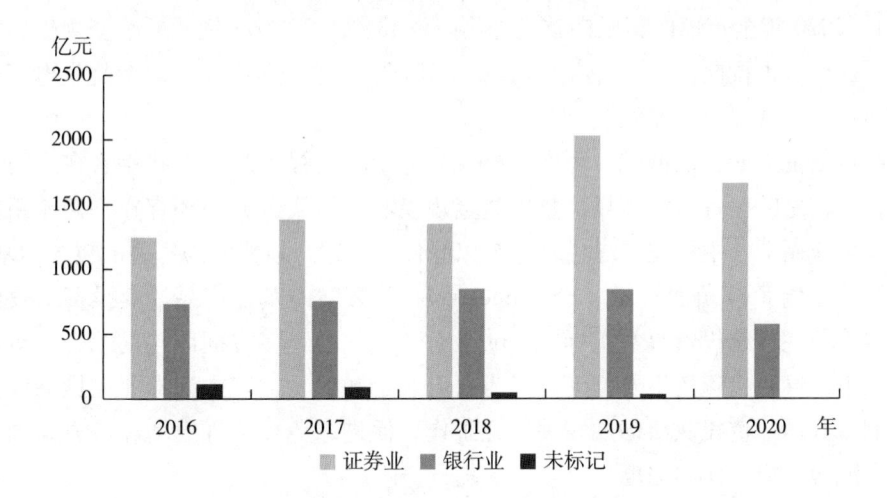

图 3 2016—2020 年各类型主承销商承销发行金额

（数据来源：Wind 数据库，兴业证券）

在绿色股权融资方面，证券公司在推动股票市场支持绿色企业发展，助力绿色企业上市融资、再融资方面取得一定成果。截至 2020 年末，在证监会行业分类生态保护和环境治理业（以下简称环保类股票）中，共有 58 家公司已在 A 股市场完成 IPO 上市融资，其中沪深主板上市公司 28 家、创业板上市公司 24 家、科创板上市公司 6 家。58 家绿色企业 IPO 首发募集资金 348.6 亿元。环保类股票再融资中，证券公司主要作为承销保荐机构发挥着积极的作用，2020 年，生态保护和环境治理业完成 6 起增发行为，募集资金为 160.36 亿元。如图 4 所示，2016—2020 年环保类股票股权融资整体规模呈现明显增长态势（2018 年受股权融资审核收紧影响整体规模

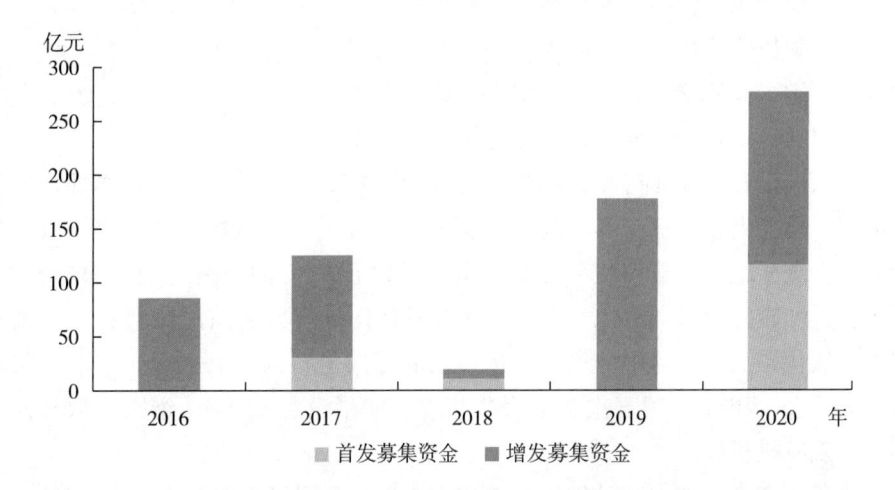

图 4 2016—2020 年环保类股票首发和增发募集资金

（资料来源：Wind 数据库，兴业证券）

较小），2020年全年环保类股票首发加再融资共实现276.69亿元的融资规模，有效地引导社会资本投向污水处理/净水、粉尘处理、生物质发电、垃圾焚烧发电等绿色环保项目，支持绿色产业发展。

绿色投资方面，以低碳、环保、ESG等为主题的绿色基金近些年来在中国发展较快，但较之欧美等发达市场，整体基金规模和投研实践方面还存在一定差距。在投资策略应用上，中国现有绿色基金多以绿色、低碳、新能源为主题的概念型基金，鲜有明确使用ESG负面剔除、ESG Integration等策略的基金产品，其投资绩效评估方法也停留在传统投资收益指标上，缺乏对环境社会等多方面因素的综合考量。在此背景下，绿色投资的主要推动方仍为政府及金融机构，其中证券业在推动绿色指数编制、开展绿色投教活动及相关研究工作、促进绿色投资规模增长等方面均取得了一定成效，但总体参与度仍有较大的提升空间。

（二）"碳中和"背景下，证券行业大有可为

"碳中和"国家战略目标为以清洁环保节能为主题的传统绿色金融添加了应对气候变化的新章节，值此背景，证券行业发展绿色金融助力"碳中和"是服务国家战略的积极体现，也是践行社会责任的应有之义。证券公司可探索绿色证券金融发展新模式，把握"碳中和"国家战略带来的巨大机遇。

在助力绿色产业发展与棕色产业低碳转型方面，证券公司可发挥资本中介职能，撬动社会资本助力国家实现"碳中和"目标，这其中可重点关注三个领域：

一是以光伏、风电、氢能、新能源汽车为代表的新能源行业，这类行业在"碳中和"实现路径中将不断替代化石能源，并且规模效应会促进新能源行业技术不断发展，成本进一步降低，进而发挥正反馈作用。此外，由于风电、光伏等设备的间歇性工作特征，相关储能技术与产业也将受到重视。

二是高碳依赖性行业面临低碳转型，例如建筑、钢材、水泥、玻纤、化工等行业领域，这类行业的碳排放来源于生产过程，需要资金投入对传统制造方式进行低碳改造，包括但不限于改变原料、提高效率、利用生物能源等。

三是以碳汇林、碳捕捉和封存等为代表的"吸碳类"行业。碳汇林即通过利用森林的碳汇功能吸收固定二氧化碳，其成本要远低于工业减排，随着碳排放交易市场的发展，碳金融产品流动性和价格公允性不断上升，通过碳汇减排实现的收益将进一步上升。碳捕捉和封存（CCUS）技术则是具备潜力的前沿减排技术，其目的在于将二氧化碳从排放源中分离后直接加以利用或进行封存。联合国政府间气候变化专门委员会（IPCC）第五次评估报告指出：如果没有CCUS，绝大多数气候模式都不能实现减排目标。

在服务投资者、加大产品创新供给方面，证券公司可重点关注两大机遇：

一是抓住ESG投资市场快速发展机遇。2020年新冠肺炎疫情对各国公共卫生系统、公众健康、经济活动和居民生活造成了严重影响，对企业尤其是中小企业在劳

动用工、合同履约、信贷等方面造成了巨大危机与困境。面对疫情、气候变化等重大危机,投资者越发意识到统筹当前和长远、未雨绸缪地应对潜在的环境和社会风险、实现可持续发展的重要意义,这正与ESG理念不谋而合。随着"碳中和"战略进一步掀起全国积极应对气候变化,促进经济转型的大潮,ESG理念被更多投资者认可和关注,尤其是机构投资者对ESG策略的重视程度不断提升,越来越多的基金公司已经在投资策略和基金产品上融入ESG规则,ESG产品或将呈现数量和规模上的快速增长。券商在投资端,可进一步加大ESG金融产品创新,积极宣导ESG投资理念,拉大投资者ESG投资需求,为中国式ESG发展营造良好的氛围。

二是加大碳金融产品创新投入力度,以市场机制应对气候变化。"碳中和"目标将增加碳市场的供给和需求,随着中国碳市场的进一步发展,可交易品种和覆盖范围将进一步扩大,特别是碳期货、期权等具备价格发现功能的碳金融衍生品或将迎来快速发展,同时全国碳市场建设的加速也将使碳金融业务空间被逐渐打开。证券公司可加大碳金融产品创新,丰富可交易品种与范围,提高碳资产流动性与价格公允性,发挥以市场机制应对气候变化,促进资源合理配置。

此外,证券公司在把握"碳中和"带来巨大市场机遇的同时,应合理评估气候变化给证券金融业务带来的气候风险。券商应不断引导企业完善ESG实践,并基于可持续发展会计准则委员会(SASB[①])和气候相关财务信息披露工作组(TCFD[②])等框架,协助企业开展气候风险分析与相关信息披露,明晰并管理气候变化牵动的实体风险与转型风险(包括政治、法律、市场等)对企业经营带来的影响,助力企业高质量可持续发展。

三、兴业证券绿色金融业务实践

发展绿色金融,是深入践行"绿水青山就是金山银山"的理念,推动生态文明建设的内在要求,是实现绿色低碳发展和"30·60目标"的重要举措。兴业证券作为绿色金融的"倡导者"和"先行者",坚定不移地贯彻创新、协调、绿色、开放、共享的新发展理念,持续在绿色金融领域早思考,早谋划,早布局,早行动,不断落实党的十九届五中全会精神,助力经济高质量发展。

兴业证券经过多年深耕细作,已经在绿色金融领域有了较为全面的布局和业务

[①] 可持续发展会计准则委员会基金会(Sustainability Accounting Standards Board (SASB) Foundation),是一家位于美国的非营利组织,致力于制定一系列针对特定行业的ESG(环境、社会和治理)披露指标,促进投资者与企业交流对财务表现有实质性影响且有助于决策的相关信息。可持续发展会计准则委员会(SASB)制定的会计准则正被包括影响力投资机构在内的全球越来越多金融机构和企业所采纳。

[②] 2015年12月,全球金融稳定理事会(Financial Stability Board)设立了气候相关财务信息披露工作组(TCFD),致力于为金融机构和非金融机构制定一套自愿的披露建议,以披露气候相关风险和机遇对其战略规划、风险管理及财务状况的影响。

积累,并将持续致力于服务绿色产业、实体经济的可持续发展。

(一)绿色证券金融的先行者

兴业证券于2018年即作为证券行业内首家券商正式成立绿色证券金融部,作为集团绿色金融业务的总牵头和总协调部门,积极推动集团绿色证券金融业务的有序开展。并于同年11月发布了《兴证集团持续推进绿色证券金融业务发展的行动方案》,明确将绿色发展理念纳入集团长期发展战略,指明各单位在绿色证券金融业务中的职责分工,以实现集团绿色证券金融业务长期化、可持续发展。

2020年,兴业证券继续优化组织体系建设,成立绿色证券金融领导小组及工作小组,并明确了相应的工作职责,为后续有序开展绿色金融业务推动与协调工作提供保障。在考核与配套机制方面,兴业证券将绿色金融业务发展纳入各单位的综合考核,对绿色证券金融工作进展情况进行有效督导、分析、协调,保障绿色金融业务的持续推动。同时,兴业证券持续加大绿色金融业务政策支持力度,积极完善绿色金融业务财务资源配套政策,促进绿色金融业务发展。真正发挥资本市场优化资源配置、服务实体经济的功能,支持和促进社会生态文明建设,有效服务经济高质量发展。

2021年,兴业证券建立了市场首个"碳中和"投行行业部,有效集中投行在"碳中和"领域的行业经验和服务资源,持续培育和提升"碳中和"方面的专业服务能力,通过资本市场专业力量帮助相关企业融资上市,实现社会价值和经济价值的并行。

此外,兴业证券作为中国证券业协会绿色证券委员会副主任委员单位及中国金融学会绿色金融专业委员会理事单位,致力于与监管机构、市场权威机构等联合发声,广泛地倡导和推广绿色发展理念,持续扩大绿色证券金融的影响力。

(二)绿色证券金融的探索者

经过不断实践和探索,兴业证券于2020年制定了证券行业首个绿色金融业务评价标准——《兴业证券集团绿色金融业务评价标准》,在业内首次厘清了绿色证券金融业务的内涵与外延,为系统有序地开展集团绿色金融业务评价工作奠定基础,同时还完成集团绿色金融业务评价配套认定流程的制定,为行业标准体系构建积累了宝贵的经验。《兴业证券集团绿色金融业务评价标准》以国家现有绿色金融政策和体系为构建基础、以当前绿色金融发展实践经验为技术基础、以证券行业业务特点为业务基础,明确了绿色融资、绿色投资、环境权益交易、绿色研究"四位一体"的绿色金融产品体系的具体内容(见图5),助力于相关金融工具和服务手段的研发,推动绿色证券金融的有序、可持续发展。

(三)绿色证券金融的实践者

在体系建设、标准制定、政策激励、产品创新等多方面机制引导下,兴业证券绿色金融业务呈现多元化发展态势,充分发挥了"四位一体"绿色金融产品体系对

◆**绿色融资服务**是指通过资本市场募集资金，主要用于支持绿色企业、绿色项目发展的相关金融服务。

◆**环境权益服务**是指为生态环境改善、应对气候变化和资源节约高效利用，对在一段生产活动时间内需要管理的物质或指标，按照特定流程和方法进行计量、分配或确权，并以货币为媒介在不同主体之间进行交换的相关服务行为。

◆**绿色投资服务**是指以促进企业环境绩效、发展绿色产业和减少环境风险为目标，采用系统性绿色投资策略，对能够产生环境效益、降低环境成本与风险的企业或项目进行投资的相关服务行为。

◆**绿色研究服务**是指将资源环境问题与企业绩效、经济发展联系起来，把资源环境因素纳入金融决策思考过程，促进环境、经济、社会共同可持续发展的相关研究服务。

图 5 兴业证券绿色金融产品体系

（资料来源：兴业证券）

自然环境保护与支持低碳环保产业发展的引导作用，促进实体经济发展与环境保护的融合，在助力社会与集团自身的可持续发展方面硕果累累。

一是充分发挥了多层次资本市场功能，引导社会资金绿色导向。发展直接融资是资本市场的重要使命，证券行业发展绿色金融的重要意义在于，充沛实体经济发展源头活水，激发绿色产业发展壮大。兴业证券充分发挥证券金融机构业务优势，综合运用股权融资、并购重组与财务顾问等业务形式，服务实体经济发展，为绿色企业提供综合性、创新性金融解决方案。近年来，兴业证券支持绿色企业上市融资和再融资，以及支持绿色项目债权融资总规模近百亿元，在新能源、清洁能源、污水治理、绿色家居等行业助力绿色企业通过直接融资实现高质量发展方面起到了示范作用。同时公司绿色债券承销数量、规模和品种均快速发展，绿色企业债、绿色公司债、绿色 ABS、绿色美元债业务全面开花，有效服务了绿色企业和绿色项目的融资需求。

二是践行绿色投资，引导资金支持绿色发展。兴业证券控股子公司兴证全球基金已正式加入联合国负责任投资原则组织，长期以来在社会责任方面有较高的市场影响力和品牌美誉度，在绿色投资理念的倡导与实践方面取得显著成效。其中，"兴全社会责任"和"兴全绿色投资"两只绿色投资基金长期以来为投资者持续创造价值，截至 2020 年末，两只基金自成立以来平均年化收益率均超过 10%（见图 6），合计规模已逾 100 亿元（见图 7）。

2020 年 8 月，兴业证券与中证指数公司联合创设证券行业内首个 ESG 指数，探索出绿色投资新的发展路径，兴全绿色投资基金将该指数作为业绩基准，成为公司试水绿色投资产品研发与 ESG 投资应用的首个成果。"中证兴业证券 ESG 盈利 100 指数"的推出，进一步向市场推广了可持续投资理念。为践行绿色发展理念、加强可持续投资应用，兴全绿色基金于 2020 年 9 月顺利将该指数调整为业绩

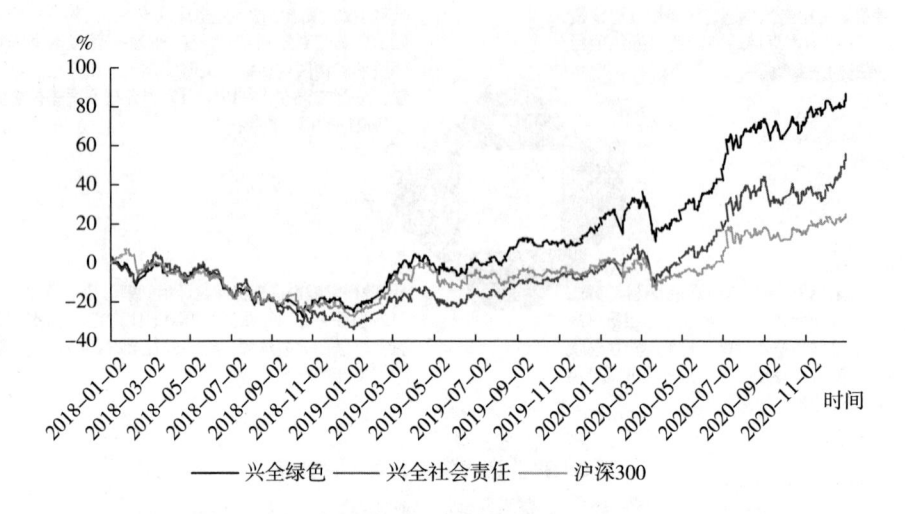

图6 2018—2020年兴全绿色和兴全社会责任基金累计收益率

（资料来源：Wind 数据库，兴业证券）

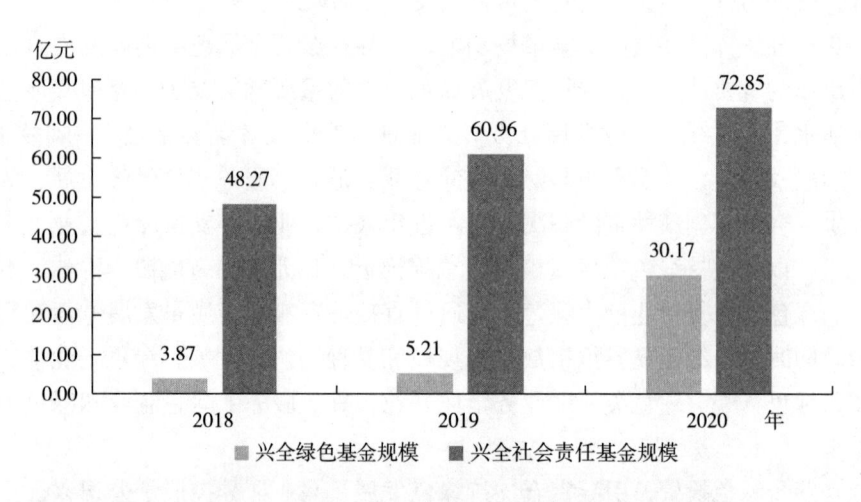

图7 2018—2020年兴全绿色和兴全社会责任基金规模

（资料来源：Wind 数据库，兴业证券）

比较基准，在提升绿色投资专业能力方面产生积极影响。从市场表现来看，截至2020年12月末，"中证兴业证券ESG盈利100指数"近三年的年化收益率为14.75%，同期沪深300指数的年化收益率为10.83%，ESG指数长期优势明显，具有较高的投资价值（见图8）；从产品应用情况来看，兴全绿色基金调整业绩基准以来净值增长23.12%（2020年8月1日至2021年4月20日），同期业绩比较基准和沪深300指数分别为9.21%和8.27%，居同期同类排名前14%（83/614，银河证券），在实现集团绿色投资品牌提升的同时，为广大投资者创造了良好的投资回报。

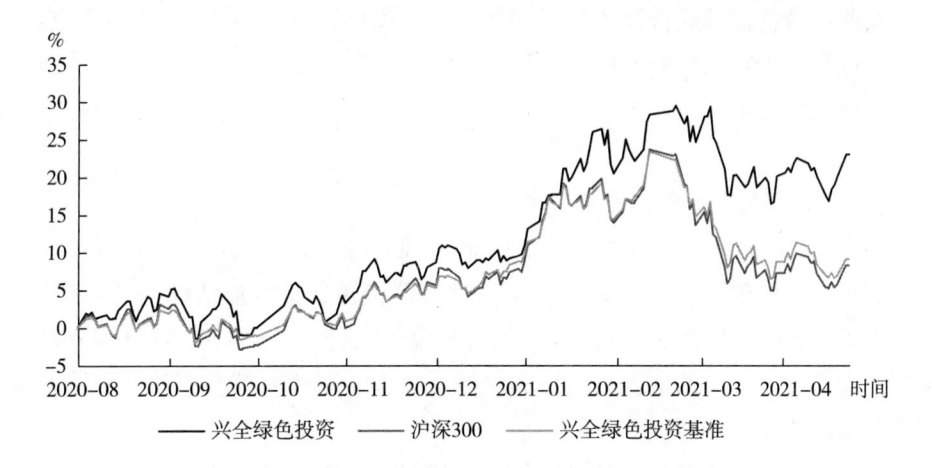

图 8 兴全绿色基金业绩基准调整后市场表现

（资料来源：Wind 数据库，兴业证券）

此外，在一级市场方面，兴业证券不断探索并引导社会资本支持绿色相关项目和企业可持续发展，全资子公司兴证创新资本、兴证投资一直以来积极支持培育绿色产业发展，投资多个绿色企业项目，帮助有发展潜力的绿色企业做大做强。

三是多措并举促进环境权益交易市场发展。兴业证券参股的海峡股权交易中心是国内首个集中开展排污权、碳排放权和用能权等环境权益交易的综合性资源环境交易场所。海峡股权交易中心以做大环境权益交易规模和促进绿色融资为重点，多措并举，扩大交易规模。通过环境权益交易大幅提高环境资源配置效率，推动地方产业结构不断优化，同时使"环境有价、使用有偿"的理念深入人心，引导企业从"要我减排"向"我要减排"转变，取得了较好成效。截至 2020 年末，累计撮合成交环境权益产品交易规模近 25 亿元。其中累计成交排污权 15.49 亿元，成交碳排放权 7.68 亿元，成交用能权 1698.21 万元。在"碳中和"背景下，海峡股权交易中心积极探索碳金融创新，相关融资产品层出不穷，还开发了"碳汇质押＋远期碳回购"的碳汇组合融资模式，促成全国首例远期碳汇融资交易。

四、"碳中和"战略下证券行业绿色金融业务展望

"碳达峰、碳中和"目标的出台标志着中国绿色金融进入了全新的发展阶段，绿色金融理念在传统环保节能基础上加入应对气候变化的新章节，其内涵外延得到进一步丰富。证券行业要牢牢把握"碳中和"战略下绿色金融发展新机遇，积极服务国家"碳达峰、碳中和"目标，充分发挥金融支持绿色发展的资源配置、风险管理和市场定价功能，引导更多资金流入绿色产业，以更广的服务范围、更高的服务效率、更优的服务质量推动"碳达峰、碳中和"目标的实现。

兴业证券将持续践行绿色发展理念，不断优化绿色金融业务标准和产品服务体系，重点聚焦于在绿色金融范畴内打开"碳中和"新篇章，先行先试为行业标准和机制建设积累经验，通过大力发展绿色证券金融将低碳经济转型在微观经济领域落到实处。

（一）建立健全绿色证券标准体系

国家过去几年的绿色金融标准具有阶段性特征，如大气污染、雾霾等环境问题迫切要求工业脱硫脱硝，相关产业支持目录则包含了类似清洁煤等高碳项目[①]。在"碳中和"新的约束条件下，工业不仅需要脱硫脱硝，同时需要"脱碳"。经济转型发展不仅需要考虑局部地区自然环境保护与改善，同时需兼顾全球气候变化对人类生存环境的影响。

证券行业金融业务与产品较银行、保险等机构更具多元化和创新性的特征，证券公司可不断探索契合"碳中和"目标的绿色证券金融标准，大力发展碳金融创新，助力"碳中和"政策有效落地。作为绿色金融领域的"通用语言"，证券行业的绿色标准为规范证券公司相关业务与探索，推行可持续的商业模式提供了必要的技术基础。制定统一的证券行业的绿色金融标准，是证券公司等金融机构有效引导资源投向绿色产业的重要前提，也是金融支持实体经济绿色转型发展的必然要求。兴业证券已率先制定了证券行业首个"绿色金融业务评价标准"，在此基础上将进一步积极响应国家"碳中和"号召，完善低碳产业支持标准，助力国家低碳转型政策有效落地。

（二）大力发展绿色直接融资支持绿色产业发展

目前我国绿色金融投融资仍以绿色信贷等间接融资为主，直接融资比例相对较低，绿色企业上市、绿色债券发行等对企业绿色发展的支持力度仍相对不足。证券业应充分发挥多层次资本市场功能，为处于不同发展阶段的绿色产业、企业及项目的直接融资提供多元化服务支持。同时，还可通过并购手段做大做强相关领域企业，解决环保产业供需矛盾较大、技术较落后、技术门槛高、企业经营地域范围小等现实问题。

兴业证券将凭借绿色融资实践经验，积极把握经济结构调整中的巨大机遇，有效促进实体经济发展与低碳转型相结合。目前，兴业证券已建立市场首个"碳中和"投行行业部，凭借在"龙马环卫、海峡环保、先河环保、赛特新材、上能电气、优彩资源"等专业从事环卫、污水处理、环境监测、光伏发电等绿色企业融资项目经验，不断贯彻落实国家可持续发展战略，践行绿色金融，借助集团协同的机

[①] 国家发展改革委、中国人民银行、生态环境部等七部门联合印发的《绿色产业指导目录（2019年版）》包含了传统能源清洁高效利用；中国人民银行在2015年、2018年制定和修订的《绿色债券支持项目目录》包含煤炭清洁利用、清洁燃油等化石能源。

制优势，协同兴业研究院深入研究"碳中和"相关产业链上下游，持续培育和提升"碳中和"方面的专业服务能力，通过资本市场专业力量帮助相关企业融资上市，实现社会价值和经济价值的并行。同时，围绕"碳中和"目标加强绿色债券业务创新，重点关注绿色环保、节能减排、环境治理等领域，推进"碳中和"债券、气候债券等创新绿债，丰富绿色债券品种，吸引多元化的绿债投资者群体，满足企业不同类型的融资需求，为企业的绿色发展提供更大空间。

（三）加大绿色金融产品创新促进高质量发展

据国家气候战略中心测算显示，为实现"碳达峰、碳中和"，到2060年我国气候领域新增投资需求约139万亿元，长期资金缺口年均在1.6万亿元以上。面对如此巨大的资金缺口，证券金融机构更需要加强绿色金融产品创新，提高社会资金参与绿色金融积极性。券商应充分学习借鉴发达国家绿色产品开发经验，研究丰富ESG投资产品、创新碳金融产品工具，吸引更多境内外投资者参与绿色投资，促进绿色融资需求与投资供给相匹配。

一方面，兴业证券将积极把握业务机会，不断探索建立"ESG投资生态"的综合服务。可利用金融科技的数据挖掘、自然语言处理、知识图谱技术来拓展数据使用维度，不断建立并完善ESG数据库，充分发挥公司专业研究优势，建立国内上市公司ESG评价体系，并逐步将其打造成为国内ESG评价的权威品牌，提升对国内外专业投资者的影响力。另一方面，兴业证券将发挥参股公司海峡股权交易中心碳排放交易撮合功能，促进以市场机制应对气候变化、减少温室气体排放，持续激励福建省内碳排放实体完成碳减排目标，促进技术和资金导向低碳发展领域，推动企业发展新旧动能转换、淘汰落后产能、实现转型升级。同时加大碳金融产品创新研究，发展碳权质押、碳资产证券化等碳信用类金融产品，积极打造碳期货、碳汇、碳期权等衍生产品，提高碳流动性与定价有效性，为碳市场参与者提供风险管理工具。

（四）发挥专业优势加强绿色金融研究智库服务能力

证券行业应充分发挥自身研究优势，加大"碳中和"经济的理论研究，并结合绿色金融业务实践，积极为政府及监管部门的决策提供数据、信息等智库支持，更好地为绿色经济产业发展提供金融服务。

兴业证券着力构建"产、学、研"跨领域的绿色金融发展体系，依托业内一流的经济与金融研究院，发挥扎实、专业的研究优势，为政府、企业提供绿色研究服务，推动绿色产业投融资实践落地，一方面为政府机构提供优质的智库服务，积极为绿色金融市场发展贡献研究智慧；另一方面积极帮助各地方政府对接外部资源，推动当地产业整合与升级，既畅通了政府、券商、企业三方的交流互动，也为引导优秀企业积极利用资本市场建立了有效的机制。在国家"碳中和"战略背景下，兴业证券将借以产业研究优势，在"碳中和、碳达峰"领域积极开展一系列深度研究工作，并在已经取得先行经验的基础上，进一步开阔绿色研究思路、推动绿色研究发展，充分发挥绿色金融智库作用。

（五）加强碳足迹管理，力争实现自身与业务碳排放"双中和"

金融机构应不断完善自身低碳化运营模式，鼓励无纸化办公与清洁出行，率先制定实现自身的"碳达峰、碳中和"目标，同时关注供应链的碳含量和持有金融资产的碳足迹管理，将气候环境因素纳入投融资决策，研究搭建证券公司碳减排效益核算体系，提升绿色金融业务碳排放精细化管理，有效评估量化各项绿色金融业务所产生的环境效益成果，力争早日实现业务"碳中和"。

兴业证券将积极落实绿色低碳发展理念，在探索开展碳足迹管理的同时，不断完善公司环境气候风险分析，进一步提升绿色金融服务能力。在"碳中和"实现路径中，国家经济低碳转型势必给较多行业带来政治、法律、市场、技术等方面的转型风险。兴业证券将不断探索投融资行业环境气候影响研究，通过碳核算定量分析并精细化地进行业务管理，有效处理和规避经济低碳转型给高碳行业和企业带来的转型风险。兴业证券及时披露环境信息，不断发布气候相关风险和机遇对证券公司战略规划、风险管理及财务状况的影响，进一步表明大力发展绿色金融支持"碳中和"的态度与决心。

参考文献

［1］阎庆民．构建以"碳金融"为标志的绿色金融服务体系［J］．中国金融，2010（4）：41-44.

［2］文风．把内蒙古打造成为国家低碳能源基地［J］．北方经济，2020，396（11）：24-26.

［3］J. G. J. Olivier & J. A. H. W. Peters. Trends in global CO_2 and total greenhouse gas emissions：2019 Report［EB/OL］. PBL Publishers，2019［2021-05-27］. https：//www. pbl. nl/en.

［4］国家发展改革委．国家应对气候变化规划（2014—2020年）［EB/OL］. 2014［2021-05-27］. http：//www. scio. gov. cn/.

［5］国务院．"十三五"控制温室气体排放工作方案［EB/OL］. 2016［2021-05-27］. http：//www. gov. cn/.

［6］习近平．决胜全面建成小康社会夺取新时代中国特色社会主义伟大胜利——在中国共产党第十九次全国代表大会上的报告［J］．党建研究，2017，359（11）：17-36.

［7］国务院新闻办公室．强化应对气候变化行动——中国国家自主贡献［EB/OL］. 2015［2021-05-27］. http：//www. scio. gov. cn.

［8］薛志华．世界银行与国际货币基金组织的协作关系及其发展前景［J］．国

际经济法学刊, 2019 (4): 117-125.

［9］胡文娟. 中国长期低碳发展战略与转型路径研究成果发布［J］. 可持续发展经济导刊, 2020 (10): 12.

［10］徐世龙. 碳中和愿景下的气候投融资［J］. 甘肃金融, 2020, 512 (11): 3.

［11］IPCC. Fifth Assessment Report (AR5) ［EB/OL］. Cambridge University Press, 2014 ［2021-05-27］. https://www.ipcc.ch/.

［12］Sustainability Accounting Standards Board (SASB). Asset Management & Custody Activities: Sustainability Accounting Standard ［EB/OL］. 2014 ［2021-05-27］. https://www.sasb.org/.

［13］Task Force on Climate-related Financial Disclosures (TCFD). Phase I Report of the Task Force on Climate-related Financial Disclosures ［EB/OL］. 2016 ［2021-05-27］. https://www.fsb-tcfd.org/.

［14］Financial Stability Board (FSB). Proposal for a Disclosure Task Force on Climate-related Risk ［EB/OL］. 2015 ［2021-05-27］. https://www.fsb.org/.

注册制下的投行高光时刻

——"注"就底线,"册"骥千里

徐孟静 关长良 滕晨君 侯 波 郑宇翔[①]

  注册制改革作为资本市场基础制度建设创新的载体,是国家创新驱动战略及资本配置市场化的里程碑。政府"简政放权",坚定不移地推进深化金融供给侧结构性改革,在合理适当范围实施监管的同时,充分尊重市场规律,把选择权由政府交给市场,弱化行政干预,强化信息披露质量,提升市场透明度,必将催化资本市场活力,高效打造合规、开放、透明、有潜力的资本市场。注册制推行两年半来,监管机构遵循市场化原则,坚守法制化底线,借鉴国外实践经验,坚持发展中国特色,引领资本市场注册制生态革命。未来,中国资本市场注册制改革试验田的沃土势将孕育券商投行新格局,高阶版投行将在注册制的道路上飞驰。

一、中国资本市场注册制生态革命

（一）注册制改革的催化效应及蝴蝶效应

  全面推行注册制是我国"简政放权""正确处理好政府和市场的关系"的改革思路在资本市场运用的最新实践,核心内涵是让政府将企业上市决定权交给市场,从而最大限度减少不必要的行政干预,但同时更加强调信息披露的质量和提高市场透明度,激发资本市场活力。注册制设定了更为灵活的上市条件,提高了发行审核效率,为市场引入了更多优质企业,具体来说将直接带来以下三方面的催化效应。

  一是随着注册制的全面推行,发行节奏加快且更加市场化,直接利好券商投行业务。注册制下企业发行上市标准更加多元,不再要求企业上市前必须盈利,而是综合考量市值、收入、净利润、研发投入等多个因素,且允许红筹和含表决权差异企业上市。此外,审核效率明显提高,申报企业从受理申请到完成注册平均用时仅5个多月,所带来的直接影响就是券商投行业务井喷,据统计,2020年共有399家

---

  ① 徐孟静,硕士,投资银行业务总部总裁;关长良,硕士,投资银行业务总部业务协同处总监;滕晨君,学士,投资银行业务总部高级经理;侯波,硕士,投资银行业务总部高级经理;郑宇翔,硕士,投资银行业务总部经理。

企业完成首次公开发行，募集资金共计 4726.49 亿元，同比增长 86.55%。

二是注册制将促进投行保荐、定价、承销能力的协同融合。注册制带来的最大变化是发行定价更加以市场为主导，这将更加考验券商研究定价与机构承销能力，同时科创板强制跟投制度加强了券商同发行人的长期利益绑定，券商、发行人和投资者的关系将更加密切。因此，当投行帮助企业完成承销保荐业务之后，后续企业的并购重组、再融资、市值管理等全业务链投行服务将成为券商新的业务机会，从而满足客户全生命周期的资本市场诉求。

三是投行业务不断增长的同时，券商及时进行组织结构调整。证券业协会专项调查数据显示，2020 年约有 55% 的券商投资银行业务的组织架构发生变化，包括业务组增减、内部层级调整等；在组织设置方面，超过 70% 的证券公司按照投行业务产品设置组织架构；约 80% 的证券公司在总部之外设有异地业务团队从事投资银行业务；并有相当数量的券商基于行业的不同设置相应的团队。

目前注册制改革虽然开局较好，但制度设计尚未经历完整市场周期和监管闭环的考验，制度还需要不断优化和磨合，各种新问题、新情况逐步呈现。注册制的全面改革是牵一发而动全身的大工程，不可能一蹴而就，随着注册制改革的进一步深化，其改革所引发的蝴蝶效应也在悄然形成。

注册制下更加注重 IPO 信披质量，企业"带病闯关"的门槛在变相提高。2014 年、2015 年的投资热催生了一大批新经济、新模式企业，在资本的推动下，迅速成为炙手可热的独角兽项目，在注册制的浪潮下，该类企业纷纷将目光投向境内资本市场，但是该类企业诞生之初所讲的故事及所遵循的法则皆是以美股或港股为标准，这套标准与境内市场过去三十年所形成的资本市场准则仍有不小差距，大量的申报势必引发监管部门的警觉。2021 年 1 月 31 日中国证券业协会公布的信披质量抽查名单中 20 家被抽中的企业中仅有 4 家未撤回，撤回率高达 80%。注册制要求 IPO 信息披露的准确性、完整性、充分性和真实性，监管部门通过压实各方责任，对信息造假等失信行为加大处罚力度，保证 IPO 信批真实性，"带病闯关"所带来的结果就是审核门槛在变相提高。

（二）注册制定价效率与博弈

核准制下 A 股市场窗口指导 23 倍发行市盈率制度，一定程度上扭曲了 IPO 发行估值，导致了发行价格、股权价值存在较大的溢价，引起一级、二级市场利益分配不均衡，市场资源配置效率低下。注册制实施后，新股发行市盈率市场化，定价效率不断提升，定价博弈趋于市场化。

1. 注册制定价效率将不断提升。

（1）注册制下交易制度的优化。2019 年 3 月 1 日，上交所发布的《上海证券交易所科创板股票交易特别规定》《上海证券交易所科创板股票盘后固定价格交易指引》中详细规定了一系列配套的交易制度规则。相对于其他板块，科创板交易制度放松了限制，同时丰富了价格工具，一定程度上提高了科创板股票的定价效率。详情见表1。

表1　　　　　　　　　　　科创板创新机制

类别	内容	说明
投资者门槛	个人投资者资产≥50万元，参与证券交易24个月以上	—
涨跌幅限制	涨跌幅比例为20%，首次公开发行上市的股票，上市后的前5个交易日不设涨跌幅限制	相对于主板放松了涨跌幅限制
特别标识	对尚未盈利的、具有表决权差异安排的公司、CDR做出相应标识	—
盘后固定价格交易	按照时间优先顺序对收盘定价申报进行	创新机制
申报价格	可依据股价高低实施不同的申报价格最小变动单位	创新机制
申报方式	1. 最优五档即时成交剩余撤销申报 2. 最优五档即时成交剩余转限价申报 3. 本方最优价格申报 4. 对手最优价格申报	新增前两项申报方式
融资融券	自上市后首个交易日可作为融资融券标的	双融条件放开
价格笼子	连续竞价阶段限价申报的买入申报价格不得高于买入基准价格的102%；卖出申报价格不得低于卖出基准价格的98%	创新机制

资料来源：兴业研究院。

（2）首日涨幅存在超值溢价，定价效率修复空间巨大。与中国香港和美国相对成熟的股票市场相比，A股注册制的定价效率有着巨大的提升空间。截至2020年底，美股的新股首日涨幅中位数为1.6%，而港股的新股首日涨幅中位数为2.9%。相比之下，A股上市首日注册新股涨幅中位数高达120%，并有58%的新股上市首日收盘价是新股发行价的两倍。

2. 投资者和发行人之间的定价博弈逐渐占据主导地位。

（1）超募企业数量逐年减少，供需博弈转向买方主导。自2019年注册制实施以来，新股超募现象备受关注。所谓超额募集，是指上市公司账面上计划的募集金额小于实际募集的金额。在核准制下，"超募"显然是一种普遍且正常的现象，但是过高的超募金额和超募率会很大程度上降低资金优化配置的效率，超募比例过高也在一定程度上体现出新股定价存在修正空间。

2020年上市的注册制新股中，超募新股比例从73%同比下降到63%，低于预期的新股数量剧增。在日趋健康的市场环境中，股权"产品"数量和种类的提升，给予了投资人"买方"充分的选择空间（见图1）。

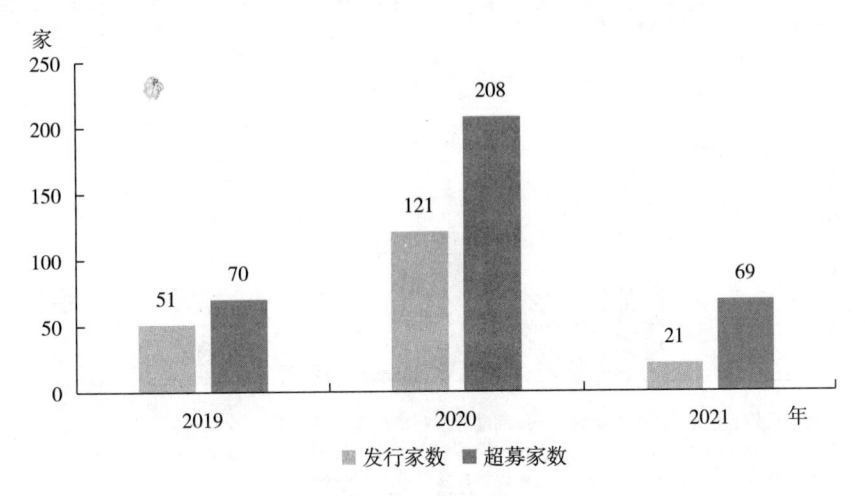

图 1　注册制超募企业家数

（资料来源：Wind）

（2）募资金额体量和市盈率均呈下降趋势，双高发行现象被打破。与2019年科创板推出时的总体高总估值现象有所不同，2020年注册制新股的市盈率存在很大差异，即低市盈率新股的比例大幅上升，新股中IPO市盈率近70%低于50倍，超过20%低于30倍。以科创板为例，2020年11%的新股发行市盈率低于30倍，但是2019年只有一只发行市盈率低于30倍的新股。

2021年注册制企业发行平均市盈率仍处于下降通道，相较于2020年下降57%，募资平均金额从13.9亿元下降到7.6亿元。A股注册制下IPO定价仍在修订完善中，机构不再"盲目"给予新股过高溢价，投资者投资趋于理性。

（三）错位发展的科创板与创业板

现阶段科创板和创业板已陆续实现了注册制，虽然二者都会重点赋能创新型企业，但在实际运行中却各有侧重，形成了差异化的错位服务格局，具体可以从科创板与创业板的定位、上市条件和个人投资者门槛等方面体现出二者的异同。

1. 定位不同。科创板定位的行业方面原则上仅限于六大行业，对于六大行业以外或者科技属性不强的企业来说现阶段暂不符合科创板申报标准。创业板定位创新、创造、创意，对企业的硬科技属性并无实质性要求，原则上只要与新技术、新产业、新业态、新模式深度融合的传统产业也可以申报创业板，这就大大拓宽了创业板申报的企业范围。

具体从科创板和创业板上市企业行业分布来看（见图2、图3），截至2021年4月19日，科创板上市公司259家，创业板注册制上市公司108家。从行业分布来看，科创板企业大都集中在六大行业，具有较强的科技属性；而创业板企业分布则更为广泛，既有信息技术、大消费、医疗保健这些新兴行业，也有工业制造、材料生产等传统行业。科创板企业与创业板企业具有显著的行业分化和错位互补的特征。

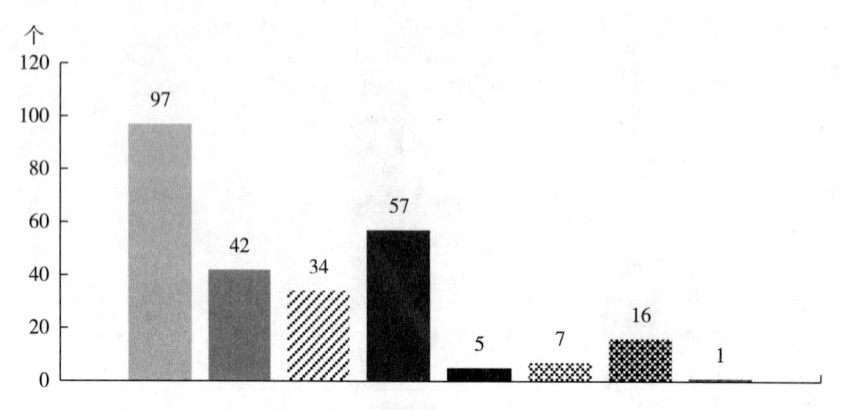

图 2　科创板上市公司行业分布

（资料来源：Wind）

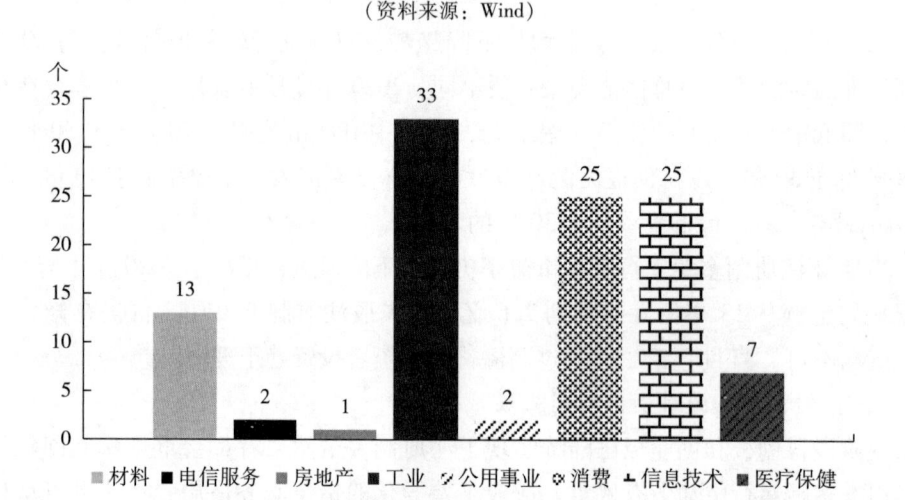

图 3　创业板上市公司行业分布

（资料来源：Wind）

2. 上市条件不同。科创板和创业板均借鉴了港股上市条件，引入市值、收入、现金流等指标，相较而言科创板对财务指标要求更为宽泛且弹性更大，除标准一对盈利有一定要求外，其他四项指标均无企业盈利性要求的刚性约束，而且标准五还特别提到对医药研发型企业的针对性标准，充分考虑到了科技型企业前期投入大、短期内较难盈利甚至没有收入的现实情况，为硬科技企业登陆资本市场铺平道路。

创业板现阶段实行的是两套上市标准，且两套标准均对企业的盈利性有刚性要求，第三套标准虽然没有盈利要求但暂缓 1 年实行，这意味着对于依赖研发投入、尚未盈利的科技型企业来说无法符合创业板的申报条件，创业板更适合有一定体量规模和盈利能力的企业发行上市。

3. 个人投资者门槛不同。科创板企业很多尚未盈利,且企业研发投入能否最终取得科技成果或得到市场认可存在不确定性,这对个人投资者专业判断能力提出了更高要求,投资者准入门槛方面要求个人投资者 20 个交易日日均流动资产不低于 50 万元,这就将绝大多数风险承受力弱、资金实力不强的散户阻隔在科创板投资之外。

相较而言创业板上市企业都有一定体量规模和利润水平,抗风险能力强,中小投资者参与创业板企业投资相对安全,所以在资金门槛方面仅要求投资者 20 个交易日日均流动资产不低于 10 万元即可。

二、注册制重塑投行格局

(一)并购铸就业务第二成长曲线

1. 并购业务蓬勃发展,服务类型多元化发展。国内并购市场自 2000 年以来发展迅速,2017 年并购活动超过万件,受宏观经济影响,国内并购市场在 2018 年之后交易规模与数量下滑明显,出现回调态势。2020 年,国内市场并购活动同比持平,但跨境并购交易规模呈现三倍增长。随着我国注册制改革的推进,上市公司并购表现更加活跃。2020 年 A 股市场共发起 2405 起公司并购事件,其中,完成 813 起并购,1592 起并购正在进行,正在开展项目较 2019 年同期的 858 个项目大幅增长 85%。各类型并购重组中,借壳上市明显减少,呈现边缘化趋势。2018—2020 年,借壳上市数量依次为 13 家、9 家和 6 家。2020 年共计发行 399 只新股,其中仅 6 家企业借壳上市,只有一家企业交易规模过百亿元。注册制压缩上市周期,严格化退市条件,降低盈利门槛利好创新型企业上市,加速经营不善的壳公司退市,未来 A 股借壳上市需求将进一步下降。注册制下一级、二级市场估值差异缩小,并购套利可行性降低,更多公司聚焦并购促进主业发展。国有上市公司成为并购市场的重要参与方,2020 年共有 774 起国有上市公司并购案例,占比达 32.18%,全年 9 个百亿元并购计划中,国资控股上市公司参与 8 个(见图 4、图 5)。

科创板及创业板满足了科技创新公司更多元化的上市需求,未来科技创新公司的上市数量及体量达到一定规模时,并购扩张补足技术、跨界转型和并购成长都将利好并购市场的蓬勃发展。美国从 1897 年到 1989 年发生了五次并购浪潮,依次是横向并购、纵向并购、混合并购、杠杆并购及全球化并购。当前我国处于工业化后期,横向并购比例占六成,纵向并购等占比存在较大提升空间。注册制满足多元化规模企业上市需求,2018—2020 年 A 股 0～50 亿元市值规模公司占比从 66.20% 降低至 47.24%,50 亿~100 亿元及 100 亿~500 亿元规模公司占比逐渐增加。伴随着大中型规模公司占比的增加,我国上下游整合的纵向并购,跨行业的混合并购以及跨国并购数量有望迎来进一步增长(见图 6)。

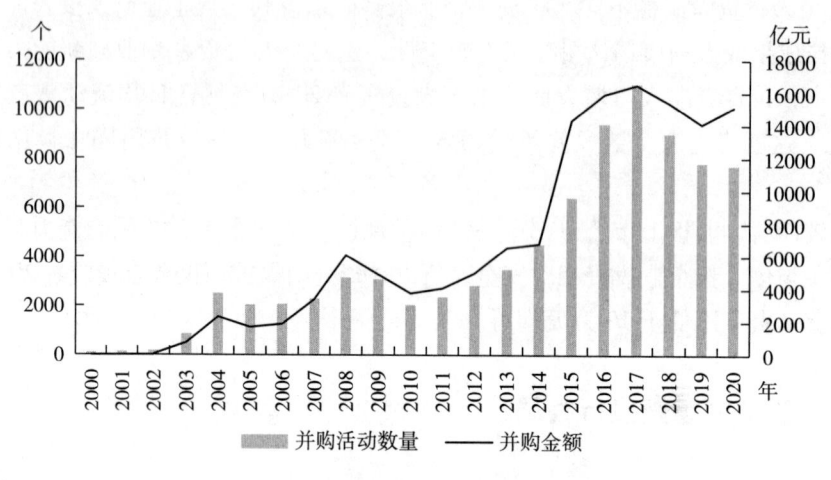

图 4　并购活动规模及数量
（资料来源：Wind）

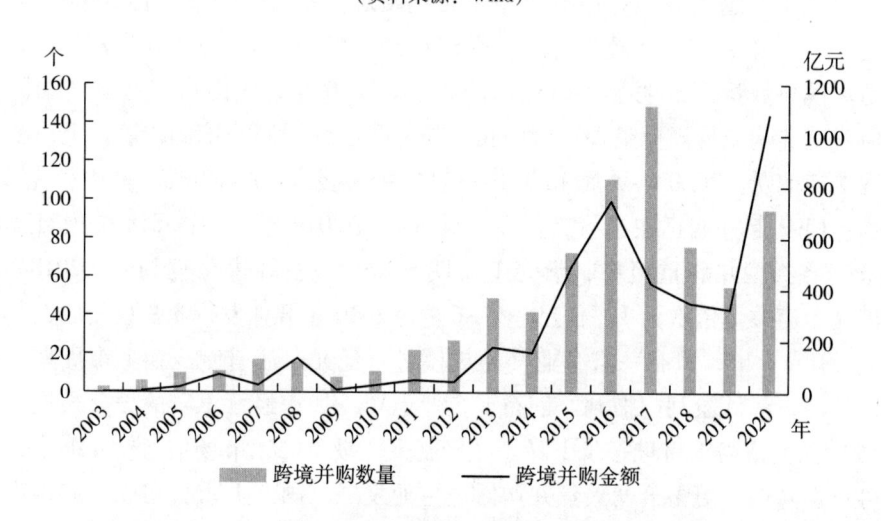

图 5　跨境并购活动规模及数量
（资料来源：Wind）

2. 国内并购服务方兴未艾，弯道成长未来可期。海外并购市场规模稳定且交易频繁，拆分华尔街投行收入可知并购重组市场收入已经超过股权融资和债权融资成为第一大收入来源。传统的 IPO 业务马太效应极为明显，但并购业务前十大投行不但包含高盛等国际大行，还包括专注于并购领域的精品投行如 Lazard。由于并购重组所需金融服务专业程度较高，不同项目差异性大，马太效应弱于 IPO 业务。因此，精品投行能够依托轻资产、重人力的经营模式实现突围。国内并购重组市场尚未形成稳定格局，尽管并购重组业务专业门槛较高，更容易形成专业壁垒，但每年各机构的并购排名更迭快速。2018—2020 年，除中信证券及华泰联合排名相对稳定外，其他机构排名波动较大。

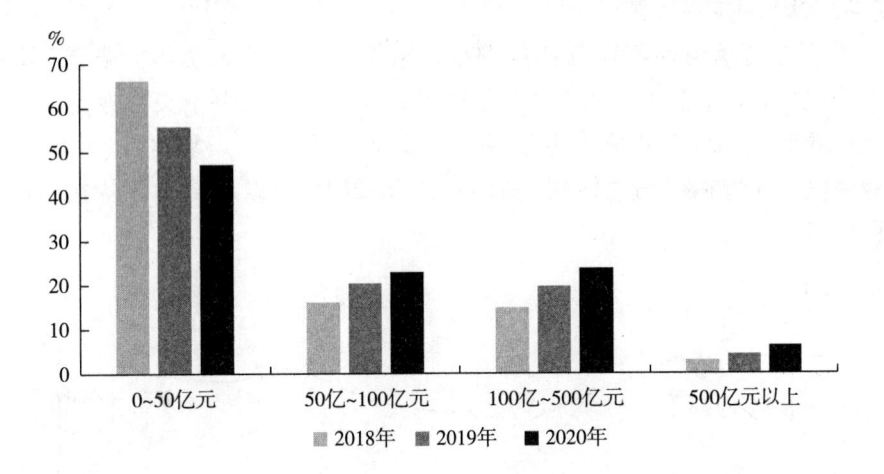

图 6　A 股上市公司规模占比

（资料来源：Wind）

（注：市值统计按当年最后一个交易日收盘价核算）

并购重组业务专业门槛较高，各机构并购业务水平差异较大，目前能够提供优质并购服务的机构有限，2020 年券商并购业务水平评级中，14 家券商获 A 级评价，27 家券商获 B 级评价，55 家券商获 C 级评价。头部券商可通过建立包括国企改革、境外上市公司私有化、A 股并购重组、跨境并购和债务重组等的多元并购服务体系；肩部券商可专注于海外并购，建立纯产业并购团队和资本并购团队，提供私有化、要约收购等服务；腰部券商可侧重于精品服务，如专注于国资收购控制权、跨境并购项目，并提供公司并购后整合、组织架构设计的咨询服务。不同规模券商结合自有资源，布局特色化并购业务，在不同赛道均有弯道超车的可能（见表 2）。

表 2　国内并购服务前十大机构

2018 年		2019 年		2020 年	
海通证券	18.23%	中信建投	16.70%	中信证券	30.04%
中信证券	12.51%	中信证券	12.28%	华泰联合	11.85%
华泰联合	12.08%	华泰联合	9.91%	招商证券	7.67%
华英证券	11.32%	国泰君安	8.60%	中国国际金融	7.61%
中信建投	5.91%	广发证券	6.48%	国泰君安	5.75%
国泰君安	3.54%	申万宏源	4.84%	天风证券	2.95%
民生证券	2.57%	太平洋证券	3.75%	申万宏源	2.90%
国金证券	2.51%	中银国际证券	3.60%	中信建投	2.60%
太平洋证券	2.25%	国海证券	3.54%	中国银河	2.37%
东兴证券	1.71%	华创证券	2.65%	平安证券	1.85%

资料来源：Wind。

（二）恒定的二八法则

1. 头部券商承销保荐业务持续跑赢，高份额占据市场总体。截至 2020 年，我国券商数量总计达到 117 家，IPO 承销保荐业务整体集中于头部券商（市场排名前十的券商）。由 Wind 统计的近 10 年（2011—2020 年）数据显示：头部券商承销业务收入保持在市场总体的五成以上，在 2018 年以后持续保持在六成以上（见图7）。

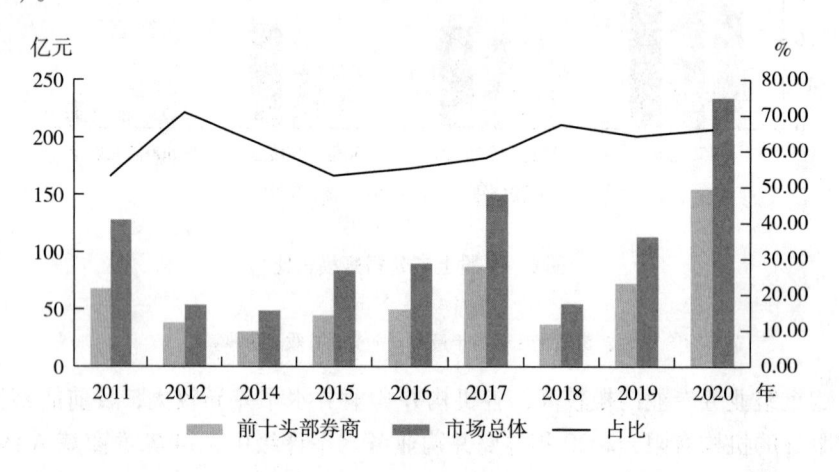

图7 头部券商承销收入占比

（资料来源：Wind）

（注：2012 年 11 月 16 日至 2013 年 12 月证监会暂停 IPO 一年，故没有 2013 年数据）

此外，头部券商的承销家数超过市场总体的一半，在注册制推行的 2019 年、2020 年，承销金额更是超过市场总量的七成（见图8、图9）。

2. 头部券商储备资源丰富。截至 2021 年 3 月，证监会发审委在会企业共计 504 家。其中头部券商为其保荐机构的公司家数有 290 家，约占市场总量六成。头部券商拥有更加丰富的储备项目（见图10）。

在头部券商承销保荐业务市场保有量和项目储备量占比不断提升的同时，当前证券公司分类监管的思路也越发明确。一方面，通过券商分类评级对券商风险管理、各项业务收入、新业务竞争力、信息系统建设投入开展考核评级，中小券商提高评级难度加大；另一方面，加大对外开放并准许内资券商设立审核，通过引进优质资金进一步加大行业竞争，以提高证券行业服务实体经济的能力。所谓"强者恒强"，头部券商的优势将会更加凸显，二八分化的格局更加难以打破。

（三）精品投行的搅局：差异化精品投行战略成为必然，树立价值创造新思维，挑战头部效应

注册制下头部券商，无论在承销收入，还是承销项目数量与质量方面，都与中小券商拉开了绝对差距，有许多中小券商至今仍然在科创板上"颗粒无收"，注

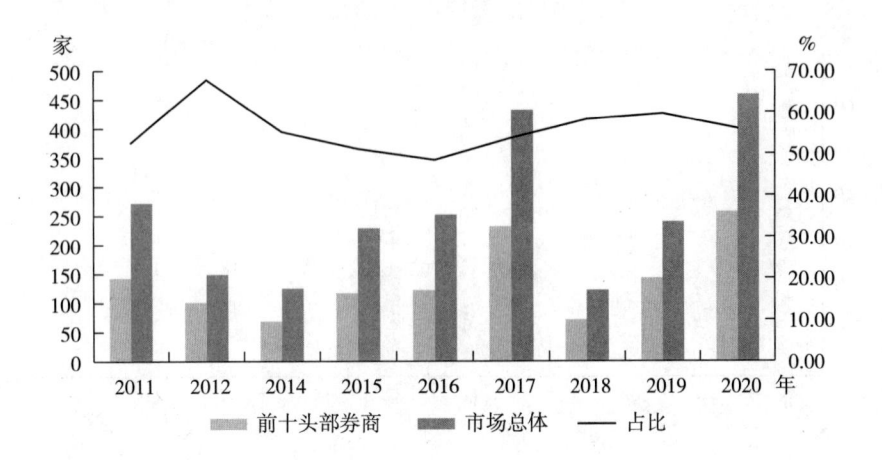

图8　头部券商承销数量占比

（资料来源：Wind）

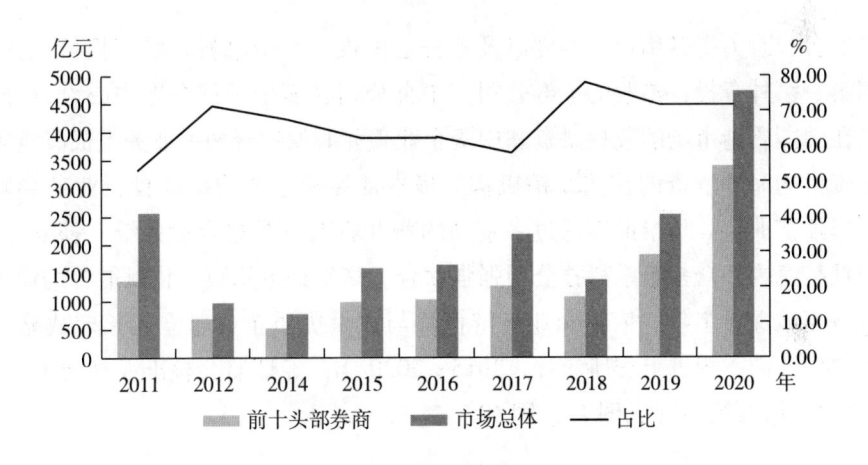

图9　头部券商承销金额占比

（资料来源：Wind）

制下中小券商需利用差异化路线来应对挑战。

国内缺乏"小而精"的投行发展模式。随着国内资本市场的不断改革，未来券商可借鉴美国的全能投行、精品投行差异化的发展经验，形成多层次的竞争格局。在美国，非全能型券商主要走精品化路线，专注于某几个领域精耕细作，树立品牌优势；国内的券商实力分层明显，如果在常规赛道与大券商竞争，中小券商的生存概率会越来越低，未来中小券商可以借鉴美国精品投行模式，考虑针对细分领域提供特色化服务。

目前中国大型投行的精品投行之路，采取的是金融科技赋能的国际化战略，实现规模经济效应。比如，中金公司决心打造国际一流投行。公司开发各类业务和风

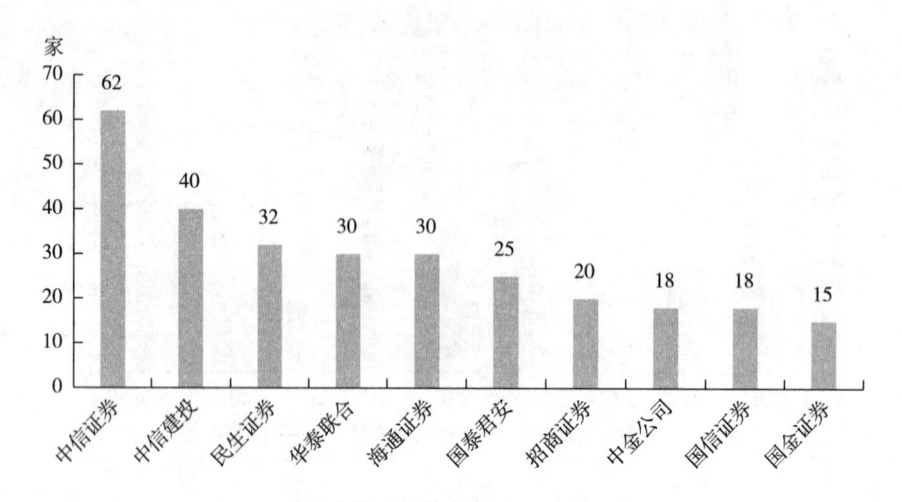

图 10　头部券商储备项目情况

（资料来源：Wind）

险控制平台，有力提升用户体验度以及业务适配度，将金融科技赋能投行业务。作为中国第一家外资投行参股的证券公司，中金公司在多个环球金融中心设置分支机构，其在中国香港市场的股权融资和中资企业美元股权融资两大业务上极具竞争力，成为中资机构海外融资的首选承销机构。华泰证券通过并购提高投行业务影响力，成为规模经济典范。华泰证券通过一系列的兼并收购行为整合业务链，补齐自身短板，而且与海内外众多金融科技公司强强联合。华泰证券用数字化赋能各个业务线，在新经济领域深耕多年，依托全业务链优势与大量优质企业建立起长期战略合作，培育客户生态圈。根据上交所统计，2015—2020 年，经证监会核准及注册的并购重组数 99 单，行业第一（见图 11、图 12、表 3）。

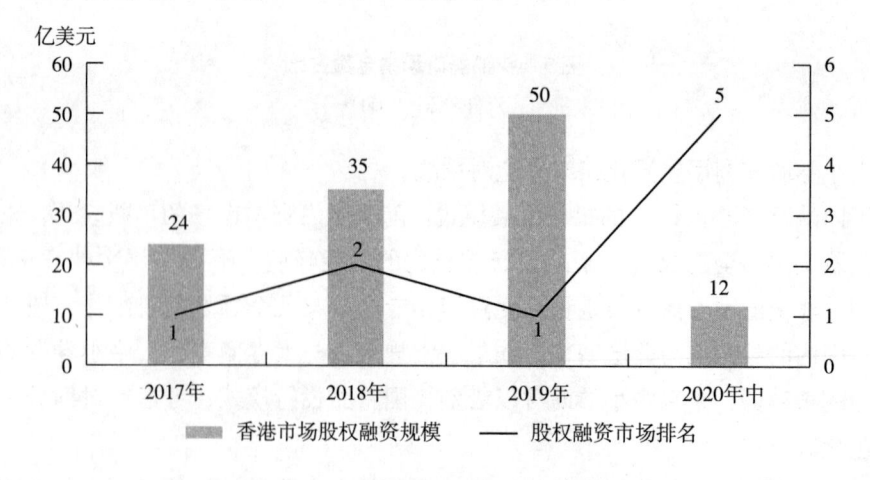

图 11　中金公司在港股权融资效益

（资料来源：Wind）

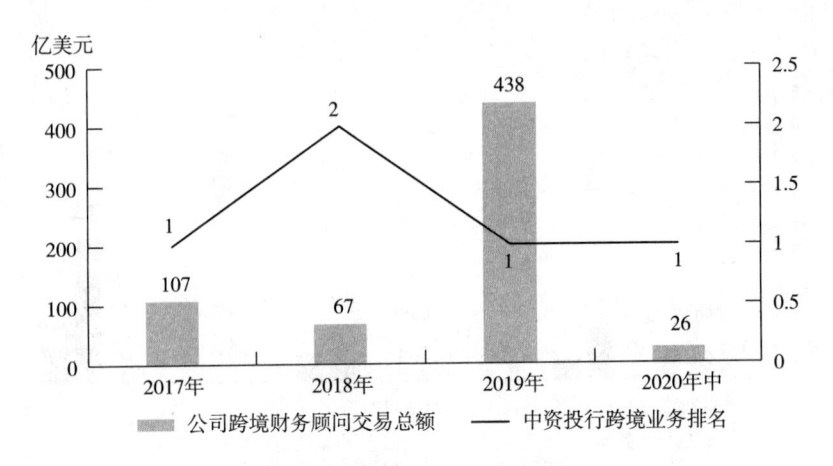

图 12 跨境财务顾问交易情况

表3 中金公司参与香港 IPO 项目

发行人	上市年份	募集资金总额（亿美元）
工商银行	2006	161
阿里巴巴	2019	129
农业银行	2010	120
建设银行	2005	92
邮储银行	2016	76
铁塔股份	2018	75
中国联合网络通信	2000	56
小米集团	2018	54

资料来源：Wind。

中小券商可借鉴美国的精品投行小而精的模式，精耕细作某些行业或是立足区域优势，更好地服务中小企业。Evercore 是美国典型的轻资产精细化精品投行，通过一系列并购重组将咨询业务从原本的医疗健康、房地产、交通运输和金融等个别优势领域逐步扩展至消费、TMT、能源和工业领域，2020 年公司实现营业收入 20.33 亿美元，其中咨询业务收入 16.55 亿美元，占比达 81.4%。

注册制下，中国中小投行已开始专攻某些精细领域。中天国富只是一家成立 4 年的中小券商，成立以来聚焦投行业务，专注于服务中小企业，通过 PE、定增、并购、量化、固收及方向性投资的布局，挖掘资本市场的优质投资机会，帮助客户实现长期利益最大化。2019 年投行业务收入从 2018 年 1.9 亿元直接跃升至 4.3 亿元，投行各业务收入结构稳定，承销保荐以及财务顾问业务收入位居首位。2019 年度券商投行业务排名中，中天国富证券位居第 30 名，其并购重组业务连续三年位列行业前十（见图 13）。

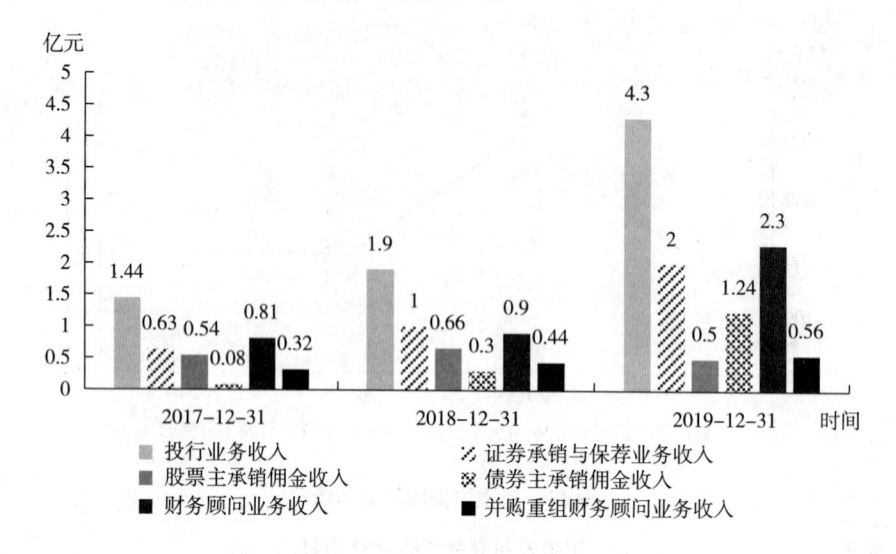

[图表:中天国富证券投行各业务收入结构,数据如下]
- 2017-12-31：投行业务收入 1.44，证券承销与保荐业务收入 0.63，股票主承销佣金收入 0.54，债券主承销佣金收入 0.08，财务顾问业务收入 0.81，并购重组财务顾问业务收入 0.32
- 2018-12-31：1.9、1、0.66、0.3、0.9、0.44
- 2019-12-31：4.3、2、0.5、1.24、2.3、0.56

图 13　中天国富证券投行各业务收入结构

（资料来源：Wind）

（四）政策催化直接融资与间接融资平衡

国务院金融稳定发展委员会专题会议提出增强资本市场枢纽功能，建立常态化退市机制，提高直接融资比重。注册制的推行有利于通过提高上市效率、提高科创企业上市公司比重、提高股权投资 IPO 退出规模进而提高直接融资比重，促进直接融资与间接融资的平衡。

1. 现状：间接融资主导市场。与发达金融市场相比，中国存量市场的直接融资比重较低。2016—2018 年，美国直接融资占比均值达 78%，英国直接融资占比接近 60%，而同期中国的直接融资比例仅为 35%。

而增量方面，中国近年的直接融资比例波动较大，进步不明显。2016 年至 2017 年，中国直接融资比例有所提升，而 2017 年在去金融杠杆的政策背景下，直接融资比例大幅度下调，2018 年和 2019 年又重回 14% 左右。

2. 注册制下直接融资规模持续提升。

（1）注册制审核时间缩短，上市效率大幅提升，直接融资需求提升。在注册制下科创板与创业板自受理上市申请后三个月内出具审核意见，证券监管机构极大化地放权，其仅负责核查信息是否准确、完整、真实，定价估值更多地交给市场决定，交易所的自主权得到放大。统计数据显示，核准制下的主板、中小板以及注册制改革前的创业板从 IPO 申报到最终上市的平均周期为 20 个月，而科创板进行注册试点后排队时间缩短为 7.5 个月，创业板注册制改革后上市周期降为 2.6 个月，进程大幅提升。企业上市效率的提高，将直接拉动更多中小微企业的上市需求，驱动直接融资的比例进一步提高（见图 14）。

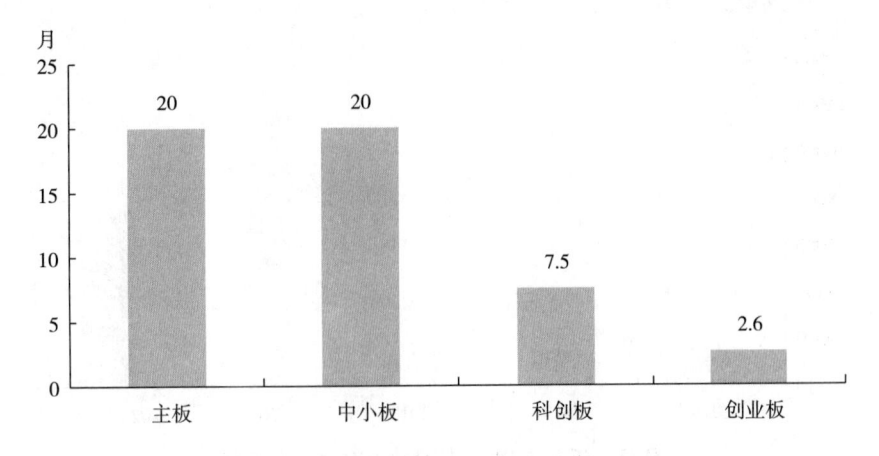

图 14　注册制下上市平均排队周期

（资料来源：Wind）

（2）注册制为科创企业提供了有力的直接融资支持。注册制制度创新打破固有上市硬性条件，允许红筹构架、同股不同权的科创企业登陆 A 股资本市场。在引导已在海外上市科创企业回归 A 股的同时，为已设立特殊股权构架准备海外 IPO 的国内科创企业开启了一扇登陆 A 股市场的大门。截至 2021 年 5 月 31 日，科创板和创业板分别上市了 293 家和 152 家公司，实现融资 3665.13 亿元和 1220.45 亿元，占 A 股总融资额的比例分别达到了 42.76% 和 25.02%。

（3）IPO 退出规模加大，PE/VC 积极性得到提振，利好直接融资。2016 年至 2018 年，IPO 退出规模稳定在 1500 亿元人民币左右；2019 年 IPO 退出规模呈现井喷式上升，达到 12714 亿元人民币；2020 年初，因为新冠肺炎疫情影响，拖慢了 IPO 进程，但是随着经济环境的恢复，到 11 月 IPO 退出规模达到 7653 亿元人民币。注册制加速企业 IPO 进程，有利于投资机构资金的退出，在存量资金和增量（收益）资金的带动下，能够进一步促进提升直接融资规模，2020 年 PE/VC 渗透率高达 68%，股权投资机构投资积极性得到提振（见图 15）。

（五）联合承销主流化

1. 港股市场 IPO 联合承销已成为市场主流。2011 年至 2020 年，港股市场总 IPO 数量 1377 例，其中以联合承销方式上市的公司 991 例，占市场总体的 71.97%。此外，以联合承销上市的企业其募资总额和首发市盈率无论是平均值还是中位数都略高于市场平均水平。注册制下的香港资本市场，联合承销早已是绝大多数企业上市的选择，其市场表现也更加优质化（见图 16、图 17）。

2. 注册制下 A 股市场 IPO 联合承销趋势明显。2015 年证监会提出优化股票发行程序，取消 IPO 联合主承销商家数限制，联合承销的案例数量在近五年大幅增加。据统计，2011 年至 2020 年联合承销案例共计 96 例；2016 年至 2020 年共计 88 例。

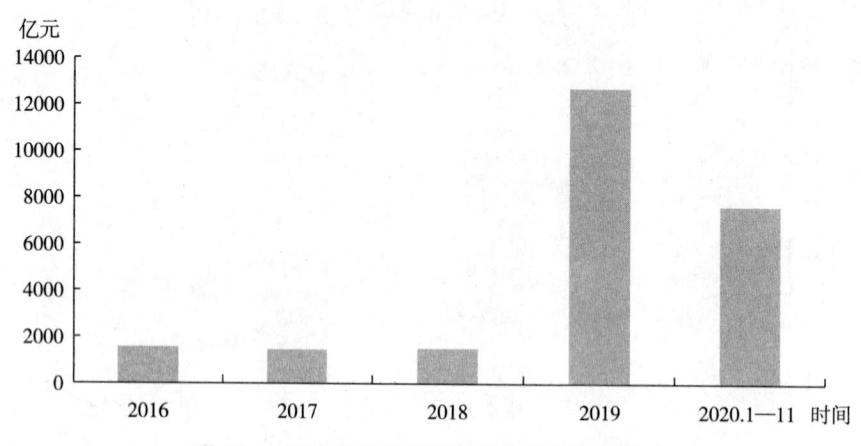

图 15 近 5 年 PE/VC 投资 IPO 退出总规模

（资料来源：Wind）

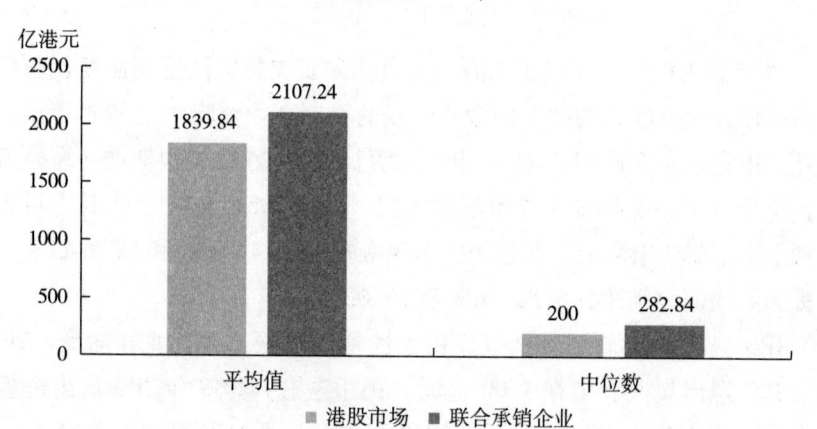

图 16 2011—2020 年港股市场募资总额

（资料来源：Wind）

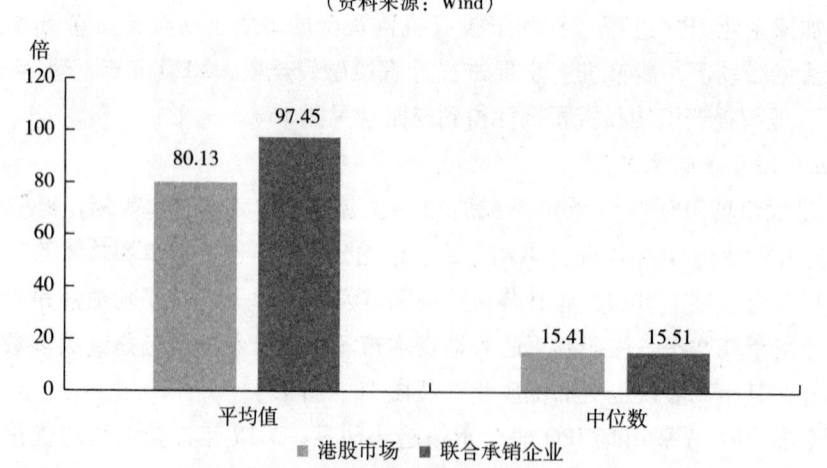

图 17 2011—2020 年港股市场首发市盈率

（资料来源：Wind）

此外，由多家券商联合主承销的案例也不断出现，截至 2020 年底，由三家及三家以上联合承销上市的公司有 20 例，其中，2020 年于科创板上市的"中芯国际"更是由 6 家券商共同承销。

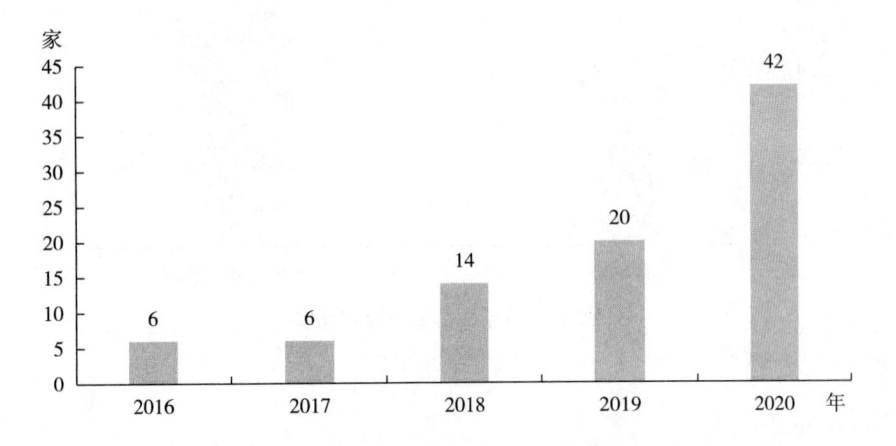

图 18　2016—2020 年联合承销数量

（资料来源：Wind）

（注：上市时间按招股日期统计）

注册制落地实行之后，截至 2020 年 12 月，联合承销总案例数为 61 例，其中创业板 5 例、科创板 35 例、主板 21 例。科创板和创业板累计案例数量占市场总量的 65.6%。同期，科创板中以联合承销方式上市的公司，其募资总额和首发市盈率均高于板块平均水平。同样的结果也出现在了创业板。由此可见，联合承销给企业带来了更多的融资渠道以及更高的估值倍数，该模式更具竞争力，或将成为未来市场的主流（见图 19、图 20、图 21、图 22）。

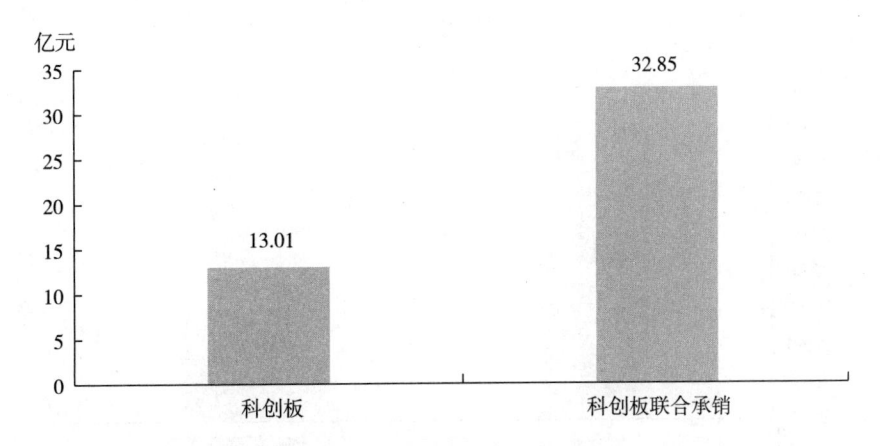

图 19　科创板募资总额比较

（资料来源：Wind）

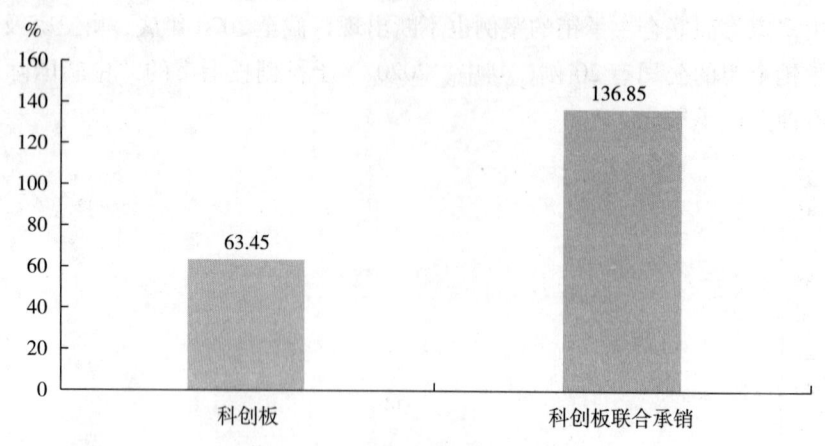

图 20　科创板首发市盈率比较

（资料来源：Wind）

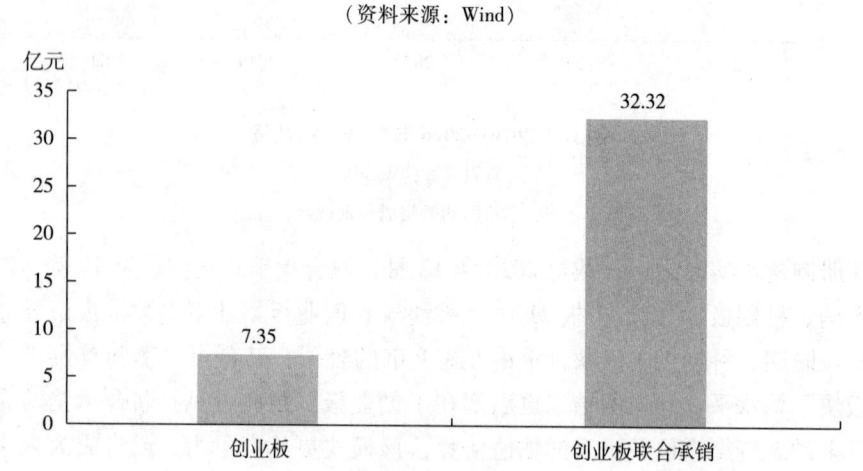

图 21　创业板募资总额比较

（资料来源：Wind）

图 22　创业板首发市盈率比较

（资料来源：Wind）

此外，不少融资规模较小的公司在上市过程中也采取由多家证券公司联合承销的方式。据统计，融资规模在 10 亿元以下的公司有 24 家，占比 27%；10 亿~20 亿元 25 家，占比 28%；融资规模在 20 亿元以下的上市公司超过五成。注册制的推行对于联合承销的企业融资规模要求不再仅限大规模企业，中小规模的企业同样可以选择多家承销商为其承销，联合承销趋势化明显（见图 23）。

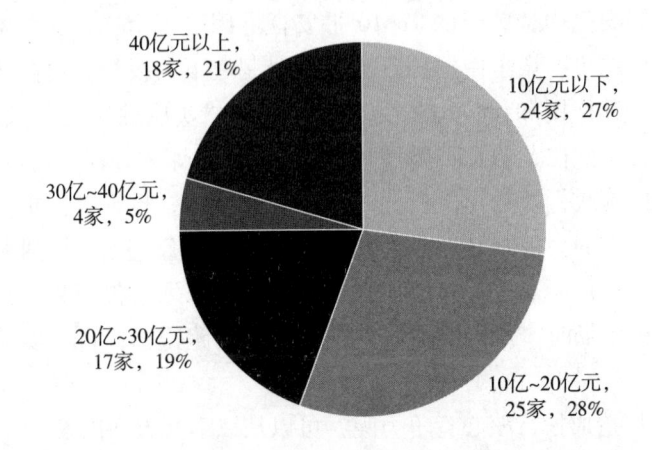

图 23　2016—2020 年 IPO 联合承销募资总额情况分布

（资料来源：Wind）

三、高阶版投行注册制之路

（一）风控篇："量"向"质"变，"实质风控"打造投行核心竞争力

中国资本市场正从"量变"向"质变"发展。作为资本市场的"看门人"，投行不能穿新鞋走老路，只有紧绷审慎履职这根弦，切实把好入口关，才能奠定好全面推行注册制的基础。

2021 年以来，终止注册和 IPO 申请撤回数量大增引发业内深思。截至 2021 年 5 月 31 日，注册制下创业板已经终止 70 家企业 IPO，占终止审核总数比例接近六成；科创板终止（含撤回）企业 51 家，占 A 股市场 2021 年终止总家数四成。终止 IPO 企业数量大幅提高的原因系证监会启动了对各板块拟 IPO 企业的现场检查，核心目的是提高 IPO 信息披露质量，压实发行人和投行责任，震慑违法违规行为，从源头提升上市公司质量。长期以来，中国资本市场坚持立法、执法和司法一体建设思路，通过证券法制定和历次修订，牵引资本市场整体基础制度建设，形成规则导向的价值理念。通过构建民事追偿、行政执法和刑事惩戒的立体、有机体系，逐步依法提高违反资本市场法规成本，培育形成敬畏法治的市场生态。行政处罚上限在 2020 年 3 月实施的新《证券法》后大幅提升，投行的责任也更加明确。在注册制拓宽投行展业空间，进一步加剧行业竞争环境背景下，做好实质上的风控合规已成为共识，将构成注册制环境下投行核心竞争力。注册制下，项目风控基石就是选择业绩扎实，质地优良的公司。当前投行市场集中度较高，行业竞争态势处于白热化，Top10 投行争"龙头"，中小型投行谋弯道超车，无论哪一类，"快而稳"才有胜算的机会，而风控合规已然成为重要安全保障。

广发证券曾位列前五，因牵扯康美药业造假案，投行业务暂停 6 个月，元气大伤。在万福生科的重大造假案例中，曾经的 Top10 平安证券因受到牵连，保荐资格被暂停 3 个月，导致在后续的市场竞争中增长乏力。注册制之下的投行，提高风控合规能力已成为自发需要，其作用和地位也备受重视，达成"实质性风控"共识。因合规问题，比如保荐职责不到位、信息披露违规等行为，投行将受到自律监管措施、纪律处分、行政监管措施或行政处罚，行业评级会因此下降，投资者保护基金缴纳数额也需要增加。更严重的会被限制业务活动、暂停部分业务资格。注册制环境下投行竞争日趋白热化，一旦涉及重大违法违规被监管部门采取暂停资格，投行可能遭受灭顶之灾。在争抢市场时，投行不但要跑得快，还要跑得稳，将"实质风控"打造成投行核心竞争力。

如何将"实质风控"打造成投行核心竞争力呢？可以从以下几方面出发：

1. 三道防线各司其职，确保投行业务快速稳健奔跑。确保投行三道防线各司其职：第一道防线是促使员工分享公司成长，眼光聚焦长期利益，减少简单粗暴的、线性的利益驱动。面对注册制改革，投行部门需要把握好业绩与风控的平衡点，可以通过变更部门架构、调整业绩指标，更新业务流程来强化尽调责任，鼓励业务团队发现问题并立刻终止问题项目。同时，通过重塑投行盈利模式，通过完善市场化跟投机制匹配投行团队利益，革新投行尽职调查的取向；第二道防线是打造专业化能力，培养对行业、产品都要掌握，具备分辨真假的能力。不依赖监管背书，投行需要建立专业化的质量控制体系，为自身业务保驾护航；第三道防线是通过 IT 技术加强风控，把业务一线专家在后台岗位委以重用。依托金融科技建立全面系统的内部风控体系，打造切实可行的合规管理等制度。

兴业证券投行面对市场注册制改革时反应迅速，在三道防线设置上非常具有特色：第一道防线，投行内部组建处室专门负责项目质量控制，配备合规管理人员负责业务部门合规风控事项，公司确保合规管理人员的薪酬达到同等级别人员平均水平；第二道防线，设立公司层面质量控制部门牵头负责立项委员会相关工作的具体落实，质量控制部门与投行部门并列为公司一级部门，实现投行业务和投行质控分离；第三道防线，通过独立运行的内核委员会、独立的风险管理部门和合规管理部门，介入主要业务环节、把控关键风险节点，实现公司层面对投资银行类业务风险的整体管控。

2. 挑选高质量的合作伙伴。注册制下，投行需要遴选高质量的合作伙伴，将专业的事交给专业的人做，即将财务问题、法律问题分别交由审计机构和律师事务所负责，自身不再担任三方机构的"保姆"，投行人需要从法律型、财务型人才，向真正的交易撮合型、价值发现型人才进行转变。

3. 保荐机构建立对保代的动态分类自律管理机制。通过建立有效机制强化对投行品牌以及保荐代表人的声誉约束，建议建立保代白名单库，对具有专业胜任能力水平高且执业质量高（主要表现为近三年未受过行政监管措施、处分等）加入白名单，可予以项目审核绿色通道以及高系数保代津贴，进而将保荐责任从"保荐机构"压实到"保代个人"。归根到底，保荐工作需落实到保代等项目执行人员，该举措有助于提高项目执行人员的工作责任心，提升保荐质量。

4. 用市场化方式确保投行独立性。靠市场化的方式来解决投行独立性是最优解，随着注册制的推出，发行定价将打破隐形红线，投行将由原来的赚牌照通道费逐步向赚取跟投收益，进而为投行自身利益把关，由"被动把关"向"主动把关"转变。从科创板开板至今的运行情况来看，IPO合理定价价值在保荐跟投机制的加持下得到了有效提升。跟投机制是一种奖罚分明双向调整的市场化方式，有助于市场化地压实"看门人"责任。

（二）投资篇：投承联动助推券商提升ROE

《证券公司私募投资基金子公司管理规范》第十六条对"先保荐后投资"是明确禁止的，但据业内人士估计，监管部门正在研究放开投行IPO业务中"先投后保"的规定。随着科创板推出实行的"保荐+跟投"制度，明确了保荐机构需要通过另类投资子公司以自有资金按照发行价格进行认购，进而对科创板企业谨慎定价。随着2020年各家券商年报的陆续公布，"投行+投资"已然成为券商业绩的最大助推器。

近十年以来，券商ROE较低，被资本市场中投资者所诟病。2020年上市券商ROE均值为8.01%，较上年均值提升2个百分点；而上市银行2020年ROE均值10.01%，较上年下降1个百分点，券商平均ROE仍然为银行ROE的八成。回看十年，平均ROE指标也仅2015年曾赶超过银行，根本原因在于券商的杠杆倍数低。券商要提升杠杆，除了需要在资金端满足低成本融资，在业务上也要扩大资金类业务占比，"投行+投资"这种联动机制就是很好的扩大资金类业务模式。通过股权投资项目，提升杠杆倍数，通过自有资金或者合作单位资金对项目直接投资，获取投资收益的同时提升券商的ROE。科创板跟投制度就是一个很好的突破口。首先，科创板项目承销与保荐费率较传统IPO项目目前有较大的提升，以2020年保荐承销费率为例，传统IPO承销费率平均在4.6%左右，科创板费率平均费率在6.5%左右，高的可达到12%以上；其次，注册制原则上项目审核周期短，上市项目数量增加；最后，券商若能对科创板进行合理布局，较为精准判断前期优质项目、中期发行合理定价以及做好后期市值管理，将大概率赢取超额收益。若股权投资规模与投资收益率达到预期，券商ROE将会上行，进而在"投行+投资"这一赛道中具备竞争优势的券商将大概率享受估值溢价。目前这一领域做得比较好的中金公司、中信证券、中信建投，截至2021年4月21日，市盈率（TTM）分别为35倍、20.5倍和

25.1 倍，均高于前十券商市盈率（TTM）平均值 16.04 倍，享受了一定的估值溢价。

但是，投承联动机制对投行以及公司不同主体部门由于各自利益问题，可能会产生新的摩擦。在原有模式下，券商投行部门和发行人在股票发行价格方面的利益一致，即发行价格越高，大家收益就越高。但券商的跟投制度或者未来类似三板的做市商库存券源制度，发行价格或者说券商的跟投价格将在券商内部产生博弈：发行价格高，投行人员和发行人满意，但是券商跟投资金将面临较高的风险或者较低收益；发行价格较低，券商投资收益可能较大，但投行人员和发行人将不满意，对投行承揽新业务产生不利影响。上述两种情形对投行业务的发展以及公司不同主体部门的利益，将不断磨合，产生新的平衡点。如何建立有效的投承联动机制来提升投行影响力进而提高证券公司的 ROE 水平呢？可以从以下几方面出发：

1. 投行内部建立有效可行的部门跟投机制。目前科创板已出台比较成熟的券商强制跟投制度，在此基础上，投行可建立部门跟投机制。通过将部门创收的部分收入作为投资资金池，同时借助券商直投子公司通道，在项目承揽阶段通过投资带动承揽，形成前置获取项目承揽的竞争优势。

2. 投行业务部门与投资子公司以及另类子公司深度协同。双方在行业选择和风控标准有一定共识的情况下，通过强强联合、优势互补：投资子公司或另类子公司在投资项目 B 轮甚至 A 轮时，在合规前提下推荐客户选择投行业务团队担任未来的上市保荐机构，由投行和投资子公司共同伴随客户成长，尽早锁定客户。

3. 和外部知名投资机构深度绑定，利用"杠杆"资金，助力投行承揽。券商通过自有资金投资头部投资机构设立一级股权基金，以"LP"的身份和头部投资机构深度绑定，在赚取未来投资收益的基础上，撬动"杠杆"，利用头部投资机构获取优质项目的能力，为投行业务实现批量导流获客；同时，投行业务团队在拓展优质客户时，也能将项目推荐给投资机构，利用外部知名投资机构的资源和影响力对客户进行赋能，进而拿下项目。该种模式理论上撬动了更高的杠杆助力投行业务团队进行业务拓展，能够形成投行独有的核心竞争力。其中，兴业证券从 2019 年开始，与多家知名投资机构深度绑定，通过投资一级股权基金，助力投行业务承揽。

（三）定价篇：投研联动深度构建估值定价体系

注册制的实行并非一蹴而就，进行发行节奏和发行定价的窗口指导在改革的初始阶段具有其必要性，在市场逐渐成熟之后，会逐步通过制度完善和参与主体的主动调试，慢慢过渡到与国际市场接轨的注册制。作为资本市场的"看门人"，券商不仅在资本市场业务上迎来了新的发展机会，在不同上市制度下的投行功能角色也有所不同，市场也对券商构建估值定价体系的能力提出更高要求。

在注册制改革前，由于要求上市公司不超过 23 倍市盈率的发行上限，投行的项目筛选主要以符合证监会审核要求为主要标准，疏于对企业客户和项目价值的判断。目前，不少注册制上市公司处于新兴行业，传统的估值方法不再适用，这对券商估值能力提出了更高要求。2020年上市的注册制新股中，发行价落于券商预测区间内的个股仅占六成，新股定价与主承销商投价报告及各券商发布的定价预测相去甚远。构建客观合理的估值区间有助于指导机构更合理地参与报价。

注册制下，券商对企业客户和项目价值判断、市场化定价能力的重要性日益凸显。研究报告的推导逻辑将对股票的估值有很大影响，甚至直接影响股票的发行。估值定价能力也体现了投行如何平衡两类客户的利益关系。发行人希望尽可能地发高价，而投资者则希望能够低成本地购买。作为发行人和投资者之间的桥梁，投行既需要了解发行人的行业和竞争优势，还要理解投资者的诉求及大概的估值区间。随着注册制的全面实施，投行的定价能力必将成为投行的核心竞争力之一。

现阶段，投行在估值定价能力方面与券商研究所有较大差距，对于资本市场估值定价能力的培养非一朝一夕，提升投行和研究协同构建估值定价体系的能力，也成为行业目前亟待解决的需求和任务。国内很多券商投行部门基本未设置研究部，估值定价极大程度依赖向内部研究部门寻求支持。然而，投行主要服务一级及一级半市场，其研究通常需侧重上市公司产业链延展；研究所则主要服务二级市场，其研究一般聚焦宏观及行业研究，两者在业务发展融合中，难免会出现利益冲突。因此，投行部与研究部之间设立防火墙往往会对协同产生限制。

在注册制改革冲击下，券商投行与研究所都迎来了新的业务发展机会。注册制下投行提高专业化水平，必然要研究前置，对行业和产业有深入研究。由于科创板与创业板相继实施注册制，主板注册制也在稳步推进中，不断变化的中国资本市场带来新的成长机遇，注重投资银行与研究协同可望在新的版图重构中赢得先机，在资本市场大发展时代掌握胜券。

常年活跃在新财富本土最佳研究团队前五的兴业证券，通过其强大的行业研究和估值定价能力，有力地保证了其投行项目顺利发行工作。在合规前提下，兴业证券行业研究助力投行业务发展。2020年12月，公司在经济与金融研究院内成立二级部门产业研究中心，支持一级市场行业研究，并与投行总部下设行业部共同做好对新产业的支持，形成投研一体化服务。同时，在隔离墙管理前提下做好投价报告和路演等支持工作，帮助客户打通产业链上下游，形成上市公司再融资、市值管理和拟上市企业的全面服务。良好的投研联动，为券商投行在注册制改革下的业务发展带来新的竞争优势和机遇。

（四）销售篇：投行发展的新中枢

1. 新股赚钱效应弱化，销售服务蜕变为发展要点。注册制改革下，A股上市公司门槛降低、审批速度加快，新股数量快速增加。2018年以来，我国A股新股发行数量快速增加，主板在2018—2020年新股发行数量连续两年翻倍上升。科创板2019年下半年开始试点，截至2020年底新股发行数量已经达到215只。创业板于2020年8月试点，2020年新发股数量达107只，较2019发行数量翻倍上涨。核准制背景下，新股市盈率存在 23 倍上限，承销商的销售服务弱化，不同投行的服务同质化，主要体现在安排路演、交接材料等事务性工作。注册制之下新股发行数量高速增长，市盈率上限取消，但市场买方资金有限，"跟风打新，稳赚不赔"已然成为历史。2018 年，新股上市五日内破发数量为 3 只，破发率仅为 2.86%，而 2019 年和 2020 年破发率增长至 28.57% 和 47.98%。随着新股赚钱效应的弱化，新股市场逐渐从卖方市场转变为买方市场，承销商的平台资源、机构客户储备以及市场信誉，交易撮合能力，成为销售服务竞争的重要因素。

在传统发行模式中，发行人为发行的主导者，投行承担发行风险。高盛通过对接机构投资者，了解其愿意投资的潜在标的，进而联系发行人进行发行承销，降低了承销风险，无须占用高额资本金，承销费用也相对低廉。摩根大通的服务对象曾经局限于机构和高净值人群，因分支机构有限以及客群种类有限导致承销能力不足，但在合并大通曼哈顿银行后获得大量的分支机构和机构客户，实现客户群体的完善，增强了销售服务能力（见图 24、表 4）。

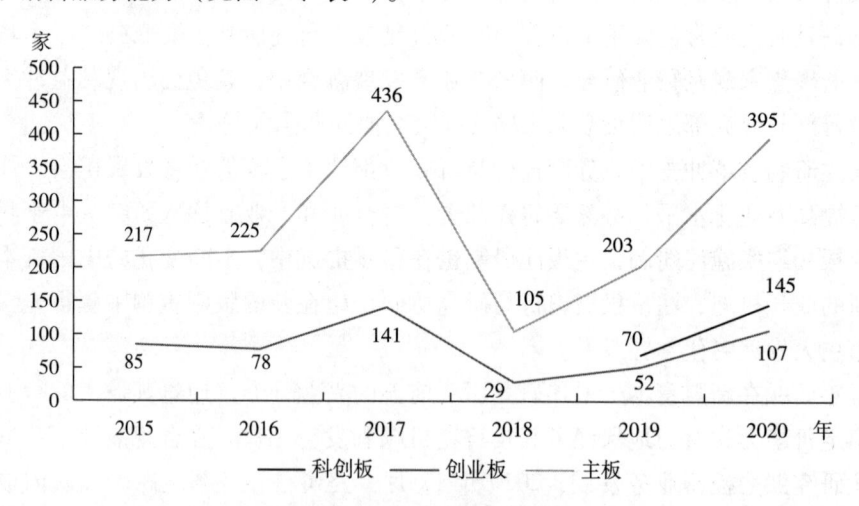

图 24　各板块上市公司数量

（资料来源：Wind）

（注：公司上市时间以招股时间为准）

表 4　　　　　　　　　2015—2020 年 A 股上市五日内破发率

年份	上市股票数量（只）	新股五日内破发数（只）	破发率（%）
2015	223	4	1.79
2016	227	0	0.00
2017	438	0	0.00
2018	105	3	2.86
2019	203	51	25.12
2020	396	190	47.98

资料来源：Wind。

2. 加强销售网络建设，整合销售资源。整合部门资源，拓宽和纵深销售网络，提高销售服务质量成为各投行部的改革重点。为建设更完善的投行销售网络，中金公司把握 QFII/RQFII 及全球长线基金等海外市场机遇，同时在沪股通和深股通的交易市场份额及开户量保持市场高位，从而为顾客提供多元化解决法案，打造差异化产品。随着我国资本市场的层次化发展，各类专业投资者的重要性都逐渐增加，新股发行的参与方涵盖了 QFII、保险公司、财务公司、基金公司、推荐类机构投资者、信托公司和证券公司七类专业投资者。根据 2020 年各类型机构询价次数，询价主力仍为传统的基金公司，但信托公司、QFII 和财务公司也成为重要的询价参与方。传统的投行部并未对买方机构实现全面覆盖，经纪业务只涵盖部分机构客户和高净值个人客户，所以未来投行部要想加强客户数量及客户类型储备，依托机构销售覆盖更为广阔的客户类型至关重要。

表 5　　　　　　　　　　　　2020 年各机构询价次数

询价次数占比	主板	创业板	科创板
QFII	0.13%	0.17%	0.22%
保险公司	12.24%	12.76%	15.30%
财务公司	0.05%	0.04%	0.08%
基金公司	57.66%	60.90%	57.55%
推荐类机构投资者	24.61%	20.31%	20.83%
信托公司	0.15%	0.20%	0.22%
证券公司	5.16%	5.61%	5.81%
总计询价次数（次）	915302	485801	871136

资料来源：Wind。

肩部券商通过整合存量资源，促进部门协同效率从而提升销售服务质量。兴业证券于 2018 年提出大机构销售体系，即将股权销售业务线从投资银行部独立，将债券销售业务线从固定收益部独立，将两条业务线以及机构销售、海外研究销售以及原有的股权、债权的销售业务线合并，新设销售交易业务总部为一级部门，以整合集团机构端销售资源。大销售服务体系涵盖了投行产品的发行、定价与销售（新股保荐与承销、增发、债券承销、资产证券化等），分销交易业务（银行间债券产品、资产支持票据、地方债等），投研服务及配售业务。

(五) 协同篇：协同打造投行新生态

注册制对于中国证券市场是一套全新的游戏规则，驱动着股票发行业务逐步由卖方市场转向买方市场，证券公司投资银行业务开始由投资银行部大包大揽转向券商研究所、资本市场部、分支机构、投资银行部等众多部门协同参与，投行协同生态正逐步形成。

1. 产研、投资、销售与投行构建矩阵式内部协同。在传统核准制模式下，证券公司内部并无产研定价的协同压力，但是科创板推出要求保荐机构通过旗下另类子公司强制跟投并限定 2 年锁定期，注册制下市场又开始接连涌现了破发股票。这就意味着一旦定价不合理或销售跟不上就会使券商自身承受资本损失和发行失败的风险（见表 6）。

表 6　　2019—2020 年科创板保荐数量前十大券商累计跟投金额

券商名称	跟投数量（只）	跟投金额（万元）
中信证券	24	132119.3809
中信建投	21	189835.294
中金公司	19	301865.6797
华泰证券	18	86853.71079
海通证券	12	147883.6937
国泰君安	12	52100.85741
民生证券	10	27293.74
国信证券	9	30823.19194
招商证券	9	40615.92496
光大证券	7	22911.2605

资料来源：Wind。

随着注册制推行，一级、二级市场的套利空间缩小，剔除少数质优公司新股发行仍然供不应求外，大部分公司的 IPO 发行销售工作都将面临挑战，虽然项目本身质地优劣才是发行成败的第一因素，但券商自身价值发现能力、交易撮合能力、精准匹配能力都将决定项目的成败。

券商产研、投资、机构销售和投行开始进入深度协同阶段，部门壁垒不断打破。产研、投资、机构销售不仅为投行赋能，确保项目顺利发行，投行也在反向输出优质 IPO 项目，为研究所提供优质项目调研资源、为另类投资子公司提供优质行业投资标的，为机构销售部日常维护投资者关系提供项目抓手。协同绝不仅仅是简单的一方单方面获益，而是多方协同机制下形成共赢局面，产研、投资、销售与投行矩阵式内部协同已成为促进投行发展的新动能。

2. 拓宽承揽来源，项目前置协同趋势化。注册制模式下，项目承揽获取的竞争将更加激烈，拓宽 IPO 项目来源渠道，充分发挥分支机构的业务开发能力，实现投行部门与分支机构的高效协同是实现投行业务跨越式发展的重要手段。2018 年以来，兴业证券开始实施"双轮驱动"战略，对分支机构业务职责进行了全面梳理和重新定位，大力扩张网点数量及人员规模。截至 2021 年 4 月 21 日，分公司数量在全行业排第一，分公司与投行协同成效显著（见表 7）。

表7　　　　　　　　　证券公司分公司数量排名

排名	证券公司	分公司（家）
1	兴业证券	92
2	国信证券	54
3	安信证券	47
4	中泰证券	42
5	东北证券	40
6	申万宏源	39
7	民生证券	38
8	银河证券	36
9	九州证券	36
10	国泰君安	31

注：排名时点为2021年4月21日。
资料来源：中国证券业协会。

3. 券商人才储备提高协同效率。由于注册制下审核效率大幅提升，项目供给增加，也对投行专业承做人员的数量和承做质量提出了更高要求。投行既要不断提升优质项目储备即扩充项目数量，又要保证项目承做的风险防范即确保项目质量，这就要求投行从业者要在工作理念、项目尽调、企业未来价值判断等方面完成个人能力转型和提升（见表8）。

表8　　　　　　　　　券商保荐代表人数量排名

排名	机构名称	保荐代表人人数（个）
1	中信证券股份有限公司	443
2	中信建投证券股份有限公司	412
3	中国国际金融股份有限公司	323
4	海通证券股份有限公司	287
5	华泰联合证券有限责任公司	286
6	民生证券股份有限公司	274
7	国泰君安证券股份有限公司	269
8	国信证券股份有限公司	249
9	国金证券股份有限公司	216
10	招商证券股份有限公司	206

资料来源：中国证券业协会。

截至2021年4月21日，全行业共有保荐代表人6937人，较2018年的3682人增长88%。其中，中信证券有保荐代表443人，居于所有券商之首。短期内大量增加的投行从业人员，能否在自身专业胜任以及与研究所、机构销售部、分支机构等部门在协同方面充分结合并成功打造投行生态，也是对投行从业人员的巨大考验。

注册制的推行为投行业务带来了前所未有的机遇，不仅审核效率提升和项目数量增加让投行业务取得了前所未有的大发展，而且注册制也在倒逼投行协同生态打造，投行业务开始由以往的单兵作战朝着集团作战方向转化，拥有体系化、高效化的完善协同机制的券商，将在激烈的业态竞争中占据优势地位。

兴业证券自2018年起开始实施集团协同战略，通过三年的培育，投行与分公司建立了完备的协同体系。一是投行建立了与93家分公司的联络制度，并持续优化分公司项目协同体系，以分公司为触点，发挥地缘优势进行区域深度投行业务服务。二是积极配合公司机构业务发展部协同工作推进，共同服务公司战略客户。随着注册制的实施，投行业务协同重要性进一步提升，通过推动业务能力强、创收能力强的业务条线支持其他业务发展，充分挖掘各业务条线客户的全金融需求，让长板更长，打造投行、研究、投资、财富全时四轮驱动，形成证券金融集团的内部循环，提升集团整体综合实力。

结语

注册制下的投行业务华丽转身，投行服务模式从传统的承销通道转变为风控、投资、研究、销售等业务组成的立体化协同价值链条。投行项目承揽、承做、承销一体化服务需集券商各部门合力而为之，投行部门从专业能力输出变为了专业＋协同能力输出，协同生态体系构建成为投行一致强化和补齐的方向，多部门协同将成为常态化机制，部门价值链的整合、券商一体化服务能力比拼的时代已经到来。

全价值链竞争下，风控、投资、研究、销售等部门，均一体化成为投行获取项目前置的重要抓手和后端承做、承销项目实力体现的加分项。作为业务守门人的风控部门主动构筑严格的风控体系，将成为投行良性发展的基石与后盾；作为资本驱动的投资部门将演绎投承联动的精彩，成为投行项目的忠诚拥护者；作为行业智囊的研究部门，其定价能力将为投行承销保驾护航；作为传统被动营销的销售部门，将上演逆袭成为投行资源倾斜的对象。

在注册制全新的业务规则下，拥有严格的风控体系、有效的投承联动支持、完善的估值定价能力、强大的销售团队、高效的协同生态体系的券商投行，将把握注册制业态全面转型升级的新机遇，在不可逆的注册浪潮中砥砺前行，迎来属于各自的高光时刻。

参考文献

［1］非银团队．注册制提高直融比例，龙头券商成最大赢家［EB/OL］．

https://www.sohu.com/a/444117409_99893670.2021-01-12.

［2］经济日报．券商行业集中度加快提升［EB/OL］．https://baijiahao.baidu.com/s?id=1641801650471789846&wfr=spider&for=pc.2019-08-14.

［3］任泽平，曹志楠，黄斯佳．解码高盛帝国：全球顶级投行的崛起秘籍［EB/OL］．http://caifuhao.eastmoney.com/news/20191011213242005251370，2019-10-11.

［4］王玉玲．券商机构业务走向"大销售"！交叉销售，双线赋能，兴业证券大机构战略雏形初显［EB/OL］．https://www.thepaper.cn/newsDetail_forward_9931364，2020-11-10.

［5］中金公司．中资国际一流投行的起点和远方［EB/OL］．https://xueqiu.com/7872144979/165521353，2020-12-11.

［6］万丽．试炼大投行：2019中国投资银行业务发展报告［N］．新财富，2020-03（26-45）．

［7］罗逸姝，李静．注册制下并购重组机制持续优化［EB/OL］．http://finance.sina.com.cn/roll/2020-12-31/doc-iiznctke9472500.shtml.

［8］陈希．美国百年并购历史回顾及启示［R］．上海：上海证券交易所，2017.

［9］中国证券业协会．券商并购重组财务顾问能力评级结果公布［EB/OL］．http://finance.eastmoney.com/a/202012301757122460.html，2020-12-30.

基础设施 REITs 研究报告

王静静　孔哲昕　朱　恋　朱　姝　高鹏武[①]

一、REITs 简介

（一）REITs 的定义

不动产投资信托基金（Real Estate Investment Trusts，REITs），也称房地产信托投资基金，是房地产证券化的重要手段，其通过发行收益凭证将众多投资者的资金汇集，交由专门投资机构进行不动产投资经营管理，并将投资综合收益按比例分配给投资者。

（二）REITs 的分类

1. 按资金投向分类。根据资金投向之间的差异，REITs 可分为权益型 REITs、抵押型 REITs 以及混合型 REITs 三类。

（1）权益型（Equity REITs）。权益型 REITs 是 REITs 的主导类型，其拥有房地产的所有权，通过经营不动产，投资于房地产，取得经营收入，并且提供物业管理服务，买卖地产获得的收益、租赁地产而得到的租金以及物业管理收入为其投资收益的几大来源。

（2）抵押型（Mortgage REITs）。抵押型 REITs 通过为开发商、不动产所有人提供抵押信贷等直接方式，或购买抵押贷款支持证券等间接方式提供融资，抵押不动产的增值收益、抵押贷款利息、抵押贷款发放的手续费为其投资收益的几大来源。

（3）混合型（Hybrid REITs）。混合型 REITs 是前两种类型的混合，既拥有并经营不动产，又向开发商、不动产所有人提供资金，从事抵押贷款服务。

2. 按募集方式分类。根据募集方式之间的差异，可以将 REITs 分为公募型 REITs 和私募型 REITs。

（1）公募型。公募型 REITs 发行时必须经过监管部门的审核，其通过公开发行

[①] 王静静，学士，固定收益业务总部副总经理（主持工作）；孔哲昕，硕士，固定收益业务总部总经理助理；朱恋，硕士，固定收益业务总部资深经理；朱姝，硕士，固定收益业务总部经理；高鹏武，硕士，固定收益业务总部经理。

向公众募集资金。

（2）私募型。私募型REITs的募集对象是特定的，其通过非公开方式向特定投资者募集资金。

3. 按运行方式分类。根据运行方式之间的差异，可以将REITs分为封闭型REITs和开放型REITs。

（1）封闭型。封闭型REITs限定在公开市场上竞价交易，且发行规模固定，同时成立后不得再募集资金。

（2）开放型。开放型REITs对发行规模没有严格规定，可以增加和减少，投资者可按规定要求买卖股份及认购权证。

此外，根据REITs的组织形式之间的差异，REITs可以分为公司型REITs和契约型REITs。公司型REITs是以公司作为REITs的载体，美国市场的REITs多数为公司型REITs。契约型REITs以信托计划或契约基金作为REITs的载体，其份额体现为信托受益凭证或基金单位。亚洲市场（例如新加坡、中国香港）主要是契约型REITs。

（三）REITs的特征

1. 具有金融和不动产双重属性。REITs具有金融和不动产双重属性，其金融属性体现在：REITs可以为投资者拓宽可选择的投资渠道，通过证券化转化，将流动性较差的不动产转化为流动性较强的REITs份额，而使房地产收益权实现自由流通，提高了不动产资产的变现能力，有利于资本机制的拓展；REITs的不动产属性体现在：其专注于成熟不动产资产，加之不动产管理团队的专业性，可以帮助提升物业价值，有利于长期稳定回报的实现。

2. 投资门槛低，流动性好。相对于直接投资于商业地产的高价格门槛，REITs为普通中小投资者提供了间接参与房地产行业的渠道。房地产行业的资产流动性很低，但REITs最基本的职能是把流动性差的投资性房地产化整为零、证券化，使之可以上市交易且具备良好流动性，并在一定程度上降低投资者的风险。

3. 遵循税收中性原则。税收中性体现在投资REITs所负担的税收比例低于直接投资房地产的税收。首先，REITs在税收政策上具有一定优势，如许多REITs发展成熟的国家把90%以上的收益分配给投资者，并满足此条件下可减免资本所得税；其次，许多国家为鼓励对REITs的投资会大量减免不动产交易中涉及的交易税、印花税、财产税等税种；除此之外，REITs设立阶段不动产产权转移产生的税收、运营阶段的部分税种等均可予以递延或减免。

4. 分红率高，长期收益稳健。REITs规定收益的大部分必须通过分红分配给投资者。如美国、新加坡、日本、英国等国家和地区规定一般性收入的分红比例不得少于90%。

除此之外，为防止REITs成为房地产开发的融资工具，进一步指引社会资本的投向，许多国家和地区限制REITs参与房地产开发等活动。如英国、法国、中国香港等限制开发投资所占比重,以保证 REITs 收入来源的稳定性。根据富时全球房地产指数全美 REITs 指数显示[①],1980 年至 2020 年美国所有 REITs 产品的 40 年年化收益率为 9.90%,其中,权益型 REITs 的 40 年年化收益率达到 11.28%,接近标普 500 指数的 11.46%,可见其长期收益较高。

5. 有效的风险分散工具。REITs 的资金投向大部分为综合商业体、酒店、办公楼、工业地产等,均为能产生稳健持续现金流的成熟资产。REITs 不仅使不动产的经营权和所有权分离,分散了投资风险,除此之外还为投资者带来了稳定的现金流。因此,REITs 与一般股票、债券的相关性比较低,是有效的风险分散工具。

二、境外 REITs 发展状况

(一)总览

REITs 于 20 世纪 60 年代起源于美国房地产市场,之后逐渐向世界各个国家及地区、各行各业拓展。数据显示,全球 REITs 市值在 2002—2019 年这十几年间从 2312 亿美元增长至 2.09 万亿美元,年化增长率达 13.8%。

(二)美国

作为 REITs 的发源地,不论在发行数量的维度,还是规模的维度评价,美国当前均在全球处于主导地位,是 REITs 最为发达的国家。根据 NAREIT 的统计,截至 2020 年,在美国上市的 REITs 约有 220 只,不动产类型十分丰富,包括酒店、医院、住宅公寓等,总市值达 12492 亿美元,约占全球市场份额的一半以上,并且预计 1.45 亿美国居民均持有 REITs 股份[②]。

1. 发展阶段。纵观美国 REITs 发展史,大致可以将其分为两个阶段:

(1)1960—1985 年,主要为房地产建设提供融资手段。1960 年,伴随《不动产投资信托基金法案》的通过及房地产投资信托制度的建立,REITs 由此诞生。1969—1974 年,REITs 繁荣发展,总资本从 10 亿美元增加到 200 亿美元,但发展的同时存在开发商抵押贷款基础资产质量不佳等问题,直到 1973 年,问题开始浮现,随着房地产供给过剩,投机性房地产开发项目被迫放弃或推迟,市场上存在大量问题房产,许多 REITs 被迫违约,导致市场崩溃,REITs 总规模迅速缩减。

(2)1986 年至今,REITs 迅猛发展。从房地产不景气的 20 世纪 90 年代初起,大量深陷困境的商业地产被 REITs 折价收购,不少投资者此时大量买入份额,REITs 的发行量因此提高。随着 20 世纪 90 年代中期以来不动产价格的迅速飙升,REITs

---

① 参见全美不动产投资信托基金协会(NAREIT)官网数据,网址:https://www.reit.com/data-research/reit-indexes/annual-index-values-returns。

② 参见全美不动产投资信托基金协会(NAREIT)官网数据,网址:https://www.reit.com/data-research/reit-market-data/us-reit-industry-equity-market-cap。

市场进一步扩大。1986年,《税务改革法案》的通过,使REITs可以拥有并在一定条件下经营房地产,伴随1992年房地产市场的逐渐繁荣,REITs迅猛发展。

2. 应用领域。目前美国REITs的应用领域十分丰富,包括商业仓库、加油站、办公楼、农场等。美国REITs应用领域拓展历程见图1。

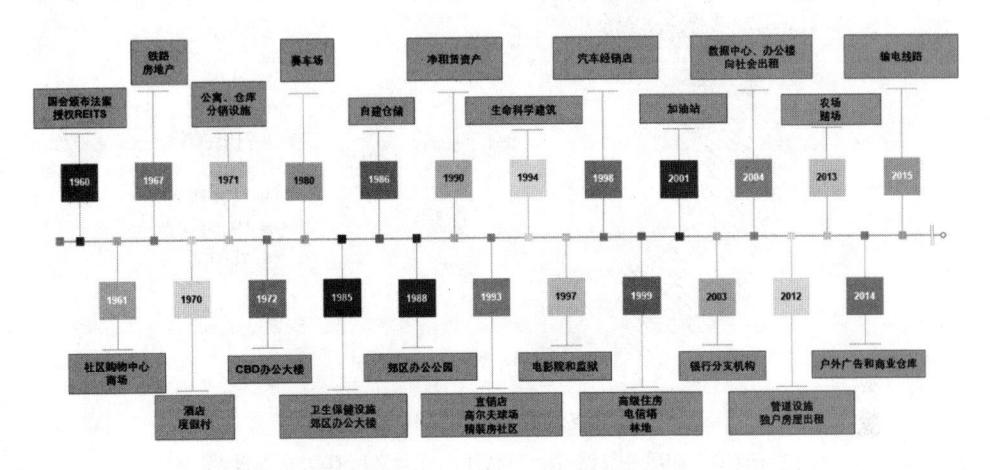

图1 美国REITs应用领域拓展历程

(资料来源:兴业证券经济与金融研究院)

(三)澳大利亚

澳大利亚以上市基础设施基金(Listed Infrastructure Fund,LIF)模式专门投资经营性基础设施资产,是REITs市场的主要参与方之一。澳大利亚REITs类产品包括REITs和LIF,全球市场规模占比高。澳大利亚LIF合订交易结构见图2。

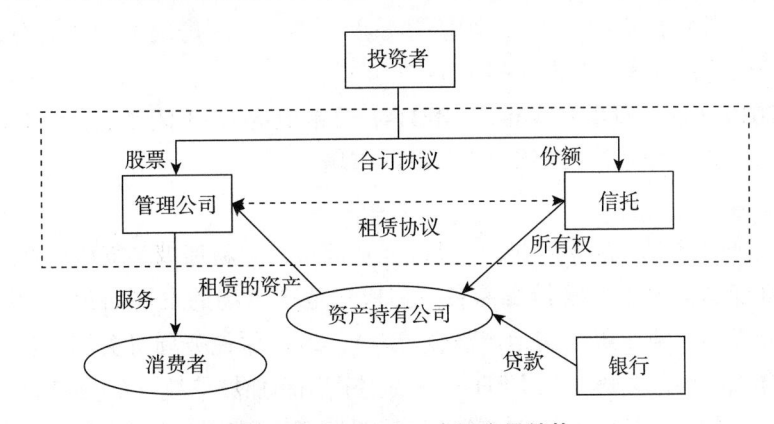

图2 澳大利亚LIF合订交易结构

(资料来源:兴业证券经济与金融研究院)

(四)亚洲

亚洲REITs市场起步相对较晚,却不影响其发展速度,据统计,2009—2019年,亚洲REITs的数量从70只扩张至178只,总市值从549亿美元增长至2924亿美元，每年增幅近20%。其中近93%的总市值来源于日本、新加坡和中国香港市场（见图3）。

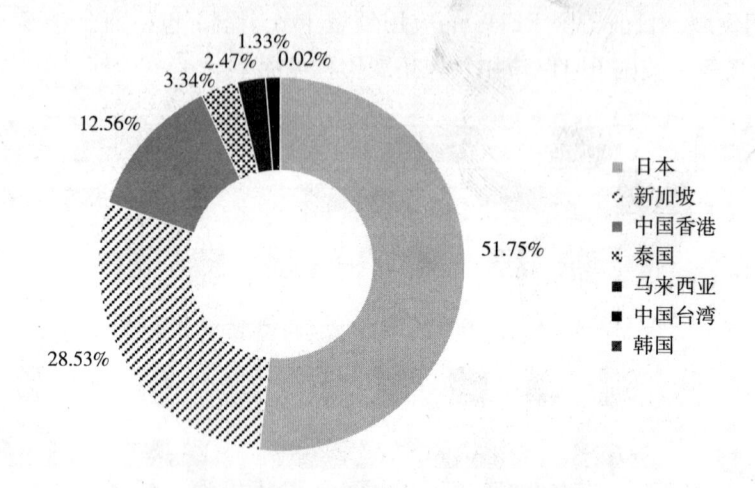

图3 亚洲各大交易所REITs市值占比

[资料来源：2019年亚洲不动产投资信托基金（REITs）研究报告]

1. 日本。日本房地产行业也曾出现过良好的态势，但是不久因为泡沫危机而损失得惨不忍睹。在此之下，日本房地产信托投资基金为解决这个问题，而被推上历史舞台。这一平台的出现，也不断刺激日本的资产证券化快速发展。新世纪之后，日本决定为了保证经济以如此的状况发展，出现了对法令进行修改的事件。修改之后的《投资信托及投资公司法》不负众望，大规模引进民间资金，对房地产行业市场衰退的现象有所缓解。2001年，由于日本推出的REITs状态不断完善，对彼时的房地产状况也产生了很大的影响。2015年重新塑造了日本房地产行业的春天，市值猛然上升，由此，日本才荣得J-REITs。

截至2019年底，日本共有64只REITs，总市值达1513亿美元，为亚洲规模最大的REITs市场，同时是全球第二大REITs市场。

2. 新加坡。

（1）新加坡REITs市场简介。REITs在亚洲市场，新加坡是规模仅次于日本的国家。1998年即提出为丰富投资品种、加快房地产市场的发展而设立REITs的提案；1999年发布了第一版《房地产基金指南》；2001年税务局机关制定税收透明规则；2002年新加坡国内第一只REITs——凯德商用新加坡信托（CapitaMallTrust）上市。新加坡REITs持有的许多基础物业位于亚洲不同国家和地区，进一步加强其亚洲房地产投资信托基金募资中心的地位。新加坡REITs的设立目的主要是扩大金融工具的范围，及对其区域金融中心的地位进行巩固。

截至2019年底，新加坡共有42只REITs，总市值规模达到834亿美元，占新加坡股市总市值的12%。

（2）新加坡 REITs 市场 IPO 募资情况。2019 年，新加坡 REITs 市场 IPO 募资金额在全球 REITs 市场中领先，占全球 IPO 的 44%（见图 4）。2019 年，有 3 只基于美国资产的 REITs 选择在新加坡上市（总募资规模 16 亿美元），而非在其本土市场上市；美国资产通过发行房地产信托在新加坡募集的资金是其本土 REITs 市场 IPO 募资额的 7 倍以上。

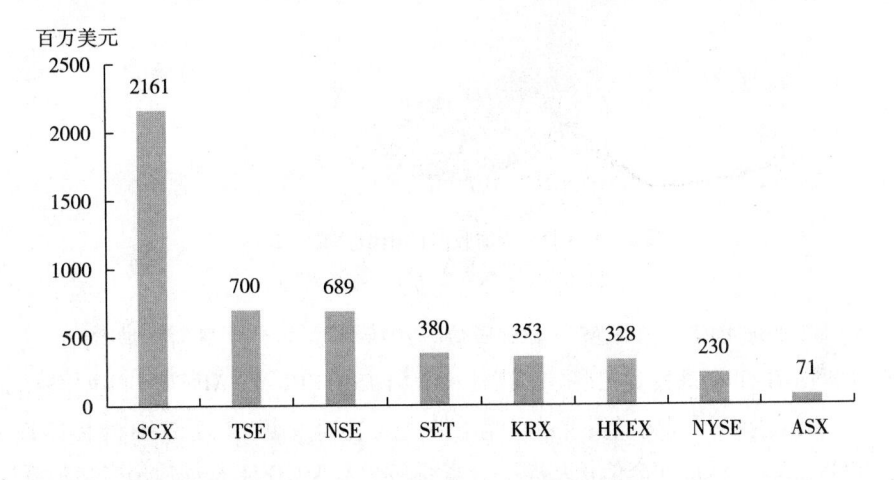

图 4　2019 年全球房地产信托 IPO 融资额

［资料来源：SGX–ST（新加坡交易所）］

（3）新加坡 REITs 市场再融资和收购情况。2019 年，新加坡 REITs 市场在二级市场创下再融资 62 亿美元的纪录，新收购资产分布在全球各地，其中海外资产占比 64%。SREITs 的再融资额的 64% 被用于海外收购，同比增长 60%（见图 5、图 6）。

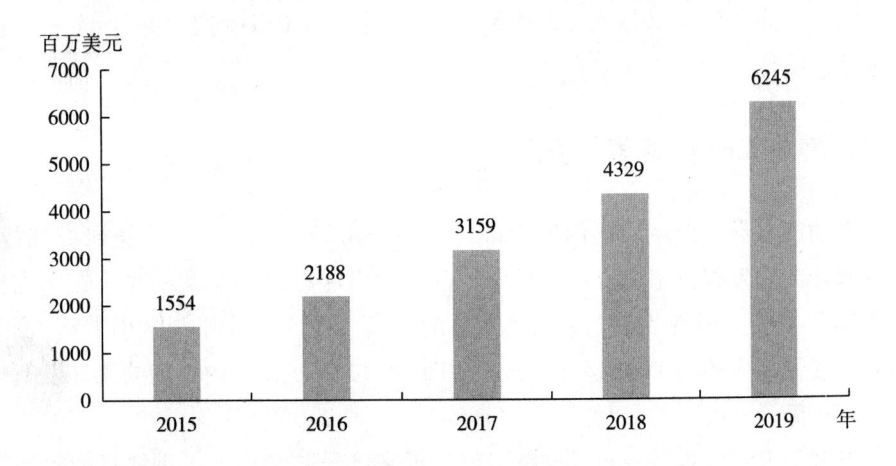

图 5　SREITs 再融资额

［资料来源：SGX–ST（新加坡交易所）］

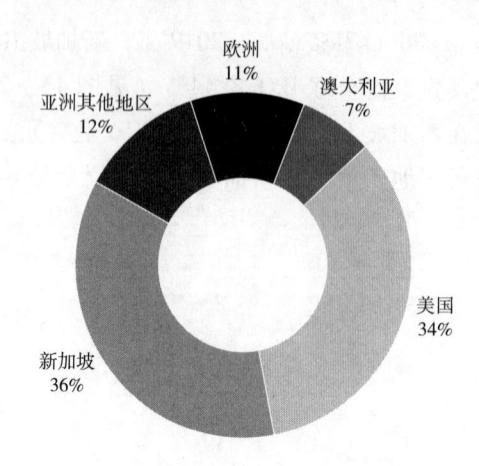

图 6　SREITs 全球收购的地域分布（2019）

［资料来源：SGX – ST（新加坡交易所）］

（4）新加坡 REITs 市场跻身富时指数。2019 年，共计 4 只新加坡 REITs 加入富时 EPRA/NAREIT 全球发达市场房地产指数（FTSE EPRA NAREIT Global Developed Index）①，纳入指数可以为投资者带来流动性。截至 2019 年 12 月 31 日，共有 19 只新加坡 REITs 跻身全球房地产信托基准——富时 EPRA/NAREIT 全球房地产指数系列。

3. 中国香港。2003 年 7 月，《不动产投资信托基金守则》的发布为中国香港 REITs 的发展提供了十分重要的基本条件，其明确规定了 REITs 的许多重要事项，如设立条件、组织结构、利润分配、投资范围等规则。从 2005 年 6 月 16 日起，香港 REITs 可投资的物业不再受地域方面的限制，2005 年，越秀房地产信托基金——第一只以国内资产为基础的不动产投资信托基金发行并在香港上市，当年募集规模为 257 亿元港元。截至 2019 年 12 月 31 日，香港上市 REITs 数量共计 11 只，市值规模总计 367 亿美元。

三、境内 REITs 探索与发展

在不动产证券化领域，国内监管部门、各个市场参与者从未停止研究与摸索。不仅在境外市场发行以国有资产为投资标的的 REITs 产品，与此同时，在国内推出"类 REITs"产品，这是在现有监管体系下的探索。目前，国内"类 REITs"商品市场的累计发行规模约为 1500 亿元，截至 2020 年 12 月底，国内市场的累计发行规模将超过 350 亿元。

国内对于 REITs 也是一致持支持态度，近来已经陆续出台了围绕打通投融资渠

---

① 富时 EPRA/NAREIT 全球房地产指数系列是由富时（FTSE Russell）、欧洲公共房地产协会（EPRA）和美国房地产投资信托协会（Nareit）联合发布，被视为 REITs 投资的重要基准指数。

道、解决公租房融资、盘活存量资产等相关政策。

梳理境内"类 REITs"的发展历史，市场从萌芽到试点再到实践落地历经十余年，大致可以分为以下三个阶段。

（一）萌芽阶段（2002—2006 年）

1. 萌芽阶段政策历程。

（1）2002 年，人民银行发布《信托投资公司资金信托管理暂行办法》后，我国信托市场开始萌芽并逐步触及房地产信托业务。

（2）2003 年人民银行 121 号文件发布，其后一系列紧缩房地产银行信贷的措施发布，促使信托业利用自身的优势和特点，与房地产业迅速结合。这一年，以信托方式进入房地产领域的资金共计 70 亿元。

（3）在 2005 年全国商业地产情况调查组向国务院提交的《全国商业房地产调查报告》显示，商务部明确提出了要建立国内 REITs 融资渠道。这也是我国第一次公开表示开展 REITs。同年 12 月，越秀投资有限公司成功在香港市场发行了以内地物业为投资资产的越秀 REITs，使其成为内地首家跨境 REITs。越秀 REITs 不仅给其公司提供了充分的资金支持，也使投资者可以通过市场化的手段进行房地产投资并获得稳定收益。

（4）2006 年，证监会与深交所正式开始实施境内交易所 REITs 产品的工作。

2. 萌芽阶段主要探索成果。截止到现在，越秀 REITs 共运营八家物业公司，其中包括广州五项商用物业、上海一项商用物业、武汉一项商用物业和杭州意向商用物业等公司（见图 7）。

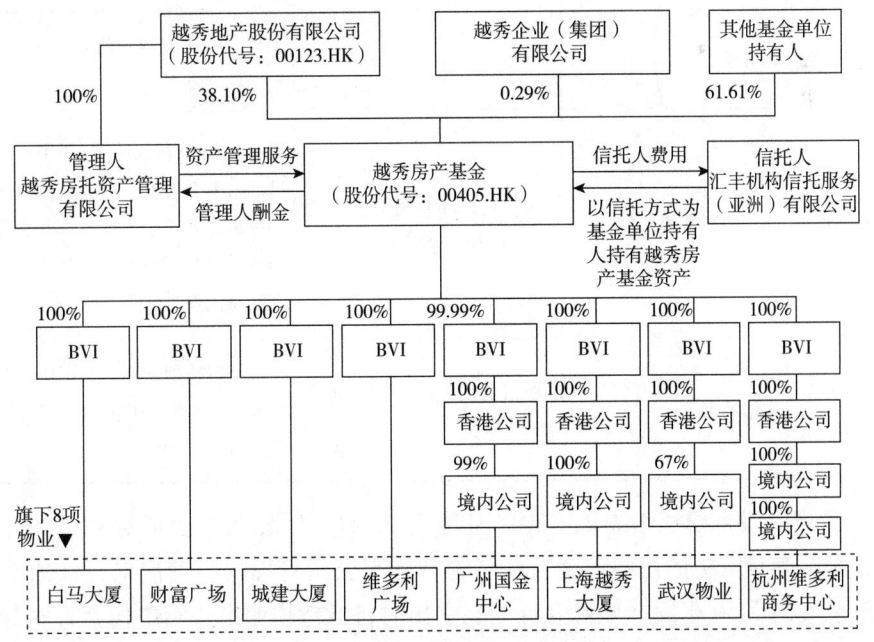

图 7 越秀房产基金组织架构

（资料来源：越秀房产基金管网，更新至 2019 年 12 月 31 日）

（二）试点阶段（2008—2014年）

1. 试点阶段政策历程。2008—2014年，我国陆续展开REITs试点工作（见表1）。

表1　我国类REITs 2008—2014年试点阶段

发布时间	发布单位	措施及政策	工作方向
2008年	国务院	《关于当前金融促进经济发展的若干意见》	以"开展房地产信托投资基金试点，拓宽房地产企业融资渠道"为核心，设立北京、上海和天津为试点城市，再逐步推进REITs试点的有关调研以及准备工作
2009年	人民银行联合银监会、证监会在内的11个部委	成立"REITs试点管理协调小组"	将具有稳定现金流的房地产物业作为信托基金投资方向，并据此制订了详细的试点方案。随后在确定的试点城市开展债券型REITs相关工作
2010年	住建部等七部门	《关于加快发展公共租赁住房的指导意见》	在公共租赁住房融资渠道的方向上，金融机构可采用保险资金、信托资金、房地产信托投资基金等方式进行拓展
2011年	国务院		批准天津在保障房建设中采用REITs模式融资方案
2014年	人民银行和银监会	《关于进一步做好住房金融服务工作的通知》	提出"积极稳妥开展REITs试点"。11月，根据住建部和有关部门的部署和要求，北京、上海、广州、深圳四个特大型城市将率先开展REITs发行和交易试点工作
2014年5月21日	中信证券	"中信启航专项资产管理计划"	在深交所挂牌交易，是国内首只股权类REITs，奠定了国内类REITs发展的基石

2. 试点阶段主要探索成果。2014年4月25日，以北京中信证券大厦和深圳中信证券大厦为投资标的由中信金石基金管理有限公司管理的中信启航正式成立，总规模超过人民币50亿元。该基金计划在退出时将所持物业出售给中信金石发起的交易所上市REITs或第三方（见图8）。

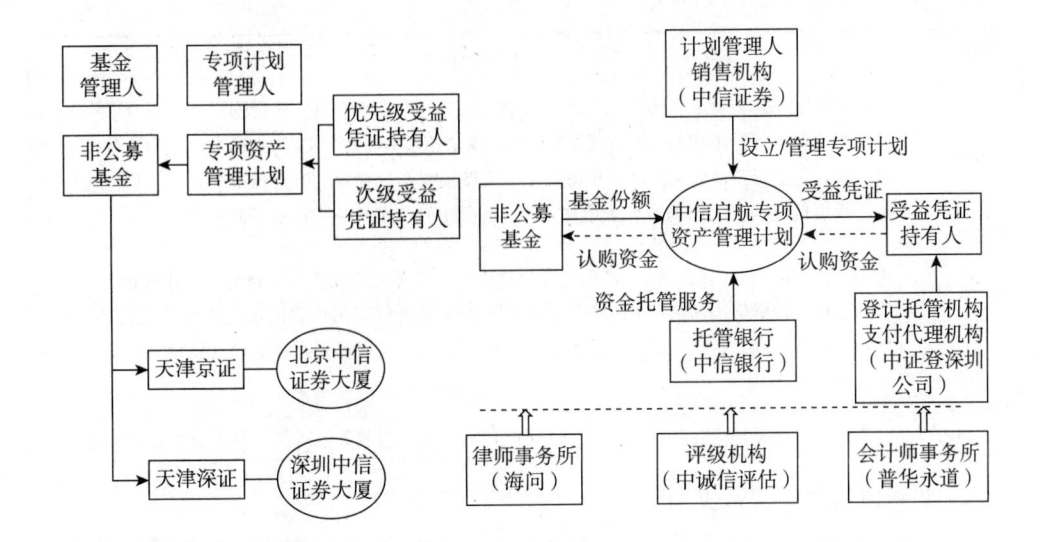

图 8　中信启航交易结构

（资料来源：中信启航专项资产管理计划受益凭证募集说明书）

（三）实践阶段（2015—2019 年）

1. 实践阶段政策历程（见表 2）。

表 2　2015—2019 年实践阶段政策历程

时间历程	相关措施
2015 年 1 月	住建部发布《关于加快培育和发展住房租赁市场的指导意见》明确"将积极推进 REITs 试点"；《关于运用政府和社会资本合作模式推进公共租赁住房投资建设和运营管理的通知》正式确立了公共租赁住房 REITs
2015 年 7 月	"鹏华前海万科 REITs"登陆深交所，系我国首个公募基金作为载体发行的类 REITs 产品。该产品投资标的虽为前海企业公馆项目公司股权，但并未实际控制其物业产权，实质仅为 BOT 项目"特许经营权"收益权的证券化。随后市场上并无类似产品出现
2016 年	国务院在《关于积极稳妥降低企业杠杆率的意见》中专门提到有序开展企业资产证券化，支持房地产企业通过发展房地产信托投资基金（REITs）向轻资产经营模式转型。同年，国务院办公厅发布的《关于加快培育和发展住房租赁市场的若干意见》（国办发〔2016〕39 号），明确提出："支持符合条件的住房租赁企业发行债券、不动产证券化产品，稳步推进房地产投资信托基金（REITS）试点。"
2017 年以来	REITs 率先在租赁市场取得重大突破，在政策层面，由"试点"转变为"鼓励和积极支持"，政府对于 REITs 的态度发生重大改变，被视为我国推行 REITS 的破冰
2017 年 7 月	证监会、住建部等九部委共同出台《关于在人口净流入的大中城市加快发展住房租赁市场的通知》（建房〔2017〕153 号），明确指出要加大对住房租赁市场的金融支持，鼓励房地产信托基金的发展。同年，《关于加快运用 PPP 模式盘活基础设施存量资产有关工作的通知》提出规范有序盘活基础设施存量资产

续表

时间历程	相关措施
2018年	我国REITs不断实现新突破。4月25日，我国证监会、住房和城乡建设部联合发布《关于推进住房租赁资产证券化相关工作的通知》，支持住房租赁企业发行以其持有不动产物业作为底层资产的权益类资产证券化产品，积极推动多类型具有债权性质的资产证券化产品，试点发行房地产投资信托基金（REITs）。该通知为住房租赁REITs发行正式打开了通道
2019年	REITs推动节奏进一步加速，《新型城镇化建设重点任务》提出支持发行有利于住房租赁产业发展的房地产投资信托基金等金融产品，上交所、深交所等部门均提出加大力度推进公募REITs规则出台和试点，浙江等省份也提出要积极推进基础设施项目资产证券化融资模式创新，盘活优质存量资产
2020年	北京金融资产交易所官网发布《北金所推出住房租赁金融服务支持住房租赁企业创新发展》

2. 实践阶段主要探索成果。

（1）2015年，"鹏华前海万科REITs"正式发行的商业物业股权资产配置不超过50%。在产品发行过程中，单个投资者的单一认购门槛仅为10万元，上市后，在深圳证券交易所二级市场交易的最低份额为10000元，在"类REITs"产品的流动性上取得了巨大飞跃（见图9）。

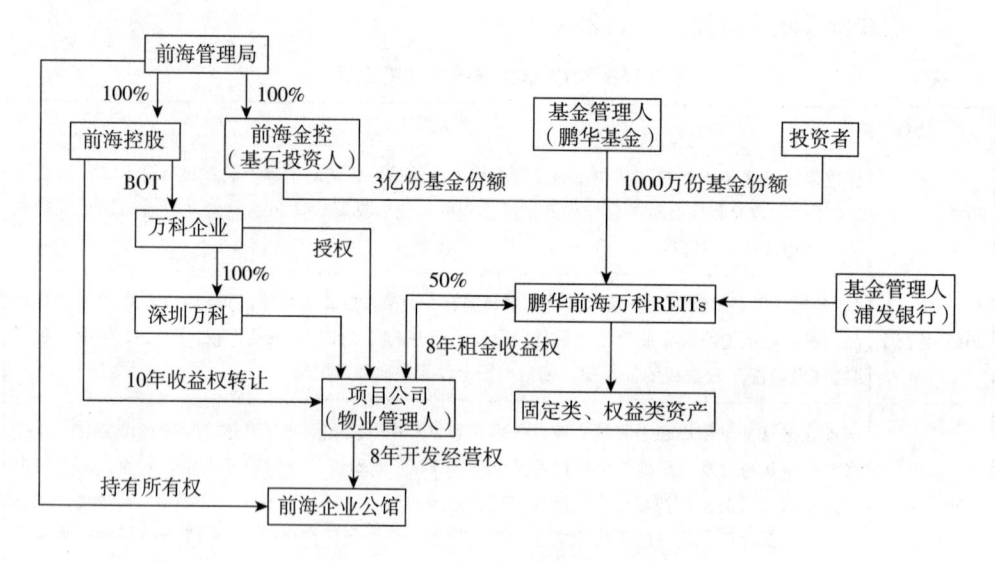

图9 鹏华前海万科REITs交易结构

（资料来源：鹏华前海万科REITs募集说明书）

（2）2017年，兴业信托及旗下兴业国信资管联合兴业银行在银行间市场成功发行"兴业皖新阅嘉一期房地产投资信托基金（REITs）资产支持证券"，总规模为5.535亿元，这是国内首单银行间市场公募REITs。同年10月，上交所审议通过了国内首单央企租赁住房REITs。同年11月，"新派公寓权益型房托资产支持专项计划"发行，成为中国首单公寓类REITs，为开发商住宅资产的自持创造了新的破冰式尝试。

（3）2018年4月27日，碧桂园租赁住房REITs——"中联前海开源—碧桂园租赁住房一号资产支持专项计划"首期发行，是房地产开发企业从"开发—销售"传统模式向"开发—运营"模式转型的探索。

（4）2019年，首单基础设施类REITs"中联基金—浙商资管—沪杭甬徽杭高速资产支持专项计划"成功完成发行。

（四）境内"类REITs"的主要特点

1. 交易结构与境外标准REITs存在较大区别。受国内法律法规的约束，类REITs的交易结构一般采用"专项计划+私募基金+SPV"的形式。通过发行专项计划实现部分标的物业便于在交易所流通转让，且采用通过私募基金间接收购物业公司股权；由于该结构的私募性，限制了投资人数，同时固定了期限。反观境外，标准REITs以公司制的形式存在，公开上市，物业资产被股东间接持有，投资者持股获取物业收益权，多以分红的形式返还给投资者。

我国类REITs与境外标准REITs差异如表3所示。

表3　　　　　　　　我国类REITs与境外标准REITs差异

	境内类REITs	境外标准REITs
发行方式	私募	公募
二级市场流动性	较弱	较强
产品属性	固定收益为主，权益型和混合型为辅	权益型为主
入池物业	目前主要为单一物业，存续期内物业为静态，资产构成不变	多个物业，强调分散性，存续期入池物业可新增或出售
投资范围	项目公司股权和债权，监管部门规定的合格项目	物业项目；地产相关股票；债权、贷款；其他REITs或CMBS
融资方式	不可融资，可分级	银行贷款、发债或股票增发
产品期限	有存续期，有效期相对较短	长期或者永续
退出方式	到期主体回购或物业处置；也可通过二级市场交易退出，但市场流动性较弱	二级市场证券交易
增信措施	多有差额补足增信或主体回购为偿付增信	很少有差补增信

2. 国内法律层面无税收优惠。国外标准REITs通常受益于各种税收优惠。根据美国税法，如果REITs符合组织形式，投资范围等要求并将超过90%的应纳税所得额分配给投资者，则可以减免运营期间的公司税，仅收取投资者所得税。国内税法无上述相关优惠政策，且国内类REITs在设立、处置、转让等过程中，可能涉及土地增值税、转让收入所得税等各项税收；同时在运营过程中，企业所得税和投资者个人所得税可能被重复征收。

3. 本质上是债权。境外标准 REITs 实质上是专注于投资工具性质的股权，通过运营管理不断扩大业务规模并选取优质资产建立投资组合，将 90% 以上的收益给投资者分红。而国内 REITs 实际上是债权，将交易结构分层化，优先级证券投资者享有固定收益，这之后的剩余收益及资产处置收益才归劣后级证券投资者所有。

（五）基建 REITs 公募化推出（2020 年起）

2020 年 4 月，中国证监会、国家发展改革委联合发布《关于推进基础设施领域不动产投资信托基金（REITs）试点相关工作的通知》（以下简称《通知》）、《公开募集基础设施证券投资基金指引（试行）》（征求意见稿）（以下简称《指引》），在基础设施领域，公募 REITs 的试点工作正式实施，带动了 REITs 市场大力推行。总体上，《通知》系基础设施 REITs 的纲领性文件，而《指引》则是更细节的指导引领。项目着重于重点区域、重点行业和优质项目，延续了国内市场惯例的产品结构，且根据境外规范的资产集中度和利润分配制度来要求国内产品。

2021 年 1 月 29 日，沪深交易所、证券业协会正式颁布用于规范公募 REITs 业务的配套规则，REITs 进程在国内的发展再次向前一大步。

2021 年 4 月 21 日，上海证券交易所和深圳证券交易所各有两单基础设施 REITs 进入正式的申报审核程序，发行总规模约 122 亿元，是中国 REITs 改革进程的重要里程碑。中国 REITs 值得期盼，REITs 行业即将扬帆起航。

四、公募基础设施 REITs 现状

2020 年，历经多年等待，中国证监会、国家发改委于 4 月 30 日联合发布《关于推进基础设施领域不动产投资信托基金（REITs）试点相关工作的通知》，标志着长期以来备受广泛呼吁的公募 REITs 试点政策十年破冰终于正式落地，也标志着中国在金融创新和资本市场改革发展方面迈出了历史性的新步伐。

（一）公募基础设施 REITs 推出的意义

1. 宏观意义。

（1）基础设施 REITs 是国际上通用的大类资产配置手段之一。基础设施 REITs 具有很多优点，比如高流动性、高安全性和稳定收益性等优点。

（2）基于短期视角，基础设施 REITs 可以推动项目资本金的筹集，降低债务风险；基于长期视角，基础设施 REITs 作为权益型资金，会降低实体经济的杠杆，为基础设施的投融资提供良性循环资金，促进基础设施建设的规范化健康发展。

（3）有利于改革发展成果被社会公众共同享有。改革开放后，大量优质资产存在于基础设施领域，很多项目具有稳定且高的收益。依托基础设施领域优质项目发行基础设施 REITs，形成产品并强制固定比例的收益用于分红，基础设施投资可以吸收各类资金，投资门槛被降低，广大人民群众能够共同享有改革发展成果。

2. 对于发行人的意义。

（1）打通资本循环，公募 REITs 上市使资产变现，解决资金量大、回收周期长，缺乏长期股权资金匹配等问题，此外，所获资金再投资到较高回报的开发类业务，提升其盈利和资本效益，改善信贷质量。

（2）可以借助 REITs 平台进行基础设施资产资本平台运作（见图 10），实现快速扩张：实现"建设/收购、管、退、融"的"轻资产+重运营"的全周期循环运作模式，建立轻重并举的经营模式；可以在项目的退出环节获益并持有 REITs 份额享受分红和未来物业升值收益、获取 REITs 项下物业运营管理费。

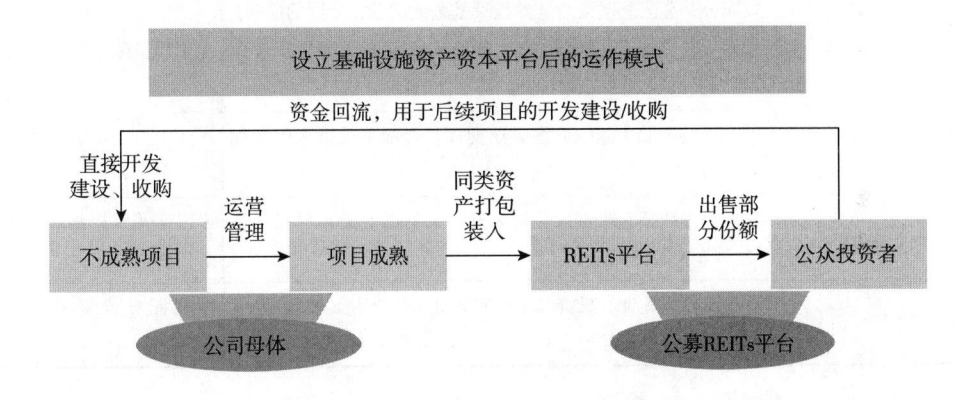

图 10　基础设施资产资本平台运作模式

（3）改善企业的财务报表。发行公募 REITs 可以降低公司资产负债率，提高当期利润及现金流，改善发起机构的财务表现；公募 REITs 采用存量股份发行方式获得融资，通过相较于净资产较高的估值购买基础设施资产，从而提升公司的利润水平，改善盈利能力。

（4）树立资本市场创新形象。公募 REITs 试点为国内基础设施领域投融资创新标杆以及定价基准，将极大地提升公司的市场知名度，有助于建立勇于创新、锐意进取的良好资本市场形象。

（二）公募基础设施 REITs 相关政策介绍

表 4　　　　　　　　　公募基础设施 REITs 的相关政策

发布时间	政策规则	发布单位
2020 年 4 月 30 日	《关于推进基础设施领域不动产投资信托基金（REITs）试点相关工作的通知》 《公开募集基础设施证券投资基金指引（试行）》（征求意见稿）	国家发改委、证监会
2020 年 8 月 3 日	《国家发展改革委办公厅关于做好基础设施领域不动产投资信托基金（REITs）试点项目申报工作的通知》	国家发改委
2020 年 8 月 7 日	《公开募集基础设施证券投资基金指引（试行）》	证监会

续表

发布时间	政策规则	发布单位
2020年9月4日	《关于就公开募集基础设施证券投资基金配套业务规则公开征求意见的通知》 《关于就基础设施领域不动产投资信托基金（REITs）相关配套业务规则公开征求意见的通知》	上交所、深交所
2021年1月13日	《关于建立全国基础设施领域不动产投资信托基金（REITs）试点项目库的通知》	国家发改委
2021年1月29日	《关于发布公开募集基础设施证券投资基金配套业务规则的通知》 《关于发布〈上海证券交易所公开募集基础设施证券投资基金（REITs）业务办法（试行）〉的通知》	上交所、深交所
2021年1月29日	《关于发布〈公开募集基础设施证券投资基金网下投资者管理细则〉的通知》	中国证券业协会
2021年2月5日	《中国证券登记结算有限责任公司公开募集基础设施证券投资基金登记结算业务实施细则（试行）》	中国证券登记结算有限责任公司
2021年2月8日	《公开募集基础设施证券投资基金尽职调查工作指引（试行）》 《公开募集基础设施证券投资基金运营操作指引（试行）》	中国证券投资基金业协会

（三）公募基础设施 REITs 产品介绍

1. 公募基础设施 REITs 试点项目要求[①]。

（1）区域要求。试点项目要优先支持重点区域，支持国家级新区、有条件的国家级经济技术开发区开展试点。

（2）行业要求。优先支持短板行业，鼓励新型基础设施，以及国家战略性新兴产业集群、高科技产业园区、特色产业园区等开展试点。

（3）项目合规性要求。①权属清晰，资产范围明确，并依照规定完成了相应的权属登记；②不存在法定或约定的限制转让或限制抵押、质押的情形，不存在抵押、质押等权利限制；③基础设施资产已通过竣工验收，工程建设质量及安全标准符合相关要求，已按规定办理审批、核准、备案、登记等手续；④基础设施资产的土地实际用途应当与其规划用途及其权证所载用途相符；⑤基础设施资产涉及经营资质的，相关经营许可或者其他经营资质应当合法、有效；⑥中国证监会和交易所规定的其他条件。

（4）项目现金流要求。项目现金流应满足市场化原则，现金流产生于真实、合法的经营活动，现金流具备持续、稳定的特点，且来源具有分散性，直接或穿透后

---

① 证监发〔2020〕40号，《中国证监会 国家发展改革委关于推进基础设施领域不动产投资信托基金（REITs）试点相关工作的通知》。

确认现金流来源于许多不同的提供方。近3年内总体保持盈利或经营性净现金流为正，预计未来3年净现金流分派率（预计年度可分配现金流/目标不动产评估净值）原则上不低于4%。因特殊原因比如商业模式或者其他原因，现金流提供方较少的，重要现金流提供方应当具有稳健的财务状况。

（5）基础设施项目的评估方法要求。评估机构原则上选取收益法进行评估，评估过程和影响评估的重要参数需要披露在评估报告及其附属文件中。

2. 公募基础设施REITs产品结构。

（1）交易结构（见图11）。

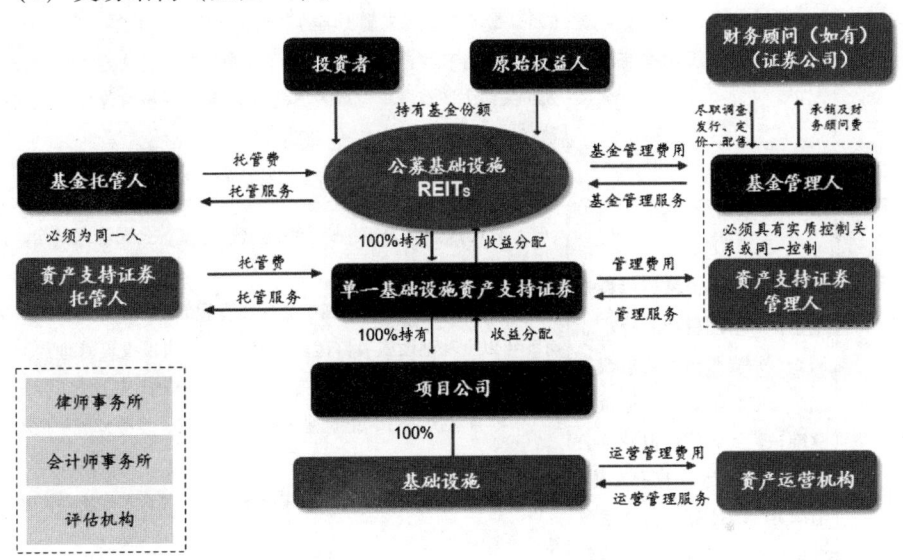

图11 公募基础设施REITs产品交易结构

（2）交易流程。

①设立公募基础设施REITs。原始权益人通过公募基金管理人以其持有的基础设施项目向中国证监会注册申请基础设施公募REITs，并申请上市交易。取得注册文件后，公募基金管理人负责公开发售，原始权益人应参与战略配售。

②计划管理人将购买基础设施项目公司100%的股权及其他附属权益作为基础资产设立基础设施资产支持专项计划，发行基础设施资产支持证券。基础设施公募REITs通过认购全部的资产支持证券份额来获得基础设施项目的全部所有权，以此实现对基础设施项目的控制。

③基础设施运营管理安排。基础设施项目运营管理机构接受委托负责基础设施的运营、管理及维护方面的服务，并明确各方的权利义务、委托管理费用、人事安排等事项。

④现金流分配，基础设施项目公司的现金流将通过支付借款利息、分红等方式直接或间接分配到资产支持专项计划，再分配到公募REITs基金，最终向公募

REITs 基金投资人进行分配。

（3）参与主体、主要职责及要求（见表5）。

表5　　　　公募基础设施 REITs 的参与主体、主要职责及要求

参与主体	主要职责	要求
原始权益人	基础设施基金持有的基础设施项目的原所有人，负责项目报批决策、组织项目实施，按照指引要求参与战略配售	（一）依法设立且合法存续； （二）享有基础设施项目完全所有权或者经营权利，不存在重大经济或法律纠纷； （三）信用稳健，内部控制制度健全，具有持续经营能力； （四）最近3年（未满3年的自成立之日起）不存在重大违法违规记录，不存在因严重违法失信行为被有权部门认定为失信被执行人、失信生产经营单位或者其他失信单位并被暂停或者限制进行融资的情形； （五）中国证监会和本所规定的其他要求
基金管理人	负责管理基础设施证券投资基金，对基础资产进行尽职调查，并按照指引要求或委托第三方对基础资产进行运营维护。负责信息披露等公募基金日常运营管理工作，组织 REITs 持有人大会对重大事项进行审议决议，监督专项计划管理人履行其各项职责。须与专项计划管理人存在实际控制关系或受同一控制人控制	（一）公司成立满3年，资产管理经验丰富，公司治理健全，内控制度完善； （二）设置独立的基础设施基金投资管理部门，配备不少于3名具有5年以上基础设施项目运营或基础设施项目投资管理经验的主要负责人员，其中至少2名具备5年以上基础设施项目运营经验； （三）财务状况良好，能满足公司持续运营、业务发展和风险防范的需要； （四）具有良好的社会声誉，在金融监管、工商、税务等方面不存在重大不良记录； （五）具备健全有效的基础设施基金投资管理、项目运营、内部控制与风险管理制度和流程； （六）中国证监会规定的其他要求。 拟任基金管理人或其同一控制下的关联方应当具有不动产研究经验，配备充足的专业研究人员；具有同类产品或业务投资管理或运营专业经验，且同类产品或业务不存在重大未决风险事项
专项计划管理人	负责管理资产支持专项计划	符合《资产证券化业务管理规定》规定的相关条件，且与拟任基金管理人存在实际控制关系或受同一控制人控制
财务顾问（如有）	负责对基础设施项目进行全面的尽职调查，并出具财务顾问报告，负责在基金管理人的委托下办理基础设施基金份额发售的路演推介、询价、定价、配售等相关业务活动	财务顾问应当由取得保荐业务资格的证券公司担任

续表

参与主体	主要职责	要求
外部管理机构（如有）	在基金管理人的聘请下负责基础设施日常运营维护、档案归集管理等工作	（一）具有符合国家规定的不动产运营管理资质（如有）； （二）具备丰富的基础设施项目运营管理经验，配备充足的具有基础设施项目运营经验的专业人员，其中具有5年以上基础设施项目运营经验的专业人员不少于2名； （三）公司治理与财务状况良好； （四）中国证监会规定的其他要求
托管银行/监管银行	托管银行：为公募基金、资产支持专项计划及私募投资基金提供资金保管服务（应为同一机构）	（一）财务状况良好，风险控制指标符合监管部门相关规定； （二）具有良好的社会声誉，在金融监管、工商、税务等方面不存在重大不良记录； （三）具有基础设施领域资产管理产品托管经验； （四）为开展基础设施基金托管业务配备充足的专业人员； （五）中国证监会规定的其他要求。 基础设施基金托管人与基础设施资产支持证券托管人应当为同一人
	监管银行：为资产支持专项计划及私募投资基金提供资金监管服务	
其他参与中介机构	律师：对相关交易文件起草和完善，出具底层项目、公募基金产品、专项计划的法律意见书	具备相应的资质
	评估机构：对标的资产进行评估并出具评估报告	评估机构应当按照《证券投资基金法》第九十七条规定经中国证监会备案，并符合国家主管部门相关要求，具备良好资质和稳健的内部控制机制，合规运作、诚信经营、声誉良好，不得存在可能影响其独立性的行为。评估机构为同一只基础设施基金提供评估服务不得连续超过3年
	会计师：出具专项计划现金流预测执行商定报告、会计处理意见；对于基础设施项目财务情况出具审计报告	具备相应的资质

(4) 项目要素（见表6）。

表6　　　　　　　　　　公募基础设施REITs的项目要素

基金类型	契约型、公开募集基础设施证券投资基金
基金运作方式	封闭式运作
基金上市场所	上海/深圳证券交易所申请上市交易
产品结构	平层
销售安排	战略配售、网下发售、公众投资者发售
收益分配	收益分配比例不低于基金年度可供分配利润的90%，在符合分配条件的情况下每年不得少于1次，预计未来3年净现金流分派率原则上不低于4%
投资标的及投资比例	基金80%以上资产投资于基础设施专项计划全部份额，其余基金资产投资于利率债、AAA级信用债或货币市场工具
杠杆比例	基础设施基金直接或间接对外借入款项，不得依赖外部增信，借款用途限于基础设施项目日常运营、维修改造、项目收购等，且基金总资产不得超过基金净资产的140%
基金扩募	拟购入基础设施项目标准和要求、战略配售安排、尽职调查要求、信息披露等应当与基础设施基金首次发售要求一致
募集资金用途	发起人（原始权益人）通过转让基础设施取得资金的用途应符合国家产业政策，鼓励将回收资金用于新的基础设施和公用事业建设，重点支持补短板项目，形成投资良性循环

3. 公募基础设施REITs治理结构。

（1）公募基础设施REITs治理结构解读。《证券法》及《证券投资基金法》是公募基础设施基金的法律基础，基金合同是基金运作的直接依据，公募基础设施基金是一种契约型基金。从治理结构构成及职责上看，公募基础设施基金的基础是信托关系，信托关系中的委托人是基金份额持有人，受托人是基金管理人和基金托管人，权力机构是基金份额持有人大会，基金持有人和基金托管人均有权监督基金管理人。

公募基础设施基金管理中由基金管理人进行主动管理，且基金管理人与原始权益人之间不存在股权关系。而在公募基金与项目公司之间的专项计划、SPV等载体，更多的只是类似于"通道"的作用，无实际决策权，更多的是负责执行公募基金的相关决策。产业方可以作为战略投资者在基金份额持有人大会上进行表决，其享有的决策权和其他投资者一样。

《公开募集基础设施证券投资基金指引》规定，如基础设施项目的外部管理机构发生变动事项，该等事项为公募基金份额持有人大会的法定决策事项；公募基金管理人对基础设施基金运作过程中的运营管理职责也有16项之多，具体如下：

《公开募集基础设施证券投资基金指引》已明确规定需要由公募基金份额持有人大会决策的事项：（一）对基础设施基金的投资目标、投资策略等作出重大调整；（二）购入或出售基础设施项目，其金额超过基金净资产五分之一的；（三）基础设施基金扩募;(四)基础设施基金成立后发生的关联交易,关联交易的金额超过基金净资产的百分之五;(五)除基金合同约定解聘外部管理机构的法定情形外,基金管理人解聘外部管理机构的。

《公开募集基础设施证券投资基金指引》已明确规定基金管理人应当按照法律法规规定和基金合同约定主动履行基础设施项目运营管理职责。

外部运营管理上,专门的子公司可以被基金管理人设立,专门用于承担项目运营管理职责,也可以委托外部管理机构负责运营管理,其依法应当承担的责任不因委托而免除。外部管理机构被委托运营管理基础设施项目的,基金管理人应当自行派员负责基础设施项目公司财务管理。基金管理人与外部管理机构应当签订基础设施项目运营管理服务协议,明确双方的权利义务、费用收取、外部管理机构考核安排、外部管理机构解聘情形和程序、协议终止情形和程序等事项。

(2)案例分析:国金铁建重庆渝遂高速公路封闭式基础设施证券投资基金治理结构安排[①]。从目前已公开披露的申报材料中,国金铁建重庆渝遂高速公路封闭式基础设施证券投资基金初步治理结构如下:

项目公司组织结构及治理安排:项目公司不设董事会,设执行董事1名,由基金管理人提名,项目公司股东根据法律法规和项目公司章程的规定决定聘任。项目公司法定代表人由执行董事担任。

基础设施项目运营管理安排:根据运营管理协议,对于应由基金管理人决策的事项,基金管理人判断该等事项是否属于应由基金份额持有人大会审议的事项,并根据相应的流程作出决策意见:①作出决策意见后,根据运营管理协议,就基金管理人有权直接指令项目公司或运营管理机构予以执行的事项,基金管理人直接向上述主体发出通知予以执行;②作出决策意见后,根据《公司法》等法律法规规定和项目公司章程应由项目公司股东作出股东决定的事项,计划管理人(作为项目公司股东)将根据决策意见,按照《公司法》等法律法规规定和项目公司章程约定,作出相应股东决定,并通知相应主体(如项目公司、运营管理机构),由相应主体予以执行。

在存续期内,评估机构被基金管理人聘请,用于评估基础设施项目资产,并根据评估机构反馈意见在必要时组织运营管理机构与评估机构沟通。

(四)公募基础设施REITs申报及发售流程

1. 公募基础设施REITs申报流程(见图12)。

(1)项目推荐阶段。原始权益人向项目所在地省级发改委报送申请材料,省级发改委推荐项目并出具专项意见,将项目报送至国家发改委,国家发改委在省级发

---

① 国金基金管理有限公司,《国金铁建重庆渝遂高速公路封闭式基础设施证券投资基金招募说明书(草案)》,2021。

改委出具的无异议专项意见基础上,将符合条件的基础设施项目推荐至证监会。国家发改委报送材料包括基本情况材料、证明材料以及合规情况材料,具体如下:

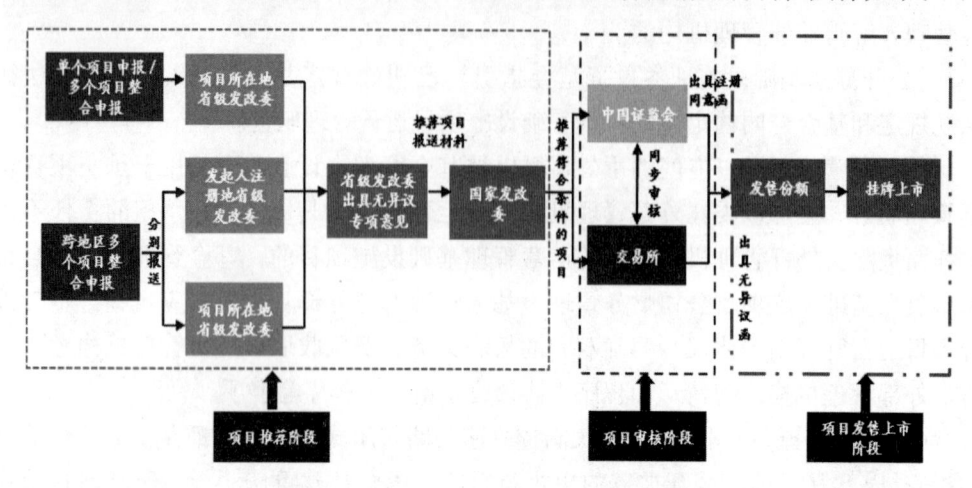

图 12　公募基础设施 REITs 的申报流程

①基本情况。包括原始权益人基本情况、业务情况、财务状况、资信情况等;项目基本情况、历史运营情况;REITs 总体的发行方案;其他参与机构包括基础设施运营管理机构、各中介机构等情况。

②合规情况。包括项目是否符合国家重大战略、产业政策以及宏观调控政策情况;固定资产投资管理相关手续是否完备;PPP 项目合法合规情况、项目收益来源情况;募集资金用途情况;基础设施项目是否具备维持持续运营保障条件等情况。

③证明材料。包括但不限于项目的可行性研究报告,规划、用地、环评、施工许可证书,项目相关竣工验收文件,如果是 PPP 项目还需提供项目相关实施方案、合同及特许经营协议;经审计的项目财务报表;律师针对项目出具的法律意见书以及原始权益人的承诺材料。

④根据发改委要求需提交的其他材料。

(2) 项目审核阶段。采用电子化申报,基金管理人(或 ABS 管理人)通过固定收益品种业务专区向交易所申报基础设施基金及 ABS 全套材料。申报证监会和交易所实施同步审核机制,争取"同一申报材料"、出具"同一反馈意见"。项目审核流程进度信息按照公募债券要求,在交易所网站公开。

基金管理人申请基础设施基金上市,应当按要求向交易所提交相关文件。资产支持证券管理人申请基础设施资产支持证券挂牌条件确认,应当按要求向交易所提交相关文件。

(3) 项目发售上市阶段。公开募集基础设施基金经证监会注册通过后,证券公司或基金管理公司可以公开发售 REITs 份额募集资金。REITs 通过认购全部基础设施资产证券份额来完成对基础设施的控制收购,并可在交易所市场公开上市交易;

同时，基础设施资产支持证券需在基金业协会完成备案后，在交易所申请挂牌。

2. 公募基础设施 REITs 发售流程①。基础设施 REITs 份额的发售，分为以下几个环节：战略配售、网下询价、网下配售、向公众投资者销售等。投资者按照基金管理人和/或财务顾问通过向网下投资者以询价的方式确定的 REITs 认购价格参与基础设施 REITs 份额认购。

参与战略配售的投资者应包括基础设施项目原始权益人或其同一控制下的关联方，符合规定的网下专业机构投资者可以参与战略配售。参与网下询价的投资者不包括参与战略配售的投资者。此外，原始权益人及其关联方自持的比例要求不少于 REITs 总发售规模的 20%，且持有期限不能少于 60 个月，对于自持的超过 20% 的部分要求持有期限不能少于 36 个月，全部自持的 REITs 份额在持有期间不允许用来质押。

商业银行、政策性银行、基金管理公司、证券公司、保险公司、财务公司、合格境外机构投资者等符合证监会及交易所规定的专业机构投资者可以参与基础设施基金的网下询价，剔除向战略投资者发售的部分外，REITs 网下配售的比例不能低于公开发行规模的 70%。

交易所为 REITs 询价搭建了网下电子平台服务。网下投资者、基金管理人、财务顾问（如有）参与询价的，需向交易所申请网下电子平台相应的 CA 证书。

对参与基础设施基金的公众投资者无准入条件要求，但公众投资者在初次认购 REITs 基金份额时，应当签署风险揭示书，以确认其了解了 REITs 产品的主要风险特征。

基础设施基金发售价格确定流程：向网下投资者询价，询价截止后，基金管理人和/或财务顾问根据事先已经公布并确定的条件，根据网下投资者报价的中位数和加权平均数，并结合专业机构投资者等配售对象的报价情况，确定发售价格。

五、开展基础设施 REITs 业务建议

基础设施建设和房地产行业对中国经济增长具有无法取代的重要作用，这两个重要领域在投资速度减缓的情形下逐渐向存量市场转变。伴随基础设施建设和房地产行业过去主要依靠债权融资的性质，相应的地方政府和房企杠杆率居高不下，使经济运行隐藏潜在风险。

国内公募基础设施 REITs 的推出正逢其时。REITs 可以为企业和地方政府提供资金退出路径，降低其杠杆率。同时 REITs 作为长期权益型资金，可以促进企业注

---

① 参见《深交所基础设施公募 REITs 业务丨基金发售 ABC（三）》，官方网址：http://investor.szse.cn/institute/rules/t20210325_585265.html。

重长期利益，致力于提高底层资产的运营管理能力。除此之外，加快企业的转型升级，由之前相对简单粗放的建设开发到销售模式向长期持有—运营转型。此外 REITs 作为大类资产，由于其与股票、债券的相关性不高，是一种有效的风险分散工具，也为机构投资者提供了新的投资机会。

美国、日本、新加坡和中国香港等全世界主要 REITs 市场规模占国内生产总值的比重主要在 3% ~ 9% 的范围之内。REITs 市场规模/股市规模之比主要在 2% ~ 7%（见表7）。

表7　　　　　　　　　全世界主要 REITs 市场规模数据

项目	美国	日本	澳大利亚	英国	新加坡	中国香港
GDP	20580.25	4971.77	1420.05	2828.83	364.14	362.72
商业地产规模	8844.03	2191.92	612.5	1545.23	307.43	308.44
REITs 市场规模	1266.67	151.8	100.31	90.95	74.45	33.16
股市规模	34375.86	6278.67	1382.88	3492.62	495.39	5525.83
REITs 规模/GDP	6.15%	3.05%	7.06%	3.22%	20.45%	9.14%
REITs 规模/股市规模	3.68%	2.42%	7.25%	2.60%	15.03%	0.60%

注：规模单位为 10 亿美元。

资料来源：东方证券财富研究中心。

由于国内的直接融资比例与发达国家相比要低，股票市场的成熟度与发达国家相比也存在较大的差距，股票市场的规模在 GDP 里的占比也要远低于发达国家。故用 REITs 与股市规模之比来预测 REITs 规模存在一定不合理性。参照全球 REITs 规模占 GDP 的比重来计算，可以算出国内 REITs 市场的大致规模在 3 万亿~8 万亿元。因此，一旦试点成功，未来中国基础设施 REITs 发展空间巨大。

参考文献

［1］北京大学光华管理学院"光华思想力"REITs 课题组. 中国公募 REITs 发展白皮书［R］. 北京：北京大学光华管理学院，2017.

［2］孟杰. 基建 REITs 系列深度报告之一：总览篇——好风凭借力，一举入高空［R］. 兴业证券，2020.

［3］赵静文. 发展 REITs 市场的他山之鉴［J］. 未来与发展，2019，43（11）：83 - 88.

［4］许余洁，冯国亮. REITs 市场的发展机遇［J］. 中国金融，2018（7）：49 - 51.

［5］戴德梁行. 2019 亚洲房地产投资信托基金（REITs）研究报告［R］. 中国房地产业协会金融分会 & 戴德梁行，2020.

［6］REITs：Real Estate Working For You［EB/OL］.［2021-04-25］. https：//www.reit.com/.

［7］邹静，王洪卫. REITs——文献综述［J］. 产业经济评论，2018（2）：35-46.

［8］张庆昌，王跃生. REITs 的发展前景［J］. 中国金融，2018（4）：35-36.

［9］李娜，徐强，姚清振，等. 国内外 REITs 模式比较研究［J］. 建筑经济，2019，40（2）：97-101.

［10］王一峰. 当公募基建 REITs 来敲门——"真 REITs"来临，哪些行业将受益？［R］. 光大证券，2020.

［11］《中国证监会 国家发展改革委关于推进基础设施领域不动产投资信托基金（REITs）试点相关工作的通知》［EB/OL］.（2020-04-30）［2021-04-25］. http：//www.csrc.gov.cn/pub/newsite/zjhxwfb/xwdd/202004/t20200430_374845.html.

［12］《公开募集基础设施证券投资基金指引（试行）》［EB/OL］.（2020-08-06）［2021-04-25］. http：//www.csrc.gov.cn/pub/zjhpublic/zjh/202008/t20200807_381310.htm.

［13］《国家发展改革委办公厅关于做好基础设施领域不动产投资信托基金（REITs）试点项目申报工作的通知》［EB/OL］.（2020-07-31）［2021-04-25］. https：//www.ndrc.gov.cn/xxgk/zcfb/tz/202008/t20200803_1235506.html.

［14］《关于发布〈上海证券交易所公开募集基础设施证券投资基金（REITs）业务办法（试行）〉的通知》［EB/OL］.（2021-01-29）［2021-04-25］. http：//www.sse.com.cn/lawandrules/sselawsrules/reits/c/5313500.shtml.

［15］李晓飞. 公募基础设施 REITs 基金治理机制初探［N］. 中国证券报，2020-11-24.

［16］《深交所公募基础设施 REITs 业务｜基金发售 ABC（三）》［EB/OL］.（2021-03-25）［2021-04-25］. http：//investor.szse.cn/institute/rules/t20210325_585265.html.

证券金融集团大机构业务销售体系研究

李毅 龚里 李晴 郑雪姣 赵布雨[①]

证券市场客户机构化已成为大势所趋,国内各大券商越发加大对机构业务的投入。对比海外投行和中外合资券商销售体系,可以看到国内券商在销售业务体系上已经有了较大的调整,面向机构客户的销售业务整合已逐渐成为主流思路。目前,兴业证券集团可通过总部相关部门、子公司、分公司等渠道为机构客户提供投资、融资、销售、综合四大类服务,包含研究支持、托管服务、基金代销、股权债权销售等多个细项产品和服务。结合机构客户对投研、交易、创新业务等方面需求的不断提升,集团在产品、渠道方面可做进一步调整和完善。此外,为了应对资本市场注册制改革、机构客户占比提升和高净值个人客户的需求多样化等趋势,集团将进一步发力推进产品标准化的工作,通过产品价值梳理、统一话术和销售培训,逐步实现总分、总子联动,推动大销售加速走向体系化。

一、深化践行集团新发展理念,探索建设兴业证券特色的大销售体系

(一)乘市场改革之势,大胆创新初尝试

近几年,资本市场注册制改革如火如荼地开展,重新构建了市场责任体系、定价体系以及信息披露体系。注册制改革推动投行专业化深耕,助力买方机构高效客观决策,实现自身从通道作用向行业专家作用、价值发现作用转化,归位尽责,回归本源。在注册制下,证券公司对企业估值和市场定价的合理性将直接影响投行的市场声誉和行业地位,定价和销售能力成为投行的核心竞争力。

为适应市场快速发展,兴业证券提出打造集团大销售体系建设改革思路,近几年已取得有效成果。

第一步:股债销售整合。

2018年11月,兴业证券开始布局销售端整合,初步整合股权发行销售和债权

[①] 李毅,硕士,销售交易业务总部总经理;龚里,硕士,销售交易业务总部副总经理;李晴,硕士,销售交易业务总部总经理助理;郑雪姣,硕士,销售交易业务总部运营管理处副总监;赵布雨,硕士,销售交易业务总部经理。

发行销售两条业务线，设立总部一级部门资本市场业务总部，以充分挖掘各类机构投资者资源，可同时提供股权、债权项目，促进多维合作。

第二步：大投行销售与研究销售融合。

2020年7月，在股债发行销售整合的基础上，兴业证券二次发力，将原归属于研究院的机构销售队伍融合并入，新设一级部门销售交易业务总部。大投行销售与研究销售的深度融合，一方面夯实了股债机构投资者的深度覆盖，更好助力大投行项目销售；另一方面通过为机构客户提供研究服务以外的优质资产和项目，提升机构客户黏性和认可度；从而在广度和深度上都提升了集团TO B端的销售能力。

（二）激发分支机构活力，夯实业务发展基础

分析大部分证券公司销售架构设置可以发现，专业化要求越高、客户个性化需求越独特、产品设计越复杂的非标准化产品，一般在证券公司总部进行直销，包括股权IPO与定增、债券/ABS/REITs、卖方研究业务、金融衍生品等。而专业化程度较低、客群具备普遍共性、无须复杂设计的标准化产品，一般在证券公司分支机构进行销售，包括基金产品、托管外包服务、期货等。

然而，随着资本市场注册制改革、机构客户占比提升和高净值个人客户的需求多样化等变化，这种过往常见的销售模式已逐渐显露弊端。例如债券、股权定增、金融衍生品等产品，已无法通过总部单独作战来满足日益严峻的竞争形势和逐渐扩大的市场需求，通过总部销售管理部门的产品价值梳理、潜在客户发掘培训，可逐步发动区域市场力量，在属地化经营范围内，开拓私募、地方性产业基金、高净值个人客户等新兴客群，并引导至总部实现销售落地，实现总分联动、大销售体系化推进。

平安集团交叉销售经验借鉴

平安集团早在20世纪90年代就率先试水交叉销售实践，从保险+保险模式起步，逐步打破银行、证券、投资等子模块间壁垒，通过整合信息平台、共享销售渠道，逐步搭建起"一个客户、多种产品、一站式服务"的综合金融经营模式，持续推广"1+N"的综合服务营销理念，这种创新模式的发展是建立在组织制度、考核管理及人员培训等多方面的摸索中逐步建立的。在组织制度方面，集团设有综合开拓个人、团体业务管理委员会，负责统一协调各方资源和需求、打通各子公司间信息、系统等方面壁垒，统筹协调销售资源，对有价值项目重点倾注资源推动，打造综合金融明星产品；在考核制度方面，对各业务单位设有"客户渗透率"的指标考核，即客户平均持有集团产品数量，各相关业务单位之间同步建立关联指标的考核，通过关联考核进一步激发各单位间协同增效的积极性；在人员培训上，加强对前端销售人员标准化的推介动作、推介话术的培训，销售人员在解决客户初始服务需求的同时发掘、摸索客户其他业务需求，以为客户创造价值服务理念为出发点，通过标准化的产品推介，实现交叉销售其他金融产品。

在竞争激烈的保险行业，平安升维竞争的主要抓手就是交叉销售：

- 保险+保险：平安集团十分注重旗下产险、寿险、健康险及养老险间产品、价格、渠道和服务的交叉销售，如预算指标交叉联动、产品营销交叉推动、营销团队复合销售等（见图1、图2）。

通过寿险代理人渠道交叉销售获得的保费收入

（人民币百万元）	2019年 渠道贡献 金额	占比(%)	2018年 渠道贡献 金额	占比(%)
平安产险	45427	16.8	41436	16.7
养老险短期险	8663	43.7	7921	45.9
平安健康险	4070	66.2	2096	56.6

图1 2019年寿险渠道助力财险、养老险和健康险保费收入同比增长13%

（数据来源：公司公告，兴业证券销售交易业务总部整理）

（人民币百万元）	2019年 金额	占比(%)	2018年 金额	占比(%)
车商渠道	65431	24.2	59426	24.0
代理渠道	63318	23.4	57217	23.1
电话及网络渠道	47832	17.7	47710	19.3
交叉销售渠道	45427	16.8	41436	16.7
直销渠道	28273	10.4	24176	9.8
其他渠道	20649	7.5	17479	7.1
合计	270930	100.0	247444	100.0

图2 2019年交叉销售渠道占比集团财产险业务保费收入16.8%

（数据来源：公司公告，兴业证券销售交易业务总部整理）

- 保险+银行：将保险业务嵌入银行渠道，按照客户资产规模采取不同的销售模式、服务模式和营销队伍（见表1）。

表1 "保险+银行"交叉销售模式

客户资产规模	服务模式	销售模式
<10万元	银行网点	柜面咨询
10万~100万元	营销主管或高级销售人员	理财专柜
>100万元	专门的贵宾接待人员以及资深的理财专家	一对一保险推荐

数据来源：兴业证券销售交易业务总部整理。

目前平安信用卡流通卡量客户已突破6000万，从两行合并时不足1000万到用了不到十年迅速扩张至股份行第二，平安信用卡的优势就在于背靠平安集团已积累的超2亿个人客户和拥有的百万销售大军，借助"交叉销售"的利剑实现快速增长

（见图3）。信用卡在建有直销队伍的同时，设立重客渠道，即利用集团分支在全国的寿险、产险、养老险渠道获客，获客比重占新增获客近一半。在产品设计上，信用卡围绕重客渠道客群量身定制专属产品及产品权益，以此成为保险代理人开口推介、黏性客户的抓手；在内部奖励和机制上，同样适当倾斜资源，提供保险客户推介奖励和标准化的推介培训，对代理人和保险分支机构的考核上也有相应指标的考核，在奖惩两方面推动交叉销售。

综合金融对零售业务贡献	2019年 综合金融贡献	综合金融占比(%)
信用卡新增发卡量（万张）	488	34.1
"新一贷"贷款发放额（人民币百万元）	68682	61.3
汽车金融贷款发放额（人民币百万元）	54676	34.9

图3　2019年平安银行信用卡综合金融渠道引流488万张，占比34.1%

（数据来源：公司公告，兴业证券销售交易业务总部整理）

- 保险+证券/信托：强调"一个机构"和"全方位的理财规划"（见图4）。

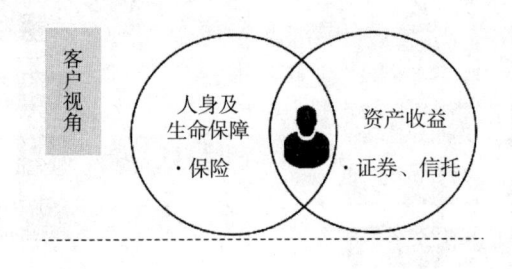

客户视角
- 人身及生命保障
  · 保险
- 资产收益
  · 证券、信托

代理人视角
· 保险产品可作为黏客工具
· 获取佣金，提高收入
· 适合销售保障类产品

图4　"保险+证券/信托"交叉销售模式

（数据来源：兴业证券销售交易业务总部整理）

（三）积跬步至千里，推进集团大销售体系升级演进

1. 指导分公司和子公司优化销售队伍。销售交易业务总部根据集团产品特征和区域客户资源禀赋，统一规划部署各区域销售力量，指导分公司调整及优化销售队伍分工，对于重点区域，着力整合机构销售力量，提升其机构销售人员比例。

销售交易业务总部建立与子公司销售队伍的常态化联动机制，统筹销售力量，增强优势弥补短板，在符合相关法律法规、监管规则的前提下，推动客户信息、产品信息和市场信息共享（见图5、图6）。

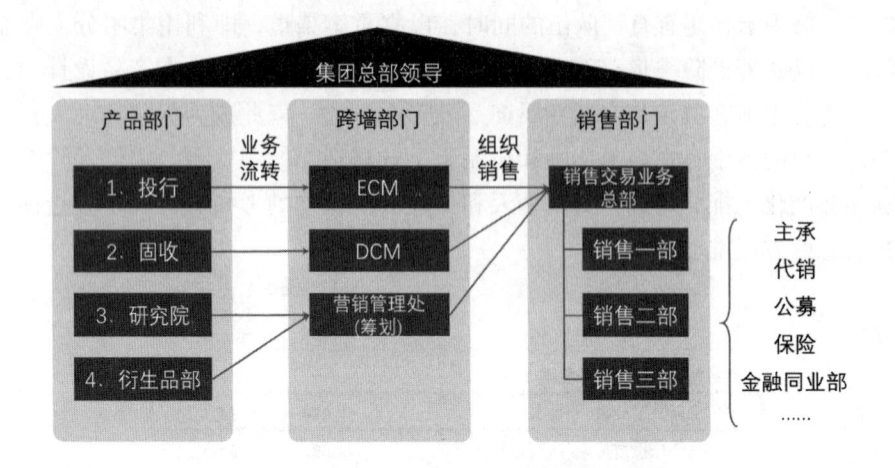

图 5　证券公司集团总部大销售体系工作图
（数据来源：兴业证券销售交易业务总部整理）

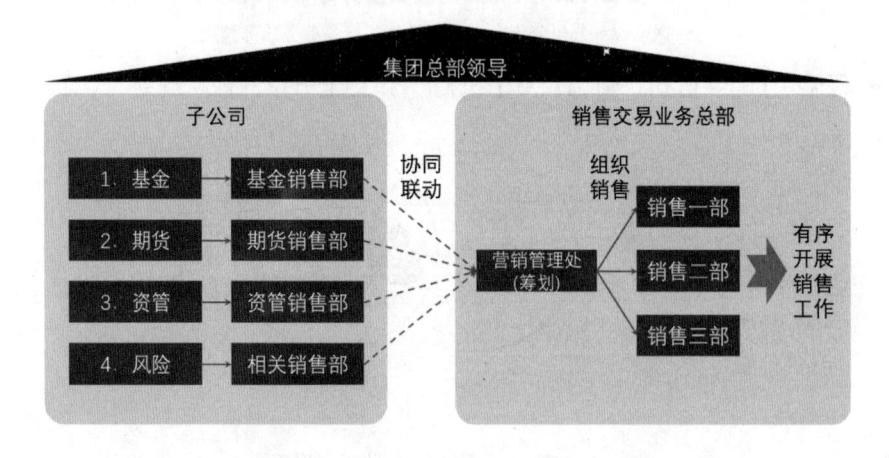

图 6　集团总部与子公司销售协同工作图
（数据来源：兴业证券销售交易业务总部整理）

2. 构建集团统一的金融产品出口。集团大销售体系的建设离不开各类优质金融产品的充足供应，销售交易业务总部需要完整归集集团总部、子公司的各类产品，面向客户提供一揽子综合金融解决产品和方案。

为提升公司客户规模，应充分利用集团总部业务部门优质资产创造能力和子公司优秀的投资管理能力，将产品、客户、渠道及集团业务通盘结合起来，建立集团产品全局角度统一规划的机制。

3. 开展集团统一的销售管理与组织工作。集团统一销售管理能有效掌控情况，敏捷捕捉到各类客户需求并及时调整、及时响应，从全局角度做好准备以提前规避可能存在的风险。由销售交易业务总部负责集团各类金融产品的统一排期，结合市场行情制订销售计划，统一组织总部、分公司、子公司销售渠道进行销售（见图7、图8）。

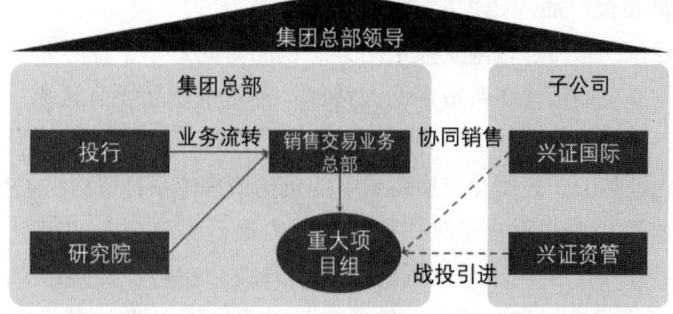

图 7　重大项目专项工作流程

（数据来源：兴业证券销售交易业务总部整理）

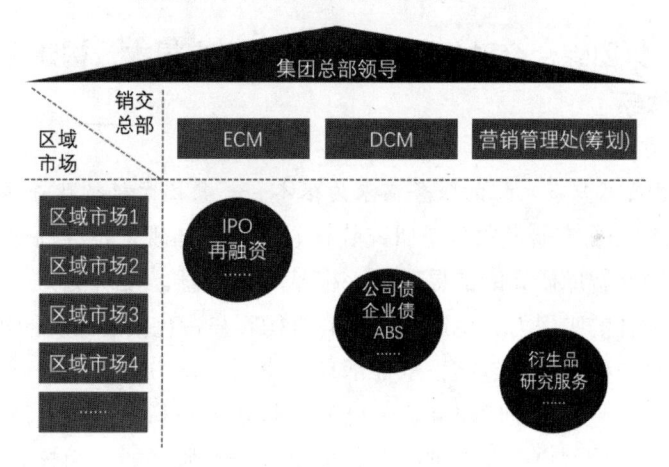

图 8　总部与区域市场矩阵化销售体系

（数据来源：兴业证券销售交易业务总部整理）

（四）小结

受益于机构投资者群体快速扩张、企业融资中直接融资比例的快速提升和资产管理行业净值化发展加速这三大趋势，国内证券行业迎来了难得的发展机遇。但证券企业在发展壮大中遭遇到管理困惑，并且演绎出各类不同的组织架构体系。以机构业务销售体系为例，各券商根据其自身特点设置了不同的销售体系。传统证券公司将销售队伍设置在不同的业务条线内，在发展演进中，出现了按照股债产品分工或按照一级、二级市场分工的销售体系；传统证券公司分子公司销售与总部销售处于或割裂或竞争的状况，在发展演进中，出现了部分产品的协同销售，但销售组织的有效性无法满足全产品线销售的要求。

海外投行及国内银行、保险企业走向集团化的时间点早于证券公司,集团化发展趋势下,大机构业务的销售体系呈现两大特征:一是全产品线信息统一出口,归集于总部销售部门;二是总部对分子公司实现矩阵式销售管理,实现交叉销售和协同销售。以上经验为国内证券公司集团化发展背景下的机构销售体系打造提供了有意义的参考。

兴业证券集团借鉴和吸收了海外投行及国内银行保险企业的组织架构优势,并结合自身特征,推动了机构销售体系的一次次升级。在初步实践中,发挥了体制机制优势,取得了交叉销售和矩阵式销售的良好效果。下一步,兴业证券集团将进一步强化总、分、子公司产品线管理,形成全产品线的统一出口管理;进一步强化总、分、子公司机构销售渠道管理,形成有效的分工协同管理机制。

未来,集团将继续探索总分和总子矩阵式管理模式,在大销售体系建设到一定成熟时机,总部各类产品和服务实现统一提供归口时,可考虑将分公司、子公司机构客户全部纳入大销售体系进行矩阵式管理和统一推动。集团大销售体系可切实发挥各类销售业务的引擎作用,着力做好集团一盘棋下的销售工作组织与推动。

二、借助集团综合金融优势,立足机构客户根本,构建兴证集团大机构业务销售体系

(一)以满足客户多元化的服务需求为根本——集团大机构业务客户需求研究

1. 投研需求。卖方研究服务是研究院核心能力的体现,是券商研究的根基,也是实现内部协同和智库研究的前提,这一根基不会动摇。投研能力的强弱直接影响着对机构客户入驻的吸引力,也影响着面向机构客户特色投研品牌的树立。

随着机构客户要求越来越高,从外部环境来看,卖方研究竞争越发激烈,市场佣金率有逐步下滑趋势,集团研究业务已处于行业第一梯队,向上发展天花板开始逐步显露。因此机构客户多元需求已经无法由以个人研究能力为核心竞争力的研究模式满足,投研需要进一步向平台级能力驱动转型,故平台驱动的投研能力是当下券商投研发展需要重点考虑的方向。

2. 交易需求。集团服务的机构客户包括公募、私募、保险、信托、银行、QFII等,不同类别的机构客户由于自身业务特点不同,又对机构交易有差异化的需求。例如:私募客户更为重视量化和极速交易;QFII 客户会要求丰富的交易方式;公募基金、银行则倾向于要求多品种、多市场。

因此,加强组织、技术管理,满足机构客户的全面交易需求具有重要意义,提升覆盖多品种(股票、债券、衍生品、FICC 等)、覆盖多交易通道(多交易所、银行间、境外市场以及场外基金等)、包含多种交易方式(指令交易、代理交易、协议交易等)的交易支持能力。此外,探索一站式综合交易服务也是值得努力的方

向，提供交易服务的同时，还囊括运营、账户、资金、风控、通道等协同服务。

3. 业务运营需求。机构客户日常运营主要包括内部、外部运营，内部运营主要针对机构服务日常运营工作的处理；外部运营主要针对与机构客户的高效沟通，运营数据分享的问题。随着机构客户的数量增长、产品规模扩大，机构客户业务运营压力也在不断提升。因此机构客户在外部运营方面具有较强的效率诉求，一方面要具有高质量的业务管理终端，以求提供各类在线运营服务；另一方面寻求运营事件监控和及时响应的能力的提升。

4. 创新业务需求。机构客户相对一般个人投资者而言更为理性，更加注重投资风险控制和稳定性收益。券商创新能力的提高有助于丰富机构服务业务发展模式。随着资本市场机构化程度提升，机构业务正处于快速增长期，不但传统投资产品需求将大幅增长，同时还将促进衍生品、固定收益、外汇、财富管理、大宗商品等创新机构产品的业务增长。推出成熟的创新产品和业务既能为机构客户提供丰富多样化的选择，提升服务质量和水平，又能推动券商业务条线的进一步丰富和完善，增强在市场上的核心竞争力，实现双赢。

（二）以集团全方位的产品服务网络为工具——集团大机构业务产品服务研究

1. 大机构业务产品分析。面向公募基金、保险、私募、银行、信托、证券、QFII/RQFII七大类客户，从总部部门、子公司分别供应的角度，对集团可以提供的各类产品、服务进行梳理（见表2）。

表2 集团大机构业务产品清单

产品及服务提供单位		客户	服务类别	产品及服务内容	销售渠道
部门	销售交易业务总部/投资银行业务总部/固定收益业务总部	公募/保险/私募/银行/信托/证券	投资服务类	股权、债权销售	销售交易业务总部销售
	销售交易业务总部/经济与金融研究院	公募/保险/私募/银行/信托	综合服务类	研究支持	销售交易业务总部销售
		QFII/RQFII	综合服务类	研究支持、交易支持	销售交易业务总部销售
	销售交易业务总部/金融衍生产品部	私募/银行	投资服务类	金融衍生产品	销售交易业务总部销售
	财富管理部	公募	销售服务类	产品销售	分公司业务人员
	资产托管部	公募/信托	综合服务类	托管服务	销售交易业务总部销售、分公司业务人员
		私募	综合服务类	托管外包服务、PB交易业务孵化	销售交易业务总部销售、分公司业务人员

续表

产品及服务提供单位		客户	服务类别	产品及服务内容	销售渠道
公司	兴证基金/兴证资管	保险	投资服务类	资产管理业务	兴证基金销售人员、兴证资管销售人员、分公司业务人员
		银行	投资服务类	资产管理业务	兴证基金销售人员、兴证资管销售人员、分公司业务人员
	兴证期货	公募	经纪业务类	经纪业务服务	销售交易部销售、兴证期货销售人员
	兴证国际	QFII/RQFII	综合服务	交易清算、跨境综合服务	兴证香港销售、销售交易部全球市场部销售人员

数据来源：兴业证券销售交易业务总部整理。

集团可为机构客户提供投资、融资、销售、综合四大类服务，包含研究支持、托管服务、基金代销、股权债权销售等多个细项产品和服务；机构客户所需的产品和服务不尽相同，集团相关总部部门、子公司、分公司都可以提供服务对接。

目前销售交易业务总部已可面向机构客户统一提供股权、债权、银行间分销、研究服务、金融衍生品等各种机构类产品服务，这些产品和服务已在集团大销售体系建设 1.0 阶段进行了充分的整合，实现了"1+1>2"的效果。同时，还有不少面向机构客户的基金、期货、资管等产品和销售渠道资源，依然散落在各子公司和总部相关单位，需要在符合相关法律法规要求的前提下，通过集团大销售体系的进一步建设，做好 TO B 端产品、服务、渠道的有机整合，从而实现集团利益最大化。

2. 各单位主体职责定位。

（1）销售交易业务总部。负责开展和实施以投行产品（包括但不限于新股首发、增发、债券、资产证券化产品等）的发行、定价、销售、分销交易业务（包括但不限于银行间债券产品、资产支持票据、地方债等）、投研服务及配售等为主的业务，提升席位收入及市场占有率，协助开发大投行及研究各类产品。

统筹开发境内外投资机构客户资源，组织建立核心投资机构客户群体，全面覆盖并深入维护机构客户。

负责为公募、保险、社保、信托、QFII、大型银行等机构客户提供日常服务，包括销售研究报告、组织会议、调研、路演、专家讲座、专题研究会等；不定期就各类产品制定营销活动并组织实施，提升服务效果，同时完成产品销售，提升公司品牌影响力和认可度。

负责集团大销售体系建设，包括集团总部各单位和各区域市场机构产品线销售组织、推动和管理工作，销售矩阵式管理工作，推动集团业务协同、交叉销售。

（2）财富管理部。根据公司的授权，负责分支机构证券经纪、证券投资咨询、证券投资基金代销、代销金融产品、港股通、科创板、期权交易、大宗交易、场外柜台业务、网下打新业务、沪伦通、股权激励自主行权、期货IB、债券交易、债券质押式报价回购、新三板经纪等业务的经营服务、业务推动和定价管理；制订营销策划方案，指导分支机构针对财富管理业务不同客户实施定向精准营销。

负责组织开展财富管理业务线上线下各类渠道建设，加强各类渠道总对总合作与业务拓展，推动分支机构分对分渠道合作与拓展。

负责公司财富管理客户服务体系构建及业务品牌管理，负责财富管理及配置理念的持续宣导与内容运营，研究跟踪同业先进的客户服务模式，负责客户服务支持相关制度流程及操作规程的制定及梳理。

（3）机构业务发展部。负责推动集团客户分类分层服务体系建设，健全集团客户分类分级服务体系；聚焦集团战略客户，制定集团战略客户标准，拟定集团战略客户发展规划、政策制度、配套机制等，打造集团客户发展体系。

牵头组织、建设集团CRM系统，负责集团CRM系统的维护、推广、应用以及应用管理。

（4）子公司机构销售条线。根据集团公司部署，统一规划，统一建设，统一管理，统筹优质产品配给，盘活各渠道资源，带动多产品销售。

兴证基金：优质产品优先满足集团核心机构客户需求，与集团各单位共享机构客户资源。

兴证国际：保持一定的独立性。

兴证期货、兴证资管、兴证创新资本：协同开发机构客户，协同销售机构类金融产品。

（5）分公司机构销售条线。在销售交易业务总部推动下，协助总部对接合适的机构投资者；在财富管理部推动下，开展基金代销等TO C端销售工作。

（三）以集团多层次的总子分架构为渠道——集团大机构业务销售渠道研究

链接机构客户与集团各类产品服务的销售渠道，分散在总部、子公司和分公司，总部TO B端相关产品服务已形成由投行部、固收部、销交部分别牵头推进分公司属地化对接的协同承揽或协助目标客户对接模式，子公司TO机构客户端分别有自行建设销售渠道，分公司为集团各类业务属地化落地单位、在总部单位和子公司指导下进行TO B端承揽或协助目标客户对接；散落在集团各处的销售渠道单元组织、人员数量、销售能力强弱、缺失情况、存在问题，均无相应系统或数据可支撑进行分析。

1. 分公司销售渠道分析。

（1）分公司大销售组织架构。目前，各分公司大机构销售工作基本以机构业务人员为主,以零售条线人员为辅。各分公司基本均已设置"业务发展部",负责对接总部协同销售工作组织与推动,但不同分公司人员配置和分工略有差异。

(2)分公司客户资源。各区域机构客户群资源基本可覆盖同业机构(银行、券商、保险)、公募基金、私募基金、上市公司、央国企财务公司、国有金融投资机构,但受各地税收政策等因素影响,各类型机构客户在不同地区的占比不同,分公司对不同机构的覆盖程度也存在差异。

2. 子公司销售渠道分析。集团部分子公司设置了负责机构销售业务的一级部门,主要服务保险机构、银行理财子、证券公司、信托公司等金融同业企业,尽管销售的产品不同,对机构渠道的依赖程度不同,但各子公司之间,子公司与集团公司的金融同业客户重合度较高。各子公司自建机构业务渠道,存在重复建设、多头管理、重复营销、利用效率不高等问题。

各子公司具体情况如表3所示。

表3　　　　　　　　　集团各子公司销售组织情况

子公司	销售管理部门	产品和服务提供情况
兴证基金	机构业务部	对金融同业覆盖较早,覆盖面广,但当前基金经理/投资经理产能存在瓶颈,无法满足市场需求,不得不放弃部分机构客户的资产委托管理需求
兴证国际	机构销售部	面向香港本地机构客户的研究服务、股权产品和债券产品销售队伍
兴证期货	金融同业部(筹)	目前由期货各地分公司承担机构客户开发和服务职能,重点覆盖公募基金、银行理财子、保险机构和私募基金
兴证资管	机构业务部	与兴业证券基金机构业务部类似,但覆盖面和覆盖深度有限
兴证创新资本	产品市场部	兼顾零售和机构渠道开发,受产品供给约束,渠道建设尚处于起步阶段,期望覆盖保险机构和国家级产业投资基金

数据来源:兴业证券销售交易业务总部整理。

其他券商子公司同业调研情况:

国泰君安证券资产管理有限公司于2010年10月正式成立,是国泰君安证券的全资子公司,业务经营范围为证券资产管理。

国泰君安资管目前已设置一个专门的集团业务总部,以此协同集团销售力量共同开展资管业务(见图9)。

综合大机构业务客户的各类需求与集团各分、子公司的销售渠道,可以看出,集团各条线销售渠道客户覆盖重合度较高,多头管理、单兵作战的方式不利于高效、高质量地对接。目前,兴业证券集团正努力探索建立总分和总子矩阵式管理模式,借鉴和吸收海外投行及国内银行保险企业先行的优秀组织架构,并结合自身特点调整优化,着力做好集团一盘棋下的销售工作组织与推动。

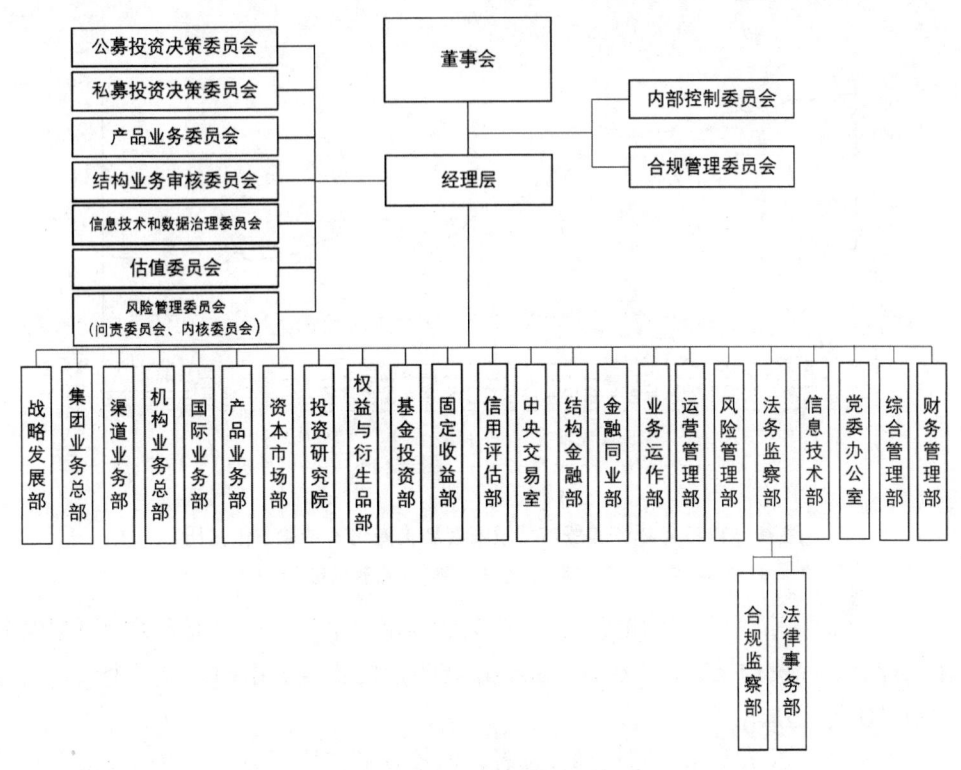

图 9　国泰君安资管组织架构

（数据来源：公司公告，兴业证券销售交易业务总部整理）

三、敏锐感知市场变动趋势，挖掘机构业务发展蓝海

（一）国内外证券市场变化分析

全球证券市场制度和监管政策日益完善，市场专业化程度不断提升，促进了机构投资逐步繁荣发展。从中美两大经济体的证券市场投资者结构变化情况来看，二者在历史上均呈现出机构投资者力量不断提升的趋势。

1. 美国证券市场机构化历程。美国证券市场 1945 年以来发生了较大变化，主要特征是散户力量退出，机构力量崛起，机构化成果显著（见图10）。1945 年，美股市场的主力投资者是个人家庭，按照持股市值占比约 95%，但在此后稳步降低，并在 21 世纪后逐步企稳，维持在 30%～40% 的范围内。在经历了 70 余年的演变后，个人家庭投资的持股市值占比到 2019 年底已经降至 38.4%。

美股市场个人家庭投资占比降低的同时，以保险公司、养老金、共同基金、国外资金等为代表的机构力量逐步崛起，共同推动了美股机构化进程。至 21 世纪，以 ETF 为代表的被动投资和外资成为推动机构化进程的核心力量，机构化程度的提升进一步促进了市场的稳定性，为美股新一轮"长牛"提供了土壤。

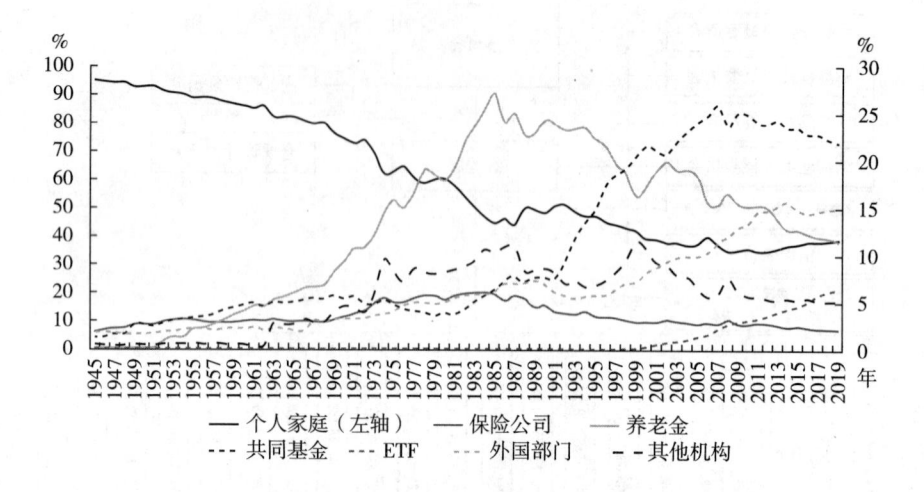

图10 1945 年以来美股市场投资者结构变化（持股市值占比）

（数据来源：美联储，兴业证券经济与金融研究院整理）

2. 中国证券市场机构化趋势加快。中国证券市场上活跃的投资人类型可粗略分为个人投资者和机构投资者，相较于美国市场当前的投资者结构，中国个人投资者比例尚处于较高水平。

（1）个人投资者数量远超机构投资者，但投资额占比下降。在中国股票交易投资者持股账户数量方面，个人投资者占据主要地位。根据上交所披露数据，截至 2019 年底，上交所投资者持股账户数量达 3866.31 万户，其中自然人账户数为 3856.96 万户，占比达 99.76%；一般法人账户数为 4.07 万户，占比为 0.11%；专业机构账户数为 5.28 万户，占比为 0.14%。

从持股市值来看，2019 年底上交所投资者持股市值总额为 300481 亿元，其中自然人持股市值 61856 亿元，占比 20.59%；一般法人持股市值 182968 亿元，占比 60.89%；沪股通持股市值 8374 亿元，占比 2.79%；专业机构持股市值 47283 亿元，占比 15.74%（见图 11、图 12）。

2005 年股权分置改革、2009 年大量股票解禁使得一般法人持股市值大量增加，限售股解禁的方式一般为 3~5 年逐步解禁，所以 2009 年之后占比数据基本稳定，一般法人持股占全部流通市值一半以上，压缩了自然人、专业机构所占比例。无论是账户数量还是持股市值，个人投资者仍然较专业机构投资者更高。

（2）我国机构投资者不断多元化。按照 Wind 分类方式，专业机构投资者可以分为基金、券商集合理财、陆股通、阳光私募、券商、社保基金、非金融类上市公司、QFII、保险、信托、银行、财务公司、基金公司自持、企业年金 14 类。

21 世纪初，市场上机构投资者全部以公募基金形式存在，2003 年起，券商、社保基金、信托公司等机构投资逐渐活跃，使得公募基金持股市值占比从约 80% 一路下降至 2019 年的近 40%，2020 年反弹至近 60%（见图 13）。

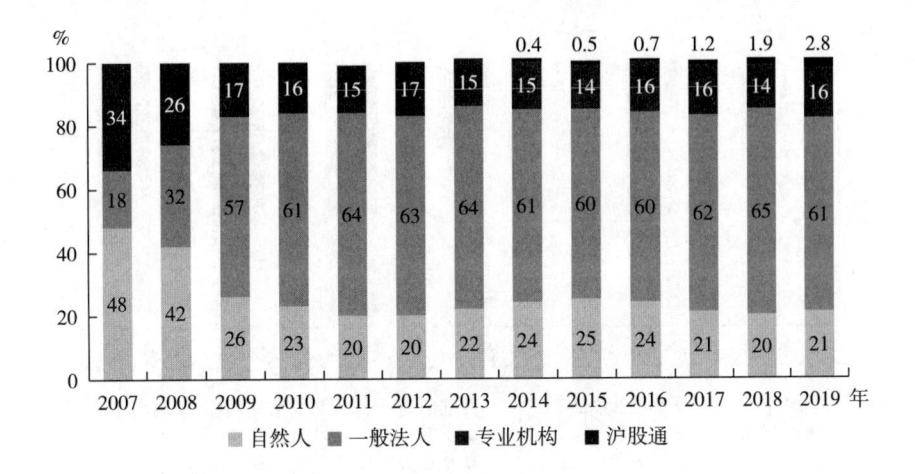

图 11　A 股各类投资者持股市值占比

（数据来源：Wind，兴业证券销售交易业务总部整理）

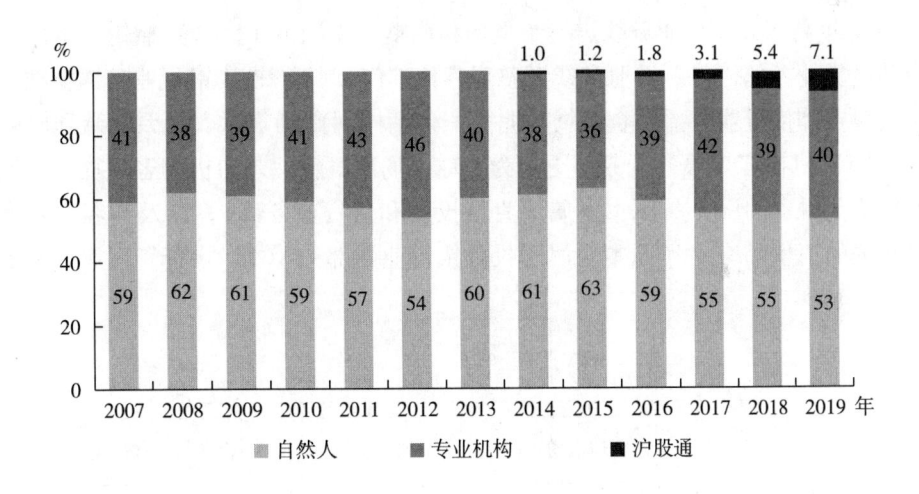

图 12　剔除一般法人后 A 股投资者结构

（数据来源：Wind，兴业证券销售交易业务总部整理）

截至 2020 年底，机构投资者团体内部结构较世纪初的单一化已经大为不同，险资、陆股通、非金融类上市公司、社保基金已经成为机构投资者团体的重要力量，其中险资持股市值占比自 2010 年起迅速上涨主要是由于近年来投资管制放开，陆股通自 2017 年以来占比迅速提升标志着内地资产的吸引力增强。

（二）海外投行销售体系

1. 高盛集团。高盛集团（Goldman Sachs）成立于 1869 年，是一家总部位于纽约的国际领先的投资银行，向全球提供广泛的投资、咨询和金融服务。集团在东京、伦敦和香港等全球主要金融中心设有分部。

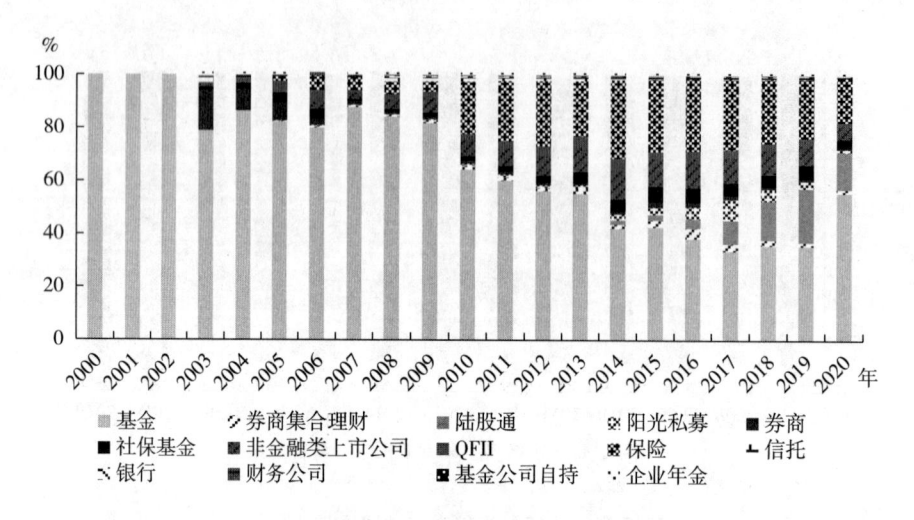

图 13 专业机构投资者持股市值结构

（数据来源：Wind，兴业证券销售交易业务总部整理）

2019年高盛集团对业务线进行了重构和调整（见图14）。（1）撤销原本的直接投资和借贷业务部，将下设业务线调整至其他部门；（2）投资银行业务部新纳入原属直接投资和借贷业务部的企业贷款业务，包括中间市场贷款、关系贷款和收购融资等；（3）机构客户服务业务部更名为全球市场部，新纳入向机构客户提供仓库贷款和结构化融资的服务（原本隶属于直接投资和借贷业务部），以及与客户咨询和承销相关的衍生品交易（原本隶属于投资银行业务部）；（4）投资管理业务部更名

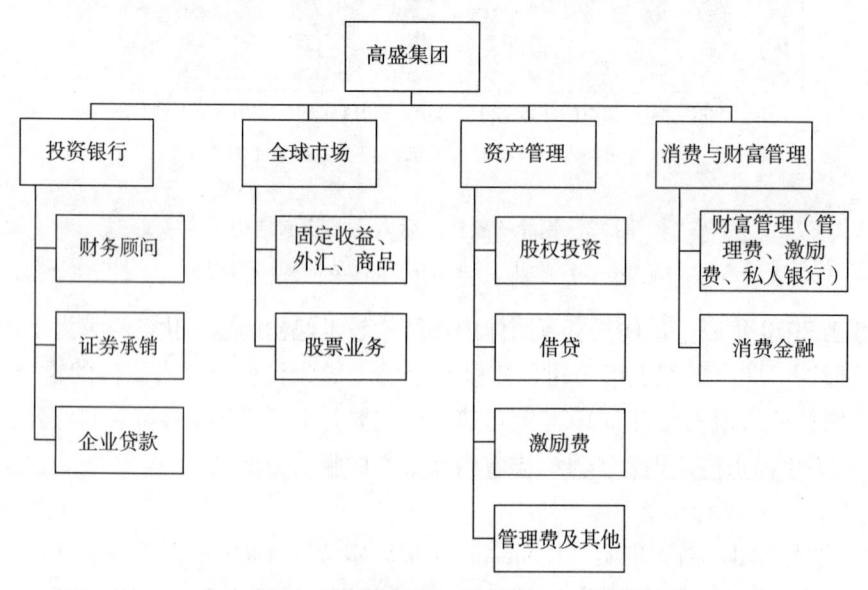

图 14 高盛集团当前业务线（2019 年调整后）

（数据来源：公司公告，兴业证券销售交易业务总部整理）

为资产管理业务部,此外还包括与资管业务相关的股权投资、借贷活动、债券投资和房地产贷款(原本隶属于直接投资和借贷业务部);(5)新设消费与财富管理业务部,包括原本属于投资管理业务部的管理费和其他费用、激励费以及与财富管理业务相关的存取款活动。此外该部还包括私人银行贷款、数字平台 Marcus 无担保贷款以及信用卡服务等业务,原本均设置于直接投资和借贷业务部下。

从高盛集团各业务营收角度看,机构客户服务(2019年后改名为全球市场业务)收入占比为40%~50%,是集团最主要的收入来源(见图15)。业务调整对集团机构服务收入的统计绝对数产生了一定影响,但总体结构基本稳定,调整前机构服务收入中的权益类和FICC类约六四分成,调整后FICC类占比呈现一定上升趋势(见图16)。

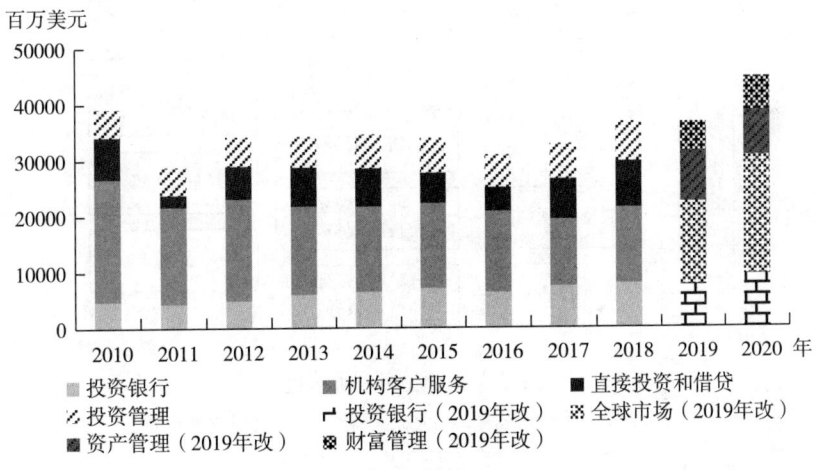

图15 高盛各业务营收占比

(数据来源:公司公告,兴业证券销售交易业务总部整理)

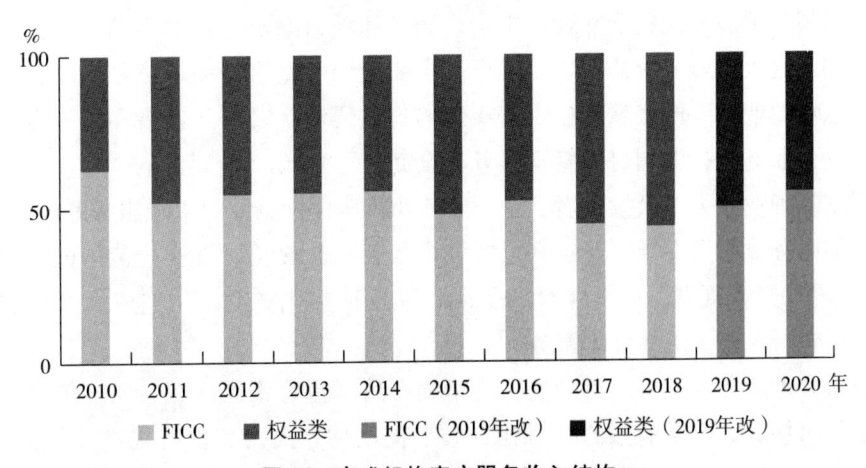

图16 高盛机构客户服务收入结构

(数据来源:公司公告,兴业证券销售交易业务总部整理)

2. 摩根士丹利。摩根士丹利（Morgan Stanley）前身为JP摩根大通的投资部门，1933年美国国会禁止金融机构同时开展商业银行与投资银行业务，摩根士丹利独立作为投资银行于1935年在纽约成立。公司业务范围包括投资银行、证券、投资管理以及财富管理等，涉足股票、债券、外汇、基金、期货、投资银行、证券包销、企业金融咨询、机构性企业营销、房地产、私人财富管理、直接投资、机构投资管理等领域。

集团下设三大业务板块：机构证券、全球财富管理、投资管理。其中机构证券业务板块又包含投资银行、销售交易两大业务线（见图17）。

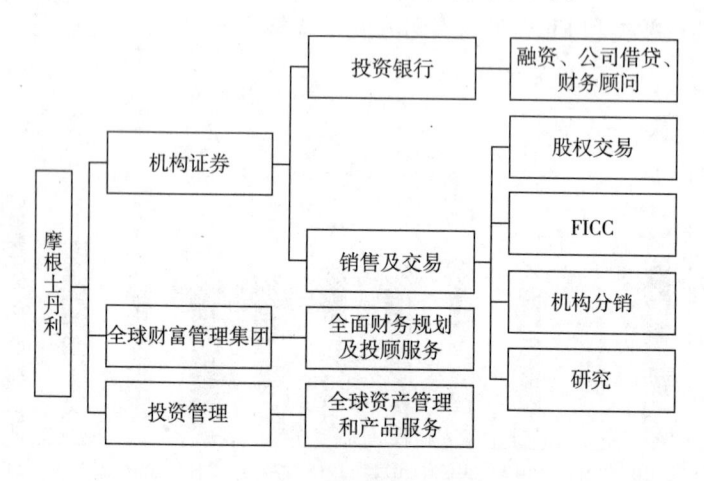

图17 摩根士丹利业务线

（数据来源：公司公告，兴业证券销售交易业务总部整理）

机构证券业务旨在为公司、政府、机构客户和高净值客户提供投资银行、销售交易、贷款和其他服务。投资银行业务包括融资和财务咨询，覆盖债券、股权和其他证券承销相关服务及关于并购、重组、地产和项目融资等咨询。销售交易业务包括股票和固定收益业务中的销售、融资、主要经纪和做市活动。贷款活动包括发放公司贷款和商业房地产贷款，提供有担保的贷款便利，以及向销售和交易客户提供融资。其他业务包括亚洲财富管理服务、投资和研究。

财富管理业务为个人投资者、中小企业及机构提供全面的金融服务和解决方案，包括：以财务顾问为主导的经纪和投资咨询服务；自营经纪服务（包括电子交易平台）；金融和财富规划服务；年金和保险产品；证券化贷款、住宅房地产贷款等贷款产品；银行业务；退休计划服务；等等。

投资管理业务提供了广泛的投资战略和产品（涉及不同区域、不同类别、公开和非公开市场等，主要有股权、固定收益、流动性产品及其他替代产品等），通过机构和中介渠道向不同的客户群体提供。面向的机构客户主要为DB/DC计划、基金会、捐赠、政府实体、主权财富基金、保险公司等，面向的个人客户通常通过关联经销商和非关联分销商等中介机构提供服务。

从摩根士丹利集团营业收入情况来看，2010年以来公司机构证券业务收入占比维持在40%~50%，2020年机构证券、全球财富管理、投资管理分别实现营业收入259.48亿美元、190.55亿美元和37.34亿美元，分别占比53.2%、39.1%和7.7%（见图18）。

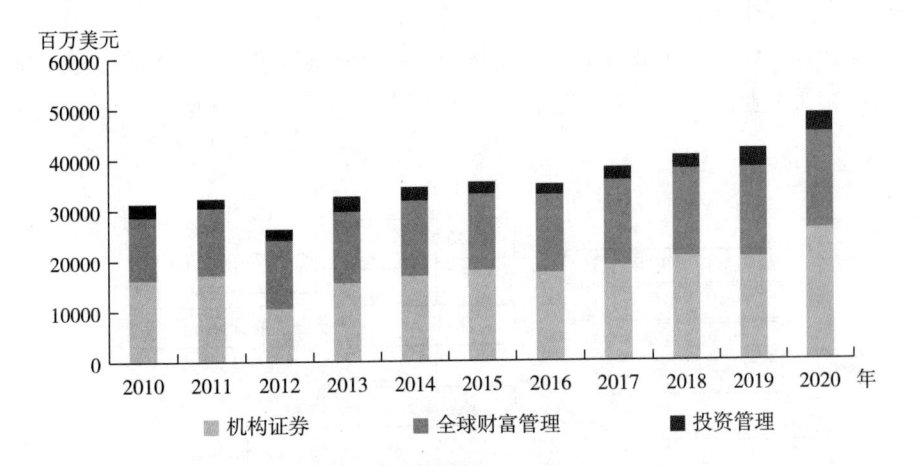

图18　摩根士丹利各业务营收占比

（数据来源：公司公告，兴业证券销售交易业务总部整理）

机构证券业务包括投资银行、销售和交易、其他三部分，从收入结构看，销售和交易收入占比保持在60%~70%，是机构服务收入最重要的构成部分（见图19）。

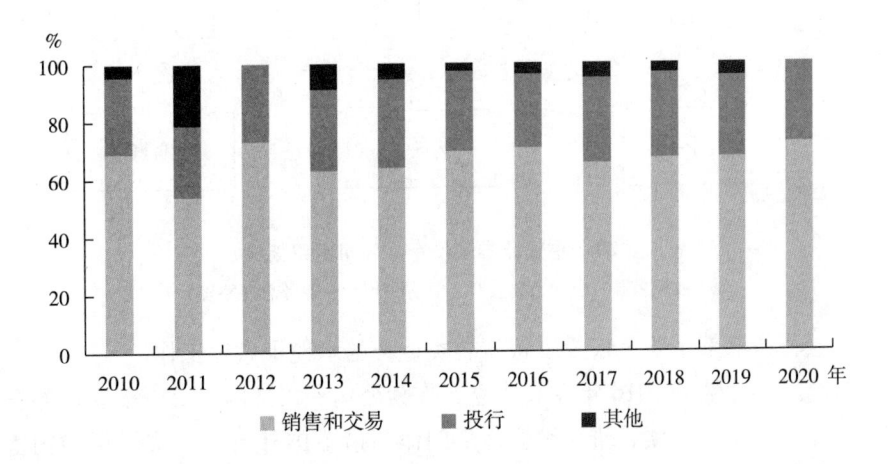

图19　摩根士丹利机构服务收入结构

（数据来源：公司公告，兴业证券销售交易业务总部整理）

(三) 国内券商销售体系

1. 平安证券股份有限公司。平安证券是中国平安保险（集团）股份有限公司旗下重要成员，前身为1991年8月创立的平安保险证券业务部，目前拥有平安财智投资管理有限公司、平安期货有限公司、中国平安证券（香港）有限公司、平安磐海资本有限责任公司共四家子公司。公司业务重点围绕投研、投行、资管、交易、销售和经纪六大板块开展。

平安证券下设7条业务线部门（见图20）：投资银行事业部、销售交易事业部、固定收益交易事业部、交易及金融衍生品事业部、资产管理事业部、经济业务事业部、研究所。

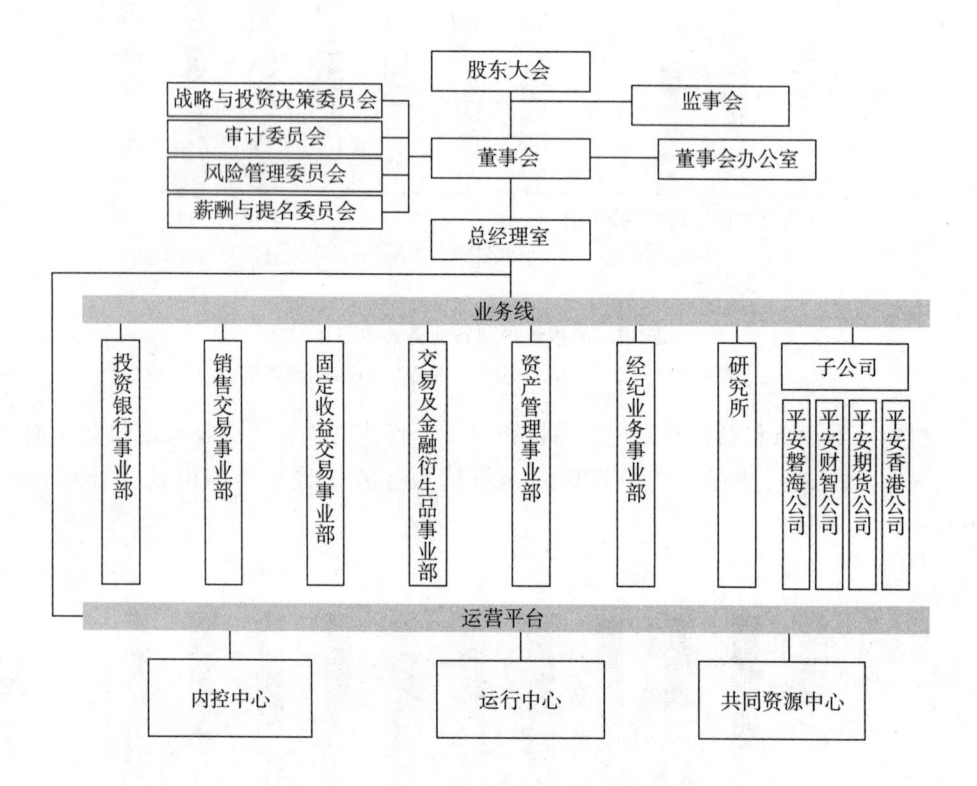

图20 平安证券股份有限公司组织架构

（数据来源：公司公告，兴业证券销售交易业务总部整理）

投资银行事业部主要负责投资银行各类业务的承揽承做等工作。

销售交易事业部于2016年左右成立，作为公司一级部门，负责平安证券整体机构销售工作，包括股、债、研究销售，部门命名借鉴国外投行，实际仅做销售，无交易职能。部门由1个公司副总裁分管（该副总裁同时分管投行固收承揽承做），部门设总经理1人，副总经理2人（分别为渠道销售团队及产品发行团队负责人），部门下设3个内设团队/部门（见图21）。

```
                    销售交易事业总部
                          │
        ┌─────────────────┼─────────────────┐
    渠道销售团队        产品发行团队        客户经营部
        │                 │                 │
    ├ 北京销售团队     ├ 股权资本市场团队（ECM）   ├ 客户管理团队
    ├ 上海销售团队     └ 债权资本市场团队（DCM）   └ 营销管理团队
    ├ 深圳销售团队
    └ 渠道支持团队
```

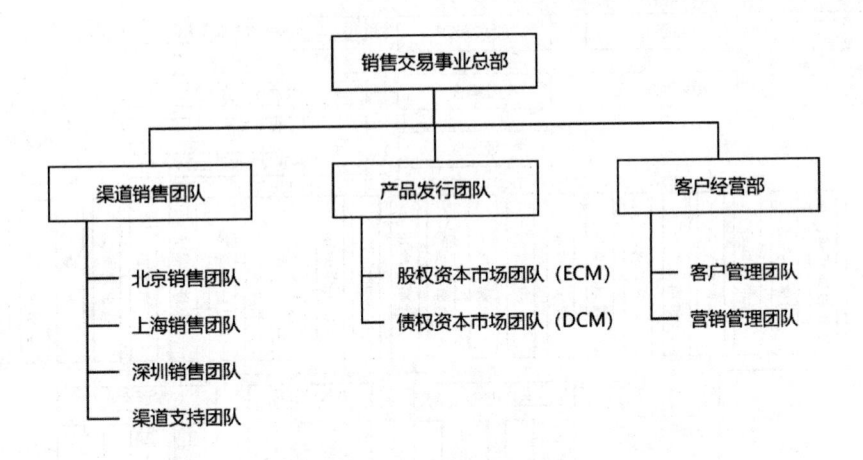

图 21　平安证券股份有限公司销售交易事业总部结构

（数据来源：公司公告，兴业证券销售交易业务总部整理）

（1）渠道销售团队：50 多人，下设北京、上海、深圳 3 个区域销售团队以及渠道支持团队，每个区域销售团队各有一个区域总经理，分别下设两个销售团队，各有一个团队长，每个团队按客户分类，覆盖客户不一样，但股、债、基金分仓都做。渠道支持团队为中台部门，负责销售支持工作。

（2）产品发行团队：约 20 人，下设股权资本市场团队（ECM，10 人）、债权资本市场团队（DCM，8~9 人），两个团队不做销售，负责定价、发行、簿记等工作，分别对接股的销售和承揽承做以及债的销售和承揽承做。

（3）客户经营部：下设客户管理团队及营销管理团队，其中营销管理团队类似综合部门，3~4 人，负责人事综合等工作；客户管理团队为解决历史遗留问题而设立，人员实际已融合到三地销售团队。

特点：平安证券打造了销售交易事业部，为销售部门最"全"的设置。公司所有产品的销售职能均集合到该部门，销售人员按照股权类和债权类分组，研究院销售职能与股权类销售重叠。

2. 华泰证券股份有限公司。华泰证券于 1991 年成立，于 2010 年在上交所挂牌上市，于 2015 年在联交所挂牌上市。2019 年公司 GDR 在伦敦证券交易所成功上市交易，成为首家按沪伦通业务机制登陆伦交所的中国公司。公司拥有全资子公司华泰证券（上海）资管、华泰国际金融控股、华泰紫金投资、华泰创新投资；控股子公司华泰联合证券、华泰期货、江苏股权交易中心；参股南方基金、华泰柏瑞基金、江苏银行等。

华泰证券业务部门主要有经纪及财富管理部、网络金融部、金融产品部、固定收益部、债务融资部、金融创新部、证券投资部、销售交易部、研究所、资产托管部和融资融券部（见图 22）。

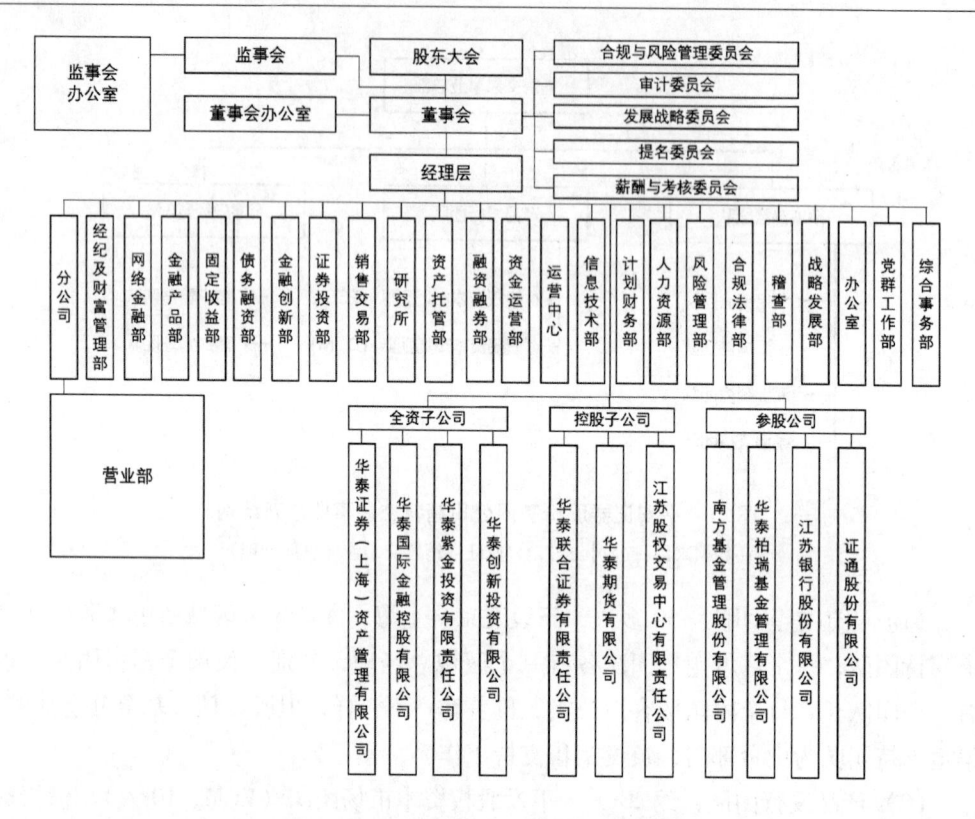

图22　华泰证券股份有限公司组织架构

（数据来源：公司公告，兴业证券销售交易业务总部整理）

投行销售业务位于子公司华泰联合证券内部，主要由2016年从ECM中分拆出来的机构销售部负责，股权销售和债权销售分为两个团队进行。

销售交易部属于华泰证券的一级部门，整合了研究所机构销售、总部产品销售职能，也协助投行销售进行产品销售和客户维护工作。

特点：华泰证券的销售职能分成两部分，分别是销售交易部对应的研究所机构销售、产品销售职能，以二级市场销售为主；华泰联合证券的机构销售部负责的股权和债权销售职能，以一级市场销售为主。一级、二级销售有分工，但客户重合度较高，在具体项目上，通过协作来推进销售。

海外资本市场机构客户集中度显著提升，海外券商受市场变化影响纷纷调整投行组织架构、销售体系。结合目前国内资本市场和证券行业发展现状，可以看到，国内市场发展与海外市场2000年后发展十分类似，国内券商在销售业务体系上已经有了较大的调整，面向机构客户的销售业务整合已逐渐成为主流思路。

参考文献

[1] 李洁. 近十年证券市场投资者结构变化及其对市场稳定性影响的实证分析

[J]．时代金融，2019（31）：78－79．

[2] 王德伦．从十五年投资者结构变迁史看 A 股长牛——"A 股长牛"研究系列申篇［R］．兴业证券经济与金融研究院，2020．

[3]《上海证券交易所统计年鉴（2020）》编辑委员会．上海证券交易所统计年鉴［M］．北京：中国金融出版社，2020：563－565．

[4] 覃泽俊．证券业迎来大变革年［J］．中国外资，2020（5）：70－71．

[5] 瑞银证券．瑞银证券有限公司2019年年度报告公开披露信息［R］．2019．

[6] 摩根大通证券（中国）．摩根大通证券（中国）有限公司2019年年度报告公开披露信息［R］．2019．

[7] 李津卉．证券公司销售交易业务营销策略研究［D］．天津：天津大学，2014．

证券公司 FICC 业务发展模式研究

连敏伟　夏义川　栾　强[①]

一、FICC 业务的发展背景

FICC 是固定收益、外汇及大宗商品业务的统称，其主要业务模式是在传统固定收益业务的基础上，将债券、利率、信贷、外汇以及商品等业务线及其产品线有机整合，为机构客户提供跨风险类别、跨宏观周期的综合性金融解决方案。FICC 业务的本质在于以客户需求为导向的资源有效整合。

随着我国国民经济的发展、产业结构的进步以及居民收入水平的提升，证券公司业务的丰富性和创新性也面临着更多的机遇和挑战，FICC（Fixed Income, Currency and Commodities）业务已经成为证券公司非常重要的发力方向。从国际经验来看，受益于宏观经济繁荣、金融产品丰富和市场不断完善，美国大型投行的 FICC 业务历史悠久，而且在公司总体经营中占有重要比重。虽然我国的证券公司 FICC 业务仍处在起步阶段，且存在市场分割、业务隔离、金融产品不够丰富等问题，但是随着宏观经济稳健向好、金融市场不断完善、对外开放水平不断提高等因素发挥利好作用，将会有更多的投资机构和实体企业增加对投资组合、风险对冲、交易管理、咨询服务等方面的综合需求，为证券公司 FICC 业务的发展提供良好的空间。

按照业务模式划分，FICC 业务涵盖代客交易、做市交易、产品设计、风险管理等类别。其中，做市交易是最核心的服务模式，产品设计和风险管理服务也基本都是建立在券商的做市交易能力基础之上。事实上，国际投行的做市交易能力已经成为整合多类业务的纽带，做市服务的重要功能就是维持良好的客户关系。

按照产品内容划分，FICC 业务涵盖了利率产品、信用产品、资产支持证券等固定收益类产品，外汇的现货及其衍产品，大宗商品的现货及其衍生品。FICC 的很多业务内容是与场外衍生品紧密相关的。事实上，场外衍生品具有个性化、结构化等特征，场外衍生品业务往往表现出显著的头部集中性。美国投行的场外衍生品业务

[①] 连敏伟，硕士，金融衍生产品部总经理；夏义川，硕士，金融衍生产品部副总经理；栾强，博士，博士后科研工作站博士后。

TOP5集中度超过90%，而我国券商的场外衍生品业务集中度也高达80%。

券商发展FICC业务也面临很多挑战。从现有的FICC业务市场格局来看，一方面，相关创新业务牌照资格主要集中在头部券商，比如跨境业务资格、信用衍生品业务资格等，这提高了中小型券商全面开展FICC业务的门槛，另一方面，类似外汇交易等FICC业务的核心构成部分，仍然以银行为主要参与群体，券商的参与度偏低。

二、券商FICC业务发展相关文献梳理

考虑到对于FICC业务而言，国内外的发展基础、业务环境、市场格局和监管结构等方面均存在较多差异，因此，国内外相关研究的关注点也是有所区别的。国外的投行FICC业务虽然发展历史较久、模式较为成熟，然而由于国内外体制机制均有显著差别，国外的经验对于我国券商开展创新业务也只具有一定程度的借鉴意义。

表1　　　　　　　　　　券商FICC业务相关文献梳理

	关注点	代表性文献
国外研究	FICC市场存在的问题，以及如何改进监管	HM Treasury et al.（2014） HM Treasury et al.（2015）
	FICC相关金融机构的运营和投资分析	J. P. Morgan（2016） Fidelio（2019）
	FICC相关交易制度的研究	Charitou和Panayides（2009） Beau et al.（2014）
国内研究	基于国外FICC市场及国际投行FICC业务的经验分析借鉴	温思雅（2015），李雅丽（2016），张忆东等（2018）
	剖析国内证券公司发展FICC业务面临的内部和外部问题	李斗等（2016），厉栋（2016），周文渊和蔡年华（2016）
	国内证券公司参与FICC业务的方式以及产品和服务内容	李兴（2019），桑大林（2020），赵宇捷（2020），沈娟等（2020）
	国内证券公司FICC业务发展的风险与监管问题	吴萌萌和鞠鲁洲（2016），谢忆（2017），胡滨和范云朋（2017）

资料来源：作者根据公开资料整理。

在国际投行FICC业务成熟多年且不断革新的背景下，FICC及衍生品业务也已经成为国内各大证券公司的重要发力点。现阶段，国内券商对发展FICC业务所面临的问题的反思、对券商参与FICC业务的产品和服务内容的探索、对券商发展FICC业务的风险与监管障碍的思考，都表明了国内券商在拓展FICC业务方面的期待和努力。从国内金融市场背景来看，金融市场加速对外开放，头部券商创新业务集中度也在提升，兴业证券正面临"内忧外患"的局面。这意味着进一步开拓FICC市场，逐步申请相关业务资格，完善FICC及衍生品业务链，对于公司综合竞争力

的提升和内外部竞争压力的应对都具有重要的战略意义。

三、FICC业务的案例分析

由于国内券商FICC业务起步较晚，且缺少公开资料。因此，在这一部分，本文主要选取典型的国际投行进行案例分析。此外，针对中金、中信这几家头部券商，作简要梳理和介绍。

严监管：《格拉斯—斯蒂格尔法案》禁止银行、证券和保险混业经营。 → 松监管：《金融服务现代化法案》结束了分业经营的历史。 → 严监管：《多德—弗兰克法案》限制银行自营业务，加强金融监管。 → 松监管：《经济增长、监管放松与消费者保护法案》放松对社区银行开展自营交易的限制。

1933年　1999年　2010年　2018年

图1　美国金融监管的周期性特征

[资料来源：杨明（2018）；吴卫良和刘玄（2020）]

金融业的发展历程，与行业监管的变迁密不可分。在美国的金融发展历史中，金融监管呈现出放松、强化、再强化、再放松的循环，有明显的顺周期特征。

（一）国际投行案例

1. 高盛。高盛于20世纪60年代末，借助在商业票据领域的领先地位，首先开拓了多种多样的货币市场工具。其后，高盛又大力开发了企业债、担保抵押债券等债券的交易业务（包括自营交易），以及衍生品业务。高盛的成功在于其自身的创新能力和紧随市场大势。1981年，高盛又收购了杰润商品公司，搭建了完整的FICC业务链。杰润曾在多年时间里利润超过10亿美元（最赚钱的是外汇和石油交易），高于高盛全部利润的1/3。其后，高盛的产品服务也全面覆盖了复杂债券、衍生产品、复杂结构化金融产品等领域。

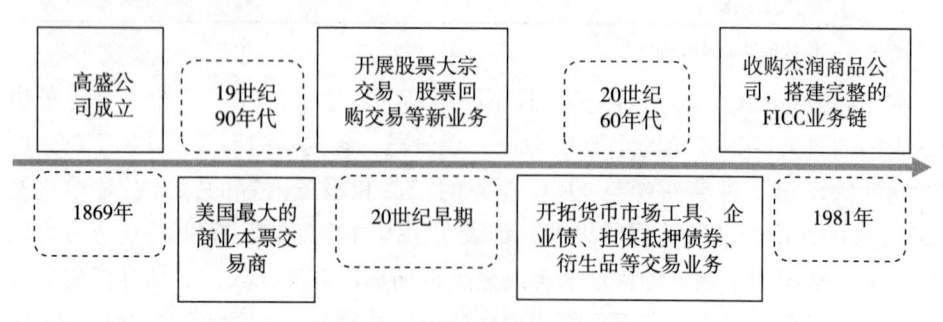

高盛公司成立 → 19世纪90年代 → 开展股票大宗交易、股票回购交易等新业务 → 20世纪60年代 → 收购杰润商品公司，搭建完整的FICC业务链

1869年　美国最大的商业本票交易商　20世纪早期　开拓货币市场工具、企业债、担保抵押债券、衍生品等交易业务　1981年

图2　高盛机构业务主要发展历程

[资料来源：《高盛帝国》（查尔斯·埃利斯），作者整理]

表2　　　　　　　　　　　　　高盛的主要业务构架

高盛	投资银行 （Investment Banking）	财务顾问（Financial advisory）	
		证券承销（Underwriting）	股权类承销（Equity underwriting）
			债权类承销（Debt underwriting）
		企业贷款（Corporate lending）	
	全球市场 （Global Markets）	FICC业务	FICC交易（FICC intermediation）
			FICC融资（FICC financing）
		股权类业务（Equities）	权益类证券交易（Equities intermediation）
			权益类PB业务（Equities financing）
	资产管理 （Asset Management）	管理费（Management and Other Fees）	
		奖励费（Incentive Fees）	
		权益投资（Equity Investments）	
		借贷&债务投资（Lending）	
	零售银行&财富管理 （Consumer & Wealth Management）	财富管理 （Wealth Management）	管理咨询费（Management and other fees）
			奖励费（Incentive fees）
			私人银行与借贷 （Private banking and lending）
		零售银行（Consumer Banking）	零售客户存贷款、信用卡

注：1. 资料来源于高盛财报，作者整理；2. 高盛还设有全球投资研究部门（Global Investment Research），为所有的业务提供研究支持。

在高盛的业务构架中，一直到2018年，FICC业务和股权业务都隶属于机构客户服务部。2019年，高盛将机构客户服务部更名为全球市场部，并增加了原属于投

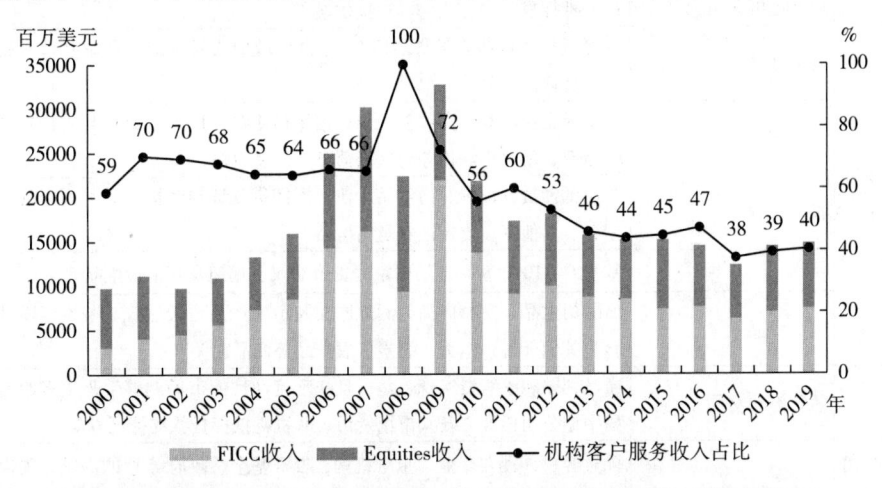

注：根据高盛业务构架的调整，机构客户服务收入的数据也依照财报数据作了相应的修正。

图3　高盛机构客户业务收入情况

（数据来源：高盛财报）

资与借贷部的仓储融资业务、机构客户结构化业务,以及原属于投资银行部的机构客户衍生品交易业务。可以看出,高盛的业务构架调整也是以客户需求为导向的。

从机构客户服务收入来看,总体上在近几年相对稳定。2008 年以前,高盛的机构客户服务收入占比维持在 65% 左右的高水平,体现出机构客户服务的重要性。即使是金融危机以后,近几年机构客户服务收入占比也高达 40%。大力发展机构客户业务,也已逐渐成为国内证券公司奋勇争先的战略指引。

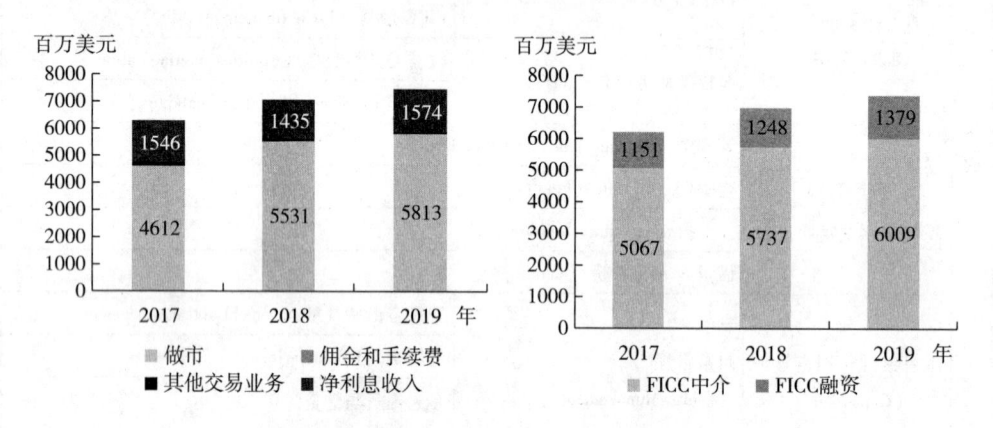

图 4 高盛 FICC 业务收入：按业务内容划分

（数据来源：高盛财报，作者整理）

表 3 高盛 FICC 业务的构成

按大类业务划分	FICC 中介 （FICC intermediation）	根据客户要求,执行与标的资产及其衍生品相关的做市交易（making markets）
	FICC 融资 （FICC financing）	通过逆回购协议、结构化信贷、仓储融资（包括居民及商业抵押贷款）、资产抵押贷款等方式为客户提供融资
按涉及资产划分	利率产品	政府债券（包括通胀联结债券）、其他政府支持证券、利率互换、利率期权及其他衍生品
	信用产品	投资级企业债券、高收益债券、信用衍生品、ETFs、银行与过桥贷款、市政债券、新兴市场债务与次级债务、贸易索赔
	抵押贷款	商业抵押贷款证券及衍生品、住房抵押贷款证券及衍生品、政府机构抵押债务、其他资产支持证券及衍生品
	货币	基于 G-10 和新兴市场国家的货币期权、远期及其他衍生品
	大宗商品	商品衍生品、实物商品,涵盖原油及衍生产品、天然气、基本金属、贵金属、其他金属、电力、煤炭、农产品等商品相关产品
按服务内容划分	执行客户交易	通过利差和手续费实现收益;且缺乏流动性的市场能够带来更多收益,比如中型公司债券、新兴市场货币、非机构抵押贷款支持证券等
	做市业务	针对客户（涵盖企业、金融机构、投资基金、政府等）的需求,提供报价并作为交易对手,包括满足客户的即时需求或者预期客户将来会有的相关需求;同时,做市产生的风险敞口会进一步通过做市交易进行对冲。做市业务主要赚取买卖价差

按服务内容划分	产品设计与交易服务	根据客户的风险管理需求、投资需求及其他个性化需求，设计结构化产品并执行交易
	协同其他业务的交易服务	为协同客户咨询业务、证券承销业务，提供衍生品交易支持等服务
	全球投资研究服务	通过全球投资研究部门提供必要的研究支持；2019年，共提供了覆盖全球约3000家企业和40个经济体的研究服务，涵盖产业、货币、商品等方面

资料来源：高盛财报，作者整理。

注：1. FICC业务的对象主要是专业市场机构；2. FICC业务的不同部分会有关联和重叠。

可以看出，高盛FICC业务的核心在于做市交易①。一方面，做市交易在FICC业务中占据最重要的比重；另一方面，FICC中其他的产品设计、风险管理等服务都是要依托做市交易能力的。事实上，整个机构客户业务的主阵地也是做市交易服务。近年来，高盛机构客户业务中做市交易收入占比高达近70%。从FICC做市收入和权益做市收入的对比来看，FICC交易规模要大得多，这既体现出FICC自身庞大的市场规模，也表明了FICC对于高盛其他业务板块起到了重要的支持作用。

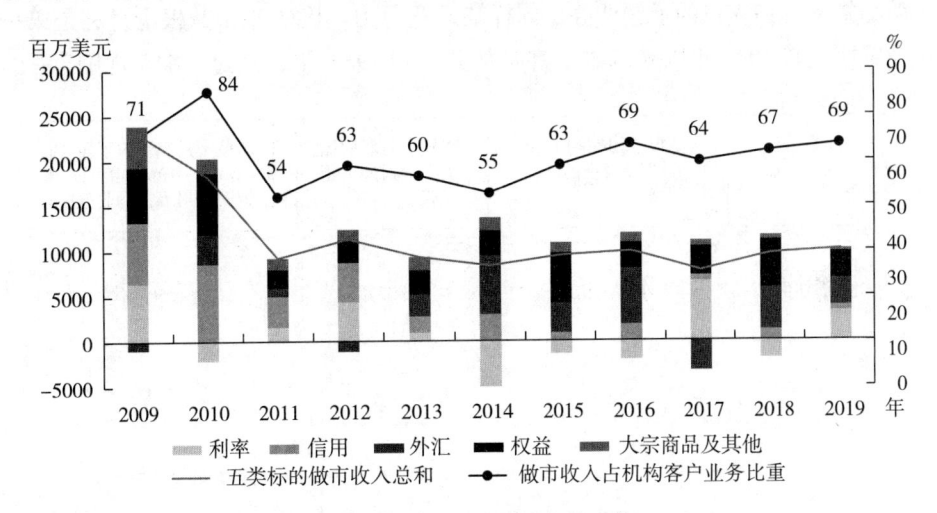

图5 高盛做市业务构成情况②

（数据来源：高盛财报，作者整理）

自沃尔克规则颁布以来，尤其是2011年以后，利率、信用、外汇、权益、大宗

---

① 2009年及以前，高盛的交易与自营投资部门（Trading and Principal Investments）还有自营业务。2008年9月，高盛和摩根士丹利申请转型为银行控股公司。2010年1月开始，沃尔克规则规定，银行和银行控股公司禁止开展自营投资，仅可以开展部分对冲自身业务风险的自营交易。

② 在计算"做市收入占机构客户业务比重"时，做市收入是使用的Equities做市收入和FICC做市收入二者之和；要注意的是，这一指标口径是与五类标的做市收入总和的口径不同的，因为后者还包括了服务于其他业务需求的做市交易。

商品这五类标的的做市收入总和基本上每年都维持在百亿美元的水平。而实际上从图 5 可以看出，单独某一类标的的做市收入在各年里是具有较大波动性的。这里反映的是，FICC 业务将各类业务标的依据不同时期的市场环境实现了较好的风险分散。这里也体现了开展 FICC 业务的多元化范围经济优势。

观察 FICC 各类资产的做市收入情况，可以发现利率和外汇这两类资产在某些年份出现了做市交易亏损的情况。实际上，这是因为很多做市交易是在为其他的业务模块对冲风险，因此 FICC 交易收入的整体才更有说服力。比如，公司很多现货及衍生品资产都有汇率风险敞口、很多长久期衍生品都对利率变动很敏感，因此这些产品也都需要通过外汇交易或利率交易进行对冲。这也体现了高盛不同业务板块的良好协同效应。

2. 摩根士丹利。历史上，摩根士丹利的证券交易业务曾经一度处于弱势。20 世纪 60 年代，局势动荡，越战开支引起了通货膨胀，养老基金和保险公司等机构便更加积极地管理其证券投资。它们不再购入大宗债券并将其保留到期满；而是把老债券换为新债券，像摩根士丹利这类没有证券交易业务的承销公司在这方面就无能为力了。事实证明，缺乏交易支持的承销业务也同样缺乏竞争力。1981 年，摩根士丹利是第一号承销商霸主，自 1953 年以来基本上都是如此。到 1983 年，经过 "415 规则"① 的震

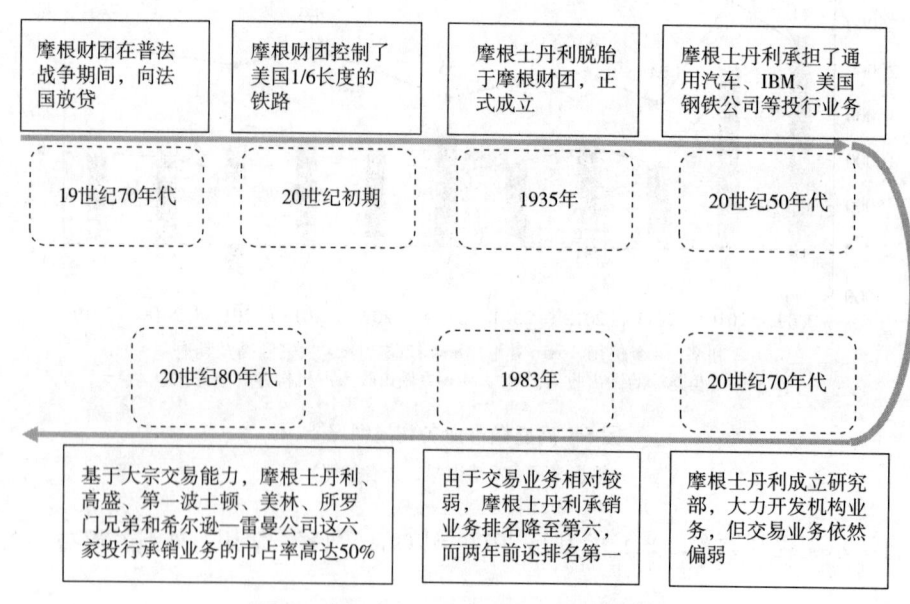

图 6　摩根士丹利机构业务主要发展历程

［资料来源：《摩根财团》（彻诺·R），作者整理］

---

① 1982 年 3 月，美国证券交易委员会颁布了 "415 规则"。蓝筹公司不必逐笔登记新发行的证券，而是可以登记大宗证券，然后在两年之内临时通报，分数次发行。这样，发债公司就可以灵活抓住利率突然下跌的机会。

动以后，摩根士丹利骤然屈居第六位，以交易为主的所罗门兄弟公司上升为新的首领。20世纪80年代，基于大宗交易的服务能力，摩根士丹利、高盛、第一波士顿、美林、所罗门兄弟和希尔逊—雷曼公司这六家投行占据承销业务半壁江山。

摩根士丹利的业务主要分为三部分：机构证券、投资管理和财富管理。其中，投资银行业务和销售交易业务均隶属于机构证券部，而FICC业务和股权业务并列隶属于销售交易部门。与高盛类似，摩根士丹利的整个业务构架的设置也是以客户需求为导向，而摩根士丹利的销售交易服务与高盛的机构客户服务比较相似。

表4 摩根士丹利的主要业务构架

摩根士丹利	机构证券（Institutional Securities）	投资银行	融资	包括证券承销，以及兼并、收购、重组、不动产、项目融资等相关的咨询服务
			财务顾问	
		销售与交易	股权融资与交易服务	包括销售、融资、PB、做市等
			FICC业务	
		借贷		包括企业贷款、商业地产贷款、销售交易客户的融资服务等
		研究等其他服务		包括亚洲财富管理服务、投资与研究
	财富管理（Wealth Management）	全面的财务顾问和解决方案服务		主要针对个人投资者和中小型商业机构，涵盖经纪、投资顾问、财务规划、持股计划、年金及保险产品、证券抵押贷款、居民房产贷款、银行业务、退休规划服务等
	投资管理（Investment Management）	全球投资策略和产品服务		面向机构客户和个人客户，个人客户通常通过中介机构（包括附属和非附属分销商）获得服务

注：机构证券服务主要面向机构客户和超高净值客户。
资料来源：摩根士丹利财报。

从摩根士丹利的FICC业务内容来看，以做市交易业务为主，涵盖了利率、外汇、信用、商品等的现货及衍生品。一方面，通过做市能力持续满足客户的交易需求，另一方面，为公司其他业务板块提供交易支持，实现公司各业务板块的协同效应。从这里也可以看出，之所以将投行、销售、交易、借贷、研究等职能都归并在机构证券部门，也是因为这几个业务条线之间联系较为紧密，能够更好地满足机构客户的综合需求。

从销售交易业务的收入情况来看，FICC业务与权益业务在市场波动环境中形成了较好的互补性。并且，总体来看，近年来销售交易业务在总收入中的占比达到35%左右。与高盛类似，尽管FICC收入和Equity收入各自均有较大的波动，但最近几年销售交易收入的总体情况较为稳定，体现出了综合化业务的风险分散能力。

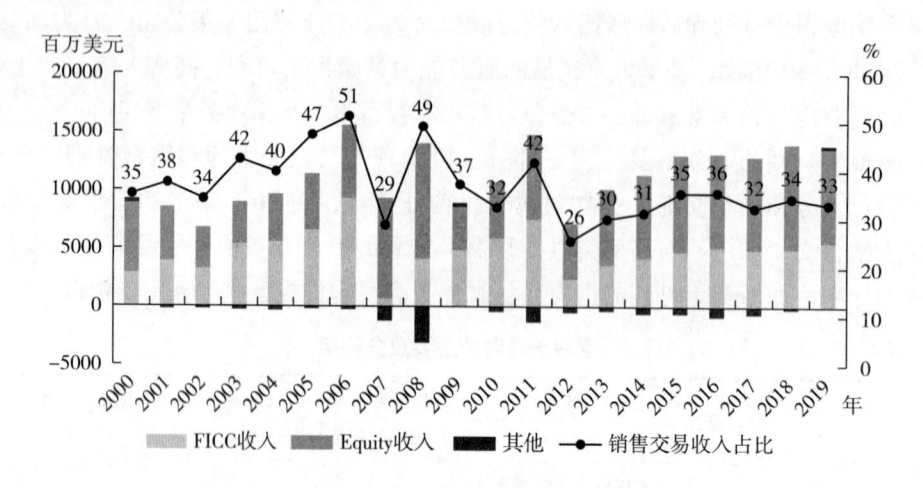

图7 摩根士丹利销售交易业务收入情况

（数据来源：摩根士丹利财报，作者整理）

从摩根士丹利的交易收入构成情况来看，权益类占比和FICC占比基本相当。细分FICC交易业务，从产品分类来看，以利率交易为主，外汇、信用和大宗商品在各年度具有较大差异，这也体现出FICC内部各产品交易之间的互补性；从FICC总体收入来看，一直以来都是以交易业务为主，并且近年来佣金和手续费的收入已经逐渐超过了净利息收入。

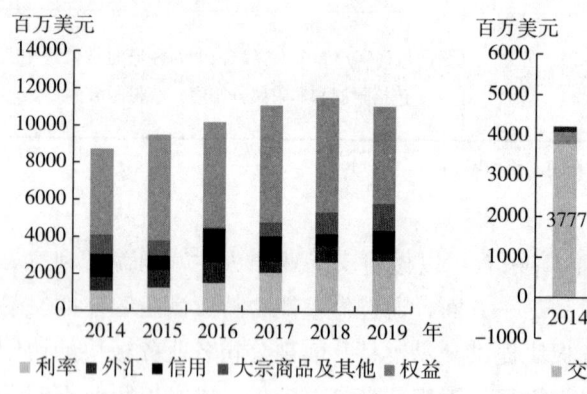

图8 摩根士丹利交易收入构成（左）和FICC收入构成（右）

（数据来源：摩根士丹利财报，作者整理）

（二）国内券商案例

1. 中金公司。作为大陆首家中国公司与外国公司合资组建的投资银行，中金公司的部门设置也与其创始股东之一——摩根士丹利类似。其固定收益部门本质即FICC部门，这也与摩根士丹利将FICC业务所在部门称为固定收益部类似。

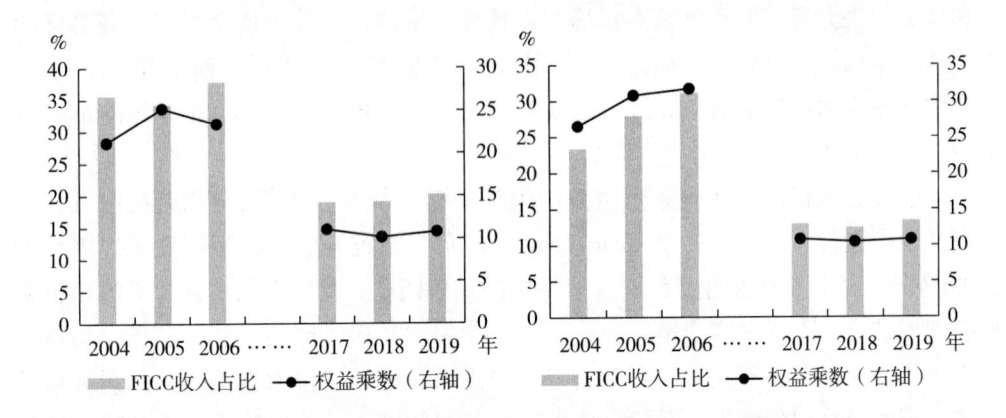

图 9　高盛（左）和摩根士丹利（右）的 FICC 收入占比与杠杆率
（数据来源：摩根士丹利财报，高盛财报，作者整理）

中金公司的固定收益分部[①]主要利用自有资本，直接或代表客户从事金融产品（包括固定收益、股票、货币及大宗商品）的交易，同时也提供产品结构化设计、固定收益销售及期货经纪服务。FICC 业务已经打造成为一个具有风险承担和对冲能力、客户交易服务能力、产品设计与发行能力、跨境交易实施能力的，覆盖固定收益、外汇、大宗商品和指数等全部资产类别的综合性交易平台。可以看出，中金的 FICC 构架与国际投行对标，并且 FICC 部门也会提供权益类资产的交易服务，覆盖面更为广泛。

从经营数据来看，近年来中金公司的 FICC 业务规模均表现出稳步扩张的态势。在主要年份里，FICC 收入占到总收入 20% 左右的比重，FICC 创造的利润更是占比达到 30%。此外，与国际投行类似，中金公司的 FICC 业务与 Equity 业务也形成了较好的互补状态，在 FICC 业务创收偏低的少数几个年份中，Equity 业务收入仍然呈现出了较好的状态。

2. 中信证券。中信证券的 FICC 业务由两大部分构成：固定收益业务和衍生品业务。其中，固定收益业务覆盖了固定收益和外汇相关产品，主要是固定收益类产品及衍生品的销售、产品设计、交易和做市业务，向客户提供投资顾问、流动性等综合金融服务，满足客户的风险管理及财富管理等需求；衍生品业务覆盖了权益类、商品类等的衍生品，提供场外期权报价交易、跨境收益互换等场外衍生品服务、浮动收益挂钩收益凭证等柜台产品、交易所基金/场内期权做市等服务。另外，大宗商品业务线重点为产业客户和金融机构提供风险管理、做市交易、贸易融资等综合金

[①] 中金按事业部制对各业务条线进行划分。中金的股票事业部前身是公司销售交易部，与股票相关的业务都在该事业部，包括两融、股权质押、权益类场外衍生品、研究所等。但不包括股票自营与股指期货等场内衍生品，因为中金之前没有股票自营资格，只有固定收益类自营资格，因此自营业务放在固收事业部，后来获得股票自营资格，规模也不大，都放在固收事业部了。

融和现货解决方案，服务领域实现场内、场外、境内、境外市场全覆盖，商品标的覆盖基本金属、贵金属、石油天然气、化工、煤焦钢矿、农产品、航运等。

中信证券的衍生品业务大致可以分为三个模块：场外衍生品、企业风险解决方案、做市类业务。

中信证券股权衍生品业务团队涉及模型定价、交易、销售、产品设计、销售、系统开发等岗位。其中有一个 Quant 组，专门负责系统开发、模型开发等，组员多为 IT 背景。股权衍生品业务线配备有专门的销售团队，其以产品专家与渠道销售客户经理相结合的形式向客户销售产品。产品专家主要提供产品设计等服务。渠道主要为银行、保险、公募基金等，以确定客户需求、维护客户为主。若分公司有业务需求，则由分公司的销售联系股权衍生品业务线的销售。股权衍生品业务线的销售团队同时会做股质业务和场外衍生品业务的销售。之前这两个销售团队是分开的，但随着时间推移，从考虑业务协同角度，比如股质业务销售团队对于证券标的基本面的把握也是衍生品业务所需要的，最后两个销售团队合在一起了。

综合国际投行机构客户业务以及国内头部券商 FICC 及场外衍生品业务的发展情况，可以看出，FICC 业务主要有以下特征：

（1）从 FICC 业务的诞生、发展和成熟的历程来看，其主要发展动力在于经济环境变化所带来的客户的多样化需求。进一步地，以客户需求为导向的 FICC 业务发展也增强了头部投行的综合实力，最终呈现出了明显的马太效应。

（2）FICC 业务的核心竞争力在于做市交易能力。交易服务可以充分满足客户的各类需求，为客户提供流动性支持、风险管理、产品创设等全方位的服务。同时，综合利率、外汇、商品、信用以及权益类产品的多元化交易能力，为交易业务收入的稳定性和规模都提供了良好支撑。

（3）FICC 业务的扩张和繁荣依赖庞大的客户基础。作为以交易为核心的机构业务，大规模的客户资源能够带动 FICC 投入资源的周转率，提高不同客户需求之间的匹配效率，有助于 FICC 业务规模的不断扩张，增强投行的服务效率和创新能力。

（4）FICC 业务的发展情况与投行的加杠杆能力成高度的正相关关系。金融危机之后，高盛和摩根士丹利的杠杆水平均降低了一半多，对应的 FICC 收入占比也减少了一半多。

（5）FICC 业务的内部各模块之间是有机关联的，并且能够与公司本身其他业务条线形成良好的协同互补效应。固定收益、利率产品、信用产品、外汇等各 FICC 细分条线需要有机互动，实现 FICC 自身的综合效应，同时 FICC 的庞大交易能力能够在获取客户、销售支持、对冲风险等方面与全公司的业务形成协同。

（6）FICC 业务的规模化和头部化效应明显，并且其服务对象以机构客户为主。FICC 以做市交易为核心的职能也意味着其规模优势凸显，对应的技术水平、客户数量等要求也带来了头部化效应，表现出强者更强。

根据国际投行以及国内头部券商相对成熟的 FICC 业务运作模式，可以基本刻画 FICC 业务的主要属性：FICC 业务是综合投行多个业务条线以满足客户多样化需求的金融创新产品，在功能发挥上同时承担了资金中介、信息中介和产品中介的职能，在模块运作上结合了一级、二级市场和前中后台等多个条线，在载体依托上以做市交易能力和定制化产品设计为核心，在开展形式上经常依赖具有复合和结构化特点的创新金融工具。

四、兴业证券 FICC 业务的发展方向

（一）国内证券行业 FICC 市场格局

由于现阶段我国大部分券商并没有对 FICC 业务进行完整的定位和收入情况公开，因此难以直接对我国证券行业的 FICC 市场格局进行量化参照。考虑到在我国金融分业监管的环境下，券商发展 FICC 业务的最核心的基础条件就是相关业务资格，因此，通过各大券商 FICC 业务牌照的对比情况加以探讨。

表5 头部券商已有的 FICC 相关主要业务资格梳理

	证券公司	中金公司	中信证券	华泰证券	海通证券	国泰君安	中信建投	广发证券	招商证券
投资银行	非金融企业债务融资工具主承销业务	1	1	1	1	1	1	1	1
	记账式国债承销团成员	1	1	1	0	1	1	1	1
	政策性银行债承销团成员资格	1：国开行、口行、农发行	1：国开行、口行、农发行	1：国开行、口行、农发行	0	1：国开行、口行、农发行	1：国开行	1：国开行	1：国开行、口行、农发行
	公开市场一级交易商	1	1	0	0	0	0	0	0
FICC 基础资格	黄金询价期权隐含波动率曲线报价团试点成员	0	0	0	0	1	0	0	0
	上海黄金交易所特别会员（包含开展黄金等贵金属现货合约代理及黄金现货合约自营业务）	1	1	1	1	1	1	1	1
	上海黄金交易所国际板会员	0	0	0	0	1	0	0	0
	银行间黄金询价业务	0	1	1	1	1	1	1	1
	票据交易资质	1	1	1	1	1	1	1	1
	银行间外汇市场人民币外汇会员（包含结售汇业务试点资格）	1	1	1	0	1	1	1	1
	银行间外汇市场衍生品会员	1	1	1	0	1	1	0	1
	中国外汇交易中心外币拆借会员	1	1	1	1	1	1	1	0

续表

	证券公司	中金公司	中信证券	华泰证券	海通证券	国泰君安	中信建投	广发证券	招商证券
衍生品	场外期权一级交易商资格	1	1	1	0	1	1	1	1
	信用风险缓释凭证创设资格	1	1	1	1	1	1	1	1
	信用风险缓释工具核心交易商	1	1	0	1	1	1	1	1
	信用联结票据创设机构资格	1	1	0	1	1	1	1	1
跨境业务	沪伦通全球存托凭证英国跨境转换机构	1	1	1	1	0	0	0	0
	"债券通"报价机构资格	1	1	1	1	0	1	1	1
	试点开展跨境业务	1	1	1	1	1	1	1	1
做市业务	交易所股票期权做市	1	1	1	1	1	1	1	1
	上海证券交易所上市基金主做市商	1	1	1	1	1	1	1	1
	银行间债券市场做市商	1	1	0	0	1	0	1	0
	银行间债券市场尝试做市机构（综合做市）业务	0	0	1	0	0	1	0	1

注：1. 数据来源于各公司年报和官网等公开信息。2. 选取了兴业证券暂不具备的重要的业务资格，兴业证券现在只有非金融企业债务融资工具主承销业务资格、国开债的分销资格。3. 标号"1"代表持有该业务资格，"0"代表未持有。

可以看出，一方面，创新类业务资格、完整 FICC 基础业务资格主要集中在头部券商，这无疑形成了 FICC 业务的较高行业壁垒，比如外汇业务资格就是一个典型的代表，从监管机构的态度也可以看出头部券商优先发展的趋向；另一方面，即使是对于头部券商，也并不是拥有全部的业务资格，这也体现出不同券商的业务发展路径是有差异的，或许也意味着中小型券商发展 FICC 业务还是有机会的。

（二）兴业证券发展 FICC 业务的路径建议

本文前面已经对证券公司发展 FICC 业务的必要性和重点难点作了梳理分析，并且就国内外典型案例和券商行业格局进行了分析和对比。在此基础上，为了进一步探索兴业证券发展 FICC 业务的战略路径，本文进一步对兴业证券发展 FICC 业务的优势、劣势、机会和风险进行了梳理对比，具体见表 6。

表 6　　　　　　　　　兴业证券 FICC 业务的 SWOT 分析

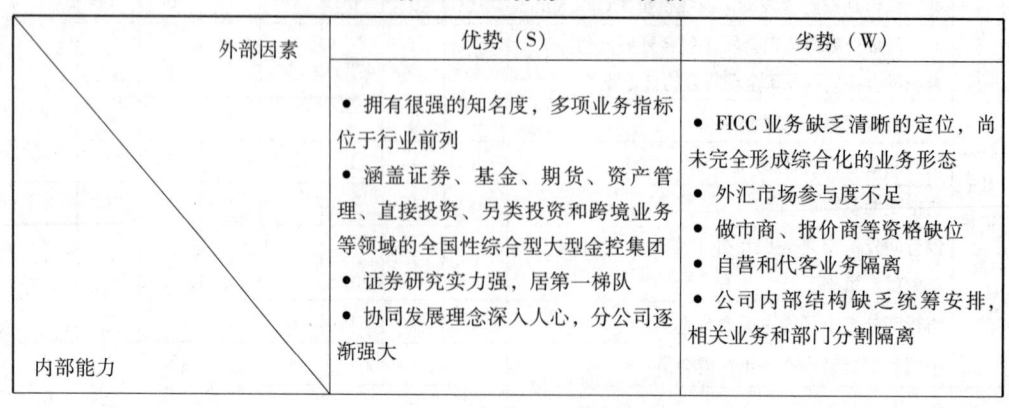

外部因素＼内部能力	优势（S）	劣势（W）
	• 拥有很强的知名度，多项业务指标位于行业前列 • 涵盖证券、基金、期货、资产管理、直接投资、另类投资和跨境业务等领域的全国性综合型大型金控集团 • 证券研究实力强，居第一梯队 • 协同发展理念深入人心，分公司逐渐强大	• FICC 业务缺乏清晰的定位，尚未完全形成综合化的业务形态 • 外汇市场参与度不足 • 做市商、报价商等资格缺位 • 自营和代客业务隔离 • 公司内部结构缺乏统筹安排，相关业务和部门分割隔离

机会（O）	SO	WO
• 利率、汇率、信用市场化和金融市场对外开放 • 金融市场基础条件趋于健全 • 混业经营成趋势，监管逐步放宽 • 各大交易所以及银行间市场均已明确做市商管理办法 • 场外衍生品业务越发受到重视	• 抓住市场化和对外开放的机遇，拓展现有 FICC 相关业务 • 充分利用大宗商品、金融衍生品等做市商资格，健全 FICC 业务条线 • 服务实体企业，实现创收创誉	• 企业内部 FICC 相关业务部门做好组织沟通工作 • 对外提升公司在 FICC 业务领域的品牌影响力，找准突破口 • 以 FICC 为主线，探索多元化的营收渠道，重塑盈利生态，增强业绩逆周期属性
风险（T）	ST	WT
• 对人才储备、风控、内部组织协同效率等方面都提出了要求 • 利率市场、外汇市场等以银行为主导，竞争压力明显 • 龙头券商 FICC 发展较早，后起之秀面临更多挑战 • 贸易摩擦冲击或影响涉外企业的 FICC 需求	• 提升 FICC 综合研究能力，做好智库、管理、风控、业务等多方位的人才储备工作 • 充分利用中国的市场优势，做强做大 FICC 业务实力 • 结合现有一级、二级市场的业务现状，开发销售交易业务模式 • 基于股、债、商品的业务基础，在结构化产品方面加大创新力度，增强客户黏性	• 考虑与银行达成战略合作联盟 • 争取更多的 FICC 相关业务资质，提前做好调整组织架构的准备工作 • 着力开发产业客户和机构客户，拓展市场影响力，形成规模优势和范围优势

实际上，兴业证券 FICC 净收入占集团营业净收入的比重已经比较高了。但应当注意到，FICC 业务最重要的是客户需求导向的结构性发展，而兴业证券的 FICC 净收入中几乎都是自营收益，这与国际投行 FICC 收入主要来源于服务客户的交易收入是大相径庭的。

基于前面的研究和笔者对兴业证券的调研了解，概括来看，现阶段兴业证券发展 FICC 业务还面临一些痛点和难点。基于这些观察和思考，本文也提出了相关建议。

1. 业务资格缺乏，部分业务开展受阻。现阶段，头部券商多已具有较为完善的覆盖 FICC 业务链的业务资格，尤其是比较稀缺的外汇业务资格、跨境业务资格、场外期权一级交易商资格等，以及对交易能力要求很高的债券做市资格等。而兴业证券的业务资格缺乏，限制了很多业务的拓展。而且事实上，有些业务之间是有很强关联性的，比如只有"具有做市商或结算代理业务资格的金融机构可与其他所有市场参与者进行利率互换交易"，而"其他金融机构可与所有金融机构进行出于自身需求的利率互换交易，非金融机构只能与具有做市商或结算代理业务资格的金融机构进行以套期保值为目的的利率互换交易"[1]，这就意味着在利率市场化的大背景

---

[1] 《中国人民银行关于开展人民币利率互换业务有关事宜的通知》（银发〔2008〕18 号）。

下，兴业证券无法直接为产业客户提供基于 LPR 的利率风险管理服务。

因此，可以同步推进两方面的工作：一方面，整合客户需求，重点申请需求较大的业务资质，逐步拓展 FICC 业务链；另一方面，在未具备业务资质但面临业务需求的情况下，可以考虑与银行、头部券商、货币中介等金融机构合作，在推进业务的同时也持续增强兴业证券对于新业务的了解和新业态的把握。

2. 销售交易业务模式开展初期，交易支持能力仍未满足业务需要。兴业证券已成立了销售交易业务总部，在实现以客户需求为导向的综合化服务提供商的目标的道路上迈出了坚实步伐。然而，应当意识到现阶段销售交易业务所需要的交易支持还未满足业务需求，需要进一步完善相关的资源配备和业务机制。以固定收益销售业务为例，现阶段产业客户需求量较大的回售转售业务、银行理财子公司的分销债券交易支持业务等还面临一定的实施难度。

建议探索三个方向的业务方案[①]：其一，健全完善现有的"定价—销售—交易"前中后台立体联动机制，明确业务流程、决策部门、收入成本分配机制、业务资质评定和审核标准等方面，基于现有的集团交易能力为销售交易业务大发展提供土壤；其二，逐步配备专门服务于销售交易大协同业务的交易团队、交易系统和交易资源，将该业务作为战略投资持续推进，增强兴业证券交易能力在市场的广泛影响力，促进综合化销售交易业务的发展和繁荣；其三，定位于销售交易的产品平台和资金中介，实现交易需求上下游的对接，在不占用自有资金的模式下，充分打通资金端和产品端、业务端的直接交易，实现更低风险更大规模更高效率的销售交易支持。最终目标在于，打造覆盖前端客户需求分析和后端产品销售交易的专业性综合性团队，致力于充分挖掘和满足客户在股权融资、大宗交易、债券发行、商品交易、衍生品风险管理、资金配置管理等方面的综合需求，不断拓展销售交易的广度和深度。

3. 场外衍生品业务发展不够成熟，需要打造一体化金融服务模式。前面的分析表明，国际投行 FICC 业务的核心在于做市交易，一方面，通过做市交易贯通 FICC 产品的前中后台，另一方面，出色的交易能力能够充分满足客户的多种需求。与之相比，国内的监管环境要求债券、股票等业务在券商内部严格地实行一级、二级隔离，这既从外部对交易支持销售、二级支持一级的业务模式带来了极大限制，也在内部提高了隔离部门之间的沟通、协同成本。而场外衍生品业务作为国内新兴而国外成熟的业务，现阶段可以实现前中后台、一二级市场、销售交易的有机结合，在同一部门中实现协调运作。例如，通过在"一级市场"发行浮动收益凭证募集的资金，可以留在部门内部进行对冲和交易。

[①] 从同业调研情况来看：1. 国泰君安，投行业务所需的交易支持，是由 FICC 部门的 FI 团队负责的，而 FICC 部门主要为自营交易和做市业务。2. 中信证券除固收自营投资外，负责 FICC 销售交易的团队覆盖了产品设计与研究、交易、系统建设、销售以及风控等职能。3. 华泰证券，分销团队在自营部门，因此投行所需的投资交易支持便于实现。

因此，建议兴业证券大力发展场外衍生品业务，打造机动性强、协调完善、品类多样的一体化金融服务部门。建议在五个方面加大战略投入力度：其一，人才配备方面，对标头部券商，大力引进领军人物和成熟人才，在市场仍在扩张的现阶段为场外衍生品业务安装高配置的发动机；其二，业务布局方面，既要覆盖场外衍生品业务的各个角度，例如场外期权、收益互换、收益凭证以及综合性复杂结构，更要打通场外衍生品市场和场内衍生品市场的交易联动，在控制方向性风险的同时，实现业务规模和业务利润的并行扩张；其三，系统建设方面，尽早配备覆盖完整场外衍生品业务流程和产品模块的产品系统、管理系统、交易平台，实现创新业务的弯道超车；其四，资格牌照方面，及时申请与场外衍生品业务有关的创新业务资格，包括场外期权一级交易商、外汇业务资格、跨境业务资格、场内期权做市等具有较强协同性的业务资质；其五，部门协同方面，健全业务部门之间的常态化沟通机制，完善业务流程和损益分配制度，类似融资融券、收益互换、大宗交易等需要多业务条线并肩作战的业务，都需要公司在协同机制方面大力推进。

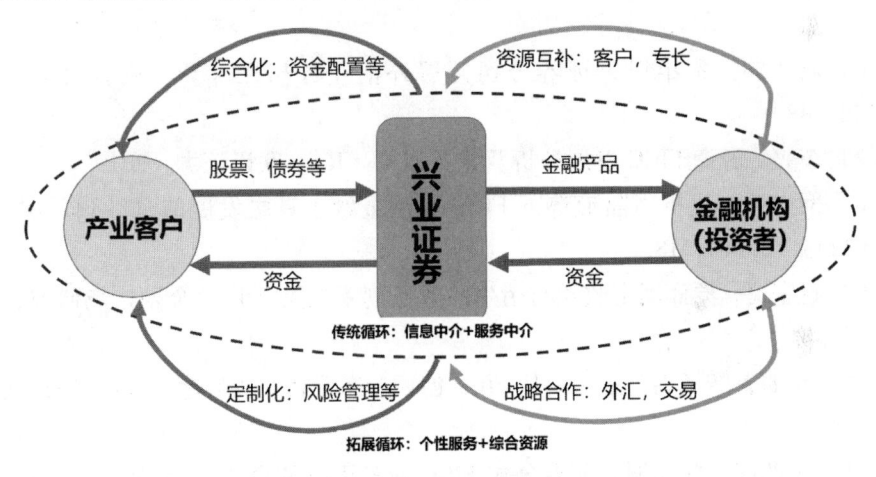

图 10 "双循环"销售交易业务模式框架

传统的 FICC 相关业务中，兴业证券主要承担了信息中介和服务中介的职能，其模式在于将来自产业客户的基本金融产品，如股票、债券等，提供给金融机构和投资者，并将归集到的资金反馈给产业客户使用，由此作为传统的内循环业务模式。将来，兴业证券应当进一步打造外循环的金融服务，体现对客户的个性服务，并综合内外部资源来提升服务的专业和高效。一方面，在与企业客户对接服务过程中，同步挖掘客户需求，为客户提供基于衍生品的定制化风险管理服务、基于财富管理专业优势的资金配置服务、基于较高风险偏好业务专长的大股东综合服务等，既可以增强客户群体的黏性，扩大客户群体规模，还可以切实有效提升产业客户的抗风险能力，也有助于业务开展；另一方面，与金融机构达成密切合作，基于兴业证券在高风险客户群体和证券业务专长的优势与金融机构实现优势互补，并且在兴业证券可能较为缺乏的外汇业务、交易服务等方面达成常态化的战略合作。

参考文献

[1] 温思雅. 国际投行 FICC 业务的现状及其对国内证券公司业务发展的启示 [J]. 中国证券, 2015 (5): 58-62.

[2] 李雅丽. 美国投资银行 FICC 业务: 发展历程、策略及启示 [J]. 南方金融, 2016 (9): 61-68.

[3] 张忆东, 张博, 姜名扬. 美国证券行业 FICC 业务发展历史梳理 [R]. 兴业证券, 2018.

[4] 李斗, 周晗, 龙硕. 证券公司 FICC 业务的发展布局和对策建议 [J]. 中国证券, 2016 (5): 54-60.

[5] 厉栋. 交易所债券市场的发展现状、问题及建议 [J]. 中国证券, 2016 (5): 2-7.

[6] 周文渊, 蔡年华. 证券公司开展外汇业务初探 [J]. 中国证券, 2016 (5): 42-48.

[7] 李兴. 券商 FICC 发展分析及业务建议 [R]. 联讯证券, 2019.

[8] 桑大林. 浅析当前形势下 FICC 新型金融工具之发展前景 [J]. 财经界, 2020 (32): 13-14, 18.

[9] 赵宇捷. 券商固定收益与衍生品业务创新之路 [J]. 金融市场研究, 2020 (5): 81-87.

[10] 沈娟, 陶圣禹, 王可. 从 FICC 创新业态看新龙头崛起 [R]. 华泰证券研究所, 2020.

[11] 吴萌萌, 鞠鲁洲. 证券公司 FICC 业务面临的合规风险及政策建议 [J]. 中国证券, 2016 (3): 71-75.

[12] 谢忆. 基于 Copula-VaR 模型的 G 证券公司 FICC 业务风险度量优化研究 [D]. 上海: 华东师范大学, 2017.

[13] 胡滨, 范云朋. 新型资管产品监管的国际经验 [J]. 中国金融, 2017 (8): 24-26.

[14] 杨明. 美国金融监管放松改革的影响与启示研究——《经济增长、监管放松与消费者保护法案》评析 [J]. 金融监管研究, 2018 (8): 61-77.

[15] 吴卫良, 刘玄. 沃尔克规则修订的背景及其影响分析 [R]. 北京金融衍生品研究院, 2020.

[16] 刘青松, 陈倩, 王若阳, 唐婧. 加快建设有中国特色的世界一流投资银行 [J]. 中证金融与法律研究, 2019 (1): 10-17.

[17] Beau Detal. Market – making and proprietary trading: industry trends, drivers and policy implications [R]. Bank for International Settlements, 2014.

[18] HM Treasury, Bank of England, Financial Conduct Authority. How fair and effective are the fixed income, foreign exchange and commodities markets? [R]. UK: London, 2014.

[19] HM Treasury, Bank of England, Financial Conduct Authority. Fair and Effective Markets Review [R]. UK: London, 2015.

[20] J. P. Morgan. Emea Fixed Income, Currency, Commodities and OTC Equity Derivatives: Execution Policy [R]. US: J. P. Morgan, 2016.

[21] Fidelio Tata. Price formation of FICC research following MiFID II unbundling rules [J]. Journal of Financial Regulation and Compliance, 2019 (1): 97 – 113.

证券公司开展资产托管业务的国际经验借鉴

魏东晞 汪 浩 杨艺娟 白智耿 赵晨姝[①]

一、概念、背景与研究意义

(一) 资产托管业务定义

资产托管起源于19世纪英国的投资基金业务。1940年美国《投资公司法》规定投资公司应将基金的证券、资产及现金存放于托管公司，托管公司应为基金设立独立账户、分别管理、定期检查，资产托管业务在历史上首次立法建制。之后历经多年，形成以委托人、管理人、托管人三者共同协作互相监督的治理结构。托管产品类型上也从最初的证券投资基金扩展到养老保险基金、信托基金、另类投资基金等其他类型产品。

根据我国《证券投资基金托管业务管理办法》，证券投资基金托管是指"由依法设立并取得托管资格的商业银行或者其他金融机构担任托管人，按照法律法规的规定及其他合同的约定，对基金履行安全保管基金财产、办理清算交割、复核审查资产净值、开展投资监督、召集基金份额持有人大会等职责的行为"。

随着金融市场的完善，监管部门以证券投资基金托管为蓝本，逐步在券商、保险、信托、理财、养老金、私募基金等金融产品中建立托管机制、引入专业托管人。根据《关于规范金融机构资产管理业务的指导意见》，金融机构发行的资产管理产品应当由具有托管资质的第三方机构独立托管，明确了第三方托管的必要性，资产托管已经成为资产管理行业健康发展的重要基石。

(二) 国内外资产托管业务概况

1. 国际资产托管业务——高集中度，前十大托管机构份额占比90%。国际托管行业权威媒体《全球托管人》刊登的文章表明，经对国际托管行业20年的跟踪研究，国际托管行业集中度不断上升。伴随着资产托管市场的稳步增长，托管机构通过合并、并购、战略联盟等扩大业务规模，降低边际成本、形成规模效应。据民生

[①] 魏东晞，硕士，资产托管部总经理；汪浩，学士，资产托管部副总经理；杨艺娟，硕士，资产托管部高级经理；白智耿，硕士，资产托管部高级经理；赵晨姝，硕士，资产托管部高级经理。

证券研究所数据统计，全球前 5 大托管机构托管份额占比超过 70%，前 10 大托管机构托管份额占比约为 90%。

2. 国内资产托管业务——商业银行具备先入优势，证券公司凭借私募证券投资基金托管优势逐步发力其他市场。1998 年经中国证监会、中国人民银行核准，中国工商银行成为国内第一家证券投资基金托管机构。此后，国内资产托管业务由商业银行主导，直到 2012 年《基金法》推出，证券公司才正式进入基金托管行业。

与银行相比，证券公司因部分领域业务资格受限、进入时间晚、渠道销售能力较弱等原因，在银行理财、公募基金托管等业务方面不具备优势。但是证券公司可在后台运营、交易支持、研究支持、融资融券、设立咨询等方面为基金管理机构提供增值服务，因此，逐渐在私募基金托管领域形成优势（目前引入托管机制的私募证券投资基金产品中，约 94% 托管在证券公司），并逐渐依靠一站式综合服务优势发力其他市场。

除了本土的银行外，随着近年来一系列扩大资本市场对外开放的举措渐次落地，外资银行托管资格加速放开，目前已有渣打银行、花旗银行、德意志银行获得基金托管牌照，预计未来将有更多外资银行参与国内证券投资基金托管市场。

（三）研究意义与基于业务特点的借鉴对象选择

随着我国资产管理业务规模的快速增长和投资者机构化趋势的加剧，托管业务正在迎来巨大的业务空间。托管业务具有资本占用少、收入稳定、与其他业务的协同效应显著、可发挥证券公司专业优势等特点。证券公司开展基金托管业务不但能直接增加收入，还能以托管业务为基础，促进机构客户交易支持、创新产品研发等多元化业务需求的挖掘，助力证券公司创建新的盈利模式、有效改善收入结构，改变当前国内券商"同质化经营严重""靠天吃饭"的现状。通过借鉴国际先进托管机构的经验，为证券公司找到适合自身的差异化业务发展战略，对于提高证券公司的托管业务竞争力具有重要意义，也有助于促进我国资管业务的规范发展和金融市场的健康稳定。

不过由于历史原因，国内外托管结算体系存在根本差异，我国证券公司的最主要角色仍是提供通道服务的交易结算代理人，难以真正履行国际通行的托管业务中"代持有和管理证券"职能。与国外托管机构相比，我国证券公司能为客户提供的证券托管服务有限，托管业务的内涵与外延与境外不尽相同。

本文主要基于国内证券公司资产托管业务特点选择借鉴对象。目前，国内证券公司托管业务体系内 80% 的产品为私募证券投资基金（见图 1）。国内私募投资基金可类比国外对冲基金，因此，本文以借鉴国外主要针对对冲基金的主经纪商业务（PB 业务）为主作借鉴研究。尽管 PB 业务并不等同于资产托管与运营外包服务业务，然而，国外 PB 业务的服务对象与国内证券公司资产托管与运营外包服务业务的客户需求高度一致，国内也通常以资产托管与运营外包服务作为证券公司 PB 业务的鉴定标志。国际 PB 业务的发展及典型 PB 服务商的业务经验对国内证券公司开展托管外包业务具备较强的借鉴意义。

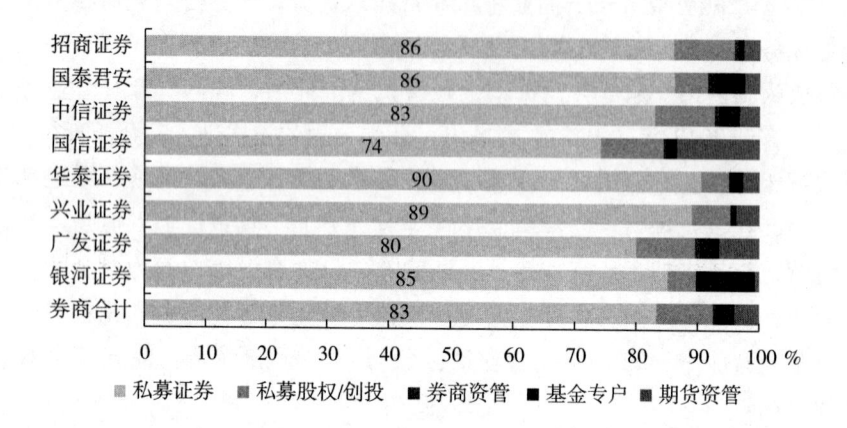

图 1　国内证券公司托管产品约 80% 为私募证券投资基金（截至 2021 年 3 月）
（数据来源：中国证券投资基金业协会，兴业证券资产托管部整理）

二、国际 PB 业务的发展历史与现状

（一）PB 业务概述

PB 业务（Prime Brokerage）即主经纪商业务，起源于 20 世纪 70 年代的美国，是指经纪商向专业机构投资者和高净值客户等提供的包括交易支持、托管清算、后台运营、研究支持、杠杆融资、证券拆借、技术支持等在内的一站式综合金融服务。按狭义口径测算，美国主经纪商业务营业收入为 150 亿~200 亿美元，占行业总营业收入的比重为 6%~8%。国外 PB 业务的最主要客户为对冲基金，约占 PB 业务量的 95%。

PB 业务服务包含三个层面（见表 1）：

表 1　　　　　　　　　　　　PB 业务模式

服务层面	项目前	项目中	项目后
基础服务	协助销售、资产托管	交易执行、运营服务、风险控制、技术支持、估值	清算、绩效评估
核心服务	回购融资、产品设计、权益融资	融资融券、信用交易、策略咨询	
附加服务	设立咨询、税务咨询、资本引荐	办公租赁、研究服务、行业顾问、风险管理	

基础服务：主要指资产托管与运营外包层面的服务，是开展 PB 业务的基础和前提；

核心服务：主要指交易支持和杠杆服务，是 PB 业务的核心；

附加服务：主要指咨询和行政层面的服务，包括资本引荐、行业顾问、衍生品服务、风险管理、办公租赁等。

（二）国外 PB 业务的发展历程

PB 概念起源于 20 世纪 70 年代末期美国的券商 Fuman Selz。之后随着市场的演进变化和经纪商的不断探索，PB 业务发展经历了探索、扩张和重塑阶段。

1. 探索阶段（20 世纪 70 年代末至 80 年代末）。1969 年美国经济不景气和股市剧震给美国投行依靠经纪业务收入的传统业务模式造成了巨大冲击。为创造新的利润增长点，70 年代末美国经纪商 Furman Selz 提出"主经纪商业务"（Prime Broker，以下简称 PB 业务）概念。过去经纪商的交易、清算、托管职能是可分离的，机构客户通常需要向多个经纪商分别寻求不同业务的合作，大量的交易数据处理、清算数据核对、信息披露报告拟写工作给机构投资者造成了较大负担，因此，通过一家"主经纪商"完成分散在不同经纪商的各类交易、清算、杠杆控制等的 PB 业务一经提出就受到了欢迎。摩根士丹利、高盛和贝尔斯登等大型投资银行开始整合资源，发展主经纪商业务。

2. 扩张阶段（20 世纪 90 年代至 2007 年）。20 世纪 90 年代，信息技术发展带动经济高速增长，对冲基金数量爆发式增长。全球对冲基金数量由 1990 年的 600 家增至 2007 年的 10000 余家，资产规模由 500 亿美元增至 18500 亿美元。

随着对冲基金产品不断丰富，投资策略、杠杆需求趋于多元化，市场需求迅速扩大，PB 业务发展日趋成熟。越来越多的国际投行加入 PB 业务领域，开辟独立的业务线。PB 业务服务领域扩展到固定收益产品和衍生品，服务内容逐步丰富，可为客户提供设立咨询、资本引荐、风险管理等增值服务。

3. 重塑阶段（2007 年以后）。2007 年次贷危机爆发后，美国经济再次进入衰退期，极大冲击了 PB 业务市场，PB 业务进入重塑整合阶段（见图 2）。

这个阶段，曾占据国际 PB 业务五分之一以上市场份额的贝尔斯登破产，瑞银集团、德意志银行等综合性银行 PB 业务快速发展。与此同时，为控制信用风险，对冲基金改变原有的仅有 1~2 个主经纪商的模式，寻找多个主经纪商和托管行分别保管部分资产。各国监管趋严，提出了包括提高流动性监管要求、衍生品集中清算等在内的新规定，经纪商需要更好地规划资产、负债以满足更高的监管要求，PB 业务开展难度上升。

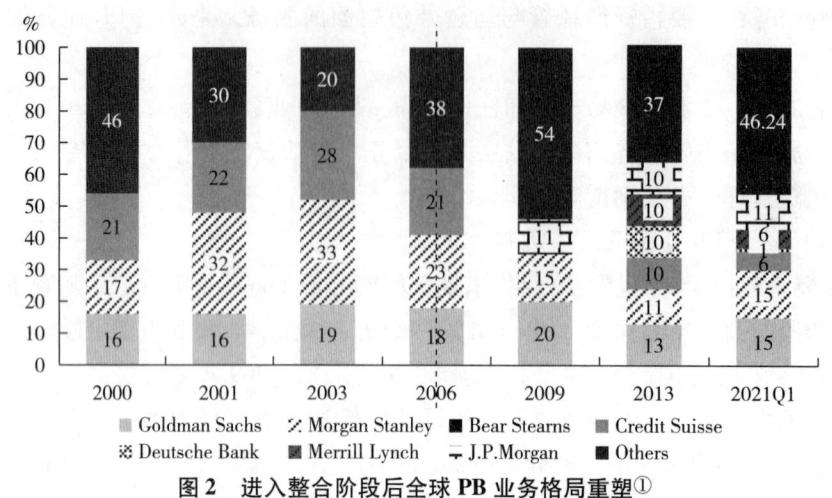

图 2 进入整合阶段后全球 PB 业务格局重塑①

（数据来源：Preqin，兴业证券资产托管部整理）

（三）全球 PB 业务格局

目前，全球 PB 业务格局大致分为三个层级（见图 3 和表 2）：第一层是以高盛、摩根士丹利为代表的顶尖服务商，主要客户为大型对冲基金，可提供全面综合服务；第二层是以瑞银集团、美林美银为代表的大中型服务商，通常可提供定制业务服务，或在咨询、分销等增值服务上能力突出；第三层为精品服务商，凭借在资本引荐、业务咨询、技术研发等方面的差异化优势，专注于细分市场，侧重处于初创期、小型对冲基金。

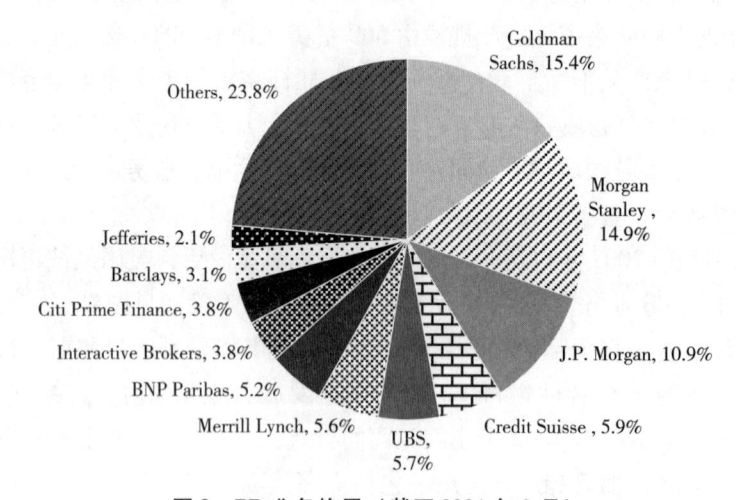

图 3 PB 业务格局（截至 2021 年 3 月）

（数据来源：Preqin，兴业证券资产托管部整理）

---

① 两图（图 2、图 3）数据来源是 Preqin（全球对冲基金知名服务商），图表中的机构名称直接引用 Preqin 的表述比较正式，翻译成中文反而不够正式（如花旗的份额，Preqin 的表述是 Citi Prime Finance，这个没有大众周知的中文翻译，翻译成"花旗集团"也不够准确）。故图 2、图 3 机构名称不翻译。

表 2　　　　　　　　　　　PB 业务层级及特点

类型	代表服务商	服务内容	客户类型
顶尖服务商	高盛、摩根士丹利、摩根大通	全面、综合、高品质服务	大于 5 亿美元，选择性服务大型对冲基金，对客户资产规模提出要求
大中型服务商	瑞银集团、美银美林、富达基金、瑞士银行	除全面服务外，通常可灵活定制业务模块，或在咨询、分销等增值服务上能力突出	2000 万~5 亿美元
精品型服务商	Alaris、BTIG、Cowen Group、Concept、Interactive Brokers、Jefferies	提供一两项职能，并在资本引荐、业务咨询、技术研发等方面具备一定差异化优势	小于 2000 万美元，专注于细分市场，或侧重处于初创期、小型对冲基金

三、国际典型托管机构发展案例及启示

（一）大型服务商案例与特点

1. 高盛。作为美国顶级投行代表，高盛从一开始的票据交易商成长为世界领先的投资银行，一直是同业研究借鉴的范本。

机构客户服务业务是高盛特色最鲜明、收入贡献最多的板块。高盛的机构客户服务业务板块分为股权业务和 FICC 两大类。股权业务包含轻资产的经纪业务，以及重资产的股票及衍生品做市、融资融券业务和提供交易支持、托管、清算等"一站式"综合金融服务的 PB 业务；FICC 业务囊括了所有非股权类业务，如利率、汇率、信用、大宗商品等的交易和做市。利息、价差等是机构业务主要的收入形式，也有少量交易费用和管理费。

托管业务是投资银行机构业务的基础功能之一，保留托管功能为 20 世纪 70 年代以后投资银行的一系列金融创新提供了条件。以托管功能为基础积极开展金融创新、在 PB 业务领域具备先入优势是高盛至今仍保持 PB 业务龙头地位的重要原因。

2. 摩根士丹利。摩根士丹利是出身摩根财团的国际顶尖投行，金融危机前摩根士丹利的核心业务是以交易业务为主的机构证券。凭借摩根财团的人脉及资源优势，摩根士丹利成立初期即牢牢掌握住大客户资源，包括纽约中央铁路公司、通用汽车公司、杜邦公司、加拿大政府等。

公司自成立初期起在客户方面的资源优势为其业务的稳定性和高盈利性奠定了基础。反过来，长期的丰富的机构业务实践也成为摩根士丹利进一步完善机构综合服务体系的内生动力，直接影响到公司后续的多元化布局和全球布局，丰富的机构服务能力为其各子业务的全球领先地位和口碑奠定了坚实基础。

作为首批进入 PB 业务领域的顶尖投行，PB 业务是摩根士丹利股权类做市业务

的重要组成部分。2009年起,公司开始大力发展主经纪商业务增量客户,公司优质的机构客户基础也帮助公司获得领先的股权产品交易市场占有率。可以说,公司在全球PB业务的领先地位,与其凭借客户资源优势和业务能力在历史浪潮中逐步形成的深厚机构业务底蕴密不可分。

3. 纽约梅隆银行。纽约梅隆银行是全球领先的资产管理和证券服务机构。随着基金管理行业运营服务外包趋势的加剧,数据聚合和增值服务成为行业焦点。机构投资者或资产管理公司通常包括前台、中台和后台。前台主要面向客户,提供客户服务、销售和咨询服务。中台主要负责公司战略、风险管理、损益核算及IT支持。后台提供分析、技术和行政服务,包括操作风险控制、结算、交割实施、登记和托管服务。

"大数据"的出现使得整合前台、中台和后台的机会显现。2019年纽约梅隆银行与贝莱德集团(BlackRock)达成战略联盟,为共同客户提供近乎实时的交易生命周期信息以及更精确的日内净现金头寸预测,以提高前台决策能力,从而为前台运营、技术支持和运营团队带来明显而直接的利益;开展异常监测,为核心会计核算和托管监督职能的发挥提供深入挖掘数据的能力,增强实时洞察力和透明度;提供更紧密的数据集成和共享的工作流程,大大提高运营效率。

从本质上看,这将使纽约梅隆银行从资产服务供应商,通过走"大数据"路线成为"数据聚合商"。

(二)大型服务商的发展启示

1. 以托管业务为基础,为众多金融创新提供可能。从海外顶尖投行的发展历史经验看,托管是投资银行的基础功能之一,长期缺乏实质上的托管功能可能会导致券商在融资融券、场外金融产品等方面的创新受阻。参照美国顶级投资银行的发展历史,保留托管功能为20世纪70年代以后投资银行的一系列金融创新提供了条件。

2. 深厚底蕴奠定极强综合服务优势。无论高盛还是摩根士丹利,机构业务的"历史底蕴"均十分深厚。良好的机构声誉、丰富的客户资源、全面的产品线、足够的券源储备、优秀的服务能力,使得顶级投行能够为各类对冲基金尤其是大型对冲基金提供交易执行、托管清算、资本引荐、杠杆管理和研究支持等全方位高质量服务,对于PB业务最重要的潜在客户对冲基金而言,无疑极具吸引力。

3. 重视金融科技的前瞻性布局和投入。托管业务具备极强的运营属性,而PB业务更是链条长、环节多、运营复杂,对金融科技的依赖度极高。顶级服务商均高度重视高水准、高规格的金融科技投入。以高盛为例,作为最大的PB服务机构,其引领开发出许多成为行业标准的做法及技术,其电子交易平台占据全球领导地位。托管结算方面,高盛开发了功能强大、范围广泛的全球结算与交收网络。

4. 数据资产具备战略价值。托管业务服务涵盖产品的全生命周期,沉淀的业务数据对内可在挖掘整合前中后台资源中发挥重要作用,对外使更多的增值服务成为可能，具备极强的战略价值。

(三) 精品型服务商案例与特点

1. 盈透证券。盈透证券（Interactive Brokers）是一家以低交易成本和"技术驱动业务"而知名的美国网络券商。根据道琼斯旗下《巴伦周刊》2020年"年度最佳互联网券商评比"，盈透证券荣获最佳互联网券商第一名。

盈透证券成功的三大利器可总结为先进的技术、优越的价格和广泛的产品。

(1) 先进的技术。盈透证券拥有 SmartRouting 智能交易系统，通过算法寻找全市场最优的价格，实现最佳交易。这套交易系统技术足够前瞻，因而省去了面对监管新规时的技术升级成本，自动化业务流程可将人工成本降到最低。

(2) 优越的价格。由于在成本控制上具备绝对优势，盈透证券几乎不向客户收取任何托管费用，且在交易上可提供极优越的价格，如美国客户可交易1万多种免佣金或佣金减免产品，以及超过4000个无手续费产品。

(3) 广泛的产品。盈透证券可提供大量基金管理人的各种产品，这是很多仅推出自身专有基金产品的服务商无法比拟的。

依靠金融科技大放异彩，盈透证券吸引了一大批客户，其中约76%来自国外，特别是对价格敏感型客户而言，极具竞争力。

2. Wedbush Securities。Wedbush Securities 是成立于1955年的精品主经纪商，主要为中小型基金、资管公司及高净值客户提供个性化服务，2019年被 Hedgeweek 评为美国"最佳精品主经纪商"。

Wedbush Securities 的特点在于可为客户提供快速响应渠道，客户可直接同信贷经理、操盘手及其他专业人士直接交流以便快速作出决策，而全能型主经纪商的沟通程序往往过于烦琐。为提升服务质量，Wedbush Securities 于2011年收购 Lime，并在2016年与 CQG 达成合作。Wedbush Securities 把 CQG 庞大的全球交易网络与 Lime 的高速自动化交易技术相结合，为客户提供全球期货市场和国内股票市场的交易通道。

3. Concept Capital。Concept Capital（2015年并入 Cowen 集团）是一家"引荐型"主经纪商，即其托管和清算服务均外包给第三方机构完成。例如，对于美国股票、债券和期权以及海外的股权和债券交易，Concept Capital 会根据客户的情况将其推介给 Pershing、美银美林、高盛等公司，对于客户的期货交易，则推介给高盛、法兴银行和 ADM 投资服务公司。

4. Linear Investment。Linear Investment 是一家位于伦敦的经纪商和对冲基金服务平台。其致力于帮助客户轻型化，尤其是小型对冲基金，Linear Investment 可以帮助其构建信息管理平台并提供运营维护，同时还能为客户提供办公场所租赁并提供风险管理、人力资源支持等，这些服务可有效帮助对冲基金尤其是小型对冲基金降低成本，基金经理仅需专注交易策略和投资组合维护即可。

（四）精品型服务商的发展启示

1. 构筑特色品牌，开展差异化竞争。相比于大型服务商，精品型服务商资本实力、客群基础、综合服务能力相对较弱，通常通过对客户进行细分、圈定重点突破，构建自身独特优势、开展差异化竞争。如 Wedbush Securities 免去全能型主经纪商过于烦琐的沟通程序，可为中小型客户提供直接交流的便利，以快速响应的优势抢占市场。

2. 采取利基战略。PB 业务进入重塑整合期后，受日趋严格的监管政策影响，高盛、摩根士丹利等主经纪商受严格的流动性管理约束，被迫抬高客户准入标准和服务定价。而精品型主经纪商如 Interactive Brokers 则凭借"低成本或零成本"服务优势，采取利基战略，吸引了一大批费率敏感型客户。

3. 善于整合资源，借他人之长。PB 业务链条长、服务环节多，在资本实力较弱、综合服务能力有限的情况下，精品服务商通常在服务链条的一个或多个环节借助综合型主经纪商完成。如 Concept Capital（已并入 Cowen 集团）、Linear Investment 分别通过向综合服务商做客户引荐、整合第三方中后台技术以及合规报告服务资源，借"他人之长"满足客户的综合服务需求。

4. 前瞻性布局构筑独特优势。精品型服务商可通过对业务模式或金融科技的前瞻性研究布局，构筑自身独特优势，乃至有望实现"弯道超车"。如 Interactive Brokers 以足够前瞻的交易系统设计，在面对监管新规时免去技术升级成本，将成本控制做到极致，可以极低的成本为客户提供服务、抢占市场。

四、国内证券公司托管业务现状及特点

（一）国内证券公司托管业务——凭借私募基金托管领域优势，逐步发力其他市场

目前，国内证券公司托管业务体系内 80% 的产品为私募证券投资基金。截至 2020 年底，在基金业协会备案的私募基金共 140756 只，托管比率为 81.5%。其中，证券类私募投资基金托管比率为 92.2%，其中 94.2% 托管在证券公司；私募股权/创业投资基金托管比例为 64%，其中 24.8% 托管在证券公司。

公募基金托管方面，截至 2020 年底公募基金规模 33.95 万亿元。其中，商业银行托管规模占比 98.5%，证券公司托管规模占比 1.5%。

在持续强化的监管要求和降低成本的市场需求驱动下，国内信托计划、银行理财等资管产品的托管外包业务空间正逐步释放，成为券商新的业务机遇。

（二）私募证券投资基金数量近三年年均复合增速 19%

近年来私募基金发展迅猛，已经成为公募基金、保险资金之后的第三大机构投资者。其中，以证券公司为主要托管机构的私募证券投资基金产品数量近三年复合增速达 19%（见图 4）。

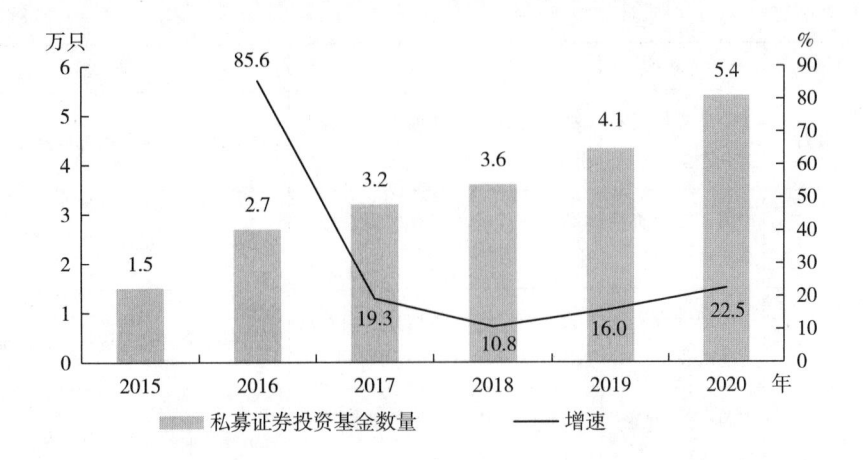

图 4　2015—2020 年私募证券投资基金数量及增速

（数据来源：Wind，兴业证券资产托管部整理）

（三）监管持续强化，行业日趋规范

2012 年《中华人民共和国证券投资基金法》正式赋予"非公开募集基金"法律身份，确认基金行业协会为证券投资基金行业自律性组织，办理非公开募集基金的登记备案。

私募行业发展初期，不设行政审批以及申请便利化的背景下，私募基金管理人登记急速增加。伴随着机构数量的快速增长，行业运作不规范、信息不透明、非法募集运作资金资产等各种问题渐次暴露，造成了不良的社会影响。

2016 年起一系列监管要求陆续推出，对私募基金管理人、合格投资者、私募基金服务机构提出明确要求。2018 年《关于规范金融机构资产管理业务的指导意见》标志着我国资管行业迈入了新的监管时代，2020 年 12 月证监会《关于加强私募投资基金监管的若干规定》进一步明确私募基金管理人监管、私募基金财产投资要求，提出私募基金管理人及从业人员等主体的"十不得"禁止性要求。

我国私募监管历程（见表 3）表明，在经过初期的快速发展后，监管正不断强化，也对证券公司托管业务提出了更高要求。

表 3　我国私募监管历程

发布时间	发布机构	法律法规	主要内容
2012 年 12 月	全国人民代表大会常务委员会	《中华人民共和国证券投资基金法》	明确私募法律地位；基金业协会自律管理
2014 年 8 月	中国证券监督管理委员会	《私募投资基金监督管理暂行办法》	对私募基金登记备案、合格投资者、资金募集、投资运作等作了规定

续表

发布时间	发布机构	法律法规	主要内容
2016年2月	中国证券投资基金业协会	《私募投资基金管理人内部控制指引》	规范私募管理人的内部控制要求
2016年2月	中国证券投资基金业协会	《私募投资基金信息披露管理办法》	对私募基金信息披露作了规范
2016年2月	中国证券投资基金业协会	《关于进一步规范私募基金管理人登记若干事项的公告》	对私募基金管理人进行类牌照监管
2016年4月	中国证券投资基金业协会	《私募投资基金募集行为管理办法》	对私募基金募集行为作了规定
2016年7月	中国证券投资基金业协会	《私募投资基金合同指引》	对私募基金合同作了说明
2016年7月	中国证券监督管理委员会	《证券期货经营机构私募资产管理业务运作管理暂行规定》	重点对违规宣传推介和销售行为、违法从事证券期货业务活动等进行规范
2017年3月	中国证券投资基金业协会	《私募投资基金服务业务管理办法（试行）》	明确私募基金服务业务管理要求
2018年10月	中国证券监督管理委员会	《证券期货经营机构私募资产管理业务管理办法》	统一监管标准，细化资管新规要求
2019年12月	中国证券投资基金业协会	《私募投资基金备案须知》（《新备案须知》）	明确备案负面清单，明确各类产品托管要求
2020年10月	中国证券投资基金业协会	《私募投资基金电子合同业务管理办法（试行）（征求意见稿）》	明确基金当事人及电子合同业务服务机构法律关系及相关要求
2020年12月	中国证券监督管理委员会	《关于加强私募投资基金监管的若干规定》	明确私募投资要求，"十不得"禁止性要求

资料来源：中国证券监督管理委员会、中国证券投资基金业协会官网，兴业证券资产托管部整理。

（四）机构加速入场，竞争加剧

近年来证监会逐步放开托管人牌照资格，2020年以来就有9家证券公司获得托管牌照。此外，外资行中已有渣打银行、花旗银行、德意志银行先后获得基金托管牌照，预计未来将有更多外资银行参与国内证券投资基金托管市场。

截至2021年3月底，拥有托管资格的券商共26家（见表4），完成基金服务业务备案的机构共24家（见表5），可同时开展资产托管和运营外包服务业务的券商共18家。

表 4　　　　　　　历年获得证券投资基金托管资格的机构

时间	获批家数	机构名称
1998 年	5	中国银行、工商银行、交通银行、农业银行、建设银行
2002 年	2	招商银行、光大银行
2003 年	1	浦发银行
2004 年	2	民生银行、中信银行
2005 年	2	华夏银行、兴业银行
2008 年	2	北京银行、平安银行（深发展）
2009 年	3	上海银行、邮储银行、广发银行
2010 年	1	渤海银行
2012 年	1	宁波银行
2013 年	3	浙商银行、国信证券、海通证券
2014 年	16	徽商银行、恒丰银行、包商银行、南京银行、江苏银行、杭州银行、广州农商行、兴业证券、国泰君安、广发证券、招商证券、银河证券、中信证券、华泰证券、中证金融公司、中国结算
2015 年	4	中泰证券、恒泰证券、中金公司、中信建投证券
2017 年	1	国金证券
2018 年	3	渣打银行、东方证券、安信证券
2019 年	1	申万宏源证券
2020 年	11	花旗银行、德意志银行、财通证券、万联证券、华鑫证券、光大证券、华安证券、长城证券、国元证券、长江证券、华福证券

资料来源：中国证券监督管理委员会官网，兴业证券资产托管部整理。

表 5　　　　　　　基金服务业务备案情况

机构	备案时间
国泰君安证券股份有限公司、国信证券股份有限公司、华泰证券股份有限公司、国金道富投资服务有限公司	2015 年 4 月 21 日
兴业证券股份有限公司、中信建投证券股份有限公司、中国银河证券股份有限公司、长江证券股份有限公司、海通证券股份有限公司、广发证券股份有限公司、第一创业证券股份有限公司	2015 年 6 月 8 日
长城证券有限责任公司、东兴证券股份有限公司、光大证券股份有限公司、申万宏源证券有限公司、太平洋证券股份有限公司、中泰证券股份有限公司、东方证券股份有限公司、中银国际证券有限责任公司、东吴证券股份有限公司、中信中证投资服务有限责任公司	2015 年 11 月 26 日
中国国际金融股份有限公司、浙商证券股份有限公司	2019 年 7 月 3 日

资料来源：中国证券投资基金业协会官网，兴业证券资产托管部整理。

（五）集中度较高、呈梯队化格局

我国证券公司托管业务集中度较高，券商托管业务呈梯队化格局（见图 5）。从私募证券投资基金市场份额来看,招商证券、国泰君安和中信证券居前三,优势明显。

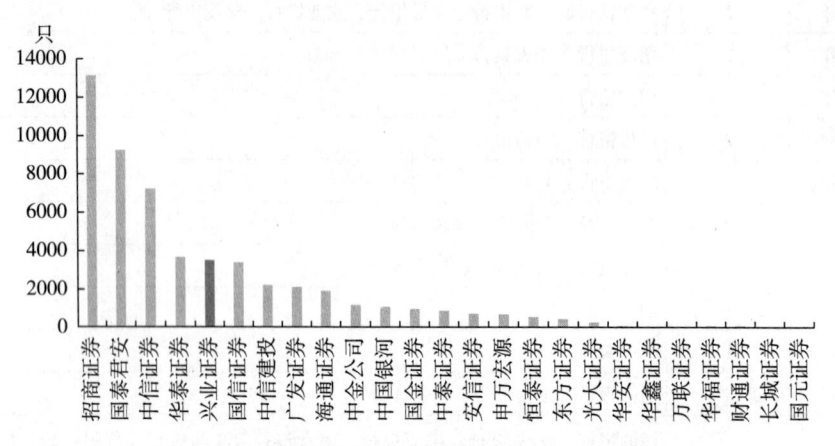

图5 国内券商存续托管私募证券投资基金产品数(截至2021年3月)

(数据来源:中国证券投资基金业协会官网,兴业证券资产托管部整理)

五、兴业证券托管与基金服务业务实践探索

(一)兴业证券托管与基金服务业务发展历程

兴业证券2014年11月成为第9家获批开展证券投资基金托管业务的券商,2015年6月被基金业协会公示为私募基金业务外包服务机构,成为当时行业中为数不多的同时具备资产托管与运营外包双资质的证券公司。

兴业证券托管外包业务六年多的发展大体可以划分为两个时期(见图6):

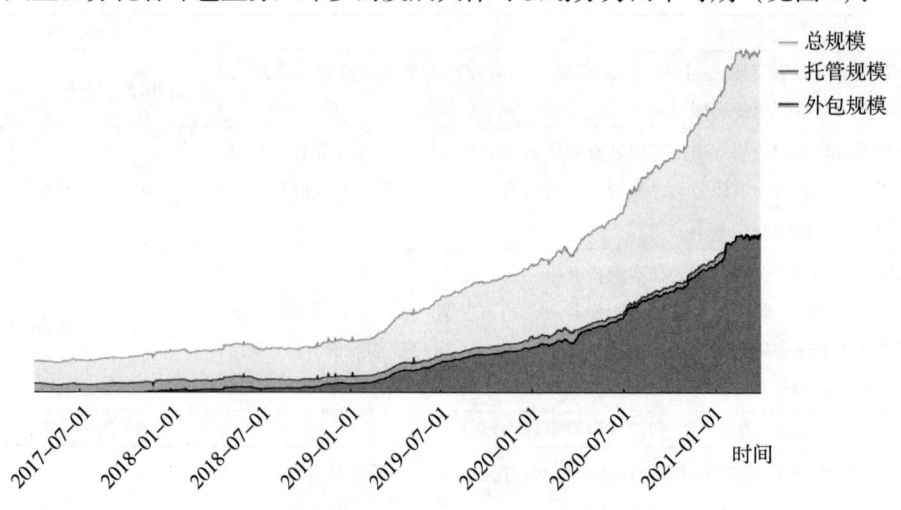

图6 兴业证券资产托管与外包服务业务总规模

(数据来源:兴业证券资产托管部)

2015—2018年属于积累期,这一时期行业内拥有基金托管业务牌照资格的券商共16家,兴业证券年托管产品数量以每年300~500只的数量稳步增长,市场份额排名稳定在同业第9,属于打基础阶段。

受益于分公司经营体制改革和集团协同机制激励,2019年起兴证托管外包业务开始进入提速增效的飞跃式发展阶段。2019—2020年连续两年新增托管外包私募证券投资基金数量市场份额保持同业第四,产品数量年均复合增速63%,业务规模年均复合增速95%,增速在托管千只以上产品的券商中排名第一。

(二)兴业证券托管与基金服务业务发展实践

1. 卓越的集团顶层设计。兴业证券坚持集团一体化经营与管理,要求集团上下贯彻"集团一盘棋"的发展理念,以客户需求为中心,增强跨业务条线、跨经营主体、母子公司以及子公司间的客户服务集成、业务协作和资源整合能力,构建财富管理业务与大机构业务"双轮驱动"发展体系。

托管外包业务是机构服务链条的关键功能板块,具备中间业务收入稳定属性,还具备"获客引流"的平台作用。此外,托管外包业务沉淀的数据资源也是集团构建大机构业务生态圈中极具想象空间的资产。托管外包业务既是"功能型"业务,也是"平台型"业务,是提升集团机构综合竞争力的重要内容。

基于上述认识,兴业证券集团把托管外包业务放在重要位置,将托管业务作为公司机构业务"尖刀突破"发力点,明确其在机构业务中"获客引流"的重要作用,对托管外包业务发展给予了足够的重视和支持。

2. 协同机制下集团上下各司其职,各展所长。资产托管部作为集团托管外包的业务推动部门和业务承做部门,既承担集团托管外包业务统筹规划的职责,也承担业务承做工作,掌握着最前沿的业务信息和最丰富的专业知识,可在专业队伍培训打造、搭建战略合作渠道、区域资源禀赋特点分析、业务开拓策略研究、核心客户服务维护方面为各业务单位提供专业指导和支持。

分公司作为奋战在业务一线的力量,最了解客户需求和集团所能提供的服务种类,特别是经过分公司经营体制机制改革后,分公司独立经营主体得到强化,成为集团公司在各区域的综合业务平台,可充分发挥自身业务资源优势,整合集团各条线资源力量,为客户打造有针对性的个性化服务方案。

集团总部单位和各子公司通过发挥各自在投研、销售、交易服务方面的实力和自身资源,共同为专业机构投资者提供一站式综合金融服务。

这样的组织架构设计,让业务管理部门和业务单位之间,可以通过"专业+资源"优势互补模式,推动业务快速发展。

3. 集团一体化综合金融服务能力的不断提升。相较于个人投资者,机构客户对包含研究、销售、融资、投资等在内的一揽子综合金融服务需求更综合、要求更高,券商抢抓机构化风口机遇的关键之一在于为客户提供一体化综合金融服务的能力。

近两年集团加快了协同改革的步伐，不断激励集团各业务条线资源的整合共享。目前，集团正在推动构建含交易服务、销售服务、托管外包、研究服务、增值服务"五位一体"的私募综合服务体系建设。协同改革激励下，各条线资源的不断整合、集团一体化综合金融服务能力的不断提升，也有助于公司资产托管外包业务的发展。

4. 科技赋能业务，并逐渐成为业务发展的重要引擎。行业竞争日益激烈的背景下，金融科技是驱动证券公司转型发展、在新时代新环境下立于不败之地的重要引擎。集团对金融科技的定位，不仅是传统意义上赋业务的技术手段，更要求通过数字化、智能化方式实现集团内外部资源协同、整合和共享，重造业务运营模式与金融服务生态。

兴业证券托管前端通过管理人服务平台不断提升投资机构服务质量、拓宽服务半径、优化客户体验；中台已实现估值流程监控、调度、结果推送等任务链全过程自动化处理；后端正在推动采用大数据的业务综合分析和风险评估，以支持事前预警、事中控制及事后处置的全流程风控。通过持续推动业务技术"超融合"，以金融科技为引擎，不断探索数字化经营，提升业务综合竞争力。

六、证券公司托管业务的国际经验借鉴与发展思考

（一）国内证券公司托管业务空间广阔

目前，国内证券公司托管业务的主要客群是私募证券投资基金。近 5 年我国私募行业发展非常迅速，管理规模年复合增速达 12% 以上，远超资产管理其他行业。参照国际经验，随着投资者进一步向机构化、专业化发展，与传统投资品种相比，私募基金凭借投资范围广、投资策略灵活等优势，除了可满足居民日益多元化的财富管理需求外，也将逐渐成为银行、保险等机构投资者的重要资产配置选择。此外，股票发行注册制、公募转融通、两融扩容等资本市场改革红利的释放，也将为私募行业发展注入新的活力，预计未来我国私募行业将继续保持快速增长。

与此同时，在持续强化的监管要求和降低成本的市场需求驱动下，国内信托计划、银行理财等资管产品的托管外包业务空间正逐步释放，也将为券商带来新的业务机遇。

（二）托管业务为机构服务创新创造条件，数据资产具备战略价值

保留托管功能为 20 世纪 70 年代以后海外投资银行的融资融券、场外金融产品等方面的一系列金融创新提供了条件。托管业务可视为券商机构服务切入口，机构服务实践是券商逐步完善机构综合服务体系的内生动力。证券公司以托管业务为基础，可促进对机构客户交易支持、创新产品研发等多元化业务需求的挖掘，助力证券公司创建新的盈利模式。

反过来，参照纽银梅隆等托管行业龙头经验，基础业务沉淀的数据资产对内可

在整合前中后台资源中发挥重要作用,对外使得更多增值服务成为可能,具备极强的战略价值。

(三)国内证券托管集中度较高,但竞争格局并未固化,市场发展与监管加码孕育破局机会

国际PB业务发展经历了"探索—扩张—重塑"三个阶段。凭借先入优势,摩根士丹利、贝尔斯登的PB业务市场占有率一度分别高达33%和28%。然而,随着金融危机爆发,市场调整、监管趋严,行业格局随之重塑整合。

我国证券公司托管业务目前看似集中度较高,但总体而言,国内证券公司PB服务仍处于基础阶段,同质化严重。尽管已有部分前序券商初步搭建好服务体系,但在投资者机构化加速、私募行业快速发展、行业日趋规范的背景下,现有服务体系的可拓展性与迅速扩大的市场规模及日益严格的监管要求是否匹配仍有待检验,竞争格局远未固化。

市场的快速发展与监管加码孕育着破局机会。在客户与服务商双向选择的过程中,认真领会监管意图、准确把握客户的核心需求、做好前瞻性规划布局,显得至关重要。

(四)综合服务能力重要性凸显

金融危机对国外PB业务格局进行洗牌后,高盛、摩根士丹利等龙头服务商尽管市场份额下滑(部分原因在于为满足监管要求,大型服务商对客户进行了主动性选择),但依旧保持明显的领先优势,特别是在大型对冲基金服务领域。

究其原因,在于顶级服务商深厚的机构服务历史积淀中形成的综合服务优势。丰富的客户资源、全面的产品线、强大的资本实力、足够的券源储备、优秀的服务能力、良好的机构声誉使得其能够为各类对冲基金尤其是大型对冲基金提供全方位高质量服务。托管外包业务是机构服务的基础功能,业务的长远发展取决于综合的机构服务能力。

(五)重视金融科技投入及前瞻性布局

PB业务链条长、环节多、运营属性强,对金融科技的依赖性极高。国外大型PB综合服务商如高盛、摩根士丹利均十分重视通过对金融科技的前瞻性布局以强化资源整合、巩固竞争优势。对于精品型服务商而言,金融科技的布局应用也是其奇招制胜,乃至弯道超车的重要手段。如盈透证券就以足够前瞻的交易系统和技术,打造自动化业务流程形成成本控制上的优势,以"低成本或零成本"服务优势抢占费率敏感型客户市场。

(六)特色化业务开拓之路

国外诸多精品型服务商的发展为国内中小型券商打造特色化服务、构建差异化竞争优势也提供了良好的借鉴范本。后期证券公司可通过对客户进行细分、圈定重点进行突破。

对于整体实力不突出的中小型证券公司,可通过针对各类产品的深入研究、细分市场需求,利用自身优势,为客户提供特色服务,构建细分领域的差异化优势、走出符合自身实际的特色化业务开拓之路。

(七)健全风控体系、强化内控建设是业务长远健康发展的基石

国外 PB 业务的发展历程也充分印证了健全风控体系、强化内控建设对于证券公司托管业务发展的重要性。一方面,在监管日趋严格的背景下,健全风控体系、强化内控建设才可以保障业务健康发展。另一方面,随着机构服务朝着综合化、复杂化、个性化方向发展,持续的业务创新和多链条的服务模式对证券公司的风险管理能力要求越来越高,卓越的风险管理能力将逐渐成为证券公司新的核心竞争力。

参考文献

[1] 纪伟. 托管人在资产管理行业发展过程中的责任与义务——中国建设银行资产托管业务部总经理纪伟在中国基金业 20 周年主题论坛上的演讲 [EB/OL]. [2021-04-28]. https://www.sohu.com/a/271086228_658654.

[2] 廖志明. 有数据有分析,为什么海外银行拼命做资产托管业务 [R]. 民生证券研究所,2018.

[3] 孙婷. 乘私募发展之风,PB 业务方兴未艾 [R]. 海通证券研究所,2018.

[4] 叶长华. 我国证券公司发展 PB 业务现状及建议 [J]. 中国证券,2015 (5):47-51.

[5] 巴亚尼·克鲁兹,谢华军. 高科技时代托管业务将走向何方?[J]. 金融市场研究,2019 (10):92-95.

[6] 蔡宗琦. 托管业务悄然"破题"券商剑指财富管理话语权 [EB/OL]. [2021-04-28]. http://finance.southcn.com/f/2012-10/26/content_56970750.htm.

[7] 邓维. 金融科技在国内外券商 PB 业务中创新实践与思考 [EB/OL]. [2021-04-28]. https://www.sohu.com/a/332151551_100006100.

[8] 路颖,李明亮等. 证券公司主经纪商业务研究——基于美国经验的探讨 [R]. 海通证券股份有限公司、上海对外经贸大学,2018.

[9] 李予涛. 金融科技是驱动券商转型重要引擎 [EB/OL]. [2021-04-28]. https://baijiahao.baidu.com/s?id=1680481884553829059&wfr=spider&for=pc.

证券公司证券研究业务发展模式研究

王　斌　徐一洲　许盈盈[①]

一、以卖方研究为核心的证券研究业务发展回顾

(一) 国内证券研究业务兴起

1. 我国证券研究早期萌芽阶段。我国证券研究业务是伴随着 A 股市场创立诞生的。1990 年底，沪深两大交易所成立并正式开始营业，国内证券市场开始起步，但在起初的前十年里，证券研究，特别是为机构投资者服务的卖方研究这一券商展业模式还未出现。1996 年前，国内证券研究市场的产品供给方主要是以股评家、营业部咨询师为代表的群体，客群主要针对个人投资者，其分析手段基本是看图说话，走技术分析路线，还没有系统完整的证券分析框架。

1996—2000 年，为塑造专业形象，提升服务客户水平，证券公司逐步开始招募专业分析师团队，组建研究部门。这一阶段的研究员主要是以行业专业背景出身或通过跨行招募，具备专业知识和实际工作经验，虽然投研理论体系比较薄弱，但整体研究水平已有大幅提升，研究员日常工作主要是为公司内部投资、投行、经纪业务等部门服务。

2. 我国证券研究初步发展阶段。2000 年后随着公募基金逐步兴起和发展，以国泰君安、申银万国、华夏证券为代表的大型券商研究部门开始探索由对内服务向对外部机构投资者服务转型。通过学习美林、里昂等国际投行的卖方研究模式，加之国内基金公司必须使用证券公司的机构席位进行交易，国内券商研究部门逐步探索出以研究服务分享机构交易佣金的卖方研究模式，即通过提供投资研究服务，吸引机构客户在公司平台开设机构席位进行交易，从而获取交易佣金。但 2001—2005 年恰逢五年熊市，证券行业连年亏损，多数证券公司风雨飘摇，卖方研究这一商业模式在国内推行初始就遭遇市场低潮，部分券商研究部门甚至一度面临是否要被取缔或并入其他业务部门的风险。

[①] 王斌，博士，经济与金融研究院院长、兴证智库主任；徐一洲，硕士，经济与金融研究院业务董事；许盈盈，硕士，经济与金融研究院高级分析师。

2006年股权分置改革为市场带来转机，不仅启动了2007—2008年资本市场大牛市，为证券行业注入了活力，也为证券研究业务带来了巨大的发展契机。牛市中，公募基金行业获得大发展，管理规模出现爆发式增长，研究需求及机构交易佣金也随之激增。与此同时，以零售经纪为代表的传统券商业务，在同质化的商业模式下，价格战成为各家券商获取客户的主要手段。为应对市场机构化浪潮及传统业务的竞争压力，参照成熟市场发展路径，国内证券公司开始逐步将发展重心转向机构业务，而卖方研究正是发展机构业务的重要抓手。在A股市场发展十多年后，证券研究业务的卖方研究模式才真正开始推广。此后，券商研究部门纷纷转向对外服务，国内证券研究业务开始逐步与国际投行接轨。

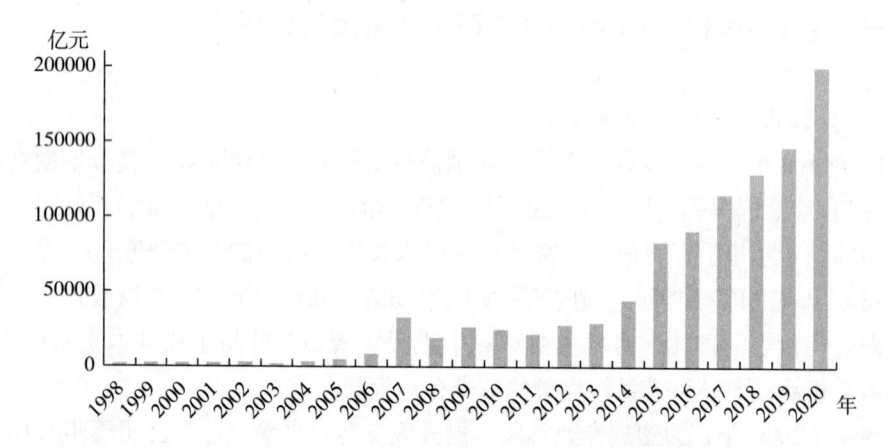

图1　1998—2020年国内公募基金资产规模净值

（数据来源：Wind）

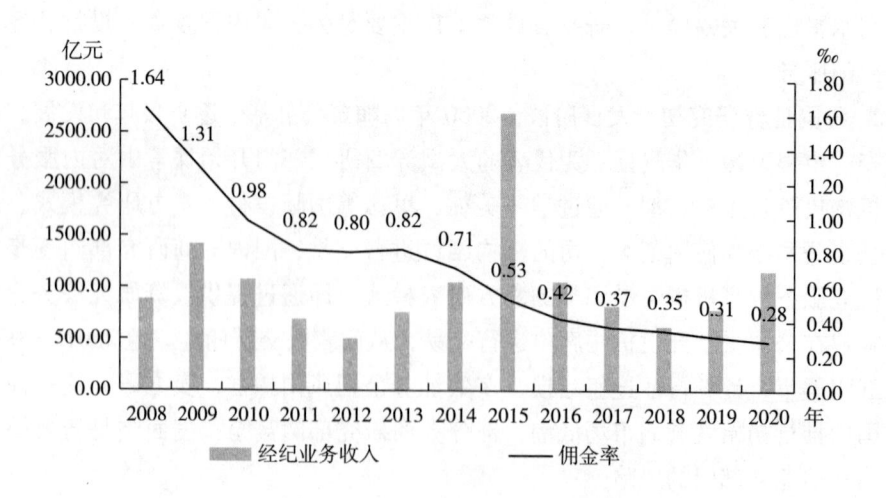

图2　2008—2020年国内证券经纪收入规模及佣金率变化

（数据来源：沪深交易所、中国证券业协会）

(二）卖方研究模式下证券研究业务进入高速发展阶段

1. 卖方研究模式获得广泛推广。证券研究业务卖方研究模式的崛起，使得研究服务从非盈利性转向盈利性，逐步开启市场化竞争机制。作为证券公司机构经纪实现差异化获客的核心手段，同时伴随机构投资者数量和规模的壮大，证券研究的从业群体，即分析师人数规模不断扩大。尽管2011—2013年市场交投低迷，但分析师从业人数却逆势扩张，增至2000人以上，较2010年的865人实现翻倍以上增长。

根据2013年证券业协会的专项调查统计，在参与调研的98家证券公司中，设有研究所（部、子公司）的证券公司就有88家。研究报告是国内券商研究部门最主要的产品形式，研究广度已覆盖包括宏观、策略、行业与公司、金融工程、基金、债券及固定收益等领域。据统计仅2013年一年发布的研究报告就已超过16万篇。88家证券公司研究所中有70家开展卖方研究，外部服务的机构客户包括公募基金、保险公司、社保基金、私募基金、产业资本、资产管理公司、券商资管&自营部门、QFII及海外客户等。

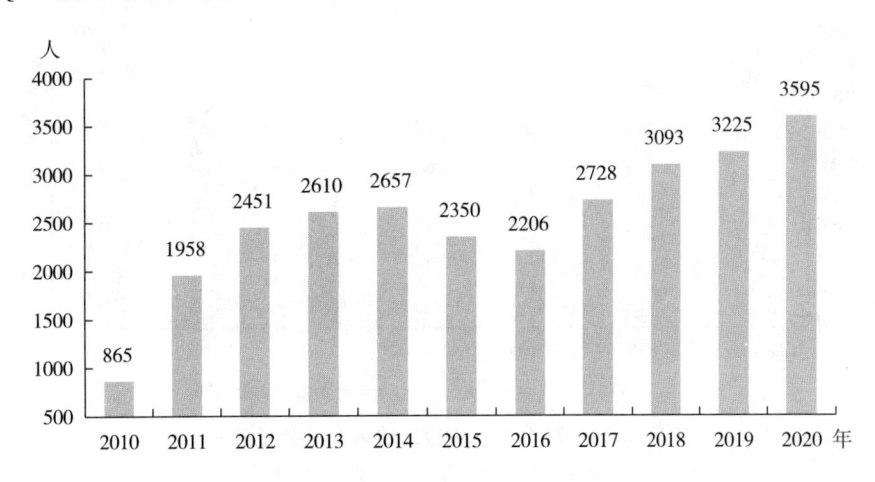

图3 国内证券投资咨询业务（分析师）注册人数

（数据来源：中国证券业协会）

通过以卖方研究为核心的市场化竞争机制，国内证券研究的水平和影响力不断提升，研究服务的内容和模式也不断丰富，从最初的上市公司调研、撰写研究报告、机构客户日常路演，到年度或中期研究策略会、专题讲座、电话会议、产业链调研、专项课题委托等。国内证券分析师群体通过专业且严谨的证券投资研究框架，引导市场机构投资者进行理性投资和价值投资。根据2012年《新财富》杂志对机构投资者的调查，高达90%的机构投资者表示决策时会参考卖方研究成果。由此可见，国内卖方研究模式下诞生的证券分析师群体在资本市场的话语权和影响力已基本确立。

2. 卖方研究收入快速增长带动业务高速发展。卖方研究模式使证券研究部门成为上市公司与机构投资者之间的桥梁，同时也使证券研究业务实现了经济效益的落地。从交易佣金率来看,近年来零售经纪佣金率已降至万分之三以下,而机构交易佣金仍在万分之五到万分之八之间,价格的倒挂正体现了研究业务所蕴含的市场价值。从整体机构交易佣金规模来看,根据证券业协会数据,总席位佣金从2014年的71.12亿元增长至2020年的167.86亿元,期间复合增速为15.1%。其中基金公司分仓佣金占比在70%~80%,是证券公司最主要的机构交易收入来源。根据Wind统计的历年基金分仓总佣金规模,2003年这一数据仅为2.7亿元,但到2020年就已达到139.33亿元,复合增速达到35.4%。

机构经纪收入的快速增长,一方面为证券公司带来收入增量,另一方面也为证券研究业务发展带来了充裕的资金支持。2008年以来,越来越多的券商大力投入发展研究部门,使得这一细分领域汇聚了越来越多的优秀人才,来全方位且深入细致地解读中国经济发展。伴随着中国资本市场的发展,证券研究已经成为除政策研究和学术研究之外又一个新的主流研究领域,影响力与日俱增。

图4 2014—2020年机构经纪收入及基金分仓占比

(数据来源:中国证券业协会、Wind)

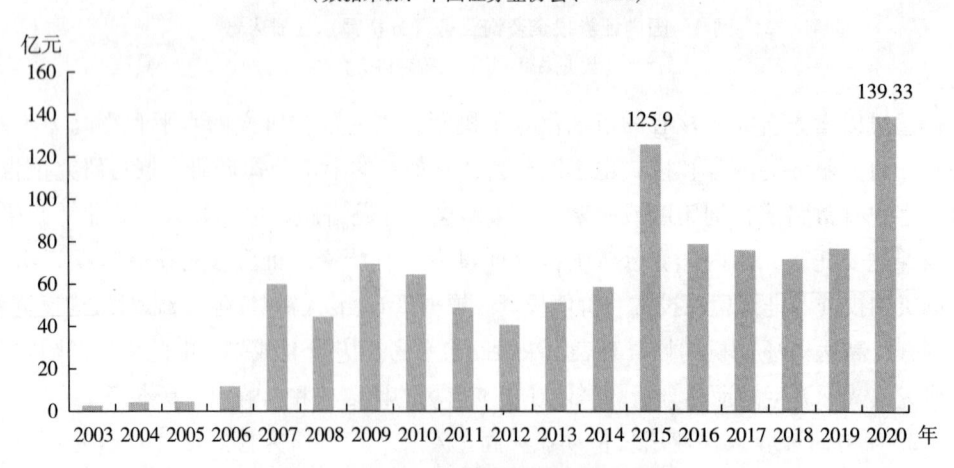

图5 2003—2020年基金分仓佣金规模

(数据来源:Wind)

3. 卖方研究评价系统开始建立和推广。对于证券研究业务的卖方研究模式，买方机构急需一套衡量各券商研究实力的相关评价体系，从而来选择在哪些券商开设交易席位以及如何分配交易佣金的比重。在此背景下，定位于以评价和研究引领的国内金融服务平台——《新财富》杂志于2003年起开始推出关于证券分析师研究水平的评选活动，评选采用邀请包括基金、保险、私募在内的各类机构投资者通过提名并打分的方式评选出多个研究方向的"最佳分析师"。经过十多年的连续举办，"《新财富》最佳分析师"这一评选活动的品牌影响力在业内不断提升，成为国内证券研究领域举足轻重的外部评选活动。

对于证券分析师来说，在"《新财富》最佳分析师"评选活动中上榜，意味着自身研究能力获得了市场机构投资者的认可和青睐，从而获得了市场影响力。而机构投资者也更倾向于与评选活动中综合评分较高的证券研究部门合作，通过分配更多交易佣金以换取其研究服务支持。根据历史基金分仓排名数据，证券研究收入排名与外部评选活动排名高度相关，具备更强市场影响力的券商在基金分仓佣金排名中也更为靠前。

2008年前"新财富本土最佳研究团队"只评选综合得分前五的券商研究部门，当年综合研究实力排名前五的券商均跻身基金分仓佣金排名前十。2008年后"新财富本土最佳研究团队"为综合得分前十的券商，这十大券商在基金分仓佣金前十排名中基本占据7~8个席位，尤其是2009年，分仓排名前十的券商均为"新财富本土最佳研究团队"，"研究创造价值"得到了真金白银的印证。

但也有部分头部券商的研究业务在获得市场影响力后，正式退出了"《新财富》最佳分析师"评选活动。这部分头部券商除中信证券外，如中金公司、国信证券，在不参评后基金分仓佣金排名逐步掉出前十梯队。而部分非头部券商如长江证券、兴业证券，则凭借研究实力和市场影响力实现了突围，在基金分仓排名中跻身前列。

表1　　证券公司新财富研究排名与基金分仓排名相关性高

基金分仓排名	2005年	2006年	2007年	2008年	2009年	2010年	2011年	2012年	2013年	2014年	2015年	2016年	2017年
1	国泰君安	国泰君安	申万宏源	中金公司	申万宏源	申万宏源	申万宏源	申万宏源	中信证券	中信证券	中信证券	招商证券	中信证券
2	申万宏源	申万宏源	中信证券	中信证券	中信证券	中信证券	中信证券	海通证券	海通证券	招商证券	中信证券	长江证券
3	银河证券	银河证券	国泰君安	申万宏源	中金公司	国泰君安	国泰君安	银河证券	申万宏源	招商证券	海通证券	海通证券	招商证券
4	中金公司	招商证券	中金公司	国泰君安	国泰君安	招商证券	国信证券	国泰君安	国泰君安	国泰君安	国信证券	银河证券	广发证券

续表

基金分仓排名	2005年	2006年	2007年	2008年	2009年	2010年	2011年	2012年	2013年	2014年	2015年	2016年	2017年
5	招商证券	中信证券	银河证券	招商证券	海通证券	中金公司	东方证券	海通证券	招商证券	申万宏源	安信证券	广发证券	海通证券
6	海通证券	中信建投	招商证券	国信证券	国信证券	国信证券	海通证券	东方证券	中信建投	中信建投	银河证券	国泰君安	中信建投
7	华泰证券	广发证券	中信建投	海通证券	招商证券	华泰证券	招商证券	招商证券	银河证券	国信证券	国泰君安	长江证券	天风证券
8	广发证券	中金公司	国信证券	北京高华	安信证券	安信证券	中金公司	国信证券	广发证券	银河证券	广发证券	国信证券	兴业证券
9	中信建投	光大证券	海通证券	银河证券	华泰证券	海通证券	华泰证券	中信建投	东方证券	广发证券	中信建投	兴业证券	中泰证券
10	中信证券	国信证券	中银证券	华泰证券	国金证券	东方证券	广发证券	广发证券	长江证券	兴业证券	申万宏源	申万宏源	东方证券

注：2008年前新财富本土最佳研究团队只评选前五，2008年起评选前十；灰底证券公司研究部门当年新财富本土最佳研究团队未上榜。

数据来源：Wind，新财富官网。

4. 2018年后逐步开始探索新发展路径。证券研究业务的核心竞争力是研究能力，归根结底是人才的竞争，而卖方研究模式下，分析师通过外部评选活动获得了高度的市场影响力，不少后发券商为快速抢占机构佣金份额，对上榜分析师开出高薪以争夺人才，使得证券研究业务人力成本高涨。但在证券公司大力投入这一业务背后，是源于证券公司一方面可以通过与研究服务绑定的机构经纪获得增量收入来源，另一方面可以通过研究服务获取更多机构客户来源，同时实现公司品牌打造和业务条线赋能。

根据《新财富》官方数据显示，到2018年，参与"《新财富》最佳分析师"评选的分析师人数已由最初的不足500人增长到2018年的1400余人，机构投票人数更是由77人增长到4000余人。随着活动关注度提升以及分析师薪酬与其排名直接挂钩，使得不少证券分析师希望借助新财富排名作为自身升职加薪和跳槽的砝码，研究领域逐步出现深度研究质量下降，而活动和服务比重逐步上升的情况。这也导致行业出现了一些乱象，最终2018年"《新财富》最佳分析师"评选被监管叫停。与此同时，仅与机构经纪绑定，卖方研究模式也存在收入渠道过于单一的弊病，造成2016—2018年市场交投低迷环境下卖方研究收入增长一度面临瓶颈，自此证券研究业务逐步开始探索新环境下的发展路径。

二、海外证券研究业务发展历程及国际对标

(一) 国际投行证券研究业务发展变迁

1. 美国证券研究业务发展初期。伴随着美国资本市场的发展与壮大，美国证券研究业务也经历了三个发展阶段。1929年美国股市大崩盘前，证券投机大行其道，无论是普通投资者还是机构投资者均普遍采用高杠杆的保证金进行证券交易。直至本杰明·格雷厄姆在1934年底完成跨时代著作——《有价证券分析》，才逐步开启美国本土以价值投资为核心的证券研究业务先河。经过股灾洗礼，以及资本市场和投资者逐步成熟，立足于基本面分析的价值投资逻辑体系越来越受到市场重视，"证券分析师"逐步开始成为一种职业。

20世纪60年代，美国传统经纪业务竞争进入白热化阶段，为打造差异化客户服务手段，早期部分美国投行开始组建研究部门，如高盛早期设立研究部门，其首要目的是为个人账户发掘证券投资机会。20世纪70—80年代起，美国大宗交易繁荣，股市80%的增量资金来自投入共同基金之中的个人退休金，机构投资者规模开始持续壮大，要求投行为其提供宏观、行业和特定公司的研究服务，在这一背景下证券研究需求出现急速上升。直至90年代初，机构投资者持仓总市值已经占到纽交所股票总市值的55%，而个人投资者仅占20%。

2. 美国证券研究业务鼎盛时期。20世纪90年代至21世纪初是美国证券研究业务发展的鼎盛时期，当时靠大力投入证券研究业务发家的帝杰证券在90年代初期一度跻身全美十大投行之列。由美国本土权威分析师评选杂志 *Institution Investor* 评选出的明星分析师市场影响力巨大，其研究观点短期影响股价变动 ±20% 是很常见的事情。这一阶段，证券分析师在美国资本市场上拥有极高的声誉和市场影响力。

证券分析师这一市场影响力，使其具备了影响股票价格的信息垄断优势。一旦其相关研究成果被公开，一定程度上能够在短期内为客户创造盈利的机会。而美国当时监管的缺失使得互联网泡沫时期频频爆出证券分析师丑闻事件，为证券研究业务带来了巨大的信任危机。在此背景下，美国监管当局开始逐步出台证券研究业务的相关监管措施，来强化这一领域的管制。在2002—2003年，美国国会、美国证监会、证券业协会等对证券研究业务的监管体系进行了全面改革，改革措施包括对分析师及其关联人证券交易行为的限制、相关信息强制披露要求、证券研究报告合规审核，强制要求证券研究部门与投资银行部门实行完全隔离等。

3. 当前美国证券研究业务现状。美国证券研究业务的盈利模式为机构客户通过支付高于正常佣金费率的交易手续费来覆盖研究服务成本，此类佣金又被称作"软美元佣金"(Soft‐dollar Commission)。1934年，美国《证券交易法》认可了"软美元佣金"制度的合法性，2006年颁布的《客户佣金实践指导条例》再次重申了该

交易模式的合法性。

但欧盟在 2018 年却颠覆了卖方研究这一盈利模式。2018 年 1 月欧盟区域开始实施 MiFID II 政策，其中明确要求资产管理公司或投资咨询公司（买方）必须从交易佣金中拆分出研究费用，这一成本可以是公司自行承担，抑或是转嫁给客户。换言之，投行此后要为研究报告单独定价，而投资者也要为研究服务单独付费。在这一政策实施前，欧盟的买方机构普遍计划缩减研究支出和合作卖方机构数量。

MiFID II 研究佣金分拆实施后，市场争议不断。尽管欧洲证券市场管理局（ESMA）表示，没有实质性证据表明 MiFID II 的研究分拆政策给市场带来负面影响，但不少研究证明，这一分拆政策对增强交易透明度的作用有限，但导致研究领域分析师明显减少，使得研究覆盖面和研究报告质量均出现下滑，中小股票的流动性也受到了明显的削弱。

基于这一负面影响，美国监管层并没有跟进欧盟这一监管举措。2019 年 11 月，美国证监会发布公告，将对美国经纪商履行 MiFID II 研究分拆规则的豁免期从 2020 年 7 月 3 日延长至 2023 年 7 月 3 日。在 1940 年美国出台的《投资顾问法》中，可单独收取研究费用的机构必须具备投资顾问资格。这意味着在没有申请投资顾问资格的前提下，美国经纪商也被允许为欧洲资产管理公司提供研究服务，同时可遵守 MiFID II 下研究与交易的分拆要求，从客户账户中单独收取研究费用。

与此同时，欧盟地区研究佣金分拆政策在推进过程中也出现了反复。为应对分析师人数下降导致的上市企业覆盖率不足，2020 年 7 月欧盟委员会提议为应对新冠肺炎疫情冲击，中小型股票研究和固定收益研究可以免除实施 MiFID II 的研究分拆规则，中小型股票定义为市值低于 10 亿欧元（约 11.7 亿美元）的上市公司，公司市值根据近 12 个月的估值来计算。欧盟委员会表示这一短期豁免旨在鼓励市场对中小盘公司和固定收益工具进行研究。

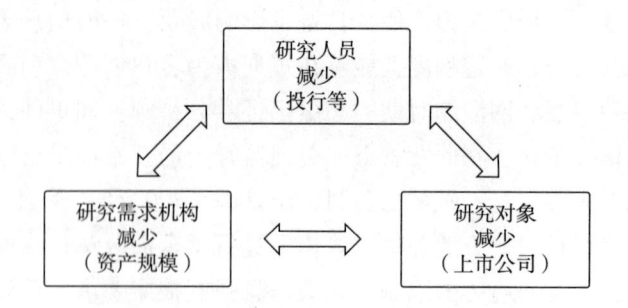

图 6　分析师减少降低部分上市公司交易活力

MiFID II 法案下研究佣金分拆政策给欧洲资本市场带来的负面影响较为明显，研究费用的分拆实际上增加了买方机构的研究成本，导致买方可支付的研究费用明显减少，研究领域出现专业人才大量流失，最终影响了资本市场活跃度和运行效率。

该政策仅在欧盟区域推行，当前部分研究领域又被重新允许采用与交易佣金绑定这一商业模式，且美国市场并未跟进，因此并没有成为未来证券研究业务发展的主流趋势。

(二) 研究领域巨头——野村综合研究所

1. 野村综合研究所概况。野村证券成立于1925年，不仅是当前日本第一大券商，且在2008年收购了雷曼兄弟在欧洲、中东、亚洲区包括日本、澳大利亚和中国香港的业务，是全球最具影响力的金融机构之一。野村证券创始人野村德七于1906年就创建了证券研究部门，即野村证券调查部。野村证券调研部是野村综合研究所的前身，1965年野村综合研究所正式脱离野村证券，成为日本第一家独立的企业型研究咨询公司。当前野村综合研究所已逐步成长为日本乃至亚洲最大的战略和IT咨询公司。

野村综合研究所下设两个总部，素来有"双头雕"之称：东京总部围绕证券业务进行调查研究，镰仓总部负责国内外政府、公共团体、产业企业的委托研究课题，在1979年还新设立了所长直属的专门的政策研究部，以科学技术、国际金融、产业结构为主要研究对象。野村综合研究所为贯彻成立初期的口号——"调查是繁荣企业、向海外进军的保证"，一直致力于全球布局，在纽约、伦敦、中国香港、巴西等地均设有分支机构，具备广阔的全球研究视角。

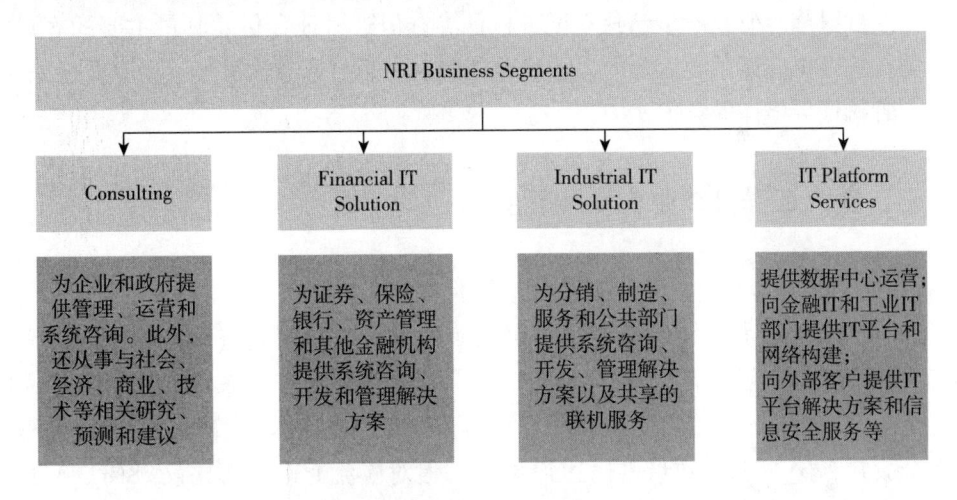

图7 野村综合研究所四大核心业务构成
(数据来源：公司年报)

2. 服务客户群体广阔。野村综合研究所通过独立化运作，且注重综合研究运用，服务覆盖的客户范围颇为广泛，大到国家战略、发展对策，小到某个细分产业、某个商业产品等，涵盖了宏观到微观的全方位研究。同时其通过多家海外分支机构，为各类研究课题提供国际化研究视角，且可以集结到各个领域的研究力量进行协同合作，可为客户提供多学科的综合化解决方案，充分发挥了智囊的作用，可以称之为名副其实的综合性思想库。

此外，野村综合研究所承接了大量政府部门的课题，其研究成果在政府决策中起到了重要作用。据野村综合研究所介绍，每年约有 400 项政策咨询类课题，其中中央政府、地方政府和公共团体各占三分之一左右。委托经费最高的平均每一课题为 2600 万日元，约合人民币 240 万元，最低的平均每一课题为 700 万日元，约合人民币 60 多万元。

3. 已具备研究规模效应。野村综合研究所是日本规模最大、研究人数最多的智库。20 世纪 70 年代日本智库热兴起，随后进入高速发展阶段，野村综合研究所在这一时期也实现了快速发展。1980 年，其在职员工就有约 500 人，其中研究人员 260 人，到 1995 年，员工总数已达到 2900 人，其中研究人员 850 人。根据其官网最新数据，截至 2021 年第一季度末，野村综合研究所在职员工为 13430 人，研究人员达 6507 人，是日本思想智库中名副其实的"龙头老大"。

此外，野村综合研究所还特别重视基础智库设施建设，其拥有自己的图书馆，仅在东京的藏书就达 4 万册，另有各种杂志 1200 种、报纸 65 种和特种行业报纸 88 种，还拥有自己的"信息银行"，专门收集日本经济与产业的资料，另建有日本 1700 家企业财务情况数据库，同时出版有《财界观测》《野村周报》《经济季报》《经济评论》等刊物。

虽然野村综合研究所早已独立于野村证券，但野村证券仍是其最主要的客户之一。野村综合研究所系统完善的人才培养体制也为野村证券输送了不少专业性人才，提升了野村证券整体的竞争实力。

三、国内证券研究业务发展展望

（一）行业趋势：研究重要性正持续提升

1. 对内成为证券公司综合竞争不可缺少的部分。从国内资本市场来看，截至 2020 年末，A 股市场共有个股标的 4133 只。从自由流通市值来看，百亿元规模以上的个股为 609 只，数量占比仅 15%，对应流通市值占比达到 72%，百亿元规模以下的个股共有 3524 只，数量占比达到 85%，但对应流通市值占比仅 28%。A 股中小型个股数量规模庞大，同时新兴产业和创新公司众多，足够的研究覆盖不可或缺。

除资本市场自身需要足够的研究覆盖外，从证券公司内部来看，研究部门对公司综合能力形成的重要性也在持续提升。为适应注册制要求，更好地发挥投资银行价值发现作用，证券公司加快从原先通道化、被动管理向专业化主动管理转型。当前新股发行注册制的实施，打破了传统 23 倍市盈率定价约束，科创板的强制跟投要求也对证券公司的定价能力提出更高要求。而在证券公司内部，唯有证券研究部门才能打通一级半到二级市场客户服务的渠道，承担起资产定价估值之"锚"的角色。因此，研究业务将成为未来证券公司综合实力竞争不可缺少的部分。

2. 对外机构佣金增长可对抗传统通道佣金费率下行压力。2019 年后以注册制为核心的资本市场改革开始推进，企业实现直接融资的制度入口被进一步打通，直接融资比重正逐步提升。上市公司数量的增长给予了市场更多投资机会，使得外部研究需求进一步增加。与此同时，市场投资者结构机构化背景下，以公募基金为代表的机构投资者成为更加重要的力量，根据 Wind 统计，截至 2020 年末，国内公募基金资产净值超过 20 万亿元，创历史新高。

随着 2019—2020 年市场回暖，交投活跃度明显提升，特别是 2020 年结构性行情下，全市场席位佣金收入同比增长 69.4%，至 167.96 亿元，已超过 2015 年全面牛市时期。值得注意的是，机构经纪业务轻资产、低风险特征明显，具备明显的抗周期性，即使是 2018 年市场低谷，收入体量也在百亿元左右。近年来机构交易收入占比呈现持续提升趋势，由 2014 年的 6.8% 上升至 2020 年的 14.5%。研究佣金市场蛋糕做大的同时，一定程度上可对冲零售佣金不断下行的负面影响。

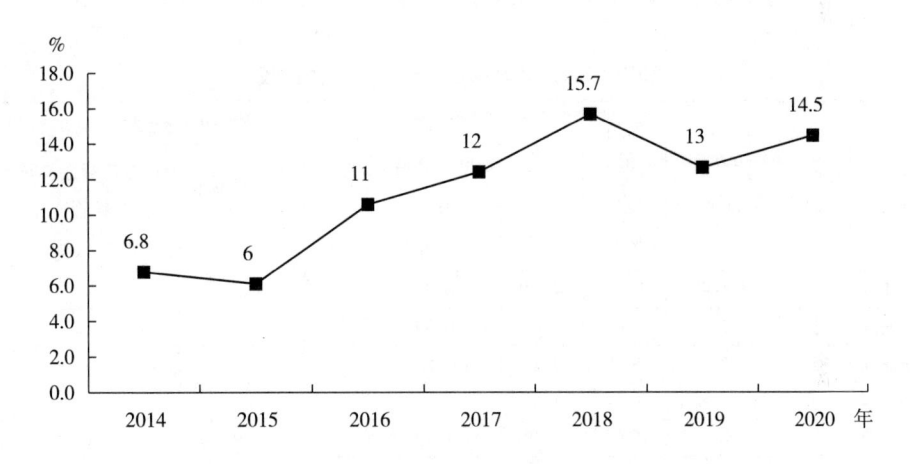

图 8　2014—2020 年机构经纪占经纪业务比重

（数据来源：中国证券业协会）

（二）竞争格局：群雄逐鹿，日趋激烈

1. 面临新进入及现有竞争者的不断冲击。研究重要性持续提升背景下，业内对于研究业务的投入进一步加大，人才争夺战加剧。由于研究业务是一个高度分散的业务，也是中小公司最容易突围的业务，因此不断面临新进入者的冲击。不少中小券商通过自身高激励机制来吸引研究人才，海外投行进入中国资本市场后也通过高薪招募优秀人才，组建自身研究团队。此外，近年来头部券商也纷纷开始巩固研究业务，部分过去不重视研究业务的头部券商也大力招募卖方人才。

另外，研究业务的复杂度也在提升，行业竞争逐步从人力资源导向到平台经营导向迁徙。头部券商凭借自身综合化业务能力，通过 ETF 换购、投行项目资源对接、大宗交易等形式实现机构经纪市场份额的提升,改变了纯研究服务换取佣金的模式,对行业形成降维打击。当前公募佣金分仓中,部分基金公司的市场佣金在席位收入中的占比甚至可以超过50%。

2. 机构交易收入成为研究能力和平台实力的综合体现。从2020年上半年席位佣金规模排名前十的券商来看,除长江证券和兴业证券外,均为头部券商;排名前十券商中除招商证券、中信证券、国泰君安和华泰证券(后三家2020年未参评)外,其他六家新财富排名均进入前十,由此可见,当前席位佣金收入是研究能力和平台实力的综合体现。席位佣金规模排名前五的券商中,中信证券和海通证券是研究能力和平台实力强强联合的最好体现,长江证券和兴业证券主要凭借市场公认的综合研究实力,招商证券则主要凭借除研究以外的市场佣金收入。

席位佣金规模中剔除公募分仓收入,为保险、社保及QFII佣金收入,该部分收入的获取主要体现券商的研究实力。总佣金规模排名前十五的券商中,兴业证券在保险、社保及QFII佣金收入规模仅次于海通证券和中金公司(中金公司QFII收入贡献比重较大)。

表2　　　　　　　　　　2020年席位佣金排名前十五的券商比较

证券公司	总佣金排名	新财富排名	席位佣金规模(亿元)	公募分仓(亿元)	研究因素 保险+社保+QFII佣金(亿元)	基金评价资格	非研究因素 上市基金主做市商资格	客户资金余额+托管证券市值(万亿元)
中信证券	1	未参评	5.16	4.24	0.92		✓	4.74
长江证券	2	2	3.99	3	0.99			0.65
海通证券	3	3	3.7	2.17	1.53	✓	✓	1.66
招商证券	4	未进入前十	3.62	2.68	0.94	✓	✓	2.20
兴业证券	5	4	3.59	2.29	1.30			0.76
广发证券	6	1	3.54	2.65	0.89			1.83
国泰君安	7	未参评	3.42	2.24	1.18		✓	2.64
申万宏源	8	并列第5	3.07	2.35	0.72		✓	3.20
华泰证券	9	未参评	3.05	1.86	1.19			2.02
中信建投	10	10	2.84	2.99	−0.15		✓	2.37
东方证券	11	未进入前十	2.82	1.96	0.86		✓	0.52
中泰证券	12	未进入前十	2.58	2.53	0.05			0.71
光大证券	13	未进入前十	2.56	1.9	0.66			0.70
中金公司	14	未参评	2.47	1.14	1.33		✓	2.86
国盛证券	15	7	2.06	1.48	0.58		✓	0.10

注:总佣金、公募佣金均为2020年上半年口径,新财富排名为2020年末口径;客户资金余额+托管证券市值为2019年末口径,各家券商股基成交额2018年后不再披露,在此用协会每年披露的客户资金余额+托管证券市值来说明各家券商经纪业务实力。

数据来源:中国证券业协会、中国基金业协会、Wind。

（三）发展路径展望：综合研究转型成为共识和必然趋势

在当前国内券商业务中，证券研究部门不仅是业务部门，对公司席位佣金收入、投资研究品牌影响力负责，还具备核心支持部门的职能，对内发挥对各业务条线赋能的作用，对外协助公司在更高平台发声，扩大品牌影响力。在国内以注册制为核心的资本市场改革下，向综合研究转型成为更多券商的共识和必然趋势，研究开始成为证券公司实现高质量发展的又一重要引擎。

卖方研究方面，优秀的研究能力依然是分析师安身立命的根本，以佣金派点和新财富为代表的外部评价体系是良好的磨刀石，通过市场化竞争机制，可以使分析师的研究能力保持在较高水准。对内服务方面，积极拓展研究业务边界，走持续赋能证券公司综合化经营的发展道路。参考野村综合研究所的发展经验，国内证券公司应不断拓宽研究业务的边界，在传统机构投资者之外，覆盖包括银行、产业资本、政府机构等新兴客群，一方面可为公司拓展客群，在投行、资管等业务竞争中形成差异化竞争优势，另一方面可提高公司在公共政策、产业政策等方面的影响力。同时，对于研究业务本身而言，也需要证券公司打通更多的研究成果转化渠道，为研究业务反向赋能，提供更多人力和资金支持。

参考文献

[1] 刘昆. 证券公司投资咨询业务的模式研究——卖方研究的兴起、演变和国际比较 [D]. 北京：北京化工大学论文，2016.

[2] 李迅雷. 卖方研究夹缝生存 [N]. 理财周报，2014 - 06 - 23.

[3] 龚映清，陶鹏春. 国内券商研究发展困局与重构探索 [J]. 证券市场导报，2013（5）：4 - 8.

[4] 杨艳林. 证券分析师利益冲突与研究质量——对美国卖方研究机构监管经验的再思考 [C] //中国证券业协会. 创新与发展：中国证券业 2012 年论文集. 北京：中国财政经济出版社，2013.

[5] 李孟枭. 卖方研究行业 10 年变迁 [EB/OL]. 新财富，2013. https：//www. sohu. com/a/120846258 _ 487276.

[6] 于欣，周舒婕，吴瑶等. 买方眼中的卖方研究变迁 [EB/OL]. 新财富，2012. https：//wenku. baidu. com/view/eb6a871d81eb6294dd88d0d233d4b14e84243e16. html.

[7] 高善文. 卖方研究业务向何处去 [EB/OL]. 新财富，2012. https：//xueshu. baidu. com/usercenter/paper/show？paperid = 1a66f36f17d4c57774ab1185f93447bd&site = xueshu _ se.

[8] 刘筱英. 野村证券研究的活力 [J]. 中国金融家，2003（9）：30.

[9] Adrien Amzallag, Claudia Guagliano, Valentina Lo Passo. MiFID II research unbundling: assessing the impact on SMEs [R]. ESMA Working Paper, 2021.

[10] Michael Turner, Christian Edelmann, James Davis, Johan Blomkvist. Research Unbundling: revealing quality and forcing choices [R]. Oliver Wyman, 2017.

证券投资基金公司的责任投资之路

庄园芳　季文华　罗　威
刘一锋　蒋寒尽　徐　灿[①]

一、证券投资基金公司参与责任投资的动因

2021年"两会"期间,"碳达峰、碳中和"作为重点工作之一首次被写入政府工作报告,同时国家"十四五"规划也提出了"碳中和"目标与建成全球最大碳交易市场的战略部署,成为代表委员乃至全国上下关注的焦点。"碳达峰、碳中和"是对可持续发展理念的贯彻,是高质量发展的关键词,也是实现"美丽中国"愿景的重要举措。如期实现2030年前碳达峰、2060年前碳中和的目标,是党中央经过深思熟虑作出的重大战略决策,事关中华民族永续发展和构建人类命运共同体。

资本市场对此的反应同样积极而正向。数据显示,全球范围内,无论在全球可持续投资联盟(Global Sustainable Investment Alliance,GSIA)所代表的主要发达市场,还是在如中国责任投资论坛(China SIF)所在的中国等新兴市场,资本始终持续大规模地转向低碳和具有可持续属性的资产资本,投资机构对于责任投资的理解和关注也呈现迅速增长态势。

所谓"责任投资",是指在传统投资考虑投资标的财务表现、商业模式的基础上,加入对投资标的环境、社会和公司治理(Environmental,Social,Governance,ESG)情况的评价,是一种更全面的、更关注可持续发展的评价企业的方式。

最早期的责任投资并不称ESG,而称"伦理投资",是西方教会为信徒指定的一系列严格的投资准制,旨在限制不当交易,比较典型的有宗教基金、慈善基金、养老金、主权基金等。20世纪70年代,发达国家为缓解此前"重经济轻环境"发展所致的环境污染问题,开始兴起绿色消费及环保倡议。近年来,在联合国责任投资原则组织(Principles for Responsible Investment,PRI)的大力推动下,"责任投

[①] 庄园芳,硕士,兴证全球基金副董事长、总经理;季文华,硕士,兴证全球基金高级投资经理;罗威,硕士,兴证全球基金投资经理;刘一锋,硕士,兴证全球基金高级经理;蒋寒尽,硕士,兴证全球基金高级经理;徐灿,硕士,兴证全球基金高级经理。

资"更是在全球范围内快速发展。2007 年，欧洲投资银行 EIB 发行全球首只具有典型意义的绿色债券——"气候意识"债券；2008 年，世界银行与 SEB 联合发行首只命名为"绿色债券"的债券；2013 年，国际金融公司发行 10 亿美元全球绿色债券。历经 30 余年发展，参与责任投资的投资者范围逐渐扩大，将环境、社会和公司治理（ESG）因素纳入投资分析也已深入人心，成为监管机构、投资机构乃至市场各方的共识。

从目前全球参与责任投资的资金来源角度看，机构投资者是主要参与者。这是因为，责任投资的主要目的是将资金引导至具有可持续发展理念、能够创造长期价值的公司，这与养老金、公募基金等机构投资者更重视企业长期投资的偏好不谋而合。从实际投资效果而言，责任投资的确能够有效帮助机构投资者规避风险并获得超额收益。

一方面，高污染或对环境有较大破坏的公司，不仅自身价值会随时间推移而降低，也会产生外部性损害并降低整体行业的回报率。同时，不断提升的监管处罚力度及负面舆情也会影响企业的价值形象。相反，注重 ESG 治理的企业则会在品牌管理、可持续发展等方面有较好的表现，降低对其投资的风险。另一方面，无论从短期、中期还是长期的角度看，选择责任投资都能为投资者带来更多可持续性投资回报的机会，其背后逻辑在于责任投资会引导企业更多关注自身的运营模式，不断提升效率。根据 2018 年 PRI 在美国市场开展的一项研究表明，在投资策略中增添 ESG 因素，可能会产生超出基准的超额收益。同样，以兴证全球基金编制的"CBN—兴全基金社会责任指数"（代码：399369.SZ）为例，该指数选择 A 股市场中社会责任履行方面表现良好的 100 只公司股票，并追踪其价格变动趋势。截至 2020 年 6 月 5 日，该指数自成立以来上涨 33.00%，同期上证综指下跌 4.74%，大幅超越大盘涨幅。

从全球责任投资的资产规模来看，根据晨星数据，全球可持续基金资产规模处于高速发展阶段，在 2019 年底首次突破万亿美元，并于 2020 年第三季度攀升至 1.26 万亿美元，其中 82% 来自欧洲，具体数据见图 1。

尽管受新冠肺炎疫情影响，2020 年第一季度的全球可持续基金净流入有所下滑，但在复苏需求的持续拉动下，第二季度起流入可持续投资领域的资金量不断攀升，仅 2020 年第三季度全球可持续基金净流入就高达 805 亿美元。

而从责任投资机构数量上看，PRI 签署机构数量也在 2020 年经历了快速增长。截至 2020 年 11 月 11 日，全球已有近 3500 家机构签署 PRI，较 2019 年新增 787 家投资机构，签署机构总数增幅近 30%，资产管理总规模超过了 100 万亿美元。

在 ESG 金融领域，联合国可持续证券交易所倡议（UN Sustainable Stock Exchange Initiative, UN SSEi）在过去的时间里不断推动 ESG 债券的高速发展。有 ESG 债券板块的交易所从 2019 年的 19 家增长到了 2020 年的 34 家，增幅达 79%；有 55 家证券交易所为上市公司 ESG 信息披露提供了指引，较 2019 年增长 22%。

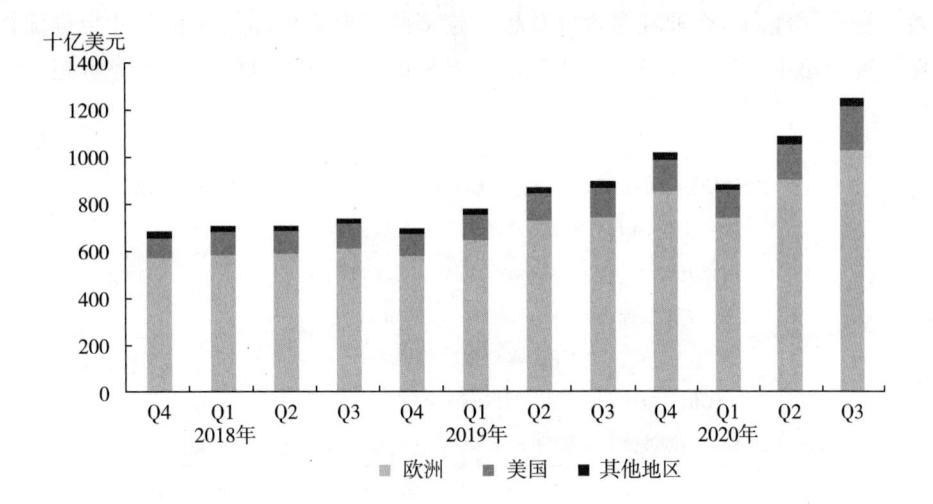

图 1　全球可持续基金资产规模

（数据来源：《中国责任投资年度报告 2020》）

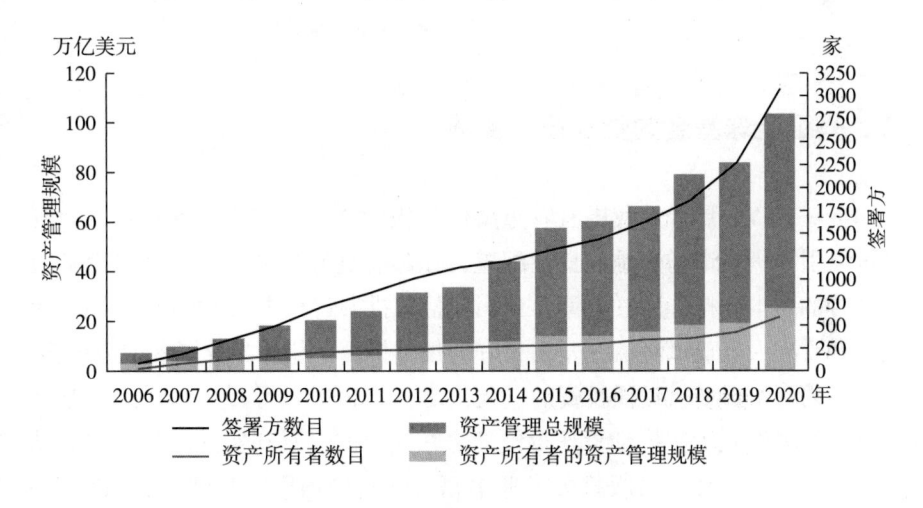

图 2　PRI 签署机构数量及资产规模

（数据来源：《中国责任投资年度报告 2020》）

此外，在联合国环境署金融倡议组织（UNEP FI）的倡导下，"可持续保险原则"（Principles for Sustainable Insurance，PSI）于 2012 年在联合国大会上正式启动，联合国可持续峰会提出的多项可持续发展目标（Sustainable Development Goals，SDGs）相关的主题投资策略及产品受到市场关注，为全球责任投资的多元化发展提供了全新助力。

回到中国，责任投资在我国虽然仍处于发展初期，较欧美发达国家存在一定差距。但随着中国经济发展政策"由量转质"的战略转型，政府对绿色金融的大力支持以及环境和社会问题的日趋严峻，ESG 在国内的受重视程度与日俱增。当政策制定者、资产管理人、企业经营者以及越来越多的投资者更加关注企业社会责任、环境保护等公司主业外表现时，责任投资在未来的蓬勃发展也就成了大势所趋、人心所向。

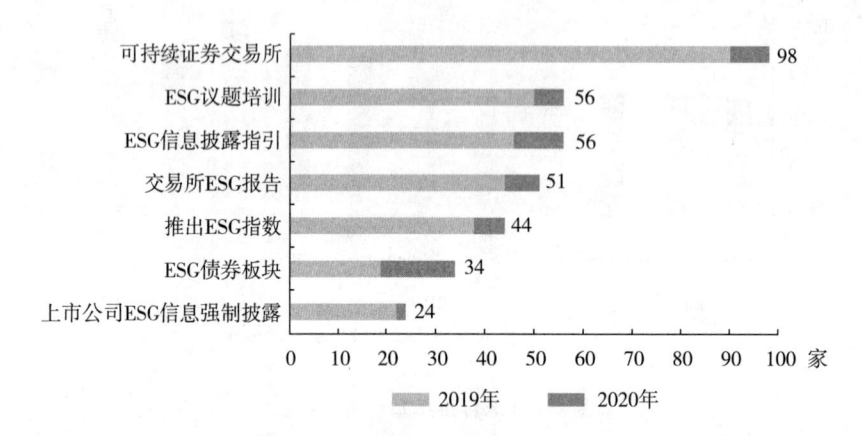

项目	数量（家）
可持续证券交易所	98
ESG议题培训	56
ESG信息披露指引	56
交易所ESG报告	51
推出ESG指数	44
ESG债券板块	34
上市公司ESG信息强制披露	24

图3 证券交易所可持续金融相关活动进展（证券交易所数量）

（数据来源：《中国责任投资年度报告2020》）

二、兴证全球基金的责任投资实践

推动责任投资发展，对我国有着重要的积极意义：一方面，通过引入责任投资理念，可以引导资本市场资源的良性配置，让具有良好社会责任表现的企业可以得到市场更多的资本支持。另一方面，公司相信在投资过程中将ESG因素纳入考虑可以帮助资产管理人降低风险，并发掘更好的投资机会，从而为投资者创造更多价值。

作为国内资本市场负责任投资的发起人之一和积极践行者，兴证全球基金（以下简称公司）始终致力于推动责任投资理念在国内的普及和实践。公司率先从海外引进责任投资理念，翻译出版相关专业书籍并发行国内第一只责任投资主题基金；率先在国内举办社会责任投资论坛并在行业内首个公开发布企业社会责任报告；率先在行业内引入绿色投资理念并发行行业内首只绿色主题投资基金，等等。本节将重点围绕公司的责任投资实践展开详细阐述。

（一）开展责任投资的初心

兴证全球基金深知资管行业的本质在于"受人之托，代人理财"，因此一直将"信义责任"视为核心价值观。历经18年的发展，公司的"责任文化"已成为公司最醒目的标签。更具体地，责任文化又进一步梳理为四个方面：客户责任——致力于为客户提供业内一流的投资管理服务，以专业素养维护持有人利益；员工责任——提供专业的培训和高效愉快的工作氛围，实现员工的价值增长；股东责任——努力推动企业的高效运营和稳健增长，维护股东利益；社会责任——以善意回馈社会，践行社会公益，履行企业公民责任，引进并推动责任投资理念，与社会共同成长。

可以看到，开展责任投资实践已成为公司"责任文化"的重要组成部分。早在2007年，公司首次接触到责任投资理念之时，便高度认可并希望在国内资本市场进行实践。但彼时国内在责任投资领域的布局仍然是空白——市场上尚未出现社会责任投资产品，投资者对责任投资的认知几乎为零。在此背景下，公司自2007年开始投入责任投资的研究，通过学习海外文献、报告，调研成熟市场等方式，慢慢积累在责任投资领域的知识。在开展研究的过程中，公司发现这种投资方式不仅能使投资者获利，而且还能对社会的公平公正作出贡献。这进一步验证了我们对于责任投资的理解与信心，与公司的"责任文化"也完全契合。因此，我们坚定了将这种崭新投资理念引进国内，推动普及并发扬光大的决心，并立即付诸行动——通过翻译社会责任投资鼻祖艾米·多米尼的名著《社会责任投资——改变世界创造财富》以及成立兴全社会责任基金等实践，使国内责任投资领域终于实现零的突破，也帮助诸多国内资管机构及投资者迈出了认识责任投资理念的第一步。

（二）前期理论研究和行业发声

2008年，公司组织员工翻译并出版了社会责任投资鼻祖艾米·多米尼的名著《社会责任投资——改变世界创造财富》。该书是国内翻译出版的一本系统介绍海外社会责任投资的著作，兴证全球基金因此成为首个在社会责任投资领域发声的基金公司。在直接翻译专业书籍的基础上，公司结合国内资本市场实际，发表了70篇以上的责任投资思考系列文章。

2009年，公司携手第一财经和深证证券信息有限公司共同编制了首只跨沪深两市的社会责任指数——CBN—兴证全球基金社会责任指数，主要反映在社会责任履行方面表现良好的公司股价变动趋势。

2009年起，公司在业内率先公开发布企业社会责任报告，在践行企业社会责任的同时，也倡导企业积极公开社会责任实践情况，打造责任投资的良好评估环境。公司还与《南方周末》《中国证券报》等多家合作机构举办多场"社会责任投资论坛"，曾邀请美国社会责任投资领域领军人物艾米·多米尼等海内外专业人士担任论坛嘉宾。社会责任投资系列论坛意在进一步推动我国责任投资发展，缩小与国外发达市场的差距，唤起市场对于社会责任投资产品的关注与热情。

2010年，在责任投资的基础上，公司对绿色投资也展开了类似的研究，翻译出版《掘金绿色投资》一书，汇总分析了100家领先的绿色公司，系统阐述了绿色行业股票的投资机会。

2017年9月23日，兴证全球基金联合上海交通大学高级金融学院、德林社共同主办"中国社会责任投资十年峰会"，梳理回顾了中国社会责任投资的十年历程，并发布我国基金业首部关于"社会责任投资发展"的回顾报告——《中国社会责任投资十年报告》。同年，受联合国环境署邀请，公司督察长杨卫东先生在东京联合国大学分享中国责任投资十年成果并进行了主题发言。

（三）完善产品设计和业务创新

理论研究之外，公司也立足主业，持续完善多元化的责任投资研究体系，不断丰富责任投资形式，积极开展业务创新，通过发行责任投资主题相关基金产品践行责任投资理念和政策。

1. 国内首只社会责任主题基金——兴全社会责任基金。公司于 2008 年 4 月 30 日成立了国内首只社会责任基金——兴全社会责任混合型证券投资基金。该基金从社会责任投资角度出发，投资在持续发展、道德责任、法律等方面表现良好的公司，实现当期收益，同时追求资本的长期增值。

兴全社会责任基金投资前会进行严格的调研：首先，公司会考察投资标的在供应链体系中的地位，如供应链是否纳入 EHS（Environment，Health，Safety）标准；其次，公司在投资化工行业的公司之前，会重点关注财报中的再建工程指标，掌握环保工程项目情况；再次，公司会详细调研标的利益相关者的评价反馈，包括客户满意度、供货稳定性、员工离职率等；最后，对于可能会造成污染的行业，公司将认真研究这类公司社会责任报告中的三废（废水、废气、废料）治理情况。

在投资行业的配置策略方面，兴全社会责任基金会根据行业所处生命周期、景气周期、行业盈利能力等因素对各行业进行评估，从股票池中选取具有较强盈利能力、发展潜力的行业。在详细评估的基础上，运用"兴证全球双层行业筛选法"进行相应的优化和调整：首先采用"消极筛选法"低配或规避掉在法律责任、内外部道德责任、持续发展责任等方面表现较差的行业；其次，采用"积极筛选法"超配在法律责任、内外部道德责任、持续发展责任等方面表现优异的行业，并会定期进行动态优化。在股票投资策略上，在选股时，同时强调以下两个原则：一是行业内社会责任的相对表现；二是通过优化行业配置策略，调整最终的股票组合，避免行业配置风险过大。

2. 国内首只绿色主题基金——兴全绿色投资基金。2011 年 5 月，公司成立国内首只绿色投资理念基金——兴全绿色投资基金。该基金不是狭义的行业基金，相较于"低碳""环保"等投资主题，兴全绿色投资基金具有更为广泛的投资范围：首先关注清洁能源领域，包括太阳能、风能、生物燃料等；其次会投资环保行业，如水处理、固废处理、空气处理、节能减排等；除此之外，该基金也会投资传统行业中积极履行环境责任、致力于向绿色产业转型或在绿色相关产业发展过程中作出贡献的公司。在具体投资过程中，兴全绿色基金主要在三个维度上践行"绿色投资理念"：一是主动规避：将对环境造成严重污染、"劣迹斑斑"的公司列入投资黑名单中；二是积极筛选：采用绿色投资积极筛选法，就环境责任的履行进行综合打分，相对排名，对表现优良的公司予以优先考虑；三是股东倡导：以提案、管理层沟通、呼吁等多种方式积极做好股东倡导，逐步在A股市场形成对上市公司绿色产业发展的外部激励约束机制。

3. **责任投资新模式——社会责任专户**。2016年，公司开始实践社会责任专户新模式，致力于为公益基金会、公益组织等公益资金提供资产管理服务，将计提并收取的部分专项资金，重新投入公益项目中，在专户领域以专业能力为公益"开源"。

公司社会责任专户的运作为公益金融创新提供了实践经验。目前公司共有8个社会责任专户，委托公司代为管理公益资金，或者购买公司旗下产品的公益基金会已经有近二十家。由业绩报酬产生的公益捐赠已经超过500万元，相关公益捐赠已投入大学院校、互联网教育扶贫等多个公益项目。

（四）开展ESG实证研究

为了验证海外投资理念在国内资本市场的效果，并支持公司投研体系ESG整合，公司持续对ESG投资方法论开展数据实证研究。在公司已有的责任投资产品基础上，公司基于全市场主流ESG评级数据对历史持仓数据进行了全面分析，现将相关发现和结论梳理如下。

1. **资本市场持续关注可持续发展，ESG投资及评级覆盖加速主流化**。全球范围内各可持续投资策略和资产规模快速增加，可持续主题、ESG整合和正面筛选相关策略管理规模均增长很快。结合A股市场，从主流外部数据供应商的主体覆盖数量上看，国内上市公司的ESG评级覆盖经历了从无到有，近年来逐步加速的过程（见表1、图4和图5）。截至2021年，市场上绝大部分ESG数据服务公司已经可以基本覆盖A股上市主体的ESG评级。

表1　　　　　　　　ESG评级覆盖上市公司主体数量　　　　　　　单位：家

年份	ESG评级覆盖上市公司主体数量
2015	314
2016	330
2017	324
2018	850
2019	1253
2020	1199

数据来源：商道融绿。

2. **公司权益类资产ESG评级覆盖加速提升**。结合公司权益类持仓分析，我们发现基于外部ESG评级数据，公司权益类资产ESG评级覆盖度由2015年的38.20%逐步提高至2020年的85.36%（见表2），其中部分行业（钢铁、银行、非银金融等）已实现了公司持仓100% ESG评级覆盖。

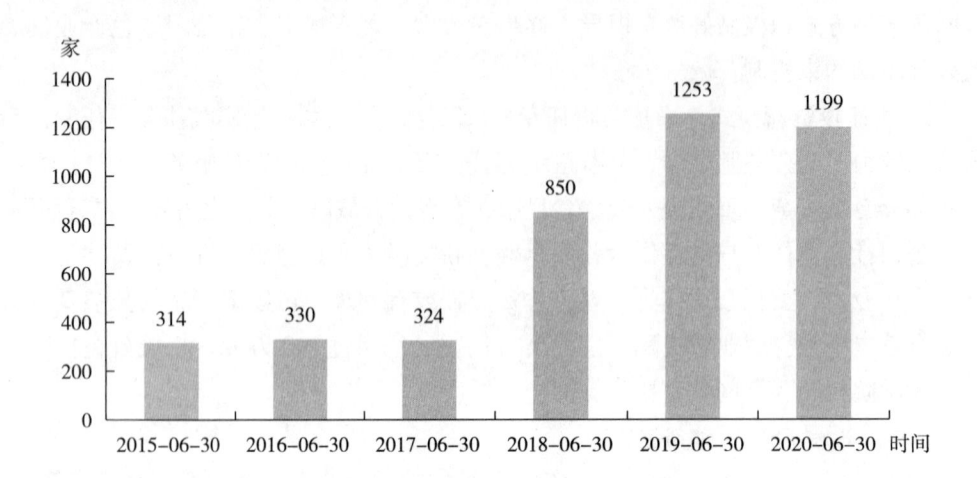

图 4　ESG 评级覆盖上市公司主体数量

（数据来源：商道融绿）

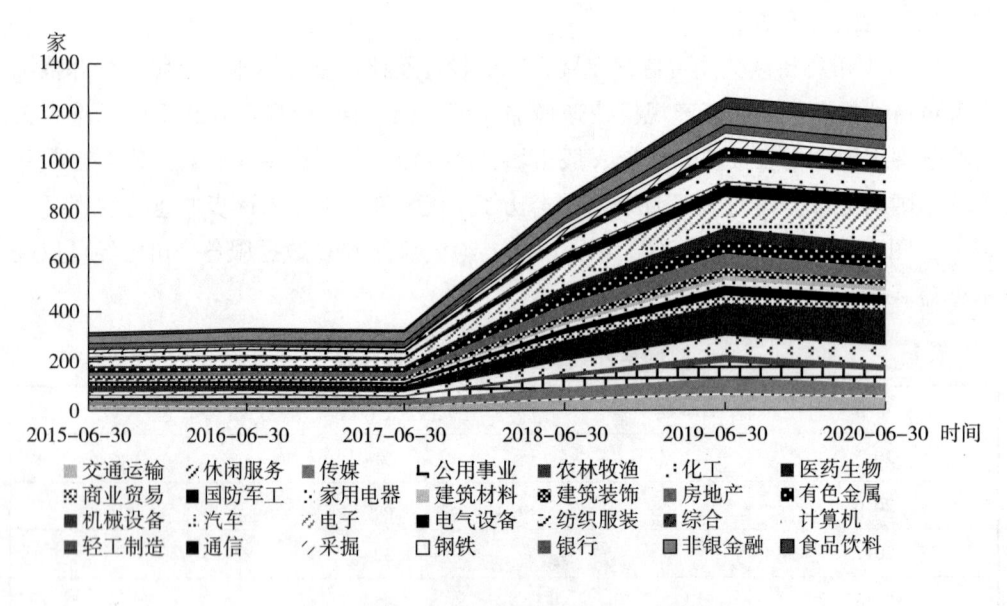

图 5　ESG 评级覆盖各行业公司主体数量

（数据来源：商道融绿）

表 2　　　　　公司权益类资产 ESG 评级覆盖度（占资产比例）

申万一级行业	2015 年	2016 年	2017 年	2018 年	2019 年	2020 年
合计	38.20%	51.73%	66.64%	87.42%	96.82%	85.36%
交通运输	0.71%	0.57%	1.69%	2.45%	2.79%	2.64%
休闲服务	0.02%	0.06%	2.13%	2.12%	2.38%	1.46%

续表

申万一级行业	2015 年	2016 年	2017 年	2018 年	2019 年	2020 年
传媒	0.29%	0.67%	4.02%	4.29%	1.63%	2.93%
公用事业	0.45%	0.98%	0.13%	0.93%	1.30%	0.19%
农林牧渔	0.11%	0.52%	0.03%	0.93%	0.30%	0.97%
化工	1.47%	3.18%	3.39%	4.92%	4.98%	3.98%
医药生物	4.79%	4.53%	3.64%	3.50%	9.51%	17.03%
商业贸易	0.47%	0.01%	1.02%	0.64%	7.58%	3.71%
国防军工	0.06%	0.03%	0.04%	0.14%	0.15%	1.93%
家用电器	0.09%	1.21%	2.32%	2.61%	4.83%	3.02%
建筑材料	0.01%	0.01%	0.60%	3.33%	2.08%	1.09%
建筑装饰	7.93%	6.46%	4.87%	3.23%	0.14%	0.05%
房地产	0.30%	2.34%	1.93%	3.55%	5.76%	5.51%
有色金属	0.03%	0.21%	0.41%	0.48%	0.84%	2.90%
机械设备	0.02%	0.01%	0.68%	1.52%	5.86%	3.66%
汽车	3.29%	6.29%	4.06%	1.93%	1.57%	1.56%
电子	1.86%	3.98%	7.67%	11.32%	5.25%	6.46%
电气设备	0.05%	0.40%	0.05%	3.47%	10.36%	6.00%
纺织服装	1.13%	0.66%	—	0.46%	0.75%	0.00%
综合	0.00%	0.00%	0.00%	0.00%	0.04%	0.06%
计算机	1.10%	1.31%	0.79%	0.24%	0.65%	6.77%
轻工制造	—	—	0.22%	1.58%	1.36%	2.39%
通信	2.26%	2.34%	0.54%	2.12%	0.17%	0.70%
采掘	0.11%	0.04%	0.05%	0.14%	0.15%	0.49%
钢铁	0.02%	0.03%	0.03%	0.25%	0.04%	0.02%
银行	9.56%	11.06%	13.66%	10.03%	3.13%	1.29%
非银金融	1.41%	0.70%	10.53%	8.52%	12.52%	4.75%
食品饮料	0.64%	4.12%	2.13%	12.71%	10.69%	3.78%

数据来源：商道融绿。

3. ESG 赋能资本市场高质量发展，市场主体 ESG 评级逐步提升。全行业 ESG 整体评分近年来逐步提升，而这与我们对近年来监管加强、行业普遍进步的预期一致。我们认为，企业对于环境的破坏行为、公司治理的问题以及社会责任的落实将最终反映在其商业价值中，因此顺应环境保护政策、加强公司治理以及落实企业社会责任的价值也将进一步显现。

由商道融绿 2015—2020 年公司主体 ESG 评级的数据我们可以看到，行业近年来总体评分逐步上升，这其中管理得分上升比较明显（见图 6）。ESG 管理评估是对所评估公司 ESG 制度完备性，管理水平和信息披露进行评价，主要根据 ESG 相关法律法规、标准指南，综合对标评价目标公司的 ESG 管理表现。

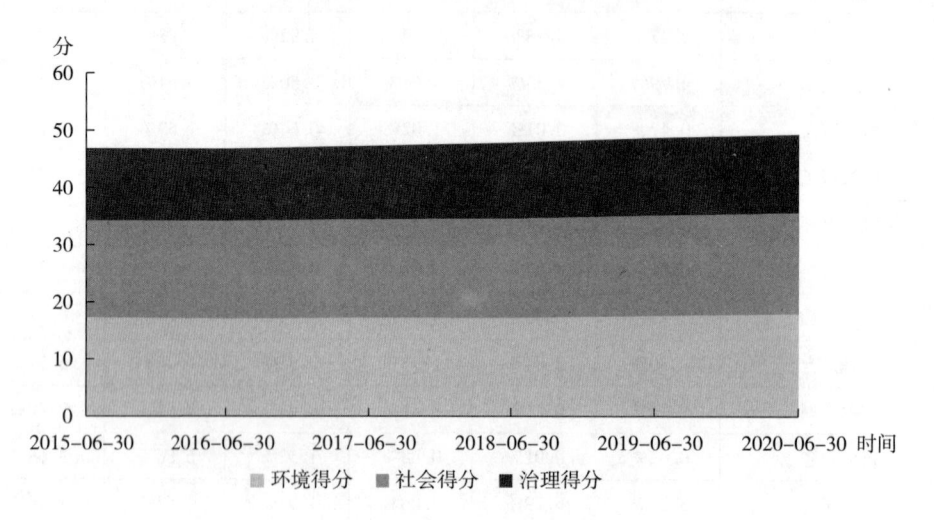

图 6　ESG 分数变化——E/S/G 分解
（数据来源：商道融绿）

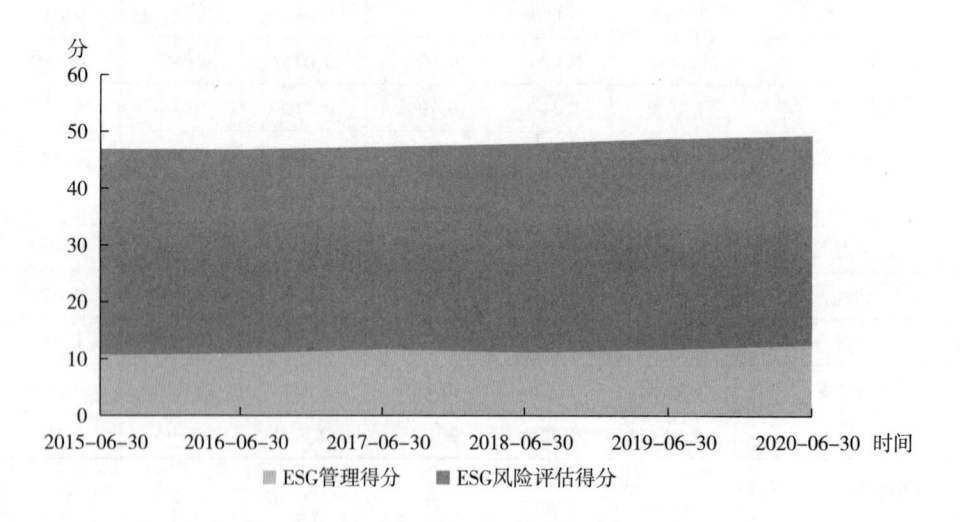

图 7　ESG 分数变化——ESG 管理/风险分解
（数据来源：商道融绿）

4. 各行业 ESG 评级得分近年来普遍提升，但存在一定分化。按照申万一级行业来看，公司持仓各行业等权组合 ESG 评分逐年上升，反映了公司在投资的同时对

ESG指标的关注度也逐步上升,其中有色金属、家电、公用事业、银行、非银金融行业整体评分逐年上升明显(见表3)。

表3 各行业等权组合ESG评分 单位:分

申万一级行业	2015年	2016年	2017年	2018年	2019年	2020年
交通运输	49.35	49.58	49.32	48.52	49.84	50.94
休闲服务	43.00	44.83	41.94	46.88	46.84	49.06
传媒	44.42	43.76	43.80	46.20	47.35	47.91
公用事业	46.60	46.98	47.33	49.12	50.63	51.55
农林牧渔	45.73	46.82	47.27	46.60	46.85	46.82
化工	44.64	44.41	44.11	47.29	48.55	49.29
医药生物	47.50	46.80	47.25	48.32	48.83	49.65
商业贸易	46.54	45.55	45.91	47.47	47.55	47.21
国防军工	46.01	46.15	47.19	48.26	48.40	49.52
家用电器	44.20	44.20	45.13	44.94	47.67	48.41
建筑材料	41.63	43.69	45.31	46.89	48.68	48.47
建筑装饰	45.70	47.12	47.84	48.35	48.55	49.06
房地产	44.05	44.56	44.92	46.14	46.58	46.98
有色金属	45.08	44.64	46.80	48.24	49.47	50.49
机械设备	47.85	47.03	46.42	47.55	49.13	48.51
汽车	48.27	47.72	48.76	48.44	49.46	49.97
电子	50.60	48.69	48.61	48.34	49.12	49.15
电气设备	48.35	47.41	49.80	48.18	49.72	49.97
纺织服装	46.75	44.31	44.50	45.88	48.35	46.86
综合	43.69	44.94	45.63	45.53	44.85	46.45
计算机	45.45	45.85	45.97	46.42	47.21	47.34
轻工制造	—	—	42.63	46.60	47.42	47.85
通信	49.93	49.75	50.21	49.82	49.95	51.03
采掘	48.39	48.41	47.76	47.29	47.95	49.58
钢铁	49.52	48.52	48.65	48.79	50.24	51.59
银行	51.88	51.98	51.83	51.92	53.21	54.52
非银金融	46.29	46.43	47.37	48.77	49.70	50.65
食品饮料	45.42	47.14	50.83	47.28	47.89	47.95

数据来源:商道融绿。

5. ESG评分筛选存在正向超额收益。为了更好地评估ESG投资策略是否能为投资创造超额收益,从而给投资者创造更多价值,公司基于ESG评级数据库,将公司持仓股票按ESG评分由低至高的分位水平划分为4组，基于各组内标的等权假设，比较各组合超额收益情况。从等权组合近五年的平均收益结果可以看出，ESG评分更高的等权组合较低ESG评分组合取得更高或接近的收益（见图8）。

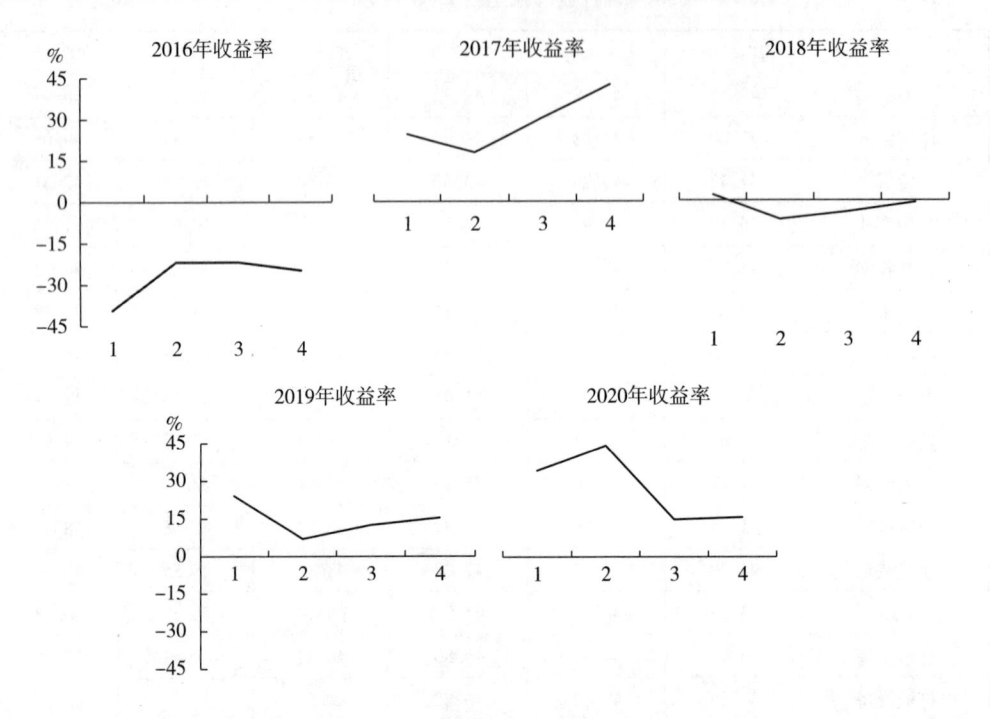

图8　低分组/高分组等权组合收益率（基于公司持仓）

（数据来源：商道融绿）

6. 不同行业ESG评分正面筛选超额收益存在差异。我们进一步将公司持仓的股票按照申万行业划分，针对每个行业按照ESG评分由低至高分位水平划分为4组，并比较各行业各组等权假设下次年组合收益率，可以进一步挖掘分析ESG评级对不同行业超额收益的影响。基于分析结果，我们可以发现农林牧渔、有色金属、通信、食品饮料存在较好的超额收益（见图9）。我们理解超额收益的产生主要是来自以下三点：

（1）受行业主营业务影响，部分行业的公司业绩受到环境、社会成本的影响更大。随着碳排放等各类环境成本的内部化，企业环境、公司治理的水平将更充分地反映在公司价值上。

（2）国内ESG披露目前仍主要基于自愿原则，在非强制情况下披露更完备的企业更能够反映企业的长期战略以及管理层能力。

（3）国内外长期资金越发重视可持续发展，增量资金的进入未来有望增强ESG因子的超额收益。

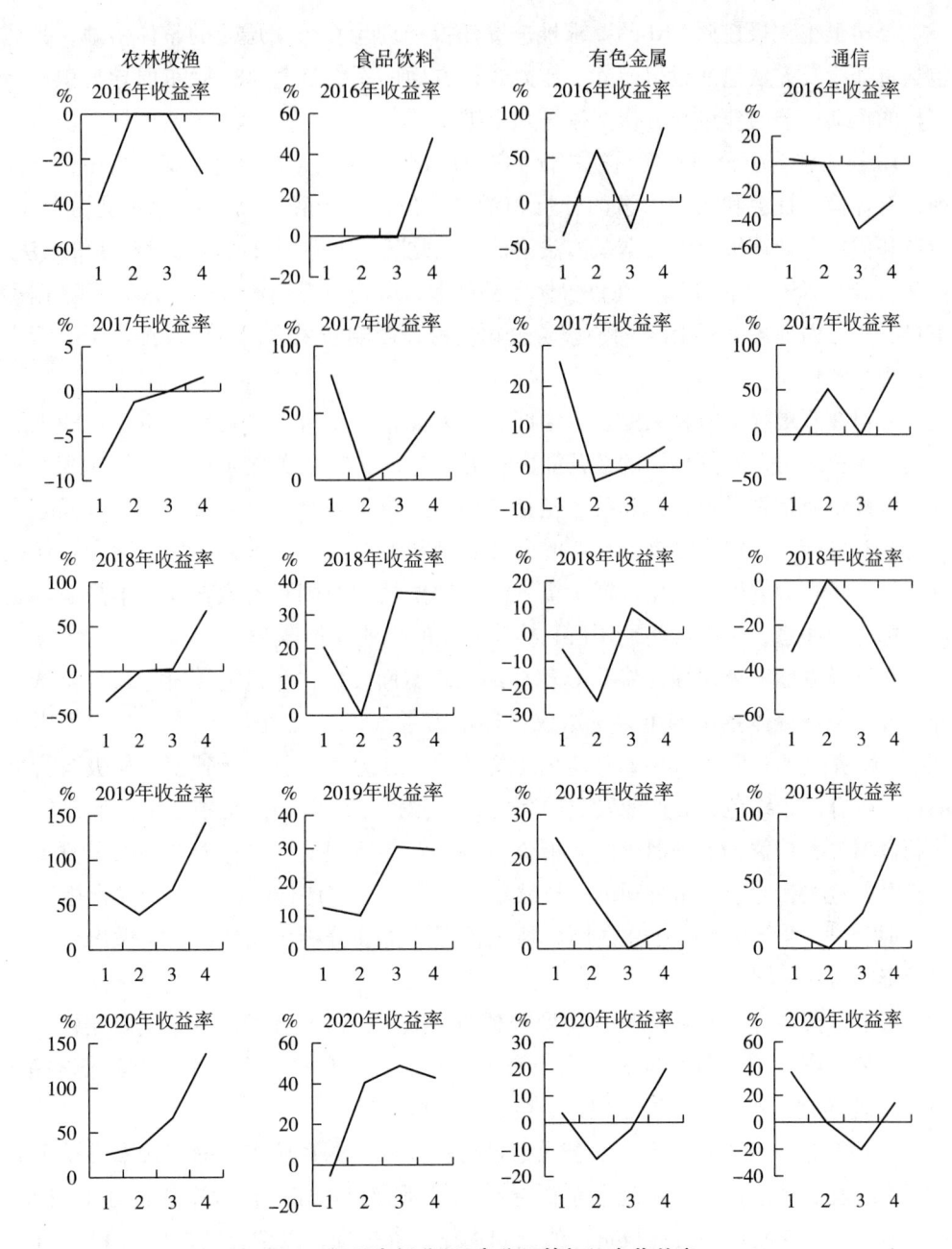

图9 行业内低分组/高分组等权组合收益率

（数据来源：商道融绿）

（五）责任投资的具体实施框架

2020年，基于公司过往十余年在责任投资领域的深耕与积累，公司正式申请并顺利加入联合国负责任投资原则组织（PRI）。加入PRI组织，对于公司吸取全球同行责任投资的经验做法，强化责任投资方面的既有优势，弘扬公司责任文化的品牌美誉度、认可度，扩展境内外业务合作空间，都将产生积极的意义。

公司也正积极按照 PRI 的要求推进责任投资理念在公司层面的整体落地，具体包括责任投资方法论在投研流程、能力建设方面的系统性整合，股东倡导与积极所有权的推动、能力建设与合作交流等几个维度。

1. 投研整合。公司高度重视内部 ESG 评价体系建设，在原有投资分析中，全面纳入对环境、社会和治理因素的分析和考量。公司积极和国际国内专业机构合作，参考和借鉴专业评级机构数据及方法论，并在此基础上融合公司内部投资评价方法，构建自身的 ESG 评价体系。在评价体系基础上，公司在投资流程中纳入 ESG 数据和信息，多方面考虑 ESG 因素对所投资公司的潜在影响和风险，从而发挥投资决策中 ESG 理念的作用。

公司在开展投资时将关注多个维度，一方面，侧重价值投资，考量企业的发展空间、成长潜力以及管理层的经营能力；另一方面，特别关注企业社会责任实践程度，考察企业是否顾及各方利益，包括在环境、员工安全、供应商、客户及股东之间的利益平衡。公司将结合各行业的公开信息和专业第三方数据，建立社会责任投资评价体系和数据库，优化数据采集方法、数据处理原则和模型选择，丰富环境责任指标监测体系，并配合实地调研，构建专业的企业评价体系。

在投资方面，公司预计将 ESG 指标纳入基本面分析，并制定详细的 ESG 筛选评分系统。该评分体系由四个因子组成：环境因子（E）、道德因子（S）、治理因子（G）、经济因子（F）。其中，环境因子主要关注致力于绿色产业转型、积极履行环境责任或有助于绿色相关产业发展的公司；道德因子的关注点集中在维护股东以外的利益相关者权益；治理因子侧重于公司内、外部治理的绩效；而经济因子侧重于企业财务状况，寻求上市公司的可持续增长。同时，该评分体系从"个性指标"和"共同指标"两个方面对公司的 ESG 情况进行评价和分析，以帮助公司做出更正确的投资决策。

未来，公司关注的主要 ESG 主题包括但不限于：（1）环境问题：气候变化、自然资源和污染；（2）社会问题：人力资本管理、社会价值、企业文化和道德规范；（3）治理问题：董事会、股东权益、会计治理。

2. 股东倡导和积极所有权。公司通过与被投资企业直接沟通的方式来推动企业的可持续发展绩效提升，实施股东倡导和积极所有权。在与被投主体沟通的时候，我们向公司传递我们的责任投资价值观和责任投资标准，以期公司能作出 ESG 方面的改进。我们根据《上市公司治理准则》等标准，通过行使股东权益来参与公司治理，发挥积极所有者的作用。一方面，我们可以帮助上市公司提高其 ESG 绩效和相关信息披露，从而更深刻地展现其内在价值。另一方面，参与工作使我们能够渗透到公司中，以便更精确地分析行业的可持续风险和机遇。

3. 能力建设与合作交流。公司重视责任投资的能力建设，定期组织责任投资相关培训和分享，邀请专业机构与公司员工进行交流，提升公司员工对责任投资的认知,促进责任投资实践的实施。同时,公司积极与其他倡导责任投资的机构进行合作,探讨责任投资方法的应用,梳理责任投资实践,力求与行业一起推动责任投资发展。

公司还积极参与责任投资相关研讨活动和国内外会议论坛,帮助公司及相关方开阔责任投资视野,推动责任投资理念的交流,增进公司对责任投资的理解。

三、责任投资的未来展望

从 2008 年兴证全球基金设立兴全社会责任基金至今,中国的社会责任投资已经走过了近 13 年历程,从最初的概念引入、效仿欧美,到如今企业社会责任、环境保护等公司主业外的表现已受到社会各方面(包括政策制定者、资产管理人、企业经营者以及投资者等)的高度关注,责任投资在我国呈现了快速发展的态势。然而,对比欧美责任投资在我国仍然处于发展初期,较西方发达国家存在不小差距。但随着中国经济发展政策"由量转质"的战略转型,国家"碳达峰、碳中和"目标的提出以及社会对清洁能源、绿色经济、绿色金融关注度的上升,ESG 在国内的受重视程度将与日俱增,责任投资在未来的高速发展也就成了大势所趋,市场潜力不可限量。

(一)责任投资的前景展望

从政策角度来看,"十四五"规划提出"生态文明建设实现新进步"的目标,期间我国将全面加强应对气候变化工作,形成推进经济高质量发展,生态环境高水平保护的机制,从源头上推动经济结构、产业结构、能源结构的根本转型。2030 年碳达峰目标和 2060 年碳中和目标共同构成"30·60 目标",标志着中国经济将向绿色低碳发展全面转型,我们预计接下来绿色金融将继续作为重要手段,为实现低碳转型发挥积极作用。可以预期,在"十四五"规划和碳中和目标大框架下,中国的责任投资发展将持续大踏步前进。

从市场角度来看,随着中国资本市场双向开放的推进,外资的进一步涌入将会激发更多投资机构重视并参与责任投资。同时,A 股注册制改革将改变资本市场的供求结构,而 ESG 投资方法为投资者提供更全面认识公司的增量信息,会引起市场各参与方的高度重视。

即使过去一年全球笼罩在疫情的阴霾下,ESG 责任投资与绿色金融的发展脚步也并没有放缓。因此,我们可以相信在经济复苏的过程以至更远的未来,坚持绿色和可持续发展,更将成为大势所趋。

(二)责任投资的未来发展趋势

随着经济转型和结构调整,ESG 领域会涌现一些新议题。首先,在环境领域,议题会从污染防治议题延伸至气候变化、生物多样性、自然资本、蓝色海洋经济等,社会议题中消费者权益、个人隐私保护等议题会越来越重要。其次，在社会领域，互联网平台经济进入强监管时代，关于有序竞争、数据安全、个人隐私保护、消费者权益等议题会越来越重要；另外，随着我国脱贫攻坚战取得决定性胜利，扶贫议题会演替为乡村振兴议题。

随着责任投资实践经验的积累，国内资管机构采取的责任投资方法将日趋多样化。虽然筛选策略仍会最常见，但领先的资管机构将会探索 ESG 量化整合、积极股东策略等更复杂的 ESG 投资方法。另外，2020 年 12 月 29 日中央全面深化改革委员会第十七次会议审议通过了《环境信息依法披露制度改革方案》，将加大企业环境信息披露的政策推动力度。预计 2021 年 ESG 披露政策将有所突破，驱动上市公司 ESG 信息披露越发健全。此后，ESG 数据的使用能力将成为 ESG 投资能力的关键，包括高效收集甄别和处理数据、解读数据深层意义、将数据用于 ESG 产品设计、为投资者及其他利益相关方提供决策依据等。

ESG 投资的产品形式将不断创新。2020 年，我国 ESG 市场在规模增长的同时，产品类型也不断创新，譬如商业银行及其理财子公司在两年内发行的 ESG 理财产品也已增加至 40 多只。我们预计，随着 ESG 实践逐步渗透到金融市场的各个领域，2021 年市场上将出现更多品类的 ESG 产品。政策鼓励、机构及个人投资者对 ESG 产品的逐步认可、外资委托的需求是中国 ESG 产品快速发展的主要推动力。

ESG 领域的研究投入和机构建设都将快速推进。一方面，学术界对 ESG 研究的热情日渐高涨。国内多所知名高校先后成立与绿色金融及 ESG 相关的研究机构。另一方面，我们预计中国的 ESG 服务将进入快速发展的新阶段。除了传统的金融服务机构会继续在此领域的投资外，主流的风险投资基金和私募股权基金，也将加大对 ESG 领域的关注，开展相关布局和投资。目前 ESG 服务产业初步成型，在 ESG 主流化趋势和资本的进一步推动下，预计我国 ESG 服务产业将呈现多元化发展、多层次竞争、多维度创新的态势。

（三）兴证全球基金对责任投资的规划和布局

兴证全球基金是国内责任投资领域的先行者，但在实践过程中仍然遇到了诸多挑战，比如，ESG 投资仍然属于新兴事物，理念在我国资本市场的接受度不高；ESG 数据量有限，基础设施待进一步完善；海外 ESG 经验不完全适用于中国，需要本土化改进，等等。

为了解决上述问题，更好地推进责任投资理念的落实，公司近年来在责任投资相关的组织结构、逻辑框架等方面进行了深入研究和探讨，目前已经有了基本明确的方向，未来将在公司内部积极推进。

公司已经基本明确了责任投资的整体组织架构与规划。公司董事会负责批准公司的责任投资政策和目标，确定公司的责任投资管理体系，作出责任投资战略相关的决策，并监督公司的责任投资政策落实及承诺。公司层面将由专门的领导机构负责制定公司责任投资的具体政策，领导公司责任投资实践的实施，并制定公司责任投资的详细目标，监督公司践行责任投资的效果并提出调整建议。

公司同时设置 ESG 职能部门负责组织执行责任投资管理委员会制定的公司责任投资政策以及决议，根据责任投资目标制定工作规划，协调各部门的责任投资工作、总结公司责任投资工作进展、向公司经营层汇报工作成果，以及组织责任投资政策与市场发展的研究，向公司提出战略和政策方面的调整和改进建议。

四、责任投资的外延：积极投身公益，履行社会责任

除了直接开展责任投资之外，公司还基于对责任文化的理解，拓宽责任投资的边界，创新性地将"投资"和"公益"结合起来，开创了一种特有的"金融+公益"模式。截至2020年底，兴证全球基金公益支出已经超过1.4亿元，捐款项目超200个，覆盖27个省份，公益受益人数超28万人。

2006年11月，兴证全球基金通过云南驻沪办了解到云南施甸县兴华小学的100位贫困学生的信息后，启动了公司的第一笔慈善捐赠。这也成为"大山有爱"公益助学行动的起点。15年的坚持，可以看到"大山有爱"对学生的改变、对乡村教育的改变，甚至是对当地人命运的改变。

在多年的探索和尝试中，公司公益行动也从最初零散的单项目的捐助逐渐转型为系统化的公益事业。如今公司公益已完整地覆盖了教育、人文、环境、体育四大板块。

在社会公益方面，个体的力量永远是渺小的。因此，兴证全球基金将公司的公益计划主题确定为"牵手"，希望与更多的爱心人士牵手同行，共同为公益事业贡献一份力量。

（一）牵手教育

从2280公里外中国最西南边的澜沧江，到海拔5400米翻山越岭后的川西高原；从大凉山地区无法得到照顾的彝族孩子们，到甘居象牙塔的高校博士生；从西部学校青年教师支教、乡村中学教师培训，到大学优秀青年教师奖教金，都有兴证全球基金牵手教育点滴努力的身影。

（二）牵手人文

兴证全球基金关注传统文化艺术的传承与多元发展，牵手北京大学、复旦大学、上海戏剧学院、东方艺术中心、半度音乐、《中国国家地理》杂志社等合作伙伴，共同打造了精彩纷呈的文化品牌。同时，公司也多方位支持学生乐队社团的建设和演出，助力发掘并培养孩子的艺术和文化潜力。

（三）牵手环境

公司持续关注生态环境的治理与可持续发展，不仅设立国内首只绿色主题基金，

率先引入绿色投资策略,同时还直接投身于环保公益实践——自2017年起,兴证全球基金已连续3年捐资开展胡杨林公益植树项目,在内蒙古库布其沙漠、阿拉善沙漠等地种植胡杨,截至2021年7月底已累计投入近1000万元用于支持沙漠地区的防沙固沙行动,并邀请公司员工、行业伙伴、合作机构、客户等亲身体验,共同推广公益项目和理念。2019年,公司荣获"蚂蚁森林年度最佳公益合作伙伴"称号。

(四) 牵手体育

人们常说"投资是一场长跑"。投资业务之外,公司也崇尚坚持运动的健康生活方式和公平竞争的体育赛事精神,着力于支持足球、徒步、游泳、铁人三项、马拉松、射箭等可全民参与的体育活动。在阳光明媚的绿茵场上,在红叶遍野的泰山脚下,都能看到我们努力向前的身影。

(五) 公益×杠杆

公益款项不仅要强调"善意",同样要强调使用效能,兴证全球基金有一个朴素的践行责任文化的理念,就是将企业管理的经验分享给公益组织管理,让公益组织运营更有效率,让公益效能最大化。

公司内部建立了"爱心大使"小组,由各部门同事在工作之余对接公益机构并对公益项目进行深入评估,让项目开展得更加顺利高效。公司还多次组织客户、合作伙伴、员工实地考察公益项目,许多人因此成为公司公益项目的捐赠人。

公司自2016年开始参与"99公益日"活动,2019年已经是第4年与腾讯公益、真爱梦想基金会合作,并在这一年的"99公益日"中为杉树高中助学、班班有个图书角、乡村教育领航者计划三个教育公益项目累计配捐50万元,撬动公众善款募集总额超309万元。

此外,公司还与上海第一财经公益基金会等机构合作,举办中国公益金融Mini-MBA培训,助力公益金融人才的培养。公司的责任案例也被编入中欧商学院教材。

综上所述,无论是2030年碳达峰目标和2060年碳中和目标共同构成的"30·60目标",还是"十四五"规划和2035年远景目标中提出的"生态文明建设实现新进步",都标志着中国经济将向绿色低碳发展全面转型。而实现"碳中和"及"美丽中国"的愿景需要一个强大的资本市场,引导更多社会资源向低碳转型的新领域、新技术、新模式加大配置。可以说,积极服务双碳目标,既是资本市场的内在发展要求,也是我们作为资本市场重要参与者的共同责任与重大发展机遇。兴证全球基金将把支持绿色发展和碳减排作为公司"十四五"规划的重要战略,始终坚持前瞻布局,做责任投资理念的推广者;始终坚持价值投资,做责任投资的践行者;始终坚持创新驱动,做责任投资的开拓者;不断完善社会责任投资和绿色投资的投资框架,增强ESG原则在投资实践中的专业运用能力,全力支持实体经济绿色转型,为我国的生态文明建设提供有力的资本市场支持!

参考文献

[1] 商道融绿课题组. 中国责任投资年度报告 2020 [R]. 北京：中国责任投资论坛，2020.

[2] 商道融绿课题组. 中国责任投资十大趋势 2021 [R]. 北京：中国责任投资论坛，2021.

[3] 杨卫东，任悦通. 机构投资者贯彻责任投资的动因分析——兴证全球基金案例研究 [EB/OL]. 清华金融评论，[2020-08-24]. http：//www.thfr.com.cn/? p=87123.

[4] 商道融绿，兴全基金课题组. 中国责任投资十年报告 [R]. 北京：中国责任投资论坛，2017.

证券公司国际化发展的思考与实践

李宝臣　张忆东　李彦霖
张　博　张忠业　迟玉怡[①]

一、"十四五"规划和2035年远景目标的蓝图下，中国证券公司迎来海外跨境业务大发展的良机

（一）中国证券公司发展海外跨境业务的有利条件

1. 资本市场双向开放提速，人民币国际化推动券商"走出去"。随着人民币纳入SDR成为法定国际货币，人民币在国际货币体系中的地位不断上升，人民币国际投融资需求随之不断增加。资本市场对外开放对境内券商跨境服务能力提出更高要求：QFII、RQFII、QDII持续扩容；CDR、跨境交易资质创新业务落地；跨境双向挂牌的ETF产品以及沪港通、债券通等，境内外市场互联互通明显增强，在资本双向投资、流通中，需要境内证券公司提升自身的跨境服务能力，也让中资券商有机会逐步扩大国际影响力；"一带一路"倡议带来新机遇：国家倡议的实现需要金融服务机构的协作，也为境内券商国际化带来前所未有的重大战略机遇。

2. 监管政策鼓励券商"走出去"。证监会《关于进一步推进证券经营机构创新发展的意见》提出：发展跨境业务。支持证券经营机构为境内企业跨境上市、发行债券、并购重组提供财务顾问、承销、托管、结算等中介服务。支持证券经营机构"走出去"，在港、澳、台和其他境外市场通过新设、并购重组等方式设置子公司；新版《证券公司分类监管规定》加入了国际业务加分条件：国际业务收入占比达20%、30%、40%的分别可加2分、3分、4分，分值为其他主营业务单项可获最高加分的两倍。

[①] 李宝臣，硕士，兴证国际执行董事、行政总裁；张忆东，硕士，全球首席策略分析师，兴业证券经济与金融研究院副院长，兴证国际副行政总裁；李彦霖，硕士，经济与金融研究院资深分析师；张博，硕士，经济与金融研究院高级分析师；张忠业，硕士，经济与金融研究院助理分析师；迟玉怡，硕士，经济与金融研究院助理分析师。

3. 企业和居民境外资产配置的需求日益提升。企业需求方面，中企通过对外直接投资及海外并购进行扩张的意愿明显加强，需要证券公司提供如市场评估、协议执行、融资安排等专业化服务；个人业务方面，据《中国私人银行发展报告（2020）暨中国财富管理行业风险管理白皮书》：中国财富管理行业资产管理规模超百万亿元，增速为全球之最。经济环境的不确定性使部分客户改变了以往的投资习惯，此次突发疫情更是提高了高净值人群的多元化资产配置意识。其中，高净值人群（1000万元以上）境外资产配置比例达到8%~14%。

4. 中美大国博弈风险与机遇并存，特别是香港市场迎来发展良机。受历史因素影响，香港法律属于普通法系（也称"英美法系""海洋法系"）。香港也是全球实行普通法地区中唯一真正使用中英双语制，中、英文同属法定语言，为国际和内地企业提供独一无二的法律和司法体制。

作为"一带一路"建设的重要平台和节点，香港各界正利用其国际金融、贸易、专业服务等优势，推动香港与内地和"一带一路"相关国家及地区伙伴的协作，开拓经济新增长点。近年来，香港占外商直接投资内地的比重维持在70%左右。香港还是中国内地资金"走出去"的枢纽和跳板。

（二）中国证券公司发展海外跨境业务的主要风险

中美经贸摩擦的长期化是当前国内券商开展海外业务面临的最主要风险。自2018年3月"301调查"结果显示美国决定对从中国进口的商品大规模征收关税开始，中美经贸摩擦步步升级，从贸易战、科技战、地缘政治打压上升到金融战。从长期角度来看，中美经贸摩擦可能是持久战、遏制战，在2018年、2019年成为扰动市场的重要因素之一，这也对全球化进程和中国企业"走出去"带来诸多阻碍，境内券商在开展境外业务、设立境外机构时应充分考虑该项扰动因素。

二、中资券商海外跨境业务现状

（一）中资券商国际化定位、国际化策略、业务规划、资本扩张规划对比

1. 中资券商国际化定位策略和规划。中资券商国际化拓展除传统的内生性发展外，近年来更多开始依赖外延式并购的手段，以香港作为桥头堡逐步向外扩张。中资券商开展国际化业务，早期多采取寻求海外合作，而后自建海外分子公司的内生性发展策略。区域路径上，逐步确立以香港作为桥头堡辐射全球的发展路径；业务路径上，注重通过拓宽金融产品服务领域，提升客户服务能力。过去几年，券商加速通过增资、并购等不同方式推进国际化发展，海外业务收入占比不断提升，目前中资券商中海外业务收入占比最高的分别是海通证券和中金公司。2020年，海通证券及中金公司海外业务收入分别为97.3亿元人民币（占营收比重25.5%）及50.2亿元人民币（占营收比重26.1%）。

从各券商情况横向比较看，中资券商国际化业务的发展主要还是集中在中金公司、中信证券和海通证券等头部券商，头部券商从国际业务收入占比、业务结构丰富程度、覆盖区域广度、人才队伍建设力度和机制建设等各个维度都较大幅度领先其他券商。纵向比较看，各个券商内部的国际化发展也在不断深化，主要体现在：业务角度，从单点业务出发，业务结构不断丰富；地域角度，从香港出发逐步建立国际网络；人员角度，不断充实国际化专业人才队伍，建立配套的管理机制；战略定位角度，从国际业务领先的中资券商向"国际一流券商"迈进。

2. 兴业证券国际业务发展成果。作为兴业证券集团践行国际化战略的桥头堡——兴证国际于2012年在香港开业，依托兴业证券的资源、品牌等优势，利用香港发达的资本市场、健全的法律机制、便利的融资渠道和国际化的人才储备，迅速在海外市场站稳脚跟，2016年实现在香港联交所分拆上市，是首个在境外分拆上市的中资证券集团子公司。目前，兴证国际已经初步具备了兴业证券集团国际化战略支点的功能，搭建了"兴证"品牌下国际化的业务平台。据港交所数据显示，2019年兴证国际港股托管资产在中资券商中排名全球第五位，在亚洲排名第三位。

自2012年以来，兴证国际的业务线从传统的经纪及保证金融资业务逐步转化为包括机构销售与研究、企业融资、固定收益、资产管理及私人财富管理等在内的全面服务，迅速发展为香港知名的中资背景证券集团。2016年分拆上市后，公司净资产超过40亿港元。

根据兴业证券2020年年报，未来兴证国际将深入贯彻集团"十四五"规划，坚持高质量发展，继续推动业务结构调整与优化，完善财富管理与大机构业务双轮驱动的业务体系，推进零售经纪业务向财富管理转型，强化投行专业能力，培育资管业务品牌影响力，巩固投研业务优势，审慎发展重资本业务，加强跨境联动，积极探索业务机会。

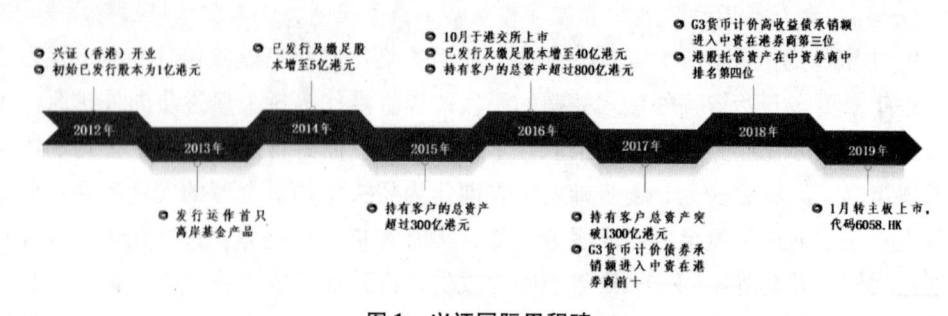

图1 兴证国际里程碑

（数据来源：兴证国际年报，兴业证券经济与金融研究院整理）

表1　　　　　　　　　　　兴证国际主要国际业务类型

业务类型	发展情况
机构销售与研究业务	公司拥有高素质的专业的服务顾问团队及管理经验丰富的中后台团队，可为上市公司客户、高端核心机构客户及高净值资产专业投资者提供特色金融服务，包括环球市场股票、期货、期权的交易服务，覆盖超过1000多家上市公司（港股、美股及深沪港通目标）的研究服务，以及多种定制化服务
企业融资业务	兴证国际持有香港证券及期货事务监察委员会（证监会）就第一类及第六类受规管活动牌照，并可执行保荐业务，开展为企业提供在香港全面融资服务。企业融资团队由高素质专业人士组成，当中大部分成员曾经为多家大型跨国企业于香港金融市场融资。团队成员熟悉大中华地区金融市场法规以及行业趋势，为企业客户提供专业的一站式企业融资服务
固定收益业务	兴证国际利用自身丰富的客户群以及完善的业务链条，参与完成了大量债券发行及承销项目，客户涉及金融、地产、实业等，发行品种包括高级债、次级债、可转债、优先股等，发行方式包括公募和私募，发行币种涵盖美元、港元、欧元。团队配合机构和高净值个人客户在海外市场配资的需求，为客户提供创新和定制化的投融资方案
资产管理业务	公司专业团队擅长按客户个别需要设计投资组合以满足不同风险偏好投资者的需求，业务涵盖了包括分级债券基金、债券型基金、股票型基金、基金中的基金以及股权投资基金等方位的资产配置基金投资产品。这些基金投资产品和专户理财组合在一起，已经基本满足了绝大多数投资者的海外配置需求，为更多投资者资产的保值升值而保驾护航
私人财富管理业务	兴证国际的私人客户业务为高端私人客户提供定制化的产品及服务。与多家知名国际私人银行合作，为高端私人客户提供投资管理服务与资产托管服务，以及量身打造的投资及资产传承方案，以开放式架构来管理投资组合，产品包括家族信托基金、固定收益产品、开放式基金及结构性产品

资料来源：兴证国际年报，兴业证券经济与金融研究院整理。

3. 主要券商国际业务开展情况。中资券商当前的国际业务以服务中资企业"走出去"为主。业务以 IPO、再融资、并购为主。虽然中资券商在内地以经纪业务为主要收入来源，但在国际市场上，中资券商是国内企业对外发行债券和股票的首选，承销收入占据半壁江山，经纪业务受到资本市场管制、货币跨境转移的限制，收入和利润只占国际业务的 20%~30%。我们以中信证券及中金公司为例，分析主要券商的国际化历程及主要业务。

（1）中信证券国际化历程和主要业务类型。2007—2010 年，国际化初级阶段，立足香港市场，拓展东亚市场。选择香港为跳板，提升子公司的投资业务、交易系统、前后台电脑系统及基础设施，适度开展自营投资业务。与此同时，也开始寻找国际上的战略合作伙伴：意图收购美国贝尔斯登公司，但最终以美联储干涉而失败；与法国东方汇理银行签署了合作协议。2011—2015 年，中信证券处于国际化扩张阶段，借助并购，拓展欧美和东南亚市场。收购里昂证券，使中信证券接近国际一流投行行列，不仅获得国际专业业务团队，极大提升了境外投行、经纪、研究等业务水平，还借助里昂证券原有的网络，成功打入欧洲、美国等老牌市场及拉丁美洲、东南亚等新兴市场。收购昆仑国际，成功布局海外大宗商品交易。收购英国罗素投资，进一步拓宽欧洲和美国市场的客户群体。无机增长的顺利进行，使中信证券国际业务的体量迅速膨胀，成为国际化最为成功的中资投行。

（2）中金公司国际化业务类型。中金公司的国际化业务的平台与架构：采用与主流国际投行相同的模式，总部层面不再区分境内业务和全球业务，各业务线直接管理该业务线的全球业务（总部的业务线主管就是该业务的全球主管），各境外分支机构是承载当地雇员和必要业务资格的平台。公司共设五大业务线，分别是投资银行（IBD）、股票（Equity，即机构线）、固定收益（FICC）、财富管理（WM，即零售线）和投资管理（AM），在境外六个城市（中国香港、纽约、伦敦、新加坡、旧金山、法兰克福）设有分支机构。

（二）各中资券商公司海外分支机构设立现状及路线研究

1. 头部券商海外布局路线之一：头部券商在发达国家和地区如中国香港、美国、英国、日本、欧洲设立分支机构情况。自2006年中国证监会正式批准证券公司在港设立分支机构开始，中资证券公司正式开始其国际化拓展的步伐，包括中金公司、中信证券、国泰君安、海通证券等在内的80多家内地证券公司在香港设立了分公司或子公司。一些国内券商以收购兼并香港地区的金融机构加速国际化，甚至把收购棋局布置到海外市场：中金公司、中银国际等在美国、欧洲和新加坡都设有子公司专门开展国际业务。而中信证券、建银国际、国泰君安等中资证券公司也已经开始在纽约、伦敦、新加坡、迪拜等地派驻人员、成立子公司。中信证券收购里昂证券、海通证券收购西班牙圣灵投资银行等，大大加速了中资投行海外市场网络的构建，成为国际化的典型案例。中金公司海外布局发展路径见表2，海通证券的海外布局发展路径见表3。

表2　　　　　　　　　　　中金公司海外布局发展路径

国家（地区）	时间	设立分部及代表处	主要业务
中国香港	1997年开始	中国国际金融（香港）中金香港证券 中金香港资管	可从事包括证券业务、资管业务、期货业务、外汇业务、RQFII业务、银行间债券市场准入、沪伦通业务等
新加坡	2008年	中金新加坡	中金新加坡是中金在东南亚和南亚地区的业务和运营中心，主要侧重于销售交易及投资银行业务
伦敦	2009年	China International Capital Corporation (UK) Limited	中金英国获得英国金融服务监管局颁发的牌照，同年公司还获批向期货公司提供中间介绍业务和开展融资融券业务，并成为全国银行间债券市场做市商

续表

国家（地区）	时间	设立分部及代表处	主要业务
纽约	2010年	中金美国子公司	取得美国金融业、监管局和美国证券交易委员会颁发的牌照，公司获批成为首批开展直接投资业务试点的证券公司；2013年中金美国证券取得发布自有研究报告业务资格
旧金山	2017年	中金旧金山办公室	更好地为中国客户提供跨境并购及融资服务，同时帮助美国公司与中国企业及投资者建立联系
法兰克福	2018年	法兰克福办公室	加强欧洲业务布局

资料来源：中金公司年报，兴业证券经济与金融研究院整理。

表3　海通证券依托海通国际海外布局发展路径

国家（地区）	时间	措施	主要业务
新加坡	2014年	成立海通国际证券集团（新加坡）有限公司	债券做市；资产管理；期货交易；证券交易；商品交易；杠杆式外汇；证券保管等服务
日本	2015年	收购日本东京上市的独立证券研究机构吉亚（Japaninvest）	投资顾问服务
英国&美国	2015年	Haitong International Securities (UK) Limited（伦敦）Haitong International Securities (USA) Inc.（纽约）	亚洲股票研究及研究销售；投资顾问业务；OTC公司权益证券经纪业务；证券交易业务
中国	2016年	在北京及上海设立代表处	
印度	2016年	收购海通银行印度业务	现金股票&多元化投行业务
澳大利亚、英国及美国	2018年	设立澳大利亚分支机构 收购海通银行英美业务	正在申请牌照过程中 投行、机构股票业务，筹备固定收益及资产管理业务
自贸区	2019年	设立自贸区分公司	跨境融资、形成了跨境业务综合平台

资料来源：海通证券年报，兴业证券经济与金融研究院整理。

2. 头部券商海外布局路线之二：头部券商在"一带一路"沿线国家布局情况。2020年，我国企业在"一带一路"沿线对57个国家非金融类直接投资178亿美元，同比增长18.3%，占同期"一带一路"总投资额的16.2%，主要投向新加坡、印度尼西亚、越南、老挝、马来西亚、柬埔寨、泰国、阿联酋、哈萨克斯坦和以色列等国家。在中国与"一带一路"相关国家经济合作方面，跨境直接投资是一个关键和核心的领域。2019年，中国企业对"一带一路"沿线国家实施并购项目91起，并购金额29.4亿美元，占并购总额的8.6%。其中，新加坡、科威特、马来西亚吸引中国企业并购投资超 5 亿美元。"一带一路"沿线国家主要为发展中国家,自身金融体系发展薄弱,本土机构较为弱势。在东南亚国家,美国和日本的金融机构占据很重要的地位;在中东欧国家,法国、德国和意大利的银行占据垄断地位。当前的竞争格局,对中资券商来说既提供了广阔的机遇,同时也提出了诸多难题。

中资券商根据自身业务特点,参与"一带一路"的途径主要包括:(1)结合自身投行、研究、债券等业务方面的优势,为中国企业通过"一带一路"走出去的重点项目建设提供财务顾问和投行相关服务;(2)推动沿线国家金融机构和企业到国内发行熊猫债券,也是券商通过业务响应"一带一路"倡议的重要方式;(3)在沿线国家以收购形式成立子公司,机构网点布局、拓展当地市场;(4)成立"一带一路"专项产业基金。

由于缺乏对沿线国家政治经济发展状况和金融系统风险的深入理解和准确评估,在"一带一路"沿线国家直接设点的中资券商不多。目前已经覆盖部分国家和地区业务的券商,主要通过并购的方式,借助已经积累了丰富的在当地开展业务经验的券商,间接进入这些市场,并较快推进实质性业务开展。除中信证券较早通过收购中信里昂实现在众多"一带一路"沿线国家开展业务外,银河证券 2017—2018 年收购联昌集团,以此积极开拓东盟业务,是近年来券商在沿线国家布点最重要的一个案例。2019 年,国泰君安完成对越南投资证券股份公司(IVS)的收购,主要经营领域包括证券经纪、金融及股权投资、证券市场调研报告、证券投资咨询、与证券交易证券投资活动有关的财务顾问、IPO 业务、辅导上市、融资业务等,有利于公司进一步扩大在东南亚地区的业务发展,同时更好地抓住"一带一路"倡议带来的历史性机遇。

三、中国香港是扎根内地的国际金融中心,中资券商可把握战略性机遇

(一)香港国际金融中心的明天会更好

1. 基本面:中国香港资本市场将进一步拥抱内地经济转型创新发展的时代大潮。首先,内地企业在港股市场的占比越来越大,中国香港市场的基本面越来越取决于内地经济。1997 年底,只有 101 家内地企业在香港上市,占所有上市公司数量的 15%、占港股市值的 20%。截至 2020 年末,已有 1319 家内地企业在香港上市,占所有上市公司数量的 52.0%,占港股总市值的 80.1%。内地企业在港上市数量、市值占比分别见图 2、图 3。

其次,展望未来,随着中概股回归浪潮和港股市场持续改革,港股将有望"脱胎换骨"地拥抱中国新经济。

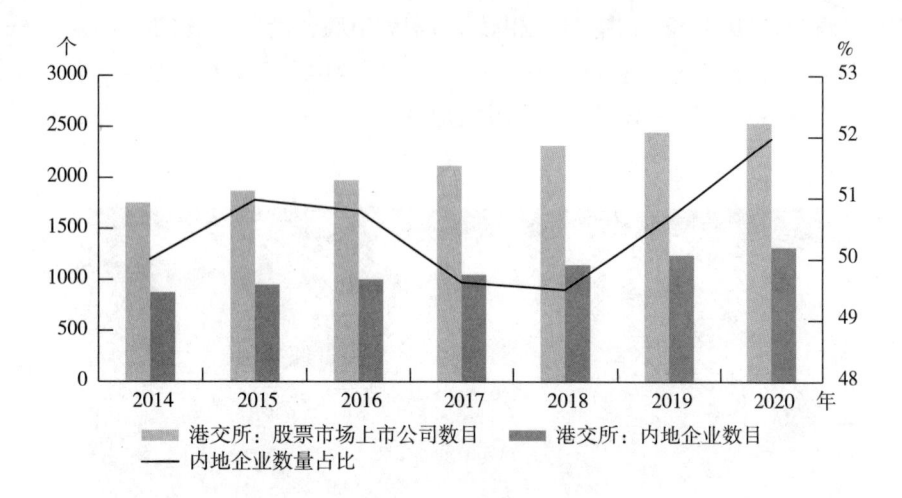

图 2　内地企业在港上市数量

（数据来源：Wind，港交所，兴业证券经济与金融研究院整理）

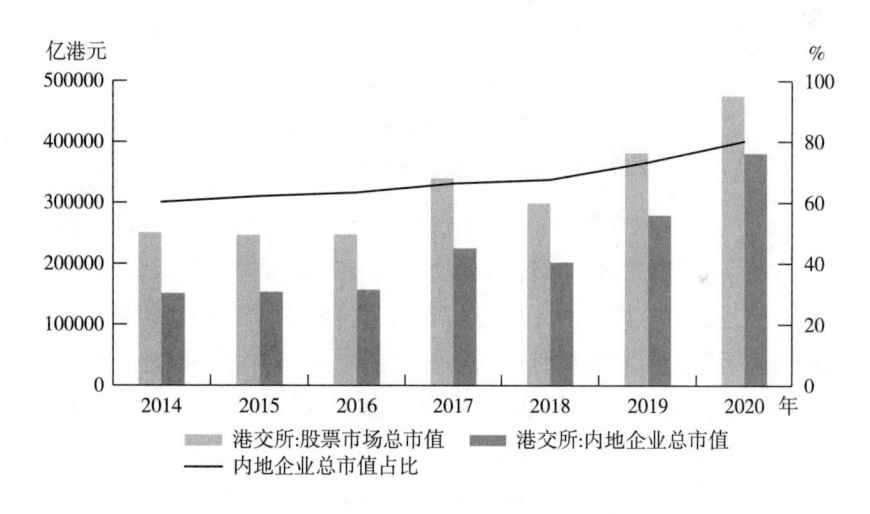

图 3　内地企业市值占港交所总市值比重

（数据来源：Wind，港交所，兴业证券经济与金融研究院整理）

从2018年到现在，港交所推出系列上市制度改革，包括修改IPO条件，放宽对同股不同权公司的限制，允许第二上市等，吸引以研发为主的生物科技公司、高增长及创新产业公司，改革幅度达25年之最，吸引了众多中资新经济企业赴港上市。

美国HFCA法案将矛头直指在美国上市的中概股公司，推动中概股回归港股浪潮。根据该法案，若PCAOB连续三年无法对公司在美国境外的审计机构进行审查，SEC应当禁止该公司证券在美国的交易所或在美国境内以其他形式（比如通过场外OTC市场）进行交易。

香港市场正在"脱胎换骨"，正逐渐消除传统印象中"金融地产周期聚集地"

的烙印。截至 2020 年 12 月 31 日，相较于 2019 年底，港股市场的行业分布——科技市值占比已经由 18.8% 提升到 26.5%，医疗保健由 3.1% 上升至 4.7%，而金融由 13.6% 下降到 10.8%。港股市值结构变迁见图 4。

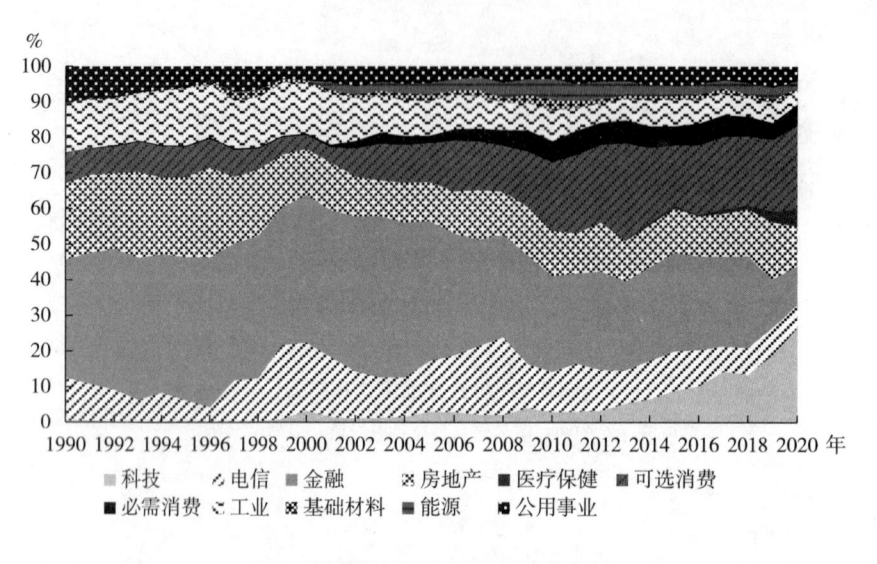

图 4 港股整体市场的市值结构变迁

（数据来源：DataStream，兴业证券经济与金融研究院整理）

2. 资金面：海内外资金追逐高性价比的中国优质资产，香港互联互通的地位越发重要。西方社会人口老龄化、贫富差距拉大、有效需求不足、经济效率不高。在民粹主义盛行的互联网时代，对于西方政客而言，温水煮青蛙、饮鸩止渴的路，比起主动刺破货币幻觉、引发危机进行出清，更愿意选择前者。因此，西方将继续高筑债台、信用货币不断超发，导致结构性资产泡沫与宏观经济低增长长期共存。当前全球负利率债规模大约 13 万亿美元，欧洲多国和日本国债已深陷负利率。全球资金配置难度加大，性价比高而且能够带来持续现金流的安全资产越发稀缺。海外主要国家或地区国债到期收益率、全球负利率规模分别见表 4、图 5。

表 4　　海外主要国家或地区国债到期收益率（截至 2021 年 4 月 10 日）

国家	2 年	5 年	10 年	30 年
丹麦	-0.521	-0.482	-0.01	0.191
德国	-0.707	-0.635	-0.3	0.24
荷兰	0.24	-0.68	-0.63	-0.16
法国	-0.669	-0.57	-0.05	0.807
比利时	-0.669	-0.494	0.021	0.778
奥地利	-0.663	-0.492	-0.08	0.532
瑞典	-0.3	—	0.34	0.683

续表

国家	2年	5年	10年	30年
西班牙	-0.501	-0.243	0.376	1.307
意大利	-0.367	0.051	0.726	1.718
日本	-0.127	-0.092	0.104	0.676
英国	0.04	0.35	0.772	1.303
美国	0.155	0.863	1.658	2.329
瑞士	-0.79	-0.57	-0.28	-0.02

数据来源：Bloomberg，兴业证券经济与金融研究院整理。

中国经济从投资驱动、债务驱动走向创新驱动，意味着全社会的真实利率将下行。过去十年，中国居民财富配置所认可的无风险收益率，其实是以理财产品为代表的房地产影子产品的收益率。"房住不炒"战略将抑制资产泡沫，更抑制住房地产融资相关的理财、信托、民间拆借对资金的饥渴。打破刚兑、理财产品净值化，将有助于民间真实"无风险收益率"下降。

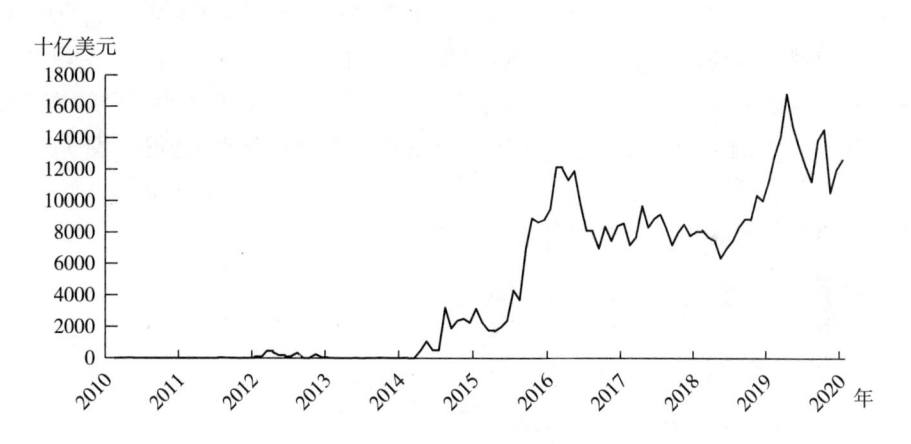

图5 全球负利率规模

（数据来源：Bloomberg，兴业证券经济与金融研究院整理）

3. 中国香港拥有其他金融中心所不具备的优势，大国博弈之下香港国际金融中心将发挥更大作用。香港拥有"一国两制"下国际金融中心的地位。全球资本可以利用香港进入中国市场，中国资本可以通过香港走向世界。一方面，普通法系利于取得欧美资本的信任。从历史上看，执行普通法系的金融中心相对执行大陆法系的金融中心，更容易获得全球资本的信任。根据2020年3月最新发布的全球金融中心指数（GFCI），前十大全球金融中心中，六个属于英美法系（见表5）。另一方面，《中华人民共和国香港特别行政区维护国家安全法》为香港社会稳定提供了保障。香港特别行政区有望结束在国家安全领域长期"不设防"的混乱状态，尽快回归稳定发展。

表5　　　　　　　　GFCI 全球金融中心指数排名前二十城市

排名	城市	所属法系	排名	城市	所属法系
1	纽约	普通法系	11	深圳	大陆法系
2	伦敦	普通法系	12	迪拜	伊斯兰法系
3	东京	大陆法系	13	法兰克福	大陆法系
4	上海	大陆法系	14	苏黎世	大陆法系
5	新加坡	普通法系	15	巴黎	大陆法系
6	香港	普通法系	16	芝加哥	普通法系
7	北京	大陆法系	17	爱丁堡	混合法系
8	旧金山	普通法系	18	卢森堡	大陆法系
9	日内瓦	大陆法系	19	广州	大陆法系
10	洛杉矶	普通法系	20	悉尼	普通法系

资料来源：海通证券年报，兴业证券经济与金融研究院整理。

香港拥有亚洲最具深度的国际资本市场，是全球最大的股票集资中心之一和亚洲（除日本外）第三大债券中心，是亚洲衍生产品中心和风险管理中心。2019 年香港资产管理规模达到 3.7 万亿美元，自 2000 年以来增长了 19.5 倍，其中私人财富管理达 1.2 万亿美元，自 2003 年以来增长了 18.6 倍。2019 年私募基金管理规模达 1620 亿美元。香港资产管理规模、持牌资产管理公司数目分别见图6、图7。

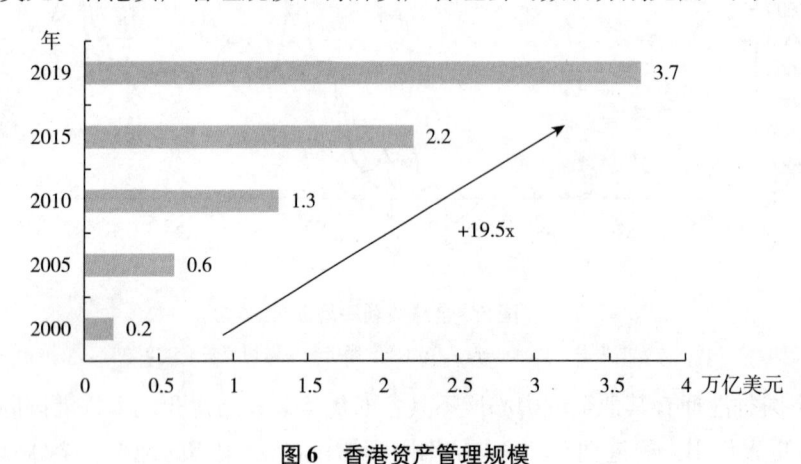

图6　香港资产管理规模

（数据来源：香港金管局，兴业证券经济与金融研究院整理）

香港在推动人民币国际化上具有多重优势。香港是最大的离岸人民币市场，截至 2020 年 12 月，香港人民币存款金额达 7216.5 亿元，全球排名第一。香港的金融市场更加灵活，可以推出各种人民币计价的投资产品，也可以推出各种风险管理产品。香港为人民币在相对开放、相对可控的环境中做到跟国际接轨创造了条件。

粤港澳大湾区规划明确香港是国际资产管理中心及风险管理中心、服务"一带一路"建设的投融资平台，全球离岸人民币业务枢纽的地位。2019 年 2 月，《粤港

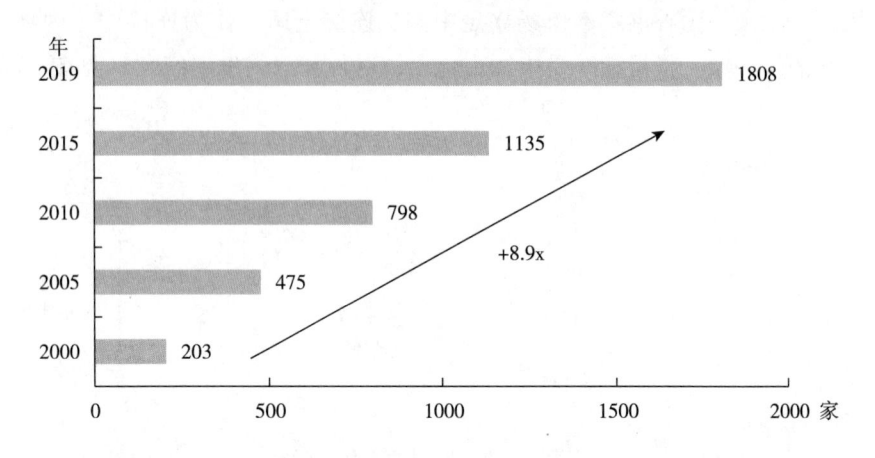

```
年
2019  ████████████████████ 1808
2015  ████████████ 1135
2010  ████████ 798
2005  █████ 475
2000  ███ 203
      0    500   1000  1500  2000 家
```

图 7　香港持牌资产管理公司数目

（数据来源：香港金管局，兴业证券经济与金融研究院整理）

澳大湾区发展规划纲要》出台，其中在粤港澳大湾区中，以香港、澳门、广州、深圳为"中心城市"，定位各有分工，明确香港将主要巩固和提升作为国际金融、航运贸易中心和国际航空枢纽的地位，推动金融、商贸、物流、专业服务等向高端、高增值方向发展。该规划纲要的出台，有助于香港整合大湾区资源，在原有基础上转型升级，提高服务品质，实现高端、高增值发展。粤港澳大湾区相关政策详见表6。

表 6　　粤港澳大湾区相关政策整理

发布时间	文件名称	相关内容
2019 年 2 月	《粤港澳大湾区发展规划纲要》	在粤港澳大湾区中，以香港、澳门、广州、深圳为"中心城市"，定位各有分工，明确香港将主要巩固和提升作为国际金融、航运贸易中心和国际航空枢纽的地位，推动金融、商贸、物流、专业服务等向高端、高增值方向发展
2019 年 7 月	《广东省推进粤港澳大湾区建设三年行动计划（2018—2020 年)》	进一步明确了广东省今后三年粤港澳大湾区建设重点和责任分工，确保到 2020 年粤港澳大湾区建设打下坚实基础
2020 年 5 月	《关于金融支持粤港澳大湾区建设的意见》	"发挥香港在金融领域的引领带动作用，强化国际资产管理中心及风险管理中心功能，打造服务'一带一路'建设的投融资平台"，"强化香港全球离岸人民币业务枢纽地位" "探索建立跨境理财通机制。支持粤港澳大湾区内地居民通过港澳银行购买港澳银行销售的理财产品，以及港澳居民通过粤港澳大湾区内地银行购买内地银行销售的理财产品。"
2021 年 3 月	《广州市关于推进共建粤港澳大湾区国际金融枢纽三年行动计划（2021—2023 年)》	进一步明确广州市今后三年共建粤港澳大湾区国际金融枢纽的重点任务和责任分工，加强粤港澳大湾区金融发展研究，完善现代金融服务体系，有序推进金融市场互联互通，加强金融风险防控协调与监管

数据来源：英国智库 Z/Yen 集团，兴业证券经济与金融研究院整理。

因而，未来中国香港资本市场立足中国、连接全球，作为连接中国内地与全球金融市场的桥头堡，将持续享受中国内地市场对外开放的发展红利（见图8）。

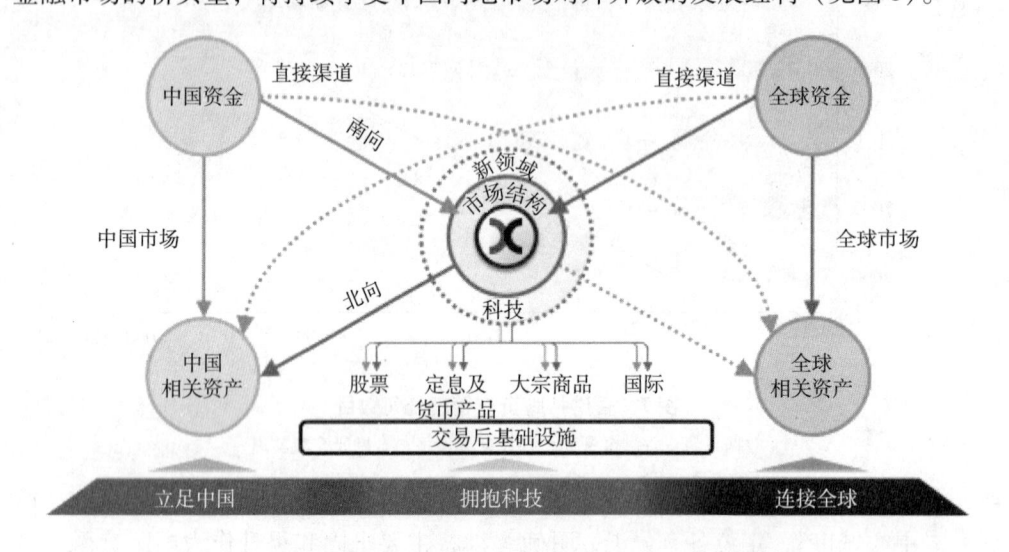

图8　中国香港市场是连接内地与全球金融市场的桥头堡

（数据来源：港交所官网，兴业证券经济与金融研究院整理）

（二）中资券商在香港竞争格局及策略分析

1. 香港证券市场参与者众多，竞争激烈。截至2020年，香港持牌法团中，香港联交所参与者达597家，香港期交所参与者108家，联交所/期交所参与者87家，持牌资产管理机构2330家，2013年至2020年年复合增长率分别为4.0%、5.4%、7.2%、8.0%、8.2%、7.9%和6.9%，市场参与者众多，数量逐年增加，竞争越发激烈。港交所持牌机构数量、现货市场投资者构成分别见图9、图10。

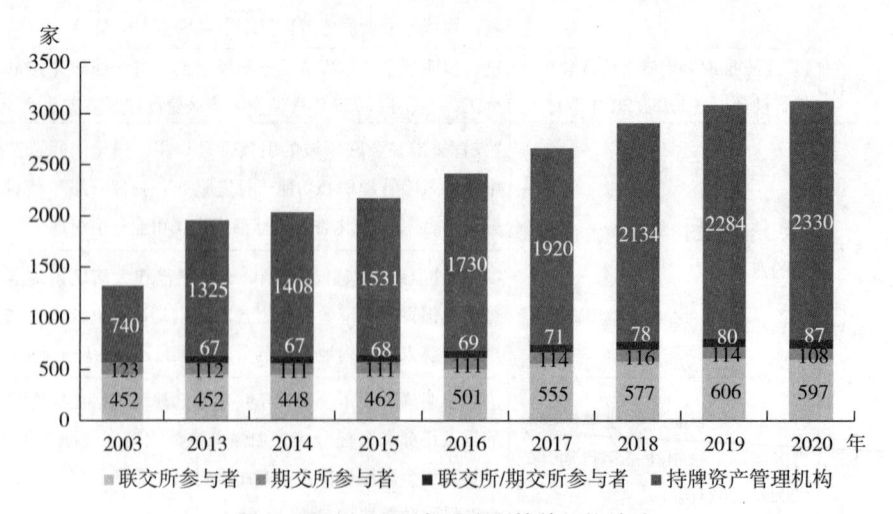

图9　2013—2020年港交所持牌机构统计

（资料来源：中国香港证监会，兴业证券经济与金融研究院整理）

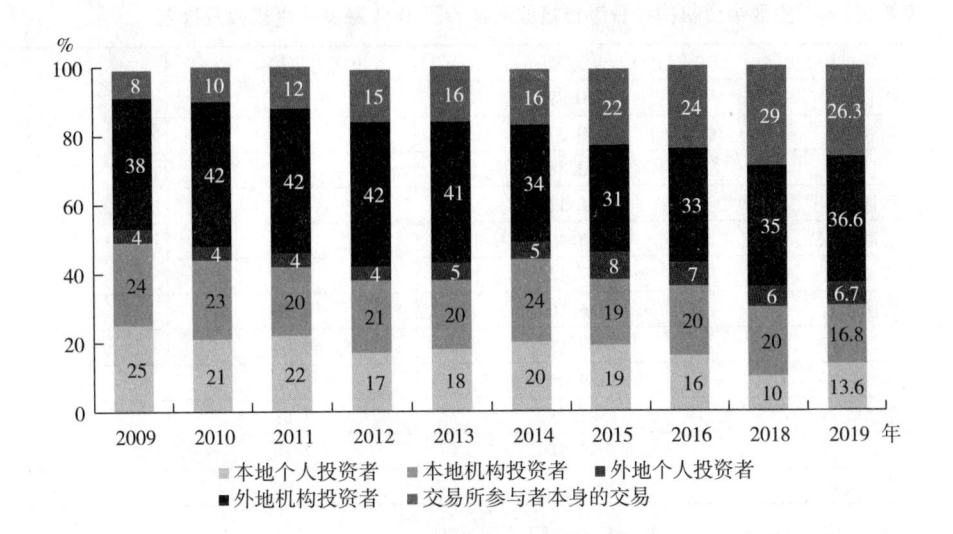

图10　港交所现货市场投资者构成

（资料来源：港交所财报，兴业证券经济与金融研究院整理）

（注：2017 年未披露相关数据）

2. 中资券商在香港竞争格局。境内券商从 2010 年起陆续在 H 股上市，目的在于希望借由香港国际金融市场的地位建立知名度，通过增加资本扩充渠道来为国际化发展的提速和资本规模需求的增加做好准备。截至 2020 年底，H 股上市的境内券商已达 15 家，在 H 股单独上市的境内券商子公司则有 5 家。在 H 股上市的券商中，除恒泰证券外，均为 A+H 股同时上市。截至 2020 年底，已经超过 30 家中资券商通过香港子公司拓展国际业务，其中海通国际和国泰君安国际总资产超过千亿港元。2020 年主要在香港上市的中资券商子公司经营业绩详见表 7。

表 7　2020 年主要在香港上市的中资券商子公司经营业绩　　单位：亿港元

公司	营业收入	净利润	净利率	总资产	净资产	ROE
海通国际	83.30	19.32	23.2%	1464.43	283.17	6.98%
国泰君安国际	48.72	15.63	32.1%	1217.21	152.40	11.83%
兴证国际	5.77	-4.93	-85.4%	182.64	33.47	-13.6%
申万宏源香港	8.35	1.76	21.1%	162.89	40.39	4.42%

资料来源：各公司年报，兴业证券经济与金融研究院整理。

3. 中资券商在香港主要开展业务竞争格局。从香港市场股票发行及 IPO 融资来看，外资机构市场份额更大，但中资机构占比近年来在逐步提升。2020 年，香港市场 IPO 承销规模前 20 大机构排行榜中，中资机构有 12 家公司入围，承销额占比达到 53.86%，其中中金公司发行量排行第一，2020 年 IPO 承销规模 40.5 亿美元，市场份额占比为 7.84%。2020 年主要中资机构在香港市场股票发行及 IPO 融资承销规模详见表 8。

表 8　主要中资机构在香港市场股票发行及 IPO 融资承销规模及排名

中资机构	2020 年 IPO 承销规模（百万美元）	市场占有率（%）	排名
中金公司	4050.79	7.84	1
招商银行	3709.37	7.18	2
中信证券	3053.88	5.91	3
海通证券	2626.11	5.08	4
工商银行	2578.49	4.99	5
农业银行	2537.13	4.91	6
中国银行	2356.16	4.56	8
建设银行	2089.15	4.04	11
国泰君安	1489.05	2.88	13
华泰证券	1385.53	2.68	14
交通银行	1085.51	2.10	16
华兴资本	859.71	1.66	20

资料来源：Bloomberg，兴业证券经济与金融研究院整理。

四、外资投行海外业务拓展历史经验借鉴

（一）高盛海外业务发展历史分析

高盛（Goldman Sachs）是美国最为著名及发展历史悠久的顶尖投行之一。高盛成立于 1869 年，其总部位于纽约，在东京、伦敦和香港设有分部，在法国、德国、中国及印度等 23 个国家拥有 41 个办事处。高盛向全球提供广泛的投资、咨询和金融服务，拥有大量的多行业客户，包括私营公司、金融企业、政府机构以及个人，其国际化发展实行了"亚洲—欧洲—亚太新型经济体"的分级战略。高盛的国际化发展路径详见图 11。

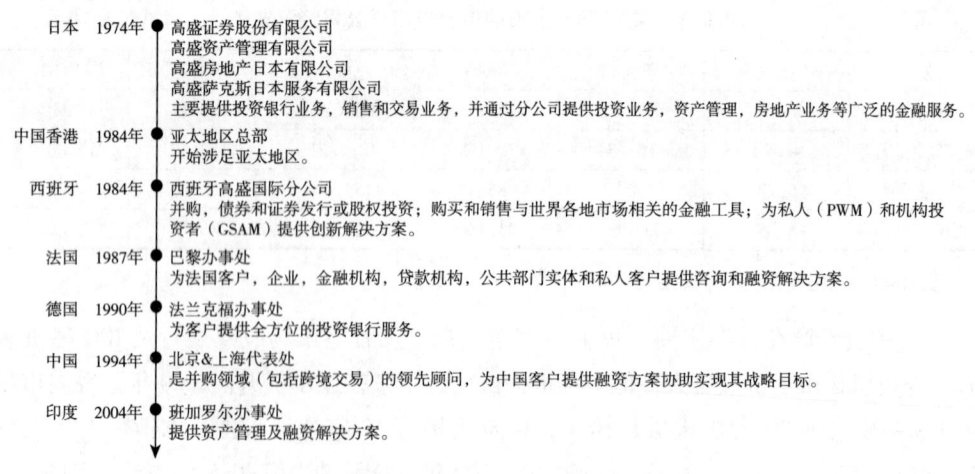

- 日本　1974 年　高盛证券股份有限公司
  高盛资产管理有限公司
  高盛房地产日本有限公司
  高盛萨克斯日本服务有限公司
  主要提供投资银行业务，销售和交易业务，并通过分公司提供投资业务，资产管理，房地产业务等广泛的金融服务。
- 中国香港　1984 年　亚太地区总部
  开始涉足亚太地区。
- 西班牙　1984 年　西班牙高盛国际分公司
  并购、债券和证券发行或股权投资；购买和销售与世界各地市场相关的金融工具；为私人（PWM）和机构投资者（GSAM）提供创新解决方案。
- 法国　1987 年　巴黎办事处
  为法国客户，企业，金融机构，贷款机构，公共部门实体和私人客户提供咨询和融资解决方案。
- 德国　1990 年　法兰克福办事处
  为客户提供全方位的投资银行服务。
- 中国　1994 年　北京&上海代表处
  是并购领域（包括跨境交易）的领先顾问，为中国客户提供融资方案协助实现其战略目标。
- 印度　2004 年　班加罗尔办事处
  提供资产管理及融资解决方案。

图 11　高盛国际化发展路径

（数据来源：高盛年报，兴业证券经济与金融研究院整理）

（二）摩根士丹利海外业务发展历史分析

摩根士丹利国际化步伐始于20世纪70年代，摩根士丹利国际化的第一站设在了英国，1975年摩根士丹利在伦敦成立了摩根士丹利国际，其国际化步伐正式开始。摩根士丹利在国际化初期，在海外市场主要拓展其传统证券承销业务，但是随着竞争的日益加剧，摩根士丹利在国际化的进程中不断创新适应市场和客户的需求，80年代以来在资产管理、并购、不动产投资和项目融资等方面进行加强和创新，逐渐形成了一种以债权承销业务为主，房地产、兼并收购、不良资产处置和项目融资等为辅的混合经营的多元化国际拓展模式，近年来摩根士丹利积极发展经纪和信用卡业务市场，并在伦敦设立了信用卡中心，这在一定程度上渐渐向摩根士丹利建立一个零售经纪与机构投资模式混合的经营的战略模式靠近，这一战略目标已在欧洲和日本得以实现。摩根士丹利海外业务发展路径详见图12。

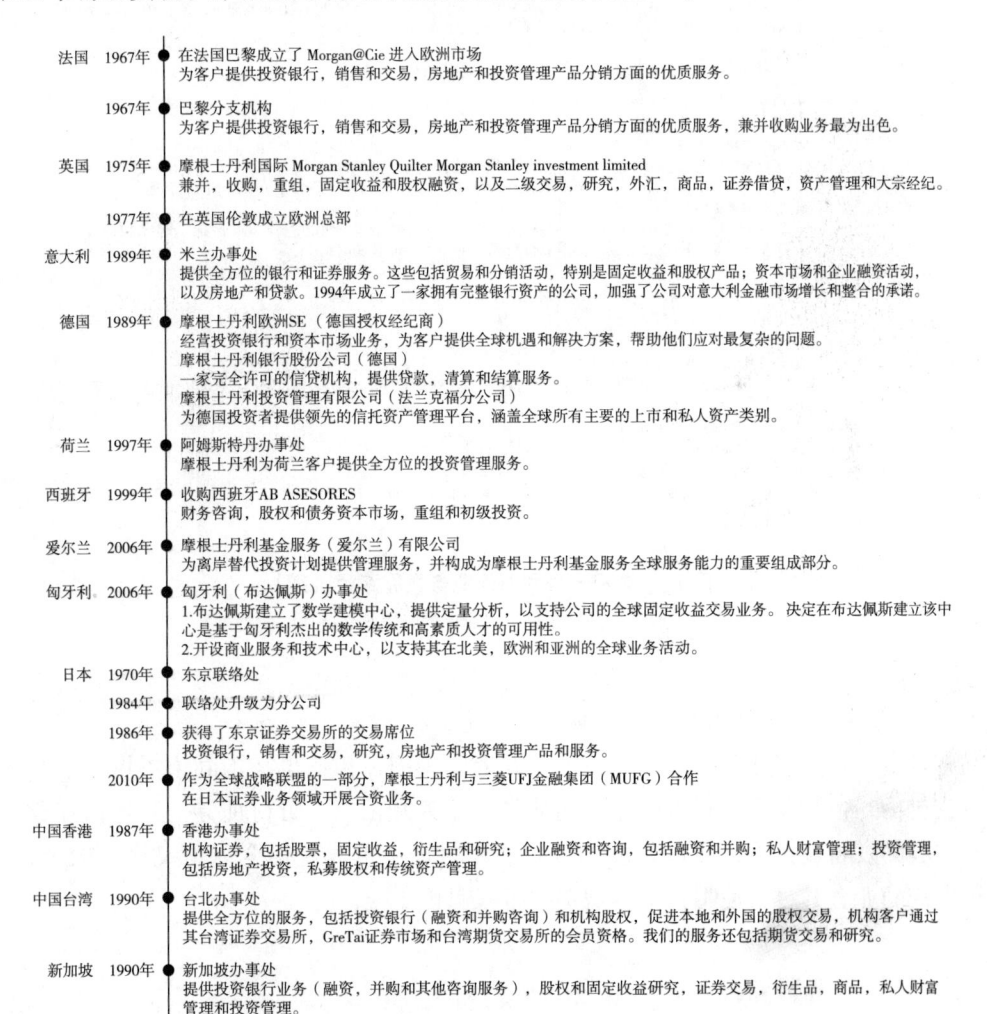

法国	1967年	在法国巴黎成立了Morgan@Cie进入欧洲市场 为客户提供投资银行，销售和交易，房地产和投资管理产品分销方面的优质服务。
	1967年	巴黎分支机构 为客户提供投资银行，销售和交易，房地产和投资管理产品分销方面的优质服务，兼并收购业务最为出色。
英国	1975年	摩根士丹利国际 Morgan Stanley Quilter Morgan Stanley investment limited 兼并，收购，重组，固定收益和股权融资，以及二级交易，研究，外汇，商品，证券借贷，资产管理和大宗经纪。
	1977年	在英国伦敦成立欧洲总部
意大利	1989年	米兰办事处 提供全方位的银行和证券服务。这些包括贸易和分销活动，特别是固定收益和股权产品；资本市场和企业融资活动，以及房地产和贷款。1994年成立了一家拥有完整银行资产的公司，加强了公司对意大利金融市场增长和整合的承诺。
德国	1989年	摩根士丹利欧洲SE（德国授权经纪商） 经营投资银行和资本市场业务，为客户提供全球机遇和解决方案，帮助他们应对最复杂的问题。 摩根士丹利银行股份公司（德国） 一家完全许可的信贷机构，提供贷款，清算和结算服务。 摩根士丹利投资管理有限公司（法兰克福分公司） 为德国投资者提供领先的信托资产管理平台，涵盖全球所有主要的上市和私人资产类别。
荷兰	1997年	阿姆斯特丹办事处 摩根士丹利为荷兰客户提供全方位的投资管理服务。
西班牙	1999年	收购西班牙AB ASESORES 财务咨询，股权和债务资本市场，重组和初级投资。
爱尔兰	2006年	摩根士丹利基金服务（爱尔兰）有限公司 为离岸替代投资计划提供管理服务，并构成为摩根士丹利基金服务全球服务能力的重要组成部分。
匈牙利	2006年	匈牙利（布达佩斯）办事处 1.布达佩斯建立了数学建模中心，提供定量分析，以支持公司的全球固定收益交易业务。决定在布达佩斯建立该中心是基于匈牙利杰出的数学传统和高素质人才的可用性。 2.开设商业服务和技术中心，以支持其在北美，欧洲和亚洲的全球业务活动。
日本	1970年	东京联络处
	1984年	联络处升级为分公司
	1986年	获得了东京证券交易所的交易席位 投资银行，销售和交易，研究，房地产和投资管理产品和服务。
	2010年	作为全球战略联盟的一部分，摩根士丹利与三菱UFJ金融集团（MUFG）合作在日本证券业务领域开展合资业务。
中国香港	1987年	香港办事处 机构证券，包括股票，固定收益，衍生品和研究；企业融资和咨询，包括融资和并购；私人财富管理；投资管理，包括房地产投资，私募股权和传统资产管理。
中国台湾	1990年	台北办事处 提供全方位的服务，包括投资银行（融资和并购咨询）和机构股权，促进本地和外国的股权交易，机构客户通过其台湾证券交易所，GreTai证券市场和台湾期货交易所的会员资格。我们的服务还包括期货交易和研究。
新加坡	1990年	新加坡办事处 提供投资银行业务（融资，并购和其他咨询服务），股权和固定收益研究，证券交易，衍生品，商品，私人财富管理和投资管理。

图12　摩根士丹利海外业务发展路径

韩国	1992年	韩国首尔办事处 摩根士丹利为本地和国际客户提供全方位的产品和服务,包括并购、重组咨询和融资,机构股权和固定收益销售和交易,研究,投资管理咨询和私人产权。
	2005年	摩根士丹利国际银行首尔分行 通过该分行提供外汇,固定收益场外衍生品和一整套利率产品。
中国	1993年	设立上海、北京办事处
	1995年	合资成立中金公司,中国市场进入实质化运营 2005年,亚太投资银行业务取得历史最好业绩、顾问费收入超过70亿美元。
	2006年	摩根士丹利成为第一家在中国拥有全资商业银行执照的外国银行,现在称为摩根士丹利国际银行(中国) 投资银行,投资管理,固定收益和股票的全套产品和服务。
	2008年	宣布成立信托合资企业杭州工商信托。同年,公司与华新证券合作成立基金管理公司摩根士丹利华鑫基金管理公司。 基金管理
	2011年	摩根士丹利在杭州成立人民币私募股权投资管理公司 私募股权
	2011年	与华鑫证券合资成立摩根士丹利华鑫证券
印度	1999年	与印度投行JM Financial Group合资进入印度市场 投资银行,资本市场,股票,固定收益,商品和衍生产品以及研究。
印度尼西亚	2007年	印度尼西亚(雅加达)办事处 2007年以来一直拥有活跃的投资银行和融资特许经营权。于2008年开始提供承销服务,并于2012年成为经纪交易商和印度尼西亚证券交易所会员,开展境内机构股票业务。
巴西	1997年	巴西圣保罗办事处 投资银行,股权分割,固定收益,外汇,商品和大宗经纪。
阿根廷	1999年	阿根廷(布宜诺斯艾利斯)设立常驻办事处 全方位的投资银行产品和服务。
墨西哥	1999年	墨西哥城办事处 提供投资银行和金融咨询服务,包括证券承销和国际分销,并购咨询,重组,房地产和项目融资。我们还在该地区进行固定收益销售,股票销售和交易活动。2010年,摩根士丹利开设了一家完整的经纪商。
以色列	2001年	以色列办事处 提供全方位的投资银行服务,包括股权和债券发行,兼并和收购,固定收益和衍生产品。我们在以色列一些最著名,最具创新性和最复杂的投资银行交易方面拥有长期而成功的业绩记录。
迪拜	2006年	迪拜国际金融中心办事处 为客户提供投资银行,投资管理,固定收益和股票的全套产品和服务。
沙特阿拉伯	2007年	中东(沙特阿拉伯办事处) 提供销售交易,投行和投资管理服务。
秘鲁	2010年	秘鲁利马安第斯地区开设代表处 投资银行服务,包括并购咨询,资本市场和对冲。该办事处还与纽约办事处共同负责厄瓜多尔,中美洲和加勒比投资银行的工作。
智利	2014年	智利(圣地亚哥)设立办事处 投资银行产品平台,包括并购,资本市场和对冲。
哥伦比亚	2014年	哥伦比亚(波哥大代表处) 提供完整的投资银行产品平台,包括并购,资本市场和对冲。

图12　摩根士丹利海外业务发展路径(续)

(数据来源:摩根士丹利年报,兴业证券经济与金融研究院整理)

(三)野村证券国际化发展经验

日本投行将国际化的起点放在中国香港和美国,初期也在国际市场设立了很多分支机构,但与美国投行国际化不同的是,业务开拓上,野村证券一直停留在股票和债券的发行业务上,在该领域的成功使野村证券迅速获得全球顶尖投行的声誉,但迟滞的业务升级又使野村证券遭遇挫折(见图13)。

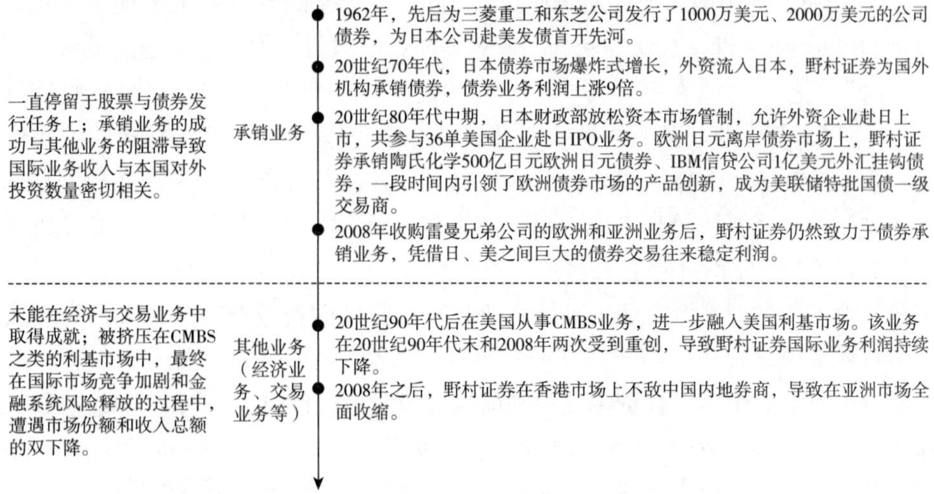

一直停留于股票与债券发行任务上；承销业务的成功与其他业务的阻滞导致国际业务收入与本国对外投资数量密切相关。	承销业务	• 1962年，先后为三菱重工和东芝公司发行了1000万美元、2000万美元的公司债券，为日本公司赴美发债首开先河。 • 20世纪70年代，日本债券市场爆炸式增长，外资流入日本，野村证券为国外机构承销债券，债券业务利润上涨9倍。 • 20世纪80年代中期，日本财政部放松资本市场管制，允许外资企业赴日上市，共参与36单美国企业赴日IPO业务。欧洲日元离岸债券市场上，野村证券承销陶氏化学500亿日元欧洲日元债券、IBM信贷公司1亿美元外汇挂钩债券，一段时间内引领了欧洲债券市场的产品创新，成为美联储特批国债一级交易商。 • 2008年收购雷曼兄弟公司的欧洲和亚洲业务后，野村证券仍然致力于债券承销业务，凭借日、美之间巨大的债券交易往来稳定利润。
未能在经济与交易业务中取得成就；被挤压在CMBS之类的利基市场中，最终在国际市场竞争加剧和金融系统风险释放的过程中，遭遇市场份额和收入总额的双下降。	其他业务（经济业务、交易业务等）	• 20世纪90年代后在美国从事CMBS业务，进一步融入美国利基市场。该业务在20世纪90年代末和2008年两次受到重创，导致野村证券国际业务利润持续下降。 • 2008年之后，野村证券在香港市场上不敌中国内地券商，导致亚洲市场全面收缩。

图 13　野村证券国际业务的发展进程

（数据来源：野村证券年报，兴业证券经济与金融研究院整理）

五、中国券商海外跨境业务发展展望

（一）香港市场竞争优势及可做的业务

1. 中资企业赴香港的融资需求不断增长推动券商投行业务增长。投资银行业务主要包括证券承销、证券交易、兼并收购、资金管理、项目融资、风险投资及信贷资产证券化等。其中，证券承销包括股权融资（IPO + 再融资）及债权融资。中资券商通过其香港子公司开展业务重点之一便是满足中资企业在香港的融资需求。虽然中资券商在内地以经纪业务为主要收入来源，但在海外市场上，中资券商是国内企业对外发行债券和股票的首选，承销收入占据半壁江山，经纪业务受到资本市场管制、货币跨境转移的限制，收入和利润只占国际业务的 20% ~ 30%。

从香港市场股票发行及 IPO 融资来看，外资机构市场份额更大，但是，中资机构占比近年来在逐步提升。2020 年，香港市场 IPO 承销规模前 20 大机构排行榜中，中资机构有 12 家公司入围，承销额占比达到 53.86%，其中中金公司发行量排行第一，2020 年 IPO 承销规模 40.5 亿美元，市场份额占比为 7.84%。亚洲（除日本）G3 高收益债承销规模前 20 大机构占整体承销规模的 74%，其中中资券商承销金额占前 20 大机构承销金额的 27.8%。

2. 内地社会财富向优质权益资产的再配置推动财富管理业务发展。随着中国个人境外资产配置比例提升，海外优质权益资产的再配置势必推动在港券商的财富管理业务发展。海通国际及国泰君安国际均已成立财富管理业务条线，通过差异化市场定位与外资大行竞争，业务规模取得较大进步，也构成了公司未来发展的新盈利点。

3. 依托更多的中国内地优质企业赴港上市，全产业链深度研究赋能公司投资业务发展，形成 FA + PE + IPO 的新盈利模式。随着中国内地优质企业赴港上市，中资券商加大研究投入有望在更了解中国企业的前提下，帮助公司获取优质项目资源，形成 FA + PE + IPO 的新盈利模式。对比传统券商，FA + PE + IPO 模式的主要优势在于：（1）"连接"优势：作为典型的资源整合者，在为企业提供多轮 FA 业务后，企业更加愿意选择资源整合人作为 IPO 的合作人；（2）"增值"优势：券商旗下基金可以参投 FA 业务积累的主要客户，不但增强了与前期客户间的黏性，部门间协同可提供增值服务及注资企业得到的话语权，也帮助中资券商转化一部分企业成为公司 IPO 的后续客户。

在港中资券商中，华兴资本该盈利模式较为成熟。目前，华兴已完成包括美团、京东等领先独角兽企业的 FA + PE + IPO 全链条服务；贝壳、心脉医疗等也在有华兴新经济基金及医疗产业基金注资的背景下继续选择华兴作为上市合作伙伴。

（二）中资券商在除香港外市场的发展

国际化初期大多券商选择在香港自建分支机构，采用有机增长策略，而中信、海通等国际化领先的券商已经开始倚重并购的方式拓展全球网络，采取无机增长的策略。业务发展方向上，以股权和债券承销业务为国际市场切入点，进而向经纪、资管和投资业务拓展。投行业务仍然是进入海外市场的主要突破口，中资券商普遍重视投行业务，满足中资企业境外投融资需求。但中资券商也应避免盲目拓展国际版图，此类行为也会让券商陷入困境。一般而言，海外并购会导致被收购公司的管理层发生变化，甚至会面临商业模式的改变，文化冲突也不可避免。拓展海外业务，特别是直接并购，成本较高，如果整合不理想，造成后期水土不服，将会损失重大，甚至可能给公司带来灾难性的影响。因此，国内券商应有风险危机意识，同时做好准备，建立健全管理制度妥善处理好本土文化与国际文化的融合过程，尽可能减少文化冲突和存在的风险。中资券商国际化进度详见图 14。

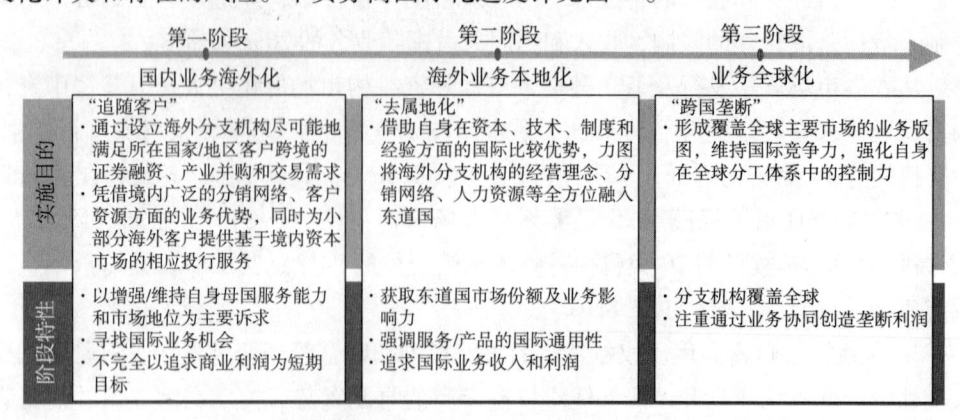

	第一阶段 国内业务海外化	第二阶段 海外业务本地化	第三阶段 业务全球化
实施目的	"追随客户" ·通过设立海外分支机构尽可能地满足所在国家/地区客户跨境的证券融资、产业并购和交易需求 ·凭借境内广泛的分销网络、客户资源方面的业务优势，同时为小部分海外客户提供基于境内资本市场的相应投行服务	"去属地化" ·借助自身在资本、技术、制度和经验方面的国际比较优势，力图将海外分支机构的经营理念、分销网络、人力资源等全方位融入东道国	"跨国垄断" ·形成覆盖全球主要市场的业务版图，维持国际竞争力，强化自身在全球分工体系中的控制力
阶段特性	·以增强/维持自身母国服务能力和市场地位为主要诉求 ·寻找国际业务机会 ·不完全以追求商业利润为短期目标	·获取东道国市场份额及业务影响力 ·强调服务/产品的国际通用性 ·追求国际业务收入和利润	·分支机构覆盖全球 ·注重通过业务协同创造垄断利润

图 14 中资券商国际化正在从第一阶段向第二阶段过渡

（资料来源：公开资料，兴业证券经济与金融研究院整理）

参考文献

[1] 中国证券监督管理委员会. 关于进一步推进证券经营机构创新发展的意见 [EB/OL]. [2021-05-31]. http：//www.csrc.gov.cn/pub/newsite/zjhxwfb/xwdd/201405/t20140529_255102.html.

[2] 中国证券监督管理委员会. 证券公司分类监管规定 [EB/OL]. [2021-05-31]. http：//www.csrc.gov.cn/pub/zjhpublic/zjh/201706/P020170602584641840832.pdf.

[3] 中国银行业协会，清华大学五道口金融学院. 中国私人银行发展报告 (2020) 暨中国财富管理行业风险管理白皮书 [EB/OL]. [2021-05-31]. https：//pdf.dfcfw.com/pdf/H3_AP202012041436564019_1.pdf.

[4] 全国人民代表大会. 全国人民代表大会关于建立健全香港特别行政区维护国家安全的法律制度和执行机制的决定 [EB/OL]. [2021-05-31]. http：//www.npc.gov.cn/npc/c30834/202005/a1d3eeecb39e40cab6edeb2a62d02b73.shtml.

[5] 中共中央，国务院. 粤港澳大湾区发展规划纲要 [EB/OL]. [2021-05-31]. https：//www.bayarea.gov.hk/filemanager/sc/share/pdf/Outline_Development_Plan.pdf.

[6] 广东省人民政府. 广东省推进粤港澳大湾区建设三年行动计划 (2018—2020年) [EB/OL]. [2021-05-31]. http：//www.cnbayarea.org.cn/homepage/news/content/post_170138.html.

[7] 中国人民银行，中国银行保险监督管理委员会，中国证券监督管理委员会，国家外汇管理局. 关于金融支持粤港澳大湾区建设的意见 [EB/OL]. [2021-05-31]. http：//www.cnbayarea.org.cn/policy/policy%20release/policies/content/post_258474.html.

[8] 广州市地方金融监督管理局. 广州市关于推进共建粤港澳大湾区国际金融枢纽三年行动计划 (2021—2023年) [EB/OL]. [2021-05-31]. http：//jrjgj.gz.gov.cn/zcgh/content/post_7201438.html.

[9] Rafael La Porta, Florencio Lopez de Silanes, Andrei Shleifer, Robert W. Vishny. Law and finance [J]. Journal of Political Economy, 1998, 106 (6): 1113-1155.

证券公司资产管理业务创新与发展

曾 旭 刘怀元 周 萌
魏颖捷 陈 茜 叶 倩[①]

一、国内券商资管业务创新发展环境分析

（一）"十四五"规划为资管业务创新发展带来历史契机

2020年11月3日，新华社受权发布《中共中央关于制定国民经济和社会发展第十四个五年规划和2035年远景目标的建议》（以下简称《规划》）。《规划》围绕着双循环的格局展开，着重强调了绿色发展、产业升级、创新等几个方面的内容。

对于金融领域来说，国内大循环的进一步畅通将有助于整个市场的绿色化发展，内需体系培育速度进一步加快，个人金融服务将会获得相比之前更为广阔的空间。此外，2035年远景目标中也提出要显著扩大中等收入群体，财富管理行业将得到进一步长远发展，商业银行及证券公司等金融机构的业务体量预计还将持续提升。

再者，《规划》提出建立现代财税金融体制，大力发展资本市场，促进融资体系变革。其中，建立现代化的财税金融体制，实质即推进金融市场的改革，对金融领域的活力进行进一步的激发；融资体系变革则以全面推进注册制与基础制度改革、推动直接融资比重不断提高、建立常态化退市机制为重要步骤。在这种驱动下，持续积累的居民财富将会进一步夯实资本市场的资金基础；多层次资本市场监管体系的完善可有效对接全方位投融资需求，伴随市场对资本市场创新改革深入选择权的逐步掌握，市场博弈将会对券商的专业实力提出更高的要求。

同时，高水平对外开放也继续成为金融业未来改革的重要部分。《规划》指出在"十四五"期间要形成高水平开放型经济新体制，要坚持更深层次、更宽领域和更大范围的开放，在2035年基本形成对外开放新格局，在资本市场监管方面

[①] 曾旭，博士，兴证资管总裁；刘怀元，硕士，兴证资管固定收益部总经理；周萌，硕士，兴证资管研究部总经理；魏颖捷，硕士，兴证资管创新投资部总经理；陈茜，硕士，兴证资管市场部副总经理；叶倩，硕士，兴证资管资深经理。

将进一步深化境内与境外之间的互联互通。在更为透明、更为通畅以及更为全面的机制下，境外投资企业和国内企业的同台竞争，将更有利于激发国内金融机构业务创新活力。

(二) 资管业务在证券公司高质量发展中应发挥更强引领作用

高质量的资本市场和证券行业是我国目前所处的经济关键转折期最为基本的力量，只有建立了高质量的资本市场和证券行业，国家实体经济的转型才能够获得有效的推动力。尤其是对于本土投资银行，在当下更应紧抓发展机遇，积极作出改变和行动，助力推动行业的创新与前进，从而不断地提升资本市场对国民经济贡献水平。

1. 证券公司财富管理转型中，资管业务应发挥更积极的一体化协同优势。伴随国内市场不断成熟，高净值客户数量不断增加，市场所能够提供的金融产品的种类也在不断地丰富，传统经纪业务模式已不能适应当下的发展。对于证券公司来说，财富管理业务转型不是想不想转，而是必须要转，如何能够做到更好、更快地转型是证券公司所面临的关键问题。

我们认为，在当前行业变局和再定位的背景下，除了要对基础的财富管理工作进行深入的夯实之外，还要进一步推动财富管理业务的体系化发展，本着基础性和系统性工作全面落地的原则，逐步推动包括产品体系、会员服务体系、资产配置服务体系等在内的全面重构和建设。毫无疑问，资管业务应更加积极地融合在这个一体化转型过程中，重点做好以下两个方面：

一是坚定不移地践行证券公司集团化协同道路，更好发挥财富管理业务产品提供者的角色，依托证券公司平台资源和研究资源，打造具有券商特色的投研体系，以创新的视野发现客户需求、引领客户需求，打造具有券商特色的产品线。

二是坚持正反馈与良性循环，把握财富管理一体化业务中各个环节的发展机遇。作为证券公司自有品牌产品提供者，紧密对接财富管理部门在市场端、客户端的需求，创设覆盖标准化到定制化的产品，形成在产品设计、产品销售、投资顾问等方面的特色优势，融合发展产品供应、产品输出、产品配置体系化服务。

2. 在证券公司以注册制为契机提升投行核心能力中，资管业务应深度协同以共同激发市场创新活力。我国的直接融资占比相对较低且发展缓慢，科创板的出现以及注册制的实施，对开启中国资本市场高质量发展具有重要战略意义，特别是在发行审核、上市门槛、定价配售、交易制度、退市制度等方面的重大制度创新，对于上市公司的结构优化以及提升发展质量等均具有十分重要的作用。对于证券行业来说，把握注册制改革机遇，转型为综合型金融服务供应商已成为行业共识。资管机构作为重要的机构投资者之一，可深度协同投行业务以更好地激发市场活力。

第一，对于证券公司投行业务来说，其从发行到定价的整个过程中，是否能在符合多方利益下成功实现企业融资需求与投行的专业能力以及对市场变化的敏感性有着重要的关系。而资管计划、公募基金、社保等机构投资者可以在发行定价等关键环节，积极发挥价值发现、精准定价的辅助功能，引导投资者对公司投资价值作出相对理性的判断。

第二，资管业务可以有效借助投行多元化发展的便利条件，在整个过程中实现资管业务价值重塑。在以往的发行制度下，金融资产价格可能产生一定扭曲，某种程度上阻碍了相关产业的并购计划，而注册制的核心制度在积极引导企业回溯融资本源，更多基于行业前景、经营发展阶段、资金使用计划综合考量融资需求。在这种根本性的改变下，证券公司整合全业务链，深度绑定资管业务功能与客户全生命周期需求，提供债券融资、结构化融资、资本孵化等一揽子金融服务，可助力实现资管业务多元化、体系化发展。

3. 证券公司国际化进程中，资管业务要以创新姿态积极融入其中。中国金融市场双向开放正在提速。QDLP、QFLP、QDIE 等制度陆续推出，国内债券市场的准入条件及额度逐渐放开。2020 年 4 月 1 日起证券公司外资股比限制正式取消，高盛等多家合资券商外方股东公开表态拟谋求 100% 持股；贝莱德也于 2020 年 8 月获得业内第一张外资全资公募基金管理公司牌照，外资金融机构布局中国市场的步伐也在加快。

通过借鉴国外成熟金融市场的发展经验，加大对外开放程度有利于规范本国金融市场的发展，有助于其更加专业化。对于中国资本市场来说，金融双向开放下的机遇与挑战并存。机遇在于，有利于国内资本市场体系建设的完善，在金融市场业务趋向于多元化发展且竞争日益激烈时，本土证券公司能够充分利用其优势拓展客户资源，练好内功。挑战在于，外资金融机构在各个细分领域的竞争已经逐步显现，对人才的争夺上已经初现端倪。因此，中国本土券商必须不断拓展自己的业务边界，充分借鉴国际投行的业务发展经验，不断完善自身财富管理及机构业务综合金融服务水平。

资管业务应积极把握中资机构及人民币国际化趋势，加大力度进行跨境产品的创新设计，满足金融机构对包括香港等海外资产，配置的需求，以及企业大量资金出入境的投融资需求，为财富管理和机构客户提供多区域、多币种、多形式的专业化跨境解决方案。目前，美国和日本全球组合投资占 GDP 比例分别约为 53% 和 85%，中国该比例仅为 2.4%，我国跨境资产管理业务尚处于起步阶段，未来，证券公司资管业务为个人和企业提供全球资产配置大有可为。

（三）券商资管在资管生态圈重构过程中，以主动管理化、专业化、创新化方能实现突围

1. 资管新规下的监管方向及行业发展趋势凸显创新为主、存量为辅的思路。资管新规正式实施以来，"一行两会"不断出台各类新规配套细则，总体来讲，以完

善和细化大资管行业的监管框架，强化监管力度，防范和化解重大金融风险为核心。在监管层面，体现出三个趋势：首先强调管理人的主动管理能力和勤勉尽责义务，"资金池业务"以及"通道业务"已逐步压降；其次更注重加强风险控制以及管理人的资本实力，风险控制能力较强的机构将获得更多的发展机会；最后针对非标投资业务进行限额管理，提出了合法、真实、有效、可特定化、确权等具体要求，对资管机构完善组织架构及内控、明确分工、充足专业人员方面提出更高要求。

行业层面，资本市场深刻变革，资管产品净值化的转型速度，资管机构加快提升主动管理核心竞争力。同时，资管行业生态面临结构性重塑，以创新为主、存量为辅的变革带来行业产品格局、投资者行为的新变化，各资产管理子行业在资金端、产品端和资产端的禀赋差异，将构建新的竞争合作格局。

2. 券商资管在与其他机构长期竞合关系中需形成差异化定位。首先，银行理财子公司作为行业新生力量，对资管业务的负债端和资产端都将带来重要影响，将深刻改变行业市场格局，甚至可能打破原有的业务生态。在法律地位上，与其他资管产品相同法律地位正式确立，将与其他资管机构直接竞争，且公募理财产品在非标投资、估值等方面较证监体系资管机构所受约束少，政策红利明显。其次，凭借丰富的渠道资源，银行理财子公司拥有非常广泛的客户基础，在固收、非标投资领域经验也非常丰富，母行信贷业务基础下具备信息优势，便于标的券深入研究，加之借助母行流动性支持，现金管理类产品运作有较大竞争力。面对银行理财子公司天然的发展优势，券商资管业务必然受到一定冲击，包括现金管理类业务、依托银行理财资金的固收类业务等首当其冲。

但同时也应看到，相较银行理财子公司，券商资管依托证券公司投研资源优势，在投研体系和团队配置上更为完善，在信用债、转债、权益、股权、另类投资等方面仍然有一定先发优势，此外，券商资管可背靠证券公司全体系业务优势，利用其与投行、财富管理业务、托管业务等形成的协同效应，打通资金、资产链条，建立全市场资产获取优势。未来，银行理财子公司为优化委外质量，会通过优选管理人弥补投研上的薄弱环节，形成全面的资产配置框架，与券商资管也会开启新的合作空间。

再者，保险、信托机构作为资本市场重要参与者，本身与证券公司财富管理、资产管理、投行等业务有天然联系，特别是与券商资管合作探索优化资金、资产和策略配置。2019年末，券商受托管理险资超600亿元，而2020年以来，信托公司转型下，与券商资管在TOF、投顾业务上的合作也越来越多，合作规模预计也会进一步提高。

另外，在金融市场和资管行业双向开放加速推进过程中，国内资管机构的发展格局必将受到长远影响。一方面，海外领先资管机构引入先进经验，引导境内市场成熟深化，督促境内机构主动转型求变，推动加速大资管行业国际化进程。另一方面,头部资产管理机构市场占比越来越大,在人才、客户、细分领域的竞争也会逐渐显现。

3. 券商资管公募化改造及公募牌照获取中需形成特色化、创新型产品体系。在券商资管大集合正式开启公募化改造之前,截至 2018 年第三季度末,70 家证券公司及其资管子公司存续大集合产品数量为 344 只,规模合计 9739 亿元,约 623 万个人投资者持有大集合产品,持有规模合计 8863 亿元;约 1.3 万家机构投资者持有大集合产品,持有规模合计 876 亿元。近年,券商资管大集合公募化改造陆续开启,伴随"一参一控"政策松绑的讨论,可预见未来会有更多的券商资管进入公募领域。

对于公募业务而言,券商并不是一个全新的进入者。在公募基金行业发展之初,证券公司就一直是其中的重要参与者,扮演着三大重要角色:一是服务于基金管理人的服务商;二是服务于投资者的投资顾问;三是通过控股公募或直接参与公募业务成为基金管理人。券商资管相较于公募基金,涉及资产类别和业务模式更丰富,且依托证券公司体系化研究能力和资产获取能力,实现更为灵活的产品设计,为财富管理条线提供特色化多层次的公募产品体系以满足投资者需求。

综上所述,在"十四五"规划及 2035 年远景目标下,券商资管业务要以更积极的姿态融入证券公司高质量发展新格局,在资管新规和对外开放带来的资管新生态下,明确战略定位与发展方向,尽快打造自己的核心竞争力,培育可持续、高质量、高附加值的业务模式,增加产品和服务的多元性,学习先进的管理经验和投资理念,形成新的能力"护城河",与各类机构形成优势互补,合作共赢。

二、国外投资银行资管业务发展借鉴

(一)资管业务发展历程

1. 美国资产管理行业发展概况。2018 年,国际政治经济形势复杂,国际资本市场波动加剧,股市债市均有波及,全球资产管理规模在 2008 年国际金融危机之后出现了再次下跌。但随着 2019 年上半年资本市场回暖,资管行业也逐步走出阴霾,重回增长。截至 6 月,全球资产管理总规模再创新高,上涨 13.2%,约达 95.3 万亿美元。

2019 年以来,股票市场的增长带动了全球资产管理总规模的增长。鉴于未来股票市场的不确定因素,资产管理行业亟须找到可持续发展的推动力(见图 1、图 2)。

2. 美国主流资管产品发展历程。美国是目前全球最大的资管市场,2018 年 AUM 占全球比重超过 55%。总的来看,美国资管市场的发展历程可以被划分为五大阶段(见表 1)。

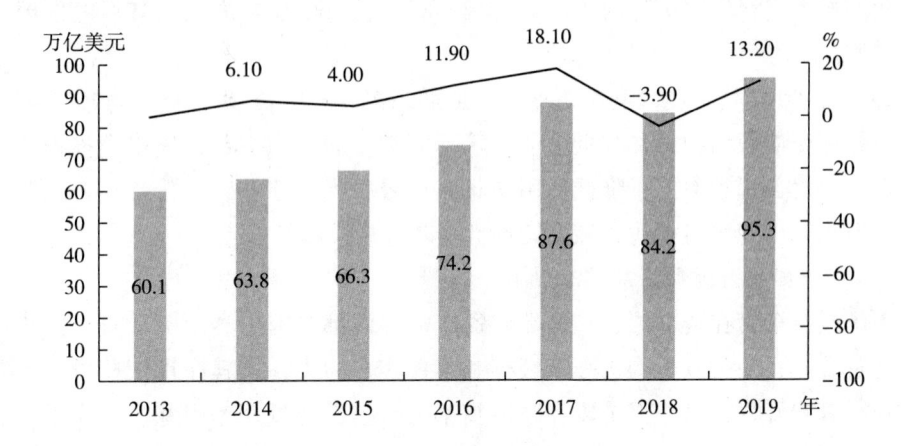

图 1 近年全球资产管理规模

（数据来源：安永《2019 年全球资产管理行业报告》）

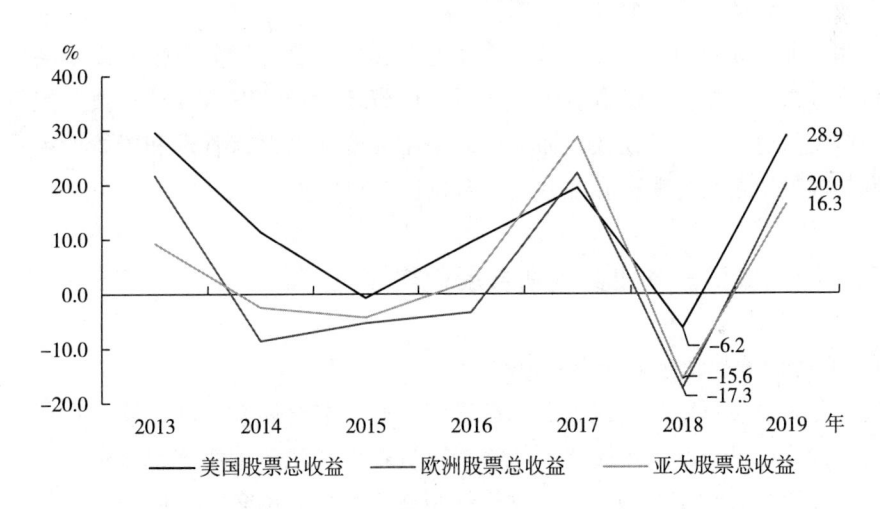

图 2 近年全球股市波动及主要地区股票收益情况

（数据来源：Wind）

表 1　　　　　　　　　　　美国资产管理市场发展历程

时期	发展特征	主流产品形态
20 世纪 70 年代	高通胀 + 利率市场化改革	货币市场基金
20 世纪 80 年代	利率市场化后爆发式增长	债券型基金
20 世纪 80—90 年代	经济动能切换与养老金入市	股票型基金
21 世纪以来	美国共同基金整体表现出"稳态"	货币市场基金及长期共同基金
近 20 年	主动转被动管理的投资趋势	ETF 基金

资料来源：兴证资管研究部整理分析。

我国国内资管发展历程与美国 20 世纪 80 年代有不少共同点，其后的发展历程值得借鉴。

20 世纪 80 年代，美国利率市场化后期迎来爆发式增长，1981 年至 1986 年，出现了包括可变期限债券、参与抵押债券等不同类型的金融工具，债权类投资资产得以丰富；同时美国利率下行降低货币市场基金吸引力，债券资产价格上升，股指虽有上涨但尚未出现牛市行情，该时期债券型基金规模爆发。

（二）美国投行资管发展启示

美国投行资管在资金端、产品端和资产端方面都与国内券商资管有一定相似之处。在资金端，一类以机构、私人银行和零售客户为主，尤其注重依托投行资源的私人银行客户开发；另一类则以互联网技术为支撑，通过动态跟踪客户需求，发展中产及以下的产品客户。在产品端和资产端，一是主攻高流动性资产和固定收益产品，广泛投资全球范围内各大类资产，配置较为均衡；二是以被动型指数产品为主；三是专注大类资产，进行分散化配置。

具体就业务模式而言，主要有摩根大通资管采用综合服务商模式以及嘉信理财投资性服务模式。摩根大通资管主要通过协同资产管理、财富管理和投资银行形成三位一体的资管业务服务模式；而嘉信理财主要专注于财富管理和资管业务，通过细分和集成的财富管理服务和互联网平台创造客户群。

三、国内券商资管业务创新发展模式探索

（一）券商资管业务创新发展原则

时至今日，资管新规正式出台已有三年时间，监管体系不断完善，在行业规范化发展中迎来了新产品、新模式、新格局；资本市场注册制实施也接近两年，制度建设成果显著，金融供给侧结构性改革红利逐步释放，更多的优质资产和投资标的带来了产品供给端的扩容；居民生活水平的不断提高，使得个人对投资理财的兴趣逐渐增大，机构投资者数量也稳健增长，为金融市场的发展提供了新动能。

笔者认为，面对大资管时代的机遇和挑战，唯有聚焦资管业务本源，坚持以服务实体经济为核心，打造坚实的投研能力，依托券商独有优势，激发创新活力，才能确保行业实现长期的良性发展。证券公司资管业务在创新发展中要做到"四个原则"。

1. 以服务实体经济为创新发展的核心任务。证券公司资管业务的创新必须以服务实体经济为中心，充分发挥券商资管的优势，积极利用资产证券化业务、金融市场业务等支持实体经济发展，助力金融"脱虚向实"。在资产证券化业务上，严格把控基础资产质量，有针对性地为企业融资开辟新渠道，努力提升证券化产品的设计能力和定价能力。在金融市场业务上，要发挥券商在资本市场的业务优势，与大投行、研究及销售交易等业务条线深度合作，实现专业化、综合性的投融联动，为

上市公司客户提供全方位、多角度的资本市场业务综合解决方案。

2. 以主动管理及价值投资为创新发展的原动力。主动投资管理能力是证券资管能力的核心竞争力，也是服务投资者的立身之本。证券公司资管业务的创新必须围绕践行主动管理及勤勉尽责义务开展，摒弃单纯为绕开监管要求的投机思维，摒弃以通道业务透支牌照价值，在产品架构等形式上进行所谓的"创新"，坚持价值投资理念，不断提升主动投研能力和产品创设能力，以长期主义和研究驱动发现价值、创造价值。

3. 依托券商独有优势驱动及实现创新发展。资产获取、专业风险定价是投资银行的独有优势，全业务协同、体系化、平台化的发展模式是投资银行的核心优势。券商资管业务创新的实现必然需要脱胎于投行基因以及全面协同，唯有充分发挥券商特色，打造投融资领域的差异化优势，构建生态圈，才能共同做大蛋糕，做强业务，开启资管领域的新征程。

4. 以全面合规风控体系为创新发展保驾护航。券商资管业务的创新发展，是主动适应监管环境变化，提升合规与风险管理能力的现实要求。资产管理行业，本质上是一个管理风险的行业，而资管产品的创新，本质上也是对风险的升级把控。监管层提出的"突出合规，始终依法经营；突出稳健，持续健康发展"的指导思想，也要贯穿在业务创新当中，坚持把合规管理、防控风险放在首要位置，坚决落实证券公司资产管理业务及公募基金业务相关法律法规，构建科学严谨的风险管理架构，以高质量的合规风控水平促进资管业务的创新发展。

（二）券商资管业务创新发展路径与模式

1. 探索券商资管与财富管理业务新型协同模式，助力集团财富管理转型。资管产品在净值化方向上的转型与财富管理业务在改革上的不断深入，使二者之间的协调合作不断呈现出多元化趋势。除去传统的以财富管理为产品销售端的模式外，个性化产品制定、投资顾问业务、家族财富管理等新型业务模式，也在不断涌现与快速发展。通过财富管理业务对客户需求更深层次的挖掘，券商资管业务能够真正秉承"以客户为中心"的理念，将产品开发思路由"产品导向"转变为"客户导向"，凭借自身的专业优势、客户资源优势，解决投资者痛点，满足客户个性化、差异化的投资管理需求，以创新的视野引领客户需求，助力证券公司整体的财富管理转型。

在提升资产管理业务及财富管理业务协调发展效率的基础上，就实际而言，可以从下述几个层面展开协作：

（1）净值化产品销售及定制。在证券公司金融产品代销战略布局下，充分依托资管业务优势，积极输出投资管理能力，践行净值化转型，构建以自有资管品牌为基础的产品池，在金融产品代销准入及上架销售上适当向内部自有品牌倾斜，助力做大资产管理规模及收入。与此同时，依靠证券公司分支机构，聚焦财富管理部门分级分层客户，深度挖掘客户需求，个性化创设符合客户风险收益特征的产品序列，积极培育客户对净值化产品的接受度，协同财富管理业务获取新增客户，归集资产，助力财富管理业务做精做强。

（2）投顾资产配置。截止到 2021 年 5 月 31 日，5 家基金公司（包括子公司）、3 家互联网基金销售公司、3 家银行及 7 家券商获得了公募基金投顾业务试点资格，在券商资管申请公募牌照放开"一参一控"限制的条件下，券商基金投顾牌照和券商资管公募牌照合作展业的想象空间也进一步打开。一方面，券商资管在经历资本市场多年洗礼之后，投研能力得到一定认证，如何在未来发挥产品中台的核心中枢作用，提供符合策略导向的投顾配置产品是券商资管应重点考虑的方向，在产品创新及特色化产品线布局上，应加强与证券公司各条线的对接，形成更加清晰、符合客户需求的公募产品线，加大力度开发基于投顾业务的特色产品。另一方面，券商在基金组合策略的构建及发布上，也可以更多考虑券商资管产品，特别是形成自有产品为主的组合投资品牌，以扩大协同效应。

（3）其他获客及协同服务。在传统的投资业务以外，券商资管近两年发展的报价式回购业务、待实际业务规则落地的非交易过户市值委托新股申购业务等也是可与财富管理业务产生"1＋1＞2"效应的合作点。前者作为报价类产品的有效替代，可成为证券公司营销获客的利器，后者作为财富管理盘活客户存量资产的有效手段，是利用资管产品串联资产、资金、平台的新型模式。

但也应看到，目前在与财富管理业务协同方面，券商资管也存在一些痛点。一是券商公募投顾业务试点资格及券商资管公募业务资格仍集中在少数机构，无法形成行业的规模效应，无法加快投顾业务"买方"属性的建立，建议在控制风险的前提下，监管方面能有效扩大试点范围，加快券商资管公募业务资格的获取。二是自 2020 年 4 月中国结算公布《证券非交易过户业务实施细则》之后，券商单一资管计划相关备案指引仍未正式落地，各家券商资管储备的非交易过户新股申购业务无法正式开启，建议加快相关指引的修订与发布，对该项业务具体操作要求进行规范。

2. 探索券商资管与投行板块业务联动，打造上市公司综合服务"生态圈"。在党中央、国务院大力发展直接融资、实施注册制改革政策的指引下，资管公司与投资银行协同合作，围绕上市公司及股东需求，提供综合市值管理服务大有可为。证券公司资管牌照在众多资产管理行业牌照中创新性突出，能够依托平台资源优势互补，共同打造具有券商特色的市值管理服务。通过资管产品实现客户定制化需求，以市值委托业务为突破口，深挖上市公司及股东股票质押、员工持股、税务筹划、增持/减持等各类需求，打造上市公司综合服务"生态圈"。

（1）上市公司整体服务方案。针对上市公司（主板、科创板、创业板和新三板）的服务方案包括：

员工持股计划、股权激励：广义层面，员工持股，即通过直接或间接方式使企业员工获取公司股权，使其具备相应的经济权利，能够以股东的角色参与企业决策、共享利润、分担风险，进而为企业长期发展提供更具激励效应的服务机制。就员工持股形式上进行划分，主要包括员工持股计划、股权激励（限制性股票、股票期权）等。资管可为上市公司提供员工持股计划、股权激励方案建议，上市公司委托成立单一/集合资产管理计划，员工持股计划融资买入上市公司股票。

上市公司进行回购：回购社会公众股份，即上市公司借助集中竞价的方法，买入该公司自身的社会公众股份的一种行为。回购目标主要包括降低注册资本、实施员工持股计划或股权激励和持有该公司股份的其他公司进行合并等。资管能够给出股份回购整体性的规划方案（和员工持股、股权激励等互相整合）；实施员工持股或者限制性股票；协助投行营销可转债等项目。

IPO战略配售：科创板、创业板公司高管及核心员工，在券商资管设立"集合资产管理计划"参与IPO战略配售，并开通转融通权限。新三板精选层公司高管及核心员工在券商资管设立"集合资产管理计划"或成立员工持股计划参与首次公开发行股票战略配售等。

（2）上市公司股东整体服务方案。针对上市公司股东（主板、科创板、创业板和新三板）的服务方案包括：

市值委托+股东减持及税收筹划：股东以股票非交易过户至单一资产管理计划，由券商资管通过自动拆单系统、专业交易员进行减持。

市值委托+科创板/创业板网下打新：股东以股票非交易过户至单一资产管理计划，由券商资管注册申请新股申购资格，参与科创板/创业板等网下打新等策略。在证券公司开通融资融券权限，融券对冲风险，或者融资买入深市/沪市股票，实现A股全市场网下打新等策略。券商资管寻找交易对手，通过收益互换方式锁定持仓成本及风险。

市值委托+转融通：个人或者机构股东，以股票非交易过户至单一资产管理计划，由券商资管通过证金公司进行转融通，为客户盘活存量股票资产。根据证金公司提供的报价，投资者将其持有的股票转融通出借后，根据期限不同可以获得不同的年化利息收入，转融通证券出借交易的对手方为证金公司，证金公司以国家信用为担保，违约风险相对较小。

市值委托+融资增持本公司股票、参与定增、可转债投资：股东以股票非交易过户至单一资产管理计划，并开通两融权限，同时融资增持自家股票，或者参与其他上市公司定增、申购可转债等。

股票质押式回购：通过设置锁定时间或者锁定价格的期权，锁定未来减持股票的下跌风险。

（3）资产证券化业务合作。在资产证券化业务中，投行与资管业务的创新合作模式可以更多地体现在下述两个层面上：

第一,投行能够提供多样化的项目来源。投行作为直接融资金融中介,其面对的客户更加专业与多元,在挖掘创新型客户资源、项目资源上有天然优势。

第二,在开发和设计资产证券化产品过程中,资管能够发挥自身创新优势,例如,针对目前缺乏信用主体评级的中小企业融资困境,可发行交易所市场配套信用保护工具如CDS(信用违约互换)的资管专项计划,对买卖双方就指定的信用事件进行风险转换,减少市场投资者对风险的担忧及产品销售难度。未来,通过更多地引入海外成熟的资产证券化衍生金融产品可以更好地促进资产证券化良性、多样化发展,为服务实体经济创造更多可能性。

3. 探索券商资管与集团金融衍生品、固定收益、研究部门的业务合作,创新发展FICC策略资管产品。从业务核心角度出发,资产管理与包含FICC、权益、衍生在内的证券自营业务以及卖方研究等条线能够在研究定价方面贯穿打通,创新发展FICC策略资管产品线。

(1) 结构金融类产品合作。券商资管可与金融衍生品部合作开发结构金融类产品(海外成熟市场统称为Structure Product),如"固收+"雪球结构、"现金管理+"二元结构或障碍结构、"权益+"指数增强结构产品等。事实上,目前大型境外金融机构基本都有以结构金融为核心业务的部门,即SSD(Structure Solutions & Derivatives Department),来负责结构金融类产品的创设。国内结构金融类产品虽然发展历史较短,但从全球市场来看,已是国际财富管理中一个重要的组成部分,其销售额、收入贡献率都在逐渐接近基金类产品,成为第二大组成部分。整体上,结构金融类产品流动性由发行者提供,投资潜在回报和风险相对灵活,可由投资者的偏好来调整,可提供挂钩多种资产类别的产品。

(2) 做市商业务合作。在国外成熟市场中,做市商通过不断买卖标的来维持市场的流动性,满足公众投资者的投资需求,做市商通过买卖报价的适当差额来补偿所提供服务的成本费用,并实现一定的利润。做市商的主体是证券公司自有资金和证券,而资产管理业务作为重要的投资者,是做市商制度中的重要投资参与者。做市商业务合作中,资产管理产品可以参与公司做市的品种,也可设计理想的资产管理产品份额作为标的,由证券自营提供做市服务,使产品份额成为有吸引力的投资品种,具备更好的交易性和流动性。

(3) 投研能力输出及策略产品化合作。从证券公司整体投研体系搭建来看,卖方研究与证券自营、资产管理可以形成更加立体化、闭环式的合作模式。充分运用各个投研条线不同领域上的专长,可以将大类资产配置策略、策略开发等前置于研究业务中,向资产管理、证券自营平台输出投研能力,以资产管理等业务条线为策略产品化落地的单位,实现核心投研竞争力转化为业务收入。

4. 探索绿色金融产品创新,为绿色金融企业提供投融资服务。当市场完备有效下,金融伴随着实体经济发展,服务于实体经济。然而,市场无法进行合理配置资源时，绿色金融就要对市场失灵进行纠正，以减少绿色投融资的成本、增加绿色资金的获得性，甚至创造新的交易市场满足绿色投融资需求。当前，国内绿色金融建设已经初见成效，相应的绿色债券以及绿色信贷等产品也初具规模，然而和理想中的"碳中和"这一目标对比而言，依旧面临信息披露匮乏、绿色标准未统一、绿色投融资匹配度较低等方面的问题。

在当前时点，绿色金融的发展需要双管齐下：

（1）在实现"碳中和"目标的过程中，实体经济机构需派生出更多的融资需求，而绿色债券市场更依赖专业评级的发展。目前绿色金融在中国已经有一定规模，但结构上均以间接融资为主，截至2020年，绿色金融间接融资占比约达到90%，PE/VC股权融资、绿色IPO、绿色企业再融资方面也均处于起步阶段。就期限而言，当前绿色债券的久期仍然较短，久期在5年以上的预计不超过20%，无论是清洁能源、清洁技术、碳补偿项目的开发，仍然需要更长期限的资金投入。

（2）除了对企业的直接融资支持外，还要构建系统性的绿色金融基础设施，培育绿色金融参与者。目前，国内在绿色金融基础设施建设上已经取得了初步成果，2018年人民银行制定《银行业存款类金融机构绿色信贷业绩评价方案（试行）》，按季度开展绿色信贷业绩评价，并设置定量和定性两类评价指标；2020年，政府根据《绿色债券支持项目目录（2015年版）》以及《绿色产业指导目录（2019年版）》，调整及细化了绿色产业分类；与此同时，也逐渐形成了ESG投资的评级标准。然而，当前仍然缺乏相应法律法规、完善有效的信息披露机制，使得绿色金融市场面临较大的信息不对称问题，交易成本仍然高企，甚至出现钻制度漏洞、进行政策套利的情况。

（3）制度的缺失导致绿色金融对行业的支持有所失衡，在绿色金融工具中超九成的绿色信贷中，超过40%的绿色信贷投放至交通运输行业，但从绿色融资需求来看，电力行业的需求量最高，当建立了统一透明的制度后，绿色资金的投放才可能匹配社会绿色发展的需求。对于绿色的投资需求，我们认为，可以重点关注以下几个行业：

电力行业：主要来自电网投资、储能、清洁能源的建设；

钢铁行业：通过电炉对原本高炉、煤炼钢的替代；

交通运输行业：主要为车辆、飞机、船舶等交通运输工具低碳转型投入；

水泥行业：主要涉及碳捕捉设备和环保技术改革的投入。

5. 探索境内外联动开展跨境资产管理业务新模式，加快国际化进程。券商资管与集团境外子公司在资管业务上的传统跨境联动模式主要体现在针对单一定制需求的定向QDII业务，即境内券商资管根据单一客户的定制需求，通过集团境外子公司发行的票据，投资于境外市场（见图3）。其中，境外子公司对于海外市场投研人员的配备相对更全，可以在资产来源、投资建议上发挥主要作用，境内券商资管可以在交易结构设计上发挥主要作用。

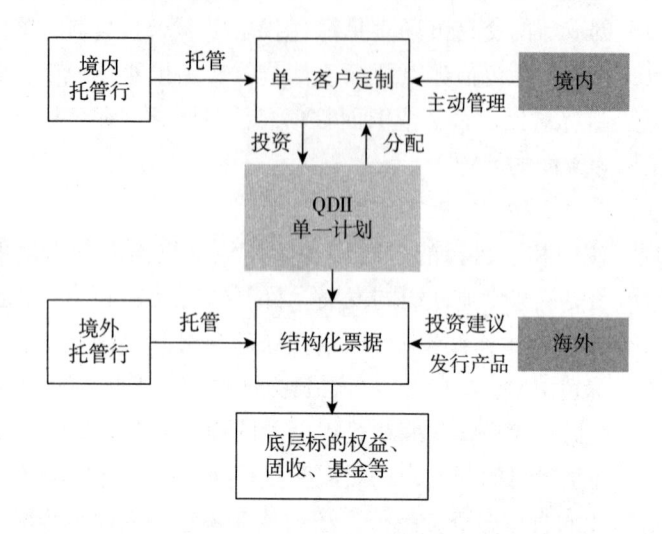

图3 QDII单一计划模式

（资料来源：兴证资管创新投资部整理）

随着券商跨境业务试点范围的扩大，券商跨境联动的模式由传统的QDII、RQDII衍生到跨境收益互换领域。相比QDII、沪港通和深港通等资金实质出境的跨境业务，通过衍生品协议开展的跨境资产管理业务并不产生实质性汇兑。目前券商开展跨境业务的规模为不超过净资本的20%，按上限测算，券商合计开展跨境业务规模仍有较大空间。

6. 以金融科技手段创新发展资管业务平台。过去几年，科技金融的快速发展，使得资管行业充分感受到科技的力量足以改变行业自身，创新发展出多样的投资模式，而资管行业的投资方向也将围绕新技术革命展开，多种资管工具不断组合，资管业务服务半径不断扩大。

未来，在中国不断完善金融科技监管制度的前提下，智能化获客、智能化投研、智能管控及运营可能会逐渐嵌入整个资管业务全流程中，甚至对部分商业模式产生颠覆性作用。笔者认为，以金融科技手段创新驱动资管业务的平台化、体系化发展，是今后的重要方向。具体可能体现在，用科技手段以较低成本为长尾用户提供更加适配的资管产品；以技术赋能投资顾问更好地提升高净值客户服务能力；以自动化、规模化、响应化构建投资策略，提升交易效率；定制化部署不同类型的压力情景测试，帮助提升风险管理有效性；挖潜数据价值，构建新型的资管业务运营模式。

参考文献

［1］中国金融四十人论坛. 专访兴业证券董事长杨华辉：券商如何拥抱资管行

业发展新格局［EB/OL］. 2020. https：//www.toutiao.com/i6895175036714353164/.

［2］刘志辉. 加强协同效应推动券商资管业务发展［EB/OL］. 2016. https：//www.docin.com/p-1805002057.html.

［3］张佑君. 推动证券公司高质量发展增强服务实体经济能力［EB/OL］. 2019. https：//www.toutiao.com/i6664274900011713032/.

［4］胡金华. 金融开放下资管行业亟待转型 中基协何艳春：从三方面营造良好的法制供给和营商环境［EB/OL］. 2020. http：//finance.eastmoney.com/a/202009291653285631.html.

［5］周子彭，张帅帅. 中金｜碳中和之绿色金融：以引导促服务，化挑战为机遇［EB/OL］. 2021. http：//finance.eastmoney.com/a/202103221852513138.html.

［6］沈娟，陶圣禹，蒋昭鹏，王可. 金融行业"十四五"规划及二〇三五年远景目标建议解析：畅通内外双循环金融业改革持续［EB/OL］. 2020. http：//stock.finance.sina.com.cn/stock/go.php/vReport_Show/kind/lastest/rptid/658698263730/index.phtml.

新时期证券公司私募股权投资业务创新与发展研究

徐 锋 王广会 董天驰[①]

引言

当前,全球新一轮科技革命和产业变革加速演进,正在重构世界经济格局和创新版图,中国在2035年远景目标引领下正加快迈向创新驱动发展新时期。在此背景下,中央对资本市场寄予重大期望,赋予资本市场服务实体经济更重要的使命,明确要求创新直达实体经济的金融产品和服务,增强多层次资本市场融资功能,提高直接融资特别是股权融资比重。

私募股权投资基金[②]是典型的直接融资工具,其运作模式和发展方式与创新驱动的内在要求高度一致,是连接实体经济和资本市场的天然纽带,是服务实体、助力创业、推动科技创新的重要资本引擎。根据中国证券投资基金业协会(以下简称中基协)等公开数据,截至2020年末,正式登记备案的私募股权和创业投资基金管理人近1.5万家,在管规模11.56万亿元,累计投资境内未上市企业和再融资项目13.2万个,累计形成股权资本金超过10万亿元,在支持实体经济发展和科技创新中发挥着日益重要的基础性、战略性作用。

证券公司私募股权投资基金业务作为证券行业服务实体经济的直接抓手,作为中国股权投资行业一支不可忽视的生力军,更应把握中国股权投资大时代来临的历史性机遇,发挥证券公司综合金融服务平台优势,找准发展定位,完善体制机制,

---

[①] 徐锋,硕士,兴证资本执行董事、总裁;王广会,硕士,兴证资本基金运营部总经理;董天驰,硕士,兴证资本高级经理。

[②] 通常,业界习惯按照投资阶段,将早中期投资称为VC(Venture Capital),将成熟期及并购投资称为PE(Private Equity)。根据中基协关于基金类型的说明,私募股权投资基金指投资包括未上市企业和上市企业非公开发行和交易的普通股(含上市公司定向增发、大宗交易、协议转让等)、可转换为普通股的优先股和可转换债的私募基金;创业投资基金指主要向处于创业各阶段的未上市成长型企业进行股权投资的基金;对于市场所称的"成长基金"如不涉及上市公司定向增发股票投资的视为创业投资基金。本文中,私募股权投资基金为统称,包括创业投资基金、成长投资基金、并购投资基金等,泛指通过非公开募集方式筹集资金、主要投向非公开交易企业股权的投资基金。

打造投资生态，不断提高股权投资服务水平和能力，为中国经济高质量发展贡献更大的资本力量。

一、回首三十载，中国股权投资行业持续壮大，证券公司私募股权投资业务在曲折中蜕变成长

（一）中国股权投资市场发展历程与现状趋势

20世纪90年代初，伴随着中国资本市场建设起步和外资投资机构进入，我国私募股权投资行业开始萌芽和发展。经过三十年的成长，目前已达到近12万亿元的管理规模，为推动实体经济发展、促进多层次资本市场建设作出了积极贡献。

回顾我国股权投资市场三十年的发展经历（见图1），大致可以分为以下三个阶段。

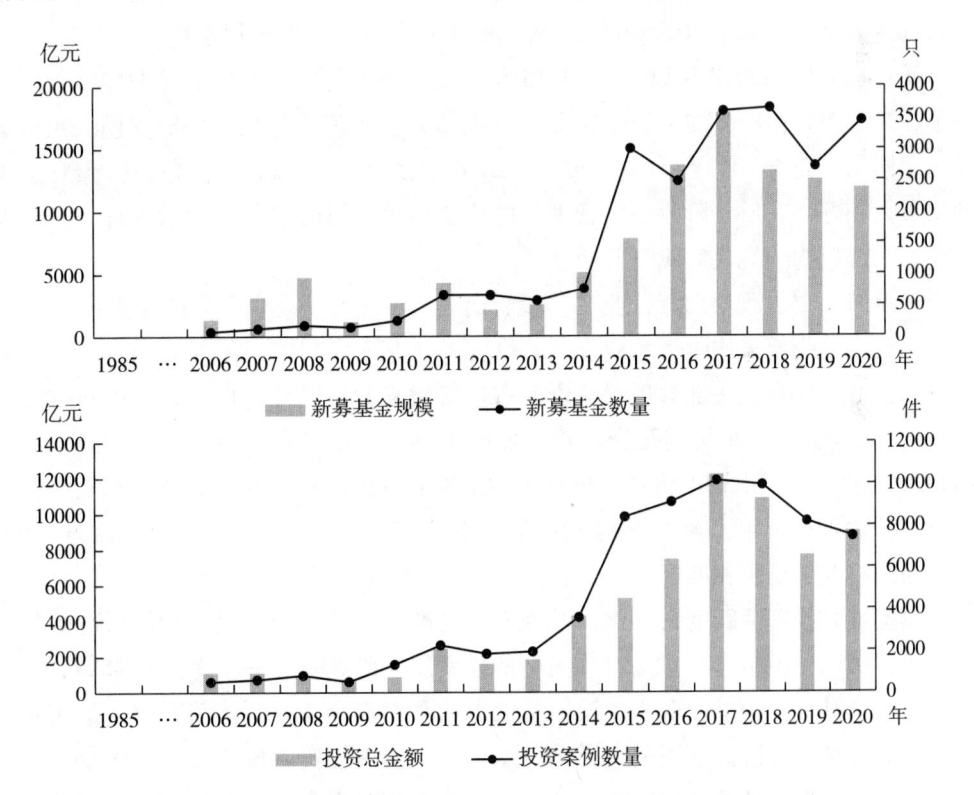

图1 我国私募股权投资行业历史发展概况

（资料来源：财政部、发改委、商务部、外汇局、证监会、中基协、深交所、上交所、清科研究中心、中信证券研究部）

萌芽期（2008年以前）：1985年，国家科委和财政部等联合设立中国新技术创业投资公司，中国股权投资进入萌芽期。1992年，第一家外资投资机构IDG进入中

国；1995年，《设立境外中国产业投资基金管理办法》通过，大批外资机构进入中国，接下来一段时期内我国股权投资市场主要由美元基金主导。1998年，全国政协九届一次会议上，成思危代表民建中央提交《关于尽快发展我国风险投资事业的提案》，也就是后来被认为奠定中国创投行业发展的"一号提案"。随着2005年国家发改委《创业投资企业管理暂行办法》、2007年新《合伙企业法》等相关规定陆续出台，行业逐步规范和发展。在此期间，本土机构开始崛起。截至2008年底，活跃机构约500家，市场规模突破万亿元。

快速发展期（2009—2017年）：随着2009年创业板设立、2014年证监会《私募投资基金监督管理暂行办法》的出台，在"大众创业、万众创新"的推动下，中国股权机构进入快速发展阶段。财政部《政府投资基金暂行管理办法》、国家发改委《政府出资产业投资基金管理暂行办法》于2015年、2016年相继出台，政府引导基金的数量与规模日益扩大。包括券商直投在内的众多机构纷纷入场，为股权投资市场注入活力。截至2017年底，活跃机构约3500家，市场规模约7万亿元。

质量提升期（2018年以来）：2018年"资管新规"①落地，金融去杠杆的大背景下，影子银行信用收缩，股权投资市场也结束了非理性繁荣，募资规模、投资金额出现回调。随着2019年科创板设立、2020年创业板注册制改革的完成，IPO退出迎来重大利好。在质升阶段中，管理人的投资能力、风险控制、投后管理变得越发重要，头部机构的规模效应日益凸显。

近年来，中国股权投资行业"募投管退"方面主要呈现以下发展趋势：

募资端，头部机构吸金效应强烈，投资人（业内称LP）机构化趋势明显，国有出资占比持续提升。头部管理人募资额占比持续提升，规模百亿元以上的机构达到200家左右。大量中小机构募资困难，面临市场出清的局面。LP机构化趋势加速，2020年企业、政府出资平台及引导基金的出资额占比提升至78%，国有出资的持续提升对行业生态产生了较大影响。受政策环境、市场环境、文化传统等因素影响，国内与股权基金期限相匹配的险资、养老金等长线资金还比较匮乏。

投资端，投资活跃度头部化，投资方向瞄准新经济领域。投资端的头部效应同样显著，2016—2020年，前250家机构的投资规模覆盖率从39%上升到45%，头部机构、国资基金、CVC（企业战投）三大力量利用资金和资源优势，对一级市场的投资逻辑和估值标准产生了重大影响。总体上，国内投资阶段以处于扩张期、成熟期投资为主，但伴随着经济结构转型升级，投资方向逐步转向新经济领域和早期投资，2020年投资主要集中在互联网、生物医药、半导体等领域，投资金额合计占比59.3%。近几年以部分互联网巨头为代表的CVC迅速崛起，成为垂直领域产业链和

---

① 指人民银行等四部委《关于规范金融机构资产管理业务的指导意见》（银发〔2018〕106号）及银保监会、证监会针对银行、保险、信托、证券、基金等行业资产管理业务的监管细则。

高技术项目投资领域的重要力量。

投后管理方面,价值进一步凸显,内涵日益丰富。随着股权投资市场不断成熟,投后管理能力成为核心竞争力。根据中基协的调查,约68%的管理人表示将进一步强化投后管理工作。投后服务涵盖内容多元化,上下游客户推介、开拓融资渠道和企业战略规划是投后服务中最为核心的三项内容。打造投资生态圈、朋友圈,从一次投资到长期合作越来越成为投资机构发展的方向。

退出端,IPO退出占比增加,新上市企业VC/PE渗透率提高。全面注册制背景下,境内外IPO退出案例占比不断提升。A股上市企业的VC/PE渗透率逐步提高,从2010年的49.6%提升至2020年的65%,其中科创板渗透率超过80%。但是,中后期单项目的上市退出回报倍数持续降低,A股中小市值股票流动性也在迅速下降,正在倒逼Pre–IPO投资和退出策略改变。与此同时,由于国内非上市项目退出困难,股权基金流动性差,股权基金存续期限延长的趋势愈加明显,存量五年期的私募股权基金都在向七年甚至十年延长。

(二)证券公司私募股权投资业务发展历程与现状

作为证监会直接监管下的证券公司的一个业务板块,不同于一般的社会私募股权投资机构(以下简称社会私募),券商股权投资业务的发展打上了深深的监管烙印。

探索阶段(2006年之前):国内证券公司从事股权投资可追溯至20世纪90年代,南方证券等券商利用自有资金率先进入实业投资、房地产投资领域。但由于存在诸多不规范操作等原因,证监会于2001年叫停了券商的直接股权投资业务。

直投业务试点阶段(2006—2010年):2006年,国务院文件中首次提出允许证券公司通过风险投资来支持科技成果转化。2007年,证监会批准中信、中金两家证券公司开展直投试点,到2010年底共有30家证券公司获准设立直投子公司开展直接投资业务,这一阶段投资资金全部为自有资金,尚不允许对外募资。

"直投+基金"并存阶段(2011—2016年):由于前期试点中券商大量出现通过"直投+保荐"方式赚取一级、二级市场差价的现象,2011年证监会颁布《证券公司直接投资业务监管指引》,限制"保荐+直投"模式。但同时,开始允许券商直投子公司设立基金对外募资,券商直投开始向"准PE"模式发展。2014—2016年,各项限制逐渐开放,券商"直投+保荐"业务迎来短暂窗口期。

彻底转型为私募股权基金管理机构(2017—2021年):2016年12月,中国证券业协会发布《证券公司私募投资基金子公司管理规范》,要求券商直投子公司转型为私募投资基金子公司,私募基金子公司自有资金投资于本机构设立的私募基金时,对单只基金投资金额不得超过该只基金总额的20%,其余80%需要向外募资。同时,采用"签订投资协议与实质开展保荐业务孰先"原则,对"保荐+投资"模式实行严格监管与限制。2017年所有券商对直投业务进行整改。从此,券商直投子公司成为历史，彻底转型为券商私募股权投资基金管理平台。

截至 2020 年底，证券公司私募投资基金子公司共有 141 家，涉及 80 家证券公司（80 家证券公司设立一级私募子公司 82 家、平均注册资本 11.55 亿元，其余 59 家为二级私募子公司），与整个市场近 1.5 万家社会私募机构相比，数量占比不足 1%。在管实缴规模 5424 亿元（其中包括纾困基金 1309 亿元），与国内私募股权基金总规模 11.56 万亿元相比，占比不足 5%；141 家私募子公司平均管理私募基金 74 亿元，中位数规模 19 亿元，管理规模 50 亿元以上的 22 家。

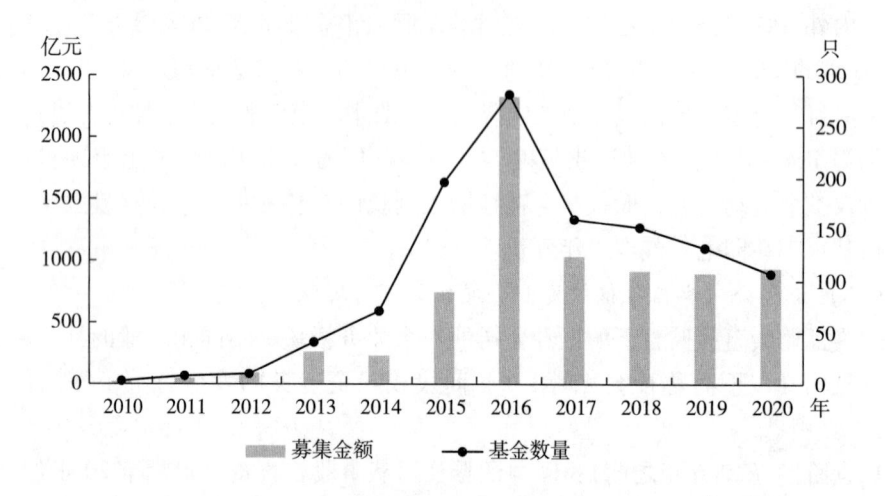

图 2　证券公司私募股权业务近 10 年（2010—2020）发展情况

（资料来源：清科研究中心）

目前，证券公司私募股权业务发展主要呈现几个重要趋势：

一是管理规模显著分化，二八效应凸显。单就基金管理规模计算，排名前 20 的券商私募基金子公司管理规模达 4300 亿元，占比 80%。从 2020 年募资数据看，三家头部券商私募子公司新增基金规模约占 70%，前 10 家头部券商新增基金规模占比约为 90%，两极分化极其严重。头部券商凭借品牌效应，与政府和大型引导基金、大型产业机构建立了良好合作关系，加上广泛的项目来源渠道、高度专业化的投行团队等优势，其私募子公司在管规模和对外投资方面明显处于领先地位。

二是募资方面政府及国企、金控平台担当主角，社会资本持续减少。各级投资平台、引导基金出资比例远远超越社会出资。对大部分非头部券商私募子公司，5 亿元以上规模的基金越来越少。从近两年众多券商募集的规模较大的私募基金的出资结构可以发现，基金出资人几乎清一色是政府出资人，很多都是拿满区、市、省三级政府出资。

三是募资难的大环境下，募资范围不断向下拓展。各大头部券商私募纷纷放下身段深入二三线城市，甚至县区级投资平台，引导基金拓展募资机会。有多家券商私募子公司都在三四线城市设立了股权投资基金。

四是投资端活跃度也持续分化，但投资风格趋同。82家券商一级私募子公司中，累计投资超过100个项目的私募子公司不足10家，活跃度基本由头部几家贡献。与市场化PE机构相比，证券公司私募投资业务对于中后期的投资比例明显偏高，早期投资和并购投资两端较少。但同时，证券公司私募投资业务的重点投资行业与市场化PE机构整体风格趋同，更加紧随资本市场政策导向，投资IT、医疗健康、半导体及电子设备等科创类项目的比例高于PE市场整体水平。

（三）兴业证券私募股权投资业务发展情况

兴业证券一直高度重视私募股权投资业务。2007年证监会组织开展证券公司直投业务试点后，兴业证券就着手发展直接股权投资和私募股权基金业务。2010年4月，兴业创新资本管理有限公司（2016年9月更名为兴证创新资本管理有限公司，以下简称兴证资本）作为兴业证券全资子公司正式成立。经过十余年的辛勤耕耘，兴证资本已发展成为一家涵盖PE基金、并购基金、私募股权基金相关财务顾问、母基金等业务的专业化私募股权投资机构。截至2020年底，兴证资本累计管理与服务基金22只，累计管理与服务资金总规模82.5亿元。

目前，兴证资本已经形成了专业化、体系化、规范化、市场化的私募股权基金管理能力，形成了精品投资、稳健投资的投资风格，并取得了优异的投资成绩和经营业绩。基金募集方面，兴业证券的综合金融平台和国资背景提供了较大支持，LP结构中国有平台、专业投资机构、超高净值客户、企业客户相对均衡，并与众多国有企业、引导基金和产业机构建立了良好的合作关系。投资方面，在全国范围累计投资了86个项目，如龙马环卫、先导智能、阿石创、万得资讯、晨光文具、拓斯达、会畅通讯、盈趣科技、福光股份、探探科技、优彩资源、博纳影业等。退出方面，35个项目已实现退出，其中15个项目已实现境内外IPO上市，5个项目实现并购退出，所投项目整体退出率达41%，IPO退出率、总体退出率位居行业前列。

成立十多年来，兴证资本的投资能力和基金管理能力获得市场广泛认可，先后多次获得投中集团"券商直投TOP10"、清科"中国私募股权投资机构100强"及《母基金周刊》"2020年中国投资机构软实力GP100、投研力Top 10"等荣誉。

二、直面竞争，证券公司私募投资业务发展面临的机遇与挑战

私募股权投资业务与券商其他业务不同，是一项非持牌业务，面临的主要不是券商间的竞争，而是与全社会近1.5万家投资机构，尤其是境内外知名专业化股权投资机构、产业投资机构的竞争。这一过程中券商私募既有优势，也面临着与体制灵活的社会投资机构的激烈竞争和不对等的发展环境。

（一）进入专业化投资时代，券商股权投资的多重资源与优势进一步凸显

券商私募投资的核心优势在于拥有很强的母公司平台、研究能力和投行资源，由此形成对实体行业和资本市场的深刻理解和专业能力，能够与其他社会化投资机构进行差异化竞争。一是集团协同平台优势。券商作为正规持牌金融机构，大多拥有遍布全国的实体资源网络，以及投行、固收、研究、财富管理、托管等各个业务条线组成的完善的金融资源网络，具有多元的业务渠道和客户资源，可以丰富券商私募子公司的项目源和资金渠道。券商作为资本市场上最专业的参与者，拥有包括挂牌上市、并购重组、定向增发、发行债券等企业资本运作的全链条专业能力和资源，有助于帮助被投项目IPO、并购整合、投融资等，可为被投企业提供持续的资本和增值服务。二是定价能力优势。随着注册制的落地，对投资企业的估值能力和定价水平直接决定了投资的成败。券商在金融行业拥有最专业化和市场化的研究资源，对一级、二级市场和产业、企业估值定价的研究广泛而深入，对企业的定价拥有市场最专业的判断能力。三是规范运作优势。证监会从证券公司子公司的角度对券商私募子公司实行直接的"强监管"，证监会和中证协、中基协针对券商私募子公司的机构设立、产品设计和发行、适当性管理等有专门的管理制度，标准明显高于社会私募的运作，日常的监管报表和检查也十分频繁。同时，40多家券商是上市公司，券商系股权投资机构的运作较为规范。四是有国资背景优势。我国大多数券商有国资背景，纪律意识和责任约束较强。同时，国资背景有利于券商私募子公司与国有资本、政府引导基金、产业龙头实现联动，在发掘新兴产业优质企业投资机会的同时带动区域经济发展、服务地方经济上更具优势和条件。当前，从国家级到省市县区各级政府都设立了引导基金，券商私募的专业优势叠加国企背景优势更加明显。

以兴业证券为例，作为经营范围涵盖证券、基金、期货、资产管理、直接投资、另类投资和跨境业务等专业领域的证券金融控股集团，近年来，兴业证券明确提出建设一流证券金融集团的愿景目标，实施一系列的顶层制度设计和集团协同发展政策、集团一体化管理、穿透化风控措施，推动各子公司聚焦专业和提升专业，取得了明显的效果，也为兴证资本的私募股权投资基金业务加快发展形成了良好环境。一方面，实施大机构和财富管理"双轮驱动"发展战略，股权投资成为集团业务发展体系的关键环节。私募股权基金业务链条贯穿资金端、产品端和资产端，集团财富管理业务转型大大扩展了兴证资本的募资渠道，集团大机构业务发展有效拓宽了兴证资本的"朋友圈"和"投资圈"，基金端和项目端的战略合作伙伴持续增长。同时，作为提升传统券商中介业务价值的有效手段，私募股权产品也为集团机构业务提供了效益更高的增值和变现渠道。另一方面，从战略、组织、业务、考核等各个层面搭建起协同体系，为股权业务发展注入强大动力。兴业证券遍布全国的238家分支机构、5000多名一线人员，金融功底扎实，熟悉资本市场，可以在全国进行

项目的寻找和筛选，持续不断地收集当地优秀项目。集团内 500 多人的大投行队伍、200 多人的一流行业研究队伍、上千家上市公司客户，为兴证资本投资项目提供深度判断和投后赋能，介绍被投企业上下游重要客户及合作伙伴，纵向打通产业链，横向整合同行业，为被投企业发展提供专业建议、增值服务和全方位金融服务，帮助被投企业做大做强，这都是其他投资机构所不具备的优势。近两年，兴业证券内各单位为兴证资本介绍基金合作方、募资渠道、上市公司、优质投资项目的热情和能力大大提升。2020 年，在二级市场十分火爆、一级市场募资艰难的背景下，兴证资本逆市成功发行两只七年期私募股权投资基金，就大大受益于集团协同政策和"双轮驱动"战略的有效实施。

兴证资本也抓住这一发展机遇，有效发挥券商母公司优势，近年来通过重塑发展与管理体制、打造核心能力、拓宽业务模式等措施加快公司改革发展步伐，为公司长期稳健发展奠定了良好基础。一是加强组织建设，打造适应股权基金业务特点的发展平台。经过深入调研，2020 年初，兴证资本对组织架构和投资团队进行了大幅调整，改变过去投资团队行业聚焦力不足、非投资事务性工作占用精力过多的组织形态，成立医疗健康、新一代信息技术、先进制造、碳中和四个行业中心。在新的组织架构下，募、投、管、退各环节分工更加明确，前台更加聚焦于研究和投资，中后台承担起更多的服务保障性工作，基本形成了业务精专的私募股权投资平台发展架构。二是加强核心能力建设，打造更专更强的投资队伍。通过多年的培养，以及近两年加大集团内外优秀投资和研究人才引进，兴证资本四个行业中心目前都建立了一支在所在行业深耕多年、经验丰富的专业团队，各行业中心负责人和行业专家均具有十年以上的行业投资、产业研究经验及成功投资案例，团队成员也都拥有丰富的投资银行、直接投资、产业研究、资产管理业务经验，加上兴业证券研究院各行业中心的专业支持，兴证资本有信心在这四大行业打造业内一流的专业投资队伍。三是深入挖掘协同优势，打造私募股权基金业务集团协同升级版。为更好发挥兴业证券集团协同优势，兴证资本不断探索升级集团协同的深度和广度，协同范围从分支机构向总部专业部门、专业子公司持续加深，兴证资本私募股权基金募、投、管、退各环节协同效果正在不断显现。四是升级产品发展策略，打造两翼并举的业务模式。在守牢兴证资本优势的市场化组合基金、持续打造行业主题精品基金的基础上，借助兴业证券的资源优势，积极开拓并购基金、大型产业基金、专项基金等产品形态和业务，逐步从小而美向大而强发展。五是树立正确理念，打造长期投资文化。遵循优质资管公司成长规律，近年来兴证资本注重加强投资文化建设，教育和引导公司全体员工牢记基金受托人信义责任，强调和要求各投资团队坚守长期投资、价值投资的初心和定力，不盲目、不跟风，用长期优秀投资业绩带动规模增长，用专业为客户创造价值，在公司内部营造适应私募股权业务长周期特点的投资文化和责任文化。

（二）市场活力不足、执业环境不对等，券商私募股权业务发展也面临严峻挑战

如前所述，券商私募基金子公司管理基金规模在整个行业中占比不足5%，整体的发展速度、市场活力、行业影响、人才队伍相较于活跃的头部社会私募和细分领域的优秀投资机构还有一定差距，与头部机构相比在市场品牌、优质项目获取能力、投资生态体系建设上也有一定不足，利用券商全链条、全周期业务优势更好服务实体经济的优势大打折扣，值得引起重视。一方面，券商私募面临的执业监管环境相对严格。出资方面，券商私募子公司自有资金对管理基金出资比例不得超过20%，这一限制使券商私募对外募资和参与引导基金时难度大大增加，券商资本雄厚的优势也难以发挥。自主设立机构方面，近年来各地方政府产业引导基金已经成为市场上最重要的出资方，其普遍要求新设基金的管理人要在当地落地设立子公司，以增加当地税源、就业并确保管理人在当地的资源投入，而监管严格限制券商私募子公司设立子公司或分公司，导致券商私募子公司与社会私募在设立引导基金的市场竞争中明显处于劣势。另一方面，券商私募管理体制和激励机制与社会私募相比缺乏竞争优势。作为持牌金融机构，券商必须执行严格的追责机制，往往无法兼顾个别业务板块的特点，因而券商私募股权投资业务普遍具有明显的风险厌恶特点，投资策略单一，偏向于中后期及Pre–IPO阶段项目，在科技行业早期项目投资上处于劣势。激励机制上，股权投资基金周期长达7年以上，很多引导基金或机构投资者在参与基金设立时最关心的就是基金核心投资人员的稳定和共同利益锁定，因而社会投资机构普遍采取合伙制，以保证优秀人才的稳定和对投资人的承诺，这方面券商私募子公司往往难以实施，导致券商私募子公司在吸引行业优秀人才竞争中处于不利竞争地位，有时也使投资者对券商私募子公司的长期激励机制和投资责任不认可。

三、迎难而上，加快证券公司私募股权投资业务创新发展路径和努力方向

"十四五"规划和2035年远景目标的制定实施，开启了中国全面建设社会主义现代化国家新征程。2035年远景目标的逐步实现，既从需求侧对资本市场和股权投资服务经济高质量发展提出了更高要求，也从供给侧为股权投资行业提供了巨大投资机遇。面对这一历史性机遇，券商作为资本市场建设的主力军，私募股权投资业务作为券商连接实体经济和资本市场的天然纽带，应责无旁贷地承担更大责任、贡献更大资本力量。这就要求，券商私募股权业务必须坚定做大做强的目标，必须深入挖掘券商资源优势、找准发展定位、明确发展路径，必须遵循股权投资长周期业务发展的客观规律、保持战略定力、久久为功打造投资生态，走上一条既有券商特

色,又构筑行业优势,专业化、平台化、机构化、规模化的创新发展之路。

(一)加快中介业务向资本化转型,强化私募股权投资业务在券商金融服务全产业链中的地位和作用

在注册制改革和行业内外变革推动下,证券行业竞争逐渐转向高阶段演变,券商正从单纯的承销保荐向真正的投资银行转变,依赖资产负债表扩张的机构销售交易、自营及股权投资业务将成为券商业绩的主要推动力,券商投行的价值更多地通过投承联动来实行业务资本化、实现高附加值。从这一趋势出发,各家券商应高度重视股权投资业务的内在价值,带动自身对企业服务的深化和价值发掘,在企业初创期开展私募股权早期投资,在发展期跟进股权投资或是通过资本中介服务赋能企业发展,在上市时提供IPO保荐、承销服务,上市后提供并购重组、再融资和资管等服务,提供优质全产业链服务,覆盖企业全生命周期,实现券商金融服务生态构建和服务价值延伸。

(二)加快向协同生态化转型,强化集团作战和平台优势

相比社会私募股权投资,券商私募股权业务最大的优势和依托就是母公司的全产业链优势。一方面,考虑到私募股权业务长周期的特点,要从母公司层面,从战略、组织、业务、考核等各个层面搭建起协同政策和机制,为私募股权业务募资、投资、投后赋能等方面,从体制机制上激励和促进集团化作战的优势潜能发挥。另一方面,券商私募子公司要在私募股权基金募、投、管、退的业务全流程运作中实现与券商各业务条线的有机合作和业务结合。募资方面,要充分发挥券商分支机构触角广的优势,调动分支机构挖掘地方投资平台、引导基金和高净值客户,调动研究、投行和机构销售条线资源,充分挖掘专业投资机构、银行理财子公司、保险公司、上市公司等机构资金。投资方面,各地分支机构和区域投行可以充分覆盖当地优质项目资源,券商专业的行业研究能力、对资本市场的深刻理解助力私募子公司更好更快地把握投资项目质量,并且为项目的业务发展提供专业化方案。投后赋能方面,充分利用券商的投行资源,为被投企业在各个成长阶段对企业赋能,包括股票融资、债券融资、并购融资、新三板与结构融资、资产证券化、财务顾问、区域股权市场服务等一站式直接融资服务。

(三)加快向平台化发展转型,强化组织能力建设

券商私募子公司应该更加注重管理机制的优化和运营效率、组织能力的提升,在募、投、管、退各个环节创新升级。一要募资专业化、机构化。针对政府引导基金、国有企业、上市公司、产业龙头以及银行、保险、母基金、高净值个人客户等不同类型的投资人,分别厘清其不同的核心诉求和投资要求,明确主导募资方向,将募资做到更加专业、更有章法、更加可持续。从当前趋势看,券商私募要想做大做强,机构化是必然趋势,"券商私募+产业龙头+政府引导基金"模式是一个重要努力方向,既可以提升规模,又可以与产业龙头、地方政府强化对行业项目的投

资把握。二要投资系统化。随着一级、二级市场套利空间的持续萎缩和新科技、新消费投资难度加大,投资机构必须对细分赛道、行业趋势把握更加精准,形成团队内部的分享和传承机制,通过复盘不断优化投资逻辑、提升投资团队专业水平。三要管理制度化。作坊式、小团队的作战模式已成为历史,在券商体系的强监管下更是没有生存空间,面对监管加强和发展需要,内部流程化管理要更加严谨、内部风险控制和管理制度应持续加强。四要运营信息化。相较于二级私募,私募股权产品的信息化、标准化程度较低。客户端,通过建设投资人信息系统,实现适当性准入和信息披露的信息化,改善客户体验,提升服务效率。投资端,建设股权投资系统,实现项目储备和投资决策流程的信息化,既有利于项目资料的沉淀和信息共享,也有利于项目不同轮次跟进和投后跟踪。五要投后服务标准化。要积极尝试整合券商集团资源为被投企业提供从公司治理到资本运作、从企业共性需求到个性需求的资源对接,力求为企业提供高附加值的投后增值服务。

(四)加快产品多元化转型,强化业务模式创新

当前,大多数券商私募股权投资还侧重于成长期、成熟期投资,产品还处于相对传统的模式,相较于当前社会私募的平台式发展模式和多品种、布局式投资模式,显然难以做大管理规模、做强投资品牌。为此,各家券商私募子公司可以在做好传统的成熟期股权投资的基础上,结合自身优势和特点,有针对性地探索产品和业务模式转型。

一是向母基金管理人和发起人转变。据统计,目前国内设立的5亿元以上规模的母基金有273只,总规模约2.7万亿元,其中政府引导基金2.1万亿元、市场化母基金5800亿元。作为一个长线业务,发展空间依然很大。对券商私募而言,母基金业务不仅可以迅速做大规模,更可以起到桥梁作用,连接起市场上的优秀管理人、优质项目、地方政府和大型国企,增强市场话语权,以及跟投、直投项目带来的低成本、高产出效应。大部分券商私募的国资背景使得在受托管理政府引导基金或者发起国有企业、大型企业共同设立母基金时具有先天优势,有条件的券商应该设立专业团队重点推进这项业务。

二是S基金。过去十多年,中国私募股权市场快速发展带来大量项目退出需求和流动性需求,私募股权二级市场基金(Secondary Fund,以下简称S基金)将是一个长期的、巨大的系统性机会。由于S基金产品涉及多方、底层资产尽职调查难度大、交易流程复杂,券商私募子公司因拥有券商平台优势、专业研究优势、交易定价和稳健风控能力,也是值得长期专注、重点投入的一个产品策略方向。

三是产业并购基金。随着中国经济发展进入新阶段,一些行业的存量整合融合、大产业资本的崛起将成为趋势,围绕上市公司和大企业合作布局、开展并购投资面临很大机遇,券商私募在这一过程中可以充分调动母公司的投行资源、上市公司资源,抓住产业并购整合的大机会,与产业龙头合作培育优质项目和寻找优秀并购标

的，以产业龙头带动产业链上下游投资。这方面，对券商私募包括母公司整体的资源整合能力、专业能力、交易设计能力和募资能力都是比较大的考验，特别是国外主流的杠杆型 Buy – out 基金模式挑战尤其大。现实而可行的方向是，利用国企背景，联合地方龙头上市公司或者有产业投资、并购诉求的企业，在当地发起产业基金，探索"券商私募＋产业资本＋政府引导基金"模式。

四是地方政府和国企平台的财务顾问基金。近些年来，地方政府引导基金和国企投资平台带着数万亿元巨量资金和产业发展诉求进入一级市场，但是由于体制原因和人才问题，急需市场化、专业化的基金管理和投资能力的输入。券商私募可以主动担任这些引导性质基金的财务顾问，不仅可以满足创收需要，更可以借此扩大项目和募资资源。

五是向早期投资基金延伸。随着一级、二级市场套利空间的持续萎缩，往前走、做早期 VC 是每家投资机构不可避免的选择，尤其是近年来火热的硬科技投资，只有提前认知、提前卡位，投得早，投在产业巨头和大资金之前，才有可能投得进、获得高收益。券商私募的优势虽然在成熟期、Pre – IPO 阶段投资，但鉴于当前国家投早、投小、投科技的政策导向和长期可持续发展的需要，向早期投资进军势在必行，这就要求券商私募早下决心，加强能力培养，从投资队伍、投资逻辑、风控体系、内部考核上加快进行全方位的升级和改变。

六是基础设施产业基金。当前国内私募基金中的基础设施类基金主要还是资金通道功能。随着经济转型，部分新基建项目和带有现金流属性的新兴产业项目不失为券商私募介入的机会。比如，在"碳中和"背景下，光伏发电加储能或制氢项目投资，既需要一定的产业认知、带有股权投资性质，又需要相对长期资金介入最后实现退出，券商私募在这方面可以发挥项目筛选、培育、管理乃至渠道方面的优势，依托与专业资产运营机构的合作，以期通过基础设施 REITs 甚至上市等形式退出。

（五）加快向研究驱动型投资转型，强化行业专业能力和长期激励机制建设

注册制的实施，生物技术、创新药、智能科技、半导体、先进制造等硬科技投资，从关注商业模式创新到关注底层技术创新，都要求投资机构从交易驱动型投资向研究驱动型投资升级。对于券商私募，一方面，要加强投资规划布局，坚定行业策略。明确投资的行业重点，有所为、有所不为，以"一厘米宽、一公里深"的策略和精神进行深入研究，以研究驱动投资而不是以投资驱动研究。深耕行业，在精选行业的基础上坚定布局，与各行业优质企业和投资机构建立长期深厚的联系，构建核心行业的募资、投资、退出生态体系，努力在重点行业形成专业能力、专业品牌和市场影响力。注重长期投资的理念和文化培育，坚持在能力圈内投资。另一方面，要建立长期激励机制。在业务实践中，大型出资机构会重点考察管理人对核心人员的长效激励机制建设情况，以确保核心人员与基金利益最大化相一致。相比大多数社会私募采取的合伙制，券商私募在这方面的体制机制缺乏竞争力。要在监管

允许的前提下，以打造适应投资行业特点的投资激励机制为方向，完善投资团队跟投、项目风险分担和利益分享机制，形成短中长期激励相结合、决策与利益相绑定、风险与收益相挂钩，覆盖从投资人员到各阶段决策人员的激励机制。

（六）加强政策呼吁，共同为股权投资行业尤其是券商股权投资业务发展创造更好的发展环境

一是推动改变认识。私募股权基金不对外公开募资，主要投资未上市企业的股权，通过参与企业投后管理，股权的增值和退出实现价值，是一种典型的实体投资、价值投资，与贷款收息、炒股获利等其他金融投资方式完全不同，应当将其作为扶持实体经济的重要手段予以政策上的肯定与支持。二是呼吁减税降负。作为长期投资，相比证券投资、二级市场基金投资，股权基金行业长期存在的税负过高、重复缴税等问题，是私募股权投资行业最大的痛点，严重影响了社会资本进入股权投资行业的积极性。建议倾听行业呼吁，采取降低所得税税率、按基金完整生命周期收益征税、取消重复计税等措施，真正体现国家鼓励长期投资行为的正确导向。三是引导长期资金进入。当前各类长期资金对股权基金的配置过低。建议出台有效政策，扩大保险资金、社保基金进入股权投资的比例；鼓励国有资本按照市场化的方式进入股权投资；鼓励各地引导基金向市场化母基金进行转化；探索将部分银行理财和存款引导、转化为股权投资基金的合规、合理途径；鼓励和引导社会闲散资本进入创投行业，推动创新创业。四是引导S基金加快发展。S基金对于私募股权行业健康持续发展具有重要意义。建议政府或行业协会借鉴当年不良资产处置的经验，通过建立行业尽职调查指引、转让标准和程序、政策扶持、设立专项母基金等方式推动市场化S基金加快设立，为私募股权投资基金提供多元的退出渠道。五是扶优限劣，支持规范运作的投资机构加快发展。私募股权基金行业在快速发展的同时，也伴随着各种乱象。有些机构不同程度存在包括公开或者变相公开募集资金、规避合格投资者要求、错综复杂的集团化运作、资金池运作、利益输送、自融自担等违法违规行为。六是为证券公司股权投资业务创造公平的竞争环境。建议对券商私募子公司与社会私募投资机构采取相对统一的监管尺度和政策，促进公平化监管、市场化竞争。（1）建议公平对待券商私募产品和社会私募产品，在自有资金出资比例、投资集中度、嵌套等方面设置相同的管控标准。（2）建议研究优化券商"保荐+投资"政策限制。随着近年来资本市场基础性制度的日趋完善，证券业管理更加规范，特别是在注册制推出、上市资源不再稀缺的新形势下，放开券商"保荐+投资"的业务限制，更有利于发挥资本市场的价格发现功能和增强券商的保荐责任意识，也有利于券商形成全链条服务体系，更好地服务企业发展。（3）建议允许券商私募子公司根据实际业务需要设立子公司或分公司。考虑到大多数政府引导基金对基金和管理人有"双落地"的刚性要求，放松对券商私募设立分支机构的严格限制，有利于实现券商私募与社会私募的公平竞争，更好地服务好政府引导基金。

参考文献

[1] 易会满,等.提高直接融资比重[M]//《中共中央关于制定国民经济和社会发展第十四个五年规划和二〇三五年远景目标的建议》辅导读本.北京:人民出版社,2020:295-301.

[2] 中国证券投资基金业协会.基金类型和产品类型说明[EB/OL].[2019-12-25]. https://ambers.amac.org.cn/web/app/static/publicTemplate/productInfo.html.

[3] 中国证券监督管理委员会.私募投资基金监督管理暂行办法[EB/OL].[2014-08-21]. http://www.csrc.gov.cn/pub/zjhpublic/zjh/201408/t20140822_259483.htm.

[4] 刘方,赵文荣等.创时代,投未来——中国股权投资市场步入黄金时代[R].北京:中信证券研究部,2021.

[5] 祁斌,查向阳等.直接融资和间接融资的国际比较[EB/OL].[2015-05-14]. http://www.csrc.gov.cn/pub/newsite/yjzx/sjdjt/zbsczdjcyj/201505/t20150514_276935.html.

[6] 杨华辉.提升集团一体化经营管理能力,推动证券行业高质量发展[J].中国证券,2019(6):2-8.

[7] 国立波,韦婉,肖业锟.2019年中国券商私募报告:"后转型"时代开启[R].上海:投中研究院,2019.

[8] 清科研究.2020年中国证券公司直接投资业务研究报告[R].北京:清科研究中心,2020.

[9] 孔小龙.正在兴起的券商"母基金化"[EB/OL].[2020-04-13]. https://www.163.com/dy/article/FA446C4A05384HOZ.html.

[10] 沈志群.为创新驱动发展助力,为科技自立自强赋能[EB/OL].[2021-03-10]. https://www.163.com/dy/article/G4NU63D10539IMVU.html.

注册制下我国证券公司另类投资业务的现状及发展方向

刘 宇 董承江 魏 伟 王若琪[①]

一、另类投资业务概述

（一）投资特点和理念

另类投资这一名称直译自英文 Alternative Investment，投资对象涵盖所有区别于传统股票、债权、现金之外的金融和实物资产，包括房地产、证券化资产、对冲基金、私募股权基金、大宗商品和艺术品等。据 Preqin 统计，2019 年全球另类投资资产规模达到 10.8 万亿美元，预计 2020—2025 年将以每年 9.8% 的复合增长率持续增长。波士顿咨询报告称，2019 年全球另类投资规模占资产管理整体规模的 16%，其产生的收入占整体收入的 46%。

另类投资的主要投资逻辑为找寻非有效市场的价值机会，利用市场门槛和专业能力，在远离公开交易平台的投资市场进行内在价值发现、识别价格失衡错配，赚取阿尔法收益。另类投资具有长投资周期、低流动性、高风险、高收益、高门槛和低相关性等特点。

（二）成熟市场另类投资主要参与者及投资方向

全球成熟市场另类资产的主要参与者有以下三类：（1）高净值人群、家族办公室、捐赠基金等，旨在放弃流动性而获得更高的投资收益的长期投资者；（2）养老基金、公司年金、主权基金等，旨在获得定期较高的现金流回报和稳步增长的投资规模的投资者；（3）银行、资产管理公司、保险公司和实体企业自有资金等，旨在分散原有传统投资风险和更高的回报的投资者，如黑石、凯雷、KKR 等。

目前全球另类投资主要投向为私募股权、对冲基金和房地产。Preqin 统计了另类投资资产投向结构（见图1），2020 年 4.42 万亿美元投向私募股权、3.58 万亿美元投向对冲基金、1.05 万亿美元投向房地产。私募股权投资占全部另类投资规模的

[①] 刘宇，博士，高级会计师，兴证投资执行董事、总裁；董承江，硕士，兴证投资总裁助理；魏伟，硕士，兴证投资投资业务二部副总经理；王若琪，硕士，兴证投资经理。

41.13%，为另类投资最主要的投资方向。

据 BCG、Preqin 等第三方机构的统计和预测，私募股权规模将维持年化 15% ~ 20% 的高增长，继续成为另类投资中增长最快、占比最大的投资品种。而对冲基金过去十年的总体回报每年都落后于标准普尔，预计到 2025 年对冲基金管理规模将每年增长不超过 4%，对冲基金的收入增长将进一步压缩，规模占比下降到 25% 以下。其他私人市场品种（包括房地产、基础设施、自然资源和私募债等）绝对规模较小，私募债增速 11% ~ 15%，其余品种维持 3% ~ 5% 的增速。

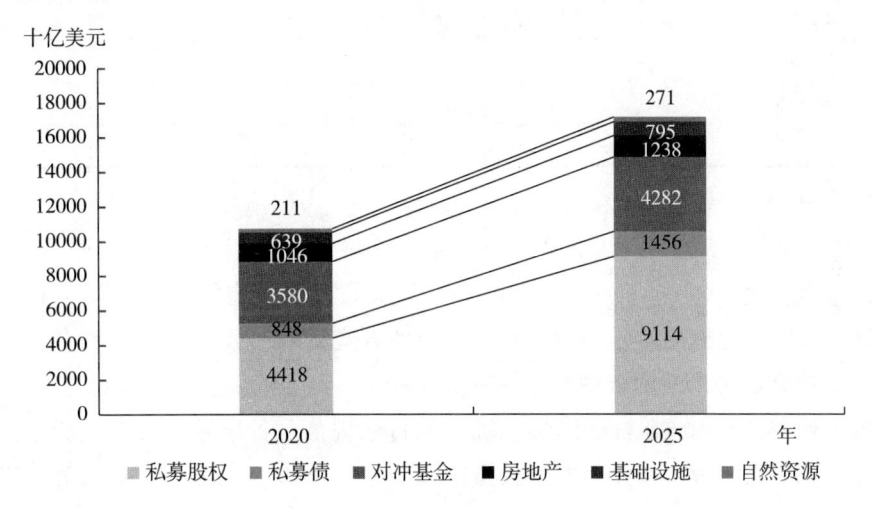

注：其中 2020 年数据是 2020 年 1—10 月数据年化调整之后取值。

图 1　全球各类另类投资资产管理规模及预测

（数据来源：Preqin）

（三）我国另类投资市场概况

我国另类投资行业起步较晚，主要另类投资方向以私募股权投资为主，参与机构主要为大型股权投资机构，近年来集中度迅速上升。具体参与机构包括民营内资机构、国资机构、外资机构、战略投资以及券商直投。我国目前前十大投资管理机构基本覆盖了另类投资领域（见表1），目前投资覆盖范围和策略最齐全的光大控股，是香港唯一以另类资产管理为核心业务的上市公司。

表 1　国内前十大投资机构管理规模和投资策略

机构简称	管理规模（亿元）	创业投资	成长资本	并购投资	母基金	房地产	基建与能源	证券投资	夹层与信用	第三方财富管理	对冲基金
中金资本	3000 +	✓	✓	✓	✓	✓					
招商局资本	2700 +		✓	✓	✓			✓		✓	
光大控股	1500 +	✓	✓	✓	✓	✓	✓	✓	✓	✓	✓

续表

机构简称	管理规模（亿元）	投资策略									
^	^	创业投资	成长资本	并购投资	母基金	房地产	基建与能源	证券投资	夹层与信用	第三方财富管理	对冲基金
红杉中国	1500 +	✓	✓		✓			✓			
鼎晖投资	1300 +	✓	✓	✓		✓	✓		✓	✓	
高瓴资本	1200 +		✓					✓			
中信产业基金	1000 +		✓	✓							
弘毅投资	800 +	✓	✓		✓	✓	✓				✓
平安资本	700 +		✓	✓	✓				✓		
复星创富	700 +		✓	✓		✓	✓				

数据来源：清科研究中心。

（四）我国证券公司另类投资子公司发展现状

1. 发展历程。2011 年，为扩充证券公司投资门类，增加业务多元性和业绩弹性，证监会发文允许证券公司以设立子公司的方式从事《证券公司证券自营投资品种清单》所列品种以外的金融产品等投资。

由于初期处于探索阶段，未形成统一的行业规范，各家券商另类投资子公司投向各异，除了在一级市场参与股权投资、在二级市场参与定增、大宗交易，以及各类非标债权投资外，更有甚者还开拓了艺术品投资等业务方向，有不少券商另类投资子公司为博取短期收益追逐市场热点、发行收益凭证杠杆经营，甚至另起炉灶开展与母公司自营投资完全重叠的业务品类。

2016 年底，中证协发布《证券公司另类投资子公司管理规范》，明确规定了券商另类投资子公司的投资范围，随着监管细则的出台和监管力度的持续收紧，各家券商内部对另类投资子公司业务范围进行了重新划分和定位，行业逐步得到规范。

2019 年科创板强制跟投制度出台，券商另类投资子公司成为保荐券商跟投主体。各家券商基于科创板业务的需要纷纷设立另类投资子公司，券商另类投资子公司数量再上一个台阶。证券业协会数据显示，截至 2020 年末，注册备案的证券公司另类投资子公司数量已经达到 77 家，近 80% 的证券公司拥有另类投资子公司。

2. 经营概况。

（1）整体规模和经营成果。目前 77 家另类投资子公司总注册资本超过 1455 亿元，其中中信证券投资有限公司注册资本高达 140 亿元，海通证券、招商证券、中信建投证券、兴业证券、东方证券和东吴证券另类投资子公司注册资本均超过 50 亿元。母公司为上市证券公司的 38 家另类投资子公司的注册资本占母公司净资产的平均比例为 6.01%。2020 年有公开信息披露的 30 家另类投资子公司的营业收入合计超过 100 亿元，占各自母公司营业收入的平均比例为 2.43%。行业 ROE 呈现逐年提高态势，部分另类投资子公司已经成为母公司盈利的新增长点，如华泰创新、中信建投投资、国泰君安证裕2020年ROE分别达到17.29%、15.40%和14.75%，成为盈利能力最强的三家另类投资子公司，海通创新、广发乾和、中信证券投资和招商证券投资位列其后。2020年有公开信息披露的30家另类投资子公司总净利润超过70亿元，占各自母公司净利润的平均比例为5.33%。

（2）主要投资方向。表2列示了主要证券公司另类投资子公司的经营业绩和投资方向。由于另类投资业务范围广、各地证监局对下辖另类投资子公司展业模式和投资方向的监管强度不一、各券商对子公司业务定位不同，券商另类投资子公司之间业务差异较大。

具有一定规模和盈利的券商另类投资子公司主要以股权投资业务为主，部分头部公司正逐渐成为市场中的主流股权投资机构：海通创新、长江创新、招商证券投资、广发乾和、银河源汇、财通创新、华泰创新、国泰君安证裕、中信证券投资、中信建投投资和兴证投资等均以股权投资业务为主。

部分中小券商另类投资子公司重点布局金融产品投资：国元创新、东吴创新则主要从事创新非标固收类产品投资，西证创新、东证创新则同时兼顾股权投资和金融产品投资。

表2 主要证券公司另类投资子公司经营业绩、投资方向及展业模式

序号	公司名	ROE 2018A	ROE 2019A	ROE 2020H1	ROE 2020A	2020年收入（亿元）	主要投向	除科创板强制跟投以外的集团协同方式
1	兴证投资管理有限公司	-0.98%	1.89%	3.98%	5.87%	1.97	以科创板跟投、股权直接投资等股权投资为主，以定增、创新类固收等优质另类投资业务为辅	较强，配合集团进行战略项目投资，建立投行、投资、分公司等业务部门项目资源协同机制
2	海通创新证券投资有限公司	-8.34%	7.80%	8.01%	11.96%	13.09	股权投资为主，部分金融产品投资	较强
3	长江证券创新投资（湖北）有限公司	-33.03%	-6.83%	2.03%	6.48%	1.74	股权投资为主，通过深度产业研究发掘投资机会	一般
4	上海东方证券创新投资有限公司	3.24%	-3.87%	1.95%	3.72%	3.62	股权投资、不良资产投资、金融产品投资	一般
5	国元创新投资有限公司	4.37%	4.62%	2.34%	7.50%	2.09	创新固收类投资为主	一般，配合集团进行战略项目投资

续表

序号	公司名	ROE 2018A	ROE 2019A	ROE 2020H1	ROE 2020A	2020年收入（亿元）	主要投向	除科创板强制跟投以外的集团协同方式
6	东吴创新资本管理有限责任公司	0.73%	1.90%	3.97%	—	—	房地产投资、非标固收类投资为主	较低
7	东证融达投资有限公司	-1.70%	2.84%	0.64%	0.73%	0.7	房地产投资、股权投资	一般
8	招商证券投资有限公司	6.17%	6.02%	7.56%	9.60%	6.68	股权投资为主	较强，配合集团进行战略项目投资
9	广发乾和投资有限公司	0.75%	6.95%	9.48%	11.13%	8.85	股权投资为主，Pre-IPO阶段为主，投资轮次逐渐前移，截至2020年末，已完成股权投资项目142个	较强，与投行项目联动、参与私募子公司管理基金投资等
10	银河源汇投资有限公司	2.31%	4.42%	3.58%	6.52%	3.17	股权投资为主，部分金融产品投资	较强，年报强调未来将服务集团整体战略、全面推进业务协同
11	浙江财通创新投资有限公司	2.34%	9.87%	5.76%	—	—	股权投资为主，包括直接股权投资、并购投资和金融产品投资	较强，自主项目来源基本市场化，投后阶段依托母公司是业务平台和资源渠道，强调资源整合、增值服务的投资策略
12	华泰创新投资有限公司	0.30%	8.85%	12.58%	17.29%	5.68	着力金融科技领域股权投资，2020年末存续投资项目27个	较强，与集团金融科技部门在项目获取、研判和投后环节有密切协同
13	西证创新投资有限公司	0.26%	4.62%	2.87%	—	—	股权、非标债权均有涉及	较低，所有项目全部为市场化项目。除风控外，在项目端还未和集团其他部门形成明确的协同机制

续表

序号	公司名	ROE 2018A	ROE 2019A	ROE 2020H1	ROE 2020A	2020年收入（亿元）	主要投向	除科创板强制跟投以外的集团协同方式
14	中信证券投资有限公司	3.81%	8.17%	6.00%	10.54%	28.06	股权投资为主，同时也配置衍生品和非标债权投资。主动型股权投资以 Pre－IPO 项目为主，尝试中早期股权投资项目，2020年含科创板投出 70 个项目	较强，新增股权项目仍主要来源于投行，占比约 2/3，并购重组项目与投行存在大量联动
15	中信建投投资有限公司	2.18%	-1.20%	8.35%	15.40%	6.02	以股权投资为核心，泛股权投资（私募股权投资基金、新三板投资、私有化投资）、创新产品投资等共同构成的深度与广度并举的资产组合	较强，与投资银行部、经纪业务部门、信息技术部门在项目获取上有协同；与私募子公司在项目获取、研判、投资方面有协同
16	国泰君安证裕投资有限公司	—	4.50%	11.36%	14.75%	5	股权投资为主，累计投资 24 个项目	一般

注：各报告期的 ROE＝扣除非经常损益后的净利润（不含少数股东损益）／[（期初归属母公司的净资产＋期末归属母公司的净资产）／2]×100％。

数据来源：各家年报、证券业协会以及各家（母）公司官网资料、公司访谈（截至 2021 年 4 月 20 日）。

(3) 主要投资策略。

第一，利用证券公司集团协同优势开展股权投资业务。拥有强大投行资源的券商之所以更多地将投资重点放于股权投资上，主要是基于股权投资与保荐承销业务的上下游关系及强相关性。券商从事股权直投天然具有优势，如中信证券投资、中信建投投资、海通创新、华泰创新等，以其强大的投行资源促进投资，放大投行资源优势，增厚投资收益、增强优质企业客户黏性，促成长期、稳定的业务合作。人员方面，中信证券投资、中信建投投资等公司另类投资子公司主要业务人员均来自投行部门，自带投行烙印，在自上而下的协同机制之下运行良好，项目数量、质量和收益率均非常可观。

第二，其他流动性较高的金融产品是处于初创阶段或者资源禀赋有限的同业机构的主要投向选择，也是成熟同业为提高资金使用效率、获取稳定当期收益的配合布局。以非标债权投资为代表的金融产品投资与股权投资一样，也是标准化证券投资之外重要的投资方向，相对于标准化债券可增强收益，相对于权益类品种则会有平滑收益的效果。从产品种类来看，范围较广，各家机构基于其各自资源禀赋选择领域覆盖，包括二级市场私募基金、收益互换、期货和期权等衍生品量化产品投资、非标债权（房地产信托、房地产基金、类 ABS 次级档产品等）、不良资产，等等。从财务回报来看，西证创新投资、国元创新投资等在收益率方面有不俗的表现。

3. 行业发展困境。

（1）行业仍处于起步阶段。券商另类投资子公司仍处于起步阶段，经营业绩可以并肩券商私募子公司或其他传统股权投资机构的另类投资子公司的凤毛麟角。目前全行业的投资方向和投资策略依然呈现差异化的局面，尚未形成普适的发展模式和发展策略，仍有部分另类投资子公司未形成核心业务。另类投资子公司不仅在主流股权投资市场未占有一席之地，在证券公司集团内部也没能完全体现证券公司资源禀赋优势、发挥资源聚集和放大作用。

（2）业务范围尚需进一步优化。《证券公司另类投资子公司管理规范》自 2016 年 12 月出台运行至今，行业已经发生了较大变化，部分规定内容有待进一步界定清晰和优化。2020 年 3 月，中国证券业协会下发关于《证券公司另类投资子公司管理规范（修订意见稿）》征求意见的通知，贯彻《优化营商环境条例》的相关规定，在整合现有监管及自律要求的基础上，适当优化另类投资子公司的业务范围。

（3）市场化制度缺失。相比券商私募子公司和外部民营、外资股权投资机构，由于自有资金和集团战略投资属性，绝大部分券商另类投资子公司还未建立全面的市场化制度，这在一定程度上制约了专业团队的建设速度，人才流失率高，难以提高持续投资能力。

二、注册制对券商另类投资业务的影响及分析

（一）注册制推行背景及意义

长期以来，我国资本市场在规模、结构、功能和规则方面存在严重缺陷，单一层次主板市场有严格的上市条件但没有强有力的退市机制，市场行政干预过多、投资者保护机制缺失，使得资本市场与经济发展不协调，无法有效发挥资本市场核心功能。为完善我国资本市场基础制度，加强资本市场市场化、法治化、机构化、专业化建设，2013 年 11 月《中共中央关于全面深化改革若干重大问题的决定》首次提出推进股票发行注册制改革，此后历经了 2015 年再次明确、2017 年暂缓推进、2018 年重启，于 2019 年 3 月率先在科创板进行试点。在此基础上，2019 年底新《证券法》修订通过，注册制全面施行并于 2020 年 4 月在创业板率先推广。2021 年 3 月公布的《中华人民共和国国民经济和社会发展第十四个五年规划和 2035 年远景目标纲要》提出要全面实行股票发行注册制，建立常态化退市机制，提高直接融资

比重。注册制与核准制的核心区别,实质在于政府与市场关系的转变。[①] 由此可见,注册制对于改善我国资本市场信息披露质量和投资者保护环境,提高资本市场价值发现、资本配置枢纽功能具有重大意义。

(二) 结合我国资本市场实践理解注册制

1. 注册制意在消除背书性质的审核,培养市场自我约束机制。由于现阶段我国资本市场法治环境的孱弱和各类参与主体尚未建立完善的信息披露责任制度,形成内外部自我约束机制不健全的现状,监管机构对上市过程的适当约束和干预依然必要。核准制到注册制的转变主要是通过减少政府对市场的干预,真正发挥市场资源配置的效力,将审核责任落实到市场参与主体。因此注册制下审核并不是完全消失,而是消灭背书性质的审核,将审核标准明晰稳定、披露责任落实到位,促成市场自我约束机制。

2. 审核主体有别于核准制,借鉴成熟市场经验。注册制下发行审核主体为交易所,作为行业自律监管组织,交易所审核更接近市场并且更具有灵活性。交易所审核完毕后,股票发行即进入由证监会负责的注册程序,主要以形式审核为主。[②] 交易所强调以信息披露为核心的形式审核,极大提高了审核速度,并减少了行政干预。但从近期证监会对交易所工作的指导核查,以及高密度高要求的现场检查和现场督导来看,证监会对交易所理解、落实注册制的具体举措和行为效果依然有强大的影响力,虽然几乎不干涉具体项目的审核决策细节,但意在整体把控制度运行效果。从成熟市场的经验看,在注册制实行初期的磨合培育阶段,证监会这种类似双轨制的干预方式是必要且有效的。

3. 审核重点有别于核准制,近期审核严格重点关注中介机构的执业质量。注册制强调以信息披露为核心,发行条件更加精简优化、更具包容性,总体上是将核准制下发行条件中可以由投资者判断事项转化为更严格、更全面深入精准的信息披露要求。但从我国目前国情市情考虑,证监会、交易所必须始终强调信息披露的真实准确完整,对中介机构执业质量进行严格把关。[③] 监管机构在近期的 IPO 现场检查中严格控制过关数量,出现了高比例撤回申报材料的现象,其主要原因并非企业本身科创属性或财务舞弊问题,而是对保荐机构执业质量的把关。目前监管层通过现场检查和现场督导两种方式实质审核上市过程中的重大风险问题,进一步厘清前期审核中存疑事项,并检查保荐机构针对上述问题采取的核查程序是否到位。[④]

[①] 参见东方财富网《肖钢:注册制改革的核心在于理顺市场和政府的关系》,官方网址:http://finance.eastmoney.com/a/201912271338666190.html,最后访问日期:2021 年 4 月 9 日。

[②] 参见《科创板首次公开发行股票注册管理办法(试行)》第二十三条。

[③] 参见《易会满主席在中国发展高层论坛圆桌会上的主旨演讲》,官方网址:http://www.csrc.gov.cn/newsite/zjhxwfb/xwdd/202103/t20210320_394519.html,最后访问日期:2021 年 4 月 8 日。

[④] 参见《IPO 审核注册从严下,中介机构正确面对现场检查、现场督导的"生存法则"》,https://mp.weixin.qq.com/s/rNP-tBodwvmHOLeNN8STaQ,最后访问日期:2021 年 4 月 12 日。

综上所述，注册制改革不能毕其功于一役，市场需以长远动态的眼光看待当前的改革步伐和政策细节。当下的注册制实践是符合中国当前资本市场发展阶段的制度改革尝试，是市场化理论与现阶段资本市场发展、法治环境实践的可行结合。虽然短期内配套制度和市场教育尚有很大的改善空间，同时还面临发行审核压力，但监管部门近期有意引导各参与主体强化责任行为和披露意识，压实中介机构责任，旨在逐渐培育全面注册制的制度和市场土壤。因此，各市场参与主体应深切领会注册制核心精神，切不可理解为走回核准制老路。

（三）注册制对我国券商另类投资业务的影响

1. 股权投资在资产配置中比例持续提升。

（1）科创板强制跟投机制。科创板实行强制跟投机制，形成券商利益与被投企业投资价值深度绑定机制，确保券商慎重选择更加优质的项目，也促进 IPO 定价合理化。单个项目 2%~5% 的跟投比例对另类投资子公司资金占用效果显著，直接提高了股权投资比例。

（2）注册制直接增加股权投资的退出路径，扩大股权投资行业市场规模。截至 2021 年 4 月 9 日，注册制下科创板共登陆 124 家企业，创业板共登陆 100 家企业，总市值逾 4.84 万亿元，流通市值 1.01 万亿元，累计融资额达到 5272.58 亿元，占同期 A 股 IPO 募集资金的 70% 以上。注册制的推行明显提高了 A 股吸纳上市公司的数量（见图 2、图 3）。从发行速度来看，总体来看注册制显著提高了审核透明度和效率，目前科创板、创业板审核注册平均周期已经大幅缩减到 5 个多月。

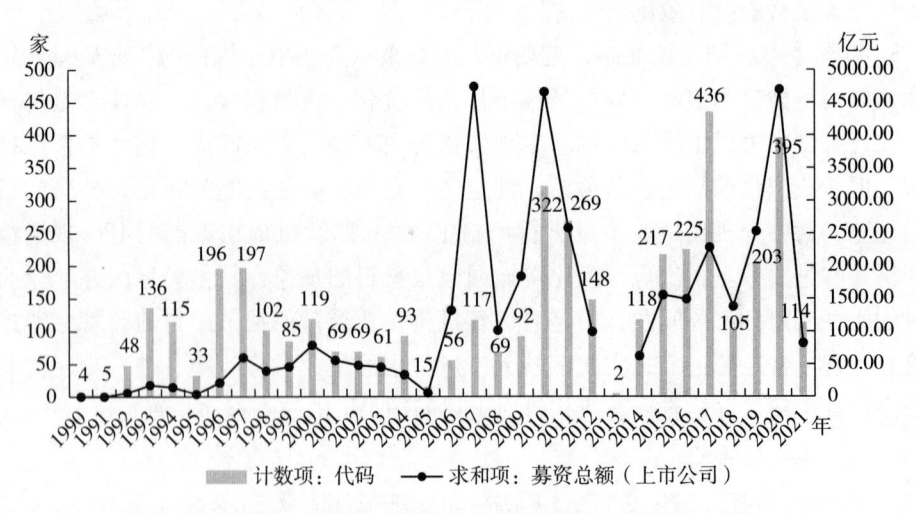

图 2　A 股企业上市数量（左轴）和总募资金额（右轴）年度统计

（数据来源：Wind）

2020 年 IPO 市场的热度给我国股权投资市场带来暖意，根据清科研究中心数据，2020 年中国企业（不含港、澳、台地区）境内外上市达 535 家，创历史新高，其中 VC/PE 支持的中企上市数量达到 348 家，同比上升 56.8%。从退出回报来看，

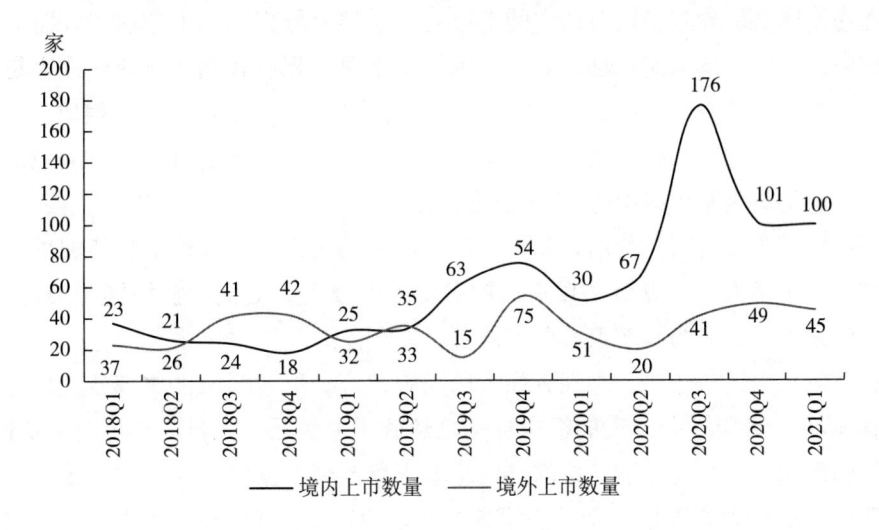

图 3　中国大陆企业 2018—2021 年第一季度境内外上市数量

（数据来源：清科私募通）

VC/PE 被投企业境内上市账面回报水平持续回暖，2020 年账面回报倍数（发行价计算）已达 3.99 倍，其中 VC/PE 被投企业境内上市账面回报水平同比上升 10.5%（见图 4）。注册制明显增加了公开退出的数量，为社会资本向股权投资领域的持续流入打开新的资金窗口，带动直接股权投资、母基金及 S 基金市场规模和活跃度。

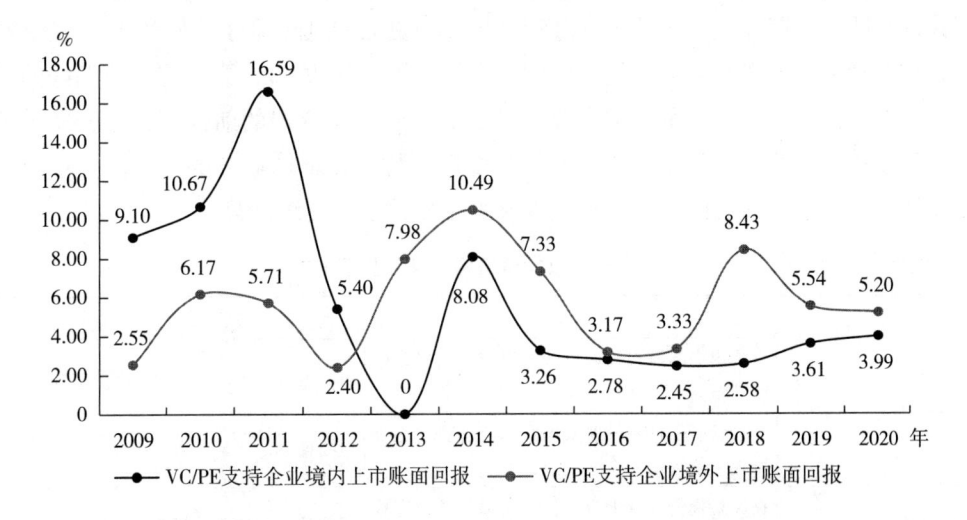

图 4　2010—2020 年 VC/PE 支持企业境内外市场 IPO 账面回报分布（发行日）

（数据来源：清科研究中心）

2. 专业化股权投资能力亟待建立。股权投资市场单纯通过 Pre-IPO 投资赚取一级、二级市场估值价差的策略不再有效，投资应当关注投资标的核心技术、行业竞争力和成长价值。注册制上市标准对盈利能力的弱化及向以信息披露为核心的转型,在短期内必然导致一定时间内的上市公司质地差异变大,上市退出收益下限变低。同时,一级市场的流动性较弱、市场信息不对称程度较高,行业热点容易持续高估,存在较为普遍的一级、二级市场估值倒挂的现象,近3~4年股权项目平均估值水平从10倍上升至约20倍。截至2021年4月9日,2020年10月30日以前适用注册制上市的244家公司中有33家破发,比例达到13.52%。

股权投资阶段有明显的前移趋势,投资机构长期投后管理价值创造的重要性日益提高。一个优秀的一级市场投资机构需要为被投企业提供产业协同与渠道资源,赋能其快速发展,成为其增值服务提供者和资本合伙人。

行业巨头全链条布局,并拥有强大的品牌效应,形成强大的头部效应优势。清科数据显示,2020年42.2%的机构募资总额低于1亿元,大量中小机构募资困难,甚至濒临倒闭。而相比之下,头部机构超募现象频现,据清科研究中心统计,2020年头部机构的平均募资额分别约为早期投资、VC、PE市场平均水平的2.5倍、10倍和10倍。

综上所述,股权投资行业投资风险持续增加、投资阶段前移、头部效应日渐明显,作为券商自有资金股权投资重要平台,另类投资子公司亟须提高专业化投资能力。

3. 倒逼完善证券公司"投资+投行"模式。券商系投资机构在品牌、规模和产业链资源方面均不如大型主流的民营内资机构、国资机构、外资机构、战投机构等,而其自有性、长期性和安全性的资金特点导致了更低的风险偏好(见表3)。基于券商系另类投资子公司在当下市场环境的优劣势分析(见表4),为适应风险偏好的激进化和投资机构的市场竞争,券商股权投资业务必须在合规的前提下,充分发挥证券公司独有的保荐承销牌照优势,利用股权投资与保荐承销业务的上下游关系及强相关性,立足于以强大的投行资源促进投资,放大投行资源优势。

表3　　　　　　　　　国内主要股权投资机构特征和投资偏好

机构类型	特征	投资偏好
民营内资机构	是国内头部股权投资机构主要类型,但集中度在提高	风险偏好度较高,投资阶段覆盖面广
国资机构	募投管阶段具有政府或国企独有优势,逐步进入头部机构	风险偏好度一般,资金周期长
外资机构	在风险投资领域更突出,绝大部分已经完成本土化,成为双币种管理人	风险偏好度较高,投资阶段偏早期
非金融企业投资机构/战略投资机构	具备产业资源优势,在募集资金、项目获取、研判和赋能方面有优势	风险偏好度一般,资金周期长
券商系投资机构	具有退出渠道优势	风险偏好度较低,投资阶段偏后期,自有资金的周期长

资料来源:市场公开信息整理。

表 4　　　　　　　　　　券商系另类投资子公司 SWOT 分析

优势	劣势
投资、投行、研究、经纪业务协同联动，券商体系内投行业务、研究业务、财富管理业务等的合力，为投资业务在项目获取、投资研判、投后增值服务等环节提供相互支持	(1) 产业链资源有限 (2) 人员数量不足、覆盖行业广度和深度有限 (3) 决策效率较低，决策审批链条较长
机会	威胁
(1) 注册制的全面推行增加了早期股权投资的 IPO 退出路径，带动直接股权投资、母基金及 S 基金市场规模和活跃度 (2) 政策端券商先投后保的约束有松绑迹象，投保/投承联动模式可行性加大 (3) 证券公司买方业务蓬勃发展	(1) 项目获取和研判难度加大，投资阶段前移 (2) 机构头部效应日益明显，抱团现象越来越普遍，非主流机构越来越难以进入核心生态圈 (3) 集团内部协同导致集团业务关联度提高，加强了中介机构的看门人责任，从整体来看提高了业务风险

资料来源：兴证投资。

三、注册制下券商另类投资业务的发展建议

（一）大力发挥券商集团化协同优势

由于证券公司天然拥有协同禀赋，券商另类投资子公司应当在合规的前提下，充分利用证券公司集团的协同资源，利用券商体系内投行业务、研究业务、财富管理业务等的合力，为投资业务在项目获取、投资研判、投后增值服务等环节提供相互支持，充分抓住注册制政策利好，补足劣势。在协同过程中实现合作共赢、权责制衡和风险共担。

1. 集团化协同优势。从同业实践来看，大部分投行业务名列前茅的券商均将另类投资平台的股权投资业务与投行条线业务紧密联系。譬如中信建投投资有限公司，以 Pre-IPO 阶段股权投资和科创板跟投为主业，业绩尤为亮眼。具体来看，证券公司集团化协同为股权投资业务带来的优势有：

（1）项目获取方面，投行及经纪业务条线的产业资源、客户资源可以成为投资标的资源池，直接拓展了投资业务的项目来源。

（2）投资研判方面，投行部门对于标的上市可行性的专业意见对投资研判有很大帮助。

（3）风险控制方面，子公司全部投资环节纳入券商全面的风控合规体系，在各个节点把控整体风险，有助于有效控制投资风险和集团整体业务风险，提高风险管理效率。

（4）投后管理方面，证券公司可以利用券商整体资源为被投企业提供全方位的资本市场服务，助力企业持续发展。

（5）项目退出方面，投资银行部门直接拥有上市、融资、并购业务功能，对投资退出环节极为有利。

2. 集团化协同模式。总结了同业实践经验，目前券商另类投资子公司主要协同部门包括投资银行部门、私募子公司、经纪业务部门以及研究业务部门等。主要协同机制包括：

（1）与投资银行业务总部的协同：在科创板业务领域与投资银行业务总部密切协同，完成科创板项目跟投。同时在合规前提下，充分发挥投行在承销保荐、兼并收购等领域的服务优势，在项目投资、项目管理及项目退出等环节与其进行积极的业务协同。

（2）与分公司的协同：利用各地分公司在当地的资源，有效协助股权投资业务在重点区域落地。长期深耕核心区域市场，集聚集团优势资源，抓住当地优势项目，实现核心地区的优势行业投资策略落地。

（3）与子公司的协同：积极推动与集团各子公司的协同，发挥各子公司的业务优势和资源优势，探索在业务开展以及客户开发与服务中的深度合作，分享项目开拓、项目研究和项目投资的经验，实现资源共享，充分挖掘投资机会与合作机会。

同时，大部分券商均建立了相应的配套保障机制，包括协同项目筛选标准和推荐流程、各主体协同对口联系人，以及协同联络及反馈机制等。

（二）聚焦一级市场股权投资业务方向

证券公司发展一级市场股权投资业务是转型的必然。近年来，券商经营的总体环境已经发生了深刻变化，未来证券公司的核心竞争力应该逐渐从传统的牌照业务向买方业务转移。直接投资业务的拓展，可为证券公司业绩增长提供广阔的空间。据公开市场资料，2011年至2019年，证券公司直投年均退出金额为448亿元，占证券公司当年营收的年均比为15%。作为券商体系内唯一的自有资金股权直投业务平台，另类投资子公司亟须提高专业化投资能力，尽快赶超相对较为成熟的私募子公司，为集团业绩添砖加瓦。

证券公司发展一级市场股权投资也是符合政策导向的投资方向。2021年3月公布的《中华人民共和国国民经济和社会发展第十四个五年规划和2035年远景目标纲要》提出要全面实行股票发行注册制，建立常态化退市机制，提高直接融资比重。金融机构肩负着服务实体经济、提高社会资源配置效率的重大责任，"十四五"规划和2035年远景目标为证券公司投行和投资业务未来发展指明了方向。注册制强调压实中介机构的看门人责任，必然需要证券公司深入研究其保荐业务客户，基于"可投性"视角对拟上市公司进行全面的审视分析，也即要求投行业务视角转向投资视角。因此，券商层面将投资和投行业务联动是符合注册制政策导向的。同时，在政策层面也可以捕捉到对先投后保这一限制的松绑趋势。

作为证券公司自有资金从事股权投资业务的唯一平台，另类投资子公司应当充分发挥股权投资平台功能,充分利用集团协同一体化优势大力聚焦股权投资业务,同时也要通过自身禀赋拓展市场化项目,以市场化机制吸引市场化人才,还可通过股权基金投资扩大项目来源,建立外部投资生态圈,弥补团队弱势行业,填补过往覆盖行业空白,同时分散投资金额和投资阶段。

在聚焦一级市场股权投资的同时,还应站在集团整体资产配置的角度,适当配置一些低相关性的金融产品,形成对集团其他部门的业务的补充,并降低集团整体业务关联度。学术界诸多研究表明,欧美市场机构投资者投资组合业绩超过90%来自资产配置,中国市场机构投资者超过70%的投资业绩来源于资产配置。此类产品可以很好地与股权投资主业形成互补,并且在最大限度上分散集团的投资组合,达到分散投资、平滑收益、降低组合风险的目的(见表5)。

表5　　　　　　　另类投资子公司产品配置与传统自营业务的互补性

类别	配置产品	流动性	预期年化收益率	投资决策流程	与二级权益市场相关度
另类投资部门较高流动性产品	量化对冲产品	高	8%~10%	较短	低
	定增基金产品	一般	10%~20%	较短	较高
	房地产信托产品	一般	7%~8%	较短	低
	资产证券化产品	较高	8%~10%	较短	低
另类投资部门股权投资	股权直接投资	低	15%~30%	长	低
	私募股权投资基金	低	10%~20%	长	低
	S基金	较低	10%~20%	长	较低
自营部门投资	二级市场股票	高	15%~40%	短	高
	可转债、可交债等	较高	10%~30%	较短	高
	债券	高	6%~8%	短	较低
	定增	较高	10%~20%	较短	高

资料来源:兴证投资。

(三)与时俱进持续推进制度创新

1. 建立灵活兼容的投资决策制度。另类投资子公司投资范围较分散,人员规模较小,基于创新投资的性质,这就必须在子公司和母公司层面的相关制度上保证一定程度的灵活性,建立可兼容各类投资产品投资决策特点的制度成为关键。一级市场股权投资业务非标属性明显,需要建设完备的投资决策体系,利用集团智库资源,培养稳定的专业团队确保投资质量。标准化程度较高的产品则往往对投资决策周期要求较短,证券公司本身决策流程偏长,如果内部没有灵活的决策机制,很难在市场上有效获得产品机会,母公司应建立准入名单和行业整体趋势跟踪制度,在一定范围内授权子公司,确保每笔类似投资可以在配置规则制定目标明确的前提下自动运行。针对新拓展业务,则应当建立完善的内外部沟通机制,确保在新业务机会出现时迅速评估相应的投资风险、操作风险和监管风险,及时把握投资机会。

2. 建立集团一体化的风险管理制度。另类投资子公司开展业务必须同时站在子公司监管角度和母公司集团资产战略配置角度考虑业务风险。

监管角度,新业务拓展时需要和母公司风控合规部门、外部监管机构充分沟通,获取母子公司之间明确业务划分的资格许可、获得监管认可,守住合规底线并纳入集团统一风险管理。母公司内部需要建立切实可行的针对另类投资业务的业务范围审批沟通机制,并有固定的监管咨询流程。

集团资产战略配置角度,子公司必须站在集团层面的战略定位和集团风险收益角度评估业务风险。就具体同业实践来看,部分券商另类投资子公司集团上收风险控制和项目决策权,另一部分券商针对集团重大战略投资板块单独设立上至集团的审批流程,针对市场化项目,则在一定范围内授权子公司决策。

3. 完善市场化激励机制。股权投资行业核心竞争力在于人才,券商另类投资子公司由于监管限制和业务特性,在股权架构设计上难以完全复制传统PE合伙人制度,对于高端人才的激励有一定缺失。为建立长效激励机制,使员工和公司的利益深度捆绑,更好地发挥高端人才的主观能动性,建议在集团的支持下试行虚拟合伙人制度,按照一定的规则和标准赋予合伙人虚拟股权。集团角度,需要遵循业务发展与风险控制相结合、短期激励与中长期激励相结合的原则,建立完善投资与投行、研究院等单位之间的利益分配机制及绩效激励机制,区分不同性质项目制定特定的激励机制。

(四)优化健全另类投资子公司相关监管制度

1. 适当放宽业务范围。在目前的监管实践中,各地证监局对下辖另类投资子公司展业模式和投资方向的监管强度不一,从行业长远健康发展的角度出发,结合市场发展情况,建议适当放宽《证券公司另类投资子公司管理规范》中对另类投资子公司投资范围、业务划分的要求,包容、呵护、支持券商另类投资子公司从事合法合规业务。同时,希望监管明确另类投资子公司是否可以在经营主体内部对业务范围进行明确划分的前提下,从事自营清单内的业务。

2. 完善监管方式。建议明晰另类投资子公司业务范围调整、开展新业务等日常事项的报批或报备程序,提高各家子公司的申报效率。建议成立另类投资子公司委员会,会员由各家另类投资子公司构成,形成行业内信息共享和自律监督机制,促进行业长期良性发展。

3. 建立沟通渠道。建议组织、举办另类投资子公司业务培训或交流活动,帮助另类投资子公司提升业务能力,促进同业交流。建议组织另类投资子公司行业会议,了解另类投资子公司的业务发展诉求及行业发展情况;设置专门的咨询热线,作为另类投资子公司日常对于业务开展相关事宜的咨询渠道。

参考文献

[1] 张文瑾. 注册制改革背景下上市公司差异化信息披露制度探究 [J]. 中国应用法学, 2020 (1): 168-187.

[2] Preqin. The future of alternatives 2025 [EB/OL]. [2021-04-09]. https://www.preqin.com/future.

[3] Boston Consulting Group. Global asset management 2020: Protect, adapt, and innovation [R]. 2020.

[4] Financial Samurai. How the rich invest: A look inside tale endowment's asset allocation [EB/OL]. [2021-04-08]. https://www.financialsamurai.com/a-look-inside-investment-asset-allocation-of-massive-university-endowments/.

[5] Mark A Sargent. Report on state merit regulation of securities offerings [J]. Business Lawyers, 1986 (41): 785.

[6] Gary P. Brinson, L. Randolph Hoog and Gilbert L. Beebower. Determinants of portfolio performance [J]. Financial Analysts Journal, 1986, 51 (1): 133-138.

[7] Roger G. Ibbotson and Paul D. Kaplan. Does asset allocation policy explain 40, 90, or 100 percent of performance? [J]. Association for Investment Management and Research, 2000, 56 (1): 26-33.

风险管理公司服务实体经济研究

吴鸥祥　孙俊伟　江　婷
林潘颖　朱炎清　林浩阳[①]

在经济全球化不断深入的进程中，金融风险管理对于企业而言，就是一个现实而迫切的重大课题。企业在构建生产、研发、供应及销售的全球化链条来实现资源配置和经济利益的最大化的活动中，将面临来自商品市场或资本市场的多种外部冲击。特别是在面临区域性或全球性的金融危机时，企业会采取多种措施来规避由于汇率、利率或商品价格波动所产生的风险。在这样的经济环境下，金融衍生品的价格发现、财富配置、风险规避等功能不仅改变了传统贸易规则及经济周期规律，还提高了现货资金的使用效率及企业风险管理能力，并且加速了金融企业与生产贸易企业之间的融通与合作。

一、金融衍生品服务实体经济现状分析

金融衍生品工具是指在基础产品和基础变量上建立的、自身价格会随着基础产品或者基础价格发生变动的派生性金融产品。金融衍生品涉及的范围较广，依据交易标的金融衍生品可以划分为利率衍生品、汇率衍生品、股指衍生品、股权类衍生品、信用类衍生品；依据交易形式金融衍生品可划分为远期、期货、期权、互换四个大的类别。市场上复杂的金融衍生品都是由上述四类产品组合，或者由其他金融工具共同组合而成的。不少学者对金融衍生品增加企业价值的功效进行了研究。Allayannis 和 Weston（2001）分析了 1990—1995 年 720 家美国大企业使用外汇衍生品进行套期保值的情况，研究发现，使用外汇衍生品会给企业价值带来 4.87% 的平均溢价，在美元升值阶段这种溢价效应更明显。Clark 和 Judge（2009）对 412 家英国大公司进行研究，发现衍生品确实会提升企业价值，幅度在 11%~34%，而且与远期和期权相比，掉期的溢价效应最高（21%~34%）。沈群和陈炜（2006）认为，

[①] 吴鸥祥，硕士，兴证风险管理执行董事、总经理；孙俊伟，学士，兴证风险管理副总经理；江婷，硕士，兴证风险管理合规风控负责人；林潘颖，硕士，兴证风险管理资深经理；朱炎清，学士，兴证风险管理期现业务部总经理；林浩阳，硕士，兴证风险管理场外业务部总经理助理。

使用金融衍生品进行风险管理能提升企业价值,其溢价甚至高达40%。郭飞(2012)研究了2007—2009年我国近千家跨国公司的数据,发现使用外汇衍生品确实能够对冲汇率风险,并且能给公司带来约10%的价值溢价。

(一)国内外金融衍生品服务实体经济发展历程

数十年来,全世界范围内的供求结构变化以及金融资本的炒作造成了全球大宗商品价格的频繁、大幅波动,这对实体企业追求稳健的生产、经营活动带来了巨大压力。大宗商品价格的变化牵动着绝大多数生产型、贸易型企业的神经。从实体企业、实体行业到宏观经济管理部门,各层次的经济部门都需要且试图通过一定的金融市场工具来对冲、管理大宗商品价格波动的风险。

1. 国外金融衍生品服务实体经济发展历程。国外金融衍生品通过交易服务、融资服务、自营交易和财富管理等在实体经济中发挥着重要作用。除了直接在大宗商品市场进行现货以及衍生品交易外,国外投资银行还通过套利交易、投机交易、股权投资和并购方式来介入相关产业以及公司,以此整合相关资源来进行投资并获取更多的竞争优势,甚至控制定价权并影响价格。如拥有大量仓储仓库、运输、实物资产和交易,是国外投行大宗商品业务的一大特征。通过对仓库的控制,国外投资银行不但可以获得不错的仓储费,还可以利用仓库数据的信息优势以及对出入库货物速度的控制,获得实货与期货之间的价差收入。很多时候,这种收益是完全无风险的。

国外投资银行为机构投资者提供大宗商品指数类产品与衍生品的构造或者流动性服务提供了很大的空间。就目前而言,国外投资银行所构造出的商品指数化投资工具可大致分为四种类型:指数期货和期权、指数基金、交易所交易产品ETP(Exchange Traded Products)和场外指数互换。根据海外商品ETP法律结构的不同,又可将其分为交易所交易型基金ETF(Exchange Traded Fund)、交易所交易型商品ETC(Exchange Traded Commodity)、交易所交易型工具ETV(Exchange Traded Vehicles)与交易所交易型票据ETN(Exchange Traded Notes)。机构投资者主要运用商品指数基金与商品指数互换进行指数化投资,而个人投资者则主要通过商品ETP或商品指数期货来进行指数化投资。从资金管理规模上看,ETF资金管理规模最大,成长也最快速,共计246只,达788.9亿美元。由ETF延伸出的ETC与ETN产品也逐渐被市场接受,规模增长迅速。从品种分布上看,商品ETP仍以传统贵金属为主,共计243只,达721.4亿美元,但其余品种的市场份额也在逐渐增加。目前,全球商品ETP市场上,非实物支持的ETP数量占绝大多数,共计693只;实物支持ETP资金管理规模接近2/3,达664亿美元。

2. 国内金融衍生品服务实体经济发展历程。国内金融衍生品发展模式与宏观经济发展更迭相匹配。20世纪90年代的宏观经济处于大发展建设时期,大宗商品供不应求,价格相对单边上涨,与之相对应的传统贸易模式,只要凭借渠道、信息差即可实现盈利。贸易企业拥有进口渠道和下游销售渠道，通常根据以往的采销量或长期协议数量，并结合现货市场价格及对未来价格判断囤积一部分货，低买高卖来赚取单边绝对价格差。进入 21 世纪第一个十年，经历过 2008 年国际金融危机，大宗商品贸易价格不再呈现相对单边趋势，随着期货等衍生品的发展，现货与期货开始联系，期货的价格发现功能得到一定的发挥，部分产业资本关注现货与期货之间价格差的波动，从基差逻辑出发，并以此作为盈利模式。随着产业资本大举介入期现套利模式，空间被大大缩小，现期贸易随之萌芽，现期贸易就是传统贸易与期现套利的结合体，依托传统贸易强大的上下游渠道，现货层面拥有较大市场份额和话语权，利用期货等金融衍生品的专业优势，将现货和期货结合起来。现期公司还处于探索阶段，依托传统贸易积累的上下游渠道及现货端价格能力，以及对期现价差的主动把握能力，在现货端和期货端进行动态管理，实现利润最大化。现期公司在品种复制过程中，需要对品种标的进行筛选，不是所有品种都是可以介入和移植的。

(二) 国内金融衍生品服务实体经济现状分析

近年来，我国金融服务业发展迅速，创新业务不断推出，无论是新品种的上市还是新的业务模式，进一步提升了服务实体经济的功能导向。但是，我国还面临着这样一个事实，实体经济快速发展的同时也带来全方位的风险管理要求。但目前，国内交易所标准化的合约以及产品已经无法满足市场化的需求，由此导致市场的所有参与者在对冲各个层面的风险时无法应用标准化的合约。

2013 年 2 月 1 日，中国期货业协会颁布《期货公司设立子公司开展以风险管理服务为主的业务试点工作指引》，期货公司以风险管理子公司形式服务实体经济模式正式开闸。随着期货公司获准设立可以经营现货的风险管理子公司，期货市场与现货市场结合的"最后一公里"基础设施已构建完成，曾经的"痛点"迎刃而解。风险管理公司逐步成为连接期货市场与现货市场的重要媒介，期货行业服务实体经济的"任督二脉"也终于被打通。风险管理公司作为期货公司的子公司，承接了期货市场与现货市场之间构建桥梁的作用，使期货市场真正发挥其基础的功能效用，推动期货衍生品真正成为产业实体经济的有效金融工具之一，促进产业实体经济的经营管理更加现代化。

截至 2021 年 2 月末，共有 90 家风险管理公司通过协会备案，89 家公司备案了试点业务。各项业务试点备案具体情况分别为，基差贸易 84 家、仓单服务 80 家、场外衍生品业务 73 家、做市业务 50 家、合作套保 48 家。风险管理公司总资产 1021.71 亿元，净资产 268.82 亿元，注册资本 315.66 亿元。行业整体营收利润显著增长，营业收入年均增长率达 99%，净利润年均增长率 80%。但盈利能力仍然薄弱。近三年，仅 1~4 家公司利润能上亿元，第十位公司盈利为 3000 万元左右。盈利公司平均 ROE 7%，行业整体的盈利能力相比其他金融机构仍处于较低水平。

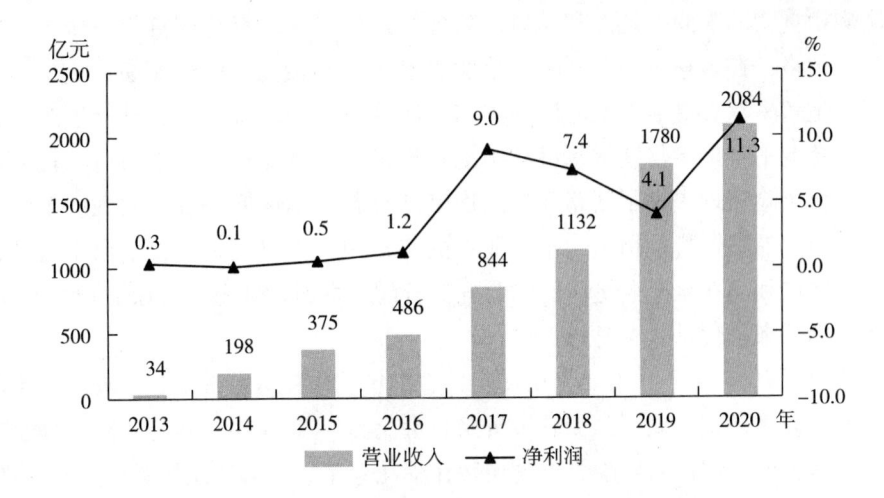

图 1 2013—2020 年风险管理公司经营成果变化情况

（数据来源：中期协）

二、风险管理公司服务实体经济研究

（一）期现结合业务服务实体经济研究

1. 期现结合业务服务实体经济基本模式。期现结合业务作为风险管理公司服务产业实体经济的重要工具，是期货市场与现货市场紧密联动的直接呈现。期现结合业务包含基差贸易、仓单服务及合作套保。

基差贸易，是指风险管理公司以确定价格或以点价、均价等方式提供报价并与客户进行现货交易的业务行为。

仓单服务，是指风险管理公司以商品现货仓单串换、仓单质押、约定购回等方式为客户提供服务的业务行为。上述仓单是指以实物商品为标的标准仓单、仓储物流企业出具的普通仓单、可转让提单等提货凭证或货权凭证。

合作套保，是指为规避客户现货生产经营中的市场风险，风险管理公司为客户提供套期保值服务，以抵消被套期项目全部或部分价格风险的业务行为。

2. 期现结合业务服务实体经济优势分析。

（1）基差贸易业务改善贸易定价方式。大宗商品定价与贸易方式大多经历了从现货一口定价向基差贸易定价的演变。作为一种以期货价格为基准的贸易方式，基差贸易将上下游企业原本交易的固定价格分解为期货价格加基差价格。企业可结合自身需求，择优成为基差制定方或点价方，并根据市场灵活选择点价期与交货期，通过场内期货操作将现货市场价格风险转移到期货市场，而个性化诉求则通过基差贸易得到很好的体现。相比于直接在现货市场采购，基差贸易提供了更灵活的定价方式，并减少了资金占用。同时，基差贸易方式下企业签订的是现货购销合同，提前明确购销货物的时间、地点和品质，结合经营情况主动点选期货价格作为原料购买的基准价格，在转移风险的同时让企业更易理解和接受，促进交易达成。基差贸易能够满足贸易双方灵活多变的谈判需求，使企业进一步将风险管理与生产经营相结合，使企业不直接参与期货也可利用期货价格，为企业利用衍生品市场拓展经营模式、进行风险管理提供了新路径。期货市场有着套期保值与价格发现两个重要职能，而基差贸易将期货价格引入全产业链的定价中，不仅使定价更加公平有效，也将进一步促进利润在全产业链内透明合理的分配，促进产业链更健康、理性的发展，下面通过例子来呈现基差贸易的具体过程。

某纺织厂2018年3月需要流动资金，想销售手中持有的棉花标准仓单。当时棉花价格持续数月盘整，该厂预计后市价格将会上升。2018年，其与风险管理公司进行点价交易，该纺织厂向风险管理公司转让棉花仓单，双方约定按盘面1809合约贴水一定价格后进行结算，纺织厂应在2018年8月15日前进行点价。风险管理公司支付纺织厂80%预售货款。2018年6月1日，纺织厂发出书面最终点价指令，风险管理公司按照指令在期货市场挂出卖单，成交后与纺织厂确定最终价格后，向纺织厂支付剩余货款。

（2）仓单服务业务为产业客户提供融资新模式。风险管理公司的仓单服务业务不仅能够为产业实体客户提供融资，而且直接助力客户生产经营，优化产业客户的经营计划。开展仓单服务业务，既可以解决产业企业流动资金紧张的问题，又能拓展服务功能，增加货源，提高效益，可谓"一举多得、多方共赢"。

首先，对于产业客户而言，利用仓单服务业务将仓单销售给风险管理公司，可以解决企业短期经营融资问题，争取更多的流动资金，达到实现经营规模扩大和发展，提高经济效益的目的。

其次，对于风险管理公司而言，开展仓单服务业务可以培育和增加上下游产业客户，不断提升自身产业链的黏合能力；又因为有了仓单所代表的货物作为抵押，业务的风险大大降低。下面，通过一个案例来进一步说明该业务的效果。

例如，某公司是经营棉花仓单贸易的企业，其手上有大量的棉花仓单及购销渠道。由于资金规模有限，在资金使用达到饱和后寻求资金支持，于是与风险管理公司进行仓单融资业务，风险管理公司与该公司约定，按照指定的远月棉花期货合约进行点价并以期货点价价格为基准，计算出综合成本的贴水基差，以期货价格减去贴水基差得出仓单采购价。双方签订并执行合同，买断棉花仓单货权。双方约定当其自有资金出现盈余时，可以按照第一笔基差计算的规则，陆续分批回购在风险管理公司的棉花仓单。如果超过双方约定的回购有效期，则风险管理公司可以自行选择处理货物。本案例，由于是全款买断式交易，该公司可得到全额的融资货款，相比其他方式融资，此方式融资效率更高且有效降低产业客户的库存占用，更易融入产业客户的日常业务经营当中。

（3）合作套保业务成为企业风险管理新探索。随着经济全球化的速度加快，产业实体企业的生存环境越发复杂，各种原材料、产品国际化程度加大，企业要在全球化的战略高度上去经营，合理地运用金融衍生工具套期保值，才能促使企业实现稳定可持续发展，套期保值对于企业生产经营而言具有重要意义，可以起到为企业经营者尽可能规避价格波动等风险，保证生产、加工、经营活动的安全顺利进行。套期保值对于产业实体企业具体作用如下：

第一，规避价格风险，稳定企业经营。使用现货、期货市场价格波动的一致性和临近交割的收敛性，经过在期货市场建立套期保值头寸，为现货头寸构建保险，从而大大削减市场价格的不确定性，让企业可以取得稳定的预期收益。

第二，有利于企业的可持续经营。预期收益的不确定性可能会让企业放弃部分优质业务，而套期保值可以确定企业未来的收入，进而给予企业更多的选择开展优质业务。套期保值有助于规避价格波动所带来的风险，稳定生产成本或销售利润，让企业可持续地进行生产经营。

第三，增强企业未来经济效益。套期保值制度的建立，不仅使企业能通过期货市场获取未来市场的供求信息，提高企业生产经营决策的科学合理性，真正做到以需定产，而且为企业通过套期保值来规避市场价格风险提供了场所，在增进企业经济效益方面发挥着重要的作用。

风险管理公司作为相对专业的风险管理机构，基差贸易本身即是采用套期保值的原理，同时拥有专业的人才团队，完善的制度建设。可以为缺乏上述条件的产业客户开展合作套保业务，为其规避相关风险，保障企业稳定经营。

例如，某产业客户为铝锭的生产企业，该产业客户之前的经营一直以生产销售为主，在2017年铝价上涨的情况下，收益可观，但2018年下半年铝锭的价格受到宏观经济基本面情况影响，一路下行，而该产业客户没有使用金融工具避险，导致出现较大亏损。在此背景下，该产业客户意识到为了持续经营，获得稳健的加工利润，必须使用金融工具，但目前没有相应的团队和制度，难以开展，因此积极寻求风险管理公司进行套期保值合作。该产业客户与风险管理公司约定合作套期保值，开立特殊法人账户，由产业客户出资，风险管理公司提供策略建议，产业客户采纳后，给风险管理公司下达操作指令，由其在共同特殊法人账户中进行操作，为产业客户提供套期保值服务，规避价格风险。

（二）场外衍生品业务服务实体经济研究

1."保险+期货"服务"三农"经济研究。

（1）开展"保险+期货"业务的背景。自2016年起，"保险+期货"模式被连续五年写入中央一号文件，因此，从国家政策层面引导通过"保险+期货"这一创新实践，改变原有的农产品价格风险转移方式和农产品补贴方式，以保障农民基本收益，达到更好地服务"三农"的效果。

表 1　　　　　　　　　　　国家政策发文概述

年份	内容
2016	探索建立农业补贴、涉农信贷、农产品期货和农业保险联动机制，稳步扩大"保险+期货"试点
2017	稳步扩大"保险+期货"试点
2018	深入推进农产品期货期权市场建设，稳步扩大"保险+期货"试点，探索"订单农业+保险+期货（权）"试点
2019	扩大农业"保险+期货"试点，支持重点领域特色农产品期货期权品种上市
2020	抓好农业保险保费补贴政策落实，督促保险机构及时足额理赔。优化"保险+期货"试点模式，继续推进农产品期货期权品种上市
2021	发挥"保险+期货"在服务乡村产业发展中的作用

（2）"保险+期货"业务模式介绍。所谓"保险+期货"，是农民通过从保险公司购买以期货价格为标的的农产品价格保险或者收入保险产品，将农产品价格波动风险转移给保险公司；保险公司再购买风险管理子公司的场外期权；风险管理子公司再在期货市场进行对冲，将风险转移给期货市场，期货市场相当于为保险公司提供了"再保险"。

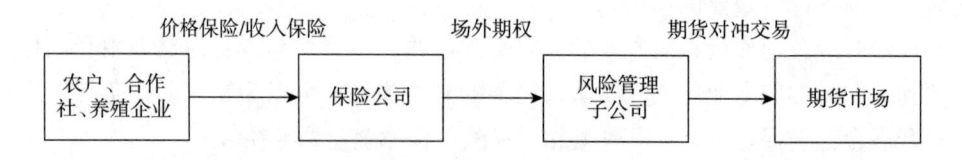

农户、合作社、养殖企业 →价格保险/收入保险→ 保险公司 →场外期权→ 风险管理子公司 →期货对冲交易→ 期货市场

图 2　"保险+期货"模式

2. 场外衍生品为实体企业提供风险管理服务研究。

（1）价格风险管理是实体企业的永恒课题。对于和大宗商品相关的企业，商品的价格波动无疑对其生产经营过程中产生重大影响。无论是最上游的资源型企业和中游加工型企业，还是下游终端客户，或多或少都要面临原材料采购、成品销售以及库存管理的问题。这当中，大宗商品价格的波动都会切切实实影响企业最终的利润。

期货及衍生品的根本是服务现货实体经济，对于现货企业来说灵活运用期货及衍生品工具，能够在生产经营过程中有效进行风险管理。

（2）场外衍生品对实体企业管理风险的作用分析。在过去的 3~5 年里，国内场外衍生品市场的发展更加具体化，特别是在场外期权领域，企业通过金融机构买入期权锁定原料采购价格和销售利润，或卖出期权来降低采购成本和库存成本，将采购、生产、储存、销售等各个环节的价格风险输送给投资者或投机者，场外衍生品市场服务实体经济的作用真正落到实处。

实体企业运用场外衍生品一般可达到以下作用：

①运用场外衍生品规避商品价格波动风险。这类场外期权在初级阶段可运用于规避原材料采购上涨、对冲库存货值下跌、锁定成品销售价格；更深一步可适用于囤货看涨、锁定商品价格区间、规避价格极端风险。

②运用场外衍生品实现利润的相对增长。对于企业来说，运用场外衍生品不能达到利润100%的绝对增长，更多的是相对增长。譬如企业通过卖出看涨，对库存做相对价格的增值；通过卖出看跌，对原材料做相对价格的成本降低。

③多样化的实际需求，融合了以上两点功能。

对于一家实体企业来说，实际需求总是复杂且多样化的，因此并不是简单的涨和跌。风险管理子公司通过了解客户的生产（贸易）流程，了解客户的上下游定价模式，价格风险点出现的原因，甚至结合客户对该品种的实际观点，才能更贴合客户的实际需求，给实体企业提供一份量身定做的场外期权风险管理工具。

（3）场外衍生品服务实体企业案例探索。

①海鸥看涨期权对原材料价格上涨的对冲。2020年上半年，由于新冠肺炎疫情的暴发，甲醇价格一度大跌，某化工类加工企业认为价格处于较低位置，继续下跌概率较小，预计后期甲醇价格有一定反弹，但反弹幅度有限，因此想支付一点期权费在价格较低位置时做原材料价格锁定。兴证风险管理有针对性地设计了以下产品结构（见表2）。

表2　　　　　　　　　　　海鸥看涨期权

产品要素	
产品结构	海鸥看涨期权
挂钩标的	MA2009合约
入场价	100%
执行价1	买入100%看涨
执行价2	卖出105%看涨
执行价3	卖出95%看跌
期限	1个月
产品成本	1.2%
产品回报	上涨超过100%开始产生赔付，封顶赔付为价格超过105%时，最高为5%；跌破95%时产生亏损

最终甲醇价格反弹了6%左右，客户虽然没有拿到最大赔付6%，但也拿到了封顶的5%收益，扣掉期权费后获得了3.8%的价格对冲补贴，符合客户预期，起到了较好的原材料价格对冲作用。

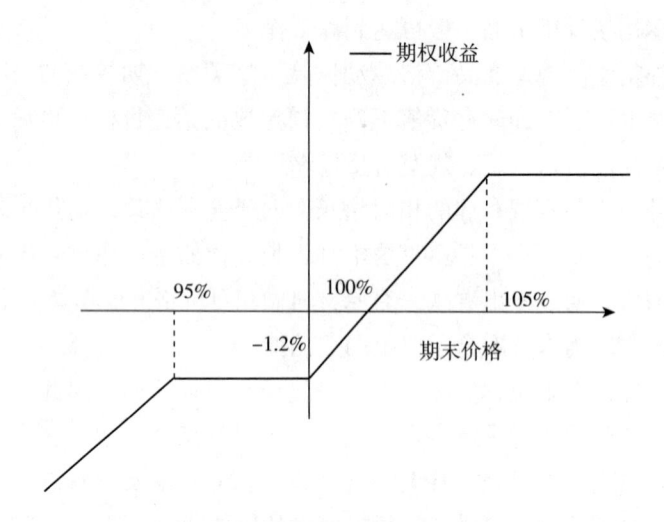

图3　海鸥看涨期权

②累积销售期权助力实体企业溢价销售。某 PTA 生产企业对 PTA 价格有一定预判，当前位置进行销售已经有较好的利润，若价格能上涨 2.5% 进行销售，则客户愿意更大规模地抛售库存。客户想通过场外期权在价格小幅下跌的时候也能锁定不错的销售价格，同时愿意放弃价格大幅上涨后的超额利润。兴证风险管理有针对性地设计了一个累积销售期权，助力企业稳定平滑地销售 PTA 产品，该产品如图 4 所示。

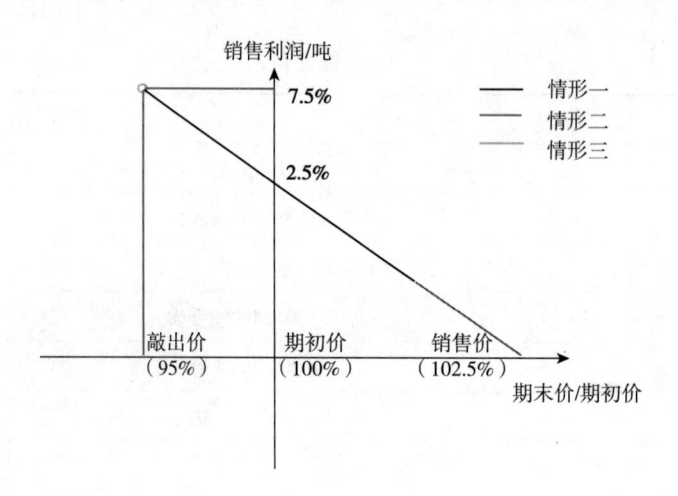

图4　场外期权示例

通过该场外期权产品，客户拥有未来 30 个交易日内每个交易日以销售价格（102.5%）销售 PTA 的机会。同时根据每个交易日 PTA 价格的变化有以下三种情形：

情形一：若任意一个交易日 PTA 期货的收盘价低于敲入价且高于敲出价，则当日客户可以销售价卖出一份 PTA。

情形二：若任意一个交易日 PTA 期货的收盘价高于销售价，则当日客户必须以销售价格销售三份 PTA；

情形三：若任意一个交易日 PTA 期货的收盘价小于敲出价，则当日不成交。

实体企业通过该产品可以实现只要价格不出现大幅下跌（跌至95%以下），则一直可以按 102.5% 的价格进行销售。

3. 含权贸易服务实体企业模式研究。

（1）含权贸易定义介绍。所谓含权贸易，是指在贸易合同中嵌入期权，执行的是贸易合同，但由于搭配期权，贸易双方根据期权是否行权来实现双方的最终结算价。期权类型不同，发挥了保护上游企业的最低销售价或者锁定下游企业的最高采购成本等作用。若基差贸易可以理解为在原来贸易体系中引入了一个期货工具，则含权贸易也可以理解为在原有的贸易体系中引入了一个期权工具，使得买卖关系不再是一个零和游戏。

（2）含权贸易的基本模式介绍。图 5 为含权贸易的一个基本模式，本质上对于进行销售的客户而言，相当于嵌入了一个买入看跌期权或者卖出看涨期权；对于进行采购的客户而言，相当于嵌入了一个买入看涨期权或者卖出看跌期权。对于实体企业而言，传统的风险厌恶型企业选择直接的期货套保，或者嵌入买入期权的含权贸易，而有一定风险偏好的企业，在结合实际情况下，可选择嵌入卖出期权的含权贸易。

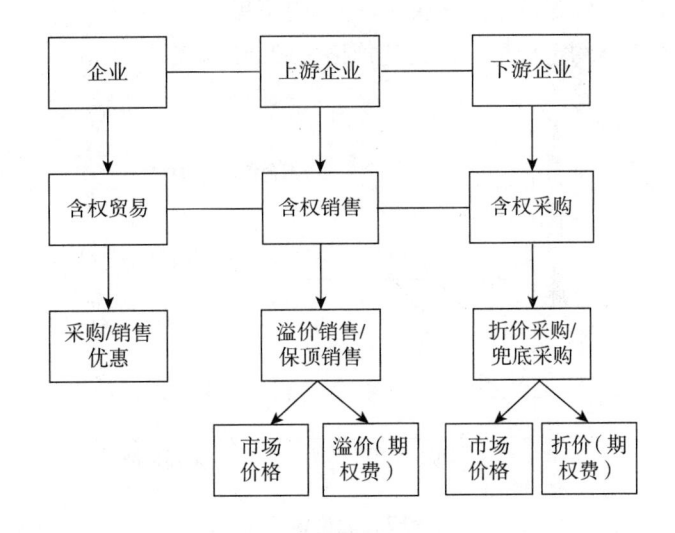

图 5 含权贸易基本模式

（3）含权贸易的案例探索。

①折价采购。某轮胎制造商认为当前橡胶价格处于历史相对低位，计划一个月后采购 200 吨橡胶，若价格继续下跌愿意采购更多的货。

交易策略：卖出看跌期权。

运用时机：认为行情不会大跌，即使下跌准备低价进货

到期商品价格≥约定价格，采购优惠 760 元/吨

到期商品价格＜约定价格，以约定价格 – 190 买入商品

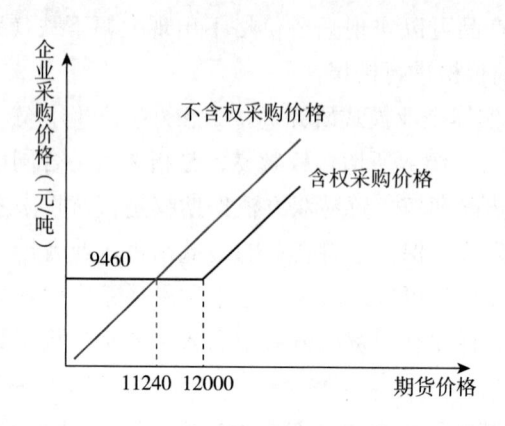

图 6　折价采购

②溢价销售。某豆油压榨商认为当前油脂价格处于历史相对高位，压榨利润较为丰厚，计划销售 200 吨豆油，若价格上涨愿意销售更多的货。

交易策略：卖出看涨期权。

运用时机：认为行情不会大涨，即使上涨准备高价出货

到期商品价格＜约定价格，溢价 100 元/吨销售

到期商品价格≥约定价格，以约定价格 +50 元/吨卖出

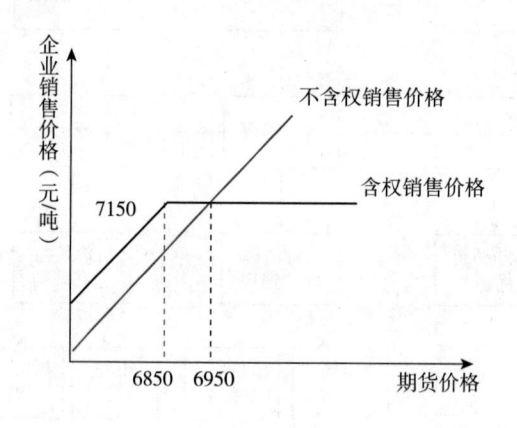

图 7　溢价销售

（4）含权贸易的现实意义分析。含权贸易是将衍生品结合进现货贸易的新型贸易模式，可以将期权以及期权组合转换成现货定价方式，并在现货购销合同中予以体现，协助企业管理价格风险。更进一步地，由于商品价格的波动加大，传统贸易模式博弈绝对价格的风险较大、弊端明显，故而企业的交易模式逐渐由传统的绝对价格交易转变为基差贸易。在此基础上，通过含权贸易模式，可以将上中下游企业串联起来，规避了价格波动风险，为企业实现稳健发展提供助力。

三、兴证风险管理发展路径及未来建议

（一）兴证风险管理发展概况

兴证风险管理有限公司（以下简称兴证风险管理）于 2018 年 2 月 8 日正式成立，2018 年 6 月 1 日完成中期协备案，2019 年 1 月 22 日取得五项齐全业务备案资格。相比其他风险管理公司，兴证风险管理起步相对较晚，但发展较为迅速，自 2018 年成立起，在不足三年的时间内，公司净利润由行业第 65 名上升至第 20 名。目前公司有员工 32 名，组织架构齐全，涵盖期现、场外及做市商三大业务板块，秉承"重合规、严风控"的经营思路，稳健推动各项业务有序开展。

（二）兴证风险管理服务实体实践

兴证风险管理一直秉承不忘初心、服务实体经济的理念，为实体企业和金融机构提供多元化多方位的风险管理工具，打造专业的风险管理平台。自 2018 年成立至今，兴证风险管理共服务近 300 家产业客户，利用基差贸易、仓单服务、合作套保、场外衍生品等专业优势为产业客户服务规模近 100 亿元。在提供期现结合业务模式的同时，公司也积极通过"保险+期货"的模式为农产品保险提供风险转移工具，努力实践国家精准扶贫的号召。

1. 场外衍生品业务助力抗疫案例介绍。新冠肺炎疫情发生以来，受疫情防控需求影响，口罩需求量急速上升，口罩成为最紧缺的防护用品之一，市场上一"罩"难求，医用防护标准的口罩更是稀缺物资。医疗用口罩的原材料主要是聚丙烯（简称 PP，大连商品交易所上市期货品种），价格波动大，生产企业面临原材料价格风险。兴证风险管理积极响应中期协金融抗疫号召，发挥自身专业优势，为厦门美润量身定做并免费提供了一份聚丙烯亚式看涨期权，规模为 300 吨，相当于保障了 4000 万只以上口罩的原材料成本；为爹地宝贝免费提供了一份 500 吨聚丙烯看涨价差期权，相当于保障了 1.2 亿只口罩的原材料成本。场外期权可以理解为一份保险，当采购价格超过约定标准（行权价格）时，由兴证风险管理进行赔付；当采购价格低于约定标准（行权价格）时，企业本身无任何损失，而且原材料价格下降也降低了企业生产成本，稳定了生产预期。

利用场外期权工具为防疫物资生产企业进行风险管理，是期货行业支持疫情防控工作的新思路，兴证风险管理利用自身专业特长优势，积极履行社会责任，助力实体企业共破当前困境，以专业金融支持助力打赢疫情防控的人民战争、总体战、阻击战，兴连心，在一起，共克时艰。

2. "保险+期货"业务稳定民生产业案例介绍。2021 年 1 月 7 日，兴证风险管理联合人保财险上海分公司、人保财险福建分公司完成全国首批、福建省首单生猪价格保险保单，该笔保单覆盖生猪规模约 110 吨，总保额约 340.78 万元，投保周期

1个月，投保人为福建省南平市政和县孙玉生猪养殖专业合作社。

兴证风险管理与人保财险的再次携手合作进一步为生猪"保险+期货"作出了良好的示范效应，切实解决农户因生猪价格波动带来的收入不确定性问题，为农户弥补了生猪价格下跌带来的损失。生猪"保险+期货"项目，通过金融工具的有效联动，将进一步完善生猪养殖产业风险分散链条，提升服务生猪养殖产业高质量发展的力度、强度和深度。该项目为期货市场服务"三农"和实体经济发展找到了一条切实可行的路径，也将推动农业补贴政策由传统财政直补的方式向利用市场承担和分散风险的方式转变，同时提升财政资金的运用效率，为农户扫除了复杂金融工具的门槛障碍，实现了"风险入场农民不入场"的良好示范效应。

兴证风险管理将继续秉持集团大宗商品及衍生品投资业务一站式平台定位，积极为产业客户和金融机构提供多元化多方位风险管理服务、财富管理服务，大力开展"期货+保险"等创新金融扶贫工作，切实服务实体经济。

（三）兴证风险管理未来发展规划

未来，兴证风险管理将依托兴业证券集团的大协同优势，建立以大宗商品及衍生品业务为核心多种业务模式共同推进发展的服务平台，成为拥有清晰的商品投资理念、深刻的衍生品理解的创新衍生品服务商。风险管理公司因其牌照的独特性，能满足实体经济个性化风险管理、资金管理需求，能有效服务中小企业、疏解"三农"民生困难，真正将金融服务实体经济落到实处。兴证风险管理将秉持服务实体经济的核心理念，围绕牌照业务，更好发挥金融服务功能。

1. 期现结合业务服务实体经济创新模式探索。风险管理公司应不断提升自身业务能力，以期现结合业务为抓手，积累和强化产业链上下游产业实体客户群体的数量和黏性，依托上下游渠道的积累、中间仓储等服务商的延伸，提升对现货端的把握能力，以此形成较为完善的立体化产业生态链，并精准、精确地向上下游产业客户提供各环节的服务，真正成为服务产业实体经济的综合产业服务商。

（1）通过基差贸易促进大宗商品贸易融通。借助集团融资优势开展基差贸易业务，采购并持有大宗商品库存，同时建立期货套保头寸，待生产需求逐渐消化库存时，逐步平仓获利了结。在赚取套利利润的同时，增强大宗商品贸易融通，缓解实体经济库存压力。同时，与产业客户开展贸易时推广点价业务模式，加强期货市场定价权，增强现货期货市场流动性。

（2）通过仓单服务为中小企业提供融资。与中小企业开展仓单买入返售等仓单服务业务，通过控制货权，以及期货套期保值或收取保证金，将基于企业主体信用的融资风控逻辑转变成基于实物流、资金流和信息流的全链条风险管理逻辑，可比银行、券商更有效提供供应链融资服务。

2. 场外衍生品服务实体经济创新模式探索。未来随着场内衍生品标的的丰富，还会出现挂钩商品或者权益类之外的衍生品。由于实体企业在经营过程中不可避免地受到上下游产品价格波动带来的不确定影响，兴证风险管理可以具体分析企业经营需求，量身定制场外衍生品实现风险管理、平抑经营波动、增强收益、提高资金使用率等目的。一方面，可通过设计保险加期货产品疏解"三农"民生困难，将期货期权衍生品设计为易于接受的价格保险产品，通过金融市场分散农产品价格波动风险，有效保障农业农民收入；另一方面，也可以设计含权贸易模式，为企业提供更加灵活、更加符合企业风险收益要求的方式进行货物的买卖。

(1) 累积采购。某客户计划未来30个交易日内每个交易日以14500元/吨价格采购橡胶，则可以采用累购买货的方式实现采购，该含权贸易约定以下三种情形：

情形一：若任意一个交易日橡胶期货的收盘价高于14500元/吨且低于15587.5元/吨，则当日客户可以14500元/吨买入10吨橡胶；

情形二：若任意一个交易日橡胶期货的收盘价低于14500元/吨，则当日客户需要以14500元/吨购买30吨橡胶；

情形三：若任意一个交易日橡胶期货的收盘价高于15587.5元/吨，则当日不采购橡胶。

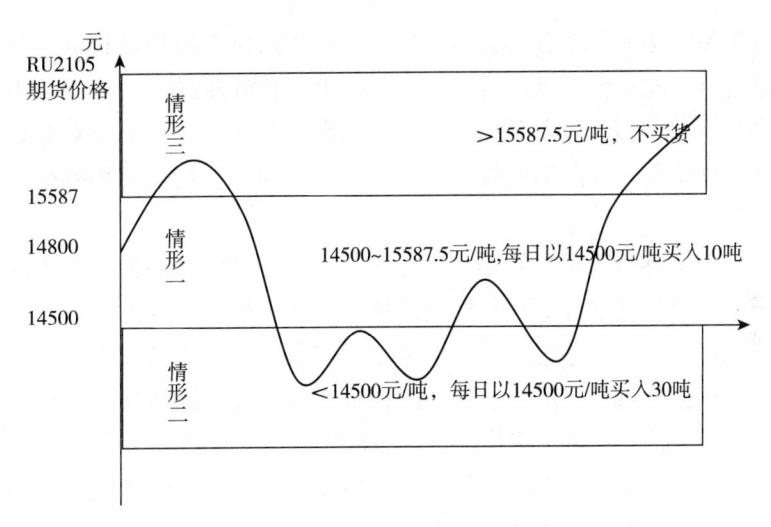

图8 累积采购

该含权贸易结构可以根据客户需求量来调整每吨采购价格，例如，若客户当价格下跌时愿意采购更多的量，则其采购价格可低于14500元/吨，相当于量多优惠。

(2) 领式看跌兜底销售。客户计划一个月内点价销售1000吨螺纹钢，希望销售价格最低为3580元/吨，则可采用领式看跌兜底销售方案，有以下三种情形：

情形一：若任意一个交易日RB2105的收盘价高于3580元/吨且低于3700元/吨，则当日客户可以按盘面市价销售螺纹钢；

情形二：若任意一个交易日RB2105的收盘价低于3580元/吨，则客户可以以3580元/吨的价格销售1000吨螺纹钢；

情形三：若任意一个交易日 RB2105 的收盘价高于 3700 元/吨，则客户以 3700 元/吨的价格销售螺纹钢。

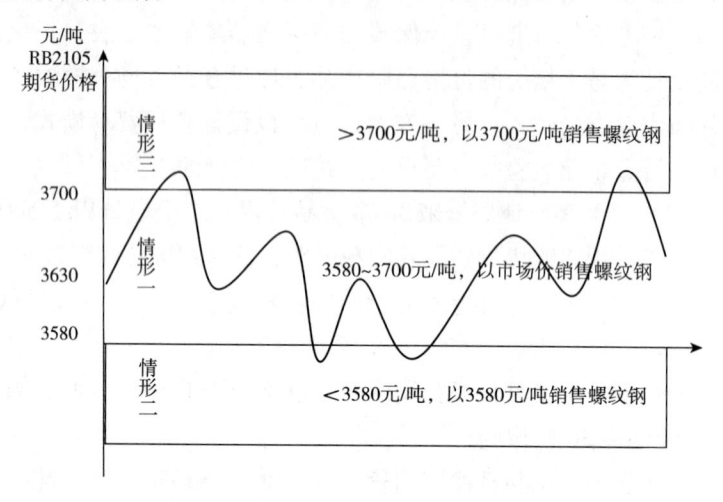

图 9　领式看跌兜底销售

该含权贸易结构适合小涨偏跌的行情，放弃了以更高价格销售的可能性，也锁定了最低销售价。同时客户可灵活调节最大可能性的销售溢价。

（3）货币互换。进出口贸易型企业利润较薄，汇率的价格波动对企业利润影响较大，因此帮助企业进行汇率风险对冲也是风险管理子公司运用场外衍生品服务实体企业的一种方式。

货币互换（又称货币掉期）是指两笔金额相同、期限相同但货币不同的债务资金之间的交换，同时也进行不同利息额的货币交换。货币互换的目的在于降低筹资成本及防止汇率变动风险造成的损失。货币互换是一项常用的债务保值工具，主要用来控制中长期汇率风险，把以一种外汇计价的债务或资产转换为以另一种外汇计价的债务或资产，达到规避汇率风险、降低成本的目的。

相信在不远的将来，随着场内货币类衍生品的上市，风险管理子公司也能运用该类衍生品帮助企业规避汇率风险。

（4）利率互换。利率互换与货币互换都是于 1982 年出现的，是一种新型的避免风险的金融技巧，目前已在国际上被广泛采用。利率互换是指交易双方在一笔名义本金数额的基础上相互交换具有不同性质的利率支付，即同种通货不同利率的利息交换。通过这种互换行为，交易一方可将某种固定利率资产或负债换成浮动利率资产或负债，另一方则取得相反结果。利率互换的主要目的是降低双方的资金成本（利息），并使之各自得到自己需要的利息支付方式（固定或浮动）。

对于一些大宗商品的贸易型企业，资金成本是比较关键的一环。兴证风险管理帮助客户规避浮动的利率风险，锁定固定的利率成本，能帮助企业稳定资金成本，做好长远的生产经营计划。

参考文献

[1] 常清. 中国期货市场热点问题讨论 [M]. 北京：机械工业出版社，2001：43-52.

[2] 李强，韩品. 中外期货市场创析的模式比较与借鉴 [J]. 生产力研究，2004 (2)：16-17.

[3] 刘宇，向修海，侯霁洋. 衍生品是否能够舒缓经济波动——来自美国的经验 [J]. 上海金融，2016 (5)：3-9.

[4] 约翰·赫尔. 期权、期货及其他衍生产品 [M]. 北京：机械工业出版社，2017：112-130.

[5] 李聪. 论基差交易在贸易中的运用 [D]. 北京：首都经济贸易大学，2013.

[6] 张劲雨. 浅析期货公司服务实体企业风险管理 [J]. 经济师，2012 (8)：60-61.

[7] 杨传博. 期现结合服务实体经济 [R]. 沈阳：辽宁省金融监管局、辽宁证监局、大连证监局、大连商品交易所，2019.

[8] 南华期货. 期现结合打通服务实体经济"任督二脉" [N]. 期货日报，2020-09-23（004）.

[9] 中期协. 金融衍生品系列丛书：场外衍生品 [M]. 北京：机械工业出版社，2017：78-92.

[10] 楼嘉飞. 明日股份含权贸易业务支持浙沪塑化产业发展案例分析 [D]. 保定：河北金融学院，2020.

[11] 期货日报网站. 甲醇企业积极探索含权贸易 [N/OL]. [2019-11-21]. http://www.czce.com.cn/cn/gyjys/jysdt/mtkzss/webinfo/2019/11/1572878287462522.

[12] 期货日报网站. 上期所理事长姜岩："保险+期货"是授人以渔的扶贫项目. [N/OL]. [2019-10-18]. http://www.shfe.com.cn/news/Spotlight/911335116.

[13] 房宁. 上期所启动2020年天胶"保险+期货"支持胶农复产 [N]. 农民日报，2020-03-16（3）.

[14] 期货日报网站. 韩乐：提升产融结合能力探索风险管理新模式. [N/OL]. [2020-12-30]. http://www.cfachina.org/industrydynamics/mediaviewoffuturesmarket/202012/t20201230_14345.

[15] 腾讯新闻网站. 场外衍生品业务现新增长极 含权贸易加速崛起. [N/OL]. [2021-04-15]. https://xw.qq.com/partner/vivoscreen/20210415A018NZ00.

特色区域性股权市场的建设与发展

——以海峡股权交易中心为例

董智兴　曾维翰　陈明卓　林婷琼　林乐崧[①]

一、我国区域性股权市场的发展

我国区域性股权市场最早起源于全国各产权交易市场中从事股权交易的业务，其独立与发展始于 2008 年。2008 年 9 月天津股权交易所的成立，开创了我国区域性股权市场的先河，随后湖北、山东、重庆等地开始探索建设区域性股权市场。但是我国区域性股权市场真正蓬勃发展是在 2012 年以后。2012 年 8 月，中国证监会发布《关于规范证券公司参与区域性股权交易市场的指导意见（试行）》，首次提出"区域性股权交易市场"概念。2013 年 8 月，国务院办公厅出台《关于金融支持小微企业发展的实施意见》，首次明确将区域性股权市场纳入多层次资本市场体系。2017 年 1 月，国务院办公厅发布《关于规范发展区域性股权市场的通知》，正式将区域性股权市场纳入我国多层次资本市场体系，并明确功能定位及业务要求。2019 年 12 月，全国人大常委会通过新修订的《证券法》第九十八条规定，"按照国务院规定设立的区域性股权市场为非公开发行证券的发行、转让提供场所和设施，具体管理办法由国务院制定"，正式明确区域性股权市场的法律地位。

区域性股权市场与新三板和沪深交易所主板、创业板、科创板等市场共同构成我国多层次资本市场体系。区域性股权市场功能定位主要包括：（1）主要服务所在省级行政区域内中小微企业的私募股权市场；（2）地方人民政府扶持中小微企业政策措施的综合运用平台；（3）省级行政区域（含计划单列市）内唯一的地方性证券交易场所；（4）省级行政区域内的证券登记托管机构。

[①] 董智兴，学士，海峡股交董事长、总裁；曾维翰，硕士，高级经济师，海峡股交综合管理部副总经理；陈明卓，学士，海峡股交区域股权业务部总经理；林婷琼，学士，海峡环资资深经理；林乐崧，硕士，海峡金交总经理。

表 1　　中国证监会公示备案的区域性股权市场运营机构情况

批次	公示备案时间	区域性股权市场运营机构名单
第一批 （21家）	2018年4月	北京股权交易中心、石家庄股权交易所、内蒙古股权交易中心、辽宁股权交易中心、上海股权托管交易中心、江苏股权交易中心、安徽省股权托管交易中心、海峡股权交易中心（福建）、江西联合股权交易中心、湖南股权交易所、广西北部湾股权交易所、重庆股份转让中心、天府（四川）联合股权交易中心、陕西股权交易中心、甘肃股权交易中心、青海股权交易中心、宁夏股权托管交易中心、新疆股权交易中心、大连股权交易中心、宁波股权交易中心、厦门两岸股权交易中心
第二批 （9家）	2018年7月	天津滨海柜台交易市场、浙江股权交易中心、齐鲁股权交易中心（山东）、中原股权交易中心（河南）、武汉股权托管交易中心（湖北）、广东股权交易中心、海南股权交易中心、深圳前海股权交易中心、青岛蓝海股权交易中心
第三批 （4家）	2019年7月	山西股权交易中心、吉林股权交易所、哈尔滨股权交易中心（黑龙江）、贵州股权交易中心

资料来源：中国证监会网站。

经过十余年的探索建设和规范发展，全国共设立 34 家区域性股权市场（云南、西藏除外[①]），基本呈现"一省一市场"的格局（见表1）。截至 2020 年末，全国 34 家区域性股权市场共有挂牌公司 3.47 万家（其中股份公司 1.36 万家），展示企业 12.93 万家，托管公司 5.24 万家（其中纯托管公司 1.03 万家）；累计实现各类融资 14196.37 亿元，其中股权融资 2936.41 亿元，债券融资 4058.54 亿元，股权质押融资 4977.15 亿元，其他融资 2224.27 亿元；累计转让成交额 2140.12 亿元；挂牌公司中累计转沪深交易所上市 11 家，转新三板挂牌 521 家，被上市公司和新三板挂牌公司收购 21 家，改制为股份公司 4954 家[②]。

二、海峡股权交易中心建设特色区域性股权市场的实践探索

海峡股权交易中心经福建省政府批准，于 2011 年 10 月在平潭综合实验区注册成立，2013 年 7 月正式开业运营。海峡股权交易中心作为福建省政府公告确认并经中国证监会备案的福建省区域性股权市场运营机构，控股海峡资源环境交易中心和海峡金融资产交易中心 2 家地方交易场所，也是经福建省政府授牌的福建省上市后

[①] 云南省股权交易中心已于 2020 年 11 月注册成立，但目前尚未开业；西藏与四川联合建设区域性股权市场，由天府（四川）联合股权交易中心负责运营。

[②] 数据来源于中国证监会市场二部《区域性股权市场统计分析简报》（2020 年 12 月，总第 69 期）。

备企业培育孵化基地和沪深交易所福建基地的运营单位，同时负责运营"海峡基金港"。经过近十年的实践探索，海峡股权交易中心已初步建成以区域性股权市场为主体，资源环境交易市场和金融资产交易市场为辅助的特色区域性股权市场，形成包括企业展示、股改、登记托管、挂牌交易、股债投融资对接、企业培育孵化、特殊资产等金融资产交易、金融企业非上市国有资产交易，排污权、碳排放权、用能权、林权、海域使用权等资源环境权益流转等多元化业务模式，在全国区域性股权市场中独具特色。

（一）股权市场建设

1. 构建多层级股权市场体系。海峡股权交易中心设立了展示层，同时设立了基础层、股改层和交易层三个挂牌层级，实施不同的企业展示挂牌准入标准和差异化信息披露制度规则，为处于不同发展阶段、不同规范水平的中小微企业提供区域性股权市场挂牌、展示等服务。其中，展示层即中小微企业通过在海峡股权交易中心平台展示，获得各项服务，达到企业展示宣传、对接资本市场、获得政府认可、管理提升等目的；基础层面向有意进入资本市场的有限责任公司，通过培育、辅导以及融资服务，逐步帮助企业规范发展，为股份改制奠定基础；股改层以公司法为基础依据，推动非上市股份公司股权登记托管，明晰企业股权，为企业提供股权激励、报价转让、股权质押等服务；交易层通过规范企业股改，实施较严格的信息披露制度，并以协议交易模式，实现企业的股权流转，市场各层级基本制度见表2。截至2020年末，海峡股权交易中心累计挂牌企业235家，其中交易层106家、股改层3家、基础层126家；展示企业6216家。企业行业分布上，主要集中在信息传输、软件和信息技术业、制造业、租赁和商务服务、农林牧渔等行业。企业地区分布上，主要集中在福州、泉州、漳州、厦门等地区。

2. 建设台资板等特色板块。一是发挥福建对台优势，建设台资板。探索为台资企业提供挂牌、展示、股权登记托管、培训、融资等服务，助力福建省建设成为台胞台企登陆的第一家园。二是发挥福建中小科技企业多的优势，建设科技创新专板。在福建省金融监管局、福建证监局和福建省科技厅的支持下，推出海峡科技创新专板，汇聚政府部门和金融机构资源，为省内高科技企业提供全面的咨询、孵化、投融资、奖补对接等服务，努力打造上交所科创板企业的上市孵化器。三是发挥福建生态优势，建设绿色生态板。围绕福建作为全国首个国家生态文明试验区做文章，在开展碳排放权、排污权、用能权等资源环境权益交易的基础上，打造绿色金融特色服务板块，探索开展环境资源权益抵押融资、碳资产管理、碳排放权配额约定回购等绿色金融创新业务。四是响应"大众创业、万众创新"号召，建设福建省青年创新创业板。发挥多层次资本市场的"塔基"功能，为青年创新创业项目和企业提供信息展示、项目宣传、创业融资、孵化培育、信用评级等服务，助推青年创新创业事业跨越式发展。各特色板块建设情况见表3。

特色区域性股权市场的建设与发展　443

表2　海峡股权交易中心股权市场基本制度

项目	展示层	基础层	股改层	交易层
挂牌条件	(1) 依法设立并存续满一年，经营合法合规；(2) 注册资本100万元以上；(3) 企业及其实际控制人不存在公安侦查、失信执行等重大违法违规行为；(4) 经海峡股权交易中心认可的其他具有人才、技术、品牌、商业模式等优势的企业。	(1) 依法成立一年以上的企业；(2) 业务清晰，符合国家产业政策及环境保护政策；(3) 股权结构清晰，控股股东、实际控制人支配的股东持有的股份不存在重大权属纠纷，在海峡股权交易中心办理股权登记托管；(4) 会计基础工作规范，财务报表的编制符合企业会计准则的规定；(5) 企业及其实际控制人不存在《公司法》的相关规定；(6) 企业及其控股股东、实际控制人或被司法机关立案侦查；(7) 符合以下条件之一：A. 上一年营业收入不低于500万元，或净利润不低于50万元；B. 发明专利1项（含）以上，或实用新型、著作权等相关专利3项（含）以上；C. 获得过商业银行贷款或经中基协备案的私募股权投资基金投资的企业；D. 上市公司及其实际控制人控制的企业，净资产5000万元以上的新三板挂牌企业及其实际控制人控制的企业。	满足基础层挂牌条件，同时满足以下条件：(1) 存续满一年的非上市股份有限公司；(2) 依法建立健全股东大会、董事会、监事会等公司治理结构制度，相关机构和人员能够依法履行职责；(3) 设有独立财务部门进行独立的会计核算；(4) 由具有海峡股权交易中心专业服务机构资质的会计师事务所出具无保留意见的审计报告。	满足股改层挂牌条件，同时满足以下条件：(1) 资产完整，业务、人员、财务及机构独立；(2) 具有持续经营能力。
交易制度	不可线上，线下协议转让一次性发布转让信息，T+5	线下协议转让	线下协议转让	线上协议转让
信息披露制度	企业名称、企业简称、企业代码、成立时间、注册资本、企业性质、法定代表人、所属行业、主营业务、营业范围等企业基本信息。	(1) 挂牌时点披露信息：股本和股东情况，主营业务，所属行业，挂牌说明书，公司章程，最近一年或一年又一期的财务报告；(2) 定期报告：年报；(3) 临时报告：股东会、董事会重要决议等重要事项。	(1) 挂牌时点披露信息：股本和股东情况，主营业务，所属行业，挂牌说明书，公司章程，最近一年或一年又一期的审计报告，法律意见书；(2) 定期报告：年报；(3) 临时报告：股东会、董事会重要决议，定增，发债等重要事项。	(1) 挂牌时点披露信息：股本和股东情况，主营业务，所属行业，公司章程，最近一年或一年又一期的审计报告，法律意见书，股权交易有关事项认书等；(2) 定期报告：年报；(3) 临时报告：股东会、董事会重要决议，定增，发债等重要事项。

资料来源：本研究整理。

表3　　　　　　　　　海峡股权交易中心特色板块建设情况　　　　　　　单位：家

板块	新增（2020年）	历史累计（截至2020年末）
台资板	737	1188
其中：挂牌企业	3	9
展示企业	734	1179
海峡科技创新专板	363	924
其中：挂牌企业	47	97
展示企业	316	827
绿色生态板	112	481
其中：挂牌企业	5	23
展示企业	107	458
青年创新创业板	32	183
其中：挂牌企业	11	11
展示企业	21	172

资料来源：本研究整理。

3. 开展企业股权登记托管服务。作为中国证监会和福建省政府认可的、具有普遍社会公信力的第三方证券登记托管机构，为企业股东提供股权登记、质押、分红、转让、交易撮合等服务。截至2020年末，海峡股权交易中心共托管企业341家，托管总股本562.25亿股。依法依规开展非上市银行股权集中登记托管服务，规范非上市银行股权管理。目前累计托管非上市银行120家，托管股本491.73亿股，托管股东6.72万人。

4. 开展企业培训培育"融智"服务。一是设立福建省上市后备企业培育孵化基地，整合中介机构资源，为上市后备企业提供辅导、培训、咨询等服务，助力福建省资本市场提升工程。配合福建省政府与沪深交易所共建资本市场服务福建基地，共同为福建省企业对接资本市场提供一站式、全方位、高效率的服务，加快省内企业上市进程。二是建立"财智学院"服务品牌，为政府提供扶持中小微企业政策服务，为企业提供管理、经营、融资等培训咨询服务，推动企业规范经营和可持续发展，为企业走向资本市场最终实现上市夯实基础。

5. 开展中小微企业投融资服务。一是加强中小微企业融资服务。一方面，发挥区域性股权市场现有备案发行非上市公司股票（定向增资）、可转债（2017年以前是私募债）、股权质押等融资产品，解决中小微企业融资需求；另一方面，与银行、证券公司、投资机构、担保机构等加强合作，为中小微企业获取私募股权投资、银行信贷等提供对接撮合服务。截至2020年末，海峡股权交易中心累计实现企业融资

81亿元，其中，股权融资12.48亿元，私募债发行6.6亿元，股权质押融资21.61亿元，其他融资40.31亿元。二是建设海峡基金业综合服务平台（海峡基金港），促进股权投融资服务。通过基金资源汇聚、企业服务汇聚、产业融资信息汇聚，提升金融资本与实体产业的融资对接效率，拓宽企业直接融资渠道，扩大企业股权融资规模。成立两年多以来，海峡基金港已合作各类投资基金150家，合作私募基金规模超350亿元，推动产融合作超35亿元。三是发挥小微投行作用，加强中小微企业区域性股权市场中介服务。为解决中介机构参与区域性股权市场业务积极性不高的问题，设立了福建省创融投资管理有限公司，开展小微企业投融资服务业务。四是发挥私募基金牌照功能，加强中小微企业股权投融资服务。设立私募股权投资基金管理公司——福建海岚股权投资管理有限公司，通过基金领投效应引导社会资本积极投向实体企业。

（二）资源环境交易市场建设

经福建省政府批准，海峡股权交易中心于2014年9月开始经营资源环境权益交易业务，2020年1月，海峡股权交易中心与莆田市涵江国有资产投资营运有限公司合资成立福建省资源环境交易市场运营机构——海峡资源环境交易中心，负责福建省内环境权益和自然资源等要素交易业务，其是国内唯一同时开展排污权、碳排放权、用能权、海洋产权、林权、知识产权等多种要素交易的综合性资源环境生态产品交易平台。截至2020年末，累计成交排污权15.48亿元、碳排放权7.7亿元、用能权1698.21万元、海域使用权1.21亿元、林权4131.73万元，累计帮助企业实现绿色信贷2.79亿元（其中排污权抵押贷款3534.56万元、碳排放配额质押贷款1386.14万元、撮合企业以绿色项目收益权获得绿色信贷2.3亿元），开展碳资产管理1448.18万吨。在做好碳市场运营管理的基础上，积极推动并参与碳中和实践，助力福建实施生态省战略和经济向绿色、低碳、可持续发展转型。引导大型活动的主办单位或者赞助企业，通过资源环境交易平台购买CCER、FFCER，并申请注销或者植树造林的方式，抵消大型活动产生的温室气体排放，实现活动的"碳中和"。特别是协助完成数字中国建设峰会、海峡项目成果交易会、海峡两岸茶叶博览会等大型活动的"碳中和"。

（三）金融资产交易市场建设

经福建省政府同意、福建省金融工作办公室批复，海峡金融资产交易中心于2014年9月在福建泉州国家金改区注册成立，2014年12月正式开业运营，主要开展不良资产、金融企业非上市国有资产及地方金融监管领域的金融产品交易业务，促进金融资产流动和集聚，链接资本和产业，服务实体经济发展，打造专业化、规范化、标准化的金融资产综合交易服务平台。截至2020年末，海峡金融资产交易中心累计开展不良资产等金融资产交易业务572个项目，涉及金额1740亿元。

三、海峡股权交易中心建设特色区域性股权市场的机遇和挑战

（一）建设特色区域性股权市场的机遇

1. 区域性股权市场正逐步纳入多层次资本市场体系。在新《证券法》框架下，区域性股权市场与新三板市场和沪深交易所市场都取得了相应的法律地位。2021年1月正式实施的《民法典》第四百四十三条确立"质权自办理出质登记时设立"的一般原则，扫除了长期困扰区域性股权市场办理股权质押登记的最大法律障碍。与此同时，中国证监会正逐步将区域性股权市场纳入多层次资本市场规范管理。2021年2月，中国证监会在答复全国政协相关提案中表示，其正在研究开展区域性股权市场制度和业务创新试点工作，综合考虑各区域性股权市场发展情况、业务能力、运行安全规范水平、风险管理能力和地方监管能力等因素，研究适当丰富区域性股权市场相关证券品种的必要性和可行性。如条件成熟，将报国务院同意后进行试点和推广。

2. 国家政策支持海峡股权交易中心建设特色区域性股权市场。对台湾市场建设方面，2018年5月，国务院批准的《进一步深化中国（福建）自由贸易试验区改革开放方案》，提出支持将海峡股权交易中心建成服务台资企业的专业化区域性股权市场。资源环境市场建设方面，2016年8月，中共中央办公厅和国务院办公厅印发《国家生态文明试验区（福建）实施方案》，明确提出支持海峡股权交易中心统一建设用能权、碳排放权、排污权交易平台，不断提升服务水平，打造全国重要的综合性资源环境生态产品交易市场。

3. 地方政府全力支持海峡股权交易中心发展建设。在福建省各级各有关部门的支持下，从政策、资源、资金、资本等多维度，积极构建地方政府扶持中小微企业政策措施综合运用平台，取得了较好成效。一是经福建省政府批准设立福建省上市后备企业培育孵化基地，配合福建省政府与沪深交易所共建资本市场服务福建基地，汇聚地方政府扶持企业改制上市政策，培育孵化挂牌上市后备企业。二是在发改、工信、科技、台办等部门和地方政府的支持下，建设台资、科技创新、绿色生态、青创等特色板块，运用政府部门政策、资金资源，为特色行业企业提供辅导、培训、政策咨询、资本市场对接、奖补对接等服务。三是地方政府支持区域性股权市场发展政策不断优化。福建省和各设区市、15个县市区和开发区出台了支持海峡股权交易中心发展政策措施，对企业股改、挂牌交易、发行可转债等给予奖励和贴息，2021年将企业股改、挂牌交易的省级奖励由每家30万元提高到50万元。

（二）建设特色区域性股权市场的挑战

1. 区域性股权市场功能不健全。一是登记托管方面。虽然《民法典》已明确市场监管部门不再是唯一的出质登记机构，但在现行的司法实践中，非上市股份公司

的股权质押依旧以市场监管部门出具的质押登记凭证为准，区域性股权市场出具的质押凭证尚未有法律支持。二是融资方面。由于目前区域性股权市场仅能备案发行股票和可转债，难以满足中小微企业多样化的融资需求。其中中国证监会要求发行可转债的企业必须是股份公司，而区域性股权市场以小微企业为主，企业暂达不到股改要求，导致区域性股权市场可转债无法发挥为中小微企业提供债权融资的功能。三是交易方面。受政策限制，区域性股权市场流动性基本为零，无法满足创新企业对股权定价、转让、融资等方面需求，导致市场对优质企业吸引不足。四是多层次资本市场有机联系机制方面。区域性股权市场与全国性资本市场未建立有效的合作对接机制，企业进入区域性股权市场后不能通过多层次资本市场互联互通机制进入全国性资本市场，降低了优质企业挂牌意愿。五是专业机构服务方面。由于参与区域性股权市场业务投入产出不成比例等因素，专业服务机构特别是证券、银行等金融机构参与区域性股权市场积极性不高。

2. 福建区域性股权市场竞争较为激烈。2017 年，中国证监会《区域性股权市场监督管理试行办法》第七条规定，"各省、自治区、直辖市、计划单列市行政区域内设立的运营机构不得超过一家"；2019 年，中国证监会《关于规范发展区域性股权市场的指导意见》进一步明确，"区域性股权市场运营机构作为省级行政区域（含计划单列市）内唯一的地方性证券交易场所"。目前全国共有 5 个省份拥有两家区域性股权市场运营机构（其中省 1 家、计划单列市 1 家），除福建和山东外，广东、浙江、辽宁已明确"划区经营"。由于福建省尚未进行"划区经营"，两家运营机构交叉区域经营激烈竞争，不利于区域性股权市场企业培育孵化与规范治理，也不利于防止因市场覆盖范围与监管覆盖范围不一致而带来的监管真空。

3. 海峡股权交易中心尚未突破缺乏成熟商业模式的行业发展瓶颈。区域性股权市场作为我国多层次资本市场的塔基和各级政府扶持中小微企业政策措施的综合运用平台，承担了许多多层次资本市场挂牌上市后备企业培育和解决中小微企业融资难问题的公共服务职能，但多为公益性质难有盈利模式。从行业发展情况看，各区域性股权市场尚未探索建立成熟的商业模式，大多市场还主要依靠政府购买服务或给予专项奖励来解决运营经费，市场化的增值服务业务空间有限。如宁波股权交易中心在当地政府的大力支持下，通过采取政府购买服务的模式在企业服务和市场扶持方面取得显著成效。又如厦门市政府出台政策每年给予厦门两岸股权交易中心挂牌、展示奖励 2400 万元，解决其运营经费问题。在海峡股权交易中心发展初期，福建省委、省政府通过支持海峡股权交易中心开展要素交易和金融资产交易获得收入来弥补区域性股权市场发展经费不足问题并取得了较好成效，但受宏观政策等因素影响，要素交易业务和金融资产交易业务已无法从收入上继续支持区域性股权市场发展，需省里在政策上作进一步调整突破。

四、海峡股权交易中心建设特色区域性股权市场的思考和建议

（一）建设特色区域性股权市场的思考

1. 立足多层次资本市场"塔基"定位，完善市场服务功能。一是积极构建综合性交易平台，形成促进中小微企业资本形成和流转的生态圈。在区域股权、资源环境和金融资产三个交易中心的基础上构建综合性交易平台，为企业提供股权、金融资产、排污权、碳排放权、用能权、海域使用权、林权、知识产权等各类权益交易服务，促进中小微企业资本形成和流转。二是全面加强企业培训培育的"融智"服务，将海峡股权交易中心建成中小微企业规范发展的园地。发挥底层基础市场的培育孵化功能，进一步完善企业培训辅导体系，重点围绕如何服务中小微企业成长，帮助企业了解资本市场运作规则、完善自身公司治理和经营规划，促进企业不断成长并逐步走向资本市场。三是积极构建中小微企业融资中心，解决小微企业融资难题。充分发挥区域性股权市场定向增资、可转债等产品，扩大企业直接融资规模，同时与私募股权基金、银行、担保、租赁等机构加强联动，通过"投贷""投担""投租"等金融服务拓宽资金来源渠道，打造以直接融资为核心的综合融资中心。四是积极构建企业上市加速器，助力"资本市场提升工程"。发挥福建省上市后备企业培育孵化基地和沪深交易所福建基地（以下简称"三基地"）资源，加强企业培育孵化，加快企业上市进程，为新三板和沪深交易所输送更多的优质项目。

2. 深化台资板建设，打造特色鲜明的区域性股权市场。一是进一步完善台资板分层分类的挂牌、信息披露制度规则，优化台资板挂牌、展示流程，为台资企业提供分层差异化等服务，满足不同企业类型台资企业挂牌与展示需求。二是打造台资企业综合信息服务平台，优化台资企业营商环境，利用福建"惠台26条"等政策措施，加强闽台两岸征信合作交流，建立挂牌展示台资企业的征信体系，提升台资企业融资水平。三是发挥区域性股权市场和"三基地"的功能，为台资企业提供培训、辅导、诊断、咨询、融资、政策支持等全方位的服务，加强台资企业培育孵化和规范运作，夯实全国性资本市场挂牌上市基础。四是积极向中国证监会争取开展区域性股权市场制度和业务创新试点，重点围绕推进"台资板"建设，探索资本市场领域的海峡两岸融合发展新路。

3. 加强绿色金融创新和"碳中和"服务，建设绿色区域性股权市场。一是进一步拓展资源环境交易要素品种，优化完善资源环境交易机制，建设全省统一的资源环境交易市场。二是以资源环境权益交易为抓手，深化绿色生态板建设，加强绿色金融创新和"碳中和"服务，打造全国首家绿色区域性股权市场。三是结合福建省生态文明试验区和省级南平、三明绿色金融改革试验区建设，与兴业证券、兴业银行等金融机构加强合作，推动绿色金融服务创新和大型会议"碳中和"活动，同时

积极参与全国碳市场建设，助力"30·60"目标实现。

（二）建设特色区域性股权市场的建议

1. 国家层面完善区域性股权市场功能的建议。一是完善区域性股权市场的登记托管职能。依据《民法典》最新规定，修订《公司登记条例》等，进一步理顺、完善区域性股权市场登记托管法律法规。从国家层面自上而下推动地方市场监管部门与区域性股权市场建立企业股权托管信息共享和交换机制，并授权区域性股权市场运营机构代为办理非上市企业股权托管、变更、质押登记等手续。二是完善区域性股权市场融资功能。从国家层面研究出台支持区域性股权市场创新发展的政策和配套措施，加大区域性股权市场证券品种供给和创新，依据新《证券法》有关规定，修订《区域性股权市场监督管理试行办法》，允许区域性股权市场提供优先股、非公开发行的公司债券、证券投资基金份额、资产支持证券、资产管理产品等证券品种发行和转让服务，提升市场功能。三是试点做市商等交易制度。进一步加强区域性股权市场制度的顶层设计，允许符合条件的区域性股权市场在风险可控的前提下，试点做市商等交易制度，活跃交投。四是建立区域性股权市场与更高层次资本市场的合作对接机制。推动建立区域性股权市场之间的互联互通，构建区域性股权市场与全国股转系统和沪深交易所的合作互认、联系对接与转板机制。五是出台区域性股权市场税费优惠政策。对在区域性股权市场托管或挂牌的企业，在股息红利个人所得税上，实行与全国股转系统挂牌公司同等的优惠政策，提升优质企业进入区域性股权市场托管和挂牌的积极性和私募基金等各类投资者参与区域性股权市场的积极性。六是鼓励证券公司参与区域性股权市场发展建设。将证券公司参股、控股区域性股权市场运营机构以及开展区域性股权市场业务情况列入证券公司分类评价指标，并给予相应的加减分。七是支持海峡股权交易中心开展区域性股权市场创新试点。将海峡股权交易中心纳入首批区域性股权市场制度和业务创新试点单位，支持海峡股权交易中心重点围绕推进台资板建设开展创新试点。

2. 地方层面加强海峡股权交易中心政策支持的建议。一是福建省政府进一步出台支持海峡股权交易中心建设特色区域性股权市场的政策措施，加大力度扶持中小微企业创新发展，促进提高福建省直接融资水平。将扶持中小微企业发展的财政奖补资金或专项资金以购买服务方式由海峡股权交易中心予以落实，支持海峡股权交易中心构建福建省地方政府扶持中小微企业政策措施的综合运用平台。二是借鉴其他省市的经验做法，尽快研究出台福建省非上市股份有限公司股权集中登记托管和股权质押融资的地方政策，明确各相关部门的职责、细化市场监管部门与区域性股权市场的对接机制，推进全省非上市股份公司到海峡股权交易中心进行股权集中登记托管，规范股权管理和质押融资，解决非上市股份公司可能存在的股权登记不完全、权属不明、代持、转让不规范以及违规质押、重复质押等问题。三是明确福建省两家区域性股权市场运营机构经营区域，其中，海峡股权交易中心经营区域为福建省（不含厦门），厦门两岸股权交易中心经营区域为厦门市。四是支持海峡股权交易中心建立全省统一的资源环境权益交易市场，在排污权、碳排放权、用能权等环境权益已经集中统一的基础上，进一步整合全省林权、海域权等自然资源权益交易；支持海峡股权交易中心参与全国碳市场建设。

参考文献

［1］戴淑庚，曾维翰. 福建区域性股权交易市场建设和发展对策［M］//洪永淼. 海峡西岸经济区发展报告2013. 北京：北京大学出版社，2013：205-227.

［2］曾维翰. 完善海峡股权交易中心市场建设研究——基于构建多功能多层次综合交易平台的视角［J］. 福建金融，2017（1）：27-34.

［3］李至斌. 区域性股权市场服务小微企业的实践与探索［J］. 证券市场导报，2020（4）：25-29，38.

［4］李汉宇. 扩大区域性股权市场业务范围的建议［J］. 国际融资，2020（6）：12-13.

深耕区域经济

——证券公司分支机构高质量发展研究

许清春　罗　黎　汤　露　叶顾顾[①]

一、绪论

（一）研究背景

在客户综合化、业务多元化的证券时代背景下，伴随设立科创板并试点注册制等创新举措的推出，证券公司经营面临新机遇新挑战。无论是集团总部业务层面，还是在子公司、分公司层面，国内证券公司普遍存在经营管理模式单一、跨条线业务分割现状。较少有证券金融机构设计相应的机制、体制来满足客户的综合金融服务需求，难以敏捷应对快速变化的市场环境。而在证券公司的区域分支机构层面，主要以营业部形式存在，传统经纪业务为主要经营模式。随着行业佣金等费率的大幅下滑，大部分券商开始进行财富管理转型，落实到区域分支机构则是通过增加综合营销服务以及客户资产配置业务。近年来，证券公司产品销售与信用业务带来的营收逐步上升，已接近传统的经纪业务收入。2017年以来，兴业证券提出以建设一流证券金融集团为目标，坚持集团一体化经营与管理，全面强化集团协同，推进财富管理与大机构业务双轮驱动发展，实施分公司改革与转型发展，做强分公司平台，深耕区域，强化分公司主体责任，落实综合金融服务，推动分支机构高质量发展。本文将探讨证券公司分支机构如何在集团协同双轮驱动的背景下，将财富管理业务和机构业务联动，更加全面服务区域客户和实体经济，实现证券公司分支机构的高质量发展。

（二）研究意义

现有资料对证券公司分支机构的区域发展研究较为匮乏，部分研究也仅针对经纪业务开展，较少针对分支机构深耕辖区经济发展层面的研究。本文以兴业证券集团化经营管理为背景，以兴业证券厦门分公司为例，从分公司经营管理改革转型，

[①] 许清春，本科，厦门分公司总经理；罗黎，硕士，厦门分公司副总经理；汤露，学士，厦门分公司业务发展部总监；叶顾顾，学士，厦门分公司经理。

深化集团协同双轮驱动为研究视角,提出证券公司分支机构深耕区域,实现高质量发展的新思路。

(三) 研究内容

本文通过对比证券公司区域分公司与银行区域分行定位,比较不同证券公司关于服务区域经济发展的不同做法,基于厦门近年来的经济和金融业以及资本市场发展情况,结合兴业证券改革与转型之下厦门分公司的转型改革业务实践,探讨证券集团如何利用总分协同,加强对客户的综合服务,深耕辖区财富管理业务以及大机构业务,形成自身高质量发展的有效路径。

二、证券公司区域分公司与银行分行定位比较

我国的商业银行一直采用总分支行制,实行的是多层级管理模式,分行按照总行统一政策、指令和授权开展经营,能快速提升资产规模,并实现多元化经营,且总行和分行之间可以实现专业化分工,大幅度提高运行效率。在区域分支机构中,分行是一定程度上的战略制定者和规则制定者,承担着战略管理、运行监控、业务经营职责,全面负责区域经营管理活动,支行则是执行者,是一个市场单元,是具体经营活动的落地单位。总体而言,银行分行相当于区域经营管理中心,对接总行各业务条线,为区域客户提供零售和机构业务全产品线的金融服务。

而过往证券公司分支机构主要以营业部形式存在,以传统经纪业务为主要经营模式,不仅营业部之间沟通较少,且负责债权融资、股权融资、企业上市、投资研究、境内外联动等业务的部门都集中在总部,与分支机构的业务相对独立,较少进行集团协同。证券分支机构深耕区域多年,多数证券公司没有利用分支机构对于区域企业累积的资源以及分支机构员工作为业务触角进行协同承揽,而是通过总部部门花费更多时间来了解区域和区域机构的特点,总分之间业务区别明显,条块业务分割,甚至同一个客户短时间内接受了同一家证券公司不同部门的来访与业务沟通,而不同部门间却互不知晓,这不仅增加了时间成本,也是资源以及效率的一种浪费,而且信息不对称的多头服务,客户体验也很不好。

三、兴业证券改革与转型背景和双轮驱动发展战略概述

(一) 建设一流证券金融集团为目标,探索证券公司高质量发展

我国证券公司长期以来主要依靠牌照开展业务,资源和能力分割在不同的业务条线,难以发挥整体合力。金融服务的广度和深度与国际投行有较大差距,难以满足实体经济对资本市场多元化、多层次的综合金融服务需求。兴业证券提出证券公司集团化经营,建立以客户为中心的服务模式,增强跨业务条线、跨经营主体的业

务协作和资源整合能力，设计并实施推动各业务单位高效协同的体制机制，通过协同将多元化的业务和多层级的单位有机联系起来，提供具有市场竞争力的综合金融解决方案。

（二）完善顶层设计与配套政策，构建集团协同体制机制

在组织体系层面，集团通过明确各部门职责定位，强化发展各部门的核心能力，实现对业务链的整合。区分客户部门、产品部门和推动部门，通过对子公司、业务部门的重新定位，形成三位一体的发展架构。在制度体系层面，持续推动健全集团垂直统一风险管理体系，加强对子公司垂直穿透管理，同时搭建客户分类分级体系，明确客户营销服务方案，完善协同工作流程，配套相应的财务资源保障政策。此外，对重点投行客户和重点业务配套倾斜性的财务资源支持，对重点大投行业务实现协同单位与主办单位多计或双计政策，业务协作单位在协作财务资源上设有统筹权和二次调配权，可对业务协同财务资源进行考核分配，统筹管理，分级授权；在人员队伍及质量建设方面，集团制定人才激励与考核机制，对集团业务部门双向考核分公司协同内容，总分双向交流，构建人才培养协同机制。

通过集团协同，实现"以客户为中心"的业务管理模式，依托建立"以客户为中心"的组织架构体系，辅之以客户管理、计划与财务政策、流程管理的制度体系，并借助科技与信息技术手段保障相关政策制度落到实处，最终建立起"以客户为中心"的业务协同管理体系，实现客户价值与公司价值的双向增长，打造分公司在辖区的差异化核心竞争力，助力分公司在辖区综合业务的高质量发展。

（三）实施分公司改革与转型发展，推进双轮驱动战略

兴业证券以为客户提供综合金融服务为导向，构建财富管理与大机构业务"双轮驱动"业务体系。在行业内率先推进分公司转型，将区域分公司定位为在各地区的综合业务整合平台，对当地业务竞争力负责，集中统一管理辖区营业部并全面开展与负责所有集团业务单位在当地的业务落地。在合法合规的前提下，给予区域分公司下辖机构功能定位、人员设置及管理权限等一定的灵活度，强化分公司作为集团在当地业务发展的战略支点和客户综合服务平台定位。

四、厦门分公司落实集团改革，深耕区域经济实践

厦门地区生产总值（GDP）2020年达6384.02亿元，按可比价格计算，比上年增长5.7%。经济总量跃上新台阶，人均地区生产总值突破2万美元，地区生产总值密度、财政收入占地区生产总值比重等质量效益指标居全国前列。[1]

---

[1] 参见《经济复苏动力强劲，发展新动能持续增强——2020年厦门GDP分析》，网址：http://tjj.xm.gov.cn/tjzl/tjfx/202102/t20210204_2517855.htm。

2020年厦门市金融业实现增加值783.83亿元,增长5.3%,占GDP比重、对全市经济贡献均超一成。12月末,人民币存款余额增长13.1%,人民币贷款余额增长14.9%,金融业增加值占第三产业比重由2015年的19.9%提高到2020年的20.4%。金融运行质量持续优化,银行业不良贷款率0.83%。企业债券市场活跃,企业债券规模占全省近五成,增长26.2%。金融业对税收贡献提高,全年金融业形成税收总收入占全市比重超两成,已成为财政收入的重要来源。[①]

厦门市注重多层次资本市场建设,全市上市企业、报会企业、辅导备案企业、新三板挂牌企业数量均位列福建省第一。截至2021年6月30日,厦门市境内上市企业59家,占福建省的37%;新三板企业101家,占福建省的39%;拟上市公司26家,占福建省的45%。全市上市后备企业达338家,企业创新特征明显,包括光通信集成电路技术、无线充电、人工智能、体外诊断等方面的龙头企业。

根据厦门证监局统计,截至2021年6月,厦门有2家证券公司法人、32家证券分公司、107家证券营业部,投资者开立资金账户257.2万户,客户交易结算资金206.91亿元,客户托管市值11608.05亿元,证券交易总额年累计35062.81亿元。2020年全市证券机构营业收入18.85亿元,利润总额6.12亿元。

近年来,证券公司加大力度布局厦门辖区,2017年以来,厦门辖区证券公司及分支机构数量从98个增加到2021年6月底的141个,增长了43%。厦门辖区内增加的分公司数量已占到全省新增数量的一半,营业部数量的增长比例超全省增长比例。72个券商在厦门设置网点,头部券商扎堆,行业竞争白热化,佣金率与融资融券利率为全国最低区域之一,大批已成立3年以上营业部仍处于亏损状态,机构业务过度竞争,出现收费低于成本情况已成常态。

(一)落实分公司改革,优化组织架构,提升综合经营管理水平

厦门分公司积极贯彻落实分公司经营管理体制改革精神要求,提升综合经营管理水平,配齐配强班子成员,明确职责分工,建立分公司内部分管及挂钩联系工作机制,为分公司经营发展提供组织保障;日常加强对分公司业务部动态考核管理,组织后备干部竞岗,加大队伍招聘与培训力度,多举措加强分公司人才梯队建设。

完成营业部平台化转型,业务部门专注于业务拓展和客户服务,营业部专注于运营管理,职能分工明确,前后台精细化管理,业务部门负责客户开发与业务拓展,同时建立专门负责辖区财富管理条线业务以及机构条线业务的两个中台业务推动部门(财富管理部与业务发展部),推进落实财富条线与机构条线协同发展的双轮驱动战略,实现业务条线推动管理的全面覆盖,提升中台服务支持能力;设置综合管

[①] 参见《经济复苏动力强劲,发展新动能持续增强——2020年厦门GDP分析》,网址:http://tjj.xm.gov.cn/tjzl/tjfx/202102/t20210204_2517855.htm;参见《厦门国民经济和社会"十三五"发展成就及"十四五"展望》,网址:http://tjj.xm.gov.cn/tjzl/tjfx/202104/t20210409_2532149.htm。

理部、运营管理部、合规风控部,提升后台服务支持与风险管理能力。

(二)强化集团协同,获取集团赋能,提升分公司战斗力

分公司能力建设主要集中在大机构业务条线层面,厦门分公司积极与总部部门、子公司开展协同,并争取总部相关业务条线的专业培训,获取集团赋能,不断提升分公司在机构业务层面的专业水平。另外,在辖区重点落实机构业务活动量管理。2019年以来,平均每周均有总部部门、子公司来厦门协同开展业务。固定收益业务总部、兴证国际、兴证投资等部门更是通过双向沟通的形式,协同服务客户。协同集团机构业务发展部就辖区10家战略客户进行建档、建制,形成战略客户标准服务流程,协同投行、固收、投资等部门持续推进重点客户战略服务项目。

2019年以来,厦门分公司协同集团相关部门,携手厦门市国资委、金融局、证监局、科技局、厦门大学等相关单位举办多场资本市场活动,如"厦门市科创企业发展论坛""厦门市三高企业科创论坛""厦门市国企发展论坛""辖区国有企业发债及再融资专场培训""多层次资本市场注册制改革发展论坛""厦门市生物医药创新发展大会""2020中国母基金峰会暨第二届鹭江创投论坛",为上市公司及厦门辖区经济实体提供综合金融服务,进一步提升兴业证券在厦门辖区的品牌影响力。同时,为全面贯彻落实"双轮驱动"的战略,夯实辖区大投行业务基础,分公司积极协同投行总部走访辖区上市及拟上市企业,深入了解企业相关需求,推进企业直接融资规划,助力企业借助资本市场快速发展壮大。

(三)优化分公司管理机制,夯实分公司属地经营主体责任

厦门分公司根据集团深化转型、强化协同的工作部署,加快队伍建设与组织建设,组建零售类和机构类、私募与托管类业务部,完善分公司业务部类别,充实分公司业务队伍。

截至2021年6月,厦门分公司员工合计266人,较2018年员工数增长45%,约占厦门区域证券从业人员11%,其中业务人员204人,占比77%,分公司队伍不断壮大且结构进一步优化。为全力推进机构业务开展,分公司建立3个大机构业务部门,重点推动机构业务的开展。分公司建立机构业务双周例会及投行碰头会制度,强调机构业务活动量及执行力。对辖区上市公司、重点后备上市企业实施业务部联系责任制,深化集团协同,促进业务落地。2020年以来,分公司客户关系管理系统服务记录和商机协同报送数量均居集团前列。

近两年,分公司通过修订完善机构序列业务人员考核管理办法、综合考评管理办法,优化设置机构业务活动量指标,加强对业务部及业务人员日常活动量考核管理。根据各业务部人员规模及禀赋特点,将业务部分为成熟Ⅰ类、成熟Ⅱ类、成长Ⅰ类、成长Ⅱ类,以及机构类5个类别。针对不同类别的业务部,下达不同的考核指标及考核权重。

为推动机构业务落地,分公司定期组织分公司内部阶段性营销服务活动,通过

竞赛方式激励业务人员积极挖掘业务商机，形成内部良性竞争，促成业务落地。分公司作为公司战略落地平台，落实"两手抓，两手都要硬"，确保"业务"和"管理"双轮驱动。不仅要把业务做好，各项管理工作也扎实推进，强化执业行为管理，强调合规与廉洁从业要求，深化职业道德建设。落实各项业务规范要求，事前做好沟通反馈，提高分公司工作效率和管理水平；事中加强监督管理，有效履行合规风控职责；事后发现问题的，纳入合规风控考核并依规依法问责。

（四）积极践行双轮驱动战略，服务区域客户和实体经济

1. 筑牢财富管理压舱石，实现分公司客户资产保值增值。分公司作为服务客户的最前线，根据集团财富管理转型部署，坚持以客户为中心的原则，聚焦客户在财富管理领域全周期多元化的需求，努力打造全能型和共享型跨资本市场综合服务平台，为客户提供一站式综合金融服务。

首先，分公司加强银行渠道合作，加大拓客力度。2019年以来分公司加强与厦门辖区兴业、工行、中行、农行等分对分合作，新增招行、浦发、华夏、民生等银行渠道合作，基本完成辖区内重要银行渠道合作。分公司与厦门兴业、厦门工行、厦门中行、厦门农行等签署战略合作协议，构建"投行+商行"合作新模式。

其次，重点引导客户进行产品配置，让专业的人做专业的事。根据市场变化，分公司在符合投资者适当性管理的前提下重点引导客户以购买产品方式参与到二级市场股票投资，在厦门辖区树立专业投资交给专业人做，鼓励客户投资兴证财富精选的理财产品参与资本市场。2020年至2021年6月，分公司实现产品销售140亿元，其中权益类产品销售58亿元；年产品保有月日均80亿元，净增长46亿元，产品销售及保有均大幅增长，并创近五年新高，进一步推进分公司财富管理转型，帮助投资者做好资产配置，实现客户财富保值增值。

再次，优化信用业务结构，推进信用业务发展。一方面结合市场情况，通过加强两融业务基础知识、投顾服务等培训，提高员工对两融业务机会把握度；另一方面在符合投资者适当性管理的前提下通过资源配置与考核导向推动两融客户开发及存量客户激活。此外，动态跟踪股权质押项目融资人的资金情况，做好贷后跟踪，及时化解股权质押业务风险，优化信用业务结构。

最后，加强投顾服务，以专业赋能客户投资。2019年厦门分公司大力发展投资顾问队伍，重新梳理投顾体系，实现投顾相对集中管理，推进投顾业务发展，提升投顾服务水平。2019年以来分公司实现前端投顾签约280单，创新了财富条线业务模式，并形成了一定数量规模。分公司定期不定期坚持每月举办多场投顾沙龙活动，并积极选派二位投顾上央视"交易时间"栏目，树立投顾服务品牌。

2. 多角度推动辖区机构大投行业务发展，落实区域全面业务主体责任。厦门分公司重点强调并鼓励各业务部开发大机构业务，在每周分公司例会及双周机构业务会专题上，对分公司机构业务开展情况进行分析总结、提炼、学习；解读贯彻资本

市场最新政策；学习借鉴集团内外大投行、大机构业务优秀案例；对业务部开展机构业务相关过程进行沟通、服务、活动量督导、开发策略研究支持等。

一是协同集团投行属地团队，增强区域投行业务覆盖面。兴业证券在厦门辖区搭建投行团队——投行业务七部。投行业务七部立足厦门服务闽西南市场，团队主要成员项目经验丰富，为分公司在辖区开展股权业务提供了坚实的专业保障。分公司与投行业务七部建立了紧密的协同配合机制，定期进行业务交流，共同走访服务辖区客户。

二是厦门分公司全面推进"投资+投行"、"商行+投行"业务模式。一方面，充分发挥创新资本、兴证投资在投资领域的专业优势，为客户提供多方位、一体化的投融资服务。分公司协同投行、创新资本及兴证投资共同走访辖区生物医药港、半导体与集成电路产业园、火炬园、软件园等辖区重点产业园区，根据产业园区特色，将企业分类建档，优先对相对成熟的企业进行重点跟进。根据客户的实际需求，提供专业增值服务。另一方面，厦门分公司充分发挥与当地银行的合作优势，通过签署战略合作协议、与银行公司部以及投行部紧密联系、与支行一线共同拜访企业客户等形式，充分挖掘银行优质企业客户，与商业银行联动服务，帮助企业通过资本市场发展壮大。

三是有步骤有规划地协同开展债权融资业务。厦门分公司首先整理已合作发行客户名单，规划相关沟通与跟进活动量方案，持续做好客户维护以及发行计划沟通；其次拟定潜在客户待开发清单，通过查询客户公告、定期走访跟进、方案设计探讨等多种形式，跟进客户相关融资计划，协同固收总部制订客户开发策略；最后梳理辖区未发行客户主体，通过资质研究、市场研究跟进、引导客户了解推进直接融资渠道，持续开发辖区新客户，帮助客户实现直接融资。

四是协同进行大投行产品销售。分公司通过项目信息更新、亮点梳理、项目筛选推介、材料整理、会议培训、模拟演练等形式，重点提升分公司大投行产品协同销售能力；分类梳理辖区潜在投资客户类型与名单，重点跟进辖区内各银行、金融投资机构、高净值客户的投资意向。在筛选项目重点推介及符合适当性管理的基础上，对于有意向的客户，及时响应需求，协同销售交易业务总部协调安排客户参与路演、协助客户提供项目尽职调查以及推介材料等。组织辖区意向客户拟投资情况周报报送，针对分公司员工组织线上和线下培训，提升对机构销售业务的理解，并通过制订大投行产品销售的相关活动方案等多种方式推动大投行产品销售工作。

五是发挥兴业证券研究优势，服务厦门市政府与实体经济。分公司多次协同公司经济与金融研究院调研走访厦门辖区上市公司，邀请经济与金融研究院参加"厦门市生物医药创新发展大会"活动，协同经济与金融研究院产业研究中心、投行、创新资本等共同走访"厦门半导体投资集团有限公司"等多家优质企业，协同研究院在辖区举办策略报告会等活动，共同服务辖区高净值客户，助力厦门经济高质量发展。

六是协同资产托管部,服务基金托管外包。持续走访了解辖区私募管理人,了解客户需求,制订托管服务方案。为辖区业务部组织托管业务培训,包括各类产品承揽切入点,提高分公司员工托管业务的参与率。积极配合资产托管部的营销活动,推出配套活动方案。分公司充分发挥区域优势,2020年与厦门古地石基金小镇达成合作,向基金小镇推荐优秀管理人申请私募证券类基金牌照,协助实现厦门市近三年来首家私募证券类牌照落地。

(五)党建引领业务,发挥分公司党总支战斗堡垒作用

集团改革以来,分公司党总支按照集团公司党委党建工作总体安排部署,深入学习贯彻党的十九大精神,以习近平新时代中国特色社会主义思想为指引,进一步统一思想、提高认识、明确任务,全体党员同志不忘初心、牢记使命,锐意进取,坚持抓党建促业务。日常充分运用微信、会议、党员活动室以及学习强国 App 等,对党员及员工进行思想政治教育,并开展各种类型的主题党日活动,丰富党员生活的同时加强党员教育,坚定党员的理想信念。分公司组织参观古田会议旧址、厦门市英雄三岛红色教育基地两场"不忘初心、牢记使命"主题党日活动,开展"歌唱祖国"主题党日活动,进一步增强所有党员的爱党、爱国精神,不忘初心,砥砺前行。2020年新冠肺炎疫情发生以来,分公司党总支扎实做好疫情防控工作,积极履行社会责任,协同发行"象屿股份2020疫情防控债券"、协同为防疫企业提供口罩期权、积极响应党中央号召,组织全体党员为疫情防控捐款。分公司党总支荣获集团疫情防控阻击战"先进基层党组织"荣誉称号。分公司党总支组织开展歌唱大中国党日活动,联合高校举办主题为"共青春·学党建·迎七一"学习强国知识竞赛暨"普及金融知识防范金融诈骗"活动,到厦门海沧井延革命历史传统教育基地开展"共忆红色史迹,传承民族精神"主题党日活动,赴政和县开展"学习时代楷模廖俊波"主题党日活动,与合作企业开展篮球足球赛等一系列健康向上的党团活动,既丰富员工业余生活,也提升了分公司党总支的凝聚力,进而带动分公司整体业务能力提升。

五、兴业证券集团协同、深耕区域经济取得的成效

(一)集团协同高效运转,双轮驱动增效明显

厦门分公司通过与集团总部保持紧密协同,在财富管理业务方面实现多项新突破:率先在区域践行财富管理转型,转变传统的经纪业务以通道交易收入为主的思维模式,关注存量客户与增量客户的资产配置需求,致力于为客户提供全生命周期财富管理服务。分公司将代销金融产品作为财富管理转型的重要发力点,分公司产品配置比例逐年上升。2020年以来厦门分公司多只产品销售实现突破,权益产品销

售总额创历史新高；实现分公司公募券结模式落地，有效提升分公司区域竞争力；通过销售百亿级头部私募基金，进一步丰富了分公司的产品线，大大提升了分公司高净值客户对兴业证券财富管理的认同度，同时通过实现基金落户资产进一步做大分公司资产；通过高频量化指数增强产品销售带来私募产品托管。通过券商结算产品与量化产品的落地，大幅提升分公司区域股基交易与代买收入市场份额，确保区域市场份额优势地位。

通过近两年机构队伍的建设，分公司机构业务成果显著：一是加强协同沟通，投资银行业务初现成效。截至2021年6月底，厦门辖区26家拟上市公司，其中，兴业证券辅导备案的拟上市公司共5家，区域占比19.23%，排名第一；厦门分公司协同投行承揽的厦钨新能科创板项目2021年8月5日成功上市，实现兴业证券近三年在厦门辖区IPO项目的首次突破，该项目作为福建省首家、全国第五家分拆上市及国家鼓励发展的新能源项目，在服务福建省实体经济及绿色金融发展上具有重要意义。前期分公司在对项目情况摸排后，及时抓住企业客户的核心需求，依靠集团协同优势，发挥公司投资银行业务总部、兴证创新资本、兴证研究的专业能力，提出新材料新能源行业的发展研究报告及投融资一体化服务方案。在与头部券商的激烈竞争中，集团的高效协同，专业配合，成为分公司的最大优势。截至2021年6月底，厦门辖区新三板挂牌企业共计101家，其中创新层13家，厦门分公司协同成长企业投行部持续督导新三板企业17家，占比17%，市场占有率排名辖区第一。通过三板市场，为中小微企业提供专业的金融服务，帮助企业解决融资难题。

二是积极作为，借力聚力协同，债券业务继续领跑。2020年，厦门分公司协同固定收益业务总部发行债权融资项目23只，发行规模合计236.97亿元，实际承销额120.94亿元，实际承销额区域占比22.57%，排名辖区第一，辖区内新增债券客户6家，创历年新增债券客户之最。此外，2020年分公司协同固定收益总部首次获得国贸集团80亿元优质企业债牵头主承销商角色、首次承揽厦门银行150亿元金融债，取得多项业务的突破，债券业务竞争优势进一步增强。

三是加强推进托管外包业务实现较好增长。2020年，分公司协同资产托管部共同拜访辖区多家私募基金管理人，截至2020年底，分公司托管外包总存续规模较上年实现翻番。厦门辖区证券类私募管理人合作覆盖率高达54.62%，分公司合作覆盖率为42.02%，市场份额排名第一；2021年3月，分公司推荐的私募证券管理人成功取得私募牌照，为厦门市近三年首个登记备案成功的私募证券类管理人。分公司持续响应厦门市金融局指引，深化与新设管理人的合作，引导管理人新产品的托管外包业务落地，做大托管外包业务规模。

（二）各项业务辖区排名靠前，收入利润稳步提升

2020年，厦门分公司落实作为公司在厦门辖区综合平台的责任，依托集团平台资源与协同优势，持续增强辖区市场竞争力。分公司2020年实现净利润1.6亿元，

创 2016 年以来新高，股基交易量区域市场份额连续排名第一且领先第二名优势比上年提升 8 个百分点，实现券商结算模式公募基金产品落地交易资产。信用业务结构优化，融资融券余额增长 99%，期末值创近 5 年新高。协同固收总部发行债券区域市场份额 23%，居辖区第一；股权业务取得突破，在厦门证监局辅导备案企业个数排名辖区第一。

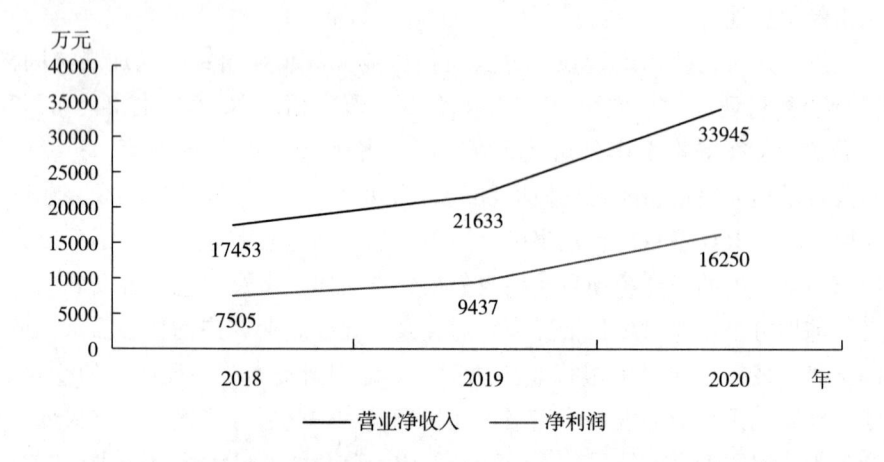

图 1　厦门分公司 2018 年至 2020 年营业净收入及净利润

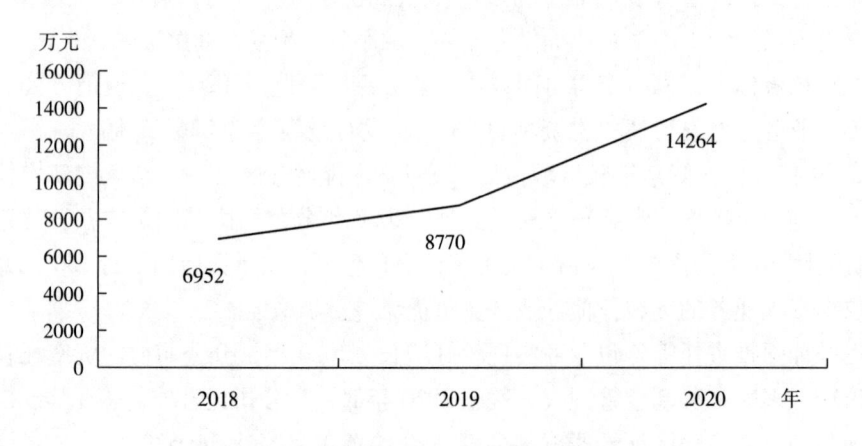

（注：不同年度分公司营业净收入及净利润口径存在差异）

图 2　厦门分公司 2018 年至 2020 年代买净收入

（三）属地责任落实到位，服务区域实体经济获得认可

依托公司与厦门市政府签订战略合作协议契机，分公司携手厦门市国资委、金融局、科技局、证监局等部门举办多场服务实体经济活动，密切与政府及监管部门沟通协作，加强与金融同行、重要企业合作交流，深入协同服务 10 家公司战略客户，在新一代信息技术、TMT、半导体与集成电路等辖区特色产业上推动投资合作、研究支持，为辖区实体经济发展提供综合金融服务。

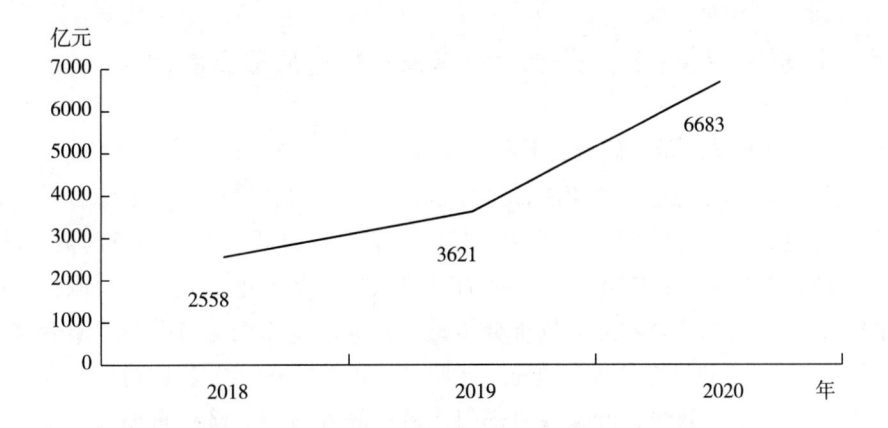

图 3　厦门分公司 2018 年至 2020 年股基交易量

（注：股基交易量口径已剔除货基）

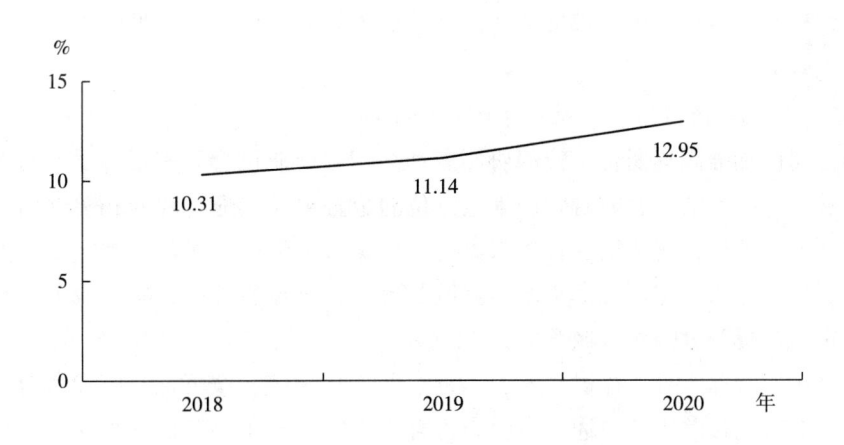

图 4　厦门分公司 2018 年至 2020 年股基交易量区域市场份额

（注：股基交易量区域市场份额口径已剔除货基）

分公司2020年积极贯彻落实厦门市委、市政府及公司党委金融支持疫情防控的工作要求，与兴证期货共同为厦门美润量身定做并免费提供一份规模300吨的期权，为福建省首个"口罩期权"，保障了企业4000万只以上口罩的原材料成本；协同固定收益业务总部为厦门象屿股份发行16亿元福建首单疫情防控公司债，保障受疫情影响地区生活必需品的正常供给。

厦门分公司财富管理与机构业务齐头并进，经营效益显著提升。分公司获原福建省委副书记兼厦门市委书记胡昌升、中证协及相关企业发来感谢信，分公司还荣获"金融支持六稳六保先进集体""厦门证监局分类监管及厦门人行反洗钱工作考核双A评级""厦门市反洗钱工作先进单位""兴业证券优秀分公司"等荣誉称号，分公司下属湖里大道营业部获《证券时报》主办的2020年证券公司"君鼎奖"中国区三十强营业部称号，建业路营业部获2020年度上海证券交易所期权百强营业部称号。

六、深耕区域经济——证券行业分支机构高质量发展建议

（一）提高站位，加强区域全面战略合作

改变传统分公司的定位和职能，将分公司作为集团各项业务发展综合平台，在集团化经营过程中，可以利用规范化、多元化的经营方式，通过业务间的关联性、资产的同质性获取更大的规模经济，从而有效减少运营成本，并达到资源优化配置的目的。积极与政府及企业建立战略合作关系，进一步深挖综合业务，聚合优势资源。证券分公司应主动与当地金融局、证监局、国资委等相关部门协同互动，针对多层次资本市场最新政策，配合政府部门，通过服务实体经济挖掘商机。组织开展综合业务培训，加强与投行固收等总部交流，及时了解机构业务政策动态，并认真学习传达落实。常态化开展机构业务定期会议、机构业务协同联席会议等，通过不断的学习研讨、案例分析，提升分公司骨干员工的大机构业务承揽能力以及服务实体经济的专业能力。

（二）深化集团协同，布局差异化竞争策略

分公司应加强同集团各单位的协同联动，挖掘商业机会。多措并举，对企业进行上市业务、投资估值、财富管理等全方位的金融服务，配合政府相关部门对辖区企业共同调研走访，完成辖区资本市场研究。深入了解区位优势、重点发展的产业链，挖掘企业需求，定制配套集团研究院、投资、投行资源等，实现业务多元化的发展，进一步提升分公司区域竞争力。

与辖区银行深入合作探讨"投行+商行"发展模式，全方面进行业务合作，拓宽大投行业务项目的来源，通过深化渠道合作拓客。对于辖区成长型企业，重点沟通探索公司直接投资机会，同时加强与外部投资机构的协同联动，建立核心投资圈伙伴生态，以"投资+投行"模式，助力辖区企业发展与登陆资本市场。引导员工善于利用公司金融科技赋能，将金融科技渗入传统零售业务，从而提高服务效率与拓客广度。

（三）优化组织架构、加强队伍建设，提升分公司综合管理水平

聚焦并引进优秀、成熟人才，尤其是加大成熟机构业务人员的引进，提高队伍素质。同时加强员工考核，定期考核督导与持续定级，不断优化队伍，对业务能力强、综合素质高、勇于承担责任的员工，提供晋升通道。开展新员工入职培训、业务人员分级序列专业培训、大机构条线员工培训，同时开展以干代训，双向交流，提高整体业务开发能力。

（四）深化财富管理转型，加强居民资产配置理念

紧跟集团总部的产品推荐节奏，积极推动对分支机构有战略意义的区域上架产品销售，同时继续在市场上寻找优秀的私募基金管理人，通过充分的尽职调查后实

现上架销售，因地制宜丰富分公司产品线。此外，通过对历史上架产品业绩与创收的观察、考量与再评估，挑选优秀的产品进行持续营销，在符合客户适当性管理的前提下多措并举快速提升分公司产品保有规模，做大产品创收，帮助客户做好资产配置，实现辖区居民财富保值增值。继续做好机构定制产品推广，扩大与机构客户的合作深度与广度，大力开发机构经纪客户。进一步提高投顾业务签约率，提升投顾服务品牌。优化投资顾问的服务半径，通过加强投顾日常管理及优胜劣汰机制等强化投顾服务考核，提升投顾对存量客户激活服务。通过增强荐股型投顾的宣传力度，提高荐股型投顾的知名度，提升投顾签约客户数，推进公司研究成果转化，提高专业服务水平。

（五）做大机构客户群体，发挥辖区大投行业务引领功能

加大力度推进机构客户开发，通过专项活动、产品销售等措施，推进分支机构有效机构客户开发工作。及时了解客户需求，探索机构客户分类分层管理，为机构客户提供投资研究、交易系统、券源、场外衍生品、收益互换等系列综合服务，带动机构经纪业务增长。积极尝试推进辖区法人银行、保险机构的公募基金、资管委外业务，利用券结模式，实现机构经纪业务增长。引导企业对于公募、私募、信托等产品投资，争取机构经纪端在分支机构的开户。有条件的证券机构可充分发挥公司托管外包募集监督全牌照优势，开展银行、券商等合作，达成资源互换，做大机构托管。挖掘辖区私募管理人潜力，推进业务合作。加强对辖区上市公司及后备上市企业的沟通走访，持续提升服务辖区战略客户的能力。为企业量身定制登陆多层次资本市场的相关发展路径，为企业全生命周期提供相关服务，在此过程中助力证券集团各业务板块的综合价值实现。

以机构大投行业务为引领，带动零售与财富管理业务全面发展。以投行业务为契机，分公司可以为企业上市后提供股份市值托管、员工持股计划、公司高管以及员工财富管理产品配置、提供两融信用业务、帮助企业股东减持等相关方案设计等全方位业务对接，实现客户综合营销服务。

（六）强化党建引领，抓牢合规保障

不断增强各党支部政治能力和组织力，压实基层党建责任。创新发展活力，不断壮大党组织队伍。开展丰富多彩的党团活动，提升党团凝聚力。加强学习与日常监督，筑牢思想道德防线，充分利用工作例会、党员大会等党建学习，补足精神之钙，绷紧思想之弦。

坚守合规底线，持续提升风控能力，为业务发展保驾护航。加强员工执业行为管理，深化警示问责，引导员工合规执业；重点抓好账户实名制、客户适当性管理、异常交易行为管理、反洗钱管理等内控工作，保障业务合规开展。进一步提升运营管理精细化水平，持续优化业务流程，进一步提高运营工作水平及改善用户体验。同时将投资者教育工作与客户服务有机结合，提升客户满意度。

七、结论

为改善我国证券公司长期以来主要依靠牌照开展业务，资源和能力分割在不同的业务条线，难以发挥整体合力的现状，兴业证券提出证券公司集团化经营，建立以客户为中心的服务模式，增强跨业务条线、跨经营主体的业务协作和资源整合能力，设计并实施推动各业务单位高效协同的体制机制。作为服务辖区客户的第一线，分公司的转型升级尤为重要。通过分析兴业证券厦门分公司多年来在辖区的服务实践案例，本文提出证券分支机构应加快集团协同，视同证券公司集团各部门在区域的触角，重视加强分支机构队伍建设，全面提升服务区域实体经济能力，积极提升与银行渠道合作的深度与广度，以产品配置与投顾服务为抓手，全面推进财富管理转型，努力为客户带来长期、稳定、可持续的投资回报。在做大机构客户群体的基础上，为机构客户提供综合服务，带动机构经纪业务增长。协同集团经济与金融研究院、基金公司等，将集团的研究能力赋能分公司，促进发展和服务广大客户，提升辖区资本市场和实体经济的对接效率。以"商行+投行""投资+投行"等模式，协同总部业务部门服务辖区上市公司及后备上市企业，为企业提供资本市场专业服务，增强综合金融服务能力，促进证券公司区域分支机构高质量发展。

参考文献

[1] 杨华辉. 探索证券公司高质量发展之路 [J]. 中国金融, 2021 (6).

[2] 杨华辉. 提升集团一体化经营管理能力，推动证券行业高质量发展 [N]. 中国证券, 2019-07-02 (A06).

[3] 袁青青. 经济复苏动力强劲，发展新动能持续增强——2020年厦门GDP分析 [EB/OL]. [2021-06-03]. http://tjj.xm.gov.cn/tjzl/tjfx/202102/t20210204_2517855.htm.

[4] 李薇, 张绍勇, 颜艺芬. 厦门国民经济和社会"十三五"发展成就及"十四五"展望 [EB/OL]. [2021-06-03]. http://tjj.xm.gov.cn/tjzl/tjfx/202104/t20210409_2532149.htm.

证券公司跨境业务创新发展研究

李 勇　勾建伟　唐伟亚　孙志刚　蒋博慊[①]

1990年12月，中国资本市场呱呱坠地，与生俱来就被赋予了改革、创新的使命。中国资本市场30多年的发展史，是一场旷日持久的渐进革新，市场化、国际化是资本市场改革的两大方向。正在如火如荼进行中的资本市场注册制改革，是市场化改革的一个里程碑，也是不断吸收借鉴国际最佳实践、立足国情深化资本市场改革的重大举措。加快国际化进程是资本市场的必由之路，也是我国整合世界资源、促进自身发展的重要途径。伴随资本市场国际化的加速，跨境业务的重要性越来越高，对于国内证券公司而言，能否在跨境业务上占据一席之地，决定了今后能否成为国际一流投行。兴证集团与中国资本市场相伴而生，2021年是兴业证券成立30周年，成为一流证券金融集团是全体员工的共同心愿，国际化是集团坚持的重要发展方向。本文结合上海自贸区的特色，选取跨境业务的三个方向：境外企业境内上市、FT账户与证券公司结售汇资格试点、自贸区债进行了研究，为开展相关业务或制定政策提供一定的借鉴，献礼集团成立30周年。

一、境外企业境内上市

（一）试点境外企业上市可能的方案

1. 关于境外企业上市的方案。目前境外企业在境内上市均为红筹架构企业，即企业注册地在境外，实际运营在境内，所依据的政策为《关于开展创新企业境内发行股票或存托凭证试点的若干意见》。

关于试点境外企业上市，我们将方案范围扩大到一般境外企业，按照企业在境内是否有实际运营机构、募集资金是否用于境外，我们提出的方案如图1所示。

方案1、方案2、方案3和方案4按照资本市场开放程度为递进关系。方案1为与当前A股市场环境最贴近的方案，下面会用单独一小节阐述。

[①] 李勇，硕士，上海自由贸易试验区分公司总经理；勾建伟，硕士，上海自由贸易试验区分公司副总经理；唐伟亚，硕士，上海自由贸易试验区分公司业务管理部副总监（主持工作）；孙志刚，学士，上海自由贸易试验区分公司高级经理；蒋博慊，硕士，上海自由贸易试验区分公司业务一部副总经理（主持工作）。

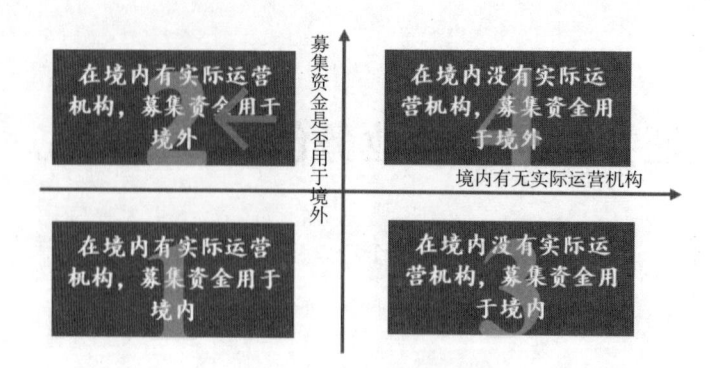

图 1　试点境外企业上市方案

方案 2 中的一部分——红筹企业，目前虽依据《关于开创新企业境内发行股票或存托凭证试点的若干意见》允许试点企业募集的资金可以人民币形式或购汇汇出境外，也可留存境内使用，但实际案例中还没有出现募集资金用于境外项目建设的情况。若实现方案 2，则特斯拉的境外上市主体可以直接在 A 股发行股份并上市，所募集的资金可以供特斯拉在全球调配使用。

方案 3 中企业注册在境外，在境内没有实际运营机构，但募集资金用于境内，这种情况发生后，企业必定会在境内设立实际运营机构，即变成方案 1 中的企业。

方案 4 为高度开放的资本环境，跟目前世界四大金融中心（纽约、伦敦、新加坡、中国香港）资本市场的开放程度相当，是上海成为全球顶级金融中心的一大考验。在境内没有实际运营机构的境外企业，来 A 股市场募集的资金可以用于境外投资，做到这一点，我国将成为全世界重要的资本输出国，上海将成为全世界重要的资源配置中心。

2. 在境内有实际运营机构，募集资金用于境内。境外企业在中国境内有实际运营机构，可以分为两种情况：一种是红筹企业，注册在境外，实际上主要运营机构在境内，例如，腾讯、阿里巴巴、京东、美团、中芯国际、华润微等；另一种是非红筹企业，注册在境外且在境内有实际运营机构，但其主要的运营机构不在我国境内，例如美股上市公司特斯拉在上海自贸区临港新片区有子公司，但其主要运营机构仍在美国，又例如苹果公司、通讯芯片制造商高通等。

目前，对于红筹企业已经实现了在 A 股直接上市，不需要拆除红筹架构之后再上市，募集资金用于境内募投项目。

下一步，我们可以尝试在特定区域（例如上海自贸区）允许设立了分支机构/子公司的境外企业直接在境内上市。例如，特斯拉的美股上市主体直接在 A 股发行股份并上市，所募集资金用来投资特斯拉中国的生产线。

（二）可行性分析

1. 当前的适用政策梳理及核心条款。

（1）《关于开展创新企业境内发行股票或存托凭证试点的若干意见》：试点企业

应当是符合国家战略、掌握核心技术、市场认可度高，属于互联网、大数据、云计算、人工智能、软件和集成电路、高端装备制造、生物医药等高新技术产业和战略性新兴产业，且达到相当规模的创新企业。

试点企业可根据相关规定和自身实际，选择申请发行股票或存托凭证上市。允许试点红筹企业按程序在境内资本市场发行存托凭证上市；具备股票发行上市条件的试点红筹企业可申请在境内发行股票上市；境内注册的试点企业可申请在境内发行股票上市。

试点企业在境内发行的股票或存托凭证均应在境内证券交易所上市交易，并在中国证券登记结算有限责任公司集中登记存管、结算。试点企业募集的资金可以人民币形式或购汇汇出境外，也可留存境内使用。试点企业募集资金的使用、存托凭证分红派息等应符合我国外资、外汇管理等相关规定。

（2）《试点创新企业境内发行股票或存托凭证并上市监管工作实施办法》：第二十一条　试点红筹企业发行股票或存托凭证的，境外存量股票在境内减持退出的要求如下：

（一）试点红筹企业不得在境内公开发行的同时出售存量股份，或同时出售以发行在外存量基础股票对应的存托凭证。

（二）试点红筹企业境内上市后，境内发行的存托凭证与境外发行的存量基础股票原则上暂不安排相互转换。

（3）《科创板首次公开发行股票注册管理办法（试行）》：第八十条　符合《国务院办公厅转发证监会关于开展创新企业境内发行股票或存托凭证试点若干意见的通知》（国办发〔2018〕21号，以下简称《若干意见》）等规定的红筹企业，申请首次公开发行股票并在科创板上市，还应当符合本办法相关规定，但公司形式可适用其注册地法律规定；申请发行存托凭证并在科创板上市的，适用本办法关于发行上市审核注册程序的规定。

（4）《上海证券交易所科创板股票发行上市审核规则》：第二十三条　符合《国务院办公厅转发证监会关于开展创新企业境内发行股票或存托凭证试点若干意见的通知》（国办发〔2018〕21号）相关规定的红筹企业，可以申请发行股票或存托凭证并在科创板上市。营业收入快速增长，拥有自主研发、国际领先技术，同行业竞争中处于相对优势地位的尚未在境外上市红筹企业，申请发行股票或存托凭证并在科创板上市的，市值及财务指标应当至少符合下列上市标准中的一项，发行人的招股说明书和保荐人的上市保荐书应当明确说明所选择的具体上市标准。

（5）《创业板首次公开发行股票注册管理办法（试行）》：第七十四条　符合《若干意见》等规定的红筹企业，申请首次公开发行股票并在创业板上市，应当同时符合本办法的规定，但公司形式可以适用其注册地法律规定；申请发行存托凭证并在创业板上市的，发行上市审核注册程序适用本办法的规定。

(6)《深圳证券交易所创业板股票发行上市审核规则》：第二条　发行人申请首次公开发行股票并在创业板上市（以下简称股票首次发行上市）的审核，适用本规则。符合《若干意见》及中国证券监督管理委员会（以下简称中国证监会）和本所相关规定的红筹企业，申请发行股票或者存托凭证并在创业板上市的审核，适用本规则。

第二十三条　符合《若干意见》等相关规定且最近一年净利润为正的红筹企业，可以申请发行股票或存托凭证并在创业板上市。营业收入快速增长，拥有自主研发、国际领先技术，同行业竞争中处于相对优势地位的尚未在境外上市红筹企业，申请发行股票或存托凭证并在创业板上市的，市值及财务指标应当至少符合下列上市标准中的一项，发行人的招股说明书和保荐人的上市保荐书应当明确说明所选择的具体上市标准。

(7)《关于创新试点红筹企业在境内上市相关安排的公告》：一、红筹企业申请境内发行股票或存托凭证，适用《通知》《试点创新企业境内发行股票或存托凭证并上市监管工作实施办法》（证监会公告〔2018〕13号）等规定。其中，已境外上市红筹企业的市值要求调整为符合下列标准之一：

（一）市值不低于2000亿元人民币；

（二）市值200亿元人民币以上，且拥有自主研发、国际领先技术，科技创新能力较强，同行业竞争中处于相对优势地位。

二、存在协议控制架构的红筹企业申请发行股票，中国证监会受理相关申请后，将征求红筹企业境内实体实际从事业务的国务院行业主管部门和国家发展改革委、商务部意见，依法依规处理。

三、尚未境外上市红筹企业申请在境内上市，应在申报前就存量股份减持等涉及用汇的事项形成方案，报中国证监会，由中国证监会征求相关主管部门意见。

2. 我国资本市场对外开放案例。近年来，我国资本市场对外开放脚步加快，境外企业上市从最早的拆除红筹架构后通过借壳回A股，到后面的直接上市、境外上市公司分拆子公司上市，显示了我们的不断进步。以下我们将通过案例解剖归纳境外公司上市的常见关注问题。

(1)拆除红筹架构回A股。目前，外商投资企业在A股实现上市，外资在A股实现减持退出已经非常普遍，以下简单举一个最具代表性的外商投资企业上市的案例供参考。

药明康德（603259）

药明康德作为新药研发服务的提供商，其主营业务为小分子化学药的发现、研发及生产的全方位、一体化平台服务，以全产业链平台的形式面向全球制药企业提供各类新药的研发、生产及配套服务；此外，发行人还在境外提供医疗器械检测及境外精准医疗研发生产服务。

药明康德此前曾经在美股上市，后私有化退市拆除红筹架构后申请回 A 股。公司实际控制人为 Ge Li（李革）、Edward Hu（胡正国）、刘晓钟、张朝晖，实际控制人共同控制发行人合计 34.48% 的表决权，Ge Li（李革）和 Edward Hu（胡正国）均为美国籍。发起人股东中注册在境外的股东数多达 15 个，注册地分布在开曼群岛、中国香港、新加坡、维京群岛，境外股东持股占发行前总股本比例合计高达 71.19%。

药明康德于 2018 年 5 月登陆上交所主板，当前市值 2710 亿元人民币，部分股东限售已解禁。

该类型企业上市过程中监管关注的特殊事项相关要点简要梳理如表 1 所示。

表 1　　　　　　　　　拆除红筹架构企业的审核关注要点

项目	相关关注要点
搭建	红筹架构搭建的过程，每层主体设立的原因与业务开展情况，VIE 控制的安排及其变更情况；境外公司（包括开曼公司）的股东及股权演变情况
融资	开曼公司收到多轮境外融资后以股权或债权的方式投入境内实体过程中，相关境外融资资金调回境内是否符合外汇监管的规定
架构拆除价格的公允性	开曼公司股权结构因拆除红筹而调整的情况，股份转让或回购的原因、定价依据；股份转让与回购的估值定价与发行人后续增资的估值之间是否存在差异及原因；开曼公司股东或其指定的主体按照在开曼公司的持股比例受让实体公司股权的股权转让对接、定价依据、资金来源、支付情况，与开曼公司回购境外股东股份的对价是否存在差异；开曼公司股份回购、重组股权转让资金来源、资金流转情况，价格是否公允
合规性	红筹架构拆除过程中，相关境内主体境外投资/收购是否依法履行了发改委、商务部门对境外投资的审批程序
控制权	在红筹架构拆除的前后控制权是否稳定

资料来源：公开资料整理。

（2）红筹架构企业直接在境内上市。在科创板注册制推出之前，红筹架构公司 A 股上市的选择都是拆除红筹架构后上市。当前，科创板、创业板试点注册制均允许红筹企业直接上市，已经实现上市的几个案例均在科创板：华润微（688396）、中芯国际（688981）、九号公司（689009）。其中又以九号机器人有限公司（Ninebot Limited，以下简称九号公司）最为特殊，为首例 VIE 架构直接上市，首例在境内发行存托凭证（CDR）的上市公司。

九号公司

①基本情况。九号公司于 2014 年 12 月 10 日依据开曼群岛公司法设立。其集团内的 VIE 公司是专注于智能短交通和服务类机器人领域的创新企业，业务是各类智

能短程移动设备的设计、研发、生产、销售及服务。公司发行 7040917 股 A 类普通股股票,作为发行 CDR 的基础股票,占 CDR 发行后公司总股本的比例不低于 10%,基础股票与 CDR 之间的转换比例按照 1 股/10 份 CDR 的比例进行转换,本次公开发行 70409170 份 CDR,占发行后 CDR 总份数的比例不低于 10%。

九号公司为《国务院办公厅转发证监会关于开展创新企业境内发行股票或存托凭证试点若干意见的通知》所规定的尚未在境外上市的红筹企业,选择的具体上市标准为《上海证券交易所科创板股票上市规则》第 2.1.3 条的第二套标准"预计市值不低于人民币 50 亿元,且最近一年收入不低于 5 亿元"。

上海证券交易所科创板股票上市委员会于 2020 年 6 月 12 日审议会议上审议同意九号公司发行上市(首发),"首单 CDR"九号智能科创板首发过会,2020 年 10 月 29 日成功上市。九号公司是 A 股第一家发行 CDR 的企业,而且也是第一家在 A 股直接上市的 VIE 架构的红筹企业,从某种意义上讲,体现国内监管机构对 VIE 架构的认可。

②审核关注要点。九号公司科创板上市过程中监管关注的特殊事项相关要点简要梳理见表 2。

表 2　　　　　　　　　　　九号公司的审核关注要点

项目	相关关注要点
发行存托凭证	是否符合相关规定对发行股份数量及比例的要求; 转换比例的制定是否合理
协议控制	采用 VIE 价格的原因、必要性、合理性; VIE 的控制效果、稳定性; 投融资相关汇款的合规性
开曼经济实质测试	发行主体是否能够满足境外法律要求
表决权差异	设立表决权差异的原因、合理性,程序是否恰当; 公司治理结构的稳定及公司治理的有效性
对赌/代持	信息披露是否充分; 是否存在潜在争议或纠纷,影响发行人控制权,影响投资者权益

资料来源:公开资料整理。

③境外股东减持。九号公司境外股东的减持策略为首发上市时申请全部股票转换为 CDR,待解限售后在二级市场抛出。

2019 年 9 月 18 日召开的股东大会审议通过的《关于同意公司原股东持有的基础股票转换为存托凭证的议案》以及公司全体股东出具的承诺函,公司全体股东同意将其持有的全部公司股票按照 1 股/10 份 CDR 的比例进行转换,合计转换为 633682500 份 CDR。本次发行后,公司 CDR 总份数为 704091670 份。

发行人公开发行存托凭证并上市后，境内可上市交易的存托凭证相应的锁定期及减持规则适用情况见表3。

表3　　　　　　　　　　九号公司的存量股东限售情况

序号	股东名称	发行后 存托凭证数（份）	持股比例	表决权比例	锁定期	减持规则适用情况
1	Putech Limited	46413800	6.59%	16.23%	本次发行上市之日起36个月；发行人上市时未盈利的，在发行人实现盈利前，自发行人本次发行上市之日起3个完整会计年度内，不减持存托凭证	实际控制人及其控制的企业：主要适用《证券法》《上市规则》《试点创新企业境内发行股票或存托凭证并上市监管工作实施办法》，并参照适用《上市公司股东董监高减持股份的若干规定》《中国证监会关于进一步推进新股发行体制改革的意见》《上海证券交易所上市公司股东及董事、监事、高级管理人员减持股份实施细则》等
2	Cidwang Limited	45948840	6.53%	16.06%		
3	Hctech I	22850010	3.25%	7.99%		
4	Hctech II	51613850	7.33%	18.04%		
5	Hctech III	14720070	2.09%	5.15%		
6	Sequoia	106470590	15.12%	7.44%	本次发行上市之日起12个月	持股5%以上的股东：主要适用《证券法》《上市规则》，并参照适用《公司法》《中国证监会关于进一步推进新股发行体制改革的意见》《上市公司股东董监高减持股份的若干规定》《上海证券交易所上市公司股东及董事、监事、高级管理人员减持股份实施细则》等
7	Shunwei	69115310	9.82%	4.83%		
8	People Better	69115310	9.82%	4.83%		
9	WestSummit Global	35294120	5.01%	2.47%		
10	Wtmtech Limited	31106170	4.42%	2.17%	本次发行上市之日起12个月	持股5%以下的股东：主要适用《证券法》《上市规则》，并参照适用《公司法》《上市公司股东董监高减持股份的若干规定》《上海证券交易所上市公司股东及董事、监事、高级管理人员减持股份实施细则》等
11	Intel	21052630	2.99%	1.47%		
12	Zhaoduan Limited	15200000	2.16%	1.06%		
13	GIC	12383900	1.76%	0.87%		
14	Wltech Limited	6400000	0.91%	0.45%		
15	YYME	5159960	0.73%	0.36%		
16	West Origin FT	4104030	0.58%	0.29%		

续表

序号	股东名称	发行后存托凭证数（份）	持股比例	表决权比例	锁定期	减持规则适用情况
17	Future Industry	17133720	2.43%	1.20%	自持有发行人基础股票并完成股东名册变更之日起36个月	申报前6个月内进行增资扩股的股东：主要适用《证券法》《上市规则》《审核问答（二）》，并参照适用《上市公司股东董监高减持股份的若干规定》《上海证券交易所上市公司股东及董事、监事、高级管理人员减持股份实施细则》等
18	Megacity	13235780	1.88%	0.93%		
19	Bumblebee	13235780	1.88%	0.93%		
20	Xiong Fu Kong Wu	1213640	0.17%	0.08%		
21	Northern Light	496490	0.07%	0.03%		
22	West Origin SD	4845660	0.69%	0.34%	自发行人本次发行上市之日起36个月	申报前6个月内从实际控制人处受让股份的股东：主要适用《证券法》《上市规则》《审核问答（二）》，并参照适用《上市公司股东董监高减持股份的若干规定》《上海证券交易所上市公司股东及董事、监事、高级管理人员减持股份实施细则》等
23	WestSummit Innovation	2999510	0.43%	0.21%		
24	Innovation Secure	2999500	0.43%	0.21%		
25	ZhongTou YuanQuan	16000000	2.27%	1.12%	自持有发行人基础股票并完成股东名册变更之日起36个月	申报前6个月内代持还原的股东：主要适用《证券法》《上市规则》《审核问答（二）》，并参照适用《上市公司股东董监高减持股份的若干规定》《上海证券交易所上市公司股东及董事、监事、高级管理人员减持股份实施细则》等
26	Niezhi Ltd.	3040000	0.43%	0.21%		
27	Liangjianhong Limited	1533830	0.22%	0.11%		
	本次发行的数量（注）	70409170	10.00%	4.92%		
	合计	704091670	100.00%	100.00%		

公司股东中境内自然人持股平台、境内股权基金境外投资实体股东Putech Limited、Cidwang Limited、Wtmtech Limited、ZhongTouYuanQuan、Zhaoduan Limited、

Wltech Limited、YYME、Niezhi Ltd.、Liangjianhong Limited、Xiong Fu Kong Wu、Hctech I、Hctech II、Hctech III、Future Industry、Megacity、Bumblebee 承诺减持存量股份及对应存托凭证的所得资金在符合法律规定的前提下将全部留存境内使用。

公司股东中存在实际外汇需求的美元基金股东 Sequoia、Shunwei、People Better、WestSummit Global、Intel、GIC、West Origin SD、West Origin FT、WestSummit Innovation、Innovation Secure、Northern Light 拟申请减持存量股份及对应存托凭证的所得资金换汇汇出的，前述股东承诺将严格遵守其作出的存量股份及对应存托凭证的减持承诺，严格遵守中国外汇管理相关规定的要求，并有序办理存量股份及对应存托凭证减持购汇汇出等外汇业务。

④募投项目。本次发行的募集资金按照轻重缓急顺序将依次运用于以下项目见表4。

表4　　　　　　　　　九号公司的存量股东限售情况　　　　　　　　单位：万元

序号	项目实施单位	项目简介	拟使用募集资金投资额	是否跨境
1	九号科技	智能电动车辆项目	50000.00	否
2	赛格威科技	年产8万台非公路休闲车项目	50000.00	否
3	纳恩博（北京）	研发中心建设项目	38428.10	否
4		智能配送机器人研发及产业化开发项目	19280.00	否
5		补充流动资金	50000.00	否
	合计		207708.10	—

资料来源：公开资料整理。

九号公司本次发行募集资金将全部用于境内，不涉及将募集资金汇出境外使用的情形。如果在项目实施过程中，因市场环境等外部因素变化导致需要变更募投项目，发行人承诺变更用途后的募集资金仍全部用于境内投资。

（3）境外上市公司分拆境内子公司上市。长期以来，境内外上市公司分拆子公司于A股上市近似于禁区，仅有少数几家境外上市公司通过借壳实现分拆子公司在A股上市。直至2016年11月，亚翔集成（603929.SH）通过中国证监会审核，成为首家控股股东系境外上市公司的A股上市公司。在此之后，工业富联、青鸟环宇、深南电路、华宝股份、新诺威、心脉医疗等由境外上市公司控制的企业陆续登陆A股市场，其中亚翔集成、工业富联系非红筹境外上市公司的控股子公司；青鸟环宇、深南电路系H股上市公司的控股子公司，而华宝股份系实际控制人为中国香港籍的红筹上市公司之控股子公司、新诺威系实际控制人为中国籍的红筹上市公司之控股子公司、心脉医疗则系无实际控制人的红筹上市公司之控股子公司。

这里将通过分析香港上市公司微创医疗（00853.HK）分拆控股子公司心脉医疗于A股上市的案例进行说明。

心脉医疗（688016）

上海微创心脉医疗科技股份有限公司（以下简称心脉医疗）主要从事主动脉及外周血管介入医疗器械的研发、生产和销售。心脉医疗的控股股东为香港心脉，间接控股股东为维尔京心脉、微创医疗（00853.HK）。心脉医疗于 2019 年 7 月 22 日登陆 A 股科创板。

心脉医疗科创板上市过程中监管关注的特殊事项相关要点简要梳理见表 5。

表 5　　　　　　　　　　心脉医疗的审核关注要点

项目	相关关注要点
是否符合境外法律法规	1. 境外分拆上市公司子公司独立上市是否符合境外法律法规，要求提供境外交易所就发行人分拆上市的同意函； 2. 母公司境外上市过程、上市时境外交易所关注的问题、上市后再融资和并购重组情况； 3. 境外上市公司及其控股股东、实际控制人、董监高等是否受到境外证监会、境外交易所处罚，是否存在违法违规
控制权	1. 关注公司的实际控制权是否清晰、稳定； 2. 无实际控制人的认定是否充分，如何保证公司持续运营
独立性	1. 发行人说明关联企业与发行人是否存在采购及销售渠道重叠、人员交叉任职； 2. 发行人资产是否完整，业务及人员、财务、机构是否独立
关联交易	1. 关联方采购、销售的比例，价格是否公允； 2. 关联交易是否履行了必要的法定程序
同业竞争	实际控人/控股股东所控制的所有层级公司情况及发行人董监高任职公司，包括主营业务、主要产品、报告期内主要财务数据，与发行人是否构成同业竞争

资料来源：Wind，公开资料整理。

江西晶科

目前境外上市公司分拆上市案例中多为我国香港、台湾地区上市公司分拆子公司，无美股上市公司分拆。2020 年 9 月 21 日，晶科能源（纽交所代码：JKS）宣布，公司主要运营子公司江西晶科光伏材料有限公司（江西晶科）将在国内上市。

同时江西晶科董事会已批准了一项江西晶科的股权融资计划。根据该计划，国内知名第三方投资机构，晶科能源创始人李仙德、陈康平和李仙华，以及公司高级管理层同意向江西晶科投资共计 31 亿元人民币（约合 4.58 亿美元），占江西晶科股权的 26.7%。江西晶科交易前估值为 85 亿元人民币（约合 12.6 亿美元）。

3. 境外企业境内上市可行性分析。通过对当前境外企业境内上市政策的梳理并结合实际案例我们初步总结如下：

（1）目前科创板、创业板只明确提出了符合条件的红筹企业可以登陆上市，可以发行股票也可以发行存托凭证，实际案例中目前直接登陆 A 股的 3 家红筹架构企业全部在科创板上市，既有发行股票的也有发行存托凭证的；

（2）目前红筹企业境内上市的范围限于科创相关行业的企业；

（3）一般境外企业在境内上市目前没有支持政策；

（4）《关于开展创新企业境内发行股票或存托凭证试点的若干意见》允许试点企业募集的资金可以人民币形式或购汇汇出境外，也可留存境内使用，而实际案例中红筹架构企业上市募集资金流向均为境内，即境内募资境内使用；

（5）目前对于A股上市企业，外资股东（非战投）减持锁定政策与境内股东无异，外资股东减持存量股应在申报前就该事项涉及用汇形成方案，征求相关主管部门意见后可换汇汇出。

可行性探讨：

（1）合法合规性：境外企业在境内上市目前无法律法规禁止，但仅有红筹架构企业上市得到政策的明确支持。若要推动一般境外企业境内上市需要国家出台相应的支持政策及操作细则。

（2）风险控制：境外企业在境内上市是一个新的命题，会存在新的潜在风险。境外公司在中国境内上市、募集资金汇出境外使用，如何监管这些上市公司给我们提出了新的难题，这关系到资本市场能否健康可持续发展，对我国的监管水平提出了很高的要求。

总的来说，境外企业在境内试点上市，方案1中企业在境内有实际运营机构且募集资金在境内使用，和当前的实际上市运行情况最为贴近，风险最为可控，可作为先行试点，待比较成熟后可逐步推广至方案2、方案3、方案4，即允许资金境外使用和在境内无实际运营机构的境外企业A股上市。

（三）有待明确的事项或者需要的政策支持措施

前面简单讨论了试点境外企业上市的方案和可行性，推进落地还将面临着与我国现有要求不一致的很多问题，这里我们列举几个常见的问题并试图给出解决的方案。

1. 上市条件。目前，企业上市主要依据《公司法》《证券法》《首次公开发行股票并上市管理办法》《科创板首次公开发行股票注册管理办法（试行）》《创业板首次公开发行股票注册管理办法（试行）》等法律法规执行。境外公司依据境外法律设立，受境外监管机构监管，境外法律要求存在与境内法律不一致的地方，如何制定相适应的上市条件，如何保障投资人的利益成为一个难点。

目前已上市的境外公司按境外法律与首发条件中要求不一致的，都是通过修订《公司章程》等内部规章制度，向境内要求看齐。在投资者权益保护水平包括资产收益、参与重大决策、剩余财产分配等权益上，不低于境内法律法规规定的要求。

期待的政策支持措施：

（1）参照《科创板首次公开发行股票注册管理办法（试行）》《创业板首次公

开发行股票注册管理办法（试行）》中关于未上市红筹架构企业的规定制定境外企业上市市值及财务标准。

（2）企业会计准则统一使用中国企业会计准则，保持 A 股上市公司的可比性。

（3）制定针对专门适用于境外公司境内上市的特殊规则，协调境内外法律法规要求不一致的地方。

2. 资金的流动。境外企业上市容易涉及资金的跨境流动，目前我国境外企业上市募集资金的流动政策文件有：《关于开展创新企业境内发行股票或存托凭证试点的若干意见》，允许试点企业募集的资金可以人民币形式或购汇汇出境外，也可留存境内使用；《存托凭证跨境资金管理办法（试行）》，对于境外基础证券发行人在境内发行存托凭证及境外发行人在境内发行股票所涉及的等级、账户、资金收付及汇兑等问题提供了一定的指引，包括在外汇管理局办理登记、开立募集资金专用账户、募集资金汇出及留存境内使用等，但仍有待出台进一步的细节性规则。

期待的政策支持措施：

须制定境外企业境内上市募集资金换汇用于境外使用的明确政策和细节性规则。为保障资金使用情况的监管，可以要求发行人必须在处于我国监管体系内的银行开设募集资金专户、换汇和使用并接受监管。

3. 存量股流通的问题。根据《关于创新试点红筹企业在境内上市相关安排的公告》，尚未在境外上市的红筹企业申请在境内上市，应在申报前就存量股份减持等涉及用汇的事项形成方案，由中国证监会征求相关主管部门意见。目前证监会尚未就此形成明确、具体的规则。从已经上市的 3 家红筹架构企业来看，目前减持均比照境内企业上市公司股东执行。未来资本市场进一步开放，境外企业存量股流通的问题将变得非常重要，会在很大程度上影响境外企业来我国上市的积极性。

期待的政策支持措施：

建议将发行前境外公司已发行在外的股票以及公司于境内首发上市的股票将统一登记、存管于中国证券登记结算有限责任公司，并按照本次发行招股说明书公告日中国人民银行公告的人民币汇率中间价（若该日中国人民银行未公告人民币汇率中间价，则顺延为其下一公告日公告的人民币汇率中间价）将股票面值折算为相应的人民币金额，在中国证券登记结算有限责任公司上海分公司系统内进行登记。解禁过后的流通股由股东在二级市场交易，中国证券登记结算有限责任公司进行登记过户。

4. 境外公司的监管。境外公司在中国境内上市、募集资金汇出境外使用，如何监管这些上市公司给我们提出了新的难题，这关系到资本市场能否健康可持续发展，对我国的监管水平提出了很高的要求。

解决思路：

进一步压实中介机构责任，要求境外企业在选择上市中介机构，包括保荐人、会计师事务所、律师事务所、评估机构时必须选择处在我国监管范围内的中介机构。对于发行人欺诈上市、违法违规的行为对中介机构给予严厉的处罚。

选择部分法律体系完备、国家治理完善的地区作为试点，先行先试境外企业上市，同时与他国政府、监管机构达成合作协议，加强与境外资本市场监管机构的沟通和政策协调，强化跨境上市公司审计监管合作，使得我国监管机构的法令在境外能够得到延伸，共同维护各国投资者合法权益。

二、FT 账户与证券公司结售汇资格试点

（一）FT 账户与证券公司结售汇简介

1. FT 账户。FT 账户（自由贸易账户）指的是银行等金融机构根据客户需要在自贸试验区分账核算单元开立的规则统一的本外币账户，独立于现有的传统账户体系，属于央行账户体系的专用账户。

FT 账户主要有五类：居民个人自由贸易账户（FTI）、境外个人自由贸易账户（FTF）、自贸区内机构自由贸易账户（FTE）、境外机构自由贸易账户（FTN）和自贸区内同业机构自由贸易账户（FTU），所有的自贸账户都是 FT 开头。

FT 账户遵循"一线放开、二线管住"的原则。整体来看，FT 账户形成了一个类似"U 形"体系，"U 形"的"敞口"就是境外，理论上来讲它与境外是完全打通的，为自贸试验区内企业涉足海外市场、满足实体经济所需的贸易结算和跨境投融资汇兑提供了便利；而在境内，则是有限渗透，即按照一定规则，FT 账户与常规账户之间可以以人民币方式进行一定形式穿透。

总结来说，FT 账户具有五个方面特色：

（1）分账核算；

（2）本外币合一可兑换账户；

（3）一线放开、二线管住、有限渗透；

（4）跨二线（境内）只能划转人民币；

（5）适用离岸汇率。

2. 证券公司结售汇。结售汇是指境内金融机构为客户及其自身办理的结汇和售汇业务。无论是中国人民银行、国家外汇管理局，还是中国外汇交易中心，（"CFETS"）在相关文件中都将人民币对外币的结售汇业务分成了即期结售汇业务和人民币与外汇衍生交易产品业务。除了即期交易以外的远期结售汇、人民币与外汇期货、人民币与外汇掉期、货币掉期、人民币与外汇期权等业务及其期权组合，都属于人民币对外币的与外汇衍生产品业务交易。

（1）政策改革指引。为贯彻落实党中央、国务院有关深化金融供给侧结构性改革的决策部署，坚定不移推动外汇管理改革，促进非银行金融机构外汇业务发展。

2014年，国家外汇管理局发布《国家外汇管理局关于调整金融机构进入银行间外汇市场有关管理政策的通知》（汇发〔2014〕48号），规定"境内金融机构经国家外汇管理局批准取得即期结售汇业务资格和相关金融监管部门批准取得衍生产品交易业务资格后，在满足银行间外汇市场相关业务技术规范条件下，可以成为银行间外汇市场会员，相应开展人民币对外汇即期和衍生产品交易，国家外汇管理局不实施银行间外汇市场事前入市资格许可。"

2019年9月5日，国家外汇管理局表示，下一步，将指导试点机构稳妥有序开展结售汇业务，适时总结试点经验，研究扩大外汇市场参与主体，促进非银行金融机构外汇业务健康发展。

（2）试点情况介绍。根据CFETS数据，截至2021年2月22日，国内外汇市场人民币外汇即期会员719家，其中，证券公司仅有7家，分别为中信证券、中金公司、中信建投证券、东方证券、国泰君安证券、华泰证券、招商证券。

①首家结售汇试点资格券商：国泰君安证券。国泰君安证券在2014年11月作为首家券商就获得了结售汇业务试点资格，基于牌照的先发优势，国泰君安证券稳步开展银行间人民币外汇自营交易和外币对交易，继续分阶段推动代客外汇买卖业务，已初步搭建完成证券公司客户外汇账户体系。

2018年底，国泰君安证券曾表示，公司正在积极筹备代客外汇买卖业务，其中以即期实盘外汇买卖业务为主的一期项目筹备工作基本完成，即将于近期面向部分特定客户启动试运行，并择机向公司客户推广。后续公司还将在满足监管要求的基础上，不断拓展客户外汇业务序列，服务客户外汇相关业务需求。

②第二批扩容名单：中信证券、华泰证券和招商证券。2019年9月5日，中信证券、华泰证券、招商证券三家头部券商同日发布公告称，已获得国家外汇管理局批复，同意试点开展结售汇业务，包括自身及代客即期结售汇业务，并按规定在银行间外汇市场开展人民币对外汇即期和衍生产品交易（从事即期、远期、掉期、货币掉期及期权交易）。

③国内券商的首单代客结售汇业务：中金公司。中金公司于2020年1月17日获批结售汇业务经营资格，同年7月获批代客外汇业务资格。随后，在国家外汇管理局、北京外汇管理部悉心指导下，中金公司积极进行业务筹备，认真落实系统建设、客户准入、数据报送等工作。

（二）证券公司参与外汇市场的重要意义与落地难点

1. 重要意义。

（1）丰富外汇市场参与者结构。因为目前CFETS中大部分的外汇交易还是由银行主导，而银行的交易中又有很大一部分是代客盘，也就是为辖内客户发起的外汇交易在银行间外汇市场背对背地平盘，银行仅在其中赚取差价。大量同质化的交易对手和交易习惯也容易导致羊群效应，从而放大了外汇市场的波动。因此，鼓励更多的非银行金融机构参与外汇交易,有利于丰富外汇市场交易主体和客户背景,改变当前人民币外汇市场相对单一的供求结构和交易风格,减少羊群效应的情况,进而改善外汇市场流动性状况。

(2)有利于发挥券商优势服务外汇市场建设。相较于商业银行,投资银行作为直接融资机构,在专业投融资方面具有明显优势,可选择的金融品种更加丰富,金融服务手段更加多元,可以在结售汇业务方面继续突出中介职能,在原有本币业务基础上实现本外币业务结合,更好地服务外汇市场建设。

(3)有利于提升国内证券公司综合竞争力和国际竞争力。从国际上看,固定收益、外汇和大宗商品("FICC")业务占到国际投行业务收入的50%以上,是国际投行业务最重要的组成部分,而结售汇业务是FICC业务中的重要一环。随着国内利率、汇率、信用市场化提速,全球产业供应链重新分化组合,以及国内企业直接融资比例不断提高、国际化进程加速推进,结售汇和外汇业务已经成为国内证券公司向国际现代投行转型必不可少的一步。

2. 落地难点。

(1)目前针对证券公司开展外汇业务配套政策法规还相对欠缺。证券公司结售汇业务试点主要还是遵循商业银行开展外汇业务的相关办法。证券公司与商业银行在业务模式上还存在较大差距,全盘复制商业银行外汇业务管理办法实际操作意义不大。主要问题或将集中在公司自身经常及资本账户体系的资金划转、代客业务账户体系建设及代客业务数据报送等方面。证券公司在后期开展自身及代客结售汇业务时或将因以上问题悬而未决而导致业务进展缓慢。

截至2021年4月,仅有7家证券公司获得结售汇业务资格,可借鉴经验及信息(包括申请审批资质以及后续开展业务情况)有限。同时还需要考虑试点业务资格拿到以后证券公司的业务规划及开展,并关注公司基础功能架构及业务体系的建设等问题,认真完成业务筹备,落实系统建设、客户准入、数据报送等工作。

(2)账户问题是最基础但是又异常重要的问题。账户问题是券商目前的痛点。具体来看:一是自营外币账户。获批结售汇业务试点资格的券商,账户暂时只能在境内开立,无法在境外开立,资金不能跨境,外币的清算效率很低,在途损耗大,进行T+0、T+1的交易几乎不可能。二是对客外币账户。券商对客外币账户体系还不成熟,还存在很多困难需要监管政策的支持,比如外币资金能否支持境内同名划转(甚至是异地)。因为客户的外币现汇资金目前都存在银行,需要从银行划转至券商,才能开展后续业务。商业银行其客户外币资金可以与银行自有外币资金合并存放于银行在境外代理行开立的结算账户中。银行可基于自身资产负债管理的总体安排,相对灵活地配置和使用客户资金。证券公司在这些方面受到相对严格的限制,客户资金必须与自有资金分户存放,不得随意使用客户资金。

在外汇业务领域,券商目前的角色与企业相似,离银行还有很遥远的距离。券商想在外汇业务领域发挥更大的作用,迫切需要监管的大力支持,尤其是要尽快解决账户、账户体系等基础建设问题。

三、自贸区债

(一) 业务背景

2016年12月,上海自贸区推出首单自贸试验区债券,面向自由贸易试验区内及境外机构投资者成功发行了30亿元地方政府债券。2019年11月,上海自贸区发行了首单自贸试验区境外债券,募集金额10亿元。在2021年1月18日举办的2021债市发展论坛上,中央结算公司总经理陈刚明表示,2021年中央结算公司将进一步支持债市开放互联,夯实互联互通的基础。其中,包括支持在岸离岸市场发展,完善自贸区债券发行支持方案。相较于境内市场,自贸区债开辟了一条境外债券市场的新渠道,给中资企业境外融资提供了新的选择。预计自贸区债将会成为常规美元债等境外债券的又一选择。

自贸区债券市场介于境内市场和传统离岸市场之间,在定位上具有相对独立性,但从目前的监管体系看,自贸区债可以视同境外债,自贸区债在外债备案、项目流程、资金回流及监管等方面与境外债基本相同。相比于银行间债券市场,自贸区债券在投资者结构、发行人和债券投资方式等方面都存在较大差异。自贸区债的核心特点主要体现在投资主体更加多元化、国际化,发行人范围扩大、债券监管及法律适用以及募集资金的使用方向。

中央结算公司为投资者债券账户设立自贸区债券业务专用分组,专用于托管投资者持有的自贸区债券,参与自贸区债券市场结算,下一步,交易所在新片区的交易平台正在筹备,很可能也设置专用分组合,专用分组合里再设计本外币隔离制度,其中,外币部分需要联合外汇局与人民银行进行突破。落地新片区金融资产交易板块后,将大大有利于自贸区债的交易流动性,国内企业在境外发行美元债之外,开辟重要的境外债券市场新渠道。

符合下列条件的投资者,可参与自贸区债券业务:已设立自贸区分账核算单元并经过验收的境内机构;已开立自由贸易账户(FT账户)的境内外机构;已开立境外机构人民币银行结算账户(NRA账户)的境外机构;其他符合条件的境外机构等。其中,境内机构是指境内各开发性金融机构、政策性银行、存款类金融机构、其他银行业金融机构、证券类金融机构、保险类金融机构、非金融机构和非法人类产品等。

(二) 自贸区债券现有问题

自第一笔自贸区债券发行至今,存在发行数量不多与市场接受度不高的情况。如表6所示,自贸区债券在发行主体、发行要素、法律规则以及业务流程上与美元债相似度较高，从发行人在发行时选择自贸区债还是美元债情况来看，更多发行人选择美元债。

表6　　　　　　　　　　　　美元债与自贸区债券比较

要点	美元债	自贸区债券
发行主体	境内发行人或境外注册企业	同美元债，发行主体范围较广
发行要素	1. 发行方式可以选择公开或非公开发行 2. 发行期限可根据需求和投资者偏好自主决定 3. 评级非强制要素	自贸区债券发行要素与境外债一致
法律适用及信息披露规则	中资美元债法律通常选择适用于英国法，披露规则一般适用于S条例或144A	同美元债
业务流程	1. 发改委外资司外债备案 2. 中介机构尽调、撰写材料 3. 簿记发行 4. 挂牌上市 5. 发行后备案	业务流程与美元债一致
利率定价	定价主要受境外美元债市场影响	发行价格受离岸人民币或发行的币种头寸影响较大，相对而言受境内或境外货币市场影响较小
投资者构成	境外投资机构（主要以中资银行为主）	主要为自贸区中资银行（自贸区债券通常以人民币计价，而境外投资者通常不持有人民币）
币种	美元	人民币或美元等其他外币
挂牌上市安排	挂牌上市地点通常选择香港，理论上可自由选择	同美元债相似，挂牌上市地点也自主选择其他交易地点

自贸区债券与美元债相比存在"操作近似、优势不足"的问题，形式创新但实质不新。美元债在两者相同的要素中甚至更具优势，在不同要素中自贸区债不具有明显优势。

（三）自贸区债的建议

现阶段提高自贸区债券市场竞争力，提升市场认可度是自贸区债券关注的重点。

1. 完善自贸区债券跨境债券业务模式，加快配套措施的制定。中央登记结算有限责任公司作为自贸区债的统一登记托管机构，主要在自贸区发行、托管及结算环节提供服务，替代了传统境外托管环节提供服务，替代了传统境外发债以欧洲清算所和卢森堡的国际中央证券存托明讯银行为主导的国际债券清算机制。在与美元债相对独立的托管结算系统下,新系统应更具时效性、简便性。配套服务,税收政策加快制定,从政策层面剥离自贸区债与美元债的同质性。

2. 利用上海自贸区新片区的先行优势。结合《中国(上海)自由贸易试验区临港新片区总体方案》"实施资金便利收付的跨境金融管理制度,研究开展自由贸易账户本外币一体化功能试点,探索新片区内资本自由流入流出和自由兑换"。在临港新片区资本流动的压力测试下,尝试开发金融债、双币种债券等多种自贸区债券,发挥自贸区债券多品种优势。

四、结语

国际化是未来国内证券业发展的必然趋势,跨境业务是未来头部证券公司的兵家必争之地。境外公司在我国境内上市是发挥我国资本市场配置全球资源,提升金融竞争力的重要举措,这其中面临着上市规则、税收、监管、外汇等多种挑战,我们认为在 A 股率先允许在境内有实体的境外公司上市,所募集资金用于境内上市总体来说是与现行制度最为接近且总体风险可控的方式。

证券公司结售汇,对于各类业务跨境和跨币种发展所起到的"枢纽"功能,能够有效助力国内证券公司国际化经营发展、应对外资同业竞争和实现全面经营转型。

自贸区债券市场介于境内市场和传统离岸市场之间,经常被拿来和美元债作比较,总体来说此前优点并不"突出",市场接受度不够高。希望随着外在环境的变化和自身的完善,自贸区债券能够起到作为境内外资本市场沟通的桥梁和支持自贸区金融市场发展的重要作用。

参考文献

[1] 王玉. 中美证券跨境监管合作法律机制研究 [J]. 合作经济与科技, 2010 (13): 53 - 54.

[2] 国家外汇管理局. 积极开展证券公司结售汇业务试点促进非银行金融机构外汇业务健康发展 [EB/OL]. [2019 - 09 - 05]. www. safe. gov. cn/safe/2019/0905/13992. html.

[3] 刘玉洁. 上海自贸区跨境债券问题研究 [M]. 上海:华东政法大学出版社, 2016.

[4] 国务院.《中国(上海)自由贸易试验区临港新片区总体方案》国发〔2019〕15 号. [EB/OL]. [2019 - 07 - 27]. http://www. gov. cn/zhengce/content/2019 - 08/06/content _ 5419154. htm.